HEINRICH HEINE HAUSBUCH

Heinrich Heine Hausbuch

Die schönsten Lieder,
Gedichte, Reisebilder, Skizzen
und Briefe

Mit über 230 Illustrationen von
Honoré Daumier, Samuel Diez,
Luise Duttendorfer, F. Elias,
Charles Gabriel Gleyre, Grandville,
Ernst Benedikt Kietz, Franz Kugler, Th. Kühner,
Johann Peter Lyser, Johannes Riepenhausen,
Luise Walther, A. Wegner
und anderen anonymen Künstlern der Zeit

Gondrom

Herausgegeben von Marianne Bernhard

Das Bild auf dem Schutzumschlag zeigt das Gemälde
»Der Morgen« von Caspar David Friedrich.
Die Reproduktion erfolgt mit freundlicher Genehmigung
des Archivs für Kunst und Geschichte, Berlin.

1. Auflage

ISBN 3-8112-0342-8
Schutzumschlag: Grafik-Design-Studio Lothar Mielau, Wiesbaden
Satz und Umbruch: Meister-Satz, Hof
Druck und Verarbeitung: Richterdruck, Würzburg
Printed in Germany

Selten habt ihr mich verstanden

Heine über sich selbst

Das gesamte Schaffen Heines, Prosa wie Lyrik, ist Selbstbekenntnis. Heinrich Heines liebstes Thema ist Heinrich Heine. Seine Kümmernisse, Leiden, Freuden, Vergnügungen oder auch nur Ansichten von den Dingen dieser Welt beschreibt er ausführlich; alles ist ganz subjektiv, auch wenn er objektiv sein will, fließt in seine Feder immer wieder das persönliche »Ich«. Und genau darin besteht der Charme der Berichte vom Tage, der Gedichte vom Herzen; und selbst noch die gräßlichsten Seufzer aus der »Matratzengruft« sind so unwiderstehlich selbstironisch gefärbt, daß der Leser geneigt ist, zu lächeln, sogar wenn der grimmigste Schmerz sich scheinbar komisch und doch hilfeflehend artikuliert. Sein großes Memoirenwerk hat Heine verbrannt, das kleine Büchlein »Geständnisse« »schielt« sehr nach einer Druckfassung. Tagebücher, seltsamerweise, hat er weder geschrieben noch diktiert. – Wichtigste Selbstzeugnisse Heines, und sie sollen in diesem Kapitel vor allem zur Sprache kommen, sind seine Briefe. Sie sind ganz auf den Empfänger gerichtet. Was der Dichter darin über sich selbst erzählt, will er nur immer diesem Adressaten mitteilen, mit einer späteren Publikation hat er vielleicht nie gerechnet. Schon allein deswegen nicht, weil sein Verleger einen großen Teil seiner Post empfing und vom Dichter ganz deutlich kritisch, ungehalten, wegen finanzieller Knauserei beschimpft, keine gute Figur darin macht. Besondere Dokumente einer solchen unspekulativen Schreibweise sind die Briefe, die er aus Hamburg an Frau Mathilde schickt (s. S. 62 ff.) Er schreibt auf deutsch und kann nicht einmal sicher sein, daß die Empfängerin versteht, was er meint. – Seine Mutter und seine Schwester Charlotte gehören zu den wichtigsten Adressaten der Briefe Heines. Vor allem in den letzten Jahren versucht er, mindestens der Mutter den desolaten Gesundheitszustand und die Hoffnungslosigkeit seines Daseins zu verbergen.

Das Bild auf Seite 13 ist ein Miniaturporträt Heines von Colla aus der Zeit um 1820.

Stammbucheintragung für Friederike Heine

Holde Mädchen geben's viele; doch nur eine Rika. So müssen die Engel sein; anders gewiß nicht. Ach! Laß mich kommen ins Himmelreich, o Herr! wo solche Engel sind. –

Hamburg, den 17. Februar 1815 Harry Heine

Sie liebt mich *nicht* – Mußt, lieber Christian, dieses *letzte* Wörtchen ganz leise, leise aussprechen. In den ersten Wörtchen liegt der ewig lebendige Himmel, aber auch in dem letzten liegt die ewig lebendige Hölle. – Könntest Du Deinem armen Freunde nur ein bißchen ins Gesicht sehen, wie er so ganz bleich aussieht und gewaltig verstört und wahnsinnig, so würde sich Dein gerechter Unmut wegen des langen Stillschweigens sehr bald zur Ruhe legen.

An Christian Sethe,
Hamburg, 27. Oktober 1816

An meine Mutter B. Heine,
geborene v. Geldern

I

Ich bin's gewohnt, den Kopf recht hoch zu tragen,
Mein Sinn ist auch ein bißchen starr und zähe;
Wenn selbst der König mir ins Antlitz sähe,
Ich würde nicht die Augen niederschlagen.

Doch, liebe Mutter, offen will ich's sagen:
Wie mächtig auch mein stolzer Mut sich blähe,
In deiner selig süßen, trauten Nähe
Ergreift mich oft ein demutvolles Zagen.

Ist es dein Geist, der heimlich mich bezwinget,
Dein hoher Geist, der alles kühn durchdringet,
Und blitzend sich zum Himmelslichte schwinget?

Quält mich Erinnerung, daß ich verübet
So manche Tat, die dir das Herz betrübet?
Das schöne Herz, das mich so sehr geliebet?

II

Im tollen Wahn hatte ich dich einst verlassen,
Ich wollte gehn die ganze Welt zu Ende,
Und wollte sehn, ob ich die Liebe fände,
Um liebevoll die Liebe zu umfassen.

Die Liebe suchte ich auf allen Gassen,
Vor jeder Türe streckt ich aus die Hände,
Und bettelte um g'ringe Liebesspende –
Doch lachend gab man mir nur kaltes Hassen.

Und immer irrte ich nach Liebe, immer
Nach Liebe, doch die Liebe fand ich nimmer,
Und kehrte um nach Hause, krank und trübe.

Doch da bist du entgegen mir gekommen,
Und ach! was da in deinem Aug' geschwommen,
Das war die süße, langgesuchte Liebe.

Staune! staune! staune! – ich habe hier das Consilium abeundi erhalten!

Ich habe wegen allerlei Mißhelligkeiten schon seit drei Monaten in beständiger Unruhe gelebt, ward von manchem fatalen Pech heimgesucht und wurde endlich vorige Woche

wegen Übertretung der Duellgesetze

auf ein halbes Jahr konsiliiert. Nur unter dem Vorwand, daß ich zu krank sei, das Zimmer zu verlassen, hat man mir's erlaubt, noch einige Tage hierzubleiben.

Ich kenne zu gut die Menschen im allgemeinen, um nicht zu wissen, daß man nur Lob erwartet, wenn man auch um die eigentliche Meinung, um die strengste Beurteilung allerdemütigst bittet; daß man doch im Herzen letztere ungerecht ansieht, wenn sie tadelnd oder ganz zermalmend ausfällt, und daß, wenn man auch den ehrlichen Beurteiler deswegen just nicht hassen wird, man ihn doch deshalb nicht noch desto mehr lieben wird; denn die Menschen sind die eitelsten unter den Kreaturen, und die Poeten sind die eitelsten unter allen Menschen. Wer die Eitelkeit eines Poeten beleidigt, begeht daher ein doppeltes Majestätsverbrechen.

Das ist aber mein Wahnsinn, und das macht mich eben allgemein verhaßt, daß ich jene Erfahrung kenne und doch nicht anwende.

An Friedrich Steinmann,
Göttingen, 4. Februar 1821

Ja, wenn die weitklaffende Todeswunde meines Herzens sprechen könnte, so spräche sie: ich lache.

An Heinrich Straube,
Oldesloe, zwischen Februar und April 1821

Doch doppelschneidender Schmerz zerriß mein innerstes Gemüt, als ich bemerkte, daß meine Phantasie mich wieder in den April geschickt hatte. Das schaurigsüße Lockenköpfchen, das mir so huldreich herabgenickt, war nur die alte Gouvernante, die ihre Jalousien zugemacht, der wundersame Duft, der meine Sinne umnebelte, war nur der Geruch aus einem nahen Käseladen, und der herabrauschende Blutstrom war nur der Schiffprügelinhalt, den eine Hure aus ihrem Fenster herabgoß. Ich möchte Dir noch vieles schreiben, wie es mir ging mit meinem armen verrückten Herzen, doch bin ich unpäßlich, schreibe diese Zeilen im Zimmer meiner Eltern, muß vorsichtig sein, daß mir niemand über die Schulter sieht, kurz, ich bin geniert.

Ich habe meine Familie in einem höchst traurigen Zustand gefunden. Mein Vater leidet noch immer an seiner Gemütskrankheit, meine Mutter laboriert an Migräne, meine Schwester hat den Katarrh, und meine beiden Brüder machen schlechte Verse. Dieses letztere zerreißt mir das Herz. Für den jüngern gebe ich nicht alle Hoffnung verloren. Meine Gedichte gefallen ihm nicht. Das ist ein gutes Zeichen. Meine Schwester fällt aber ein besseres Urteil über meine poetischen Verdienste. Als ich ihr jüngst eins meiner besten Geisteswerke vorlas, bemerkte sie: »Oh! das geht.« Dieses Mädchen singt wie ein Engel. Mein jüngerer Bruder wird Medizin studieren. Der ältere studiert jetzt praktisch die Landwirtschaft. Aus brüderlicher Liebe will ich beide verschonen mit meinen Kunsttheorien.

An Heinrich Straube,
Oldesloe, Frühjahr 1821

Ich habe mir diese Nacht, als ich nicht schlafen konnte, recht vieles überlegt und hab mir alles aufgezählt, was ich liebe; und das ist:

Nr. 1. ein weiblicher Schatten, der jetzt nur noch in meinen Gedichten lebt.

Nr. 2. eine köstliche Idee, die in dem Polen steckt.
Nr. 3. einen Menschen, den ich mir bisher in Dir gedacht.
Nr. 4. meine neue Tragödie.
Nr. 5. eine Olla podrida von: Familie, Wahrheit, französische Revolution, Menschenrechte, Lessing, Herder, Schiller etc. etc. etc.

An Christian Sethe,
Berlin, 14. April 1821

Ich hätte hundert Gründe, Ew. Exzellenz meine Gedichte zu schicken. Ich will nur einen erwähnen: Ich liebe Sie. Ich glaube, das ist ein hinreichender Grund. – Meine Poetereien, ich weiß es, haben noch wenig Wert; nur hier und da wär manches zu finden, woraus man sehen könnte, was ich mal zu geben imstande bin. Ich war lange nicht mit mir einig über das Wesen der Poesie. Die Leute sagten mir: frage Schlegel. Der sagte mir: lese Goethe. Das habe ich ehrlich getan, und wenn mal etwas Rechts aus mir wird, so weiß ich, wem ich es verdanke.

Ich küsse die heilige Hand, die mir und dem ganzen deutschen Volke den Weg zum Himmelreich gezeigt hat, und bin

Ew. Exzellenz gehorsamer und ergebener H. Heine, Cand. juris.

An Johann Wolfgang Goethe,
Berlin, 29. Dezember 1821

Haben Sie noch nicht Maria von Webers »Freischütz« gehört? Nein? Unglücklicher Mann! Aber haben Sie nicht wenigstens aus dieser Oper das »Lied der Brautjungfern« oder den »Jungfernkranz« gehört? Nein? Glücklicher Mann!

Wenn Sie vom Hallischen nach dem Oranienburger Tore und vom Brandenburger nach dem Königstore, ja selbst wenn Sie vom Unterbaum nach dem Köpnicker Tore gehen, hören Sie jetzt immer und ewig dieselbe Melodie, das Lied aller Lieder: den »Jungfernkranz«.

Bin ich mit noch so guter Laune des Morgens aufgestanden, so wird doch gleich alle meine Heiterkeit fortgeärgert, wenn schon früh die Schuljugend, den »Jungfernkranz« zwitschernd, meinem Fenster vorbeizieht. Es dauert keine Stunde, und die Tochter meiner Wirtin steht auf mit ihrem »Jungfernkranz«. Ich höre meinen Barbier den »Jungfernkranz« die Treppe heraufsingen. Die kleine Wäscherin kommt »mit Lavendel, Myrt' und Thymian«. So geht's fort. Mein Kopf dröhnt. Ich kann's nicht aushalten, eile aus dem Hause und werfe mich mit meinem Ärger in eine Droschke. Gut, daß ich durch das Rädergerassel nicht singen höre. Bei ***li steig ich ab. »Ist 's Fräulein zu sprechen?« Der Diener läuft. »Ja.« Die Türe fliegt auf. Die Holde sitzt am Pianoforte und empfängt mich mit einem süßen:

»Wo bleibt der schmucke Freiersmann,
Ich kann ihn kaum erwarten.« –

»Sie singen wie ein Engel!« ruf' ich mit krampfhafter Freundlichkeit. »Ich will noch einmal von vorne anfangen«, lispelt die Gütige, und sie windet wieder ihren »Jungfernkranz« und windet und windet, bis ich selber vor unsäglichen Qualen wie ein Wurm mich winde, bis ich vor Seelenangst ausrufe: »Hilf, Samiel!«

Briefe aus Berlin, 1822

Ich reise nun bald ab, und ich bitte Sie, werfen Sie mein Bild nicht ganz und gar in die Polterkammer der Vergessenheit. Ich könnte wahrhaftig keine Repressalien anwenden, und wenn ich mir auch hundertmal des Tags vorsagte: »Du willst Frau von Varnhagen vergessen!«, es ginge doch nicht. Vergessen Sie mich nicht! Sie dürfen sich nicht mit einem schlechten Gedächtnisse entschuldigen, Ihr Geist hat einen Kontrakt geschlossen mit der Zeit; und wenn ich vielleicht nach einigen Jahrhunderten das Vergnügen habe, Sie als die schönste und herrlichste aller Blumen, im schönsten und herrlichsten aller Himmelstäler, wiederzusehen, so haben Sie wieder die Güte, mich arme Stechpalme (oder werde ich noch etwas Schlimmeres sein?) mit Ihrem freundlichen Glanze und lieblichen Hauche, wie einen alten Bekannten, zu begrüßen. Sie tuen es gewiß; haben Sie ja schon Anno 1822 und 1823 Ähnliches getan, als Sie mich kranken, bitteren, mürrischen, poetischen und unausstehlichen Menschen mit einer Artigkeit und Güte behandelt, die ich gewiß in *diesem* Leben nicht verdient und nur wohlwollenden Erinnerungen einer früheren Connaissance verdanken muß.

An Rahel Varnhagen von Ense,
Berlin, 12. April 1823

Die alte Leidenschaft bricht nochmals mit Gewalt hervor. Ich hätte nicht nach Hamburg gehn sollen; wenigstens muß ich machen, daß ich so bald als möglich fortkomme. Ein arger Wahn kommt in mir auf, ich fange an, selbst zu glauben, daß ich geistig anders organisiert sei und mehr Tiefe habe als andre Menschen. Ein düsterer Zorn liegt wie eine glühende Eisendecke auf meiner Seele. Ich lechze nach ewiger Nacht. – Wohlwill hab ich noch wenig gesprochen. Vorgestern nach Mitternacht, als ich mit meinem infernalen Brüten die bekannten Schmutzgassen Hamburgs durchwandelte, schlägt mir jemand auf die Schulter, und es ist Wohlwill. Ich habe ihm ehrlich weisgemacht, die Sommernacht habe mich zu einem Spaziergang auf die Straße gelockt und es sei eine allerliebste Kühle. Charmant!

An Moses Moser,
Hamburg, 11. Juli 1823

Der Jungfernstieg in Hamburg. Aquarell, um 1820

In schlimmen Zeiten, die unausbleiblich sind, wird der germanische Pöbel meine Stimme hören, daß es in deutschen Bierstuben und Palästen widerschallt.

An Moses Moser,
Ritzebüttel, 23. August 1823

Ich liebe Dich unaussprechlich und schmachte danach, Dich mal wiederzusehen; gibt es doch niemand auf der Welt, in dessen Gesellschaft es mir wohler zumute wäre als in der meiner Schwester. Wir verstehen uns so gut, wir allein sind vernünftig, und die ganze Welt ist meschugge.

An Charlotte Embden,
Lüneburg, Oktober, Sonntag, 1823

Über das Leben hinaus verspreche ich nichts. Mit dem letzten Odemzuge ist alles vorbei, Freude, Liebe, Ärger, Lyrik, Makkaroni, Normaltheater, Linden, Himbeerbonbons, Macht der Verhältnisse, Klatschen, Hundegebell, Champagner – und von dem mächtigen Talbot, der die Theater Deutschlands mit seinem Ruhm erfüllte, bleibt nichts übrig als eine Handvoll leichter Makulatur.

An Ludwig Robert,
Lüneburg, 27. November 1823

Die Heimkehr

1823 – 1824

»Teurer Freund! Was soll es nützen,
Stets das alte Lied zu leiern?
Willst du ewig brütend sitzen
Auf den alten Liebes-Eiern?

Ach! das ist ein ewig Gattern,
Aus den Schalen kriechen Küchlein,
Und sie piepsen und sie flattern,
Und du sperrst sie in ein Büchlein.«

Werdet nur nicht ungeduldig,
Wenn von alten Leidensklängen
Manche noch vornehmlich tönen
In den neuesten Gesängen.

Wartet nur, es wird verhallen
Dieses Echo meiner Schmerzen,
Und ein neuer Liederfrühling
Sprießt aus dem geheilten Herzen.

Andre beten zur Madonne,
Andre auch zu Paul und Peter;
Ich jedoch, ich will nur beten,
Nur zu dir, du schöne Sonne.

Gib mir Küsse, gib mir Wonne,
Sei mir gütig, sei mir gnädig,
Schönste Sonne unter den Mädchen,
Schönstes Mädchen unter der Sonne!

Verriet mein blasses Angesicht
Dir nicht mein Liebeswehe?
Und willst du, daß der stolze Mund
Das Bettelwort gestehe?

Oh, dieser Mund ist viel zu stolz,
Und kann nur küssen und scherzen;
Er spräche vielleicht ein höhnisches Wort,
Während ich sterbe vor Schmerzen.

Selten habt ihr mich verstanden,
Selten auch verstand ich euch,
Nur wenn wir im Kot uns fanden,
So verstanden wir uns gleich.

Das Versemachen hab ich auf bessere Zeiten verspart; und wozu soll ich sie auch machen? Nur das Gemeine und Schlechte herrscht, und ich will diese Herrschaft nicht anerkennen. Noch viel weniger aber gelüstet mich's nach Martyrkronen.

An Joseph Lehmann
Lüneburg, 28. November 1823

Ich lebe jetzt ganz in meiner Jurisprudenz. Wenn Du glaubst, daß ich kein guter Jurist werde, so irrst Du Dich. Du magst immerhin mich als Advokat verwerfen, aber äußere dieses nicht gegen andere Leute, sonst muß ich wahrhaft Hungers sterben. Ich will aus der Waagschale der Themis mein Mittagsbrot essen und nicht mehr aus der Gnadenschüssel meines Oheims. Die Vorgänge von vorigem Sommer haben einen düsteren, dämonischen Eindruck auf mich gemacht. Ich bin nicht groß genug, um Erniedrigung zu ertragen. Am Ende ist vielleicht auch mehr Schlechtes in mir als Gutes; obzwar beides in kolossalen Massen. Ich liebe dennoch das Gute und darum auch Dich, guter Moser.

An Moses Moser,
Göttingen, 2. Februar 1824

Ich weiß nicht, wie ich mir Dein Stillschweigen erklären soll. Je mehr ich drüber nachdenke, je mehr beängstigt fühle ich mich. Ist der Freund oder die Freundschaft tot? Ich weiß nicht, was von beidem mich am schmerzlichsten schmerzen würde. Tot bist Du gewiß nicht, dazu bist Du viel zu bescheiden und geduldig. Aber Deine Freundschaft für mich? Oh, das wäre gar zu früh, wenn diese schon gestorben sein sollte! Alle meine übrigen Freundschaften haben länger gelebt, und wenn die eine nicht vom Schlag gerührt, die andere von der Verleumdung vergiftet oder von der Schwindsucht der Lauheit vertrocknet oder durch andere Krankheit fortgerafft worden wäre, so würden sie sämtlich noch am Leben sein.

Ich lebe sehr still. Das Corpus juris ist mein Kopfkissen. Dennoch treibe ich noch manches andre, zum Beispiel Chronikenlesen und Biertrinken. Die Bibliothek und der Ratskeller ruinieren mich. Auch die Liebe quält mich. Es ist nicht mehr die frühere, die einseitige Liebe zu einer einzigen. Ich bin nicht mehr Monotheist in der Liebe, sondern wie ich mich zum Doppelbier hinneige, so neige ich mich auch zu einer Doppelliebe. Ich liebe die Mediceische Venus, die hier auf der Bibliothek steht, und die schöne Köchin des Hofrat Bauer. Ach! und bei beiden liebe ich unglücklich! Die eine ist von Gips und die andere ist venerisch. Oder ist letzteres etwa Verleumdung? Je le trouverai. Ich habe mir gestern abend bei der neuen Putzhändlerin ein halbes Dutzend Kondoms anmessen lassen, und zwar von veilchenblauer Seide.

An Moses Moser,
Göttingen, 25. Februar 1824

Ich weiß nicht, ob man recht hat, mich als ein erloschenes Licht zu betrachten, ich weiß nur, daß ich nichts schreiben will, solange meine Kopfnerven mir Schmerzen machen, ich fühle mehr als je den Gott in mir und mehr als je die Verachtung gegen den großen Haufen; – aber früh oder spät muß ja die Flamme des Geistes im Menschen erlöschen; von längerer Dauer, vielleicht von ewiger Dauer – ist jene Flamme, die als Liebe (die Freundschaft ist ein Funken derselben) diesen morschen Leib durchströmt. Ja, Moser, wenn diese Flamme erlöschen wollte, dürftest Du ängstlich werden. Noch hat's keine Gefahr; ich fühle ihren Brand.

An Moses Moser,
Göttingen, 19. März 1824

Als ich voriges Jahr mit Ihnen in Hamburg zusammentraf, war mir's wohl fühlbar, daß in Ihrem Benehmen gegen mich etwas Verletzendes lag; aber ich war damals sehr gemütsbeschäftigt und ließ alles traumhaft an mir vorübergehen und konnte erst später, als ich ruhiger und wachender wurde, zum klaren Bewußtsein gelangen, daß Sie sich mir wirklich auf eine beleidigende Weise gezeigt und dieses sich sogar in einem Faktum ausgesprochen. Letzteres bestand darin, daß Sie es unumwunden eine Unwahrheit nannten, als ich Ihnen die Versicherung gab, daß ich bei Fouqué um die besondere Erlaubnis angefragt, sein mir gewidmetes Gedicht meinen Freunden mitteilen zu dürfen. Es ist überflüssig, hier zu sagen, wie viele trübe Stunden mir dieses verursacht und wie sogar die Erinnerung an all das sehr viel Liebe und Gütige, das Sie mir früher erwiesen, dadurch getrübt werden mußte. Noch überflüssiger ist es zu sagen, daß ich es nicht geeignet fand, in dieser Sache mit den gewöhnlichen Hansnarren-Formalitäten, die unserem beiderseitigen Charakter und Verhältnis so unangemessen sind, zu verfahren, und daß ich es vorzog, der großen Mittlerin Zeit alles zu überlassen. Diese wird bereits etwas getan und Sie, wenn Sie beiliegendes Blatt gelesen, zur Einsicht eines großen Unrechtes gebracht haben. – Obiges ist auch die Ursache, warum ich Ihnen nicht früher geschrieben und warum ich mich jetzt nicht mehr mit der alten Zutraulichkeit Ihnen erschließen kann. Dennoch können Sie versichert sein, daß die Gefühle der Liebe und Dankbarkeit, die ich früher gegen Sie hegte, sich ungeschwächt in meiner Brust erhalten und daß der Beisatz von Mißbehagen und Schmerz, den Sie später in mir erregt, jeden Tag, ja sogar während ich dieses schreibe, mehr und mehr verschwindet.

Ich verlange deshalb auch keine Erörterung von Ihnen, ich weiß, was Sie denken, und das genügt mir, und ich wünsche sogar, daß von dem Inhalte dieses Briefes, den ich aus natürlichem Bedürfnis schreibe, nie zwischen uns die Rede sei, wenn sich dieses ohne Zwang machen läßt. – Von der großen Mittlerin Zeit erwarte ich noch sehr viel, und ich hoffe, daß Sie durch dieselbe in den Stand gesetzt werden, mich besser kennenzulernen.

An Karl August Varnhagen von Ense
Berlin, 11. April 1824

Apropos: ich war auch in Berlin. Diese Stadt liegt an der Spree, hat 150000 Einwohner und 25 Seelen. Und eine Seele ist darunter, die mich selig machen könnte! O Ihr Götter, bin ich noch nicht verrückt genug! Ich habe in Berlin viel antichambriert, viele höchstgnädige Blicke auf mich herabstrahlen lassen, alte Freundschaften fester geknüpft, gut gegessen, noch besser getrunken à la Hafis, hinlänglich Weihrauch eingeatmet, etwelche Küsse empfangen, dreißig Louisdor ausgegeben, rasend viel dummes Gewäsch angehört und köstliche Stunden genossen. – Ich bin es wirklich nicht wert, daß so viele gute Menschen ihre Geduld übten, indem sie mich ärgerlichen, verdüsterten, kopfschmerzigen Menschen aufzuheitern und zu ergötzen suchten. Doch muß ich hinzusetzen, daß es mein armer Kopf wirklich noch nicht erlaubt, daß ich mich in allzu großen Menschenverkehr einlasse, und es war wirklich kein Eigensinn, daß ich manche Liebeszuströmung ablehnte und manchem Schönen und Guten geflissentlich auswich. Vous me connaissez.

An Rudolf Christiani
Göttingen, 24. Mai 1824

Wenig poetische Ausbeute wird dieses Jahr liefern, ich mache fast gar keine Gedichte, meine Zeit wird von meinen Kopfschmerzen und Studien in Beschlag genommen. Und Gott weiß, ob ich dies Jahr fertig werde! Und Gott stehe mir bei, wenn es nicht der Fall ist! Ich will auf keinen Fall meinen Oheim weiter angehn mit captationes benevolentiae, hab ihm auch seit neun Monaten nicht geschrieben. – Wahrlich, ich bin doch kein solcher Schweinehund, wie die Hamburger glauben. – Deine Mitteilungen über die Veränderungen im Ministerium des Kultus haben mich sehr interessiert. Du kannst wohl denken, in welcher Hinsicht. Es ist alles jetzt so verwirrt im preußischen Staat, daß man nicht weiß, wer Koch oder Kellner ist. Ich möchte wohl wissen, an wen ich mich mit Erfolg wenden könnte bei meinem Gesuch an das Ministerium.

An Moses Moser,
Göttingen, 25. Juni 1824

Ew. Exzellenz

bitte ich, mir das Glück zu gewähren, einige Minuten vor Ihnen zu stehen. Ich will gar nicht beschwerlich fallen, will nur Ihre Hand küssen und wieder fortgehen. Ich heiße H. Heine, bin Rheinländer, verweile seit kurzem in Göttingen und lebte vorher einige Jahre in Berlin, wo ich mit mehreren Ihrer alten Bekannten und Verehrer (dem seligen Wolf, Varn-

Goethe in Stuttgart. Silhouette von Luise Duttenhofer, 1797

hagens etc.) umging und Sie täglich mehr lieben lernte. Ich bin auch ein Poet und war so frei, Ihnen vor drei Jahren meine »Gedichte« und vor anderthalb Jahren meine »Tragödien nebst einem lyrischen Intermezzo« (»Ratcliff« und »Almansor«) zuzusenden. Außerdem bin ich auch krank, machte deshalb vor drei Wochen eine Gesundheitsreise nach dem Harz, und auf dem Brocken ergriff mich das Verlangen, zur Verehrung Goethes nach Weimar zu pilgern. Im wahren Sinne des Wortes bin ich nun hergepilgert, nämlich zu Fuße und in verwitterten Kleidern, und erwarte die Gewährung meiner Bitte und verharre
mit Begeisterung und Ergebenheit H. Heine.

An Johann Wolfgang Goethe
Weimar, 1. Oktober 1824

Du warst mir zu lieb, als daß ich Dir diesen Sommer die Giftdünste meines Unmuts brieflich mitteilen sollte, und ich war mir selbst zu lieb, als daß ich meine Schmerzen dadurch erhöhte, daß ich sie aussprach. Ich habe einen tristen Sommer verbracht, Jurisprudenz und Kopfschmerzen. Meine einzige Zerstreuung waren schlechte Studentenspäße, Duelle und einige Prozesse, die ich führte und verlor. Seit ich Jurist bin, werde ich noch mehr geprellt als sonst. Ich habe mich mit dem Jus wie ein Verzweiflender abgequält, und doch mag Gott wissen, ob ich was loshabe.

Das mir von meinem Onkel zum Studium zugesetzte Jahr naht sich seinem Ende, ich bin aber mit meinem Jus noch lange nicht fertig und sitze also in der Klemme. Überdies herrscht in diesem Augenblick kein besonderer Enthusiasmus für mich, ich bin nicht Narr genug, mir dieses zu verhehlen, und kenne sehr gut die Gründe manches Achselzuckens und Kopfschüttelns. Mit einem Wort, man hält mich für geistig bankrott, und ich kann's keinem verständigen Kaufmann verdenken, wenn er mir nicht traut.

Ich war in Weimar; es gibt dort auch guten Gänsebraten. Auch war ich in Halle, Jena, Erfurt, Gotha, Eisenach und in Kassel. Große Touren, immer zu Fuß und bloß mit meinem schlechten braunen abgeschabten Überrock. Das Bier in Weimar ist wirklich gut, mündlich mehr darüber. Ich hoffe, Dich wohl nächstes Frühjahr wiederzusehen und zu umarmen und zu necken und vergnügt zu sein.

An Moses Moser,
Göttingen, 25. Oktober 1824

Wer dieses kann, halte ich für ein Genie. Indessen, wegen der Rarität, wird jenen Menschen, die es nicht können, der Name eines Genies beigelegt. Das ist die große Ironie. Das ist der letzte Grund meiner Genialität. Das ist auch der letzte Grund, warum ich mich mit meiner Jurisprudenz zu Tode quäle, warum ich noch nicht damit fertig bin und erst Ostern fertig werde.

Mit der Genialität in der Poesie ist es auch so eine ganz zweideutige Sache. Das Talent ist mehr wert. Zu jeder Vollbringung gehört das Talent. Um ein poetisches Genie zu sein, muß man erst das Talent dazu haben. Das ist der letzte Grund der Goetheschen Größe. Das ist der letzte Grund, warum so viele Poeten zugrunde gehen: z. B. ich!

Freund meiner Seele! Seele meines Freundes! Freundliche Seele! Du siehst, daß ich in der schlechtesten Laune von der Welt bin! Freundliche Seele – nein! dieser Ausdruck ist zu bitter. Gib mir nie Gelegenheit, ihn zu gebrauchen! Mit der Freundlichkeit haben mich meine meisten Freunde getötet. Ärgere Dich über mich und lasse mich diesen Ärger fühlen.

An Moses Moser,
Göttingen, 11. Januar 1825

Meine äußere Lage ist nicht sehr verändert. Ich habe den ganzen Winter an der Jurisprudenz gearbeitet, habe manche sehr gesunde Tage gehabt, und wenn ich in diesem Augenblick nicht einen so schlimmen Rückfall von Schmerzen hätte, so würde ich mich jetzt zum juristischen Promovieren melden...

Ich habe gute Hoffnung, diesen Sommer recht zu gesunden, mein Arzt gibt sich viel Mühe und ich auch. Viel Geldausgaben und Verschlucken unangenehmer Medizinen.

Mein Oheim in Hamburg hat mir noch ein halbes Jahr zugesetzt. Aber alles, was er tut, geschieht auf eine unerfreuliche Weise. Ich habe ihm bis zu dieser Stunde noch nicht geantwortet, denn es ist mir zu ekelhaft, ihm zu zeigen, wie läppisch und erbärmlich man mich bei ihm verklatscht. Ebenfalls aus Ekel übergehe ich hier diese Eitermaterie. – Bin ich gesund, so habe ich Kraft genug, alles zu ändern; bis dahin will ich mich gedulden.

An Moses Moser,
Göttingen, 1. April 1825

Heine. Bleistiftzeichnung eines unbekannten Künstlers, um 1825

Daß ich Dir von Goethe nichts geschrieben und wie ich ihn in Weimar gesprochen und wie er mir recht viel Freundliches und Herablassendes gesagt, daran hast Du nichts verloren. Er ist nur noch das Gebäude, worin einst Herrliches geblüht, und nur das war's, was mich an ihm interessierte. Er hat ein wehmütiges Gefühl in mir erregt, und er ist mir lieber geworden, seit ich ihn bemitleide. Im Grunde aber sind ich und Goethe zwei Naturen, die sich in ihrer Heterogenität abstoßen müssen. Er ist von Haus aus ein leichter Lebemensch, dem der Lebensgenuß das Höchste und der das Leben für und in der Idee wohl zuweilen fühlt und ahnt und in Gedichten ausspricht, aber nie tief begriffen und noch weniger gelebt hat. Ich hingegen bin von Haus aus ein Schwärmer, das heißt bis zur Aufopferung begeistert für die Idee und immer gedrängt, in dieselbe mich zu versenken, dagegen aber habe ich den Lebensgenuß begriffen und Gefallen daran gefunden, und nun ist in mir der große Kampf zwischen meiner klaren Vernünftigkeit, die den Lebensgenuß billigt und alle aufopfernde Begeisterung als etwas Törichtes ablehnt, und zwischen meiner schwärmerischen Neigung, die oft unversehens aufschießt und mich gewaltsam ergreift und mich vielleicht einst wieder in ihr uraltes Reich hinabzieht, wenn es nicht besser ist, zu sagen hinaufzieht; denn es ist noch die große Frage, ob der Schwärmer, der selbst sein Leben für die Idee hingibt, nicht in einem Momente mehr und glücklicher lebt als Herr von Goethe während seines ganzen sechsundsiebzigjährigen egoistisch behaglichen Lebens.

An Moses Moser,
Göttingen, 1. Juli 1825

Aber auch heute kann ich Dir bloß den Empfang der zehn Louisdor melden und, wie gesagt, die Nachricht der stattgefundenen Promotion. Ich habe disputiert wie ein Kutschenpferd über die vierte und fünfte Thesis, Eid und Confarreatio. Es ging sehr gut, und der Dekan (Hugo) machte mir bei dieser feierlichen Szene die größten Elogen, indem er seine Bewunderung aussprach, daß ein großer Dichter auch ein großer Jurist sei. Wenn mich letztere Worte nicht mißtrauisch gegen dieses Lob gemacht hätten, so würde ich mir nicht wenig drauf einbilden, daß man vom Katheder herab, in einer langen lateinischen Rede, mich mit Goethe verglichen und auch geäußert, daß nach dem allgemeinen Urteil meine Verse den Goethischen an die Seite zu setzen sind. Und dieses sagte der große Hugo aus der Fülle seines Herzens, und privatim sagte er noch viel Schönes denselben Tag, als wir beide miteinander spazierenfuhren und ich von ihm auf ein Abendessen gesetzt wurde. Ich finde also, daß Gans unrecht hat, wenn er in geringschätzendem Tone von Hugo spricht. Hugo ist einer der größten Männer unseres Jahrhunderts.

Gestern habe ich den ganzen Tag mit Briefschreiben an meine Familie und Gratuliertwerden vertrödelt; und heute bin ich tot. Erschrick nicht über letztere Worte, ich sprach bloß im figürlichen Sinn. Ich kann Dir also heute nicht schreiben, obschon ich unendlichen Stoff dazu habe, besonders wenn ich Dir ausführlich sagen wollte, wie sehr ich Dich liebe und wie sehr Du verdienst, geliebt zu werden.

An Moses Moser,
Göttingen, 22. Juli 1825

Die Universität Göttingen. Kupferstich, um 1790

O Christian, ich bin heute in einer sehr weichen Stimmung und möchte von alten Dingen sprechen, von alter Wehmut und neuer Torheit, von bitterer Eselei und Süßigkeit des Schmerzes. Ich bin noch immer der alte Narr, der, wenn er kaum mit der Außenwelt Friede gemacht, gleich wieder von innern Kriegen geplagt wird. – Es ist ein mißmütiges Wetter, ich höre nichts als das Brausen der See – Oh, läg ich doch begraben unter den weißen Dünen. – Ich bin in meinen Wünschen sehr mäßig geworden. Einst wünschte ich, begraben zu sein unter einer Palme des Jordans. – – – Das vermaledeit viele Abschiednehmen stimmt mich so weich, ganz in Moll. Ich habe hier wunderschöne Tage gelebt, meine Privateitelkeit wurde von holden Pfötchen allerliebst gestreichelt, ich kam fast auf den Gedanken, der Dr. Heine sei wirklich höchst liebenswürdig, und ich schwelgte im Anschaun der schönen Dame, in deren Nähe Du mich wiedersahest. Sie protegierte mich zuletzt gar sehr – und jetzt ist sie abgereist. . . Hol mich der Teufel, ich werde sentimental.

An Christian Sethe,
Norderney, 1. September 1825

Krankheit, Jurisprudenz und Faulheit. Erstere hielt mich sehr niedergedrückt, doch jetzt geht es besser. Seit August hab ich Göttingen verlassen, reiste nach der Insel Norderney, wo ich mit Erfolg das Seebad gebrauchte; und jetzt will ich hier überwintern und mit den ersten Schwalben nach Berlin zurückkehren. Dort hoffe ich Dich zu sehen. Mit historischen Studien und Vorarbeiten zu künftigen Werken bin ich jetzt noch beschäftigt. Poetisches fließt wenig aus meiner Feder.

Die gute Aufnahme meiner ersten Produktionen hat mich nicht, wie es leider zu geschehen pflegt, in den süßen Glauben hineingewiegt, ich sei nun ein für allemal ein Genie, das nichts zu tun braucht, als die liebe, klare Poesie geruhig aus sich herausfließen und von aller Welt bewundern zu lassen. Keiner fühlt mehr als ich, wie mühsam es ist, etwas Literarisches zu geben, das noch nicht da war, und wie ungenügend es jedem tiefern Geiste sein muß, bloß zum Gefallen des müßigen Haufens zu schreiben.

An Karl Simrock,
Hamburg, 30. Dezember 1825

Schlechtes Leben hier. Regen, Schnee und zuviel Essen. Und ich sehr verdrießlich. Hamburg ist am Tage eine große Rechenstube und in der Nacht ein großes Bordell. Alle Menschen sehn mich an, als wollten sie das »Lyrische Intermezzo« parodieren. Und ich selbst bin voller Ironie und Sentimentalität. . . Ich aber weiß es am allerwenigsten, was ich hier tun werde. Indessen glaub nur nicht, daß ich hier müßig sei, im Gegenteil, wo ich geh und steh, mach ich Verse. Folgendes famose Lied machte ich gestern abend. Ist es nicht wunderschön?

Aber damit Du dieses eingestehst, muß ich es wirklich hinschreiben, welches ich hiermit tue:

Sie liebten sich beide, doch keiner
Wollt es dem andern gestehn;
Sie sahn sich an so feindlich,
Und wollten vor Liebe vergehn.

Sie trennten sich endlich, und sahn sich
Nur noch zuweilen im Traum;
Sie waren längst gestorben,
Und wußten es selber kaum.

Kennst Du in der ganzen deutschen Literatur ein besseres Lied? Peters, das ist dein bestes.

Aber wirklich, Christiani, nachdem Du dieses Lied gelesen hast, glaubst Du noch wirklich, daß ich hier Advokat werde? Ich denke, ich gehe nach Berlin. Meine Freunde schreiben mir von dort aus Mordbriefe und wollen mich mit Gendarmen von hier wegholen lassen. – Messieurs! ich weiche der Gewalt. . .

Ich bin ein Unglücklicher oder, was noch mehr sagen will, ein Esel.

An Rudolf Christiani,
Hamburg, Dezember 1825

Und ich lebe! Der große Pulsschlag der Natur bebt auch in meiner Brust, und wenn ich jauchze, antwortet mir ein tausendfältiges Echo. Ich höre tausend Nachtigallen. Der Frühling hat sie gesendet, die Erde aus ihrem Morgenschlummer zu wecken, und die Erde schauert vor Entzücken, ihre Blumen sind die Hymnen, die sie in Begeisterung der Sonne entgegensingt – die Sonne bewegt sich viel zu langsam, ich möchte ihre Feuerrosse peitschen, damit sie schneller dahinjagen – Aber wenn sie zischend ins Meer hinabsinkt und die große Nacht heraufsteigt mit ihrem großen sehnsüchtigen Auge, oh! dann durchbebt mich erst recht die rechte Lust, wie schmeichelnde Mädchen legen sich die Abendlüfte an mein brausendes Herz, und die Sterne winken, und ich erhebe mich und schwebe über der kleinen Erde und den kleinen Gedanken der Menschen.

Ideen. Das Buch Le Grand,
1826

Über meine äußeren Angelegenheiten kann ich und will ich heute wenig sprechen. Soviel kann ich Dir vertrauen, es steht mit mir besser, als ich selber weiß. – Wer mich am meisten quält, das bin ich noch immer selbst. – Im Grunde bin ich jetzt auch innerlich so sehr bewegt, daß ich an nichts Äußeres denken kann.

An Moses Moser,
Hamburg, 9. Januar 1826

Der liebevolle Anteil, den Du an dem schlimmen Heine nimmst, erfreut mich unsäglich –

O wie ist es doch erfreulich,
Solchen Jüngling noch zu finden
Jetzt in unsrer Zeit, wo täglich usw.

Du siehst aus diesen Versen, welch ein schlechter Mensch ich bin und wie wenig ich die Güte und Liebe meiner Freunde verdiene! Doch zu unserem Trost sei es gesagt, statt jener Verse war ich im Begriff, etwas innigst freundschaftlich Seelenvolles zu sagen, und der ironische Teufel hat mir wieder, wie gewöhnlich, entgegengesetzte Worte untergeschoben. . . Ich werde wohl vier Wochen hierbleiben, und wenn ich meine Spielverluste – gestern hat sich Fortuna wieder von mir gewendet – wiedergewinne, werde ich wohl nach Holland gehn. Es liegt eine Süßigkeit eigener Art in dieser unbestimmten Lebensart, wo alles von der Laune des äußeren Glückes abhängt. Erzähl nur beileibe niemandem von dieser Torheit. – Es macht mir Vergnügen, mich Dir in all meinen Schwächen zu zeigen. Wenn Du bald noch nicht abgeschreckt bist, werde ich Dich wohl für dieses ganze Leben in Liebe und Freundschaft behalten. – Gott! welche närrische Unterscheidungen haben wir Deutsche eingeführt! »Liebe und Freundschaft«, »Speck und Schweinefleisch«. –

In diesem Augenblick überfällt mich Sentimentalität – meine Seele ist traurig! – Ich schließe um so schneller.

An Friedrich Merckel,
Norderney, 25. Juli 1826

Aber einst wird kommen der Tag, und die Glut in meinen Adern ist erloschen, in meiner Brust wohnt der Winter, seine weißen Flocken umflattern spärlich mein Haupt, und seine Nebel verschleiern mein Auge. In verwitterten Gräbern liegen meine Freunde, ich allein bin zurückgeblieben, wie ein einsamer Halm, den der Schnitter vergessen, ein neues Geschlecht ist hervorgeblüht mit neuen Wünschen und neuen Gedanken, voller Verwunderung höre ich neue Namen und neue Lieder, die alten Namen sind verschollen, und ich selbst bin verschollen, vielleicht noch von wenigen geehrt, von vielen verhöhnt und von niemandem geliebt! Und es springen heran zu mir die rosenwangigen Knaben und drücken mir die alte Harfe in die zitternde Hand und sprechen lachend: »Du hast schon lange geschwiegen, du fauler Graukopf, sing uns wieder Gesänge von den Träumen deiner Jugend.«

Dann ergreif ich die Harfe, und die alten Freuden und Schmerzen erwachen, die Nebel zerrinnen, Tränen blühen wieder aus meinen toten Augen, es frühlingt wieder in meiner Brust, süße Töne der Wehmut beben in den Saiten der Harfe, ich sehe wieder den blauen Fluß und die marmornen Paläste und die schönen Frauen- und Mädchengesichter – und ich singe ein Lied von den Blumen der Brenta.

Es wird mein letztes Lied sein, die Sterne werden mich anblicken wie in den Nächten meiner Jugend, das verliebte Mondlicht küßt wieder meine Wangen, die Geisterchöre verstorbener Nachtigallen flöten aus der Ferne, schlaftrunken schließen sich meine Augen, meine Seele verhallt wie die Töne meiner Harfe – es duften die Blumen der Brenta.

Ein Baum wird meinen Grabstein beschatten. Ich hätte gern eine Palme, aber diese gedeiht nicht im Norden. Es wird wohl eine Linde sein, und sommerabends werden dort die Liebenden sitzen und kosen; der Zeisig, der sich lauschend in den Zweigen wiegt, ist verschwiegen, und meine Linde rauscht traulich über den Häuptern der Glücklichen, die so glücklich sind, daß sie nicht einmal Zeit haben, zu lesen, was auf dem weißen Leichensteine geschrieben steht. Wenn aber späterhin der Liebende sein Mädchen verloren hat, dann kommt er wieder zu der wohlbekannten Linde und seufzt und weint und betrachtet den Leichenstein, lang und oft, und liest darauf die Inschrift: – »Er liebte die Blumen der Brenta.«

Ideen. Das Buch Le Grand,
1826

Ich bin nicht eitel – Und wüchse ein Wald von Lorbeeren auf meinem Haupte und ergösse sich ein Meer von Weihrauch in mein junges Herz – ich würde doch nicht eitel werden.

Ideen. Das Buch Le Grand,
1826

Auch das Meer erscheint nicht mehr so romantisch wie sonst. – Und dennoch hab ich an seinem Strande das süßeste, mystisch lieblichste Ereignis erlebt, das jemals einen Poeten begeistern konnte. Der Mond schien mir zeigen zu wollen, daß in dieser Welt noch Herrlichkeiten für mich vorhanden. – Wir sprachen kein Wort – es war nur ein langer, tiefer Blick, der Mond machte die Musik dazu – im Vorbeigehen faßte ich ihre Hand, und ich fühlte den geheimen Druck derselben – meine Seele zitterte und glühte – ich hab nachher geweint.

Was hilft's! Wenn ich auch kühn genug bin, das Glück rasch zu erfassen, so kann ich es doch nicht lange festhalten. Ich fürchte, es könnte plötzlich Tag werden – nur das Dunkel gibt mir Mut. – Ein schönes Auge, es wird noch lang in meiner Brust leben und dann verbleichen und in nichts zerrinnen – wie ich selbst.

An Friedrich Merckel,
Norderney, 4. August 1826

Ich habe eine ganze neue Bahn darin gebrochen, mit Lebensgefahr. Auch den rein freien Humor habe ich in einem selbstbiographischen Fragment versucht. Bisher hab ich nur Witz, Ironie, Laune gezeigt, noch nie den reinen, urbehaglichen Humor.

An Moses Moser,
Lüneburg, 14. Oktober 1826

Als ich Ihr und Frau von Varnhagens Brief erhielt, war ich entzückt – doch das wissen Sie auswendig –, ich las die lieben Briefe drei-, vier-, dreißig-, vierzigmal, so daß mir das Herz sehr heiter und der Kopf ganz klar wurde und, wie ein Stern in der Nacht, der lichte Gedanke in mir aufstieg: ich will nach Paris reisen, ja, ja!

An Karl August Varnhagen von Ense
Lüneburg, 24. Oktober 1826

Bis auf den letzten Augenblick spielen wir Komödie mit uns selber. Wir maskieren sogar unser Elend, und während wir an einer Brustwunde sterben, klagen wir über Zahnweh...

Ich aber hatte Zahnweh im Herzen. Das ist ein schlimmstes Übel, und da hilft sehr gut das Füllen mit Blei und das Zahnpulver, das Barthold Schwarz erfunden hat.

Ideen. Das Buch Le Grand,
1826

Draußen schneit es, und in meinem Kamin ist kein Feuer, daher ein kühler Brief. Obendrein verdrießlich und krank. Schon genug gesehen und gehört, aber noch keine einzige klare Anschauung. London hat all meine Erwartung übertroffen in Hinsicht seiner Großartigkeit, aber ich habe mich selbst verloren.

An Friedrich Merckel,
London, 23. April 1827

Mit meiner Familie stehe ich auf gutem Fuß. Ich selbst bin darin der einzige, womit ich schlecht stehe. Viel Selbstkummer habe ich in dieser letzten Zeit ertragen, es will sich noch nicht mit meinem Kopfschmerz geben, und alte Gemütswunden eitern. In diesem Augenblick hat mich eine starke Betäubung wie in ein bleiernes Grab eingeschlossen. Ich fürchte, daß ich nächstens ernsthaft krank werde. – Leben Sie wohl, das Papier ist zu Ende. Frau von Varnhagen küsse ich die Hand.

An Karl August Varnhagen von Ense,
London, 1. Mai 1827

Wenn ich gesund werde, kann ich jetzt viel tun; ich habe jetzt eine weitschallende Stimme. Du sollst sie noch oft hören, donnernd gegen Gedankenschergen und Unterdrücker heiligster Rechte. – Ich werde eine ganz extraordinäre Professur erlangen in der Universitas hoher Geister.

Der Hauptzweck meines heutigen Briefes ist die Wiederholung des alten Textes, daß ich Dich liebe und daß ich wünsche, mir Deine Liebe zu erhalten. Als ein Beweis meiner Liebe schicke ich Dir heute zehn Louisdor zurück, die Du mir seit Jahr und Tag geliehen. Nur meinen liebsten Freunden pflege ich Geld zurückzubezahlen.

An Moses Moser,
London, 9. Juni 1827

Ich habe mancherlei Schulden in diesem irdischen Jammertal und bis jetzt keine fixe Einnahme. Die Verfolgungen, die ich erleide, sind bedenklich, und es ist nötig, daß ich zu jeder Zeit mit Reisegeld versehen sei. Was ich bei mir habe, pflege ich gewöhnlich zu verschleudern; und so wäre es gut, denk ich, wenn Sie mir immer einen kleinen Zehrpfennig aufbewahrten. Nur Verschwiegenheit! –

An Karl August Varnhagen von Ense,
Hamburg, 26. September

Ich werde es mit den Aristokraten noch mehr verderben. Wolfgang Goethe mag immerhin das Völkerrecht der Geister verletzen; er kann doch nicht verhindern, daß sein großer Name einst gar oft zusammen genannt wird mit dem Namen

H. Heine.

An Karl August Varnhagen von Ense,
Lüneburg, 30. Oktober 1827

Ich wünsche Dir ein gutes neues Jahr, ein besseres als das, welches im Begriff ist abzurollen. Ich wollte, ich könnt mitrollen in das ewige Nichts, denn ich bin sehr krank und schlechter Laune. – . . .

Das Klima hier tötet mich, sonst aber gefällt es mir gut. Bin gut bewahrt. Der König ein netter Mensch. Liest mit Teilnahme die »Politischen Annalen«, wie er sagt. In acht Tagen erscheint das erste Heft der »Annalen«, herausgegeben von Heine und Lindner. Es ist ein kleiner Aufsatz drin von mir über Freiheit und Gleichheit. Trotz meiner Krankheit muß ich derart für die »Annalen« sorgen. Meine Finanzen sind zerrüttet, ich habe Schulden, will diesen Sommer wieder ins Bad, und wenn ich von Cotta, der reichlich für mich sorgt, soviel Geld nehme, muß ich auch etwas liefern. Drum sollen in jedem Heft der »Annalen« wenigstens ein paar Blätter aus meiner Feder kommen.

Auch liegt viel Renommage zum Grund; ich zeige der Welt, daß ich ewas andres bin als unsre sonettierenden Almanachpoeten.

An Friedrich Merckel,
München, Silvesterabend 1827

In München habe ich ein köstliches Leben geführt und werde mit Freuden zurückkehren und immer dableiben.

An Moses Moser,
Bagni di Lucca, 6. September 1828

Die Ludwigstraße in München. Stich, um 1828

Ich will nicht denken an die Klagen, die ich gegen Sie führen möchte und die vielleicht größer sind, als Sie nur ahnen können. Ich bitte Sie, lassen Sie daher auch etwas ab von Ihren Klagen gegen mich, da sie sich doch alle auf Geld reduzieren lassen und, wenn man alle bis auf Heller und Pfennig in Banko Mark ausrechnet, doch am Ende eine Summe herauskäme, die ein Millionär wohl wegwerfen könnte – statt daß meine Klagen unberechenbar sind, unendlich, denn sie sind geistiger Art, wurzelnd in der Tiefe der schmerzlichsten Empfindungen. Hätte ich jemals auch nur mit einem einzigen Worte, mit einem einzigen Blick die Ehrfurcht gegen Sie verletzt oder Ihr Haus beleidigt – ich habe es nur zu sehr geliebt! –, dann hätten Sie recht, zu zürnen. Doch jetzt nicht; wenn alle Ihre Klagen zusammengezählt würden, so gingen sie doch alle in einen Geldbeutel hinein, der nicht einmal von allzu großer Fassungskraft zu sein brauchte, und sie gingen sogar mit Bequemlichkeit hinein. Und ich setze den Fall, der graue Sack wäre zu klein, um Salomon Heines Klagen gegen mich fassen zu können, und der Sack risse – glauben Sie wohl, Onkel, daß das ebensoviel bedeutet, als wenn ein Herz reißt, das man mit Kränkungen überstopft hat?

Doch genug, die Sonne scheint heute so schön, und wenn ich zum Fenster hinausblicke, so sehe ich nichts wie lachende Berge mit Weinreben. Ich will nicht klagen, ich will Sie nur lieben, wie ich immer getan, ich will nur an Ihre Seele denken und will Ihnen gestehen, daß diese doch noch schöner ist als all die Herrlichkeit, die ich bis jetzt in Italien gesehen.

An Salomon Heine,
Lucca, 15. September 1828

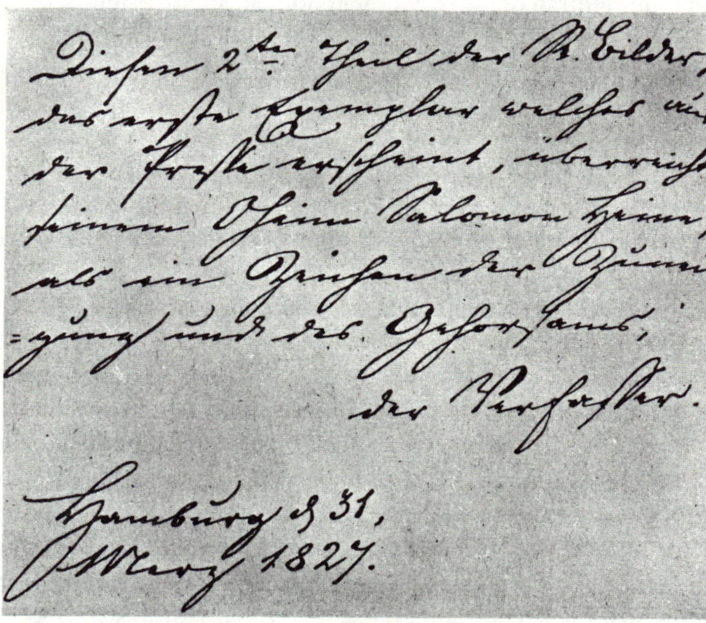
Diesen 2ten Theil der R. Bilder, das erste Exemplar welches aus der Presse erscheint, überreicht seinem Oheim Salomon Heine, als ein Zeichen der Zuneigung und des Gehorsams,

der Verfasser.

Hamburg d 31, Merz 1827.

Widmung im zweiten Teil der »Reisebilder« an den Onkel Salomon Heine

Ich bin der höflichste Mensch von der Welt. Ich tue mir was darauf zugute, niemals grob gewesen zu sein auf dieser Erde, wo es so viele unerträgliche Schlingel gibt, die sich zu einem hinsetzen und ihre Leiden erzählen oder gar ihre Verse deklamieren; mit wahrhaft christlicher Geduld habe ich immer solche Misere ruhig angehört, ohne nur durch eine Miene zu verraten, wie sehr sich meine Seele ennuyierte. Gleich einem büßenden Brahminen, der seinen Leib dem Ungeziefer preisgibt, damit auch diese Gottesgeschöpfe sich sättigen, habe ich dem fatalsten Menschengeschmeiß oft tagelang standgehalten und ruhig zugehört, und meine inneren Seufzer vernahm nur Er, der die Tugend belohnt.

Aber auch die Lebensklugheit gebietet uns, höflich zu sein und nicht verdrießlich zu schweigen oder gar Verdrießliches zu erwidern, wenn irgendein schwammiger Kommerzienrat oder dürrer Käsekrämer sich zu uns setzt und ein allgemein europäisches Gespräch anfängt mit den Worten: »Es ist heute eine schöne Witterung.« Man kann nicht wissen, wie man mit einem solchen Philister wieder zusammentrifft, und er kann es uns dann bitter eintränken, daß wir nicht höflich geantwortet.

Reisebilder. Reise von München nach Genua,
1829

Vorgestern war ich in Sanssouci, wo alles glüht und blüht, aber wie! du heiliger Gott! Das ist alles nur ein gewärmter, grünangestrichener Winter, und auf den Terrassen stehen Fichtenstämmchen, die sich in Orangenbäume maskiert haben.

Ach, krank und elend wie ich bin, wie zur Selbstverspottung, beschreibe ich jetzt die glänzendste Zeit meines Lebens, eine Zeit, wo ich, berauscht von Übermut und Liebesglück, auf den Höhen der Apenninen umherjauchzte und große, wilde Taten träumte, wodurch mein Ruhm sich über die ganze Erde verbreite bis zur fernsten Insel, wo der Schiffer des Abends am Herde von mir erzählen sollte; jetzt, wie bin ich zahm geworden, seit dem Tode meines Vaters! Jetzt möchte ich auf so einer fernen Insel nur das Kätzchen sein, das am warmen Herde sitzt und zuhört, wenn von berühmten Taten erzählt wird.

Ich bin so niedergeschlagen, so zusammengedrückt, so beengt – ach, ich möchte ein Kätzchen sein!

An Friederike Robert,
Potsdam, ohne Datum 1829

Ach, schöne Friederike, ich bin unglücklich, und in solcher Lage hat man kaum das Recht, an schöne Frauen zu denken, viel weniger, ihnen zu schreiben. Ich leide nämlich an einem hohlen Zahn und an einem hohlen Herz, die beide eben wegen ihrer Hohlheit mir viel Qual verursachen. Leider habe ich nicht die Courage, mich der heilsamsten Operation zu unterziehen; ich meine in betreff des Zahnes. Wenn ich an Sie denke, fühle ich manchmal Linderung – ich meine in betreff des Herzens. Wenn ich sagte, liebe Robert, ich wäre in Sie verliebt, so löge ich; wenn ich aber sage, daß ich an Sie mit außerordentlicher Liebe denke, so sage ich die Wahrheit. Ich sterbe täglich mehr und mehr, ich bin fast ein Toter, und solche Leute haben das Recht, die Wahrheit zu sagen, da ihnen die Lüge keinen Spaß mehr macht.

Von der letzten amourischen Bekanntschaft ist nichts übriggeblieben als ein öder Katzenjammer, ein widerwärtiger Spuk, ein gespenstiger Ärger; manchmal um Mitternacht miaut eine tote Katze in den Ruinen meines Herzens.

An Friederike Robert,
Hamburg, Mitte Dezember 1829

Der Kopf dumpf, die Brust voll widerwärtigem Schmerz, von tausend Verdrießlichkeiten umringt, schreibe ich Ihnen diesen Brief. Wie trübe beginnt dieses Jahr, wie beängstigend – könnte man nur der Zeit entlaufen, wie man einem Ort entläuft! Ach, ich muß dies ganze Jahr ausdauern, ehe ich zu 1831 gelange! . . .

Dazu kommen häusliche Verdrüsse, Ärger über meinen Verleger, der mich prellt, und gestern abend gar erhielt ich einen Brief von Cotta, woraus ich sah, daß seine edle Gattin ihn verleitet, gegen mich unredlich, ja unehrlich zu sein – doch ich liebe ihn zu sehr, um nicht zu merken, daß er bloß den Brief unterschrieb. Indessen, das bleibt strengstes Geheimnis, und ich werde schon mit ihm ins Geleise kommen. – Ein wahrer Schuft aber ist mein Campe, der sogar, um mich in meinen pekuniären Ansprüchen niederzuhalten, gegen mein Buch geheime Ränke ausübt; dergestalt bin ich von allen Seiten in Not. – Mißverstehen Sie mich nicht, meine Not ist teils literarisch, teils für meine persönliche Sicherheit, teils für meine Zukunft, indem ich sehe, wie man mir überall das Wasser abgräbt. Ich bemerke Ihnen dieses alles, weil ich Sie fragen will: soll ich nach Berlin kommen? Die dortigen Platen, womit man mir droht, daß sie eine Kabinettsordre des Königs gegen mich bewirken könnten, fürchte ich nicht; auch fürchte ich nicht die Injurienprozesse, die ich dort etwa bestehen könnte – sondern ich weiß nicht: ist der Standpunkt eines Privatisierers in Berlin überhaupt für mich günstig, läßt sich dort etwas für die Zukunft erlangen? Ich will ruhig und arbeitsam dort leben. Ich möchte in Ruhe bis zur Sommerzeit dort einige Bücher ausarbeiten, nachher wieder ins Seebad reisen und mich in Berlin domizilieren. Ich muß einen Halt haben gegen den Süden, wo ich alles in die Schanze geschlagen. Ach! Sie wissen nicht, wieviel Opfer es mich gekostet, ganz rücksichtslos zu schreiben. – . . .

Meine Freundin, Frau von Varnhagen, wage ich kaum, in diesem Briefe voll Nöten grüßen zu lassen. Jedoch, in dem Moment, wo ich ihren Namen ausspreche, werde ich heiter, wohlgestimmter, fast lachend munter – ja, grüßen Sie sie dennoch herzlich, recht lieb herzlich von mir. Sagen Sie ihr, daß ich ihr alles sagen lasse, was ich seit sechs Monaten gedacht habe; was das aber ist, dies kann sie sich selbst denken.

An Karl August Varnhagen von Ense,
Hamburg, 3. Januar 1830

Ich würde Ihnen aber doch noch nicht schreiben, wenn ich nicht stachelnde Begier hätte, etwas von Ihnen zu erfahren, wie es Ihnen und wie es überhaupt in der Welt geht. Ich bin so isoliert, daß Sie in diesem Augenblick die einzigen pouvoirs intermédiataires zwischen dem bessern Mir und der bessern Erscheinungswelt sind. Seit zehn Tagen wohne ich ganz allein in Wandsbek, wo ich seitdem noch mit niemandem gesprochen, außer mit Thiers und dem lieben Gott – ich lese nämlich die Revolutionsgeschichte des einen und die Bibel des anderen Verfassers. Das Bedürfnis der Einsamkeit wird mir nie fühlbarer als beim Anfang des Frühjahrs, wenn das Erwachen der Natur sich auch in den Gesichtern der Stadtphilister zeigt und unerträglich gemütliche Grimassen darin hervorbringt. Wieviel nobler und einfacher gebärden sich die Bäume, die ruhig grün werden und bestimmt wissen, was sie wollen! – Auch ich weiß bestimmt, was ich will, aber es kommt nicht viel Grünes dabei heraus.

Indem ich die vorherige Seite, um zu wenden, mit ruhigem Sand bestreute, bemerkte ich, daß meine Handschrift mit Frau von Varnhagens Handschrift sehr große Ähnlichkeit bekommt. Im Grunde ist es auch Unnatur, wenn ich anders schreibe. Sind doch unsere Gedanken ähnlich wie ein Stern dem andern – besonders meine ich hier Sterne, die so recht viele Millionen Meilen weit von der Erde entfernt sind. Wenn ich nun sage,

Bildnis Heines mit eigenhändiger, hier nicht reproduzierter Aufschrift: »So sah ich aus, heute morgen, den 6. April 1829.« Zeichnung von Franz Kugler

daß ein Brief von Frau von Varnhagen manchmal Ähnlichkeit mit der Milchstraße am Himmel hat, so liegt dabei auch eine heimliche Anspielung auf die Klagen der Astronomen, die ob des allzu leuchtenden Gewimmels in besagter Milchstraße nicht deutlich genug die einzelnen Sterne heraussehen und betrachten können und sich die Augen verderben, wie ich, der ich einen Brief von Frau von Varnhagen in diesem

Augenblick vor mir liegen habe. Gleichviel, schreiben Sie, Frau von Varnhagen, mir bald wieder einen jener himmlischen Briefe, woran ich mir die Augen verderbe und das Herz erquicke.

Ich will wieder Sand streuen und die dummen Gedanken dieses Blattes darunter begraben.

Während des vorigen Monats, besonders seit dem Ende des Karnevals, ist es mir in Hamburg nur allzu gut ergangen. Ich habe kein Talent, recht leidend gar zu lange hinzukränkeln, und als ich, außer meinem körperlichen Unwohlsein, auch mit geistigem Mißbehagen, welches größtenteils durch mein letztes Buch verursacht wurde, zu schaffen bekam, griff ich zu meinem gewöhnlichen Hausmittel, welches darin besteht, daß man nicht mehr zu Hause eingezogen lebt und daß man dem kranken, verdrießlichen Leibe soviel Lebensfreuden als möglich abtrotzt. Nach solchem Leben pflegt aber mit der Ermüdung auch eine ernste Arbeitssehnsucht bei mir einzutreten, und die Leichtigkeit und Gleichgültigkeit, womit ich Hamburgs Fleischtöpfe und Fleischtöpfinnen, seine Theater- und Ballvergnügungen, seine guten und schlechten Gesellschaften verlassen habe, um mich in Einsamkeit und Studien zu vergraben, gibt mir die Überzeugung, daß ich doch anders bin – als die andern. Große Vorsätze wälzen sich in meinem Geiste, und ich hoffe, daß auch öffentlich dieses Jahr manches davon zur Erscheinung komme.

An Karl August Varnhagen von Ense,
Wandsbek, 5. April 1830

La force des choses! Die Macht der Dinge! Ich habe wahrhaftig nicht die Dinge auf die Spitze gestellt, sondern die Dinge haben mich auf die Spitze gestellt, auf die Spitze der Welt, auf Paris – ja, gestern morgen stand ich auf der Spitze dieser Spitze, auf dem Panthéon. »Aux grands hommes la patrie reconnoissante!« So, glaube ich, lautet wieder die goldne Inschrift. – Welcher Hohn! Die kleinen Menschen errichten solche Tempel für die großen Menschen, nach ihrem Tode – man sollte solche Inschriften lieber auf Vérys Restauration setzen und die großen Männer bei Lebzeit gut füttern, statt sie nach ihrem Hungertode oder sonstigem Qualtode zu verehren. Aber Véry ist das Panthéon der lebenden kleinen Menschen, und da sitzen sie und essen und trinken und erfinden ironische Inschriften...

Ach, vor sechs Monaten sah ich alles voraus und hätte mich gern in die

Heine. Radierung nach einem Gemälde von Moritz Oppenheim, 1831. In einem Brief an den Künstler vom 25. Juli 1831 nennt Heine sie »miserabel«.

Poesie zurückgezogen und anderen Leuten das Schlächterhandwerk überlassen – aber es ging nicht, la force des choses, wir werden auf die Spitze getrieben! . . .

In Frankfurt, wo ich acht Tage mich aufhielt und mehrere Kongregationisten sprach, entdeckte ich die Quellen mancher eigner Übel, die mir unerklärlich waren. Ich habe zuletzt in Hamburg ein unerquickliches Leben geführt, ich fühlte mich nicht sicher, und da mir eine Reise nach Paris schon längst im Gemüte dämmerte, so war ich leicht beredet, als mir eine große Hand gar besorglich winkte. Indessen, fliehen wäre leicht, wenn man nicht das Vaterland an den Schuhsohlen mit sich schleppte! Ich parodiere Danton mit Schmerzen. Es ist schmerzlich, im Luxembourg spazierenzugehen und überall ein Stück Hamburg oder ein Stück Preußen oder Bayern an den Schuhsohlen mit sich herumzuschleppen.

Ich bleibe wahrscheinlich noch vier Wochen hier, dann geh ich nach Boulogne ins Bad und dann hierher zurück – auf wie lang? Es kann mir hier nicht schlechter gehn als in der Heimat, wo ich nichts als Kampf und Not habe, wo ich nicht sicher schlafen kann, wo man mir alle Lebensquellen vergiftet. Hier freilich ertrinke ich im Strudel der Begebenheiten, der Tageswellen, der brausenden Revolution; – obendrein bestehe ich jetzt ganz aus Phosphor, und während ich in einem wilden Menschenmeere ertrinke – verbrenne ich auch durch meine eigne Natur. – Leben Sie und Frau von Varnhagen recht lieb und wohl, vergessen Sie mich nicht. Trübe Ahnungen beklemmen mich.

An Karl August Varnhagen von Ense,
Paris, 27. Juni 1831

Schon an die zwei Monate schleppe ich mich mit dem Gedanken, Ihnen zu schreiben. Aber da kam unterdessen die vermaledeite Cholera, und jetzt leide ich, ungewöhnlich heftig, seit vierzehn Tagen an meinem Kopfe. Wiewohl ich, auf innigstes Verständnis rechnend, keineswegs glaube, daß Sie mein langes Stillschweigen mißdeuten könnten, ist es mir doch drükkend, Ihren letzten lieben Brief ohne danksagende Beantwortung zu lassen, und diese Zeilen haben die flüchtige Absicht, Sie freundlich zu grüßen. Ich bedarf des Bewußtseins Ihrer und Frau von Varnhagens Teilnahme jetzt noch ebensosehr wie zu Beginn meiner Laufbahn; denn ich stehe jetzt ebenso einsam in der Welt wie damals. Nur daß ich jetzt mehr Feinde habe, welches zwar immer ein Trost, aber doch kein genügender ist. – Sie können mir, wenn Sie wollen, jetzt auch öfter schreiben, ohne Furcht vor kompromittierenden Interzeptionen; ich stehe jetzt auf Friedensfuß mit allem Bestehenden, und wenn ich auch noch nicht desarmiere, so geschieht es nur der Demagogen wegen, gegen welche ich einen schweren Stand hatte und noch habe. Diese Leute, aller Mäßigung Feind, wollten, als ich mich zu keinem Mitwahnsinn verstand, mich durchaus zwingen, als Tribun abzudanken. Dazu hatte ich aber keine Lust. – Jetzt hat mich gottlob die Cholera von manchen überlästigen Gesellen befreit, nämlich die Furcht vor derselben. – Es war nicht eigentlicher Mut, daß ich nicht ebenfalls von Paris entfloh, als der panische Schrecken einriß; ehrlich gesagt, ich war zu faul. – Börne hatte längst reisen wollen, und man tut ihm unrecht, wenn man seine Abreise der Furcht beimaß. Indessen, ich hatte ihn vierzehn Tage vorher nicht gesehen; wir stehen sehr schlecht, er hatte einige jakobinische Ränke gegen mich losgelassen, die mir sehr mißfielen. Ich betrachte ihn als einen Verrückten. – Wenn meine Artikel in der »Allgemeinen Zeitung« Ihnen gefallen, ist es für mich tröstlich. Denn ich traue ihrem Werte nicht; ich schrieb sie, teils um mich auch auf diese Weise geltend zu machen, teils des baren Vorteils wegen. Halten Sie es der Mühe wert, ein Dutzend solcher Artikel als Buch späterhin in die Welt zu jagen? Es ist eine wenig gebrauchte Form. – Ich beschäftige mich jetzt viel mit der französischen Revolutionsgeschichte und dem Saint-Simonismus. Über beide werde ich Bücher schreiben. Ich muß aber noch viel studieren. Habe jedoch im letzten Jahre durch die Anschauung des Parteitreibens und der saint-simonistischen Erscheinungen sehr vieles verstehen gelernt, z. B. den »Moniteur« von 1793 und die Bibel. Mir fehlt jetzt nur Gesundheit und eine sorglose Existenz. Hatte unterdessen manchmal Gelegenheit, mir eine solche zu erwerben, aber es sollte unter Bedingungen geschehen, wogegen ich, nicht als Patriot, sondern als vornehmer Mann, eine bestimmte Repugnanz hatte.

An Karl August Varnhagen von Ense,
Hamburg, 22. Mai 1832

Fragt Sie jemand, wie ich mich hier befinde, so sagen Sie: wie ein Fisch im Wasser. Oder vielmehr, sagen Sie den Leuten, daß, wenn im Meere ein Fisch den anderen nach seinem Befinden fragt, so antworte dieser: ich befinde mich wie Heine in Paris . . .

Sie finden mich noch immer im alten Logis und bis am Hals im süßesten Gesellschaftsleben schwimmend. Ich habe, wie jedes Jahr, wieder zwei Monate am Meer zugebracht und mich, zum erstenmal, am Meere ennuyiert. Ich bin jetzt ein fleißiger Besucher der Oper, ein Anhänger von

Ludwig Philipp, meine Backen sind rot, zwei Finger an der linken Hand sind gelähmt, ich trage helle Röcke und bunte Westen – Sie werden mich kaum wiedererkennen.

An Ferdinand Hiller,
Paris, 24. Oktober 1832

Ich kann Ihnen noch immer nicht schreiben. Sowie ich die Feder ergreife, um Ihnen ein Wort zu sagen, ist mir der Kopf wie betäubt und die Brust in der schmerzlichsten Bewegung. Und ich bin sonst so ruhig und die Selbstbeherrschung selbst.

Aber es fallen auch in diesem Augenblick Dinge vor in meinem Leben, die auch einen Stein erschüttern könnten. Diesen Morgen erhalte ich die Todesnachricht meines Oheims van Geldern in Düsseldorf, der zu einer Zeit starb, wo ich dieses Unglück tiefer als je empfinden mußte. Ach, lieber Varnhagen, ich fühle jetzt die Bedeutung jener römischen Worte: Leben ist Kriegführen. So stehe ich nun auf der Bresche und sehe, wie die Freunde rings um mich her fallen. Unsere Freundin hat immer wacker gestritten und hat wohl einen Lorbeer verdient. Ich kann in diesem Augenblick vor Weinen nicht schreiben – ach! wir armen Menschen, mit

Tränen in den Augen müssen wir kämpfen. Welch ein Schlachtfeld diese Erde! . . .

Ich weiß, ich tröste Sie schlecht, lieber Varnhagen. Aber trösten kann kein Mensch, sondern nur die Zeit. Die Zeit, der schlaue Saturn, er heilt uns von jeder Wunde, um uns mit seiner Sense bald wieder eine neue Wunde ins Herz hineinzuschneiden.

An Karl August Varnhagen von Ense,
Paris, 28. März 1833

Eh' er singt und eh' er aufhört,
Muß der Dichter leben! –

Diese Worte, liebster Freund, brauche ich heute zu meiner Justifikation, in jeder Hinsicht. Seit vier Monaten ist mein Leben so stürmisch bewegt, namentlich in den drei letzten Monaten schlagen mir die Wogen des Lebens so gewaltig über den Kopf, daß ich kaum an Sie denken, viel weniger Ihnen schreiben konnte. Ich Tor glaubte, die Zeit der Leidenschaft sei für mich vorüber, ich könnte niemals wieder in den Strudel rasender Menschlichkeit hineingerissen werden, ich sei den ewigen Göttern gleichgestellt in Ruhe, Besonnenheit und Mäßigung – und siehe! ich tobte wieder wie ein Mensch, und zwar wie ein junger Mensch. Jetzt, dank meiner unverwüstlichen Gemütskraft, ist die Seele wieder beschwichtigt, die aufgeregten Sinne sind wieder gezähmt, und ich lebe heiter und gelassen auf dem Schlosse einer schönen Freundin in der Nähe von Saint-Germain, im lieblichen Kreise vornehmer Personen und vornehmer Persönlichkeiten.

Ich glaube, mein Geist ist von aller Schlacke jetzt endlich gereinigt; meine Verse werden schöner werden, meine Bücher harmonischer. Das weiß ich, vor allem Unklaren und Unedlen, vor allem, was gemein und müffig ist, habe ich in diesem Augenblick einen wahren Abscheu.

An Julius Campe,
La Jonchère, 2. Juli 1835

Ihre Frage in betreff einer Rückkehr nach Deutschland hat mir sehr weh getan; denn ungern gestehe ich, daß dieses freiwillige Exil eins der größten Opfer ist, die ich dem Gedanken bringen muß. Ich würde bei meiner Rückkehr eine Stellung annehmen müssen, die mich allen möglichen Mißdeutungen aussetzen könnte. Ich will auch den Schein des Unwürdigen vermeiden.

An Heinrich Laube,
Boulogne-sur-Mer, 23. November 1835

Wie Sie gewiß gemerkt haben, ich gehöre zu den Leuten, die vor allen Gemütsbewegungen eine zaghafte Scheu hegen und sie soviel als möglich vermeiden möchten. Ach! trotz der größten Vorsicht erfaßt uns ja oft genug ein übermächtiges Gefühl, das uns jene Klarheit des Schauens und Denkens raubt, die ich nicht gern aufgebe. Sobald unser Sinn getrübt und unser Geist erschüttert ist, sind wir nicht mehr die Genossen der Götter. Dieser Genossenschaft, jetzt kann ich es gestehen, habe ich mich lange freuen können; ich wandelte ruhig und im Lichte; aber seit neun Monden sind große Stürme wieder in meiner Seele laut geworden, und unabsehbar lange Schatten lagerten sich um mich her. Dieses Bekenntnis mag Ihnen meine jetzige Untätigkeit erklären; ich bin noch immer beschäftigt, die aufgeregte Seele zu beschwichtigen und, wo nicht zum hellen Tage zu gelangen, doch wenigstens mich aus einer dicken Nacht hervorzuarbeiten.

An Heinrich Laube,
Boulogne-sur-Mer, 27. September 1835

Mit tiefer Betrübnis erfüllt mich der Beschluß, den Sie in Ihrer 31. Sitzung von 1835 gefaßt haben. Ich gestehe Ihnen, meine Herren, zu dieser Betrübnis gesellt sich auch die höchste Verwunderung. Sie haben mich angeklagt, gerichtet und verurteilt, ohne daß Sie mich weder mündlich noch schriftlich vernommen, ohne daß jemand mit meiner Verteidigung beauftragt worden, ohne daß irgendeine Ladung an mich ergangen. So handelte nicht in ähnlichen Fällen das Heilige Römische Reich, an dessen Stelle der Deutsche Bund getreten ist; Doktor Martin Luther, glorreichen Andenkens, durfte, versehen mit freiem Geleite, vor dem Reichstage erscheinen und sich frei und öffentlich gegen alle Anklagen verteidigen.

Fern ist von mir die Anmaßung, mich dem hochteuern Mann zu vergleichen, der uns die Denkfreiheit in religiösen Dingen erkämpft hat; aber der Schüler beruft sich gern auf das Beispiel des Meisters. Wenn Sie, meine Herren, mir nicht freies Geleit bewilligen wollen, mich vor Ihnen in Person zu verteidigen, so bewilligen Sie mir wenigstens freies Wort in der deutschen Druckwelt und nehmen Sie das Interdikt zurück, welches Sie gegen alles, was ich schreibe, verhängt haben. Diese Worte sind keine Protestation, sondern nur eine Bitte. Wenn ich mich gegen etwas verwahre, so ist es allenfalls gegen die Meinung des Publikums, welches mein erzwungenes Stillschweigen für ein Eingeständnis strafwürdiger Tendenzen oder gar für ein Verleugnen meiner Schriften ansehen könnte. Sobald mir das freie Wort vergönnt ist, hoffe ich bündigst zu erweisen, daß meine Schriften nicht aus irreligiöser und immoralischer Laune, sondern aus einer wahrhaft religiösen und moralischen Synthese hervorgegangen sind, einer Synthese, welcher nicht bloß eine neue literarische Schule, benamset das Junge Deutschland, sondern unsere gefeiertsten Schriftsteller, sowohl Dichter als Philosophen, seit langer Zeit gehuldigt haben. Wie aber auch, meine Herren, Ihre Entscheidung über meine Bitte ausfalle, so seien Sie doch überzeugt, daß ich immer den Gesetzen meines Vaterlandes gehorchen werde. Der Zufall, daß ich mich außer dem Bereich Ihrer Macht befinde, wird mich nie verleiten, die Sprache des Haders zu führen; ich ehre in Ihnen die höchsten Autoritäten einer geliebten Heimat. Die persönliche Sicherheit, die mir der Aufenthalt im Auslande gewährt, erlaubt mir glücklicherweise, ohne Besorgnis für Mißdeutung, Ihnen, meine Herren, in geziemender Untertänigkeit die Versicherung meiner tiefsten Ehrfurcht zu bringen.

Heinrich Heine, beider Rechte Doktor

An die Hohe Bundesversammlung,
Paris, Cité Bergère No. 3, 28. Januar 1836

Ihren letzten Brief, worin Sie mir die Bundestagsbravaden mitteilten, habe ich richtig erhalten und bin sehr froh, daß Sie dergleichen mit unverblüffter Stirn entgegengenommen. Das Ganze dünkt mir ein Schreckschuß zu sein. Auf jeden Fall aber habe ich es für nötig gehalten, die alten Perücken ein bißchen zu streicheln, und mein kindlich siruplich submisser Brief wird wohl eine gute Wirkung hervorgebracht haben. Der Bundestag wird gerührt sein. Jeder behandelt ihn wie einen Hund, und da wird ihm meine Höflichkeit, meine feine Behandlung um so wohler tun. Messeigneurs! Vos Seigneuries! Das ist ihm noch nicht geboten worden! Seht, wird er sagen, da ist einmal ein Mensch, welcher menschlich fühlt, welcher uns nicht wie einen Hund behandelt! Und diesen edlen Menschen haben wir verfolgen wollen! haben wir für irreligiös, für unmoralisch erklärt! – Und sechsunddreißig Taschentücher werden von bundestäglichen Tränen benetzt werden.

An Julius Campe,
Paris, 4. Februar 1836

Und Sie, lieber Campe, konnten so handeln! Immer bin ich es, den Sie, der Sie soviel Kühnes druckten und immer kühn wagten, in der Not gern sakrifizieren.

Ich hatte Ihnen angeboten, das Buch unter einem neu angenommenen Namen zu drucken. Dieses war eine Idee, die ich aus dem Briefe eines Buchhändlers schöpfte, der sich anbot, unter solchem neuen, aber in vierundzwanzig Stunden zur Berühmtheit kommenden Namen, eine Reihe Schriften von mir zu verlegen, zu jedem Honorar, das ich verlangen würde! Auf nichts, wahrhaftig, ging ich jemals ein, verließ mich immer auf Sie, und Sie sakrifizieren mich! Ich will gar nichts tun. Das Buch soll, wenn Sie es nicht drucken, gar nicht gedruckt werden, und so sauer es mir wird, ich entbehre dadurch in diesem Augenblick das Honorar, welches ich schon in meinem Budget aufgeführt.

Ekelhaft, häßliches, preußisches Jahr!

An Julius Campe,
Paris, 22. März 1836

Seit gestern mittag bin ich auf dem Lande und genieße den holdseligen Monat Mai . . . es fiel nämlich diesen Morgen ein sanfter Schnee, und die Finger zittern mir vor Kälte. Meine Mathilde sitzt neben mir vor einem großen Kamin und arbeitet an meinen neuen Hemden; das Feuer übereilt sich nicht im Brennen, ist durchaus nicht leidenschaftlich gestimmt und verkündet seine Gegenwart nur durch einen gelinden Rauch. – Ich habe die letzte Zeit in Paris sehr angenehm verlebt, und Mathilde erheitert mir das Leben durch beständige Unbeständigkeit der Laune, nur höchst selten noch denke ich daran, mich nebst ihr zu vergiften oder zu asphixieren; wir werden uns wahrscheinlich auf eine andere Art ums Leben bringen, etwa durch eine Lektüre, bei der man vor Langeweile stirbt.

An August Lewald,
Coudry, près Le Plessi, 3. Mai 1836

Sie dürfen dem Äskulap einen Hahn opfern! Ich stand schon vor den Pforten des Totenreichs, aber die ewigen Götter ließen, aus besonderer Gnade, mich noch auf einige Zeit am Leben. Als ich Ihnen von Amiens aus schrieb, fühlt ich schon in mir den Keim der Krankheit, die mich bei meiner Rückkehr nach Paris gleich ergriff; es war eine fürchterliche Gelbsucht, mit Cholera oder sonstig fabelhaft scheußlicher Krankheit akkompagniert. Acht Tage lang nicht gegessen noch geschlafen, sondern nur Erbrechung und Krämpfe. Man hat mich nun hierher nach Marseille geschickt, und vorgestern bin ich hier angelangt, ziemlich wohl, aber die Nerven sehr irritiert; mit Mühe halte ich die Feder. Schwerlich werde ich länger als einige Tage hierbleiben, das Geräusch der schachernden Seestadt wirkt peinigend auf meinen Körper, Marseille ist Hamburg ins Französische übersetzt, und ich kann letzteres jetzt auch in der besten Übersetzung nicht vertragen.

An Julius Campe,
Marseille, 7. Oktober 1836

Liebster Freund, ich war sehr krank, ganz gegen meine Gewohnheit gar nicht imaginär krank, sondern reell. Deshalb konnte ich mein Ihnen gegebenes Versprechen nicht erfüllen. Kommen Sie in der Karnevalzeit nach Paris, und ich werde Ihnen alles mündlich erklären. In vierzehn Tagen bis drei Wochen bin ich wieder dort. Ich sehe und höre nichts von Deutschland, und man könnte mich dort totschlagen, und ich erführe es nicht. – Seit drei Monaten habe ich kein Wort deutsch gesprochen.

An August Lewald,
Aix, 5. November 1836

Ich befinde mich nämlich, durch ein höchst tragisches Ereignis, in einer Geldnot, von welcher Du keinen Begriff hast, während ich entfernt von den wenigen Ressourcen bin, welche mir, nach den schändlichen Beraubungen, welche Privatpersonen und Regierungen an mich verübt, noch übriggeblieben sind. Ich liebe Dich zu sehr, als daß ich Dich durch eine Schilderung dessen, was mir jetzt begegnet, betrüben möchte; auch darf ich es nicht für den Fall, daß Du nicht imstande wärest, mein Ansuchen zu erfüllen und Du alsdann einen verdoppelten Kummer empfinden würdest. Du kannst mir durch ein Darlehen von vierhundert Talern in diesem Augenblick, in der schmerzlichsten Passionszeit meines Lebens, einen wichtigen Dienst leisten. Das ist alles, was ich Dir heute sagen will. Kannst Du diese Summe missen, so schick sie mir in einer Anweisung nach Paris und adressiere den Brief: Henri Heine, Cité Bergère No. 4, à Paris; er wird mir alsdann nachgeschickt. Was jedoch meine Solvabilität betrifft, so muß ich Dir zu gleicher Zeit sagen, meine Geschäfte stehen in diesem Augenblick so schlecht, daß nur ein Tor oder ein Freund mir jetzt Geld leihen würde. Mit meinem Oheim, dem Millionär, habe

Der Bankier Salomon Heine. Stich von Th. Kühner, 1842

ich mich unlängst aufs bitterste überworfen; ich konnte seine Schnödigkeit nicht länger ertragen. Meine französischen Freunde haben mich durch ihren liebenswürdigen Leichtsinn in großen Geldschaden gebracht. Andere haben mich exploitiert. In Deutschland darf ich nichts drucken lassen als zahme Gedichte und unschuldige Märchen, und doch habe ich ganz andere Dinge im Pulte liegen; daß man ohne Anklage und Urteil sozusagen meine Feder konfisziert hat, ist eine Verletzung der unbestreitbarsten Eigentumsrechte, des literarischen Eigentums, eine plumpe Beraubung. Aber es ist diesen Leuten nur gelungen, mich finanziell zu ruinieren.

An Moses Moser,
Avignon, 8. November 1836

Wie vor der Politik hege ich jetzt auch eine grenzenlose Furcht vor der Theologie, die mir ebenfalls nichts als Verdruß eingetränkt hat. Ich lasse mich vom Satan nicht mehr verführen, ich enthalte mich selbst allen Nachdenkens über das Christentum und bin kein Narr mehr, daß ich Hengstenberg und Konsorten zum Lebensgenuß bekehren wollte; mögen diese Unglücklichen bis an ihr Lebensende nur Disteln statt Ananas fressen und ihr Fleisch kasteien; tant mieux, ich selber möchte ihnen die Ruten dazu liefern. Die Theologie hat mich ins Unglück gebracht; Sie wissen, durch welches Mißverständnis. Sie wissen, wie ich vom Bundestag, ohne daß ich drum nachgesucht hätte, beim Jungen Deutschland angestellt wurde und wie ich bis auf den heutigen Tag vergebens um meine Entlassung gebeten habe. Vergebens schreibe ich die demütigsten Bittschriften, vergebens behaupte ich, daß ich an alle meine religiösen Irrtümer gar nicht mehr glaube . . . nichts will fruchten! Ich verlange wahrhaftig keinen Groschen Pension, aber ich möchte gern in Ruhestand gesetzt werden. Liebster Freund, Sie tun mir wirklich einen Gefallen, wenn Sie mich in Ihrem Journale gelegentlich des Obskurantismus und Servilismus beschuldigen wollten; das kann mir nützen. Von meinen Feinden brauche ich einen solchen Liebesdienst nicht besonders zu erbitten, sie verleumden mich mit der größten Zuvorkommenheit.

Über die Französische Bühne,
1837

Aus Verzweiflung mußte ich mich entschließen, Dinge zu schreiben, die ich ohnedies viele Jahre lang im Pulte ruhen lassen muß, so daß ich, bei den gequältesten Geldnöten, die Früchte meines Fleißes nicht ernten kann. Man gibt bei allen Mißgeschicken lieber den anderen als sich selber die Schuld, und so, wenn meine Geldnot am quälendsten wird, pflege ich Julius Campe sehr stark anzuklagen. Ich bin in diesem Augenblick, durch eine Reihe von unbegreiflichsten Ereignissen, in eine Schuldenlast von 20000 Francs geraten, und so wahr mir Gott helfe! ich werde sie in sehr kurzer Frist tilgen. Wäre, statt Julius Campe, ein Cotta mein Buchhändler, so wüßte ich dieses durch meine Feder in kurzem zu bewerkstelligen. Aber Sie, Campe, haben durch Ihre Knickereien mich mehr vom Schreiben abgehalten als angeregt und glaubten, wunder was erreicht zu haben, wenn Sie mich dahin brachten, mit Honoraren vorlieb zu nehmen, wie sie jetzt denjenigen kaum geboten werden, die in mir ihren Meister sehen und nicht den zehnten Teil meiner Popularität genießen. Das ist der zweite Punkt, und bei den edleren Schmerzen, die mich heute bekümmern, habe ich es harmloser als zu andern Zeiten aussprechen können.

An Julius Campe,
Paris, 23. Januar 1837

Der Verleger Julius Campe. Stahlstich von A. Wegner, nach 1840

Tag und Nacht beschäftige ich mich mit meinem großen Buche, dem Romane meines Lebens, und jetzt erst fühle ich den ganzen Wert dessen, was ich durch den Brand im Hause meiner Mutter an Papieren verloren habe. Ich hatte die Absicht, dieses Buch erst in späteren Zeiten herauszugeben, aber angeregt durch die Idee der Gesamtausgabe meiner Werke, soll es das Nächste sein, was das Publikum von mir erhält; nichts soll früher von mir herauskommen. Ich habe Ihnen in meinem letzten Briefe bereits gesagt, daß ich mich freue, ein solches Buch Ihnen anbieten zu können. Die Verstimmung, die ich vielleicht, durch Geldnot, unverschuldete Geldnot, gedrängt, bei Ihnen erregt, als ich Ihnen zur ungelegenen Zeit den Verlag der Gesamtausgabe auflud, diese Verstimmung, wenn sie nicht etwa schon ganz verflogen ist, werde ich durch jenes Buch, welches alle früheren an Interesse überbietet, ganz in Vergessenheit bringen. Sie wissen, ich prahle nicht, und ich kann schon jetzt das Außerordentlichste prophezeien, da ich das Publikum kenne und genau weiß, über welche Personen, Zustände und Ereignisse es belehrt und unterhalten sein will.

An Julius Campe,
Paris, 17. März 1837

Das neue Jahr ist vor der Türe, und zum freudigen Empfang desselben bringe ich Ihnen heute meinen Glückwunsch. Möge der Himmel Sie erhalten, heiter und in vollem Wohlsein, Sie und Ihre Familie, wozu ich auch Ihre Verlagsautoren rechne. Das schlimmste Übel ist Krankheit; das habe ich in den letzten Zeiten gemerkt, besonders bei Gelegenheit meiner Augen, die seit einigen Tagen sich wieder verdüstern. Ich folge ängstlich den Vorschriften des Arztes und laß für das übrige den Gott der deutschen Literatur sorgen. – Bis auf eine trübe Gemütsverstimmung befinde ich mich sonst gesund und rüstig; ich kämpfe tapfer den Kampf des Lebens, aber ohne Freude . . . viel Unvorhergesehenes stürmt auf mich ein, und das unaufhörliche Ringen wird mir am Ende lästig, schauderhaft lästig.

An Julius Campe,
Paris, 19. Dezember 1837

Ich bin in großen Bewegungen, muß alle Tage mehrere Stunden reisen, um Mathilde zu besuchen – denn sie wurde jüngst so krank und dabei so eigensinnig gegen die ärztlichen Verordnungen, daß ich sie in ein maison de santé einsperren mußte, welches an der Barrière St.-Jacques gelegen ist. Was man aussteht! Ihre Grüße habe ich bestellt, und sie freut sich wie ein Kind, Sie bald in Paris zu sehen. Sie bekam eine inflammation des intestins, und hätte ich nicht energische Maßregeln genommen, sie wär mir gestorben, und ich hätte wieder ein Buch Trauerlieder schreiben müssen. – Sonderbar, die glückliche Liebe schreibt gar keine Verse, kaum erlaubt sie einem, in Prosa zu schreiben. –

An August Lewald
Paris, 1. Januar 1838

Diesen Sommer werde ich in Paris zubringen, leider getrennt von Mathilde, die ich zu ihrer Mutter nach dem Dorfe schickte, wo sie nur Milch trinken und in einem Kuhstall schlafen soll; so will's der Arzt. Ich hingegen will mich nicht von der Chaussée d'Antin entfernen, wo Dr. Sichel wohnt, der mir, wenn mein Augenübel wieder eintreten sollte, gleich Hilfe schaffen kann.

Sie haben keinen Begriff davon, wie ich mich vor dem Blindwerden ängstige; Sichel hat mir noch vorgestern gestanden, daß ich immer noch in dieser Gefahr bin und nicht viel schreiben dürfe – Ach! und nie habe ich mehr zu lesen und zu schreiben gehabt als eben dieses Jahr!

Was Sie mir über meinen Oheim Salomon Heine schreiben, hat mich bis in tiefster Seele erschüttert – also auch Sie haben sich das Märchen aufbinden lassen, daß ich aus Mutwillen diesen Mann gekränkt, daß ich lieblos gegen ihn gehandelt, mit einem Wort, daß ich seine edelste Großmut mit dem schwärzesten Undank belohnt! Je nun, die Zeit wird kommen, die alle Rätsel löst.

An Giacomo Meyerbeer,
Paris, 24. März 1838

»Hüten Sie sich, in München mit den Pfaffen zu kollidieren«, waren die letzten Worte, welche mir Börne beim Abschied ins Ohr flüsterte. Als ich schon im Coupé des Postwagens saß, blickte er mir noch lange nach, wehmütig wie ein alter Seemann, der sich aufs feste Land zurückgezogen hat und sich von Mitleid bewegt fühlt, wenn er einen jungen Fant sieht, der sich zum ersten Male aufs Meer begibt. . . Der Alte glaubte damals, dem tückischen Elemente auf ewig Valet gesagt zu haben und den Rest seiner Tage im sichern Hafen beschließen zu können! Armer Mann! Die Götter wollten ihm diese Ruhe nicht gönnen! Er mußte bald wieder hinaus auf die hohe See, und dort begegneten sich unsere Schiffe, während jener furchtbare Sturm wütete, worin er zugrunde ging. Wie das heulte! Wie das krachte! Beim Licht der gelben Blitze, die aus dem schwarzen Gewölk herabschossen, konnte ich genau sehen, wie Mut und Sorge auf dem Gesichte des Mannes schmerzlich wechselten! Er stand am Steuer seines Schiffes und trotzte dem Ungestüm der Wellen, die ihn manchmal zu verschlingen drohten, manchmal ihn nur kleinlich bespritzten und durchnäßten, was einen so kummervollen und zugleich komischen Anblick gewährte, daß man darüber weinen und lachen konnte. Armer Mann! Sein Schiff war ohne Anker und sein Herz ohne Hoffnung. . . Ich sah, wie der Mast brach, wie die Winde das Tauwerk zerrissen. . . Ich sah, wie er die Hand nach mir ausstreckte. . .

Ich durfte sie nicht erfassen, ich durfte die kostbare Ladung, die heiligen Schätze, die mir vertraut, nicht dem sicheren Verderben preisgeben. . . Ich trug an Bord meines Schiffes die Götter der Zukunft.

Ludwig Börne. Eine Denkschrift,
1840

Soeben erfahre ich von dem neuen Verluste, der Sie betroffen, und obgleich betäubt und nicht wissend, was ich sagen soll, eile ich, Ihnen zu schreiben. Lieber Himmel! hier hört ja alle Macht des Wortes auf, und das Beste wäre ein stummer Händedruck. Ich fühle ganz, was Sie jetzt leiden werden, armer Freund, nachdem kaum die früheren Heimsuchungen überstanden! Ich habe die Hingeschiedene sehr gut gekannt, sie zeigte mir immer die liebreichste Teilnahme, war Ihnen so ähnlich in der Besonnenheit und Milde, und obgleich ich sie nicht allzu oft sah, so zählte ich sie doch zu den Vertrauten, zu dem heimlichen Kreise, wo man sich versteht, ohne zu sprechen. – Heil'ger Gott, wie ist dieser Kreis, diese stille Gemeinde, allmählich geschmolzen seit den letzten zehn Jahren! Einer nach dem andern geht heim – unfruchtbare Tränen weinen wir ihnen nach – bis auch wir abgehn. – Die Tränen, die alsdann für uns fließen, werden nicht so heiß sein, denn die neue Generation weiß weder, was wir gewollt, noch, was wir gelitten!

Und wie sollten sie uns gekannt haben? Unser eigentliches Geheimnis haben wir nie ausgesprochen und werden es auch nie aussprechen, und wir steigen ins Grab mit verschlossenen Lippen! Wir, wir verstanden einander durch bloße Blicke, wir sahen uns an und wußten, was in uns vorging – diese Augensprache wird bald verloren sein.

An Karl August Varnhagen von Ense,
Paris, 5. Februar 1840

O kalte Winterhölle, worin wir zähneklappernd leben! O Tod, weißer Schneemann im unendlichen Nebel, was nickst du so verhöhnend!

Glücklich sind die, welche in den Kerkern der Heimat ruhig hinmodern . . . denn diese Kerker sind eine Heimat mit eisernen Stangen, und deutsche Luft weht hindurch, und der Schlüsselmeister, wenn er nicht ganz stumm ist, spricht er die deutsche Sprache! Es sind heute über sechs Monde, daß kein deutscher Laut an mein Ohr klang, und alles, was ich dichte und trachte, kleidet sich mühsam in ausländische Redensarten. Ihr habt vielleicht einen Begriff vom leiblichen Exil, jedoch vom geistigen Exil kann nur ein deutscher Dichter sich eine Vorstellung machen, der sich gezwungen sähe, den ganzen Tag französisch zu sprechen, zu schreiben und sogar des Nachts am Herzen der Geliebten französisch zu seufzen! Auch meine Gedanken sind exiliert, exiliert in eine fremde Sprache.

Glücklich sind die, welche in der Fremde nur mit der Armut zu kämpfen haben, mit Hunger und Kälte, lauter natürlichen Übeln . . . Durch die Luken ihrer Dachstuben lacht ihnen der Himmel und alle seine Sterne. Oh, goldenes Elend mit weißen Glacéhandschuhen, wie bist du unendlich qualsamer! Das verzweifelnde Haupt muß sich frisieren lassen, wo nicht gar parfümieren, und die zürnenden Lippen, welche Himmel und Erde verfluchen möchten, müssen lächeln und immer lächeln . . .

Ludwig Börne. Eine Denkschrift,
1840

Ich leide noch immer an meinem Kopfübel, wodurch mir alles Arbeiten verleidet wird. Ich hoffe aber, bald wieder in Tätigkeit zu kommen, und jedenfalls können Sie auf mich rechnen für wichtige Vorfälle. Es herrscht hier eine düstre, verbissene Stimmung, und man ist noch nicht sicher vor den schrecklichsten Ausbrüchen. Ich habe große Furcht vor dem Greuel einer Proletarierherrschaft, und ich gestehe Ihnen, aus Furcht bin ich ein Konservativer geworden. Sie werden in diesem Jahr an meinen Artikeln wenig zu streichen haben und vielleicht über meine Mäßigung und Ängstlichkeit lächeln müssen. Ich habe in die Tiefe der Dinge geschaut, und es ergreift mich ein sonderbarer Schwindel – ich fürchte, ich falle rückwärts.

An Gustav Kolb,
Paris, 27. Januar 1841

Ich bin zufälligerweise ein berühmter Mann, wer mir nahe tritt in öffentlicher Debatte, erregt die Aufmerksamkeit des Publikums, und mancher hat sich schon an mir einen Namen erschrieben.

An Jakob Venedey,
Paris, 19. August 1841

Heute melde ich Ihnen ein Begebnis, welches ich Ihnen bereits mehrere Tage vorenthielt – nämlich meine Vermählung mit dem schönen und reinen Wesen, das bereits seit Jahren unter dem Namen Mathilde Heine an meiner Seite weilte, immer als meine Gattin geehrt und betrachtet ward und nur von einigen klatschsüchtigen Deutschen aus der Frankfurter Clique mit schnöden Epitheten eklaboussiert ward.

An Julius Campe,
Paris, 5. September 1841

Ich melde Ihnen in der Kürze den Abschluß der falschen Ohrfeigengeschichte, wie man sie zu nennen pflegt. Vorgestern um sieben Uhr hatte ich endlich die Genugtuung, den Herrn Strauß auf dem Terrain zu sehen.

Er zeigte mehr Mut, als ich ihm zutraute, und der Zufall begünstigte ihn über alle Maßen. Seine Kugel streifte meine Hüfte, die in diesem Augenblick noch sehr angeschwollen und kohlenschwarz; ich muß noch zu Bette liegen und werde so bald nicht gut gehen können. Der Knochen hat wahrscheinlich nicht gelitten, sondern nur einen erschütternden Druck genossen, den ich noch immer empfinde. Ganz glücklich ist die Sache also nicht für mich abgelaufen – in physischer Beziehung, nicht in moralischer.

An Julius Campe,
Paris, 9. September 1841

Daß ich einige Tage vor dem Duell, um Mathildens Position in der Welt zu sichern, in die Notwendigkeit gesetzt war, meine wilde Ehe in eine zahme zu verwandeln, werden Sie erfahren haben. – Dieses eheliche Duell, welches nicht eher aufhören wird, bis einer von uns beiden getötet, ist gewiß gefährlicher als der kurze Holmgang mit Salomon Strauß aus der Frankfurter Judengasse! – Welche Fülle von Intrigen und Bosheiten von dieser Seite gegen mich seit Jahr und Tag ausgegangen, davon haben Sie keinen Begriff. – Damaskus ist wahrlich kein Märchen! –

An August Lewald,
Paris, 13. Oktober 1841

Ich hoffe, daß Dich diese Zeilen im besten Wohlsein antreffen; ich erwarte in großer Ungeduld Nachricht von Dir, wie Du Dich befindest, wie es Lottchen geht und wie es überhaupt in der Familie aussieht. Mit mir geht es seitdem etwas besser, meine Augen sind wieder ganz gut, und nur meine Gesichtslähmung, die aber durchaus nicht schmerzhaft, ist übrig. Leider war meine Frau seit zehn Tagen krank, und erst in diesem Augenblick wagt sie es, wieder auszugehen. Auch herrschte hier seitdem eine furchtbare Kälte, die noch nicht ganz verschwunden. Ich lebe ruhig, besonnen und hoffend. Neues fällt nicht vor – gottlob! Ich gehöre schon zu den Menschen, die zufrieden sind, wenn die Sachen beim alten bleiben. Jede Veränderung und der Spektakel ist mir zuwider – daran siehst Du, daß ich alt geworden bin.

Meine Frau führt sich gottlob sehr gut auf. Sie ist ein kreuzbraves, ehrliches, gutes Geschöpf, ohne Falsch und Böswilligkeit. Leider aber ist ihr Temperament sehr ungestüm, ihre Laune nicht gleich, und sie irritiert mich manchmal mehr, als mir heilsam ist. Ich bin ihr noch immer mit tiefster Seele zugetan, sie ist noch immer mein innigstes Lebensbedürfnis – aber das wird doch einmal aufhören, wie alle menschlichen Empfindungen mit der Zeit aufhören, und diesem Zeitpunkt sehe ich mit Grauen entgegen. Ich werde alsdann nur die Launenlast empfinden, ohne die erleichternde Sympathie. – Zu andern Stunden quält mich die Angst vor der Hilflosigkeit und Ratlosigkeit meiner Frau, im Fall ich stürbe; denn sie ist unerfahren und ratlos wie ein dreijähriges Kind! – Du siehst, liebe Mutter, wie meine Nöte im Grunde nur hypochondrische Grillen sind, zum größten Teil! – Für das Frühjahr habe ich bereits meinen Entschluß gefaßt; ich gehe aufs Land in der Nähe von Paris und nicht ins Bad. Obgleich meine Finanzen ziemlich geordnet, so ist dieses ihnen dennoch zuträglicher als das Reisen; die Pyrenäenreise und die gleichzeitig eingetretenen Fatalitäten hatten mich für eine geraume Zeit ruiniert, und ich hatte Mühe, wieder einigermaßen ins Gleise zu kommen. Und nun, alte Katz, lebe wohl und grüße mir Lottchen und seine Kätzchen. Schreib mir auch, welche Nachrichten Du von Max hast; es ist schauderhaft schändlich, daß ich diesem Bruder nie schreibe, den ich doch so unendlich liebe. Täglich spreche ich von ihm mit meiner Frau, die ihn so gern, wie Euch alle, einmal sehen möchte.

An Betty Heine,
Paris, 8. März 1842

Ich bin noch ganz wie betäubt von der verfluchten Geschichte; meine Kopfnerven wurden plötzlich erschüttert, und vielleicht erst morgen oder übermorgen werde ich wieder geistesklar sein.

Als man mich vorigen Freitag von allen Seiten um Nachricht aus Hamburg befragte, zeigte ich einem Freunde Euren Brief vom 7., und der fand es höchst rührend und zugleich komisch, daß meine arme Mutter, während alles brennt, noch dran dachte, mir den Brief zu frankieren. Wahrlich, es ist nicht meine Schuld, daß dieser Zug, wie Ihr aus dem einliegenden Stück »National« ersehen werdet, zur Publizität kam und schon mehre Hauptblätter ihn mitteilten. Meine arme gute Mutter, die mir einige Sous Ausgabe ersparen will, während der Brand vor Eurer

Heine. Zeichnung von Samuel Diez, 1842

Türe. – Wenigstens wird sie jetzt aus Depit ihre Briefe nicht mehr frankieren! –

Und nun lebt wohl und behaltet mich lieb. Die Kinder zu küssen. Schreibt mir bald und viel. Meine Frau läßt herzlichst grüßen. Sie war sehr bestürzt, als sie die Hamburger Nachrichten empfing, sie hat einen sehr schwachen Kopf, aber ein ganz vortreffliches Herz. – Daß Campe versichert war und bezahlt bekommen wird, ist mir sehr wichtig.

An Betty Heine und Charlotte Embden,
Paris, 17. Mai 1842

Meine Saumseligkeit im Schreiben mußt Du entschuldigen. Leider ist mein Augenübel einige Zeit die Schuld gewesen, warum ich nicht schrieb. Erst seit etwa zehn Tagen kann ich wieder ordentlich sehen. Diese temporäre Belästigung hatte mich diesmal sehr beängstigt, da sie jetzt mit einer Erschlaffung der Gesichtsmuskeln auf der rechten Seite des Gesichts (von der Kopfspitze bis zum Kinn) verbunden war. Aber mein Augenübel scheint doch nur ein vorübergehendes Übel zu sein, das noch oft zu gewissen Zeiten seine Aufwartung machen wird und ebenso regelmäßig verschwinden wird; die übriggebliebene Gesichtsparalyse (die aber gottlob nicht sichtbar) wird schon etwas langsamer vertrieben werden können. Ich habe deswegen mir ein Haarseil im Nacken setzen lassen. Sonst befinde ich mich vom Herzen gesund, ja gesünder als je.

Mein Übel stört mich sehr in betreff meiner Arbeiten, denn ich schone mich ganz außerordentlich. Ich habe eine gute Leibeskonstitution und hoffe, noch lange auf dieser Welt mitzuspringen.

An Betty Heine,
Paris, 21. Februar 1843

Und Du, alte süße Katze, wie geht es Dir? Wenn Du stirbst, ehe ich Dich wiedersehe, schieße ich mich tot. Merke Dir das für den Fall, daß Dir Anwandlungen kämen, Deine Dammtorwohnung gegen ein noch schlechteres Logis zu vertauschen! Merke Dir das, und Du wirst keine solche Niederträchtigkeit begehen. –

An Betty Heine,
Paris, 18. September 1843

Ich will Dich aber noch früher sehen als im Frühjahr, noch in diesem Jahr, und ehe Du Dich dessen versiehst, eines frühen Morgens, stehe ich in Lebensgröße vor Dir. Das ist aber ein großes Geheimnis, und Du darfst keiner Seele ein Wort davon sagen; denn ich reise nicht zu Wasser, sondern gradewegs durch Deutschland, und da ich auch hier niemandem davon spreche und auch schnell reisen werde, ist von den Regierungen nichts zu fürchten. Aber wie gesagt, keiner Seele ein Wort davon; Onkel Heine werde ich es schreiben, aber nur einen Tag vor meiner Abreise, nicht früher, aus wichtigen Gründen. Kann Lottchen schweigen, so kannst Du es ihr sagen. Meine Frau lasse ich hier in Paris in der Pension, wo sie früher war. Da ich nicht weiß, wann ich reise, so schreib mir nicht mehr hierher.

An Betty Heine,
Paris, 18. Oktober 1843

Ich bin soeben hier angelangt, nachdem ich zwei Tage und zwei Nächte durchgefahren; es ist acht Uhr morgens, und ich werde noch heute abend weiterreisen, so daß ich morgen in Hamburg eintreffe. Ja, morgen bin ich am Ziel meiner Pilgerfahrt, welche höchst langweilig und ermüdend war. Ich bin ganz erschöpft. Ich hatte viel Ungemach und schlechtes Wetter. Alle Welt reist hier im Mantel, ich in einem elenden Paletot, der mir nur bis an die Knie reicht, welche steif vor Kälte sind. Bei alledem ist mein Herz voller Sorgen; ich habe mein armes Lamm in Paris gelassen, wo es soviel Wölfe gibt. Ich bin die arme Hälfte eines Hahns. Ich habe schon über hundert Taler verbraucht. – Adieu, ich umarme Dich! – Ich schreibe Dir in einem Zimmer, das voller Leute ist; das Geschrei um mich her verursacht mir die entsetzlichsten Kopfschmerzen.

An Mathilde Heine,
Bremen, 28. Oktober 1843

Ich denke nur an Dich, meine liebe Nonotte. Es ist ein großer Entschluß, daß ich Dich allein in Paris gelassen, in diesem schrecklichen Abgrunde! Vergiß nicht, daß mein Auge immer auf Dir ruht; ich weiß alles, was Du tust, und was ich jetzt nicht weiß, werde ich später erfahren.

Ich hoffe, daß Du nicht versäumt hast, Stunden bei einem Schüler von Favarger zu nehmen und daß Du Deine jetzige Muße wohl benutzest.

Ich bin überzeugt, daß Du in diesem Augenblick keinen Sou mehr in Deiner Börse hast. Künftige Woche werde ich Dir die nötige Quittung senden, um in meinem Namen meine monatliche Pension bei Fould erheben zu lassen, und ich werde Dir gleichzeitig mitteilen, wie ich über diese Summe zu disponieren gedenke.

Ich habe keinen Brief von Dir erhalten; wenn Du noch nicht geschrieben hast, so bitte ich Dich, das Schreiben nicht länger aufzuschieben. Du hast doch nicht meine Adresse verloren: »An Herrn H. H., Adr. Herren Hoffmann & Campe, Buchhändler in Hamburg.«

Ich kann noch nicht den Tag meiner Abreise bestimmen; wahrscheinlich wird sich mein Aufenthalt hier in Hamburg bis zur Mitte dieses Monats verlängern. Glaub mir, es ist keine verlorene Zeit. Meine Geschäfte mit meinem Buchhändler sind verwickelt, und ich habe hier in dieser Hinsicht viel zu tun.

An Mathilde Heine,
Hamburg, 2. November 1843

Auch bin ich sehr liebenswürdig. Welch saure Arbeit! ich muß den uninteressantesten Leuten gefallen! Bei meiner Rückkehr werde ich so sauertöpfisch wie möglich sein, um mich von den Anstrengungen meiner Liebenswürdigkeit zu erholen.

Ich denke beständig an Dich, und ich vermag nicht ruhig zu sein. Unbestimmte und trübe Sorgen quälen mich Tag und Nacht. Du bist die einzige Freude meines Lebens – mache mich nicht unglücklich!

Alle meine Verwandten machen mir Vorwürfe, daß ich Dich nicht nach Hamburg mitgebracht. Ich habe jedoch wohlgetan, das Terrain ein wenig zu studieren, bevor ich in Deiner Begleitung käme. Wahrscheinlich werden wir den Frühling und Sommer hier verbringen. Ich hoffe, daß Du für Deine jetzige Langeweile hinreichend belohnt werden wirst. Ich werde das Mögliche tun, Dich dafür schadlos zu halten. – Adieu, mein Engel, meine Liebste, mein armes Kind, mein gutes Weib!

An Mathilde Heine,
Hamburg, 5. November 1843

Ich hoffe, daß es Dir wohlgeht; was mich betrifft, so spielt mein abscheulicher Kopf mir immer noch Possen und hindert mich, meine Geschäfte in Hamburg schnell zu beenden. Ich bin leidend und langweile mich, denn ich denke immer an Dich; ich bin fast toll, wenn meine Gedanken die Richtung nach Chaillôt einschlagen. – Was macht jetzt meine Frau, die Tollste der Tollen? Es war Tollheit von mir, Dich nicht mit hierherzubringen. – Um Gottes willen, tue nichts, worüber ich bei meiner Rückkehr böse werden könnte. Verhalte Dich so still wie möglich in Deinem Nestchen, arbeite, studiere, langweile Dich rechtschaffen, spinne Wolle.

An Mathilde Heine,
Hamburg, 19. November 1843

Zeitgedichte

1844

Wartet nur

Weil ich so ganz vorzüglich blitze
Glaubt Ihr, daß ich nicht donnern könnt!
Ihr irrt Euch sehr, denn ich besitze
Gleichfalls für Donnern ein Talent.

Es wird sich grausenhaft bewähren,
Wenn einst erscheint der rechte Tag;
Dann sollt Ihr meine Stimme hören,
Das Donnerwort, den Wetterschlag.

Gar manche Eiche wird zersplittern
An jenem Tag der wilde Sturm,
Gar mancher Palast wird erzittern
Und stürzen mancher Kirchenturm!

Die Neger berichten: der König der Tiere,
Der Löwe, wenn er erkankt ist, kuriere

Sich dadurch, daß er einen Affen zerreißt
Und ihn mit Haut und Haar verspeist.

Ich bin kein Löwe, ich bin kein König
Der Tiere, doch wollt ich erproben ein wenig
Das Negerrezept – ich schrieb dies Poem,
Und ich befinde mich besser seitdem.

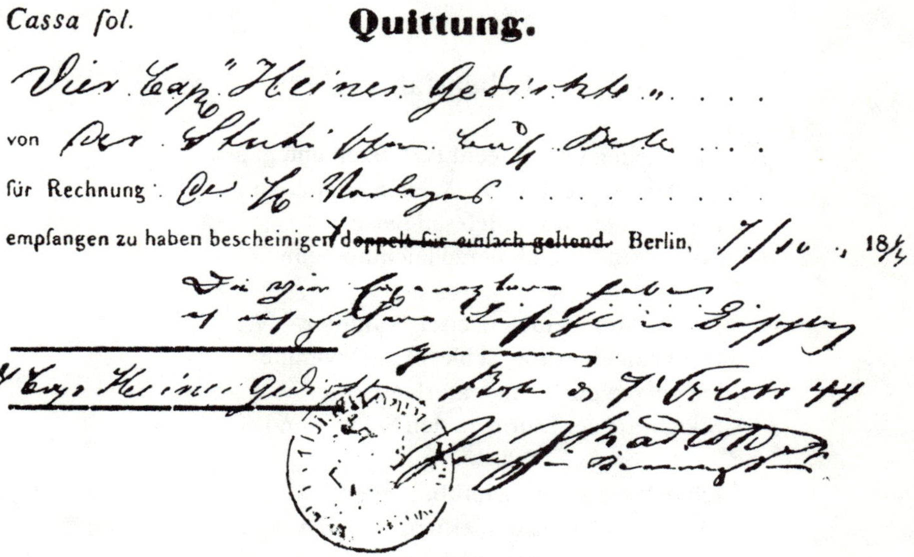
Cassa fol. **Quittung.**

Vier Exp. "Heines Gedichte" ....

von ....

für Rechnung ....

empfangen zu haben bescheinigen ~~doppelt für einfach geltend.~~ Berlin, 7/10 .. 1844

Quittung über vier Exemplare der Buchausgabe von Heines Gedichten, die in der Stuhrerschen Buchhandlung in Berlin konfisziert wurden

Mein Kopf ist heute wie ein gebratener Apfel. Du kennst jenen Zustand von Stumpfsinn, in welchem ich mich am nächsten Tage befinde, wenn ich, trotz meiner Migräne, mich angestrengt habe. Ich vermag kaum zu schreiben; ich hoffe, daß Du mein Gekritzel lesen kannst. Schreibe mir bald und viel; Du brauchst Dich vor mir nicht zu genieren. Laß mich wissen, ob Du wohl und munter angekommen bist, ohne Unfall, ohne bestohlen zu sein, ob die Douane Dich nicht schikaniert hat, ob Du gut untergebracht bist, ob Du Dich wohl befindest und ob ich Deinethalben ruhig sein kann. Halte Dich still in Deinem Neste bis zu meiner Rückkehr. Laß die Deutschen nicht Deinen Schlupfwinkel aufspüren; sie haben vielleicht aus dem Geschwätz einiger deutscher Blätter erfahren, daß Du ohne mich nach Frankreich zurückgekehrt bist. Wir kennen einen von ihnen, der nicht allzu zartfühlend ist und der fähig wäre, nach der Pension zu kommen; vergiß nicht, für diesen Fall Deine Vorsichtsmaßregeln zu treffen.

An Mathilde Heine,
Hamburg, 12. August 1844

Lebensfahrt

Ein Lachen und Singen! Es blitzen und gaukeln
Die Sonnenlichter. Die Wellen schaukeln
Den lustigen Kahn. Ich saß darin
Mit lieben Freunden und leichtem Sinn.

Der Kahn zerbrach in eitel Trümmer,
Die Freunde waren schlechte Schwimmer,
Sie gingen unter, im Vaterland;
Mich warf der Sturm an den Seinestrand.

Ich hab ein neues Schiff bestiegen,
Mit neuen Genossen; es wogen und wiegen
Die fremden Fluten mich hin und her –
Wie fern die Heimat! mein Herz wie schwer!

Und das ist wieder ein Singen und Lachen –
Es pfeift der Wind, die Planken krachen –
Am Himmel erlischt der letzte Stern –
Wie schwer mein Herz! die Heimat wie fern!

Man hämmert neben mir, meinem Kopfe geht's noch nicht besser, ich bin trübselig wie eine Nachtmütze, ich bin dreihundert Stunden von Dir entfernt, mit einem Worte, ich bin nicht glücklich. Ich erwarte mit Ungeduld Brief von Dir; ich beschwöre Dich, mir wenigstens zweimal die Woche zu schreiben, denn wenn ich Deinetwegen nicht ruhig bin, so verliere ich den Kopf, und doch bedarf ich mehr als je dieses armen Kopfes, da der Horizont sich verfinstert und meine Angelegenheiten sich verwirren. Ich brauche zwei Monate, um meine Angelegenheiten zu ordnen – wenn ich inzwischen nicht regelmäßig Nachricht von Dir erhalte und wenn ich wild werde wie voriges Jahr, so würden daraus unberechenbare Verluste erwachsen. Vergiß nicht, mir aufs genaueste zu schreiben, wie's Dir geht, ob Du Dich wohl befindest. Ich habe wohl nicht erst nötig, Dir recht viel Vorsicht in allem, was Du tust, anzuempfehlen – Du weißt, wie sehr ich die Perfidie der Deutschen und zuweilen selbst der Franzosen zu fürchten habe.

Ich rate Dir, Unterricht im französischen Stil zu nehmen . . . Pauline kann Dir Stickereiunterricht geben, laß Dir diese Gelegenheit nicht entgehen. Lerne etwas während meiner Abwesenheit; ich bin mit allem einverstanden, was Du für die Ausbildung Deiner Anlagen ausgeben wirst; das ist gut angewandtes Geld. – Leb wohl! Tausend Grüße an Deine Freundinnen und tausend Küsse für Dich!

An Mathilde Heine,
Hamburg, 16. August 1844

Der Mensch denkt, und das Weib lenkt! Seit vier Wochen bin ich hier, wo ich bis zum Winter bleiben wollte. Aber Mathilde, die ich mitbrachte, erhielt plötzlich einen fatalen Brief von ihrer Mutter, die sie vor ihrem Sterben noch einmal sehen möchte, und ich mußte sie daher dieser Tage wieder nach Frankreich zurückreisen lassen, ganz allein, aber entschlossen, ihr so bald als möglich nachzufolgen.

An Johann Hermann Detmold,
Hamburg, 23. August 1844

Heinrich Heine. Anonyme Zeichnung

Neuer Frühling
1844

Leise zieht durch mein Gemüt
Liebliches Geläute.
Klinge, kleines Frühlingslied,
Kling hinaus ins Weite.

Kling hinaus, bis an das Haus,
Wo die Blumen sprießen.
Wenn du eine Rose schaust,
Sag, ich laß sie grüßen.

Der Schmetterling ist in die Rose verliebt,
Umflattert sie tausendmal,
Ihn selber aber, goldig zart,
Umflattert der liebende Sonnenstrahl.

Jedoch, in wen ist die Rose verliebt?
Das wüßt ich gar zu gern.
Ist es die singende Nachtigall?
Ist es der schweigende Abendstern?

Ich weiß nicht, in wen die Rose verliebt;
Ich aber lieb euch all:
Rose, Schmetterling, Sonnenstrahl,
Abendstern und Nachtigall.

Ach, ich sehne mich nach Tränen,
Liebestränen, schmerzenmild,
Und ich fürchte, dieses Sehnen
Wird am Ende noch erfüllt.

Ach, der Liebe süßes Elend
Und der Liebe bittre Lust
Schleicht sich wieder, himmlisch quälend,
In die kaum genesne Brust.

Den Brief, den du geschrieben,
Er macht mich gar nicht bang;
Du willst nicht mehr lieben,
Aber dein Brief ist lang.

Zwölf Seiten, eng und zierlich!
Ein kleines Manuskript!
Man schreibt nicht so ausführlich,
Wenn man den Abschied gibt.

Mathilde Heine, geborene Crescence Eugénie Mirat. Nach einer Daguerreographie, um 1845

Ich bin in guter Stimmung, wenn auch nicht heiter. Wie könnte ich heiter sein, ferne von Dir, meine geliebte Nonotte, mein teures Lieb, mein armer Schatz, meine einzige Freude auf dieser Erde! Vergiß nicht, was ich Dir auf die Seele gebunden. Meine elenden Deutschen wissen, daß Du in

Paris bist – sei wohl auf der Hut, daß sie Dir nicht nahe kommen. Mein Gott, der bloße Gedanke, daß Du ohne mich in Paris bist, macht mich zittern. Mein armes Lamm, Du bist in Paris, in der Hauptstadt der Werwölfe. – Nimm Dich wohl in acht, einige von ihnen haben ein sehr sanftes Aussehen; die schlimmste Sorte ist die, welche Glacéhandschuh' trägt. Du weißt wohl, daß Du nur sicher bist unter der Hut Deines treuen Schäfers, welcher zugleich Dein Hund ist. Ich schreibe Späße nieder, und das Herz blutet mir. –

Tausend Grüße an Deine jungen Freundinnen, besonders an Pauline, welche ich sehr liebe; ich ziehe diese Melone den schönsten Ananas vor. Welch schönes Herz! welch schönes Bein! – Leb wohl, mein gutes Weib, und betrage Dich, wie ich es wünsche, beweise mir, daß Du all dessen würdig bist, was ich für Dich empfinde.

An Mathilde Heine,
Hamburg, 1. Oktober 1844

Ein Volk hat wohl das Recht, so langweilig und lauwarm zu werden, wie ihm beliebt, um so mehr, da es bisher das geistreichste und heldenmütigste war, das jemals auf dieser Erde geschanzt und gekämpft hatte. Aber ich bin doch bei jener Umwandlung etwas interessiert, denn als die Franzosen dem Satan und seiner Herrlichkeit entsagten, haben sie auch die Rheinprovinzen abgetreten, und ich ward bei dieser Gelegenheit ein Preuße. Ja, so schrecklich das Wort klingt, ich bin es, ich bin ein Preuße, durch das Recht der Eroberung. Nur mit Not, als es nicht länger auszuhalten war, gelang es mir, meinen Bann zu brechen, und seitdem lebe ich als Prussien libéré hier in Paris.

Briefe über Deutschland,
1844 / 1845

Ich bin noch immer sehr leidend, kann fast gar nicht sehen, und meine Lippen sind so gelähmt, daß mir das Küssen verleidet wird, was noch unentbehrlicher als das Sprechen, dessen ich mich wohl enthalten könnte.

An Ferdinand Lassalle,
Paris, 11. Februar 1846

Ich ziele in allem darauf hin, meinen Vetter zu einer legalen Anerkennung der Pension zu drängen, damit ich nicht mehr tourmentiert werden kann. Das bloße faktische Auszahlen ist eine Verhöhnung, ich stehe da wie ein Bettler, dem Feinde ein Almosen zuwerfen, und diese Position ist nicht zu ertragen. Wie wenig Eitelkeit mich beseelt, sehen Sie aus dem Artikel, den ich gegen mich selbst geschrieben, aber Sie haben keinen Begriff davon, wie selbstquälerisch mein Gemüt ist, wenn es sich gedemütigt sieht in sich selber. Nur an der Achtung Heinrich Heines liegt mir etwas, und ich habe demgemäß gelebt und gelitten; was ich bei der Welt gelte, ist mir gleich. – Sie ahnen hieraus, in welcher tiefsten Qual ich jetzt stecke; helfen Sie mir aus dieser Hölle heraus.

Mit meiner Gesundheit geht es leider täglich schlechter. Das Übel lähmt mir die Lippen, daß ich nur mühsam spreche, und hat auch die Zunge sehr beängstigend angegriffen; im Gaumen und der Zunge erloschener Geschmack, so daß mir alles wie Erde schmeckt. Um den Leib wie einen eisernen Reif. Doch hege ich Hoffnung und will schon heute eine strenge Kur anfangen.

An Karl August Varnhagen von Ense,
Paris, 24. Februar 1846

Ich fühle mich etwas besser als vor einigen Wochen, aber meine Gesichtsparalyse scheint inveteriert zu sein, ja böslicher als früher, da ich jetzt nur mit großer Anstrengung einige Minuten und nicht länger sprechen kann. Meine innere Lebenskraft oder, besser gesagt, mein Lebenswille verläßt mich nicht, und wenn das Gehirn meiner Feinde so gelähmt ist wie das meinige, könnten sie Gott danken; aber eine trübe Melancholie erfaßt mich zuweilen in furchtbarer Stärke. Madame Heine befindet sich wohl, die Bäder bekommen ihr sehr gut, und sie ist heiter und so verträglich, als es ihrem Naturell nur irgend möglich ist. Sie hat bereits zwei allerliebste Bälle hier genossen. Denken Sie sich unsern Schrecken, vorigen Donnerstag war unsere Peruche davongeflogen! Sie hatte den Flug nach dem Gebirge genommen, und wir verzweifelten schon, sie in den immensen Wäldern jemals wiederzufinden. Meine Frau lief verzweiflungsvoll und weinend im Dorfe umher, ein Bild des naivsten Jammers. Aber was ist dem französischen Militär unmöglich! Die hier badenden Soldaten, lauter intelligente, in Afrika geübte Burschen, haben die Kokotte aufgefangen und im Triumph wieder eingebracht. Ich habe wahrlich Respekt für diese Kerls, und vergleiche ich sie mit meinen heimischen Klötzen, die nur blind dreinhauen können, aber durch Verstand keinen Hund, viel weniger eine Peruche aus dem Loche locken können, so zweifle ich gar nicht dran, daß der Rhein mit der Zeit wieder die Trikolore abspiegeln wird!

An Alexander Weill,
Barèges, Departement des Hautes Pyrénées, 25. Juli 1846

Während der ersten Wochen, die ich in Barèges zubrachte, hatte ich mich etwas erholt und Hoffnung geschöpft, aber seitdem ging es den Schneckengang; meine Sprachwerkzeuge sind so gelähmt, daß ich nicht sprechen kann, und essen kann ich nicht seit vier Monaten wegen der Schwierigkeit des Kauens und Schluckens und der Abwesenheit des Geschmacks. Auch bin ich entsetzlich abgemagert, mein armer Bauch ist kläglich verschwunden, und ich sehe aus wie ein dürrer, einäugiger Hannibal. Traurige Symptome (beständige Ohnmachten) haben mich nun bestimmt, nach Paris zurückzueilen, und gestern hab ich Barèges verlassen. Ich bin keineswegs ängstlich, sondern sehr gefaßt und trage wie bisher mit Geduld, was sich nicht ändern läßt und ein altes Menschenschicksal ist.

Meine Meinung geht dahin, daß ich nicht mehr zu retten bin, daß ich aber vielleicht noch eine Weile, ein oder höchstens zwei Jahre, in einer trübseligen Agonie mich hinfristen kann. Nun, das geht mich nicht an, das ist die Sorge der ewigen Götter, die Mir nichts vorzuwerfen haben und deren Sache ich immer mit Mut und Liebe auf Erden vertreten habe. Das holdselige Bewußtsein, ein schönes Leben geführt zu haben, erfüllt meine Seele selbst in dieser kummervollen Zeit, wird mich auch hoffentlich in den letzten Stunden bis an den weißen Abgrund begleiten. – Unter uns gesagt, dieser letztere ist das wenigst Furchtbare, das Sterben ist etwas Schauderhaftes, nicht der Tod, wenn es überhaupt einen Tod gibt. Der Tod ist vielleicht der letzte Aberglaube.

Mein Geist ist klar, sogar schöpferisch geweckt, aber nicht so beseligend heiter wie in den Tagen meines Glücks. Gott verzeihe meiner Familie die Versündigung, die sie an mir verschuldet. Wahrlich nicht die Geldsache, sondern die moralische Entrüstung, daß mein intimster Jugendfreund und Blutsverwandter das Wort seines Vaters nicht in Ehren gehalten hat, das hat mir die Knochen im Herzen gebrochen, und ich sterbe an diesem Bruch. – Wie ich höre, hat meine falsche Todesnachricht meinen Vetter sehr erschreckt; er hatte wahrlich erschreckende Gründe.

Unter den jetzigen Umständen ist es wohl überflüssig gewesen, Ihnen besonders zu melden, daß ich auf das Vergnügen, Ihr Söhnchen über die Taufe zu halten, verzichten muß. In diesem Jahr wäre ich sehr gern nach Hamburg gekommen, um meine alte Mutter noch einmal zu sehen und mich an heimischer Teilnahme in meinem Unglück zu trösten! Aber es sollte nicht sein. – Meine Finanzen sind schlecht, diese Krankheit und die Reise nach Barèges haben mich schier ausgebeutelt, und ich weiß wahrhaftig nicht, wie ich die zunehmenden Lebenskosten diesen Winter erschwinge!

An Julius Campe,
Tarbes, 1. September 1846

Ich schreibe Ihnen heute mit sehr betrübtem Herzen. Vor einigen Tagen bin ich hier zurückgekehrt von Barèges, wo ich mich einige Wochen ziemlich wohl befand, aber plötzlich einen so erschrecklichen Rückfall bekam und so sterbenskrank wurde, daß meine Frau es vor Angst nicht mehr aushalten konnte und ich ihretwegen nach Paris zurückeilte; hier bin ich tausendmal kranker angelangt, als Sie mich vor meiner Abreise gesehen, die Mundlähmung ist ausgebildeter, ich kann nicht mehr essen, bin abgemagert, der Druck auf der Brust bringt mich jeden Augenblick dem Ersticken nah, mein Hinterer fragt mich gar nicht mehr um Erlaubnis, was er tun soll – enfin, sehr schlechte Symptome, und ich pfeife vielleicht auf dem letzten Loche. Die falsche Nachricht von meinem Tode war eine böse Eule und hat mich wahrlich nicht amüsiert. Dabei sind meine Finanzen ebenfalls todkrank, ein widerwärtiger Leichengeruch herrscht in meiner Börse, die letzte Reise kostete dreihundert Napoleondor das Leben, und ich bin nicht davon gesund geworden. – Welche schlechte Geschäfte, Calmonius, Calmonius! Kommen Sie nur bald hierher, damit ich Sie vor meinem Tode noch einmal lügen höre! ...

Es geht mir sehr schlecht, meine Krankheit frißt mich auf in extraordinären Kosten, und ich verdiene keinen Heller. Ich würde meinen Tod beschleunigen, wenn ich nicht Mathilde ohne eine Lebenssicherung zurückließe. Gott, wieviel Unglück stürmt auf mich ein seit zwei Jahren! – Ich hoffe, Sie bald zu sehen. Schreiben Sie mir gleich. Grüßen Sie mir Ihre liebe Frau. Wir plauderten beständig von Euch in der Einsamkeit zu Barèges.

An Ferdinand Friedland,
Paris, 14. September 1846

Schicken Sie mir doch meinen Nekrolog; eine solche Freude, ihren eignen Nekrolog zu lesen, wird selten den Sterblichen geboten. Die falsche Todesnachricht hat mich jedoch sehr verstimmt, und es tut mir leid, daß auch meine Freunde dadurch affiziert wurden; zum Glück kam die rektifizierende Nachricht, wodurch mein Untod gemeldet ward, so schnell hinterdrein.

An Heinrich Laube,
Paris, 19. Oktober 1846

Ich hoffe, Ihr befindet Euch alle sehr wohl. Hier ist wieder eine grimmige Kälte eingetreten, die mir eben nicht sehr zuträglich ist. Ich befinde mich jedoch ziemlich wohl; mein Zustand bessert sich peu à peu, und ich sehe einem angenehmen Frühling und Sommer entgegen. Nur meine armen Augen sind sehr leidend, oder vielmehr, die Augenlider zieht die krampfhafte Lähmung immer tiefer herab, so daß ich jetzt sehr schlecht sehe; die Augen selbst sind gesund.

Mit Carl Heine bin ich ganz aufs reine, ja, ich bin sogar sehr mit ihm zufrieden! Nicht bloß, daß er mir die Pension, ganz wie ich sie früher von seinem Vater bezogen, bis an mein Lebensende auszahlt, sondern er hat mir noch außerdem das feierliche Versprechen erteilt, daß nach meinem Tode (Gott erhalte mich!) die Hälfte der Summe, nämlich 2400 Francs, als lebenslängliche Pension auf meine mich überlebende Frau übergehen solle. Das ist mir lieber, als wenn er mir eine große Summe geschenkt hätte. Zwar ist noch eine große Frage, ob die Katze mich überlebt, aber sie ist so verwöhnt und unerfahren, daß ich nicht genug für sie sorgen kann. Wär sie klüger, würde ich mich minder mit ihrer Zukunft beschäftigt haben, und auch hier siehst Du, wie die Dummheit eine glückliche Gottesgabe ist, denn andre müssen für sie sorgen.

Meine Geschäfte gehen übrigens gut. Ich meine nicht die der Börse, von denen ich mich mit einem blauen Auge zurückziehe.

Von Dir und dem lieben Lottchen und den Unterputen sprechen wir hier beständig. Gott erhalte Euch!

An Betty Heine und Charlotte Embden,
Paris, 28. Februar 1847

Heine. Anonyme Kreideskizze, datiert: 19. Februar 1847

Die ganze Welt ist mehr oder minder unpäßlich, und ich für meine Person leide noch immer an den Augen. Du kannst Dir nicht vorstellen, wie unangenehm das ist, daß ich nicht lesen darf und auch, wegen der schrecklichen Gaslichter, nicht ins Theater gehen kann; sitze die Abende immer en tête à tête mit meiner Frau, die mir jetzt andere Amüsements ersetzen muß. – Ich habe eine wunderschöne Landwohnung in Montmorency gemietet, kostet auch wunderschönes Geld, tausend Francs für die Saison, und im Mai werde ich also hinausziehen und mich der völligsten nervenstärkendsten Ruhe ergeben.

An Betty Heine und Charlotte Embden,
Paris, 27. März 1847

Verflucht schlechte brustglucksende Nächte; hätte ich nicht Frau und Papagei, ich würde (Gott verzeih mir die Sünde) wie ein Römer der Misere ein Ende machen!

An Heinrich Laube,
Paris, 3. April 1847

Ach! ich bin ja noch ein Kind der Vergangenheit, ich bin noch nicht geheilt von jener knechtischen Demut, jener knirschenden Selbstverachtung, woran das Menschengeschlecht seit anderthalb Jahrtausenden siechte und die wir mit der abergläubischen Muttermilch eingesogen . . . Ich darf nicht aussagen, was ich geschaut . . . Aber unsere gesünderen Nachkommen werden in freudigster Ruhe ihre Göttlichkeit betrachten, bekennen und behaupten. Sie werden die Krankheit ihrer Väter kaum begreifen können. Es wird ihnen wie ein Märchen klingen, wenn sie hören, daß weiland die Menschen sich alle Genüsse dieser Erde versagten, ihren Leib kasteiten und ihren Geist verdumpften, Mädchenblüten und Jünglingsstolz abschlachteten, beständig logen und greinten, das abgeschmackteste Elend duldeten . . . ich brauche wohl nicht zu sagen, wem zu Gefallen!

In der Tat, unsere Enkel werden ein Ammenmärchen zu vernehmen meinen, wenn man ihnen erzählt, was wir geglaubt und gelitten! Und sie werden uns sehr bemitleiden! Wenn sie einst, eine freudige Götterversammlung, in ihren Tempelpalästen sitzen, um den Altar, den sie sich selber geweiht haben, und sich von alten Menschheitsgeschichten unterhalten, die schönen Enkel, dann erzählt vielleicht einer der Greise, daß es ein Zeitalter gab, in welchem ein Toter als Gott angebetet und durch ein schauerliches Leichenmahl gefeiert ward, wo man sich einbildete, das Brot, welches man esse, sei sein Fleisch, und der Wein, den man trinke, sei sein Blut. Bei dieser Erzählung werden die Wangen der Frauen erbleichen und die Blumenkränze sichtbar erbeben auf ihren schönlockichten Häuptern. Die Männer aber werden neuen Weihrauch auf den Herdaltar streuen, um durch Wohlduft die düsteren, unheimlichen Erinnerungen zu verscheuchen.

Paris, am Karfreitag 1847

Testament

Ich mache jetzt mein Testament,
Es geht nun bald mit mir zu End.
Nur wundre ich mich, daß nicht schon längstens
Mein Herz gebrochen vor Gram und Ängsten.

Du aller Frauen Huld und Zier,
Luise! ich vermache dir
Zwölf alte Hemde und hundert Flöhe
Und dreimal hunderttausend Flüche.

Dem guten Freund, der mit gutem Rat
Mir immer riet und nie was tat,
Jetzt, als Vermächtnis, rat ich ihm selber:
Nimm eine Kuh und zeuge Kälber.

Wem geb ich meine Religion,
Den Glauben an Vater, Geist und Sohn?
Der Kaiser von China, der Rabbi von Posen,
Sie sollen beide darum losen.

Den deutschen Freiheits- und Gleichheitstraum,
Die Seifenblasen vom besten Schaum,
Vermach ich dem Zensor der Stadt Krähwinkel;
Nahrhafter freilich ist Pumpernickel.

Die Taten, die ich noch nicht getan,
Den ganzen Vaterlandsrettungsplan,
Nebst einem Rezept gegen Katzenjammer,
Vermach ich den Helden der badischen Kammer.

Und eine Schlafmütz, weiß wie Kreid,
Vermach ich dem Vetter, der zur Zeit
Für die Heidschnuckenrechte so kühn geredet;
Jetzt schweigt er wie ein echter Römer.

Und ich vermache dem Sittenwart
Und Glaubensvogt zu Stuttegart
Ein Paar Pistolen (doch noch geladen),
Kann seiner Frau damit Furcht einjagen.

Ein treues Abbild von meinem Steiß
Vermach ich der schwäbischen Schule; ich weiß,
Ihr wolltet mein Gesicht nicht haben,
Nun könnt ihr am Gegenteil euch laben.

Zwölf Krüge Seidlitzer Wasser vermach
Ich dem edlen Dichtergemüt, das, ach!
Seit Jahren leidet an Sangesverstopfung;
Ihn tröstete Liebe, Glaube und Hoffnung.

Und dieses ist ein Kodizill:
Für den Fall, daß keiner annehmen will
Die erwähnten Legate, so sollen sie alle
Der römisch-katholischen Kirche verfallen.

1848

Was mich betrifft, so befinde ich mich wohler als gewöhnlich, sehr viel wohler, und wenn meine Kur auf die Augen noch nicht so schleunig gewirkt, als ich wohl wünschte, so hat sie mich doch von manchem anderen Leid wie Unterleibsbeschwerden, Kopfweh, Pollutionen und dergleichen schon befreit. – In einigen Tagen werde ich wohl wieder ausziehen; unter meinem Schlafzimmer hat mein infamer Hauswirt, gegen Recht und

Übereinkunft, seine Pferde einquartiert, welche die ganze Nacht stampfen und mir den Schlaf rauben. Den ganzen Tag verbringe ich außer dem Hause wegen des Klopfens. Ich schreibe Dir in großer Eile, ehe ich ausgehe, und es ist dunkel noch um neun Uhr. – Meine arme Frau war gestern sehr krank; was ich aussteh! Soeben läßt mich meine Frau rufen; sie hat eine gute Nacht verbracht, und ich hoffe, sie wird bald wieder flügge. Gestern hatte sie einen Nervenabszeß, und das Glas Wasser, das man ihr zu Erfrischung hinhielt, zerbiß sie krampfhaft mit den Zähnen, und man mußte ihr die Glasscherben aus dem Munde reißen. Denk Dir meinen Schreck! Ich hoffe, es ist ihr kein Splitter zurückgeblieben. Nichts als Schrecken und Beholes! Was ich aussteh! An einem Fädchen hängt oft das menschliche Leben!

In englischen Blättern hat man mich wieder totgesagt und mein frühes Hinscheiden sehr bedauert. – In deutschen Blättern bin ich wenigstens dreivierteltot. Ich bin jetzt an dergleichen gewöhnt.

An Betty Heine und Charlotte Embden,
Paris, 19. Januar 1848

Ich habe mir unsägliche Mühe gegeben, meinen trostlosen Zustand meiner Mutter zu verbergen, und ich empfehle Ihnen ernsthafteste Diskretion. Vielleicht erspart der Himmel der alten Frau den Kummer, welchen ihr die Kenntnis meines Elends bereiten müßte. Deshalb darf auch meine Schwester nichts wissen, und auch diese habe ich immer zu täuschen gewußt. Ich bleibe bis zum 7. Mai in der Heilanstalt, wo ich seit zweieinhalb Monaten daniederliege, und ich begebe mich wieder, um die großen Unkosten zu sparen, nach meiner Wohnung Rue de Berlin No. 9, wohin Sie gefälligst Ihre Briefe adressieren wollen.

Ich werde, wie gesagt, Ihnen die nächste Woche schreiben – der Kranke rechnet immer auf bessere Tage. Mein Kopf ist frei, geistesklar, sogar heiter. Auch mein Herz ist gesund, fast lebenssüchtig, lebensgierig gesund – und der Leib so gelähmt, so makulaturig. Bin wie lebendig begraben. Sehe niemand, spreche niemand. – Schreiben Sie mir, was es Neues in Deutschland gibt. – Grüßen Sie mir mein junges Patchen, der kommt zu einer wunderlichen Zeit in die Welt!

An Julius Campe,
Paris, 26. April 1848

Seit drei Tagen bewohne ich ein Gartenhaus in Passy; eine halbe Stunde ist dieser Ort von Paris entfernt. Ob ich es mit dieser Wohnung gut getroffen, ob nicht neue Störungen mir auch hier das Leben verleiden werden, daß weiß ich nicht. Bis jetzt hat mich das Unglück immer verfolgt in jeder Wohnungsveränderung. Vorderhand jedoch geht es mir noch leidlich. Ich schreibe Dir diese Zeilen im Freien, unter einer grünen Laube, wo die Sonnenlichter mir aufs Papier spielen, was sehr hübsch ist, aber mir das Schreiben sehr erschwert; mein Augenübel, überhaupt meine Gesichtsmuskellähmung ist momentan in seiner unausstehlichsten Blüte, und meine arme Frau muß deswegen viel von meiner Verdrießlichkeit erdulden. Doch soeben haben wir auf demselben Tischchen, wo ich dieses schreibe, sehr gut miteinander gefrühstückt und uns unserer häuslichen Ruhe, auch der schönen Spargel und Erdbeeren, die wir hatten, sehr erfreut!

Wie geht es Euch? Wie geht es Dir, liebes Lottchen, in dieser schrecklichen Zeit? Habt Ihr auch Zucker genug, damit die Erdbeeren weich liegen können und warm zugedeckt werden? Dieses Jahr ist kein Zuckerjahr, und es geht der ganzen Welt sehr bitter. – Ich bekümmere mich um nichts, und eben meine Kränklichkeit schützt mich vielleicht jetzt vor Todesgefahren, denen ich ausgesetzt wäre, wenn ich mich toll und gesund in die Tageskämpfe stürzen könnte.

An Betty Heine und Charlotte Embden,
Passy, 27. Mai 1848

Seit zwölf Tagen lebe ich hier auf dem Lande, elend und unglücklich über alle Maßen. Meine Krankheit hat zugenommen in einem fürchterlichen Grade. Seit acht Tagen bin ich ganz und gar gelähmt, so daß ich nur im Lehnsessel und auf dem Bette sein kann; meine Beine sind wie Baumwolle, und ich werde wie ein Kind getragen. Die schrecklichsten Krämpfe. Auch meine rechte Hand fängt an zu sterben, und Gott weiß, ob ich Ihnen noch schreiben kann. Diktieren peinigend wegen der gelähmten Kinnladen. Meine Blindheit ist noch mein g'ringstes Übel.

Meine Krankheit habe ich meiner Mutter und Schwester, mit großer List, zu verheimlichen gewußt. Erstere darf nichts wissen; denn trotz meines traurigen Zustandes kann ich die alte Frau vielleicht noch überleben, und ein Kummer wird ihr erspart. Meine Frau wünscht jedoch, daß ich meine Schwester etwas davon wissen lasse, damit sie ihr, wenn der dunkle Fall eintritt, nichts vorwerfe. Ich gestatte Ihnen daher, mit gehöriger Schonung, meine Schwester über meine wahre Lage in Kenntnis zu setzen. Helfen kann sie mir nicht. Hier sehen möchte ich sie ebenfalls nicht. Ich ersuche Sie bloß, an Max, meinen Bruder, die Verschlimmerung meines Zustandes zu melden; auch die Adresse desselben wünsche ich unverzüglich zu haben; vielleicht schreibe ich ihm selbst.

An Julius Campe,
Passy, 7. Juni 1848

Meine Frau wünschte, daß ich Dich über meinen wahren Gesundheitszustand nicht in allzugroßer Täuschung, die der Mutter wegen nötig war, länger erhielte, damit, wenn ich peigere, Du Dich nicht zu sehr erschrickst. Letzteres aber, liebes Kind, wird hoffentlich nicht so bald geschehen, und ich kann mich ein Dutzend Jahre noch hinschleppen, wie ich bin, leider Gottes. Bin seit vierzehn Tagen so gelähmt, daß ich wie ein Kind getragen werden muß, meine Beine sind wie Baumwolle. Meine Augen entsetzlich schlecht. Von Herzen aber bin ich wohl, und mein Hirn und Magen sind gesund. Werde gut gepflegt, und es fehlt mir gar nichts zur Bestreitung großer Krankheitskosten; ich klage aber sehr und jammere. Meine Frau führt sich gut auf, und wir wohnen sehr angenehm. Sterbe ich in diesem Zustand, so ist mein Ende doch noch besser als das von tausend anderen. Nun weißt Du, woran Du bist. Gern hätte ich Euch diesen Sommer besucht, vielleicht sehe ich Euch nächstes Frühjahr, oder Du kommst vielleicht nächstes Jahr hierher. Dieses Jahr bin ich im Grunde froh, Dich nicht hier sehen zu können, wegen des Weltrevolutionsgepolters, das Ihr dort gewiß in ebenso hohem Grade wie wir hier, zu ertragen habt. Ja, wir leben in einem miserabelen Momente, und ich wünschte, wohl und heiter, und nicht auf einige kranke Augenblicke, ein Wiedersehen mit Dir zu genießen. Werde ich aber besser werden? Das weiß Gott, der alles zum Besten lenkt.

An Charlotte Embden,
Passy, 12. Juni 1848

Dieses ist mein Testament, das ich zu Passy, den zehnten Juni achtzehnhundertachtundvierzig, geschrieben habe.

Alles, was ich besitze, alles, was mir zu Recht gehört, alles, was ich mein Eigentum nennen kann, vermache ich meiner rechtmäßigen Ehefrau Mathilde Crescence Heine, geborene Mirat, die mit mir die guten und schlechten Tage geteilt und durch ihre Pflege meine Leiden während dieser langen Krankheit, an der ich leide, gelindert hat.

Ich bitte Herrn Mignet, den Historiker, und Herrn Doktor Sichel, meiner Frau in allen Angelegenheiten, die ihre Vermögensinteressen nach meinem Tode betreffen, Unterstützung zu gewähren.

Insbesondere stelle ich das Schicksal meiner Frau meinem geliebten Vetter Carl Heine anheim. Am fünfundzwanzigsten Februar achtzehnhundertsiebenundvierzig hat mir mein Vetter Carl Heine feierlich versprochen und mir sein Ehrenwort gegeben, daß er meiner Witwe die Hälfte der Pension, die sein seliger Vater, mein geliebter Oheim, für mich ausgesetzt hatte, als lebenslängliche Rente zahlen werde. Aber ich hoffe, daß seine Großzügigkeit nicht auf halbem Wege stehenbleiben und sein gutes und edles Herz ihm die zartfühlendsten Verfahrensweisen vorschreiben wird. In allen Fällen bitte ich meinen lieben Carl, daß er nicht vergißt, meine arme Frau vor jenen tödlichen testamentarischen Wechselfällen zu bewahren.

Ich beauftrage meine Frau, alle meine Papiere in einer Kiste zu verschließen und diese zur Verfügung meines geliebten Bruders Maximilian Heine zu halten, der damit nach seinem Gutdünken verfahren wird.

Was die Herausgabe meiner sämtlichen Werke betrifft, so werde ich in einem Testamentsnachtrag oder durch einen besonderen Brief die Freunde bezeichnen, die ich mit der Überwachung dieser Publikation beauftrage.

Durch den Akt der Taufe gehöre ich der christlichen und evangelischen Kirche an, aber mein Denken hat niemals mit den Glaubenslehren irgendeiner Religion übereingestimmt, und nachdem ich als guter Heide gelebt habe, möchte ich auch sterben, ohne daß die Geistlichkeit zu meinem Begräbnis geladen wird. Ich verfüge, daß letzteres so wenig kostspielig wie möglich sein soll. Außerdem verbiete ich jedem, wer immer es sei, an meinem Grabe eine Rede zu halten. Wenn ich in Passy sterbe, soll man mich auch an diesem Ort begraben. Wenn ich in Paris sterbe, möchte ich meine bescheidene Grabstätte auf dem Friedhof Montmartre finden. –

Passy (64 Grande Rue), den zehnten Juni achtzehnhundertachtundvierzig.

Henri Heine

Heines Testament,
1848

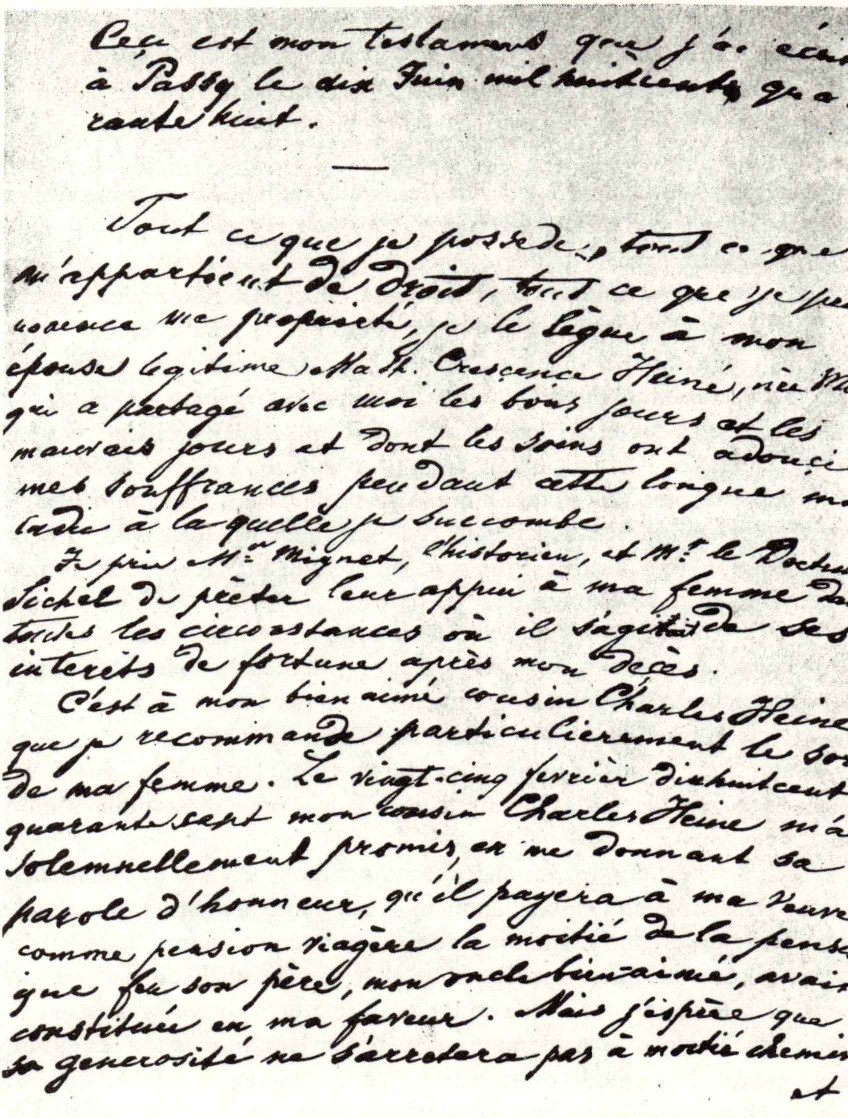
Ceci est mon testament que j'ai écrit
à Passy le dix Juin mil huitcent qua-
rante huit.

—

Tout ce que je possède, tout ce qui
m'appartient de droit, tout ce que je pour-
rais nommer ma propriété, je le lègue à mon
épouse légitime Mathilde Crescence Heine, née Mi-
rat qui a partagé avec moi les bons jours et les
mauvais jours et dont les soins ont adouci
mes souffrances pendant cette longue ma-
ladie à laquelle je succombe.
Je prie Mr Mignet, l'historien, et Mr le Docteur
Sichel de prêter leur appui à ma femme dans
toutes les circonstances où il s'agit de ses
interets de fortune après mon décès.
C'est à mon bien aimé cousin Charles Heine
que je recommande particulièrement le sort
de ma femme. Le vingt-cinq fevrier dixhuitcent
quarante sept mon cousin Charles Heine m'a
solemnellement promis, en me donnant sa
parole d'honneur, qu'il payera à ma veuve
comme pension viagère la moitié de la pension
que feu son père, mon oncle bienaimé, avait
constituée en ma faveur. Mais j'espère que
sa generosité ne s'arretera pas à moitié chemin
et

Faksimile der Handschrift von Heines Testament, verfaßt in französischer Sprache, 1848

Der Zustand meiner Augen ist so peinlich, daß ich jeden Brief, den ich eigenhändig schreibe, mit einem Tag der heftigsten Schmerzen erkaufe, und da Du um diesen Preis gewiß keinen Brief von mir haben willst, so werde ich mich heute und wahrscheinlich auch künftig einer fremden Feder bedienen, um Dir Nachrichten über meine Gesundheit zu erteilen. Diese hat sich keineswegs verbessert; doch Gefahr ist nicht vorhanden, und das Traurige dabei ist eben, daß ich am Leben bleibe. Du brauchst Dich also nicht um mich zu ängstigen, aber Mitleid verdiene ich im höchsten Grade. Ich habe die martervollsten Krämpfe manchmal zu ertragen und bin dabei wie ein gefesselter Mensch. Seit zwei Monaten habe ich den Gebrauch meiner Füße und Beine ganz verloren und muß auf einem Sessel hin und her gerollt werden. Ich bin ein armer paralytischer Mensch geworden, der Euch sehr zur Last fallen würde, wenn ich bei Euch wäre; jedoch trage ich mich mit dem Gedanken, nächstes Jahr zu Euch zu kommen, und wir haben unterdessen die Zeit, alles auf meine Bequemlichkeit Bezügliche zu verabreden. Dieses Jahr ist es nicht möglich, ich habe hier tausenderlei Dinge zu ordnen, da die Revolution und mein plötzliches Lähmungsunglück alle meine weltlichen Angelegenheiten in die grenzenloseste Verwirrung gebracht haben. Ich hoffe, daß es besser gehen wird, und trage mittlerweil mein Schicksal mit Geduld. Meine Frau verliert den Kopf und ist manchmal wie verrückt.

An Charlotte Embden,
Passy, 10. August 1848

Hier in Paris sieht es noch immer sehr schlecht aus, und es ist ein Jammer, anzusehen, wie die Welt ruiniert ist. Besonders die Künstler und gar die Dichter müssen jetzt verhungern. Es ist ein wahres Glück für mich, daß sich die Solidität Campes in dieser Zeit bewährt hat; ich zweifelte schon daran, weil ich überhaupt wegen meiner Krankheit jetzt alles schwarz sehe. – Sehr oft steigt mir der Wunsch auf, Paris zu verlassen und mich auf immer wieder bei Euch einzupferchen oder vielmehr einzuferkeln. Aber es geht nicht, da meine Frau kein Deutsch spricht; ohne sie wär aber das Leben doch nicht möglich, wenigstens nicht behaglich.

An Charlotte Embden,
Passy, Herbst 1848

Ich will Dir heute nur anzeigen, daß ich Deinen Brief vom 27. 8. mit dem darin enthaltenen Wechsel seit einigen Tagen empfangen habe. Von Dank kann zwischen uns beiden nicht die Rede sein, schlimmstenfalls wird es Dir zur höchsten Befriedigung gereichen, alles, was zu tun war, für mich getan zu haben. Dein eigenes Herz wird Dir Kapital nebst Zinsen zurückbezahlen. Dein Herz ist so klug, es hat richtig erraten, daß mein Leid im Rückgrat seinen Sitz hat. Seit zweimal vierundzwanzig Stunden wälze ich mich in den furchtbarsten Krämpfen, die noch in diesem Augenblick mich hindern, Dir ordentlich zu antworten; es soll in einigen Tagen geschehen. Eigenhändiges Schreiben ist mir ganz unmöglich jetzt. Die Krämpfe haben auch meine Hände erreicht, und ich habe überhaupt seit drei Monaten nur zuweilen noch wenige Augenblicke das Bett verlassen können. Herz und Gehirn oder vielmehr die Seele in üppigster Gesundheit, und ich fürchte deshalb ein längeres Leben, als mir frommt. Auch über meine Geldverwickelungen und momentane Verlegenheiten will ich Dir heute nicht schreiben. Unterdessen, geliebter Bruder, kann ich Dir nicht verhehlen, daß mir wirklich noch zweitausend Francs fehlen, um der peinlichsten Qual zu entgehen und meine Situation erträglich zu machen. Das Geld ist wie ein gutes Bett, das uns freilich unsere Rückgratschmerzen nicht heilen kann, aber sie doch nicht vermehrt, während ein schlechtes Bett, gleich dem meinigen in diesem Augenblick, die Qualen verstärkt.

An Maximilian Heine,
Passy, 10. September 1848

Ich will in Passy nicht begraben werden; der dortige Friedhof muß sehr langweilig sein. Ich will mich in die Nähe des Montmartrefriedhofs begeben, den ich seit langem zu meinem letzten Aufenthaltsort gewählt habe. Meine Krämpfe haben nicht aufgehört, im Gegenteil, sie haben das ganze Rückgrat ergriffen und steigen bis ins Gehirn, wo sie vielleicht mehr Schaden anrichten, als ich selbst feststellen kann; religiöse Gedanken tauchen auf . . .

Leben Sie wohl, kleine Fee, möge Ihnen der liebe Gott Ihre Zaubereien verzeihen und möge er Sie in seinen heiligen und würdigen Schutz nehmen.

An Caroline Jaubert,
Passy, 19. September 1848

Was mich betrifft, so ist mein Zustand noch immer derselbe, oder doch nur sehr wenig gebessert. Meine Krämpfe haben etwas nachgelassen, aber meine Augen sind noch immer spottschlecht, obgleich ich sie unsäglich schone, gar nicht lese und sogar Euch nicht eigenhändig schreibe. Briefe jedoch, liebes Lottchen, lese ich immer mit eignen Augen, was ich Dir wegen Deiner besonderen Anfrage besonders bemerke. In betreff der Cholera braucht Ihr Euch für mich ebenfalls nicht sehr zu ängstigen; diese alte Bestie ist übrigens nicht mehr so furchtbar wie ehemals. Schrecklicher sind die Dinge in Wien, und unser armer Gustav mag wohl einige Angst ausgestanden haben. Schreibt mir, wie es ihm gegangen. Ich stehe nicht mit ihm in direktem Briefwechsel. Meine Frau befindet sich wohl und läßt Euch herzlich grüßen. Wir sprechen beständig von Euch, und besonders von der Mutter können wir nicht genug Erfreuliches und Angenehmes reden. Die Hauptsache, die ich Euch heute zu melden habe, ist, daß ich mit meiner neuen Wohnung noch immer sehr zufrieden bin und das Opfer, das ich der Veränderung gebracht habe, keineswegs bereue. Wir leben ruhig, still und sicher vor dem Schuß.

An Betty Heine und Charlotte Embden,
Paris, 19. Oktober 1848

Du hast keinen Begriff davon, wieviel ich gelitten habe und wieviel ich in diesen Leiden Charakterstärke, schauerlich starke Charakterstärke, an den Tag gelegt habe. Bloß meines Weibes wegen habe ich diesen Leiden nicht ein Ende gemacht, wie es wohl einem Manne erlaubt wäre, dem alle Hoffnung erloschen ist, je wieder das Leben genießen zu können, und dessen Herz noch außerdem an so manchen unheilbaren Wunden siecht. Es scheint mir jetzt, daß jedes moralische Ungemach, daß jeder Kummer noch zu ertragen wäre, wenn man dabei spazierengehen könnte! Aber mit zerrissenem Herzen unaufhörlich auf dem Rücken liegen, auf dem wunden Rücken, das ist unerträglich.

Meine äußere Lage hat sich verbessert; ich habe eine neue Wohnung bezogen, welche mir besser gefällt als die vorige und die nur den Fehler hat, daß sie etwas zu klein ist; ein Übelstand, der mich nötigt, an dem ganzen Haushaltungsspektakel unwillkürlich teilzunehmen, so wie ich in diesem Augenblicke einigermaßen aus dem Konzepte komme durch eine Diskussion, welche sich zwischen meiner Gattin und der Köchin entsponnen hat. Meine Frau ist übrigens ein herrliches, holdseliges Weib, und wenn sie eben nicht zu laut zackelt, ist ihre Stimme ein tönender Balsam für meine wunde Seele. Ich liebe sie mit einer Leidenschaftlichkeit, die über meine Krankheit hinausragt, und in diesem Gefühle bin ich stark, wie matt und lahm auch meine armen Glieder. Bei dieser Gelegenheit bemerke ich Dir auch die Hausnummer meiner neuen Wohnung, an welche Du hinfür direkt Deine Briefe adressieren kannst. Ich wohne nämlich Rue d'Amsterdam No. 50, à Paris. Ich hoffe, bald unter dieser Adresse einen Brief von Dir zu empfangen . . .

Ich habe Hoffnung, daß mein Zustand allmählich leidlicher werde und daß ich bald wieder außerhalb dem Bette einen Teil des Tages auf dem Sessel zubringen kann. Auch mit meinen Augen wird es besser gehen, da die Augen selbst nicht krank, sondern nur schwach sind und durch den Krampf manchmal so verschlossen sind, daß ich, nur wenn ich das rechte Augenlid mit der Hand aufziehe, etwas sehen kann. Diese tatsächliche Blindheit ist ungemein verstimmend, und in Verbindung mit dem Unwohlsein, welches die Bettlägrigkeit hervorbringt, ist in mir, in meinem Gemüte, eine Weinerlichkeit und Seufzerei aufgekommen, die meiner innersten Natur fremd ist und die mich als ein unheimliches Phänomen noch extra beängstigt. Es darf Dich nicht wundernehmen, wenn eines frühen Morgens meine Muse sogar als eine Betschwester Dir entgegentritt. In meinen schlaflosen Marternächten verfasse ich sehr schöne Gebete, die ich aber doch nicht niederschreiben lasse. Die alte garde-malade, die bei mir wacht, sagte mir vorige Nacht, daß sie gegen den Krampf in den Knien ein sehr gutes Gebet wisse, und ich bat sie mit großem Ernst, für mich es hinzubeten, während sie mir zu gleicher Zeit eine heiße Serviette um die Knie wickelte. Das Gebet hat eine gute Wirkung getan, und der Krampf wich. Was wird man aber im Himmel von mir sagen; ich sehe schon, wie mancher Engel von Gesinnung sich verächtlich über mich äußert: Da sehen wir ganz diesen charakterlosen Menschen, der, wenn es ihm schlecht geht, durch alte Weiber eine Fürbitte machen läßt bei derselben Gottheit, die er in gesunden Tagen am ärgsten verhöhnte.

An Maximilian Heine,
3. Dezember 1848

Dein Brief hat mich tief erschüttert, und ich habe seitdem geweint und wieder geweint, so daß ich heute fast gar nicht sehen kann. Nur ein Wort zum Trost: sterben ist kein Unglück, aber jahrelanges Leiden, ehe man

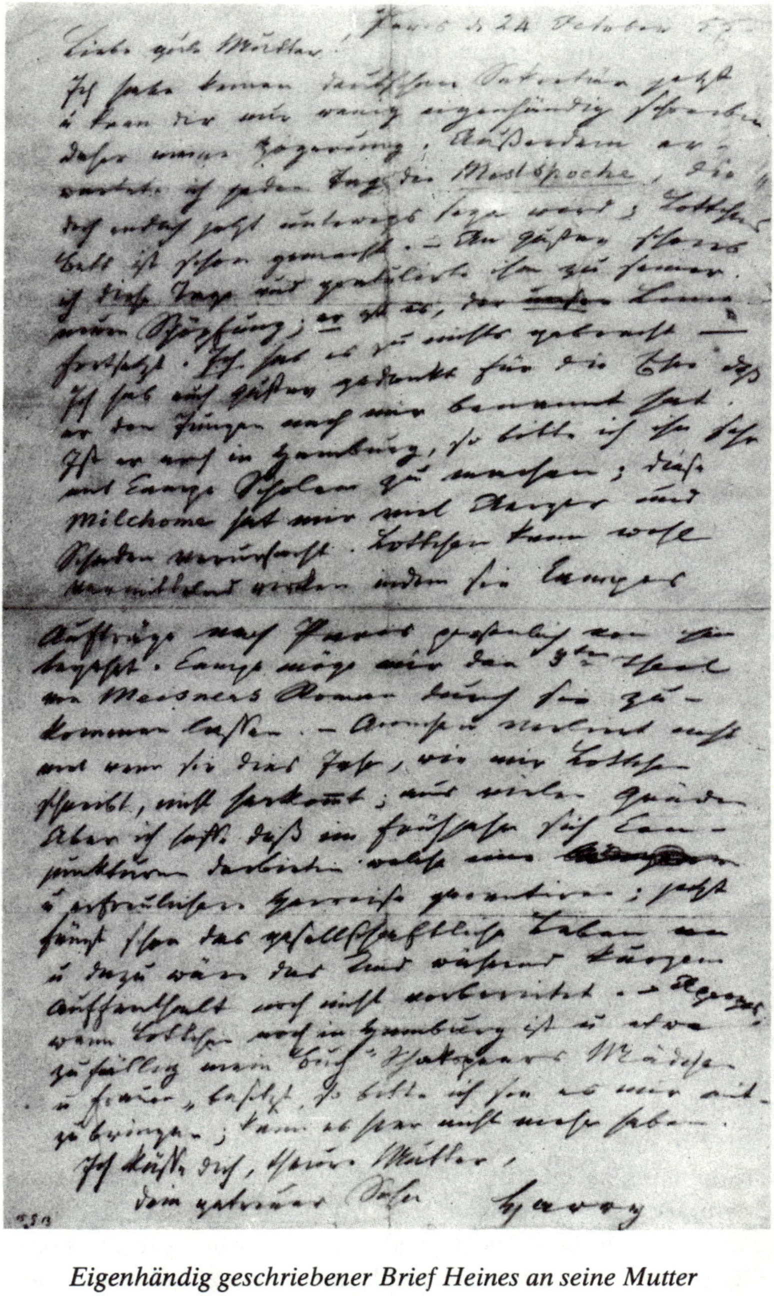

Paris d. 24 October 55

Liebe gute Mutter!

Ich küsse dich, theure Mutter,
dein getreuer Sohn Harry

Eigenhändig geschriebener Brief Heines an seine Mutter

es dahin bringt, zu sterben. – Jahrelanges Leiden – glücklich sind die, welche schnell fertig werden: per acquit, wie mein Vatterchen sagte, und man dreht sich herum und schläft ein, und alles ist bezahlt. – Ich bin in diesem Augenblick zu leidend, als daß ich Deinem Mann besonders kondolieren könnte; ich drücke ihm schweigend die Hand. Und Du armes starkes Herz, wieviel hast Du ausstehn müssen! Gott erhalte Dich, liebe gute Schwester.

An Charlotte Embden und Betty Heine,
Paris, 29. März 1849

Sie haben keinen Begriff davon, wie entsetzlich viel Geld meine Krankheit täglich auffrißt. Und dabei weiß ich nicht, wie lange das noch dauern kann! Nie haben die Götter, oder vielmehr der liebe Gott (wie ich jetzt zu sagen pflege), einen Menschen ärger heimgesucht. Nur zwei Tröstungen sind mir geblieben und sitzen kosend an meinem Bette: meine französische Hausfrau und die deutsche Muse. Ich knittele sehr viel Verse, und es sind manche darunter, die wie Zauberweisen meine Schmerzen kirren, wenn ich sie für mich hinsumme. Ein Poet ist und bleibt doch ein Narr!

An Julius Campe,
Paris, 30. April 1849

Jetzt geht es mir etwas besser, und obgleich ich noch immer ganz entkräftet zu Bette liege und Tag und Nacht von den fatalsten Kontraktionen gepeinigt werde, so glimmt doch wieder manchmal etwas Lebenshoffnung in mir auf. Ich wünsche mir freilich den Tod, und er wäre gewiß für mich eine Wohltat, da ich nur momentane Schmerzlinderung erwarten darf, im übrigen aber als ein unglücklicher Krüppel vegetieren müßte . . .

Von Hamburg habe ich in der letzten Zeit wenig Erfreuliches erfahren. Unser armes Lottchen hat einen großen Verlust erlitten. Das kleine Mädchen, unsere verstorbene Nichte, war das liebenswürdigste Eichhörnchen, voll Geist, Gemüt, Gescheitigkeit und Eulenspiegelei. Ich verlor hier eine der begabtesten Leserinnen, und als meine letzte Gedichtesammlung erschien, bemerkte sie ganz richtig: »Daß der Onkel das Wort Kackstühlchen gebraucht hat, das ist ganz neu, und das hat noch kein anderer gewagt.« – Die Kleine wird sich wundern, wenn sie den Onkel bald ankommen sieht im Himmel; denn daß es einen Himmel gibt, liebster Max, das ist jetzt ganz gewiß, seit ich dessen so sehr nötig habe bei meinen Erdenschmerzen.

An Maximilian Heine,
Paris, 3. Mai 1849

In einer Zeit, wo in der Außenwelt die größten Revolutionen vorfielen und auch in meiner inneren Geisteswelt bedeutende Umwälzungen stattfanden, hätte schnell ins Publikum gefördert werden müssen, was geschrieben vorhanden lag, nicht weil es sonst für das Publikum minder kostbar geworden wäre, sondern weil ich es jetzt nicht mehr herausgeben dürfte aus freiem Willen, wenn ich nicht eine Sünde gegen den Heiligen Geist, einen Verrat an meinen eignen Überzeugungen, jedenfalls eine zweideutige Handlung begehen wollte. Ich bin kein Frömmler geworden, aber ich will darum doch nicht mit dem lieben Gott spielen; wie gegen die Menschen, will ich auch gegen Gott ehrlich verfahren, und alles, was aus der frühern blasphematorischen Periode noch vorhanden war, die schönsten Giftblumen, hab ich mit entschlossener Hand ausgerissen und bei meiner physischen Blindheit vielleicht zugleich manches unschuldige Nachbargewächs in den Kamin geworfen. Wenn das in den Flammen knisterte, ward mir, ich gestehe es, gar wunderlich zumute; ich wußte nicht recht mehr, ob ich ein Heros oder ein Wahnsinniger sei, und neben mir hörte ich die ironisch tröstende Stimme eines Mephistopheles, welche mir zuflüsterte: Der liebe Gott wird dir alles weit besser honorieren als Campe, und du brauchst jetzt nicht mit dem Druck dich abzuquälen oder noch gar vor dem Drucke mit Campe zu handeln wie um ein Paar alte Hosen. Ach, liebster Campe, ich wünsche manchmal, Sie glaubten an Gott, und wär es auch nur auf einen Tag; es würde Ihnen dann aufs Gewissen fallen, mit welchem Undank Sie mich behandeln zu einer Zeit, wo ein so grauenhaftes und unerhörtes Unglück auf mir lastet. Schreiben Sie mir bald Antwort, ehe es zu spät ist. Liegt Ihrer Schreibsäumnis irgendeine politische Hesitation oder ein merkantilisches Bedenken zugrunde, so sagen Sie es aufrichtig, und ich will die gehörigen Instruktionen hinterlassen für den Fall, daß ich vor dem Beginn des Drucks meiner Gesamtausgabe das Zeitliche segne. Erschrecken Sie nicht über das Wort »das Zeitliche segnen«, es ist nicht pietistisch gemeint; ich will damit nicht sagen, daß ich das Zeitliche mit dem Himmlischen vertausche, denn wie nahe ich auch der Gottheit gekommen, so steht mir doch der Himmel noch ziemlich fern; glauben Sie nicht den umlaufenden Gerüchten, als sei ich ein frommes Lämmlein geworden. Die religiöse Umwälzung, die in mir sich ereignete, ist eine bloß geistige, mehr ein Akt meines Denkens als des seligen Empfindens, und das Krankenbett hat durchaus wenig Anteil daran, wie ich mir fest bewußt bin. Es sind große, erhabne, schauerliche Gedanken über mich gekommen, aber es waren Gedanken, Blitze des Lichtes und nicht die Phosphordünste der Glaubenspisse. Ich sage Ihnen das besonders in der Absicht, damit Sie nicht wähnen, ich würde, wenn ich auch selber die Gesamtausgabe besorge, in unfreier Weise etwas darin ausmerzen; quod scripsi, scripsi.

An Julius Campe,
Paris, 1. Juni 1850

Ich sehe jetzt die »Allgemeine« fast gar nicht, doch höre ich mit Vergnügen, daß Sie mir manche liebreiche Aufmerksamkeit darin erwiesen. Geht es mir einmal leiblich etwas besser und kostet mir jede Manifestation nach außen nicht mehr so große Anstrengungen, so versuche ich vielleicht wieder, meine Pfoten in die Spalten der »Allgemeinen« zu klemmen. Ich schreibe sehr wenig und meistens nur Poetisches, lese sehr viel, oder vielmehr, ich lasse mir viel vorlesen und noch mehr erzählen. Sehe manche wichtige Person und gottlob fast gar keine Deutschen. In bezug auf letztere immer das alte Lied; da mir meine Mittel nicht mehr wie früher erlauben, mich ausbeuten zu lassen, so hat sich mancher freiwillig zurückgezogen. Da ich schon wegen meiner Beine nicht jedem Klatsch nachlaufen kann, um ihn zu rektifizieren, so verliere ich durch die Intrige der Schlechten mitunter auch einen Ordentlichen, das heißt ordentlich in Vergleichung mit den andern.

An Gustav Kolb,
Paris, 21. April 1851

Die Hauptsache ist, daß in meinen Schriften keine Zeile eingeschaltet werde, die ich nicht ausdrücklich zur Veröffentlichung bestimmt habe oder die ohne die Unterschrift meines vollständigen Namens gedruckt worden ist; eine angenommene Chiffre genügt nicht, um mir ein Schriftstück zuzuschreiben, das in irgendeinem Journal veröffentlicht worden, da die Bezeichnung des Autors durch eine Chiffre immer von den Chefredakteuren abhing, die sich niemals die Gewohnheit versagten, in einem bloß mit einer Chiffre bezeichneten Artikel Änderungen am Inhalt oder der Form vorzunehmen. Ich verbiete ausdrücklich, daß unter irgendwelchem Vorwande irgendein Schriftstück eines andern, sei es so klein, wie es wolle, meinen Werken angehängt werde, falls es nicht eine biographische Notiz aus der Feder eines meiner alten Freunde wäre, den ich ausdrücklich mit einer solchen Arbeit betraut hätte. Ich setze voraus, daß mein Wille in dieser Beziehung, das heißt, daß meine Bücher nicht dazu dienen, irgendein fremdes Schriftstück ins Schlepptau zu nehmen oder zu verbreiten, in seinem vollen Umfange loyal befolgt wird.

Ich verbiete, meinen Körper nach meinem Hinscheiden einer Autopsie zu unterwerfen; nur glaube ich, da meine Krankheit oftmals einem starrsüchtigen Zustande glich, daß man die Vorsicht treffen sollte, mir vor meiner Beerdigung eine Ader zu öffnen ...

Ich verlange, daß mein Leichenbegängnis so einfach wie möglich sei und daß die Kosten meiner Beerdigung nicht den gewöhnlichen Betrag derjenigen des geringsten Bürgers übersteigen. Obschon ich durch den Taufakt der lutherischen Konfession angehöre, wünsche ich nicht, daß die Geistlichkeit dieser Kirche zu meinem Begräbnisse eingeladen werde; ebenso verzichte ich auf die Amtshandlung jeder andern Priesterschaft, um mein Leichenbegängnis zu feiern. Dieser Wunsch entspringt aus keiner freigeistigen Anwandlung. Seit vier Jahren habe ich allem philosophischen Stolze entsagt und bin zu religiösen Ideen und Gefühlen zurückgekehrt; ich sterbe im Glauben an einen einzigen Gott, den ewigen Schöpfer der Welt, dessen Erbarmen ich anflehe für meine unsterbliche Seele. Ich bedaure, in meinen Schriften zuweilen von heiligen Dingen ohne die ihnen schuldige Ehrfurcht gesprochen zu haben, aber ich wurde mehr durch meine eigenen Neigungen fortgerissen. Wenn ich unwissentlich die guten Sitten und die Moral beleidigt habe, welche das wahre Wesen aller monotheistischen Glaubenslehren ist, so bitte ich Gott und die Menschen um Verzeihung. Ich verbiete, daß irgendeine Rede, deutsch oder französisch, an meinem Grabe gehalten werde. Gleichzeitig spreche ich den Wunsch aus, daß meine Landsleute, wie glücklich sich auch die Geschicke unsrer Heimat gestalten mögen, es vermeiden, meine Asche nach Deutschland überzuführen; ich habe es nie geliebt, meine Person zu politischen Possenspielen herzugeben. Es war die große Aufgabe mei-

Heine. Zeichnung von Ernst Benedikt Kietz, 1851

nes Lebens, an dem herzlichen Einverständnisse zwischen Deutschland und Frankreich zu arbeiten und die Ränke der Feinde der Demokratie zu vereiteln, welche die internationalen Vorurteile und Animositäten zu ihrem Nutzen ausbeuten. Ich glaube mich sowohl um meine Landsleute wie um die Franzosen wohlverdient gemacht zu haben . . .

Aus dem Testament, 1851

In Mathildens Stammbuch

Hier, auf gewalkten Lumpen, soll ich
Mit einer Spule von der Gans
Hinkritzeln ernsthaft halb, halb drollig,
Versifizierten Firlefanz –

Ich, der gewohnt mich auszusprechen
Auf deinem schönen Rosenmund,
Mit Küssen, die wie Flammen brechen
Hervor aus tiefstem Herzensgrund!

O Modewut! Ist man ein Dichter,
Quält uns die eigne Frau zuletzt,
Bis man, wie andre Sangeslichter,
Ihr einen Reim ins Album setzt.

Romanzero,
1851

Ich bekomme das Honorar von Campe leider in sehr langen Terminen, und es könnte sich wohl ereignen, daß ich bei aller meiner Wohlhabenheit in der nächsten Zeit um einige lausige hundert Franken in Verlegenheit komme; ereignet sich dies, so poche ich bei Dir an – es versteht sich, nur um einige hundert Francs, die ich aber, wie ich ausdrücklich voraus bemerken muß, nicht annehmen würde ohne die Bedingung, daß Du sie Dir ruhig zurückzahlen läßt, ohne mich deshalb der Kleinlichkeit zu beschuldigen. Du siehst, wie offen ich gegen Dich bin und wie ich Dich in alle meine Misere hineinschauen lasse. Mit aller Mühe, mit aller Anstrengung, siehst Du, bringe ich es nicht dahin, aller Finanznöten enthoben zu sein; spielt mir Carl keinen Possen, verringert er nicht die Summe, die er mir dieses Jahr gegeben – worauf Du ein Augenmerk haben mußt –, so denke ich doch, nächstes Jahr vollauf in Ordnung zu sein. Ein Gedanke, der mich sehr beschäftigt, ist meine Übersiedlung nach Hamburg, wenn ich nächsten Sommer die zum Transport nötigen physischen und pekuniären Kräfte habe.

An Gustav Heine
Paris, 1. August 1851

Daß in meinem Buche nicht alles Blume ist, sondern auch mitunter das liebe Gras hervorgrünt, ist mir wohl bewußt, aber ich wollte dieses nicht ausreuten, da ich das Buch als einen Nachlaß betrachtete.

An Julius Campe,
Paris, 10. September 1851

Meine literarischen Sorgen haben so sehr meinen Kopf in den letzten acht Tagen in Anspruch genommen, daß ich ganz vergaß, daß heute der Tag sei, wo die Miete bezahlt wird, und nachdem Mademoiselle Pauline in meinem Sekretär nachsah, wieviel Geld noch vorrätig, fand sich zum Glück, daß es zur Zahlung der Miete ausreichte und daß mir noch dreiunddreißig Sous übrigblieben. Da sage mir nun jemand, ich sei kein Dichter!

An Julius Campe,
Paris, 15. Oktober 1851

Ich danke Ihnen für die Erlaubnis, auf Sie in kürzerm Termin trassieren zu können, doch weiß ich noch nicht, ob ich davon Gebrauch mache, da sich mir, wie ich in meinem vorigen Briefe erwähnte, unvorhergesehene

Geldressourcen eröffnen. Ich brauche aber enorm viel, unmenschlich viel, wenn ich in meinem jetzigen Zustande dieses Jahr aufs Land ziehn will, was ich seit vier Jahren aus Ökonomie nicht tun konnte. Sie haben recht, lieber Campe, wenn Sie sagen, daß man sich nach der Decke strecken müsse. Das habe ich auch bis jetzt getan; nur möchte ich mir jetzt eine längere Decke anschaffen, und deshalb suchte ich Rat bei Ihnen, den ich aber in Ihrer Antwort vergebens suchte, so daß ich nun selber Rat schaffen muß und will. Sie sagen, daß Sie glaubten, ich wäre durch das Honorar des »Romanzero« ganz aus meinen Sorgen gerissen. Dieses glaubte ich auch im ersten Augenblick zu sein, aber Personen, die mich eben jenes großen Honorars wegen, welches vielleicht Famas Trompete noch vergrößert, für einen Krösus halten, haben mir seitdem mehr Geld entzogen, als ich billig erwarten konnte, und überhaupt, wie Sie wissen, und aus eigener Erfahrung wissen, bin ich ein schlechter Rechner. Ich weiß Ihnen gewiß Dank, daß Sie mich einmal anständig honorierten, daß Sie einmal mich des fatalen Feilschens überhoben, und ich habe auch alles getan in der Lust meines Herzens, was für Sie nur irgend nützlich sein konnte. Aber ich weiß auch, daß ich meine Ansprüche auch diesmal nicht unbescheiden gestellt hatte, wenn ich sie mit den ungeheuren Anträgen vergleiche, die mir damals gemacht wurden und noch in jüngster Zeit gemacht werden. Ich will mit Lust arbeiten, und solchem Gefühle opferte und opfere ich gerne einen Teil meiner Geldinteressen, und wenn ich nur eben sehe, daß ich von dem Verleger, dem ich den größten Gewinn bereite, nur etwas menschlich behandelt werde, so rechne ich das demselben schon als ein Verdienst an und bin zufrieden. Zu einer Zeit, als meine Popularität schon hinlänglich groß war, habe ich für Werke, die mir alle Lebenskräfte, ja das Leben selbst kosteten, von meinem Herrn Verleger kaum soviel erhalten, als gewöhnliche Faiseurs ohne Talent und Reputation von den deutschen Buchhändlern zu erpressen wissen. Jetzt, wo ich keinen reichen Oheim habe, kein großes Vermögen erwarte und wegen meiner Krankheit dreimal soviel wie sonst ausgeben muß, ist es mir wohl nicht zu verdenken, wenn ich von meinem lieben Freunde Campe auch eine große Summe verlange für Bücher, die, im Zenit meiner Popularität geschrieben, den größten und sichersten Ertrag bieten.

An Julius Campe,
Paris, 14. April 1852

Vielleicht schreibe ich auch selbst nächstens an Laube und befrage ihn, der des Büchermarktes so kundig ist, wieviel Honorar ich wohl jetzt, nach dem succès des »Romanzero«, von Campe fordern kann, wenn ich jetzt wieder etwas bei ihm verlegen lassen will. Rate dem Laube alsdann, wenn er mir antworte, mir nur recht starkes Honorar zu nennen und sich anheischig zu machen, es mir zu verschaffen, damit ich diesen Brief bei Campe geltend machen kann, um ihn ein bißchen zu kirren. Laube wird gern diesen Compèredienst übernehmen. Es hat aber Eile; ich befinde mich sehr schlecht, und was ich überhaupt in der Welt noch tun will, muß ich bald tun. Meine Finanzen sind gut, aber ich muß mich doch jeder außerordentlichen Ausgabe in diesem Jahre enthalten, um nicht später wieder in Not zu geraten. Die Reduktion der zweitausend Francs hat mich nicht bloß verstimmt, sondern auch sehr beängstigt. Du siehst, mit welchem Volke ich zu tun habe. Hätte ich nur nicht voriges Jahr mich zu vorschnell mit dem Verbrennen des größten Teils meiner Papiere vergaloppiert. Es ist so leicht, einen Kranken einzuschüchtern, wenn man seine Empfindungen kennt, seine geheimsten Empfindungen. Übrigens lebe ich hier in großer Ruhe, die schönste Harmonie herrscht zwischen mir und meiner Gattin, und ich sage immer ja.

An Gustav Heine,
Paris, 17. April 1852

In diesem Augenblick erhalte ich Deine lieben Zeilen, eine Wohnung betreffend; auch willst Du Auskunft haben, ob ich in Paris bleibe. Ich eile daher, Dir zu antworten, daß ich Paris dieses Jahr nicht verlasse und keineswegs aufs Land ziehe, wie ich früher die Absicht hegte, obgleich meine Wohnung äußerst enge ist. Wäre letzteres nicht der Fall, so müßtest Du Dich in keiner Wohnung zu behelfen suchen; aber ich habe auch für die Katze Raum übrig und kann also einen großen, gewiß schwerbepelzten russischen Eisbären und Arzt nicht in meinem kleinen Loch beherbergen. Meine Frau verspricht alle Frühjahr, mir eine neue Wohnung zu suchen, aber es bleibt immer beim guten Willen; meine für meinen Zustand allzu enge Wohnung ist ein wahrer Geniestreich unpassender oder schlechtverstandener Ökonomie. Du sollst, sobald Du hier ankommst, ins erste beste Hotel absteigen, eventuell den andern Tag gehst Du mit meiner Frau, eine für Dich passende Wohnung in meiner Nähe zu suchen, und das ist eine leichte Sache.

An Maximilian Heine,
Paris, 19. Juni 1852

Sie wissen, ich bin gewissenhaft und befolge nicht das Bierbrauerrezept, das Sie mir unklugerweise selber mitgeteilt haben und wodurch ich imstande wäre, Ihnen eitel Schaum statt guten Breihan einzuschenken. Bezahlen Sie gut, so gebe ich gutes Bier, wo nicht, so heißt es: wie geblecht, so gezecht. Sie sehen, wie offen ich bin. Ich verhehle Ihnen nicht mein Spiel; ich lasse Sie in alle meine Karten sehn, ich kann dieses jedoch ohne Schaden tun, da ich lauter Trümpfe in Händen habe. Ich bin wie von meiner Seele überzeugt, daß, wenn ich noch mehr verlangen würde, Sie es dennoch geben würden; ich könnte große Summen von Ihnen erpressen, wenn dergleichen meine Art wäre; auch möchte ich es vermeiden, daß sich irgend ein säuerliches Wölkchen über Ihr Antlitz hinzöge und Unmut gegen den Freund in Ihrem Herzen sich einniste . . .

Ich muß mich auf alles gefaßt machen, denn wenn die Qualen, die ich jetzt erdulde, nicht abnehmen, so muß ich die Boutique schließen. Meine geistige Aufregung ist viel mehr Produkt der Krankheit als des Genius; so z. B. habe ich in der letzten Zeit, um meine Schmerzen zu beschwichtigen, eine Menge drolliger Tierfabeln versifiziert, wovon ich vielleicht eine nächstens unserm jungen Kronprinzen, dem jungen Cäsarewitsch Campe, meinem künftigen Verleger, zum Auswendiglernen schicken werde. Rasend vor Schmerzen wirft sich mein armer Kopf hin und her in den schrecklichen Nächten, und die Glöckchen der alten Kappe klingeln alsdann mit unbarmherziger Lustigkeit.

An Julius Campe,
Paris, 12. August 1852

Ich kann vor innerem Degout kaum weiterdiktieren; der Himmel mag es Ihnen verzeihen, liebster Campe, wenn Sie je auf den Gedanken kamen, daß ich zu solchem schändlichen Werke jemals die Hand bieten sollte. Die Rechte, die ich Ihnen zugestanden, sind mir heilig. Ich habe durchaus kein Talent zum Stehlen, wenn ich es auch im Bestohlenwerden bis zur Meisterschaft gebracht habe, Ihre Börse ist vor mir sicher, selbst wenn solche sehr lose aus Ihrer Rocktasche heraushinge . . .

Da ich Sie nun kenne und mich an Ihr Schachspiel gewöhnt habe, so wird es Ihnen nie leicht sein, mich aus der idealen Ruhe meines Selbstgefühls herabzuziehen in die Arena eines Flohgefechts. Wer Tag und Nacht an Rückenmarkkrämpfen leidet, dem können solche Stiche nichts anhaben. Mein Geist ist bereits dem Kleintreiben der Welt entrückt – mögen die Würmer sich an meinem Leibe weiden, ich gönne ihnen diesen Schmaus, und es ist mir leid, daß ich ihnen nur Knochen anbieten kann.

An Julius Campe,
Paris, 12. September 1852

Die Zunahme meiner Krankheit ist der eigentliche Grund aller meiner Nöte; ich leide Tag und Nacht an den grauenhaftesten Kontraktionen, und mein Kopf wird dadurch so ermattet, daß ich oft acht Tage lang nichts tun kann. Ich fürchte – ich möchte fast sagen, ich hoffe, daß ich den Winter nicht überstehe. Ich bin sehr betrübt, daß alles so schlecht endigt, aber ich bin ruhig und resignierter. Meines Bruders Max Anwesenheit in Paris hat mich nicht sehr gefördert; er hat mir viel erzählt von seiner Größe, aber angehört hat er mich keine zwei Minuten, und er ist wieder abgereist, ohne daß ich ihm etwas sagen konnte. Erbaut hat er mich in keinem Falle. Bei mir richtet man nichts aus mit Redensarten, und ich sehe im Grunde nur eine matte Seele, die sich allerlei edle Gefühle anempfunden und doch vor Egoismus stinkt.

An Gustav Heine,
Paris, 14. Oktober 1852

Hier ist alles ruhig, und die Furcht vor dem Kriege ist verschwunden. Dennoch glaube ich, daß der Krieg unvermeidlich nächstes Jahr ausbricht, da die Verhältnisse und Interessen zu sehr verwickelt sind. Ein Schwefelhölzchen kann die Welt jetzt in Brand stecken, und die Pompiers, die an

Heine. Zeichnung von Charles Gabriel Gleyre, 1852

der Spitze sind, haben mehr Angst als Vernunft. Und nun lebe wohl, meine liebe Mutter, und sei überzeugt, daß ich an Dich Tag und Nacht denke. Unsere ganze Verwandtschaft besteht freilich nur darin, daß Du eine alte weitläufige Mutter von mir bist, aber Du bist zugleich eine so erzbrave Frau und ein so liebes altes Mausel, daß ich Deiner gar nicht satt haben kann und mit großem Respekt Dich unaussprechlich liebe.

An Betty Heine,
Paris, 18. August 1853

Im Mai

Die Freunde, die ich geküßt und geliebt,
Die haben das Schlimmste an mir verübt.
Mein Herze bricht; doch droben die Sonne,
Lachend begrüßt sie den Monat der Wonne.

Es blüht der Lenz. Im grünen Wald
Der lustige Vogelsang erschallt,
Und Mädchen und Blumen, sie lächeln jungfräulich –
O schöne Welt, du bist abscheulich!

Da lob ich mir den Orkus fast;
Dort kränkt uns nirgends ein schnöder Kontrast;
Für leidende Herzen ist es viel besser
Dort unten am stygischen Nachtgewässer.

Sein melancholisches Geräusch,
Der Stymphaliden ödes Gekreisch,
Der Furien Singsang, so schrill und grell,
Dazwischen des Cerberus Gebell –

Das paßt verdrießlich zu Unglück und Qual –
Im Schattenreich, dem traurigen Tal,
In Proserpinens verdammten Domänen,
Ist alles im Einkang mit unseren Tränen.

Hier oben aber, wie grausamlich
Sonne und Rosen stechen sie mich!
Mich höhnt der Himmel, der bläulich und mailich –
O schöne Welt, du bist abscheulich!

1853 / 1854

Ich habe Dir heute eine große Nachricht mitzuteilen. Ich habe nämlich meine alte Wohnung in Paris ganz aufgegeben, und ich wohne jetzt nahe bei der Barrière von Paris, in einem Hause, welches ich ganz allein okkupiere und wozu ein ganz großer Garten mit ganz großen Bäumen gehört

Eugénie Crescence Mirat, Mathilde Heine. Nach einer Photographie

und wo ich die schöne Jahrzeit aufs kostbarste genießen kann. Ich habe, um diese Revolution zu machen, die größten Geldopfer aufgewendet und bereue es wahrlich nicht, da meine Gesundheit so außerordentlich dadurch gefördert wird. Mein System ist jetzt, alles für meine Gesundheit zu tun und nichts für andere, nicht einmal für die Verbrengerin, der ich doch nicht genug hinterlassen könnte. Meine Adresse ist: Monsieur Henri Heine, aux Batignolles, Grande Rue No. 51, à Paris.

Du hast keinen Begriff, liebe gute Mutter, wie sehr die gute Luft und der Sonnenschein, den ich in meiner alten Wohnung gar nicht hatte, mir wohltut. Gestern saß ich wohler als je unter den Bäumen meines eignen Gartens und aß die schönen Pflaumen, die mir überreif fast ins Maul fielen. Ich dachte an Euch und nahm mir vor, Euch gleich heute zu schreiben, obgleich ich noch in der größten Verwirrung bin. Meine Frau, die sich immer, wenn sie von sich selber spricht, auf deutsch »meine Frau« nennt, was sich sehr komisch papageienhaft ausnimmt, läßt Euch herzlich grüßen. Sie läßt mir eben sagen: »Dis à ma mère que meine Frau est très occupée, et que meine Frau l'embrasse mille fois.«

An Betty Heine,
Paris, 31. August 1854

Hier in Frankreich ist mir gleich nach meiner Ankunft in Paris mein deutscher Name »Heinrich« in »Henri« übersetzt worden, und ich mußte mich darin schicken und auch endlich hierzulande selbst so nennen, da das Wort Heinrich dem französischen Ohr nicht zusagte und überhaupt die Franzosen sich alle Dinge in der Welt recht bequem machen. Auch den Namen »Henri Heine« haben sie nie recht aussprechen können, und bei den meisten heiße ich M. Enri Enn; von vielen wird dieses in ein Enrienne zusammengezogen, und einige nannten mich M. Un rien ...

Heinrich, Harry, Henri – alle diese Namen klingen gut, wenn sie von schönen Lippen gleiten ...

Da mein körperlicher Zustand mir alle Hoffnung raubt, jemals wieder in der Gesellschaft zu leben, und letztere wirklich nicht mehr für mich existiert, so habe ich auch die Fessel jener persönlichen Eitelkeit abgestreift, die jeden behaftet, der unter den Menschen, in der sogenannten Welt, sich herumtreiben muß.

Ich kann daher jetzt mit unbefangenem Sinn von dem Mißgeschick sprechen, das mit meinem Namen »Harry« verbunden war und mir die schönsten Frühlingsjahre des Lebens vergällte und vergiftete.

Es hatte damit folgende Bewandtnis. In meiner Vaterstadt wohnte ein Mann, welcher »der Dreckmichel« hieß, weil er jeden Morgen mit einem Karren, woran ein Esel gespannt war, die Straßen der Stadt durchzog und vor jedem Hause stillhielt, um den Kehricht, welchen die Mädchen in zierlichen Haufen zusammengekehrt, aufzuladen und aus der Stadt nach dem Mistfelde zu transportieren. Der Mann sah aus wie sein Gewerbe, und der Esel, welcher seinerseits wie sein Herr aussah, hielt still vor den Häusern oder setzte sich in Trab, je nachdem die Modulation war, womit der Michel ihm das Wort »Haarüh!« zurief.

War solches sein wirklicher Name oder nur ein Stichwort? Ich weiß nicht, doch soviel ist gewiß, daß ich durch die Ähnlichkeit jenes Wortes mit meinem Namen Harry außerordentlich viel Leid von Schulkameraden und Nachbarskindern auszustehen hatte. Um mich zu nergeln, sprachen sie ihn ganz so aus, wie der Dreckmichel seinen Esel rief, und ward ich darob erbost, so nahmen die Schälke manchmal eine ganz unschuldige Miene an und verlangten, um jede Verwechselung zu vermeiden, ich sollte sie lehren, wie mein Name und der des Esels ausgesprochen werden müßten, stellten sich aber dabei sehr ungelehrig, meinten, der Michel pflege die erste Silbe immer sehr langsam anzuziehen, während er die zweite Silbe immer sehr schnell abschnappen lasse; zu anderen Zeiten geschähe das Gegenteil, wodurch der Ruf wieder ganz meinem eigenen Namen gleichlaute, und indem die Buben in der unsinnigsten Weise alle Begriffe und mich mit dem Esel und wieder diesen mit mir verwechselten, gab es tolle coq-à-l'âne, über die jeder andere lachen, aber ich selbst weinen mußte.

Als ich mich bei meiner Mutter beklagte, meinte sie, ich solle nur suchen, viel zu lernen und gescheit zu werden, und man werde mich dann nie mit einem Esel verwechseln.

Aber meine Homonymität mit dem schäbigen Langohr blieb mein Alp. Die großen Buben gingen vorbei und grüßten: »Haarüh!«, die kleineren riefen mir denselben Gruß, aber in einiger Entfernung. In der Schule ward dasselbe Thema mit raffinierter Grausamkeit ausgebeutet; wenn nur irgend von einem Esel die Rede war, schielte man nach mir, der ich immer errötete, und es ist unglaublich, wie Schulknaben überall Anzüglichkeiten hervorzuheben oder zu erfinden wissen.

Zum Beispiel frug der eine den andern: »Wie unterscheidet sich das Zebra von dem Esel des Barlaam, Sohn Boers?« Die Antwort lautete: »Der eine spricht zebräisch und der andere sprach hebräisch.« – Dann kam die Frage: »Wie unterscheidet sich aber der Esel des Dreckmichels von seinem Namensvetter?«, und die impertinente Antwort war: »Den

Unterschied wissen wir nicht.« Ich wollte dann zuschlagen, aber man beschwichtigte mich, und mein Freund Dietrich, der außerordentlich schöne Heiligenbildchen zu verfertigen wußte und auch später ein berühmter Maler wurde, suchte mich einst bei einer solchen Gelegenheit zu trösten, indem er mir ein Bild versprach. Er malte für mich einen heiligen Michael – aber der Bösewicht hatte mich schändlich verhöhnt. Der Erzengel hatte die Züge des Dreckmichels, sein Roß sah ganz aus wie dessen Esel, und statt einen Drachen durchstach die Lanze das Aas einer toten Katze.

Sogar der blondlockichte, sanfte, mädchenhafte Franz, den ich so sehr liebte, verriet mich einst: er schloß mich in seine Arme, lehnte seine Wange zärtlich an die meinige, blieb lange sentimental an meiner Brust und – rief mir plötzlich ins Ohr ein lachendes »Haarüh!« – das schnöde Wort im Davonlaufen beständig modulierend, daß es weithin durch die Kreuzgänge des Klosters widerhallte.

Noch roher behandelten mich einige Nachbarskinder, Gassenbuben jener niedrigsten Klasse, welche wir in Düsseldorf »Haluten« nannten, ein Wort, welches Etymologienjäger gewiß von den Heloten der Spartaner ableiten würden.

Ein solcher Halut war der kleine Jupp, welches Joseph heißt und den ich auch mit seinem Vatersnamen Flader benennen will, damit er beileibe nicht mit dem Jupp Rörsch verwechselt werde, welcher ein ganz artiges Nachbarskind war und, wie ich zufällig erfahren, jetzt als Postbeamter in Bonn lebt. Der Jupp Flader trug immer einen langen Fischerstecken, womit er nach mir schlug, wenn er mir begegnete. Er pflegte mir auch gern Roßäpfel an den Kopf zu werfen, die er brühwarm, wie sie aus dem Backofen der Natur kamen, von der Straße aufraffte. Aber nie unterließ er dann auch, das fatale »Haarüh!« zu rufen, und zwar in allen Modulationen.

Memoiren,
um 1854

Ich hatte viel getan und gelitten, und als die Sonne der Juliusrevolution in Frankreich aufging, war ich nachgerade sehr müde geworden und bedurfte einiger Erholung. Auch ward mir die heimatliche Luft täglich ungesunder, und ich mußte ernstlich an eine Veränderung des Klimas denken. Ich hatte Visionen; die Wolkenzüge ängstigten mich und schnitten mir allerlei fatale Fratzen. Es kam mir manchmal vor, als sei die Sonne eine preußische Korkade; des Nachts träumte ich von einem häßlichen schwarzen Geier, der mir die Leber fraß, und ich ward sehr melancholisch.

Den 1. Mai 1831 fuhr ich über den Rhein. Den alten Flußgott, den Vater Rhein, sah ich nicht, und ich begnügte mich, ihm meine Visitenkarte ins Wasser zu werfen. Er saß, wie man mir sagte, in der Tiefe und studierte wieder die französische Grammatik von Meidinger, weil er nämlich während der preußischen Herrschaft große Rückschritte im Französischen gemacht hatte und sich jetzt eventualiter aufs neue einüben wollte. Ich glaubte, ihn unten konjugieren zu hören: »J'aime, tu aimes, il aime, nous aimons« – Was liebt er aber? In keinem Fall die Preußen. Den Straßburger Münster sah ich nur von fern; er wackelte mit dem Kopfe, wie der alte getreue Eckart, wenn er einen jungen Fant erblickt, der nach dem Venusberge zieht.

Zu Saint-Denis erwachte ich aus einem süßen Morgenschlafe und hörte zum ersten Male den Ruf der Coucouführer: »Paris! Paris!« sowie auch das Schellengeklingel der Cocoverkäufer. Hier atmet man schon die Luft der Hauptstadt, die am Horizonte bereits sichtbar . . . Wahrhaft überraschte mich die Menge von geputzten Leuten, die sehr geschmackvoll gekleidet waren wie Bilder eines Modejournals. Dann imponierte mir, daß sie alle französisch sprachen, was bei uns ein Kennzeichen der vornehmen Welt; hier ist also das ganze Volk so vornehm wie bei uns der Adel. Die Männer waren alle so höflich und die schönen Frauen so lächelnd. Gab mir jemand unversehens einen Stoß, ohne gleich um Verzeihung zu bitten, so konnte ich darauf wetten, daß es ein Landsmann war; und wenn irgendeine Schöne etwas allzu säuerlich aussah, so hatte sie entweder Sauerkraut gegessen, oder sie konnte Klopstock im Original lesen. Ich fand alles so amüsant, und der Himmel war so blau und die Luft so liebenswürdig, so generös, und dabei flimmerten noch hie und da die Lichter der Julisonne; die Wangen der schönen Lutetia waren noch rot von den Flammenküssen dieser Sonne, und an ihrer Brust war noch nicht ganz verwelkt der bräutliche Blumenstrauß. An den Straßenecken waren freilich hie und da die liberté, égalité, fraternité schon wieder abgewischt. Ich besuchte sogleich die Restaurants, denen ich empfohlen war; diese Speisewirte versicherten mir, daß sie mich auch ohne Empfehlungsschreiben gut aufgenommen hätten, da ich ein so honettes und distinguiertes Äußere besäße, das sich von selbst empfehle. Nie hat mir ein deutscher Garkoch dergleichen gesagt, wenn er auch ebenso dachte; so ein Flegel meint, er müsse uns das Angenehme verschweigen und seine deutsche Offenheit verpflichte ihn, nur widerwärtige Dinge uns ins Gesicht zu sagen. In den Sitten und sogar in der Sprache der Franzosen ist soviel köstliche Schmeichelei, die sowenig kostet und doch so wohltätig und erquickend. Meine Seele, die arme Sensitive, welche die Scheu vor vaterländischer Grobheit so sehr zusammengezogen hatte, erschloß sich wieder jenen schmeichlerischen Lauten der französischen Urbanität. Gott hat uns die Zunge gegeben, damit wir unsern Mitmenschen etwas Angenehmes sagen.

Geständnisse,
1854

Aber, unglücklicher Poet, warst du nicht durch deine französische Naturalisation hinlänglich geschützt gegen solche Ministerwillkür?

Ach, die Beantwortung dieser Frage entreißt mir ein Geständnis, das vielleicht die Klugheit geböte zu verschweigen. Aber die Klugheit und ich, wir haben schon lange nicht mehr aus derselben Kumpe gegessen – und ich will heute rücksichtslos bekennen, daß ich mich nie in Frankreich naturalisieren ließ und meine Naturalisation, die für eine notorische Tatsache gilt, dennoch nur ein deutsches Märchen ist. Ich weiß nicht, welcher müßige oder listige Kopf dasselbe ersonnen. Mehrere Landsleute wollten freilich aus authentischer Quelle diese Naturalisation erschnüffelt haben; sie referierten darüber in deutschen Blättern, und ich unterstützte den irrigen Glauben durch Schweigen. Meine lieben literarischen und politischen Gegner in der Heimat, und manche sehr einflußreiche intime Feinde hier in Paris, wurden dadurch irregeleitet und glaubten, ich sei durch ein französisches Bürgerrecht gegen mancherlei Vexationen und Machinationen geschützt, womit der Fremde, der hier einer exzeptionellen Jurisdiktion unterworfen ist, so leicht heimgesucht werden kann. Durch diesen wohltätigen Irrtum entging ich mancher Böswilligkeit und auch mancher Ausbeutung von Industriellen, die in geschäftlichen Konflikten ihre Bevorrechtung benutzt hätten. Ebenso widerwärtig wie kostspielig wird auf die Länge in Paris der Zustand des Fremden, der nicht naturalisiert ist. Man wird geprellt und geärgert, und zumeist eben von naturalisierten Ausländern, die am schäbigsten darauf erpicht sind, ihre erworbenen Befugnisse zu mißbrauchen. Aus mißmütiger Fürsorge erfüllte ich einst die Formalitäten, die zu nichts verpflichten und uns doch in den Stand setzen, nötigstenfalls die Rechte der Naturalisation ohne Zögernis zu erlangen. Aber ich hegte immer eine unheimliche Scheu vor dem definitiven Akt. Durch dieses Bedenken, durch diese tiefeingewurzelte Abneigung gegen die Naturalisation, geriet ich in eine falsche Stellung, die ich als die Ursache aller meiner Nöte, Kümmernisse und Fehlgriffe während meinem dreiundzwanzigjährigen Aufenthalt in Paris betrachten muß. Das Einkommen eines guten Amtes hätte hier meinen kostspieligen Haushalt und die Bedürfnisse einer nicht sowohl launischen als vielmehr menschlich freien Lebensweise hinreichend gedeckt – aber ohne vorhergehende Naturalisation war mir der Staatsdienst verschlossen. Hohe Würden und fette Sinekuren stellten mir meine Freunde lockend genug in Aussicht, und es fehlte nicht an Beispielen von Ausländern, die in Frankreich die glänzendsten Stufen der Macht und der Ehre erstiegen ...

Ja, ich habe das Wort genannt. Es war der närrische Hochmut des deutschen Dichters, der mich davon abhielt, auch nur pro forma ein Franzose zu werden. Es war eine ideale Grille, wovon ich mich nicht losmachen konnte. In bezug auf das, was wir gewöhnlich Patriotismus nennen, war ich immer ein Freigeist, doch konnte ich mich nicht eines gewissen Schauers erwehren, wenn ich etwas tun sollte, was nur halbwegs als ein Lossagen vom Vaterlande erscheinen mochte. Auch im Gemüte des Aufgeklärtesten nistet immer ein kleines Alräunchen des alten Aberglaubens, das sich nicht ausbannen läßt; man spricht nicht gern davon, aber es treibt in den geheimsten Schlupfwinkeln unsrer Seele sein unkluges Wesen. Die Ehe, welche ich mit Unserer Lieben Frau Germania, der blonden Bärenhäuterin, geführt, war nie eine glückliche gewesen. Ich erinnere mich wohl noch einiger schöner Mondscheinnächte, wo sie mich zärtlich preßte an ihren großen Busen mit den tugendhaften Zitzen – doch diese sentimentalen Nächte lassen sich zählen, und gegen Morgen trat immer eine verdrießlich gähnende Kühle ein und begann das Keifen ohne Ende. Auch lebten wir zuletzt getrennt von Tisch und Bett. Aber bis zu einer eigentlichen Scheidung sollte es nicht kommen. Ich habe es nie übers Herz bringen können, mich ganz loszusagen von meinem Hauskreuz. Jede Abtrünnigkeit ist mir verhaßt, und ich hätte mich von keiner deutschen Katze lossagen mögen, nicht von einem deutschen Hund, wie unausstehlich mir auch seine Flöhe und Treue ... Die Naturalisation mag für andere Leute passen; ein versoffener Advokat aus Zweibrücken, ein Strohkopf mit einer eisernen Stirn und einer kupfernen Nase, mag immerhin, um ein Schulmeisteramt zu erschnappen, ein Vaterland aufgeben, das nichts von ihm weiß und nie etwas von ihm erfahren wird – aber dasselbe geziemt sich nicht für einen deutschen Dichter, welcher die schönsten deutschen Lieder gedichtet hat. Es wäre für mich ein entsetzlicher, wahnsinniger Gedanke, wenn ich mir sagen müßte, ich sei ein deutscher Poet und zugleich ein naturalisierter Franzose. – Ich käme mir selber vor wie eine jener Mißgeburten mit zwei Köpfchen, die man in den Buden der Jahrmärkte zeigt. Es würde mich beim Dichten unerträglich genieren, wenn ich dächte, der eine Kopf finge auf einmal an, im französischen Truthahnpathos die unnatürlichsten Alexandriner zu skandieren, während der andere in den angebornen wahren Naturmetren der deutschen Sprache seine Gefühle ergösse. Und ach! unausstehlich sind mir, wie die Metrik, so die Verse der Franzosen, dieser parfürmierte Quark – kaum ertrage ich ihre ganz geruchlosen besseren Dichter. – Wenn ich jene sogenannte poésie lyrique der Franzosen betrachte, erkenne ich erst ganz die Herrlichkeit der deutschen Dichtkunst, und ich könnte mir alsdann wohl etwas darauf einbilden, daß ich mich rühmen darf, in diesem Gebiete meine Lorbeern errungen zu haben. – Wir wollen auch kein Blatt davon aufgeben, und der Steinmetz, der unsre letzte Schlafstätte mit einer Inschrift zu verzieren hat, soll keine Einrede zu gewärtigen haben, wenn er dort eingräbt die Worte: »Hier ruht ein deutscher Dichter.«

Retrospektive Aufklärung,
1854

Gottlob, daß ich bei all meinem Leid sehr heitern Gemütes bin, und die lustigsten Gedanken springen mir durchs Hirn. Meine Phantasie spielt mir in schlaflosen Nächten die schönsten Komödien und Possen vor, und zu meinem Glück ist auch meine Frau sehr heiterer Stimmung.

An Julius Campe,
Paris, 12. Oktober 1854

War ich doch selber jetzt das lebende Gesetz der Moral und der Quell allen Rechtes und aller Befugnis. Ich war die Ursittlichkeit, ich war unsündbar, ich war die inkarnierte Reinheit; die anrüchigsten Magdalenen wurden purifiziert durch die läuternde und sühnende Macht meiner Liebesflammen, und fleckenlos wie Lilien und errötend wie keusche Rosen, mit einer ganz neuen Jungfräulichkeit, gingen sie hervor aus den Umarmungen des Gottes. Diese Restaurationen beschädigter Magdtümer, ich gestehe es, erschöpften zuweilen meine Kräfte. Aber ich gab, ohne zu feilschen, und unerschöpflich war der Born meiner Barmherzigkeit. Ich war ganz Liebe und war ganz frei von Haß. Ich rächte mich auch nicht mehr an meinen Feinden, da ich im Grunde keinen Feind mehr hatte oder vielmehr niemand als solchen anerkannte: für mich gab es jetzt nur noch Ungläubige, die an meiner Göttlichkeit zweifelten – Jede Unbill, die sie mir antaten, war ein Sakrilegium, und ihre Schmähungen waren Blasphemien. Solche Gottlosigkeiten konnte ich freilich nicht immer ungeahndet lassen, aber alsdann war es nicht eine menschliche Rache, sondern die Strafe Gottes, die den Sünder traf. Bei dieser höhern Gerechtigkeitspflege unterdrückte ich zuweilen mit mehr oder weniger Mühe alles gemeine Mitleid. Wie ich keine Feinde besaß, so gab es für mich auch keine Freunde, sondern nur Gläubige, die an meine Herrlichkeit glaubten, die mich anbeteten, auch meine Werke lobten, sowohl die versifizierten wie die, welche ich in Prosa geschaffen, und dieser Gemeinde von wahrhaft Frommen und Andächtigen tat ich sehr viel Gutes, zumal den jungen Devotinnen.

Aber die Repräsentationskosten eines Gottes, der sich nicht lumpen lassen will und weder Leib noch Börse schont, sind ungeheuer; um eine solche Rolle mit Anstand zu spielen, sind besonders zwei Dinge unentbehrlich: viel Geld und viel Gesundheit. Leider geschah es, daß eines Tages – im Februar 1848 – diese beiden Requisiten mir abhanden kamen, und meine Göttlichkeit geriet dadurch sehr ins Stocken. Zum Glück war das verehrungswürdige Publikum in jener Zeit mit so großen, unerhörten, fabelhaften Schauspielen beschäftigt, daß dasselbe die Veränderung, die damals mit meiner kleinen Person vorging, nicht besonders bemerken mochte. Ja, sie waren unerhört und fabelhaft, die Ereignisse in jenen tollen Februartagen, wo die Weisheit der Klügsten zuschanden gemacht und die Auserwählten des Blödsinns aufs Schild gehoben wurden. Die Letzten wurden die Ersten, das Unterste kam zuoberst, sowohl die Dinge wie die Gedanken waren umgestürzt, es war wirklich die verkehrte Welt. – Wäre ich in dieser unsinnigen, auf den Kopf gestellten Zeit ein vernünftiger Mensch gewesen, so hätte ich gewiß durch jene Ereignisse meinen Verstand verloren, aber verrückt, wie ich damals war, mußte das Gegenteil geschehen, und sonderbar! just in den Tagen des allgemeinen Wahnsinns kam ich selber wieder zur Vernunft! Gleich vielen anderen heruntergekommenen Göttern jener Umsturzperiode mußte auch ich kümmerlich abdanken und in den menschlichen Privatstand wieder zurücktreten. Das war auch das Gescheiteste, das ich tun konnte. Ich kehrte zurück in die niedre Hürde der Gottesgeschöpfe, und ich huldigte wieder der Allmacht eines höchsten Wesens, das den Geschicken dieser Welt vorsteht und das auch hinfür meine eignen irdischen Angelegenheiten leiten sollte. Letztere waren während der Zeit, wo ich meine eigne Vorsehung war, in bedenkliche Verwirrung geraten, und ich war froh, sie gleichsam einem himmlischen Intendanten zu übertragen, der sie mit seiner Allwissenheit wirklich viel besser besorgt. Die Existenz eines Gottes war seitdem für mich nicht bloß ein Quell des Heils, sondern sie überhob mich auch aller jener quälerischen Rechnungsgeschäfte, die mir so verhaßt, und ich verdanke ihr die größten Ersparnisse. Wie für mich, brauche ich jetzt auch nicht mehr für andre zu sorgen, und seit ich zu den Frommen gehöre, gebe ich fast gar nichts mehr aus für Unterstützung von Hilfsbedürftigen; – ich bin zu bescheiden, als daß ich der göttlichen Vorsehung wie ehemals ins Handwerk pfuschen sollte, ich bin kein Gemeindeversorger mehr, kein Nachäffer Gottes, und meinen ehemaligen Klienten habe ich mit frommer Demut angezeigt, daß ich nur ein armseliges Menschengeschöpf bin, eine seufzende Kreatur, die mit der Weltregierung nichts mehr zu schaffen hat, und daß sie sich hinfür in Not und Trübsal an den Herrgott wenden müßten, der im Himmel wohnt und dessen Budget ebenso unermeßlich wie seine Güte ist, während ich armer Exgott sogar in meinen göttlichsten Tagen, um meinen Wohltätigkeitsgelüsten zu genügen, sehr oft den Teufel an dem Schwanz ziehen mußte.

»Tirer le diable par la queue« ist in der Tat einer der glücklichsten Ausdrücke der französischen Sprache, aber die Sache selbst war höchst demütigend für einen Gott. Ja, ich bin froh, meiner angemaßten Glorie entledigt zu sein, und kein Philosoph wird mir jemals wieder einreden, daß ich ein Gott sei! Ich bin nur ein armer Mensch, der obendrein nicht mehr ganz gesund und sogar sehr krank ist. In diesem Zustand ist es eine wahre Wohltat für mich, daß es jemand im Himmel gibt, dem ich beständig die Litanei meiner Leiden vorwimmern kann, besonders nach Mitternacht, wenn Mathilde sich zur Ruhe begeben, die sie oft sehr nötig hat. Gottlob! in solchen Stunden bin ich nicht allein, und ich kann beten und flennen, soviel ich will und ohne mich zu genieren, und ich kann ganz mein Herz ausschütten vor dem Allerhöchsten und ihm manches vertrauen, was wir sogar unsrer eignen Frau zu verschweigen pflegen.

Geständnisse,
1854

Weil ich recht habe und Sie mir solches nicht eingestehn wollen, werden Sie unwirsch und rappeln. Ich glaube, bei diesem Buche Opfer genug gebracht zu haben, um wenigstens berechtigt zu sein, Wahrheiten auszusprechen, die Sie nicht im mindesten verletzen können. Sie drohen mir mit böser Laune. Ich drohe nie mit dergleichen, denn träte sie ein, so schwiege ich ganz, schriebe Ihnen nur das Notdürftigste und barrikadierte mich gegen alle Störnis. Ich begreife wahrlich nicht, wie Sie, wo es um kein materielles Abzwacken, was Sie Geschäftliches nennen, sich handelt, mich in Kleinigkeiten nergeln, während es doch Ihr Interesse ist, mir die wenigen ruhigen Momente, die ich habe, nicht zu vertrüben, damit ich sie zu meinen literarischen Arbeiten anwende. Seien Sie überzeugt, ich meine es ehrlich mit Ihnen, wenn ich Ihnen den Rat gebe, mir das Leben zu erleichtern; ich kann unversehens dahinscheiden, und ich bin überzeugt, Sie haben vieles zu bereuen.

An Julius Campe,
Paris, 8. November 1854

Dieses Jahr hat nun auch ein Ende, und obgleich mir nicht viel Schlimmes während demselben widerfuhr und es sogar manche Annehmlichkeiten mitunter bot, so hat es im ganzen doch nicht viel getaugt, und der Teufel mag es holen wie die vorigen. Ich gratuliere Dir heute zu dem bevorstehenden neuen Jahre. Möge der Himmel Dich vor allen Schmerzen und jedem Kummer bewahren und mir meine liebe gute Mutter noch lange Jahre erhalten! Wenn Du einmal weggehst, so wird auch meines Bleibens auf dieser Welt nicht lange sein, und die arme Mathilde mag sich um einen andern Narren umsehn.

An Betty Heine und Charlotte Embden,
Paris, 27. Dezember 1854

Die Nachricht, daß Du hierher zur Ausstellungszeit reisen würdest, erfreute mich unsäglich, als ich sie von Hamburg empfing, und da Du mit direktem Schreiben säumtest, so sah ich Deiner Ankunft um so baldiger entgegen. Ich schreibe Dir heute, um Dir in dieser Beziehung noch einen besonders dringenden Wunsch ans Herz zu legen. Ich war nämlich diesen ganzen Winter hindurch oft so krank, daß ich meinem Ende entgegensah und ich oft in Begriff war, an Lottchen zu schreiben, daß sie hierherkommen möge, um sich vor meinem Ableben mit mir noch einmal zu besprechen und mir dadurch einen großen Trost zu der ewigen Reise zu bereiten. Mein Zustand ist etwas besser seitdem, aber doch noch beängstigend genug, und wenn Du wirklich nach Paris reisen willst, so bitte ich Dich, über Hamburg zu reisen, um mir Lottchen mit hierherzubringen; denn ohne Deinen Machtspruch und Deinen positiven Willen läßt man sie dort nicht herkommen. Sie wird Dich hier keinen Sou kosten, indem meine Frau ihr in meiner Wohhnung schon ihr Zimmer bereithält, und sie soll Dich auch nicht genieren, da ich sie hernach allein und frankiert nach Hamburg zurückschicke; es ist alles jetzt so leicht, und sie ist kein Kind mehr, um nicht mit der Eisenbahn allein nach Hamburg zu rutschen. Schreibe daher gleich nach Hamburg Deinen Willen und melde mir auch gleich umgehend, was Du beschlossen hast. Ich freue mich unendlich, Euch bald zu sehen.

An Gustav Heine,
Paris, 3. Juni 1855

Meine Frau befindet sich wohl und sehr heiter. Ich leide noch immer an meinem alten Übel, die Krämpfe, die zwar nicht sehr schmerzhaft sind, mich aber an jedem Lebensgenuß, besonders aber am Arbeiten stören. Mit Campe diplomatisiere ich noch immer, und wenn er sich auf den Kopf stellt, so lasse ich mich jetzt nicht mehr von ihm über den Löffel barbieren. Er muß heimlich auf mich sehr ergrimmt sein und spielt mir gewiß allerlei böse Streiche im Dunkeln. Aber ich laviere, und am Ende erlange ich doch, was ich will. Er wird wütend sein, wenn er erfährt, daß Lottchen und Gustav nach Paris kommen.

An Betty Heine,
Paris, 10. August 1855

Sie sind in Paris, und trotzdem säumen Sie noch, mir die Hand zu drükken. Ich habe großes Verlangen, den Moschusdurft Ihrer Handschuhe zu riechen, den Ton Ihrer Stimme zu hören, einen lebendigen Abdruck auf

Ihr Schwabengesicht zu drücken. – Ärgern Sie sich nicht: so anmutig Sie auch sind, Sie haben ein Gesicht wie schwäbische Gelbveiglein! Aber kommen Sie bald.

An Elise Krienitz (Die Mouche),
Paris, 14. August 1855

Die Hauptsache ist leider, daß ich in diesem Augenblick verflucht wenig arbeiten kann und dieses Jahr ein Defizit von etwa 15000 Francs (durch verfehlte Hilfsversuche) darbieten dürfte. Deshalb muß ich auch im Beginn dieses Monats die sechshundert Mark Banko, die den 1. Februar als Pensionssemester zahlbar, also drei Monat dato (an die Ordre von Homberg & Co.) auf Sie trassieren. Solche Symptome können Ihnen immer zeigen, wie mich die Finanzfragen importunieren. Vergessen Sie das nie, und Sie werden nie mir verargen, wenn ich auch Sie mit diesen Fragen behellige.

An Julius Campe,
Paris, 1. November 1855

Das neue Jahr ist vor der Türe, und wenn das alte Jahr sich nicht bald fortmacht, so würde ich es herausschmeißen; es ist eins der miserabelsten Jahre gewesen. Ich hoffe, daß das neue Jahr besser sein wird, und gratuliere Dir zu seiner Eröffnung ...

Mit meiner Gesundheit geht es wie gewöhnlich; ich hoffe immer auf Besserung, und die Jahre vergehen. Meine Augen gingen etwas leidlicher, aber ich gerate wieder in die Notwendigkeit, sie sehr schonen zu müssen. Und nun lebe wohl, meine innigst geliebte Mutter, und sei überzeugt, daß ich unaufhörlich, Tag und Nacht, an Dich denke. Noch die vorige Nacht habe ich von Dir sehr lebhaft geträumt, und ich sah Dich ganz, wie Du in den frühesten Zeiten ausgesehen, und ich hätte vor Kummer weinen können, als ich an die Gegenwart dachte. Du bist meine gute, liebe Mutter, und da wir beide unser ganzes Leben hindurch immer brav und redlich gehandelt haben, so haben wir nicht zu fürchten, daß wir in einer anderen Welt wieder voneinander getrennt leben müßten.

An Betty Heine,
Paris, 30. Dezember 1855

Du bist meine liebe Mouche, und ich fühle minder meine Schmerzen, wenn ich an Deine Zierlichkeit, an die Anmut Deines Geistes denke. Leider kann ich nichts für Dich tun, als Dir solche Worte, »gemünzte Luft«, sagen. Meine besten Wünsche zum neuen Jahr – ich spreche sie nicht aus, Worte! Worte!

Ich bin vielleicht morgen imstande, meine Mouche zu sehen, dann laß ich es sie wissen. Jedenfalls aber kommt sie übermorgen (Donnerstag) zu ihrem

Nebukatnetzar II
ehemaliger königlich preußischer Atheist,
jetzt aber Lotosblumenanbeter.

An Elise Krienitz (Die Mouche),
Paris, 1. Januar 1856

Liebste Mouche! Ich habe eine böse, sehr böse Nacht verjammert und verliere fast den Mut. Ich rechne darauf, daß ich Dich morgen sumsen höre. Dabei bin ich sentimental wie ein Mops, der zum ersten Male liebt. Könnt ich nur einmal auf die appâts der Madame Koreff meine Sentimentalität ergießen! Aber auch diesen Genuß versagt mir das Schicksal. Aber Du verstehst mich nicht, Du bist eine Gans.

Dein Gänserich I
König der Vandalen

An Elise Krienitz (Die Mouche),
Paris, 24. Januar 1856

§ 1. Ich setze Mathilde Crescence Heine, geborne Mirat, meine Ehefrau, zur Universalerbin meiner Hinterlassenschaft ein, und ich vermache ihr als volles und gänzliches Eigentum, ohne irgendwelche Einschränkung, alles, was ich besitze, alle meine Rechte auf gegenwärtigen oder künftigen Besitz jeglicher Art, besonders meine Rechte, die sich aus der Ausbeutung meiner literarischen Werke ergeben. Ich erkläre ausdrücklich, daß ich M. C. Heine, geborne Mirat, nicht allein als meine rechtmäßige Ehefrau zur einzigen Erbin mache, sondern auch aus Zuneigung und Dankbarkeit; ich wollte durch diesen Akt meine Freundschaft für die Frau beweisen, die zwanzig Jahre lang meine geliebte und treue Gefährtin in den wechselhaften Umständen des Exils war und mich während der furchtbaren Jahre jener grausamen und launischen Krankheit, an der ich leide, mit unerschütterlicher Aufopferung umsorgt hat.

§ 2. Ich bitte meine Frau, sobald ich tot bin, alle meine Briefschaften und Papiere in Gewahrsam zu nehmen und damit nach der Instruktion, die ich ihr schriftlich oder mündlich hinterlassen werde, zu verfahren.

§ 3. Da mein Freund Julius Campe in Hamburg sich bei mir beklagt hat, daß Personen meiner nächsten Anverwandtschaft sich dahin geäußert hätten, als könnten sie nach meinem Absterben meinen Kontrakt mit seiner Buchhandlung rechtmäßig umstoßen, so erkläre ich ausdrücklich, daß diesem Kontrakt im buchstäblichsten Sinne seine Rechtsgültigkeit verbleiben solle, wenngleich es wahr ist, daß ich denselben unter irrigen Voraussetzungen zu einer Zeit abschloß, wo ich, entfernt vom deutschen Büchermarkt lebend, über den merkantilischen Wert meiner Werke nicht genau unterrichtet sein konnte und ich auch durch die letztwilligen Verfügungen meines Oheims Salomon Heine in Hamburg einer sorglosen Zukunft sicher zu sein glaubte. Es war hier nicht eigentlich der bekannte Leichtsinn der Dichter im Spiele, als ich damals meine literarischen Eigentumsrechte zu höchst nachteiligen Bedingungen veralienierte, sondern ich wollte sehr verwickelten Kontroversen durch ein Opfer gänzlich entgehen und zugleich auch meinem erwähnten Oheim, den die bloße Idee eines Prozesses zwischen mir und meinem Verleger in Hamburg inquietierte, das Schauspiel eines solchen Skandals ersparen. – Indem ich nun solchermaßen meine materiellen Interessen hintenansetzte, um meinem Freunde Julius Campe, dem ich seit so vielen Jahren mein blindes Zutrauen geschenkt hatte, auch hinfür als einen getreuen Vertreter meiner geistigen Interessen zu bewahren, so darf ich wohl hoffen, daß er nach meinem Tode, bei der Herausgabe meiner bisherigen Werke, neben seinen merkantilischen Vorteilen auch die Ehre meines Namens im Auge behalten wird. Wahrlich nicht nur um meine Popularität zu fördern, sondern um die Ausgaben der bisherigen Einzelschriften auszubeuten, hat mein Freund Campe mit der Gesamtausgabe so lange gezögert, bis es zweifelhaft geworden, ob ich selbst imstande sein möchte, letztere selbst zu besorgen. Ist dieses nicht der Fall und sterbe ich mittlerweile, so soll meine Witwe einen Stellvertreter erwählen, dem ich die üblichen Befugnisse des Autors, namentlich in bezug auf die Überwachung des Druckes, hiermit förmlich übertrage. Für den Fall, daß meine Frau hier in Frankreich eines Beistands bedürfte, um die Rechte zu schützen, die ihr durch mein Absterben und durch meinen Letzten Willen zufallen, oder sonstige Ansprüche, die ihr als meine Witwe zustehen, geltend zu nehmen, so bitte ich meine Freunde, den Herrn Mignet, Mitglied des

Instituts, und den Herrn Buloz, Direktor der »Revue des deux mondes«, mir, den sie so oft verpflichtet, auch noch den postumen Liebesdienst zu erweisen, daß sie in obenerwähntem Falle die Interessen meiner Frau mit Rat und Tat vertreten wollen; um ihnen zu diesem Behuf die vollständigste Autorisation zu verleihen, ernenne ich sie zu Exekutoren dieses Testamentes.

Auch der Fürsorge meines Vetters Carl Heine empfehle ich nach meinem Tode meine Witwe, und ich erinnere ihn an das feierliche Versprechen, das er mir vor acht Jahren in jener Stunde gab, wo wir uns miteinander versöhnten: als er sich verpflichtete, daß nach meinem Tode meiner Witwe die Hälfte meiner Pension, wie mir bereits sein Vater zugesagt, als lebenslängliche Rente bezahlt werden solle, versprach er mir auch, in allen sonstigen Lebensvorfällen sie zu schützen und sie nie in Not kommen zu lassen. Er hätte mir gewiß die ganze Pension für meine Witwe zugesagt, wenn ich solches zu jener Zeit verlangt hätte, aber ich verlangte es nicht, weil ich durch jene Stipulation nur das, worauf ich die legitimsten Ansprüche hatte, geltend machen und letztere konstatiert sehen wollte; letzteres geschah durch das Ehrenwort meines Vetters und seinen Handschlag. Seitdem sind Umstände eingetreten, welche mich nötigen, in verstärktem Grade die Großmut meines Vetters Carl für meine Frau in Anspruch zu nehmen: ich muß ihn nämlich bitten, statt der halben die ganze Pension nach meinem Tode zu bewilligen; nicht die ganze Pension, wie ich sie während den letzten sieben Jahren genossen – denn mein Vetter Carl hatte dieselbe aus Herzensgüte auf mehr als das Doppelte erhöht –, sondern wie sie mir ursprünglich während der Lebzeit meines geliebten Oheims regelmäßig ausbezahlt wurde. Diesen Wunsch, den letzten, den ich an ihn richte, lege ich . . .

Letzter Testamentsentwurf,
Februar 1856

Buch der Lieder

In einer Parodie auf den großen Erfolg, den der Chor vom schönen grünen Jungfernkranz aus Webers Oper »Der Freischütz« hatte, macht sich Heine darüber lustig, daß auf allen Straßen und Gassen das populäre Lied gepfiffen und gesungen wird (S. 11f.)

1827 erscheint bei Hoffmann und Campe in Hamburg sein »Buch der Lieder«, und bald pfeift und singt ganz Deutschland die Vertonungen, die Robert Schumann, Franz Schubert und später auch Hugo Wolf auf diese Verse komponieren. Bibliotheken von Poesiealben füllen sich mit Heines Strophen oder auch nur mit Zitaten daraus. Noch nie vorher und auch niemals danach hat es eine Lyriksammlung gegeben, die vom Publikum so komplett akzeptiert worden ist wie diese, dabei sind die Verse zum großen Teil herzlich schlecht. Es wird gern behauptet, das sei Absicht, ein künstlerisches Stilmittel des Dichters gewesen, dies aber ist erwiesenermaßen falsch. Heine ist damals knapp 30 Jahre alt, mit einem eigenen Handelsgeschäft für feine Stoffe und Tuche als Bankrotteur gescheitert, mit mäßigen Noten zum Doktor der Rechtswissenschaften promoviert, seine Aussichten und Wünsche auf eine Professur stehen miserabel. Seine Jugendliebe, die Base Amalie, lächelt über die Schwärmerei des Vetters und nimmt einen Anderen. Angesichts dieses Konglomerats aus Versagen, Wünschen, Hoffen setzt sich der junge Mann an den Schreibtisch und reimt aus Herzenslust, fast ohne Vorbilder, jedenfalls ohne Übung, und bringt damit einen Gedichtband zuwege, über dessen Erfolg er und sein Verleger gleichermaßen nur staunen können. Nachahmer finden sich bald in Hülle und Fülle. Heine selbst gibt sich, als die Auflagen steigen, gerne, fast wie ein Adelsprädikat, den Zunamen »der Dichter des Buchs der Lieder«. An diesem Werk werden alle seine späteren poetischen Erzeugnisse gemessen und natürlich auch verdammt. So herz-schmerzlich, frech, romantisch, sentimental und keck hat er tatsächlich später nicht mehr gedichtet. Er kann es gewiß besser, aber eben nicht mehr so, wie alle Welt es gern liest, zitiert, rezitiert, persifliert und nachahmt.

Junge Leiden

1817–1821

Schöne Wiege meiner Leiden,
Schönes Grabmal meiner Ruh,
Schöne Stadt, wir müssen scheiden, –
Lebe wohl! ruf ich dir zu.

Lebe wohl, du heilge Schwelle,
Wo da wandelt Liebchen traut;
Lebe wohl! du heilge Stelle,
Wo ich sie zuerst geschaut.

Hätt ich dich doch nie gesehen,
Schöne Herzenskönigin!
Nimmer wär es dann geschehen,
Daß ich jetzt so elend bin.

Nie wollt ich dein Herze rühren,
Liebe hab ich nie erfleht;
Nur ein stilles Leben führen
Wollt ich, wo dein Odem weht.

Doch du drängst mich selbst von hinnen,
Bittre Worte spricht dein Mund;
Wahnsinn wühlt in meinen Sinnen,
Und mein Herz ist krank und wund.

Und die Glieder matt und träge
Schlepp ich fort am Wanderstab,
Bis mein müdes Haupt ich lege
Ferne in ein kühles Grab.

Berg und Burgen schaun herunter
In den spiegelhellen Rhein,
Und mein Schiffchen segelt munter,
Rings umglänzt von Sonnenschein.

Ruhig seh ich zu dem Spiele
Goldner Wellen, kraus bewegt;
Still erwachen die Gefühle,
Die ich tief im Busen hegt.

Freundlich grüßend und verheißend
Lockt hinab des Stromes Pracht;
Doch ich kenn ihn, oben gleißend,
Birgt sein Innres Tod und Nacht.

Oben Lust, im Busen Tücken,
Strom, du bist der Liebsten Bild!
Die kann auch so freundlich nicken,
Lächelt auch so fromm und mild.

Anfangs wollt ich fast verzagen,
Und ich glaubt, ich trüg es nie;
Und ich hab es doch getragen –
Aber fragt mich nur nicht, wie?

Zwei Brüder

Oben auf der Bergesspitze
Liegt das Schloß in Nacht gehüllt;
Doch im Tale leuchten Blitze,
Helle Schwerter klirren wild.

Das sind Brüder, die dort fechten
Grimmen Zweikampf, wutentbrannt.

Sprich, warum die Brüder rechten
Mit dem Schwerte in der Hand?

Gräfin Lauras Augenfunken
Zündeten den Brüderstreit.
Beide glühen liebestrunken
Für die adlig holde Maid.

Welchem aber von den beiden
Wendet sich ihr Herze zu?
Kein Ergrübeln kanns entscheiden –
Schwert heraus, entscheide du!

Und sie fechten kühn verwegen,
Hieb auf Hiebe niederkrachts.
Hütet euch, ihr wilden Degen,
Böses Blendwerk schleicht des Nachts.

Wehe! Wehe! blutge Brüder!
Wehe! Wehe! blutges Tal!
Beide Kämpfer stürzen nieder,
Einer in des andern Stahl. –

Viel Jahrhunderte verwehen,
Viel Geschlechter deckt das Grab;
Traurig von des Berges Höhen
Schaut das öde Schloß herab.

Aber nachts, im Talesgrunde,
Wandelts heimlich, wunderbar;
Wenn da kommt die zwölfte Stunde,
Kämpfet dort das Brüderpaar.

Der arme Peter

Der Hans und die Grete tanzen herum,
Und jauchzen vor lauter Freude.
Der Peter steht so still und stumm,
Und ist so blaß wie Kreide.

Der Hans und die Grete sind Bräutgam und Braut,
Und blitzen im Hochzeitgeschmeide.
Der arme Peter die Nägel kaut
Und geht im Werkeltagskleide.

Der Peter spricht leise vor sich her,
Und schaut betrübet auf beide:
Ach! wenn ich nicht gar zu vernünftig wär,
Ich täte mir was zuleide.

»In meiner Brust, da sitzt ein Weh,
Das will die Brust zersprengen;
Und wo ich steh und wo ich geh,
Wills mich von hinnen drängen.

Es treibt mich nach der Liebsten Näh,
Als könnts die Grete heilen;
Doch wenn ich der ins Auge seh,
Muß ich von hinnen eilen.

Ich steig hinauf des Berges Höh,
Dort ist man doch alleine;
Und wenn ich still dort oben steh,
Dann steh ich still und weine.«

Der arme Peter wankt vorbei,
Gar langsam, leichenblaß und scheu.
Es bleiben fast, wenn sie ihn sehn,
Die Leute auf der Straße stehn.

Die Mädchen flüstern sich ins Ohr:
»Der stieg wohl aus dem Grab hervor.«
Ach nein, ihr lieben Jungfräulein,
Der legt sich erst ins Grab hinein.

Er hat verloren seinen Schatz,
Drum ist das Grab der beste Platz,
Wo er am besten liegen mag,
Und schlafen bis zum jüngsten Tag.

Die Grenadiere

Nach Frankreich zogen zwei Grenadier,
Die waren in Rußland gefangen.
Und als sie kamen ins deutsche Quartier,
Sie ließen die Köpfe hangen.

Da hörten sie beide die traurige Mär:
Daß Frankreich verloren gegangen,
Besiegt und zerschlagen das große Heer –
Und der Kaiser, der Kaiser gefangen.

Da weinten zusammen die Grenadier
Wohl ob der kläglichen Kunde.
Der eine sprach: Wie weh wird mir,
Wie brennt meine alte Wunde!

Der andre sprach: Das Lied ist aus,
Auch ich möcht mit dir sterben,
Doch hab ich Weib und Kind zu Haus,
Die ohne mich verderben.

Was schert mich Weib, was schert mich Kind,
Ich trage weit beßres Verlangen;
Laß sie betteln gehn, wenn sie hungrig sind –
Mein Kaiser, mein Kaiser gefangen!

Gewähr mir, Bruder, eine Bitt:
Wenn ich jetzt sterben werde,
So nimm meine Leiche nach Frankreich mit,
Begrab mich in Frankreichs Erde.

Das Ehrenkreuz am roten Band
Sollst du aufs Herz mir legen;
Die Flinte gib mir in die Hand,
Und gürt mir um den Degen.

So will ich liegen und horchen still,
Wie eine Schildwach, im Grabe,
Bis einst ich höre Kanonengebrüll
Und wiehernder Rosse Getrabe.

Dann reitet mein Kaiser wohl über mein Grab,
Viel Schwerter klirren und blitzen;
Dann steig ich gewaffnet hervor aus dem Grab –
Den Kaiser, den Kaiser zu schützen.

Belsazar

Die Mitternacht zog näher schon;
In stummer Ruh lag Babylon.

Nur oben in des Königs Schloß,
Da flackerts, da lärmt des Königs Troß.

Dort oben in dem Königssaal
Belsazar hielt sein Königsmahl.

Die Knechte saßen in schimmernden Reihn,
Und leerten die Becher mit funkelndem Wein.

Es klirrten die Becher, es jauchzten die Knecht;
So klang es dem störrigen Könige recht.

Des Königs Wangen leuchten Glut;
Im Wein erwuchs ihm kecker Mut.

Und blindlings reißt der Mut ihn fort;
Und er lästert die Gottheit mit sündigem Wort.

Und er brüstet sich frech, und lästert wild;
Die Knechtenschar ihm Beifall brüllt.

Der König rief mit stolzem Blick;
Der Diener eilt und kehrt zurück.

Er trug viel gülden Gerät auf dem Haupt;
Das war aus dem Tempel Jehovahs geraubt.

Und der König ergriff mit frevler Hand
Einen heiligen Becher, gefüllt bis am Rand.

Und er leert ihn hastig bis auf den Grund,
Und rufet laut mit schäumendem Mund:

Jehovah! dir künd ich auf ewig Hohn –
Ich bin der König von Babylon!

Doch kaum das grause Wort verklang,
Dem König wards heimlich im Busen bang.

Das gellende Lachen verstummte zumal;
Es wurde leichenstill im Saal.

Und sieh! und sieh! an weißer Wand
Da kams hervor wie Menschenhand;

Und schrieb, und schrieb an weißer Wand
Buchstaben von Feuer, und schrieb und schwand.

Der König stieren Blicks da saß,
Mit schlotternden Knien und totenblaß.

Die Knechtenschar saß kalt durchgraut,
Und saß gar still, gab keinen Laut.

Die Magier kamen, doch keiner verstand
Zu deuten die Flammenschrift an der Wand.

Belsazar ward aber in selbiger Nacht
Von seinen Knechten umgebracht.

Lyrisches Intermezzo

1822 – 1823

Prolog

Es war mal ein Ritter trübselig und stumm,
Mit hohlen, schneeweißen Wangen;
Er schwankte und schlenderte schlotternd herum,
In dumpfen Träumen befangen.
Er war so hölzern, so täppisch, so links,
Die Blümlein und Mägdlein, die kicherten rings,
Wenn er stolpernd vorbeigegangen.

Oft saß er im finstersten Winkel zu Haus;
Er hatt sich vor Menschen verkrochen.
Da streckte er sehnend die Arme aus,
Doch hat er kein Wörtlein gesprochen.
Kam aber die Mitternachtsstunde heran,
Ein seltsames Singen und Klingen begann –
An die Tür, da hört er es pochen.

Da kommt seine Liebste geschlichen herein,
Im rauschenden Wellenschaumkleide.
Sie blüht und glüht wie ein Röselein,
Ihr Schleier ist eitel Geschmeide.
Goldlocken umspielen die schlanke Gestalt,
Die Äuglein grüßen mit süßer Gewalt –
In die Arme sinken sich beide.

Der Ritter umschlingt sie mit Liebesmacht,
Der Hölzerne steht jetzt in Feuer,
Der Blasse errötet, der Träumer erwacht,
Der Blöde wird freier und freier.
Sie aber, sie hat ihn gar schalkhaft geneckt,
Sie hat ihm ganz leise den Kopf bedeckt
Mit dem weißen, demantenen Schleier.

In einen kristallenen Wasserpalast
Ist plötzlich gezaubert der Ritter.
Er staunt, und die Augen erblinden ihm fast
Vor alle dem Glanz und Geflitter.
Doch hält ihn die Nixe umarmet gar traut,
Der Ritter ist Bräutgam, die Nixe ist Braut;
Ihre Jungfraun spielen die Zither.

Sie spielen und singen, und singen so schön,
Und heben zum Tanze die Füße;
Dem Ritter, dem wollen die Sinne vergehn,
Und fester umschließt er die Süße –
Da löschen auf einmal die Lichter aus,
Der Ritter sitzt wieder ganz einsam zu Haus,
In dem düstern Poetenstübchen.

Im wunderschönen Monat Mai,
Als alle Knospen sprangen,
Da ist in meinem Herzen
Die Liebe aufgegangen.

Im wunderschönen Monat Mai,
Als alle Vögel sangen,
Da hab ich ihr gestanden
Mein Sehnen und Verlangen.

Aus meinen Tränen sprießen
Viel blühende Blumen hervor,
Und meine Seufzer werden
Ein Nachtigallenchor.

Und wenn du mich lieb hast, Kindchen,
Schenk ich dir die Blumen all,
Und vor deinem Fenster soll klingen
Das Lied der Nachtigall.

Die Rose, die Lilie, die Taube, die Sonne,
Die liebt ich einst alle in Liebeswonne.
Ich lieb sie nicht mehr, ich liebe alleine
Die Kleine, die Feine, die Reine, die Eine;
Sie selber, aller Liebe Bronne,
Ist Rose und Lilie und Taube und Sonne.

Wenn ich in deine Augen seh,
So schwindet all mein Leid und Weh;
Doch wenn ich küsse deinen Mund,
So werd ich ganz und gar gesund.

Wenn ich mich lehn an deine Brust,
Kommts über mich wie Himmelslust;
Doch wenn du sprichst: ich liebe dich!
So muß ich weinen bitterlich.

Dein Angesicht so lieb und schön,
Das hab ich jüngst im Traum gesehn,
Es ist so mild und engelgleich,
Und doch so bleich, so schmerzenbleich.

Und nur die Lippen, die sind rot;
Bald aber küßt sie bleich der Tod.
Erlöschen wird das Himmelslicht,
Das aus den frommen Augen bricht.

Ich will meine Seele tauchen
In den Kelch der Lilie hinein;
Die Lilie soll klingend hauchen
Ein Lied von der Liebsten mein.

Das Lied soll schauern und beben
Wie der Kuß von ihrem Mund,

Den sie mir einst gegeben
In wunderbar süßer Stund.

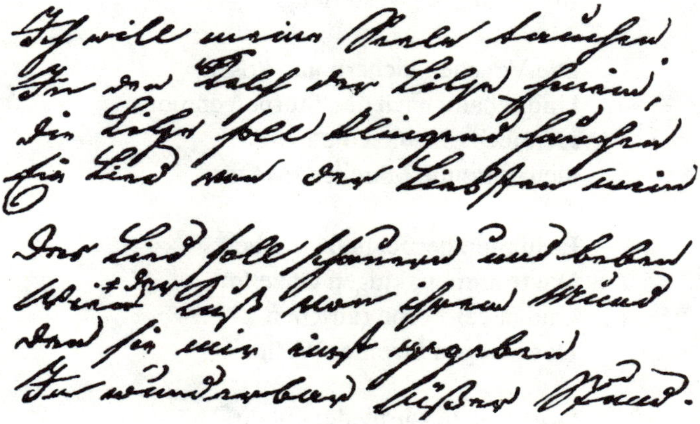
Ich will meine Seele tauchen
In den Kelch der Lilje hinein;
Die Lilje soll klingend hauchen
Ein Lied von der Liebsten mein.

Das Lied soll schauern und beben
Wie der Kuß von ihrem Mund,
Den sie mir einst gegeben
In wunderbar süßer Stund.

Es stehen unbeweglich
Die Sterne in der Höh,
Viel tausend Jahr, und schauen
Sich an mit Liebesweh.

Sie sprechen eine Sprache,
Die ist so reich, so schön;
Doch keiner der Philologen
Kann diese Sprache verstehn.

Ich aber hab sie gelernet,
Und ich vergesse sie nicht;
Mir diente als Grammatik
Der Herzallerliebsten Gesicht.

Auf Flügeln des Gesanges,
Herzliebchen, trag ich dich fort,
Fort nach den Fluren des Ganges,
Dort weiß ich den schönsten Ort.

Dort liegt ein rotblühender Garten
Im stillen Mondenschein;
Die Lotosblumen erwarten
Ihr trautes Schwesterlein.

Die Veilchen kichern und kosen,
Und schaun nach den Sternen empor;
Heimlich erzählen die Rosen
Sich duftende Märchen ins Ohr.

Es hüpfen herbei und lauschen
Die frommen, klugen Gazelln;
Und in der Ferne rauschen
Des heiligen Stromes Welln.

Dort wollen wir niedersinken
Unter dem Palmenbaum,
Und Liebe und Ruhe trinken,
Und träumen seligen Traum.

Die Lotosblume ängstigt
Sich vor der Sonne Pracht,
Und mit gesenktem Haupte
Erwartet sie träumend die Nacht.

Der Mond, der ist ihr Buhle,
Er weckt sie mit seinem Licht,
Und ihm entschleiert sie freundlich
Ihr frommes Blumengesicht.

Sie blüht und glüht und leuchtet,
Und starret stumm in die Höh;

Sie duftet und weinet und zittert
Vor Liebe und Liebesweh.

Im Rhein, im schönen Strome,
Da spiegelt sich in den Welln,
Mit seinem großen Dome,
Das große, heilige Köln.

In Dom, da steht ein Bildnis,
Auf goldenem Leder gemalt;
In meines Lebens Wildnis
Hats freundlich hineingestrahlt.

Es schweben Blumen und Englein
Um Unsre Liebe Frau;
Die Augen, die Lippen, die Wänglein,
Die gleichen der Liebsten genau.

Du liebst mich nicht, du liebst mich nicht,
Das kümmert mich gar wenig;
Schau ich dir nur ins Angesicht,
So bin ich froh wie'n König.

Du hassest, hassest mich sogar,
So spricht dein rotes Mündchen;
Reich mir es nur zum Küssen dar,
So tröst ich mich, mein Kindchen.

O schwöre nicht und küsse nur,
Ich glaube keinem Weiberschwur!
Dein Wort ist süß, doch süßer ist
Der Kuß, den ich dir abgeküßt!
Den hab ich, und dran glaub ich auch,
Das Wort ist eitel Dunst und Hauch.

O schwöre, Liebchen, immerfort,
Ich glaube dir aufs bloße Wort!
An deinen Busen sink ich hin,
Und glaube, daß ich selig bin;
Ich glaube, Liebchen, ewiglich,
Und noch viel länger, liebst du mich.

Auf meiner Herzliebsten Äugelein
Mach ich die schönsten Kanzonen.
Auf meiner Herzliebsten Mündchen klein
Mach ich die besten Terzinen.
Auf meiner Herzliebsten Wängelein
Mach ich die herrlichsten Stanzen.
Und wenn meine Liebste ein Herzchen hätt,
Ich machte darauf ein hübsches Sonett.

Die Welt ist dumm, die Welt ist blind,
Wird täglich abgeschmackter!
Sie spricht von dir, mein schönes Kind,
Du hast keinen guten Charakter.

Die Welt ist dumm, die Welt ist blind,
Und dich wird sie immer verkennen;
Sie weiß nicht, wie süß deine Küsse sind,
Und wie sie beseligend brennen.

Liebste, sollst mir heute sagen:
Bist du nicht ein Traumgebild,
Wies in schwülen Sommertagen
Aus dem Hirn des Dichters quillt?

Aber nein, ein solches Mündchen,
Solcher Augen Zauberlicht,

Solch ein liebes, süßes Kindchen,
Das erschafft der Dichter nicht.

Basilisken und Vampire,
Lindenwürm und Ungeheur,
Solche schlimme Fabeltiere,
Die erschafft des Dichters Feur.

Aber dich und deine Tücke,
Und dein holdes Angesicht,
Und die falschen frommen Blicke –
Das erschafft der Dichter nicht.

Wie die Wellenschaumgeborene
Strahlt mein Lieb im Schönheitsglanz,
Denn sie ist das auserkorene
Bräutchen eines fremden Manns.

Herz, mein Herz, du vielgeduldiges,
Grolle nicht ob dem Verrat;
Trag es, trag es, und entschuldig es,
Was die holde Törin tat.

Ich grolle nicht, und wenn das Herz auch bricht,
Ewig verlornes Lieb! ich grolle nicht.
Wie du auch strahlst in Diamantenpracht,
Es fällt kein Strahl in deines Herzens Nacht.

Das weiß ich längst. Ich sah dich ja im Traum,
Und sah die Nacht in deines Herzens Raum,
Und sah die Schlang, die dir am Herzen frißt, –
Ich sah, mein Lieb, wie sehr du elend bist.

Ja, du bist elend, und ich grolle nicht; –
Mein Lieb, wir sollen beide elend sein!
Bis uns der Tod das kranke Herze bricht,
Mein Lieb, wir sollen beide elend sein!

Wohl seh ich Spott, der deinen Mund umschwebt,
Und seh dein Auge blitzen trotziglich,
Und seh den Stolz, der deinen Busen hebt, –
Und elend bist du doch, elend wie ich.

Unsichtbar zuckt auch Schmerz um deinen Mund,
Verborgne Träne trübt des Auges Schein,
Der stolze Busen hegt geheime Wund –
Mein Lieb, wir wollen beide elend sein.

Das ist ein Flöten und Geigen,
Trompeten schmettern drein;
Da tanzt den Hochzeitreigen
Die Herzallerliebste mein.

Das ist ein Klingen und Dröhnen
Von Pauken und Schalmein;
Dazwischen schluchzen und stöhnen
Die guten Engelein.

So hast du ganz und gar vergessen,
Daß ich so lang dein Herz besessen,
Dein Herzchen so süß und so falsch und so klein,
Es kann nirgend was Süßres und Falscheres sein.

So hast du die Lieb und das Leid vergessen,
Die das Herz mir täten zusammenpressen.
Ich weiß nicht, war Liebe größer als Leid?
Ich weiß nur, sie waren groß alle beid!

Und wüßtens die Blumen, die kleinen,
Wie tief verwundet mein Herz,
Sie würden mit mir weinen,
Zu heilen meinen Schmerz.

Und wüßtens die Nachtigallen,
Wie ich so traurig und krank,
Sie ließen fröhlich erschallen
Erquickenden Gesang.

Und wüßten sie mein Wehe,
Die goldnen Sternelein,
Sie kämen aus ihrer Höhe,
Und sprächen Trost mir ein.

Die alle könnens nicht wissen,
Nur Eine kennt meinen Schmerz:
Sie hat ja selbst zerrissen,
Zerrissen mir das Herz.

Warum sind denn die Rosen so blaß,
O sprich, mein Lieb, warum?
Warum sind denn im grünen Gras
Die blauen Veilchen so stumm?

Warum singt denn mit so kläglichem Laut
Die Lerche in der Luft?
Warum steigt denn aus dem Balsamkraut
Hervor ein Leichenduft?

Warum scheint denn die Sonn auf die Au
So kalt und verdrießlich herab?
Warum ist denn die Erde so grau
Und öde wie ein Grab?

Warum bin ich selbst so krank und so trüb,
Mein liebes Liebchen, sprich?
O sprich, mein herzallerliebstes Lieb,
Warum verließest du mich?

Sie haben dir viel erzählet,
Und haben viel geklagt;
Doch was meine Seele gequälet,
Das haben sie nicht gesagt.

Sie machten ein großes Wesen
Und schüttelten kläglich das Haupt;

Sie nannten mich den Bösen,
Und du hast alles geglaubt.

Jedoch das Allerschlimmste,
Das haben sie nicht gewußt;
Das Schlimmste und das Dümmste,
Das trug ich geheim in der Brust.

Die Linde blühte, die Nachtigall sang,
Die Sonne lachte mit freundlicher Lust;
Da küßtest du mich, und dein Arm mich umschlang,
Da preßtest du mich an die schwellende Brust.

Die Blätter fielen, der Rabe schrie hohl,
Die Sonne grüßte verdrossenen Blicks;
Da sagten wir frostig einander: »Lebwohl!«
Da knickstest du höflich den höflichsten Knicks.

Wir haben viel für einander gefühlt,
Und dennoch uns gar vortrefflich vertragen.
Wir haben oft »Mann und Frau« gespielt,
Und dennoch uns nicht gerauft und geschlagen.
Wir haben zusammen gejauchzt und gescherzt,
Und zärtlich uns geküßt und geherzt.
Wir haben am Ende, aus kindischer Lust,
»Verstecken« gespielt in Wäldern und Gründen,
Und haben uns so zu verstecken gewußt,
Daß wir uns nimmermehr wiederfinden.

Du bliebest mir treu am längsten,
Und hast dich für mich verwendet,
Und hast mir Trost gespendet
In meinen Nöten und Ängsten.

Du gabest mir Trank und Speise,
Und hast mir Geld geborget,
Und hast mich mit Wäsche versorget,
Und mit dem Paß für die Reise.

Mein Liebchen! daß Gott dich behüte,
Noch lange, vor Hitz und vor Kälte,
Und daß er dir nimmer vergelte
Die mir erwiesene Güte!

Die Erde war so lange geizig,
Da kam der Mai, und sie ward spendabel,
Und alles lacht, und jauchzt, und freut sich,
Ich aber bin nicht zu lachen kapabel.

Die Blumen sprießen, die Glöcklein schallen,
Die Vögel sprechen wie in der Fabel;
Mir aber will das Gespräch nicht gefallen,
Ich finde alles miserabel.

Das Menschenvolk mich ennuyieret,
Sogar der Freund, der sonst passabel;
Das kömmt, weil man Madame titulieret
Mein süßes Liebchen, so süß und aimabel.

Und als ich so lange, so lange gesäumt,
In fremden Landen geschwärmt und geträumt;
Da ward meiner Liebsten zu lang die Zeit,
Und sie nähete sich ein Hochzeitkleid,
Und hat mit zärtlichen Armen umschlungen,
Als Bräutgam, den dümmsten der dummen Jungen.

Mein Liebchen ist so schön und mild,
Noch schwebt mir vor ihr süßes Bild;
Die Veilchenaugen, die Rosenwänglein,
Die glühen und blühen, jahraus; jahrein.
Daß ich von solchem Lieb konnt weichen,
War der dümmste von meinen dummen Streichen.

Die blauen Veilchen der Äugelein,
Die roten Rosen der Wängelein,
Die weißen Lilien der Händchen klein,
Die blühen und blühen noch immerfort,
Und nur das Herzchen ist verdorrt.

Die Welt ist so schön und der Himmel so blau,
Und die Lüfte, die wehen so lind und so lau,
Und die Blumen winken auf blühender Au,
Und funkeln und glitzern im Morgentau,
Und die Menschen jubeln, wohin ich schau, –
Und doch möcht ich im Grabe liegen,
Und mich an ein totes Liebchen schmiegen.

Mein süßes Lieb, wenn du im Grab,
Im dunkeln Grab wirst liegen,
Dann will ich steigen zu dir hinab,
Und will mich an dich schmiegen.

Ich küsse, umschlinge und presse dich wild,
Du Stille, du Kalte, du Bleiche!
Ich jauchze, ich zittre, ich weine mild,
Ich werde selber zur Leiche.

Die Toten stehn auf, die Mitternacht ruft,
Sie tanzen im luftigen Schwarme;

Wir beide bleiben in der Gruft,
Ich liege in deinem Arme.

Die Toten stehn auf, der Tag des Gerichts
Ruft sie zu Qual und Vergnügen;
Wir beide bekümmern uns um nichts,
Und bleiben umschlungen liegen.

Ein Fichtenbaum steht einsam
Im Norden auf kahler Höh.
Ihn schläfert; mit weißer Decke
Umhüllen ihn Eis und Schnee.

Er träumt von einer Palme,
Die, fern im Morgenland,
Einsam und schweigend trauert
Auf brennender Felsenwand.

Der Kopf spricht:

Ach, wenn ich nur der Schemel wär,
Worauf der Liebsten Füße ruhn!
Und stampfte sie mich noch so sehr,
Ich wollte doch nicht klagen tun.

Das Herz spricht:

Ach, wenn ich nur das Kißchen wär,
Wo sie die Nadeln steckt hinein!
Und stäche sie mich noch so sehr,
Ich wollte mich der Stiche freun.

Das Lied spricht:

Ach, wär ich nur das Stück Papier,
Das sie als Papillote braucht!
Ich wollte heimlich flüstern ihr
Ins Ohr, was in mir lebt und haucht.

Seit die Liebste war entfernt,
Hatt ichs Lachen ganz verlernt.
Schlechten Witz riß mancher Wicht,
Aber lachen konnt ich nicht.

Seit ich sie verloren hab,
Schafft ich auch das Weinen ab;
Fast vor Weh das Herz mir bricht,
Aber weinen kann ich nicht.

Aus meinen großen Schmerzen
Mach ich die kleinen Lieder;
Die heben ihr klingend Gefieder
Und flattern nach ihrem Herzen.

Sie fanden den Weg zur Trauten,
Doch kommen sie wieder und klagen,
Und klagen, und wollen nicht sagen,
Was sie im Herzen schauten.

Philister in Sonntagsröcklein
Spazieren durch Wald und Flur;
Sie jauchzen, sie hüpfen wie Böcklein,
Begrüßen die schöne Natur.

Betrachten mit blinzelnden Augen,
Wie alles romantisch blüht;
Mit langen Ohren saugen
Sie ein der Spatzen Lied.

Ich aber verhänge die Fenster
Des Zimmers mit schwarzem Tuch;
Es machen mir meine Gespenster
Sogar einen Tagesbesuch.

Die alte Liebe erscheinet,
Sie stieg aus dem Totenreich,
Sie setzt sich zu mir und weinet,
Und macht das Herz mir weich.

Manch Bild vergessener Zeiten
Steigt auf aus seinem Grab,
Und zeigt, wie in deiner Nähe
Ich einst gelebet hab.

Am Tage schwankte ich träumend
Durch alle Straßen herum;
Die Leute verwundert mich ansahn,
Ich war so traurig und stumm.

Des Nachts, da war es besser,
Da waren die Straßen leer;
Ich und mein Schatten selbander,
Wir wandelten schweigend einher.

Mit widerhallendem Fußtritt
Wandelt ich über die Brück;
Der Mond brach aus den Wolken,
Und grüßte mit ernstem Blick.

Stehn blieb ich vor deinem Hause,
Und starrte in die Höh,
Und starrte nach deinem Fenster –
Das Herz tat mir so weh.

Ich weiß, du hast aus dem Fenster
Gar oft herabgesehn,
Und sahst mich im Mondenlichte
Wie eine Säule stehn.

Ein Jüngling liebt ein Mädchen,
Die hat einen andern erwählt;
Der andre liebt eine andre,
Und hat sich mit dieser vermählt.

Das Mädchen heiratet aus Ärger
Den ersten besten Mann,

Der ihr in den Weg gelaufen;
Der Jüngling ist übel dran.

Es ist eine alte Geschichte,
Doch bleibt sie immer neu;
Und wem sie just passieret,
Dem bricht das Herz entzwei.

Hör ich das Liedchen klingen,
Das einst die Liebste sang,
So will mir die Brust zerspringen
Vor wildem Schmerzensdrang.

Es treibt mich ein dunkles Sehnen
Hinauf zur Waldeshöh,
Dort löst sich auf in Tränen
Mein übergroßes Weh.

Mir träumte von einem Königskind,
Mit nassen, blassen Wangen;
Wir saßen unter der grünen Lind,
Und hielten uns liebumfangen.

»Ich will nicht deines Vaters Thron,
Und nicht sein Zepter von Golde,
Ich will nicht seine demantene Kron,
Ich will dich selber, du Holde!«

Das kann nicht sein, sprach sie zu mir,
Ich liege ja im Grabe,
Und nur des Nachts komm ich zu dir,
Weil ich so lieb dich habe.

Mein Liebchen, wir saßen beisammen,
Traulich im leichten Kahn.
Die Nacht war still, und wir schwammen
Auf weiter Wasserbahn.

Die Geisterinsel, die schöne,
Lag dämmrig im Mondenglanz;
Dort klangen liebe Töne,
Und wogte der Nebeltanz.

Dort klang es lieb und lieber,
Und wogt es hin und her;
Wir aber schwammen vorüber,
Trostlos auf weitem Meer.

Aus alten Märchen winkt es
Hervor mit weißer Hand,
Da singt es und da klingt es
Von einem Zauberland:

Wo große Blumen schmachten
Im goldnen Abendlicht,
Und zärtlich sich betrachten
Mit bräutlichem Gesicht; –

Wo alle Bäume sprechen
Und singen, wie ein Chor,
Und laute Quellen brechen
Wie Tanzmusik hervor; –

Und Liebesweisen tönen,
Wie du sie nie gehört,
Bis wundersüßes Sehnen
Dich wundersüß betört!

Ach, könnt ich dorthin kommen,
Und dort mein Herz erfreun,
Und aller Qual entnommen.
Und frei und selig sein!

Ach! jenes Land der Wonne,
Das seh ich oft im Traum;
Doch kommt die Morgensonne,
Zerfließts wie eitel Schaum.

Ich hab dich geliebet und liebe dich noch!
Und fiele die Welt zusammen.
Aus ihren Trümmern stiegen doch
Hervor meiner Liebe Flammen.

Am leuchtenden Sommermorgen
Geh ich im Garten herum.
Es flüstern und sprechen die Blumen,
Ich aber, ich wandle stumm.

Es flüstern und sprechen die Blumen,
Und schaun mitleidig mich an:
Sei unserer Schwester nicht böse,
Du trauriger, blasser Mann!

Es leuchtet meine Liebe,
In ihrer dunkeln Pracht,
Wie'n Märchen traurig und trübe,
Erzählt in der Sommernacht.

»Im Zaubergarten wallen
Zwei Buhlen, stumm und allein;
Es singen die Nachtigallen,
Es flimmert der Mondenschein.

Die Jungfrau steht still wie ein Bildnis,
Der Ritter vor ihr kniet.
Da kommt der Riese der Wildnis,
Die bange Jungfrau flieht.

Der Ritter sinkt blutend zur Erde,
Es stolpert der Riese nach Haus –«
Wenn ich begraben werde,
Dann ist das Märchen aus.

Sie haben mich gequälet,
Geärgert blau und blaß.
Die einen mit ihrer Liebe,
Die andern mit ihrem Haß.

Sie haben das Brot mir vergiftet,
Sie gossen mir Gift ins Glas,
Die einen mit ihrer Liebe,
Die andern mit ihrem Haß.

Doch sie, die mich am meisten
Gequält, geärgert, betrübt,
Die hat mich nie gehasset,
Und hat mich nie geliebt.

Es liegt der heiße Sommer
Auf deinen Wängelein;
Es liegt der Winter, der kalte,
In deinem Herzchen klein.

Das wird sich bei dir ändern,
Du Vielgeliebte mein!
Der Winter wird auf den Wangen,
Der Sommer im Herzen sein.

Wenn zwei voneinander scheiden,
So geben sie sich die Händ,
Und fangen an zu weinen,
Und seufzen ohne End.

Wir haben nicht geweinet,
Wir seufzten nicht Weh und Ach!
Die Tränen und die Seufzer,
Die kamen hintennach.

Sie saßen und tranken am Teetisch,
Und sprachen von Liebe viel.
Die Herren, die waren ästhetisch,
Die Damen von zartem Gefühl.

Die Liebe muß sein platonisch,
Der dürre Hofrat sprach.
Die Hofrätin lächelt ironisch,
Und dennoch seufzet sie: Ach!

Der Domherr öffnet den Mund weit:
Die Liebe sei nicht zu roh,
Sie schadet sonst der Gesundheit.
Das Fräulein lispelt: Wieso?

Die Gräfin spricht wehmütig:
Die Liebe ist eine Passion!
Und präsentieret gütig
Die Tasse dem Herren Baron.

Am Tische war noch ein Plätzchen;
Mein Liebchen, da hast du gefehlt.
Du hättest so hübsch, mein Schätzchen,
Von deiner Liebe erzählt.

Vergiftet sind meine Lieder; –
Wie könnt es anders sein?
Du hast mir ja Gift gegossen
Ins blühende Leben hinein.

Vergiftet sind meine Lieder; –
Wie könnt es anders sein?
Ich trage im Herzen viel Schlangen,
Und dich, Geliebte mein.

Mir träumte wieder der alte Traum:
Es war eine Nacht im Maie,
Wir saßen unter dem Lindenbaum,
Und schwuren uns ewige Treue.

Das war ein Schwören und Schwören aufs neu',
Ein Kichern, ein Kosen, ein Küssen;
Daß ich gedenk des Schwures sei,
Hast du in die Hand mich gebissen.

O Liebchen mit den Äuglein klar!
O Liebchen schön und bissig!
Das Schwören in der Ordnung war,
Das Beißen war überflüssig.

Ich steh auf des Berges Spitze,
Und werde sentimental.
»Wenn ich ein Vöglein wäre!«
Seufz ich vieltausendmal.

Wenn ich eine Schwalbe wäre,
So flög ich zu dir, mein Kind,
Und baute mir mein Nestchen,
Wo deine Fenster sind.

Wenn ich eine Nachtigall wäre,
So flög ich zu dir, mein Kind,
Und sänge dir nachts meine Lieder
Herab von der grünen Lind'.

Wenn ich ein Gimpel wäre,
So flög ich gleich an dein Herz;
Du bist ja hold den Gimpeln,
Und heilest Gimpelschmerz.

Mein Wagen rollet langsam
Durch lustiges Waldesgrün,
Durch blumige Täler, die zaubrisch
Im Sonnenglanze blühn.

Ich sitze und sinne und träume,
Und denk an die Liebste mein;
Da grüßen drei Schattengestalten
Kopfnickend zum Wagen herein.

Sie hüpfen und schneiden Gesichter,
So spöttisch und doch so scheu,
Und quirlen wie Nebel zusammen,
Und kichern und huschen vorbei.

Die Heimkehr

1823 – 1824

In mein gar zu dunkles Leben
Strahlte einst ein süßes Bild;
Nun das süße Bild erblichen,
Bin ich gänzlich nachtumhüllt.

Wenn die Kinder sind im Dunkeln,
Wird beklommen ihr Gemüt,
Und um ihre Angst zu bannen,
Singen sie ein lautes Lied.

Ich, ein tolles Kind, ich singe
Jetzo in der Dunkelheit;
Klingt das Lied auch nicht ergötzlich,
Hats mich doch von Angst befreit.

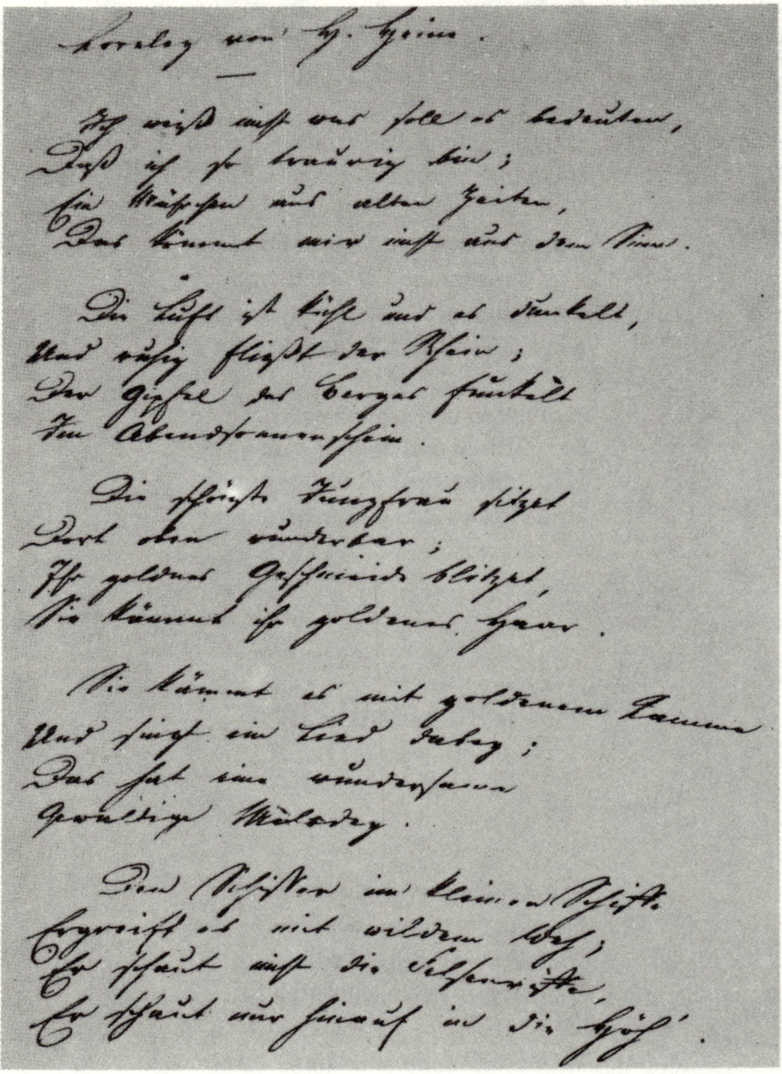
Loreley von H. Heine.

Ich weiß nicht was soll es bedeuten,
Daß ich so traurig bin;
Ein Mährchen aus alten Zeiten,
Das kommt mir nicht aus dem Sinn.

Die Luft ist kühl und es dunkelt,
Und ruhig fließt der Rhein;
Der Gipfel des Berges funkelt
Im Abendsonnenschein.

Die schönste Jungfrau sitzet
Dort oben wunderbar;
Ihr goldnes Geschmeide blitzet,
Sie kämmt ihr goldenes Haar.

Sie kämmt es mit goldenem Kamme
Und singt ein Lied dabey;
Das hat eine wundersame
Gewaltige Melodey.

Den Schiffer im kleinen Schiffe
Ergreift es mit wildem Weh;
Er schaut nicht die Felsenriffe,
Er schaut nur hinauf in die Höh.

Eigenhändige Gedichtabschrift der Loreley für Alexandre Vattemare, Paris, 1. Mai 1838

Ich weiß nicht, was soll es bedeuten,
Daß ich so traurig bin;
Ein Märchen aus alten Zeiten,
Das kommt mir nicht aus dem Sinn.

Die Luft ist kühl und es dunkelt,
Und ruhig fließt der Rhein;
Der Gipfel des Berges funkelt
Im Abendsonnenschein.

Die schönste Jungfrau sitzet
Dort oben wunderbar,
Ihr goldnes Geschmeide blitzet,
Sie kämmt ihr goldenes Haar.

Sie kämmt es mit goldenem Kamme,
Und singt ein Lied dabei;
Das hat eine wundersame,
Gewaltige Melodei.

Den Schiffer im kleinen Schiffe
Ergreift es mit wildem Weh;
Er schaut nicht die Felsenriffe,
Er schaut nur hinauf in die Höh.

Ich glaube, die Wellen verschlingen
Am Ende Schiffer und Kahn;
Und das hat mit ihrem Singen
Die Loreley getan.

Mein Herz, mein Herz ist traurig,
Doch lustig leuchtet der Mai;
Ich stehe, gelehnt an der Linde,
Hoch auf der alten Bastei.

Da drunten fließt der blaue
Stadtgraben in stiller Ruh;
Ein Knabe fährt im Kahne,
Und angelt und pfeift dazu.

Jenseits erheben sich freundlich,
In winziger, bunter Gestalt,
Lusthäuser, und Gärten, und Menschen,
Und Ochsen, und Wiesen, und Wald.

Die Mägde bleichen Wäsche,
Und springen im Gras herum:
Das Mühlrad stäubt Diamanten,
Ich höre sein fernes Gesumm.

Am alten grauen Turme
Ein Schilderhäuschen steht;
Ein rotgeröckter Bursche
Dort auf und nieder geht.

Er spielt mit seiner Flinte,
Die funkelt im Sonnenrot,
Er präsentiert und schultert –
Ich wollt, er schösse mich tot.

Als ich, auf der Reise, zufällig
Der Liebsten Familie fand,
Schwesterchen, Vater und Mutter,
Sie haben mich freudig erkannt.

Sie fragten nach meinem Befinden,
Und sagten selber sogleich:
Ich hätte mich gar nicht verändert,
Nur mein Gesicht sei bleich.

Ich fragte nach Muhmen und Basen,
Nach manchem langweilgen Geselln,
Und nach dem kleinen Hündchen
Mit seinem sanften Belln.

Auch nach der vermählten Geliebten
Fragte ich nebenbei;
Und freundlich gab man zur Antwort:
Daß sie in den Wochen sei.

Und freundlich gratuliert ich,
Und lispelte liebevoll:
Daß man sie von mir recht herzlich
Viel tausendmal grüßen soll.

Schwesterchen rief dazwischen:
Das Hündchen, sanft und klein,
Ist groß und toll geworden,
Und ward ertränkt, im Rhein.

Die Kleine gleicht der Geliebten,
Besonders wenn sie lacht;
Sie hat dieselben Augen,
Die mich so elend gemacht.

Du schönes Fischermädchen,
Treibe den Kahn ans Land;
Komm zu mir und setze dich nieder,
Wir kosen Hand in Hand.

Leg an mein Herz dein Köpfchen,
Und fürchte dich nicht zu sehr,
Vertraust du dich doch sorglos
Täglich dem wilden Meer.

Mein Herz gleicht ganz dem Meere,
Hat Sturm und Ebb und Flut,
Und manche schöne Perle
In seiner Tiefe ruht.

Der Mond ist aufgegangen
Und überstrahlt die Well'n;
Ich halte mein Liebchen umfangen,
Und unsre Herzen schwell'n.

Im Arm des holden Kindes
Ruh ich allein am Strand; –
»Was horchst du beim Rauschen des Windes?
Was zuckt deine weiße Hand?«

»Das ist kein Rauschen des Windes,
Das ist der Seejungfern Gesang,
Und meine Schwestern sind es,
Die einst das Meer verschlang.«

Der Wind zieht seine Hosen an,
Die weißen Wasserhosen!
Er peitscht die Wellen, so stark er kann,
Die heulen und brausen und tosen.

Aus dunkler Höh', mit wilder Macht,
Die Regengüsse träufen;
Es ist, als wollt die alte Nacht
Das alte Meer ersäufen.

An den Mastbaum klammert die Möwe sich
Mit heiserem Schrillen und Schreien;
Sie flattert und will gar ängstiglich
Ein Unglück prophezeien.

Wenn ich an deinem Hause
Des Morgens vorübergeh,
So freut's mich, du liebe Kleine,
Wenn ich dich am Fenster seh.

Mit deinen schwarzbraunen Augen
Siehst du mich forschend an:
»Wer bist du, und was fehlt dir,
Du fremder, kranker Mann?«

»Ich bin ein deutscher Dichter,
Bekannt im deutschen Land;
Nennt man die besten Namen,
So wird auch der meine genannt.

Und was mir fehlt, du Kleine,
Fehlt manchem im deutschen Land;
Nennt man die schlimmsten Schmerzen,
So wird auch der meine genannt.«

Das Meer erglänzte weit hinaus
Im letzten Abendscheine;
Wir saßen am einsamen Fischerhaus,
Wir saßen stumm und alleine.

Der Nebel stieg, das Wasser schwoll,
Die Möwe flog hin und wider;
Aus deinen Augen, liebevoll,
Fielen die Tränen nieder.

Ich sah sie fallen auf deine Hand,
Und bin aufs Knie gesunken;
Ich hab von deiner weißen Hand
Die Tränen fortgetrunken.

Seit jener Stunde verzehrt sich mein Leib,
Die Seele stirbt vor Sehnen; –
Mich hat das unglückselge Weib
Vergiftet mit ihren Tränen.

Am fernen Horizonte
Erscheint, wie ein Nebelbild,
Die Stadt mit ihren Türmen,
In Abenddämmrung gehüllt.

Ein feuchter Windzug kräuselt
Die graue Wasserbahn;
Mit traurigem Takte rudert
Der Schiffer in meinem Kahn.

Die Sonne hebt sich noch einmal
Leuchtend vom Boden empor,
Und zeigt mir jene Stelle,
Wo ich das Liebste verlor.

Sei mir gegrüßt, du große,
Geheimnisvolle Stadt,
Die einst in ihrem Schoße
Mein Liebchen umschlossen hat.

Sagt an, ihr Türme und Tore,
Wo ist die Liebste mein?
Euch hab ich sie anvertrauet,
Ihr solltet mir Bürge sein.

Unschuldig sind die Türme,
Sie konnten nicht von der Stell',
Als Liebchen mit Koffern und Schachteln
Die Stadt verlassen so schnell.

Die Tore jedoch, die ließen
Mein Liebchen entwischen gar still;
Ein Tor ist immer willig,
Wenn eine Törin will.

So wandl' ich wieder den alten Weg,
Die wohlbekannten Gassen;
Ich komme von meiner Liebsten Haus,
Das steht so leer und verlassen.

Die Straßen sind doch gar zu eng!
Das Pflaster ist unerträglich!
Die Häuser fallen mir auf den Kopf!
Ich eile soviel als möglich!

Ich trat in jene Hallen,
Wo sie mir Treue versprochen;
Wo einst ihre Tränen gefallen,
Sind Schlangen hervorgekrochen.

Still ist die Nacht, es ruhen die Gassen,
In diesem Hause wohnte mein Schatz;
Sie hat schon längst die Stadt verlassen,
Doch steht noch das Haus auf demselben Platz.

Da steht auch ein Mensch und starrt in die Höhe,
Und ringt die Hände, vor Schmerzensgewalt;
Mir graust es, wenn ich sein Antlitz sehe –
Der Mond zeigt mir meine eigne Gestalt.

Du Doppelgänger! du bleicher Geselle!
Was äffst du nach mein Liebesleid,
Das mich gequält auf dieser Stelle,
So manche Nacht, in alter Zeit?

Ich unglückseliger Atlas! eine Welt,
Die ganze Welt der Schmerzen, muß ich tragen,
Ich trage Unerträgliches, und brechen
Will mir das Herz im Leibe.

Du stolzes Herz! du hast es ja gewollt!
Du wolltest glücklich sein, unendlich glücklich
Oder unendlich elend, stolzes Herz,
Und jetzo bist du elend.

Was will die einsame Träne?
Sie trübt mir ja den Blick.
Sie blieb aus alten Zeiten
In meinem Auge zurück.

Sie hatte viel leuchtende Schwestern,
Die alle zerflossen sind,
Mit meinen Qualen und Freuden,
Zerflossen in Nacht und Wind.

Wie Nebel sind auch zerflossen
Die blauen Sternelein,
Die mir jene Freuden und Qualen
Gelächelt ins Herz hinein.

Ach, meine Liebe selber
Zerfloß wie eitel Hauch!
Du alte, einsame Träne,
Zerfließe jetzunder auch!

Das ist ein schlechtes Wetter,
Es regnet und stürmt und schneit;
Ich sitze am Fenster und schaue
Hinaus in die Dunkelheit.

Da schimmert ein einsames Lichtchen,
Das wandelt langsam fort;
Ein Mütterchen mit dem Laternchen
Wankt über die Straße dort.

Ich glaube, Mehl und Eier
Und Butter kaufte sie ein;
Sie will einen Kuchen backen
Fürs große Töchterlein.

Die liegt zu Haus im Lehnstuhl,
Und blinzelt schläfrig ins Licht;
Die goldnen Locken wallen
Über das süße Gesicht.

Und als ich euch meine Schmerzen geklagt,
Da habt ihr gegähnt und nichts gesagt;
Doch als ich sie zierlich in Verse gebracht,
Da habt ihr mir große Elogen gemacht.

Ich rief den Teufel und er kam,
Und ich sah ihn mit Verwundrung an.
Er ist nicht häßlich und ist nicht lahm,
Er ist ein lieber, scharmanter Mann,
Ein Mann in seinen besten Jahren,
Verbindlich und höflich und welterfahren.
Er ist ein gescheuter Diplomat,
Und spricht recht schön über Kirch und Staat.
Blaß ist er etwas, doch ist es kein Wunder,
Sanskrit und Hegel studiert er jetzunder.
Sein Lieblingspoet ist noch immer Fouqué.
Doch will er nicht mehr mit Kritik sich befassen,
Die hat er jetzt gänzlich überlassen
Der teuren Großmutter Hekate.
Er lobte mein juristisches Streben,
Hat früher sich auch damit abgegeben.
Er sagte, meine Freundschaft sei
Ihm nicht zu teuer, und nickte dabei,
Und frug: ob wir uns früher nicht
Schon einmal gesehn beim spanschen Gesandten?
Und als ich recht besah sein Gesicht,
Fand ich in ihm einen alten Bekannten.

Mensch, verspotte nicht den Teufel,
Kurz ist ja die Lebensbahn,
Und die ewige Verdammnis
Ist kein bloßer Pöbelwahn.

Mensch, bezahle deine Schulden,
Lang ist ja die Lebensbahn,
Und du mußt noch manchmal borgen,
Wie du es so oft getan.

Die Heilgen Drei Könige aus Morgenland,
Sie frugen in jedem Städtchen:
Wo geht der Weg nach Bethlehem,
Ihr lieben Buben und Mädchen?

Die Jungen und Alten, sie wußten es nicht,
Die Könige zogen weiter;
Sie folgten einem goldenen Stern,
Der leuchtete lieblich und heiter.

Der Stern blieb stehn über Josephs Haus,
Da sind sie hineingegangen;
Das Öchslein brüllte, das Kindlein schrie,
Die Heilgen Drei Könige sangen.

Mein Kind, wir waren Kinder,
Zwei Kinder, klein und froh;
Wir krochen ins Hühnerhäuschen,
Versteckten uns unter das Stroh.

Wir krähten wie die Hähne,
Und kamen Leute vorbei –
Kikereküh! sie glaubten,
Es wäre Hahnengeschrei.

Die Kisten auf unserem Hofe,
Die tapezierten wir aus,
Und wohnten drin beisammen,
Und machten ein vornehmes Haus.

Des Nachbars alte Katze
Kam öfters zum Besuch;
Wir machten ihr Bückling und Knickse
Und Komplimente genug.

Wir haben nach ihrem Befinden
Besorglich und freundlich gefragt;
Wir haben seitdem dasselbe
Mancher alten Katze gesagt.

Wir saßen auch oft und sprachen
Vernünftig, wie alte Leut,
Und klagten, wie alles besser
Gewesen zu unserer Zeit;

Wie Lieb und Treu und Glauben
Verschwunden aus der Welt,
Und wie so teuer der Kaffee,
Und wie so rar das Geld! ---

Vorbei sind die Kinderspiele,
Und alles rollt vorbei –
Das Geld und die Welt und die Zeiten,
Und Glauben und Lieb und Treu.

Du bist wie eine Blume,
So hold und schön und rein;
Ich schau dich an, und Wehmut
Schleicht mir ins Herz hinein.

Mir ist, als ob ich die Hände
Aufs Haupt dir legen sollt,
Betend, daß Gott dich erhalte
So rein und schön und hold.

Ich wollt, meine Schmerzen ergössen
Sich all in ein einziges Wort,
Das gäb ich den lustigen Winden,
Die trügen es lustig fort.

Sie tragen zu dir, Geliebte,
Das schmerzerfüllte Wort;
Du hörst es zu jeder Stunde,
Du hörst es an jedem Ort.

Und hast du zum nächtlichen Schlummer
Geschlossen die Augen kaum,
So wird dich mein Wort verfolgen
Bis in den tiefsten Traum.

Du hast Diamanten und Perlen,
Hast alles, was Menschenbegehr,
Und hast die schönsten Augen –
Mein Liebchen, was willst du mehr?

Auf deine schönen Augen
Hab ich ein ganzes Heer
Von ewigen Liedern gedichtet –
Mein Liebchen, was willst du mehr?

Mit deinen schönen Augen
Hast du mich gequält so sehr,
Und hast mich zugrunde gerichtet –
Mein Liebchen, was willst du mehr?

Wer zum ersten Male liebt,
Seis auch glücklos, ist ein Gott;
Aber wer zum zweiten Male
Glücklos liebt, der ist ein Narr.

Ich, ein solcher Narr, ich liebe
Wieder ohne Gegenliebe!
Sonne, Mond und Sterne lachen,
Und ich lache mit – und sterbe.

Ich hab Euch im besten Juli verlassen,
Und find Euch wieder im Januar;
Ihr saßet damals so recht in der Hitze,
Jetzt seid Ihr gekühlt und kalt sogar.

Bald scheid ich nochmals, und komm ich einst wieder,
Dann seid Ihr weder warm noch kalt,
Und über Eure Gräber schreit ich,
Und das eigne Herz ist arm und alt.

Von schönen Lippen fortgedrängt, getrieben
Aus schönen Armen, die uns fest umschlossen!
Ich wäre gern noch einen Tag geblieben,
Da kam der Schwager schon mit seinen Rossen.

Das ist das Leben, Kind! Ein ewig Jammern,
Ein ewig Abschiednehmen, ewges Trennen!
Konnt denn dein Herz das meinge nicht umklammern?
Hat selbst dein Auge mich nicht halten können?

Wir fuhren allein im dunkeln
Postwagen die ganze Nacht;
Wir ruhten einander am Herzen,
Wir haben gescherzt und gelacht.

Doch als es morgens tagte,
Mein Kind, wie staunten wir!
Denn zwischen uns saß Amor,
Der blinde Passagier.

Dämmernd liegt der Sommerabend
Über Wald und grünen Wiesen;
Goldner Mond, im blauen Himmel,
Strahlt herunter, duftig labend.

An dem Bache zirpt die Grille,
Und es regt sich in dem Wasser,

Und der Wandrer hört ein Plätschern
Und ein Atmen in der Stille.

Dorten an dem Bach alleine,
Badet sich die schöne Elfe;
Arm und Nacken, weiß und lieblich,
Schimmern in dem Mondenscheine.

Mir träumt': ich bin der liebe Gott –

Traumbilder, Märchen, Fabeln

Seiner »Lust zu fabulieren« hat Heine oft und gern nachgegeben. Ganze Passagen im »Buch der Lieder« und ein großer Teil der Lyrik aus den 40er Jahren sind Fabeldichtung, Sage, Märchen.

In der Prosa gibt er sich eher pseudo-wissenschaftlich und hängt die Zaubergeschichten von Elementargeistern, Nixen, Wunderwesen gern an einem gelehrten Rahmen auf.

Bemerkenswert allerdings ist eine Geschichte, die er in den »Memoiren des Herren von Schnabelewopski« erzählt. Es ist die Sage vom Fliegenden Holländer. Heine tut so, als repetiere er einen alten Stoff: »Die Fabel von dem Fliegenden Holländer ist Euch gewiß bekannt.« In Wahrheit aber hat er sie erfunden, als Episode in das fingierte Memoirenwerk eingebracht. Aufgegriffen und zu einer seiner berühmtesten Opern hat sie später der Komponist Richard Wagner verarbeitet; dabei zitiert er in seinem Libretto Heine fast wörtlich. Bei Heine antwortet die Holländer-Braut, die hier Katharina heißt, auf die Frage nach der Treue kurz: »Treu bis in den Tod.« Bei Wagner singt Senta: »Hier steh ich treu dir bis zum Tod.« – Heines Traumgesichte allerdings sind meist grauenvoll, beängstigend, bedrückend, gespenstisch. Nur ganz selten sind Heiterkeit und Humor zu spüren, im besten Falle Wehmut, manchmal auch Sentimentalität. Sein schönstes Märchen ist die Fabel vom »Atta Troll«, von der ein Auszug im Kapitel »Ich bin die Flamme. Umbruch und Revolution« abgedruckt steht. Der zottige Bär ist ein zeitkritisches Tier, das in dem altgebräuchlichen Gewand der Fabel die Zeitkritik liefert und trotzdem die Vorgabe, eine Märchenfigur zu sein, nicht zerstört. Alles, was Heine an Grimmigem, Witzigem, Bösem zu sagen hat, legt er in absichtlich täppischen Reimen dem schwarzen Bären ins Maul und fabuliert so anhand unangenehmster Tagesereignisse ein ganz persönliches »Märchen aus uralten Zeiten«.

Im nächtgen Traum hab ich mich selbst geschaut,
In schwarzem Galafrack und seidner Weste,
Manschetten an der Hand, als gings zum Feste,
Und vor mir stand mein Liebchen, süß und traut.
Ich beugte mich und sagte: »Sind Sie Braut?
Ei! ei! so gratulier ich, meine Beste!«
Doch fast die Kehle mir zusammenpreßte
Der langgezogne, vornehm kalte Laut.
Und bittre Tränen plötzlich sich ergossen
Aus Liebchens Augen, und in Tränenwogen
Ist mir das holde Bildnis fast zerflossen.
O süße Augen, fromme Liebessterne,
Obschon ihr mir im Wachen oft gelogen,
Und auch im Traum, glaub ich euch dennoch gerne!

Im Traum sah ich ein Männchen klein und putzig,
Das ging auf Stelzen, Schritte ellenweit,
Trug weiße Wäsche und ein feines Kleid,
Inwendig aber war es grob und schmutzig.
Inwendig war es jämmerlich, nichtsnutzig,
Jedoch von außen voller Würdigkeit;
Von der Courage sprach es lang und breit,
Und tat sogar recht trutzig und recht stutzig.
»Und weißt du, wer das ist? Komm her und schau!«
So sprach der Traumgott, und er zeigt' mir schlau
Die Bilderflut in eines Spiegels Rahmen.
Die Braut ein hübsches Äpflein nahm,
Und reicht es hin dem Bräutigam.
Der nahm sein Messer, schnitt hinein, –
O weh! das war mein Herze mein.

Morgens steh ich auf und frage:
Kommt feins Liebchen heut?
Abends sink ich hin und klage:
Ausblieb sie auch heut.

In der Nacht mit meinem Kummer
Lieg ich schlaflos, wach;
Träumend, wie im halben Schlummer,
Wandle ich bei Tag.

Ich wandelte unter den Bäumen
Mit meinem Gram allein;
Da kam das alte Träumen,
Und schlich mir ins Herz hinein.

Wer hat euch dies Wörtlein gelehret,
Ihr Vöglein in luftiger Höh?
Schweigt still! wenn mein Herz es höret,
Dann tut es noch einmal so weh.

»Es kam ein Jungfräulein gegangen,
Die sang es immerfort,
Da haben wir Vöglein gefangen
Das hübsche, goldne Wort.«

Das sollt ihr mir nicht mehr erzählen,
Ihr Vöglein wunderschlau;
Ihr wollt meinen Kummer mir stehlen,
Ich aber niemandem trau.

Ich stand in dunkeln Träumen
Und starrte ihr Bildnis an,
Und das geliebte Antlitz
Heimlich zu leben begann.

Um ihre Lippen zog sich
Ein Lächeln wunderbar,
Und wie von Wehmutstränen
Erglänzte ihr Augenpaar.

Auch meine Tränen flossen
Mir von den Wangen herab –
Und ach, ich kann es nicht glauben,
Daß ich dich verloren hab!

Sie liebten sich beide, doch keiner
Wollt es dem andern gestehn;
Sie sahen sich an so feindlich,
Und wollten vor Liebe vergehn.

Sie trennten sich endlich und sahn sich
Nur noch zuweilen im Traum;
Sie waren längst gestorben,,
Und wußten es selber kaum.

Wenn ich auf dem Lager liege,
In Nacht und Kissen gehüllt,
So schwebt mir vor ein süßes,
Anmutig liebes Bild.

Wenn mir der stille Schlummer
Geschlossen die Augen kaum,
So schleicht das Bild sich leise
Hinein in meinen Traum.

Doch mit dem Traum des Morgens
Zerrinnt es nimmermehr;
Dann trag ich es im Herzen
Den ganzen Tag umher.

Mir träumt': ich bin der liebe Gott,
Und sitz im Himmel droben,
Und Englein sitzen um mich her,
Die meine Verse loben.

Und Kuchen eß ich und Konfekt
Für manchen lieben Gulden,
Und Kardinal trink ich dabei,
Und habe keine Schulden.

Doch Langeweile plagt mich sehr,
Ich wollt, ich wär auf Erden,
Und wär ich nicht der liebe Gott,
Ich könnt des Teufels werden.

Du langer Engel Gabriel,
Geh, mach dich auf die Sohlen,
Und meinen teuren Freund Eugen
Sollst du herauf mir holen.

Such ihn nicht im Kollegium,
Such ihn beim Glas Tokayer;
Such ihn nicht in der Hedwigskirch,
Such ihn bei Mamsell Meyer.

Da breitet aus sein Flügelpaar
Und fliegt herab der Engel,
Und packt ihn auf, und bringt herauf
Den Freund, den lieben Bengel.

Ja, Jung, ich bin der liebe Gott,
Und ich regier die Erde!
Ich habs ja immer dir gesagt,
Daß ich was Rechts noch werde.

Und Wunder tu ich alle Tag,
Die sollen dich entzücken,
Und dir zum Spaße will ich heut
Die Stadt Berlin beglücken.

Die Pflastersteine auf der Straß,
Die sollen jetzt sich spalten,
Und eine Auster, frisch und klar,
Soll jeder Stein enthalten.

Ein Regen von Zitronensaft
Soll tauig sie begießen,
Und in den Straßengössen soll
Der beste Rheinwein fließen.

Wie freuen die Berliner sich,
Sie gehen schon ans Fressen;
Die Herren von dem Landgericht,
Die saufen aus den Gössen.

Wie freuen die Poeten sich
Bei solchem Götterfraße!
Die Leutnants und die Fähnderichs,
Die lecken ab die Straße.

Die Leutnants und die Fähnderichs,
Das sind die klügsten Leute,
Sie denken, alle Tag geschieht
Kein Wunder so wie heute.

Wie dunkle Träume stehen
Die Häuser in langer Reih;
Tief eingehüllt im Mantel,
Schreite ich schweigend vorbei.

Der Turm der Kathedrale
Verkündet die zwölfte Stund;
Mit ihren Reizen und Küssen
Erwartet mich Liebchen jetzund.

Der Mond ist mein Begleiter,
Er leuchtet mir freundlich vor;
Da bin ich an ihrem Hause,
Und freudig ruf ich empor:

Ich danke dir, alter Vertrauter,
Daß du meinen Weg erhellt;

Jetzt will ich dich entlassen,
Jetzt leuchte der übrigen Welt!

Und findest du einen Verliebten,
Der einsam klagt sein Leid,
So tröst ihn, wie du mich selber
Getröstet in alter Zeit.

Der Tod, das ist die kühle Nacht,
Das Leben ist der schwüle Tag.
Es dunkelt schon, mich schläfert,
Der Tag hat mich müd gemacht.

Über mein Bett erhebt sich ein Baum,
Drin singt die junge Nachtigall;
Sie singt von lauter Liebe,
Ich hör es sogar im Traum.

Ich hab im Traum geweinet,
Mir träumte, du lägest im Grab.
Ich wachte auf, und die Träne
Floß noch von der Wange herab.

Ich hab im Traum geweinet,
Mir träumt', du verließest mich.
Ich wachte auf, und ich weinte
Noch lange bitterlich.

Ich hab im Traum geweinet,
Mir träumte, du bliebest mir gut.
Ich wachte auf, und noch immer
Strömt meine Tränenflut.

Allnächtlich im Traume seh ich dich,
Und sehe dich freundlich grüßen,
Und lautaufweinend stürz ich mich
Zu deinen süßen Füßen.

Du siehst mich an wehmütiglich,
Und schüttelst das blonde Köpfchen;
Aus deinen Augen schleichen sich
Die Perlentränentröpfchen.

Du sagst mir heimlich ein leises Wort,
Und gibst mir den Strauß von Zypressen.
Ich wache auf, und der Strauß ist fort,
Und das Wort hab ich vergessen.

Der Herbstwind rüttelt die Bäume,
Die Nacht ist feucht und kalt;
Gehüllt im grauen Mantel,
Reite ich einsam im Wald.

Und wie ich reite, so reiten
Mir die Gedanken voraus;
Sie tragen mich leicht und luftig
Nach meiner Liebsten Haus.

Die Hunde bellen, die Diener
Erscheinen mit Kerzengeflirr;
Die Wendeltreppe stürm ich
Hinauf mit Sporengeklirr.

Im leuchtenden Teppichgemache,
Da ist es so duftig und warm,
Da harret meiner die Holde –
Ich fliege in ihren Arm.

Es säuselt der Wind in den Blättern,
Es spricht der Eichenbaum:
Was willst du, törichter Reiter,
Mit deinem törichten Traum?

Der Traumgott bracht mich in ein Riesenschloß,
Wo schwüler Zauberduft und Lichterschimmer,
Und bunte Menschenwoge sich ergoß
Durch labyrinthisch vielverschlungne Zimmer.
Die Ausgangspforte sucht der bleiche Troß,
Mit Händeringen und mit Angstgewimmer.
Jungfraun und Ritter ragen aus der Menge,
Ich selbst bin fortgezogen im Gedränge.

Doch plötzlich steh ich ganz allein, und seh,
Und staun, wie schnell die Menge konnt verschwinden,
Und wandre fort allein, und eil, und geh
Durch die Gemächer, die sich seltsam winden.
Mein Fuß wird Blei, im Herzen Angst und Weh,
Verzweifl ich fast den Ausgang je zu finden.
Da komm ich endlich an das letzte Tor;
Ich will hinaus – o Gott, wer steht davor!

Es war die Liebste, die am Tore stand,
Schmerz um die Lippen, Sorge auf der Stirne.
Ich soll zurückgehn, winkt sie mit der Hand;
Ich weiß nicht, ob sie warne oder zürne.
Doch aus den Augen bricht ein süßer Brand,
Der mir durchzuckt das Herz und das Gehirne.
Wie sie mich ansah, streng und wunderlich,
Und doch so liebevoll, erwachte ich.

Die alten, bösen Lieder,
Die Träume schlimm und arg,
Die laßt uns jetzt begraben,
Holt einen großen Sarg.

Hinein leg ich gar manches.
Doch sag ich noch nicht was;
Der Sarg muß sein noch größer
Wies Heidelberger Faß.

Und holt eine Totenbahre,
Von Brettern fest und dick:
Auch muß sie sein noch länger
Als wie zu Mainz die Brück.

Und holt mir auch zwölf Riesen,
Die müssen noch stärker sein
Als wie der heilge Christoph
Im Dom zu Köln am Rhein.

Die sollen den Sarg forttragen
Und senken ins Meer hinab,
Denn solchem großen Sarge
Gebührt ein großes Grab.

Wißt ihr, warum der Sarg wohl
So groß und schwer mag sein?
Ich legt auch meine Liebe
Und meinen Schmerz hinein.

Sie trug ihr blauseidnes Kleid und den rosaroten Hut, und ihr Auge sah mich an so mild, so todbesiegend, so lebenschenkend – Madame, Sie wissen wohl aus der römischen Geschichte, daß, wenn die Vestalinnen im alten Rom auf ihrem Wege einem Verbrecher begegneten, der zur Hinrichtung geführt wurde, so hatten sie das Recht, ihn zu begnadigen, und der arme Schelm blieb am Leben. – Mit einem einzigen Blick hat sie mich vom Tode gerettet, und ich stand vor ihr wie neubelebt, wie geblendet vom Sonnenglanze ihrer Schönheit, und sie ging weiter – und ließ mich am Leben.

Und sie ließ mich am Leben, und ich lebe, und das ist die Hauptsache.

Mögen andre das Glück genießen, daß die Geliebte ihr Grabmal mit Blumenkränzen schmückt und mit Tränen der Treue benetzt – Oh, Weiber! haßt mich, verlacht mich, bekorbt mich! aber laßt mich leben! Das Leben ist gar zu spaßhaft süß; und die Welt ist so lieblich verworren; sie ist der Traum eines weinberauschten Gottes, der sich aus der zechenden Götterversammlung à la française fortgeschlichen und auf einem einsamen Stern sich schlafen gelegt und selbst nicht weiß, daß er alles das auch erschafft, was er träumt – und die Traumgebilde gestalten sich oft buntscheckig toll, oft auch harmonisch vernünftig – die »Ilias«, Plato, die Schlacht bei Marathon, Moses, die Mediceische Venus, der Straßburger Münster, die französische Revolution, Hegel, die Dampfschiffe usw. sind einzelne gute Gedanken in diesem schaffenden Gottestraum – aber es wird nicht lange dauern, und der Gott erwacht und reibt sich die verschlafenen Augen und lächelt – und unsre Welt ist zerronnen in nichts, ja, sie hat nie existiert.

Gleichviel, ich lebe. Bin ich auch nur das Schattenbild in einem Traum, so ist auch dieses besser als das kalte, schwarze, leere Nichtsein des Todes. Das Leben ist der Güter höchstes, und das schlimmste Übel ist der Tod.

Ideen. Das Buch Le Grand,
1826

Die Nordsee

1825 – 1826

Seegespenst

Ich aber lag am Rande des Schiffes,
Und schaute, träumenden Auges,
Hinab in das spiegelklare Wasser,
Und schaute tiefer und tiefer –
Bis tief, im Meeresgrunde,
Anfangs wie dämmernde Nebel,
Jedoch allmählich farbenbestimmter,
Kirchenkuppel und Türme sich zeigten,
Und endlich, sonnenklar, eine ganze Stadt,
Altertümlich niederländisch,
Und menschenbelebt.
Bedächtige Männer, schwarzbemäntelt,
Mit weißen Halskrausen und Ehrenketten
Und langen Degen und langen Gesichtern,
Schreiten, über den wimmelnden Marktplatz,
Nach dem treppenhohen Rathaus,
Wo steinerne Kaiserbilder
Wacht halten mit Zepter und Schwert.
Unferne, vor langen Häuserreihn,
Wo spiegelblanke Fenster
Und pyramidisch beschnittene Linden,

Wandeln seidenrauschende Jungfern,
Schlanke Leibchen, die Blumengesichter
Sittsam umschlossen von schwarzen Mützchen
Und hervorquellendem Goldhaar.
Bunte Gesellen, in spanischer Tracht,
Stolzieren vorüber und nicken.
Bejahrte Frauen,
In braunen, verschollnen Gewändern,
Gesangbuch und Rosenkranz in der Hand,
Eilen, trippelnden Schritts,
Nach dem großen Dome,
Getrieben von Glockengeläute
Und rauschendem Orgelton.

Mich selbst ergreift des fernen Klangs
Geheimnisvoller Schauer!
Unendliches Sehnen, tiefe Wehmut
Beschleicht mein Herz,
Mein kaum geheiltes Herz; –
Mir ist, als würden seine Wunden
Von lieben Lippen aufgeküßt,
Und täten wieder bluten –
Heiße, rote Tropfen,
Die lang und langsam niederfalln
Auf ein altes Haus, dort unten
In der tiefen Meerstadt,
Auf ein altes, hochgegiebeltes Haus,
Das melancholisch menschenleer ist,
Nur daß am untern Fenster
Ein Mädchen sitzt,
Den Kopf auf den Arm gestützt,
Wie ein armes, vergessenes Kind –
Und ich kenne dich armes, vergessenes Kind –
So tief, meertief also
Verstecktest du dich vor mir,
Aus kindischer Laune,
Und konntest nicht mehr herauf,
Und saßest fremd unter fremden Leuten,
Jahrhundertelang,
Derweilen ich, die Seele voll Gram,

Auf der ganzen Erde dich suchte,
Und immer dich suchte,
Du Immergeliebte,
Du Längstverlorene,
Du Endlichgefundene –
Ich hab dich gefunden und schaue wieder
Dein süßes Gesicht,
Die klugen, treuen Augen,
Das liebe Lächeln –
Und nimmer will ich dich wieder verlassen,
Und ich komme hinab zu dir,
Und mit ausgebreiteten Armen
Stürz ich hinab an dein Herz –

Aber zur rechten Zeit noch
Ergriff mich beim Fuß der Kapitän,
Und zog mich vom Schiffsrand,
Und rief, ärgerlich lachend:
Doktor, sind Sie des Teufels?

Heut nacht, im Traum, unglücklicherweis',
Tät ich an der schmutzigsten Magd mich laben,
Und ich konnte doch für denselben Preis
Die allerschönste Prinzessin haben.

An Rudolf Christiani,
Hamburg, 19. September 1827

Die Eidechsen mit ihren klugen Schwänzchen und spitzfündigen Äuglein haben mir wunderbare Dinge erzählt, wenn ich einsam zwischen den Felsen der Apenninen umherkletterte. Wahrlich, es gibt Dinge zwischen Himmel und Erde, die nicht bloß unsere Philosophen, sondern sogar die gewöhnlichsten Dummköpfe nicht begreifen.

Die Eidechsen haben mir erzählt, es gehe eine Sage unter den Steinen, daß Gott einst Stein werden wolle, um sie aus ihrer Starrheit zu erlösen. Eine alte Eidechse meinte aber, diese Steinwerdung würde nur dann stattfinden, wenn Gott bereits in alle Tier- und Pflanzenarten sich verwandelt und sie erlöst habe.

Nur wenige Steine haben Gefühl, und nur im Mondschein atmen sie. Aber diese wenigen Steine, die ihren Zustand fühlen, sind schrecklich elend. Die Bäume sind viel besser daran, sie können weinen. Die Tiere aber sind am meisten begünstigt, denn sie können sprechen, jedes nach seiner Art und die Menschen am besten. Einst, wenn die ganze Welt erlöst ist, werden alle anderen Erschaffnisse ebenfalls sprechen können wie in jenen uralten Zeiten, wovon die Dichter singen.

Die Eidechsen sind ein ironisches Geschlecht und betören gern die anderen Tiere. Aber sie waren gegen mich so demütig, sie seufzten so ehrlich, sie erzählten mir Geschichten von Atlantis, die ich nächstens aufschreiben will, zu Nutz und Frommen der Welt. Es ward mir so innig zumute bei den kleinen Wesen, die gleichsam die geheimen Annalen der Natur aufbewahren. Sind es etwa verzauberte Priesterfamilien, gleich denen des alten Ägyptens, die ebenfalls naturbelauschend in labyrinthischen Felsengrotten wohnten? Auf ihren Köpfchen, Leibchen und Schwänzchen blühen so wunderbare Zeichenbilder wie auf ägyptischen Hieroglyphenmützen und Hierophantenröcken.

Meine kleinen Freunde haben mich auch eine Zeichensprache gelehrt, vermittelst welcher ich mit der stummen Natur zu sprechen vermag. Dieses erleichtert mir oft die Seele, besonders gegen Abend, wenn die Berge in schaurig-süßen Schatten gehüllt stehen und die Wasserfälle rauschen und alle Pflanzen duften und hastige Blitze hin und her zucken –

O Natur! du stumme Jungfrau! wohl verstehe ich dein Wetterleuchten, den vergeblichen Redeversuch, der über dein schönes Antlitz dahinzuckt, und du dauerst mich so tief, daß ich weine. Aber alsdann verstehst du auch mich, und du heiterst dich auf und lachst mich an aus goldnen Augen. Schöne Jungfrau, ich verstehe deine Sterne, und du verstehst meine Tränen! –

»Nichts in der Welt will rückwärts gehen«, sagte mir ein alter Eidechs, »alles strebt vorwärts, und am Ende wird ein großes Naturavancement stattfinden. Die Steine werden Pflanzen, die Pflanzen werden Tiere, die Tiere werden Menschen und die Menschen werden Götter werden.«

»Aber«, rief ich, »was soll denn aus diesen guten Leuten, aus den armen alten Göttern werden?«

»Das wird sich finden, lieber Freund«, antwortete jener; »wahrscheinlich danken sie ab oder werden auf irgendeine ehrende Art in den Ruhestand versetzt.«

Ich habe von meinem hieroglyphenhäutigen Naturphilosophen noch manches andre Geheimnis erfahren; aber ich gab mein Ehrenwort, nichts zu enthüllen. Ich weiß jetzt mehr als Schelling und Hegel.

Reisebilder. Die Stadt Lucca,
1831

Auf einmal aber ergriff mich selbst ein närrischer Wahnsinn, und als ich die vorüberwandlenden Menschen genauer betrachtete, kam es mir vor, als seien sie selber nichts anders als Zahlen, als arabische Chiffern; und da ging eine krummfüßige Zwei neben einer fatalen Drei, ihrer schwangeren und vollbusigen Frau Gemahlin; dahinter ging Herr Vier auf Krükken; einherwatschelnd kam eine fatale Fünf, rundbäuchig mit kleinem Köpfchen; dann kam eine wohlbekannte kleine Sechse und eine noch wohlbekanntere böse Sieben – doch als ich die unglückliche Acht, wie sie vorüberschwankte, ganz genau betrachtete, erkannte ich den Assekuradeur, der sonst wie ein Pfingstochs geputzt ging, jetzt aber wie die magerste von Pharaos mageren Kühen aussah – blasse, hohle Wangen wie ein leerer Suppenteller, kaltrote Nase wie eine Winterrose, abgeschabter schwarzer Rock, der einen kümmerlich weißen Widerschein gab, ein Hut, worin Saturn mit der Sense einige Luftlöcher geschnitten, doch die Stiefel noch immer spiegelblank gewichst...

Aber noch unheimlicher und verwirrender als diese Bilder, die sich, wie ein chinesisches Schattenspiel, schweigend vorbeibewegten, waren die Töne, die von einer anderen Seite in mein Ohr drangen. Es waren heisere, schnarrende, metallose Töne, ein unsinniges Kreischen, ein ängstliches Plätschern und verzweifelndes Schlürfen, ein Keuchen und Schollern, ein Stöhnen und Ächzen, ein unbeschreibbar eiskalter Schmerzlaut. Das Bassin der Alster war zugefroren, nur nahe am Ufer war ein großes, breites Viereck in der Eisdecke ausgehauen, und die entsetzlichen Töne, die ich eben vernommen, kamen aus den Kehlen der armen weißen Geschöpfe, die darin herumschwammen und in entsetzlicher Todesangst schrien, und ach! es waren dieselben Schwäne, die einst so weich und heiter meine Seele bewegten. Ach! die schönen weißen Schwäne, man hatte ihnen die Flügel gebrochen, damit sie im Herbst nicht auswandern konnten nach dem warmen Süden, und jetzt hielt der Norden sie festgebannt in seinen dunkeln Eisgruben – und der Markeur des Pavillons meinte, sie befänden sich wohl darin und die Kälte sei ihnen gesund. Das ist aber nicht wahr, es ist einem nicht wohl, wenn man ohnmächtig in einem kalten Pfuhl eingekerkert ist, fast eingefroren, und einem die Flügel gebrochen sind und man nicht fortfliegen kann nach dem schönen Süden, wo die schönen Blumen, wo die goldnen Sonnenlichter, wo die blauen Bergseen – Ach! auch mir erging es einst nicht viel besser, und ich verstand die Qual dieser armen Schwäne; und als es gar immer dunkler wurde und die Sterne oben hell hervortraten, dieselben Sterne, die einst in schönen Sommernächten so liebeheiß mit den Schwänen gebuhlt, jetzt aber so winterkalt, so frostig klar und fast verhöhnend auf sie herabblickten – wohl begriff ich jetzt, daß die Sterne keine liebenden, mitfühlenden Wesen sind, sondern nur glänzende Täuschungen der Nacht, ewige Trugbilder in einem erträumten Himmel, goldne Lügen im dunkelblauen Nichts – – –

Aus den Memoiren des Herren von Schnabelewopski, 1834

Die Fabel von dem Fliegenden Holländer ist euch gewiß bekannt. Es ist die Geschichte von dem verwünschten Schiffe, das nie in den Hafen gelangen kann und jetzt schon seit undenklicher Zeit auf dem Meere herumfährt. Begegnet es einem anderen Fahrzeuge, so kommen einige von der unheimlichen Mannschaft in einem Boote herangefahren und bitten, ein Paket Briefe gefälligst mitzunehmen. Diese Briefe muß man an den Mastbaum festnageln, sonst widerfährt dem Schiffe ein Unglück, besonders wenn keine Bibel an Bord oder kein Hufeisen am Fockmaste befindlich ist. Die Briefe sind immer an Menschen adressiert, die man gar nicht kennt oder die längst verstorben, so daß zuweilen der späte Enkel einen Liebesbrief in Empfang nimmt, der an seine Urgroßmutter gerichtet ist, die schon seit hundert Jahren im Grabe liegt. Jenes hölzerne Gespenst, jenes grauenhafte Schiff führt seinen Namen von seinem Kapitän, einem Holländer, der einst bei allen Teufeln geschworen, daß er irgendein Vorgebirge, dessen Namen mir entfallen, trotz des heftigsten Sturms, der eben schlimmes Wissen; es ist ein Lächeln, welches vergiftet worden von jenem Apfel der Erkenntnis, den der Mund genossen. Wenn ich diesen Zug auf weichen vollrosigen Mädchenlippen sehe, dann fühl ich in den eigenen Lippen ein krampfhaftes Zucken, ein zuckendes Verlangen, jene Lippen zu küssen; es ist Wahlverwandtschaft.

Ich flüsterte daher dem schönen Mädchen ins Ohr: »Juffrouw! ich will deinen Mund küssen.«

»Bei Gott, Mynheer, das ist ein guter Gedanke!« war die Antwort, die hastig und mit entzückendem Wohllaut aus dem Herzen hervorklang.

Aber nein – die ganze Geschichte, die ich hier zu erzählen dachte und wozu der Fliegende Holländer nur als Rahmen dienen sollte, will ich jetzt unterdrücken. Ich räche mich dadurch an den Prüden, die dergleichen Geschichten mit Wonne einschlürfen und bis an den Nabel, ja noch tiefer, davon entzückt sind und nachher den Erzähler schelten und in Gesellschaft über ihn die Nase rümpfen und ihn als unmoralisch verschreien. Es ist eine gute Geschichte, köstlich wie eingemachte Ananas oder wie frischer Kaviar oder wie Trüffel in Burgunder, und wäre eine angenehme Lektüre nach der Betstunde; aber aus Rankune, zur Strafe für frühere Unbill, will ich sie unterdrücken. Ich mache daher hier einen langen Gedankenstrich ——

Dieser Strich bedeutet ein schwarzes Sofa, und darauf passierte die Geschichte, die ich nicht erzähle. Der Unschuldige muß mit dem Schuldigen leiden, und manche gute Seele schaut mich jetzt an mit einem bittenden Blick. Je nun, diesen Besseren will ich im Vertrauen gestehn, daß ich noch nie so wild geküßt worden wie von jener holländischen Blondine und daß diese das Vorurteil, welches ich bisher gegen blonde Haare und blaue Augen hegte, aufs siegreichste zerstört hat. Jetzt erst begriff ich, warum ein englischer Dichter solche Damen mit gefrorenem Champagner verglichen hat. In der eisigen Hülle lauert der heißeste Extrakt. Es gibt nichts Pikanteres als der Kontrast jener äußeren Kälte und der inneren Glut, die bacchantisch emporlodert und den glücklichen

Zecher unwiderstehlich berauscht. Ja, weit mehr als in Brünetten zehrt der Sinnenbrand in manchen scheinstillen Heiligenbildern mit goldenem Glorienhaar und blauen Himmelsaugen und frommen Lilienhänden. Ich weiß eine Blondine aus einem der besten niederländischen Häuser, die zuweilen ihr schönes Schloß am Zuidersee verließ und inkognito nach Amsterdam und dort ins Theater ging, jedem, der ihr gefiel, Apfelsinenschalen auf den Kopf warf, zuweilen gar in Matrosenherbergen die wüsten Nächte zubrachte, eine holländische Messaline.

– – Als ich ins Theater noch einmal zurückkehrte, kam ich eben zur letzten Szene des Stücks, wo auf einer hohen Meerklippe das Weib des Fliegenden Holländers, die Frau Fliegende Holländerin, verzweiflungsvoll die Hände ringt, während auf dem Meere, auf dem Verdeck seines unheimlichen Schiffes, ihr unglücklicher Gemahl zu schauen ist. Er liebt sie und will sie verlassen, um sie nicht ins Verderben zu ziehen, und er gesteht ihr sein grauenhaftes Schicksal und den schrecklichen Fluch, der auf ihm lastet. Sie aber ruft mit lauter Stimme: »Ich war dir treu bis zu dieser Stunde, und ich weiß ein sicheres Mittel, wodurch ich dir meine Treue erhalte bis in den Tod!«

Bei diesen Worten stürzt sich das treue Weib ins Meer, und nun ist auch die Verwünschung des Fliegenden Holländers zu Ende, er ist erlöst, und wir sehen, wie das gespenstische Schiff in den Abgrund des Meeres versinkt.

Die Moral des Stückes ist für die Frauen, daß sie sich in acht nehmen müssen, keinen Fliegenden Holländer zu heiraten; und wir Männer ersehen aus diesem Stücke, wie wir durch die Weiber, im günstigsten Falle, zugrunde gehn.

Aus den Memoiren des Herren von Schnabelewopski,
1834

Was ist Traum? Was ist Tod? Ist dieser nur eine Unterbrechung des Lebens? oder gänzliches Aufhören desselben? Ja, für Leute, die nur Vergangenheit und Zukunft kennen und nicht in jedem Momente der Gegenwart eine Ewigkeit leben können, ja, für solche muß der Tod schrecklich sein! Wenn ihnen die beiden Krücken, Raum und Zeit, entfallen, dann sinken sie ins ewige Nichts.

Und der Traum? Warum fürchten wir uns vor dem Schlafengehn nicht weit mehr als vor dem Begrabenwerden? Ist es nicht furchtbar, daß der

Leib eine ganze Nacht leichentot sein kann, während der Geist in uns das bewegteste Leben führt, ein Leben mit allen Schrecknissen jener Scheidung, die wir eben zwischen Leib und Geist gestiftet? Wenn einst in der Zukunft beide wieder in unserem Bewußtsein vereinigt sind, dann gibt es vielleicht keine Träume mehr, oder nur kranke Menschen, Menschen, deren Harmonie gestört, werden träumen. Nur leise und wenig träumten die Alten; ein starker, gewaltiger Traum war bei ihnen wie ein Ereignis und wurde in die Geschichtsbücher eingetragen. Das rechte Träumen beginnt erst bei den Juden, dem Volke des Geistes, und erreichte seine höchste Blüte bei den Christen, dem Geistervolk. Unsere Nachkommen werden schaudern, wenn sie einst lesen, welch ein gespenstisches Dasein wir geführt, wie der Mensch in uns gespalten war und nur die eine Hälfte ein eigentliches Leben geführt. Unsere Zeit – und sie beginnt am Kreuze Christi – wird als eine große Krankheitsperiode der Menschheit betrachtet werden.

Und doch, welch süße Träume haben wir träumen können! Unsere gesunden Nachkommen werden es kaum begreifen. Um uns her verschwanden alle Herrlichkeiten der Welt, und wir fanden sie wieder in unserer inneren Seele – in unsere Seele flüchtete sich der Duft der zertretenen Rosen und der lieblichste Gesang der verscheuchten Nachtigallen –

Ich weiß das alles und sterbe an den unheimlichen Ängsten und grauenhaften Süßigkeiten unserer Zeit. Wenn ich des Abends mich auskleide und zu Bette lege und die Beine lang ausstrecke und mich bedecke mit dem weißen Laken, dann schaudre ich manchmal unwillkürlich, und mir kommt in den Sinn, ich sei eine Leiche, und ich begrübe mich selbst. Dann schließe ich aber hastig die Augen, um diesem schauerlichen Gedanken zu entrinnen, um mich zu retten in das Land der Träume.

Aus den Memoiren des Herren von Schnabelewopski,
1834

Die Nixen haben die größte Ähnlichkeit mit den Elfen. Sie sind beide verlockend, anreizend und lieben den Tanz. Die Elfen tanzen auf Moorgründen, grünen Wiesen, freien Waldplätzen und am liebsten unter alten Eichen. Die Nixen tanzen bei Teichen und Flüssen; man sah sie auch wohl auf dem Wasser tanzen, den Vorabend, wenn jemand dort ertrank. Auch kommen sie oft zu den Tanzplätzen der Menschen und tanzen mit ihnen ganz wie unsereins. Die weiblichen Nixen erkennt man an dem Saum ihrer weißen Kleider, der immer feucht ist. Auch wohl an dem feinen Gespinste ihrer Schleier und an der vornehmen Zierlichkeit ihres geheimnisvollen Wesens. Den männlichen Nix erkennt man daran, daß er grüne Zähne hat, die fast wie Fischgräten gebildet sind. Auch empfindet man einen inneren Schauer, wenn man seine außerordentlich weiche, eiskalte Hand berührt. Gewöhnlich trägt er einen grünen Hut. Wehe dem Mädchen, das, ohne ihn zu kennen, gar zu sorglos mit ihm tanzt. Er zieht sie hinab in sein feuchtes Reich. Marsk Stig, der Königsmörder, hatte zwei schöne Töchter, wovon die jüngste in des Wassermanns Gewalt geriet, sogar während sie in der Kirche war. Der Nix erschien als ein stattlicher Ritter; seine Mutter hatte ihm ein Roß von klarem Wasser und Sattel und Zaum von dem weißesten Sande gemacht, und die arglose Schöne reichte ihm freudig ihre Hand. Wird sie ihm da unten im Meere die versprochene Treue halten? Ich weiß nicht; aber ich kenne eine Sage von einem anderen Wassermann, der sich ebenfalls eine Frau vom festen Lande geholt hat und aufs listigste von ihr betrogen ward. Es ist die Sage von Rosmer, dem Wassermann, der, ohne es zu wissen, seine eigne Frau in einer Kiste auf den Rücken nahm und sie ihrer Mutter zurückbrachte. Er vergoß darüber nachher die bitterlichsten Tränen.

Die Nixen haben ebenfalls oft dafür zu büßen, daß sie an dem Umgang der Menschen Gefallen fanden.

Elfen und Nixen können zaubern, können sich in jede beliebige Gestalt verwandeln; indessen manchmal sind auch sie selber von mächtigeren Geistern und Nekromanten in allerlei häßliche Mißgebilde verwünscht worden. Sie werden aber erlöst durch Liebe, wie im Märchen Zemire und Azor; das krötige Ungeheuer muß dreimal geküßt werden, und es verwandelt sich in einen schönen Prinzen. Sobald du deinen Widerwillen gegen das Häßliche überwindest und das Häßliche sogar liebgewinnst, so verwandelt es sich in etwas Schönes. Keine Verwünschung widersteht der Liebe. Liebe ist ja selber der stärkste Zauber, jede andere Verzauberung muß ihr weichen. Nur gegen eine Gewalt ist sie ohnmächtig. Welche ist das? Es ist nicht das Feuer, nicht das Wasser, nicht die Luft, nicht die Erde mit allen ihren Metallen; es ist die Zeit...

Die feurigen Männer, die des Nachts umherwandeln, sind keine Elementargeister, sondern Gespenster von verstorbenen Menschen, toten Wucherern, unbarmherzigen Amtmännern und Bösewichtern, die einen Grenzstein verrückt haben. Die Irrwische sind auch keine Geister. Man weiß nicht genau, was sie sind; sie verlocken den Wandrer in Moorgrund und Sümpfe. Wie gesagt, eine ganze Klasse Feuergeister, wie Paracelsus sie beschreibt, kennt das Volk nicht. Es spricht höchstens nur von einem

einzigen Feuergeist, und das ist kein anderer als Luzifer, Satan, der Teufel. In alten Balladen erscheint er unter dem Namen der Feuerkönig, und im Theater, wenn er auftritt oder abgeht, fehlen nie die obligaten Flammen. Da er also der einzige Feuergeist ist und uns für eine ganze Klasse solcher Geister schadlos halten muß, wollen wir ihn näher besprechen.

In der Tat, wenn der Teufel kein Feuergeist wäre, wie könnte er es denn in der Hölle aushalten? Er ist ein Wesen von so kalter Natur, daß er sogar nirgends anders als im Feuer sich behaglich fühlen kann. Über diese kalte Natur des Teufels haben sich alle die armen Frauen beklagt, die mit ihm in nähere Berührung gekommen. Merkwürdig übereinstimmend sind in dieser Hinsicht die Aussagen der Hexen, wie wir sie in den Hexenprozessen aller Lande finden können. Diese Damen, die ihre fleischlichen Verbindungen mit dem Teufel eingestanden, sogar auf der Folter, erzählen immer von der Kälte seiner Umarmungen; eiskalt, klagten sie, waren die Ergüsse dieser teuflischen Zärtlichkeit.

Der Teufel ist kalt, selbst als Liebhaber. Aber häßlich ist er nicht; denn er kann ja jede Gestalt annehmen. Nicht selten hat er sich ja auch mit weiblichem Liebreiz bekleidet, um irgendeinen frommen Klosterbruder von seinen Bußübungen abzuhalten oder gar zur sinnlichen Freude zu verlocken. Bei anderen, die er nur schrecken wollte, erschien er in Tiergestalt, er und seine höllischen Gesellen. Besonders wenn er vergnügt ist und viel geschlemmt und gebechert hat, zeigt er sich gern als ein Vieh. . .

Daß der Teufel in Gestalt eines schwarzen Bockes dem Konvente der Hexen präsidiert, ist allgemein bekannt. Welche Rolle er in dieser Gestalt zu spielen pflegte, werde ich später berichten, wenn ich von Hexen und Zauberei zu reden habe. In dem merkwürdigen Buche, worin der hochgelehrte Georgius Godelmanus über dieses letztere Thema einen wahrhaften und folgebegründeten Bericht abstattet, finde ich auch, daß der Teufel nicht selten in der Gestalt eines Mönchs erscheint. Er erzählt folgendes Beispiel:

»Als ich in der berühmten hohen Schule zu Wittenberg die Rechte studierte, gedenkt mir noch wohl, etlichemal von meinen Lehrmeistern daselbst gehört zu haben, daß vor Luthers Tür gekommen sei ein Mönch, welcher heftig an der Türe geklopft, und wie ihm der Diener auftat und fragte, was er wollte, da fraget der Mönch, ob der Luther daheim wäre. Als Lutherus die Sache erfuhr, ließ er ihn hereingehen, weil er nun eine gute Weile keinen Mönch gesehen hatte. Da dieser hineinkam, sprach er, er habe etliche papistische Irrtümer, derwegen er sich gern mit ihm besprechen wollte, und er legte ihm einige Syllogismos und Schulreden vor, und da sie Luther ohne Mühe auflöste, brachte er andere, die nicht so leicht aufzulösen waren, daher Lutherus, etwas bewegt, diese Worte entfahren ließ: ›Du machst mir viel zu schaffen, da ich doch anderes zu tun hätte!‹ und stand sobald auf und zeigte ihm in der Bibel die Erklärung der Frage, so der Mönch vorbrachte. Und als er in demselbigen Gespräche vermerkte, daß des Mönchs Hände nicht ungleich wären Vogelsklauen, sprach er: ›Bist du nicht der? Halt, höre zu, dieses Urteil ist wider dich gefällt!‹ und zeigte ihm sobald den Spruch in Genesi, dem ersten Buche Mosis: ›Des Weibes Samen wird der Schlange den Kopf zertreten.‹ Da der Teufel mit diesem Spruch überwunden, ward er zornig und ging murrend davon, warf das Schreibzeug hinter den Ofen und verbreitete einen Duft, dessen die Stube noch etliche Tage übel roch.«

Über die Gestalt des Teufels läßt sich in der Tat nichts Genaues angeben. Die einen behaupten, wie ich schon erwähnt, er habe gar keine bestimmte Gestalt und könne sich in jeder beliebigen Form produzieren.

Eine sonst ehrbare Nonne, die aber ihre Ordensregeln nicht genau befolgte und sich nicht oft genug mit dem heiligen Kreuze bezeichnete, aß einmal Salat. Kaum hatte sie ihn gegessen, als sie Regungen empfand, die ihr sonst fremd waren und sich keineswegs mit ihrem Stande vertrugen. Es wurde ihr jetzt gar sonderbar zumute des Abends, im Mondschein, wenn die Blumen so stark dufteten und die Nachtigallen so schmelzend und schluchzend sangen. Bald darauf machte ein angenehmer Junggeselle mit ihr Bekanntschaft. Nachdem beide miteinander vertrauter geworden, fragte sie der schöne Jüngling einmal: »Weißt du denn auch, wer ich bin?« – »Nein«, sagte die Nonne mit einiger Bestürzung. »Ich bin der Teufel«, erwiderte jener. »Erinnerst du dich nicht jenes Salates? Der Salat, das war ich!«

Elementargeister,
1837

Das Gehirn ist mir schwer und wüst. Ich habe diese Nacht fast gar nicht schlafen können. Beständig rollte ich mich im Bett umher, und beständig rollte mir selber im Kopfe der Gedanke: Wer war der verlarvte Scharfrichter, welcher zu Whitehall Karl I. köpfte? Erst gegen Morgen schlummerte ich ein, und da träumte mir: es sei Nacht und ich stände einsam auf dem Pont-neuf zu Paris und schaute hinab in die dunkle Seine. Unten aber, zwischen den Pfeilern der Brücke, kamen nackte Menschen zum Vorschein, die bis an die Hüften aus dem Wasser hervortauchten, in den Händen brennende Lampen hielten und etwas zu suchen schienen. Sie schauten mit bedeutsamen Blicken zu mir hinauf, und ich selber nickte ihnen hinab, wie im geheimnisvollsten Einverständnis. . . Endlich schlug die schwere Notre-Dame-Glocke, und ich erwachte. Und nun grüble ich

schon eine Stunde darüber nach, was eigentlich die nackten Leute unter dem Pont-neuf suchten. Ich glaube, im Traume wußt ich es und habe es seitdem vergessen.

Über die französische Bühne,
1837

Ich bin diesen Morgen, liebster Freund, in einer wunderlich weichen Stimmung. Der Frühling wirkt auf mich recht sonderbar. Den Tag über bin ich betäubt, und es schlummert meine Seele. Aber des Nachts bin ich so aufgeregt, daß ich erst gegen Morgen einschlafe, und dann umschlingen mich die qualvoll entzückendsten Träume. O schmerzliches Glück, wie beängstigend drücktest du mich an dein Herz vor einigen Stunden! Mir träumte von ihr, die ich nicht lieben will und nicht lieben darf, deren Leidenschaft mich aber dennoch heimlich beseligt. Es war in ihrem Landhause, in dem kleinen, dämmerigen Gemache, wo die wilden Oleanderbäume das Balkonfenster überragen. Das Fenster war offen, und der helle Mond schien zu uns ins Zimmer herein und warf seine silbernen Streiflichter über ihre weißen Arme, die mich so liebevoll umschlossen hielten. Wir schwiegen und dachten nur an unser süßes Elend. An den Wänden bewegten sich die Schatten der Bäume, deren Blüten immer stärker dufteten. Draußen im Garten, erst ferne, dann wieder nahe, ertönte eine Geige, lange, langsam gezogene Töne, jetzt traurig, dann wieder gutmütig heiter, manchmal wie wehmütiges Schluchzen, mitunter auch grollend, aber immer lieblich, schön und wahr . . . »Wer ist das?« flüsterte ich leise. Und sie antwortete: »Es ist mein Bruder, welcher die Geige spielt.« Aber bald schwieg draußen die Geige, und statt ihrer vernahmen wir einer Flöte schmelzend verhallende Töne, und die klangen so bittend, so flehend, so verblutend, und es waren so geheimnisvolle Klagelaute, daß sie einem die Seele mit wahnsinnigem Grauen erfüllten, daß man an die schauerlichsten Dinge denken mußte, an Leben ohne Liebe, an Tod ohne Auferstehung, an Tränen, die man nicht weinen kann. . . »Wer ist das?« flüsterte ich leise.Und sie antwortete: »Es ist mein Mann, welcher die Flöte bläst.«

Teurer Freund, schlimmer noch als das Träumen ist das Erwachen.

Über die französische Bühne,
1837

Wenn ich auch am Tage wohlbeleibt und lachend dahinwandle durch die funkelnden Gassen Babylons, glaubt mir's! sobald der Abend herabsinkt, erklingen die melancholischen Harfen in meinem Herzen, und gar des Nachts erschmettern darin alle Pauken und Zimbeln des Schmerzes, die ganze Janitscharenmusik der Weltqual, und es steigt empor der entsetzlich gellende Mummenschanz.

O welche Träume! Träume des Kerkers, des Elends, des Wahnsinns, des Todes! Ein schrillendes Gemisch von Unsinn und Weisheit, eine bunte vergiftete Suppe, die nach Sauerkraut schmeckt und nach Orangenblüten riecht! Welch ein grauenhaftes Gefühl, wenn die nächtlichen Träume das Treiben des Tages verhöhnen und aus den flammenden Mohnblumen die ironischen Larven hervorgucken und Rübchen schaben und die stolzen Lorbeerbäume sich in graue Disteln verwandeln und die Nachtigallen ein Spottgelächter erheben.

Gewöhnlich, in meinen Träumen, sitze ich auf einem Eckstein der Rue Laffitte an einem feuchten Herbstabend, wenn der Mond auf das schmutzige Boulevardpflaster herabstrahlt mit langen Streiflichtern, so daß der Kot vergoldet scheint, wo nicht gar mit blitzenden Diamanten übersät. Die vorübergehenden Menschen sind ebenfalls nur glänzender Kot: Stockjobbers, Spieler, wohlfeile Skribenten, Falschmünzer des Gedan-

kens, noch wohlfeilere Dirnen, die freilich nur mit dem Leibe zu lügen brauchen, satte Faulbäuche, die im Café de Paris gefüttert worden und jetzt nach der Académie de musique hinstürzen, nach der Kathedrale des Lasters, wo Fanny Elßler tanzt und lächelt. Dazwischen rasseln auch die Karossen und springen die Lakaien, die bunt wie Tulpen und gemein wie ihre gnädige Herrschaft. Und wenn ich nicht irre, in einer jener frechen goldnen Kutschen sitzt der ehemalige Zigarrenhändler Aguado, und seine stampfenden Rosse bespritzen von oben bis unten meine rosaroten Trikotkleider. Ja, zu meiner eigenen Verwunderung bin ich ganz in rosaroten Trikot gekleidet, in ein sogenanntes fleischfarbiges Gewand, da die vorgerückte Jahreszeit und auch das Klima keine völlige Nacktheit erlaubt wie in Griechenland, bei den Thermopylen, wo der König Leonidas mit seinen dreihundert Spartanern, am Vorabend der Schlacht, ganz nackt tanzte, ganz nackt, das Haupt mit Blumen bekränzt. Eben wie Leonidas auf dem Gemälde von David bin ich kostümiert, wenn ich in meinen Träumen auf dem Eckstein sitze, an der Rue Laffitte, wo der verdammte Kutscher von Aguado mir meine Trikothosen bespritzt. Der Lump, er bespritzt mir sogar den Blumenkranz, den schönen Blumenkranz, den ich auf meinem Haupte trage, der aber, unter uns gesagt, schon ziemlich trocken und nicht mehr duftet. Ach! es waren frische, freudige Blumen, als ich mich einst damit schmückte, in der Meinung, den anderen Morgen ging es zur Schlacht, zum heiligen Todessieg für das Vaterland. Das ist nun lange her, mürrisch und müßig sitze ich an der Rue Laffitte und harre des Kampfes, und unterdessen welken die Blumen auf meinem Haupte, und auch meine Haare färben sich weiß, und mein Herz erkrankt mir in der Brust . . . Heiliger Gott! was wird einem die Zeit so lange bei solchem tatlosen Harren, und am Ende stirbt mir noch der Mut. . . Ich sehe, wie die Leute vorbeigehen, mich mitleidig anschauen und einander zuflüstern: »Der arme Narr!«

Wie die Nachtträume meine Tagesgedanken verhöhnen, so geschieht es auch zuweilen, daß die Gedanken des Tages über die unsinnigen Nachtträume sich lustig machen, und mit Recht, denn ich handle im Traume oft wie ein wahrer Dummkopf. Jüngst träumte mir, ich machte eine große Reise durch ganz Europa, nur daß ich mich dabei keines Wagens mit Pferden, sondern eines gar prächtigen Schiffes bediente. Das ging gut, wenn ein Fluß oder ein See sich auf meinem Wege befand. Solches war aber der seltenere Fall, und gewöhnlich mußte ich über festes Land, was für mich sehr unbequem, da ich alsdann mein Schiff über weite Ebenen, Waldstege, Moorgründe und sogar über sehr hohe Berge fortschleppen mußte, bis ich wieder an einen Fluß oder See kam, wo ich gemächlich segeln konnte. Gewöhnlich aber, wie gesagt, mußte ich mein Fahrzeug selber fortschleppen, was mir sehr viel Zeitverlust und nicht geringe Anstrengung kostete, so daß ich am Ende vor Überdruß und Müdigkeit erwachte. Nun aber, des Morgens, beim ruhigen Kaffee, machte ich die richtige Bemerkung, daß ich weit schneller und bequemer gereist wäre,

wenn ich gar kein Schiff besessen hätte und wie ein gewöhnlicher armer Teufel immer zu Fuß gegangen wäre.

Am Ende kommt es auf eins heraus, wie wir die große Reise gemacht haben, ob zu Fuß oder zu Pferd oder zu Schiff. . . Wir gelangen am Ende alle in dieselbe Herberge, in dieselbe schlechte Schenke, wo man die Türe mit einer Schaufel aufmacht, wo die Stube so eng, so kalt, so dunkel, wo man aber gut schläft, fast gar zu gut.

Ob wir einst auferstehen? Sonderbar! meine Tagesgedanken verneinen diese Frage, und aus reinem Widerspruchsgeiste wird sie von meinen Nachtträumen bejaht. So z. B. träumte mir unlängst: ich sei in der ersten Morgenfrühe nach dem Kirchhof gegangen, und dort, zu meiner höchsten Verwunderung, sah ich, wie bei jedem Grabe ein Paar blankgewichster Stiefel stand, ungefähr wie in den Wirtshäusern vor den Stuben der Reisenden. Das war ein wunderlicher Anblick, es herrschte eine sanfte Stille auf dem ganzen Kirchhof, die müden Erdenpilger schliefen, Grab neben Grab, und die blankgewichsten Stiefel, die dort in langen Reihen standen, glänzten im frischen Morgenlicht, so hoffnungsreich, so verheißungsvoll, wie ein sonnenklarer Beweis der Auferstehung.

Ludwig Börne. Eine Denkschrift,
1840

Als ob die Bitternisse der Wirklichkeit nicht hinreichend kummervoll wären, quälen mich noch die bösen Nachtgesichte. In greller Bilderschrift zeigt mir der Traum das große Leid, das ich mir gern verhehlen möchte und das ich kaum auszusprechen wage in den nüchternen Begriffslauten des hellen Tages.

Ludwig Börne. Eine Denkschrift,
1840

Ich habe mich mit dem Meere wieder ausgesöhnt (Du weißt, wir waren en délicatesse), und wir sitzen wieder des Abends beisammen und halten geheime Zwiegespräche.

Ach! wenn man dieser Naturerscheinung länger zuschaut, so bemerkt man, daß das vorwärtsgeschrittene Meer, nach einem gewissen Zeitlauf, sich wieder in sein voriges Bett zurückzieht, später aufs neue daraus hervortritt, mit derselben Heftigkeit das verlassene Terrain wiederzugewinnen sucht, endlich kleinmütig wie vorher die Flucht ergreift und, dieses Spiel beständig wiederholend, dennoch niemals weiterkommt. . . Auch die Menschheit bewegt sich nach den Gesetzen von Ebb' und Flut, und vielleicht auch auf die Geisterwelt übt der Mond seine siderischen Einflüsse. – –

Es ist heute junges Licht, und trotz aller wehmütigen Zweifelsucht, womit sich meine Seele hin und her quält, beschleichen mich wunderliche Ahnungen. . . Es geschieht jetzt etwas Außerordentliches in der Welt. . . Die See riecht nach Kuchen, und die Wolkenmönche sahen vorige Nacht so traurig aus, so betrübt. . .

Ich wandelte einsam am Strand in der Abenddämmerung. Ringsum herrschte feierliche Stille. Der hochgewölbte Himmel glich der Kuppel einer gotischen Kirche. Wie unzählige Lampen hingen darin die Sterne; aber sie brannten düster und zitternd. Wie eine Wasserorgel rauschten die Meereswellen; stürmische Choräle, schmerzlich verzweiflungsvoll, jedoch mitunter auch triumphierend. Über mir ein luftiger Zug von weißen Wolkenbildern, die wie Mönche aussahen, alle gebeugten Hauptes und kummervollen Blickes dahinziehend, eine traurige Prozession. . . Es sah fast aus, als ob sie einer Leiche folgten. . . ›Wer wird begraben? Wer ist gestorben?‹ sprach ich zu mir selber. ›Ist der große Pan tot?‹

Ludwig Börne. Eine Denkschrift,
1840

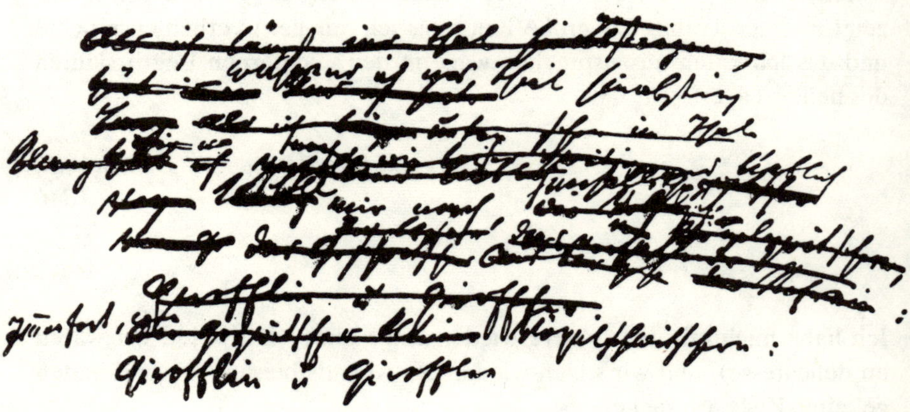

Manuskriptseite zum »Atta Troll«, Faksimile des Gedichts in der Handschrift Heines

Schlußverse des »Atta Troll«,

1841

Klang das nicht wie Jugendträume,
Die ich träumte mit Chamisso
Und Brentano und Fouqué,
In den blauen Mondscheinnächten?

Ist das nicht das fromme Läuten
Der verlornen Waldkapelle?
Klingelt schalkhaft nicht dazwischen
Die bekannte Schellenkappe?

In die Nachtigallenchöre
Bricht herein der Bärenbrummbaß,
Dumpf und grollend, dieser wechselt
Wieder ab mit Geisterlispeln!

Wahnsinn, der sich klug gebärdet!
Weisheit, welche überschnappt!
Sterbeseufzer, welche plötzlich
Sich verwandeln in Gelächter! . . .

Ja, mein Freund, es sind die Klänge
Aus der längst verschollnen Traumzeit;
Nur daß oft moderne Triller
Gaukeln durch den alten Grundton.

Trotz des Übermutes wirst du
Hie und dort Verzagnis spüren –
Deiner wohlerprobten Milde
Sei empfohlen dies Gedicht!

Ach, es ist vielleicht das letzte
Freie Waldlied der Romantik!
In des Tages Brand- und Schlachtlärm
Wird es kümmerlich verhallen.

Andre Zeiten, andre Vögel!
Andre Vögel, andre Lieder!
Welch ein Schnattern, wie von Gänsen,
Die das Kapitol gerettet!

Welch ein Gurren! Turteltauben,
Liebesatt, sie wollen hassen,
Und hinfüro, statt der Venus,
Nur Bellonas Wagen ziehen!

Welch ein Sumsen, welterschütternd!
Das sind ja des Völkerfrühlings
Kolossale Maienkäfer,
Von Berserkerwut ergriffen!

Andre Zeiten, andre Vögel!
Andre Vögel, andre Lieder!
Sie gefielen mir vielleicht,
Wenn ich andre Ohren hätte!

Neuer Frühling

1844

Gekommen ist der Maie,
Die Blumen und Bäume blühn,
Und durch die Himmelsbläue
Die rosigen Wolken ziehn.

Die Nachtigallen singen
Herab aus der laubigen Höh,
Die weißen Lämmer springen
Im weichen grünen Klee.

Ich kann nicht singen und springen,
Ich liege krank im Gras;
Ich höre fernes Klingen,
Mir träumt, ich weiß nicht was.

Die schlanke Wasserlilie
Schaut träumend empor aus dem See;
Da grüßt der Mond herunter
Mit lichtem Liebesweh.

Verschämt senkt sie das Köpfchen
Wieder hinab zu den Welln –
Da sieht sie zu ihren Füßen
Den armen blassen Geselln.

Mit deinen blauen Augen
Siehst du mich lieblich an,
Da wird mir so träumend zu Sinne,
Daß ich nicht sprechen kann.

An deine blauen Augen
Gedenk ich allerwärts; –
Ein Meer von blauen Gedanken
Ergießt sich über mein Herz.

Ich wandle unter Blumen
Und blühe selber mit;
Ich wandle wie im Traume,
Und schwanke bei jedem Schritt.

Oh, halt mich fest Geliebte!
Vor Liebestrunkenheit
Fall ich dir sonst zu Füßen,
Und der Garten ist voller Leut.

Hab ich nicht dieselben Träume
Schon geträumt von diesem Glücke?
Warens nicht dieselben Bäume,
Blumen, Küsse, Liebesblicke?

Schien der Mond nicht durch die Blätter
Unsrer Laube hier am Bache?
Hielten nicht die Marmorgötter
Vor dem Eingang stille Wache?

Ach! ich weiß, wie sich verändern
Diese allzuholden Träume,
Wie mit kalten Schneegewändern
Sich umhüllen Herz und Bäume;

Wie wir selber dann erkühlen
Und uns fliehen und vergessen,
Wir, die jetzt so zärtlich fühlen,
Herz an Herz so zärtlich pressen.

Es war ein alter König,
Sein Herz war schwer, sein Haupt war grau;
Der arme alte König,
Er nahm eine junge Frau.

Es war ein schöner Page,
Blond war sein Haupt, leicht war sein Sinn;
Er trug die seidne Schleppe
Der jungen Königin.

Kennst du das alte Liedchen?
Es klingt so süß, es klingt so trüb!
Sie mußten beide sterben,
Sie hatten sich viel zu lieb.

Durch den Wald, im Mondenscheine,
Sah ich jüngst die Elfen reuten;
Ihre Hörner hört ich klingen,
Ihre Glöckchen hört ich läuten.

Ihre weißen Rößlein trugen
Güldnes Hirschgeweih und flogen
Rasch dahin, wie wilde Schwäne
Kam es durch die Luft gezogen.

Lächelnd nickte mir die Königin,
Lächelnd, im Vorüberreuten.
Galt das meiner neuen Liebe,
Oder soll es Tod bedeuten?

Sterne mit den goldnen Füßchen
Wandeln droben bang und sacht,
Daß sie nicht die Erde wecken,
Die da schläft im Schoß der Nacht.

Horchend stehn die stummen Wälder,
Jedes Blatt ein grünes Ohr!
Und der Berg, wie träumend streckt er
Seinen Schattenarm hervor.

Doch was rief dort? In mein Herze
Dringt der Töne Widerhall.
War es der Geliebten Stimme,
Oder nur die Nachtigall?

Ernst ist der Frühling, seine Träume
Sind traurig, jede Blume schaut
Von Schmerz bewegt, es bebt geheime
Wehmut im Nachtigallenlaut.

O lächle nicht, geliebte Schöne,
So freundlich heiter, lächle nicht!
Oh, weine lieber, eine Träne
Küß ich so gern dir vom Gesicht.

Spätherbstnebel, kalte Träume,
Überfloren Berg und Tal,
Sturm entblättert schon die Bäume,
Und sie schaun gespenstisch kahl.

Nur ein einzger, traurig schweigsam
Einzger Baum steht unentlaubt,
Feucht von Wehmutstränen gleichsam,
Schüttelt er sein grünes Haupt.

Ach, mein Herz gleicht dieser Wildnis,
Und der Baum, den ich dort schau
Sommergrün, das ist dein Bildnis,
Vielgeliebte, schöne Frau!

Schöpfungslieder

1844

Im Beginn schuf Gott die Sonne,
Dann die nächtlichen Gestirne;
Hierauf schuf er auch die Ochsen,
Aus dem Schweiße seiner Stirne.

Später schuf er wilde Bestien,
Löwen mit den grimmen Tatzen;
Nach des Löwen Ebenbilde
Schuf er hübsche kleine Katzen.

Zur Bevölkerung der Wildnis
Ward hernach der Mensch erschaffen;
Nach des Menschen holdem Bildnis
Schuf er intressante Affen.

Satan sah dem zu und lachte:
»Ei, der Herr kopiert sich selber!
Nach dem Bilde seiner Ochsen
Macht er noch am Ende Kälber!«

Und der Gott sprach zu dem Teufel:
»Ich, der Herr, kopier mich selber,
Nach der Sonne mach ich Sterne,
Nach den Ochsen mach ich Kälber,
Nach den Löwen mit den Tatzen
Mach ich kleine liebe Katzen,
Nach den Menschen mach ich Affen;
Aber du kannst gar nichts schaffen.«

»Ich hab mir zu Ruhm und Preis erschaffen
Die Menschen, Löwen, Ochsen, Sonne;
Doch Sterne, Kälber, Katzen, Affen
Erschuf ich zu meiner eigenen Wonne.«

»Kaum hab ich die Welt zu schaffen begonnen,
In einer Woche war's abgetan.
Doch hatt ich vorher tief ausgesonnen
Jahrtausendlang den Schöpfungsplan.

Das Schaffen selbst ist eitel Bewegung,
Das stümpert sich leicht in kurzer Frist;
Jedoch der Plan, die Überlegung,
Das zeigt erst, wer ein Künstler ist.

Ich hab allein dreihundert Jahre
Tagtäglich drüber nachgedacht,
Wie man am besten Doctores juris
Und gar die kleinen Flöhe macht.«

Sprach der Herr am sechsten Tage:
»Hab am Ende nun vollbracht
Diese große, schöne Schöpfung,
Und hab alles gut gemacht.

Wie die Sonne rosengoldig
In dem Meere widerstrahlt!
Wie die Bäume grün und glänzend!
Ist nicht alles wie gemalt?

Sind nicht weiß wie Alabaster
Dort die Lämmchen auf der Flur?
Ist sie nicht so schön vollendet
Und natürlich, die Natur?

Erd' und Himmel sind erfüllet
Ganz von meiner Herrlichkeit,
Und der Mensch, er wird mich loben
Bis in alle Ewigkeit!«

»Der Stoff, das Material des Gedichts,
Das saugt sich nicht aus dem Finger;
Kein Gott erschafft die Welt aus nichts,
Sowenig wie irdische Singer.

Aus vorgefundenem Urweltsdreck
Erschuf ich die Männerleiber,
Und aus dem Männerrippenspeck
Erschuf ich die schönen Weiber.

Den Himmel erschuf ich aus der Erd'
Und Engel aus Weiberentfaltung;
Der Stoff gewinnt erst seinen Wert
Durch künstlerische Gestaltung.«

»Warum ich eigentlich erschuf
Die Welt, ich will es gern bekennen:
Ich fühlte in der Seele brennen
Wie Flammenwahnsinn, den Beruf.

Krankheit ist wohl der letzte Grund
Des ganzen Schöpfersdrangs gewesen;
Erschaffend konnte ich genesen,
Erschaffend wurde ich gesund.«

Altes Kaminstück

Draußen ziehen weiße Flocken
Durch die Nacht, der Sturm ist laut;
Hier im Stübchen ist es trocken,
Warm und einsam, stillvertraut.

Sinnend sitz ich auf dem Sessel,
An dem knisternden Kamin,
Kochend summt der Wasserkessel
Längst verklungne Melodien.

Und ein Kätzchen sitzt daneben,
Wärmt die Pfötchen an der Glut;
Und die Flammen schweben, weben,
Wundersam wird mir zumut.

Dämmernd kommt heraufgestiegen
Manche längst vergeßne Zeit,
Wie mit bunten Maskenzügen
Und verblichner Herrlichkeit.

Schöne Fraun, mit kluger Miene,
Winken süßgeheimnisvoll,
Und dazwischen Harlekine
Springen, lachen, lustigtoll.

Ferne grüßen Marmorgötter,
Traumhaft neben ihnen stehn
Märchenblumen, deren Blätter
In dem Mondenlichte wehn.

Wackelnd kommt herbeigeschwommen
Manches alte Zauberschloß;
Hintendrein geritten kommen
Blanke Ritter, Knappentroß.

Und das alles zieht vorüber,
Schattenhastig übereilt –
Ach! da kocht der Kessel über,
Und das nasse Kätzchen heult.

Den Paganini begleitete stets
Ein Spiritus Familiaris,
Manchmal als Hund, manchmal in Gestalt
Des seligen Georg Harris.

Napoleon sah einen roten Mann
Vor jedem wichtgen Ereignis.
Sokrates hatte seinen Dämon,
Das war kein Hirnerzeugnis.

Ich selbst, wenn ich am Schreibtisch saß
Des Nachts, hab ich gesehen
Zuweilen einen vermummten Gast
Unheimlich hinter mir stehen.

Unter dem Mantel hielt er etwas
Verborgen, das seltsam blinkte,
Wenn es zum Vorschein kam, und ein Beil,
Ein Richtbeil, zu sein mir dünkte.

Er schien von untersetzter Statur,
Die Augen wie zwei Sterne;
Er störte mich im Schreiben nie,
Blieb ruhig stehn in der Ferne.

Seit Jahren hatte ich nicht gesehn
Den sonderbaren Gesellen,
Da fand ich ihn plötzlich wieder hier
In der stillen Mondnacht zu Köllen.

Ich schlenderte sinnend die Straßen entlang,
Da sah ich ihn hinter mir gehen,
Als ob er mein Schatten wäre, und stand
Ich still, so blieb er stehen.

Blieb stehen, als wartete er auf was,
Und förderte ich die Schritte,
Dann folgte er wieder. So kamen wir
Bis auf des Domplatz Mitte.

Es ward mir unleidlich, ich drehte mich um
Und sprach: Jetzt steh mir Rede,
Was folgst du mir auf Weg und Steg,
Hier in der nächtlichen Öde?

Ich treffe dich immer in der Stund,
Wo Weltgefühle sprießen
In meiner Brust und durch das Hirn
Die Geistesblitze schießen.

Du siehst mich an so stier und fest –
Steh Rede: was verhüllst du
Hier unter dem Mantel, das heimlich blinkt?
Wer bist du und was willst du?

Doch jener erwiderte trockenen Tons,
Sogar ein bißchen phlegmatisch:
»Ich bitte dich, exorziere mich nicht,
Und werde nur nicht emphatisch!

Ich bin kein Gespenst der Vergangenheit,
Kein grabentstiegener Strohwisch,
Und von Rhetorik bin ich kein Freund,
Bin auch nicht sehr philosophisch.

Ich bin von praktischer Natur,
Und immer schweigsam und ruhig.
Doch wisse: was du ersonnen im Geist,
Das führ ich aus, das tu ich.

Und gehn auch Jahre drüber hin,
Ich raste nicht, bis ich verwandle
In Wirklichkeit, was du gedacht;
Du denkst, und ich, ich handle.

Du bist der Richter, der Büttel bin ich,
Und mit dem Gehorsam des Knechtes
Vollstreck ich das Urteil, das du gefällt,
Und sei es ein ungerechtes.

Dem Konsul trug man ein Beil voran,
Zu Rom, in alten Tagen.
Auch du hast deinen Liktor, doch wird
Das Beil dir nachgetragen.

Ich bin dein Liktor, und ich geh
Beständig mit dem blanken
Richtbeile hinter dir – ich bin
Die Tat von deinen Gedanken.«

Ich ging nach Haus und schlief, als ob
Die Engel gewiegt mich hätten.
Man ruht in deutschen Betten so weich,
Denn das sind Federbetten.

Wie sehnt ich mich oft nach der Süßigkeit
Des vaterländischen Pfühles,

Wenn ich auf harten Matratzen lag,
In der schlaflosen Nacht des Exiles!

Man schläft sehr gut und träumt auch gut
In unseren Federbetten.
Hier fühlt die deutsche Seele sich frei
Von allen Erdenketten.

Sie fühlt sich frei und schwingt sich empor
Zu den höchsten Himmelsräumen.
O deutsche Seele, wie stolz ist dein Flug
In deinen nächtlichen Träumen!

Die Götter erbleichen, wenn du nahst!
Du hast auf deinen Wegen
Gar manches Sternlein ausgeputzt
Mit deinen Flügelschlägen!

Franzosen und Russen gehört das Land,
Das Meer gehört den Briten,
Wir aber besitzen im Luftreich des Traums
Die Herrschaft unbestritten.

Hier üben wir die Hegemonie,
Hier sind wir unzerstückelt;
Die andern Völker haben sich
Auf platter Erde entwickelt. – –

Und als ich einschlief, da träumte mir,
Ich schlenderte wieder im hellen
Mondschein die hallenden Straßen entlang,
In dem altertümlichen Köllen.

Und hinter mir ging wieder einher
Mein schwarzer, vermummter Begleiter.
Ich war so müde, mir brachen die Knie,
Doch immer gingen wir weiter.

Wir gingen weiter. Mein Herz in der Brust
War klaffend aufgeschnitten,

Und aus der Herzenswunde hervor
Die roten Tropfen glitten.

Ich tauchte manchmal die Finger hinein,
Und manchmal ist es geschehen,
Daß ich die Haustürpfosten bestrich
Mit dem Blut im Vorübergehen.

Und jedesmal, wenn ich ein Haus
Bezeichnet in solcher Weise,
Ein Sterbeglöckchen erscholl fernher,
Wehmütig wimmernd und leise.

Am Himmel aber erblich der Mond,
Er wurde immer trüber;
Gleich schwarzen Rossen jagten an ihm
Die wilden Wolken vorüber.

Und immer ging hinter mir einher
Mit seinem verborgenen Beile
Die dunkle Gestalt – so wanderten wir
Wohl eine gute Weile.

Wir gehen und gehen, bis wir zuletzt
Wieder zum Domplatz gelangen;
Weit offen standen die Pforten dort,
Wir sind hineingegangen.

Es herrschte im ungeheuren Raum
Nur Tod und Nacht und Schweigen;
Es brannten Ampeln hie und da,
Um die Dunkelheit recht zu zeigen.

Ich wandelte lange den Pfeilern entlang
Und hörte nur die Tritte
Von meinem Begleiter, er folgte mir
Auch hier bei jedem Schritte.

Wir kamen endlich zu einem Ort,
Wo funkelnde Kerzenhelle

Und blitzendes Gold und Edelstein;
Das war die Drei-Königs-Kapelle.

Die Heilgen Drei Könige jedoch,
Die sonst so still dort lagen,
O Wunder! sie saßen aufrecht jetzt
Auf ihren Sarkophagen.

Drei Totengerippe, phantastisch geputzt,
Mit Kronen auf den elenden
Vergilbten Schädeln, sie trugen auch
Das Zepter in knöchernen Händen.

Wie Hampelmänner bewegten sie
Die längstverstorbenen Knochen;
Die haben nach Moder und zugleich
Nach Weihrauchduft gerochen.

Der eine bewegte sogar den Mund
Und hielt eine Rede, sehr lange;
Er setzte mir auseinander, warum
Er meinen Respekt verlange.

Zuerst weil er ein Toter sei,
Und zweitens weil er ein König,
Und drittens weil er ein Heilger sei –
Das alles rührte mich wenig.

Ich gab ihm zur Antwort lachenden Muts:
Vergebens ist deine Bemühung!
Ich sehe, daß du der Vergangenheit
Gehörst in jeder Beziehung.

Fort! fort von hier! im tiefen Grab
Ist Eure natürliche Stelle.
Das Leben nimmt jetzt in Beschlag
Die Schätze dieser Kapelle.

Der Zukunft fröhliche Kavallerie
Soll hier im Dome hausen.
Und weicht Ihr nicht willig, so brauch ich Gewalt
Und laß Euch mit Kolben lausen!

So sprach ich, und ich drehte mich um,
Da sah ich furchtbar blinken
Des stummen Begleiters furchtbares Beil –
Und er verstand mein Winken.

Er nahte sich, und mit dem Beil
Zerschmetterte er die armen
Skelette des Aberglaubens, er schlug
Sie nieder ohn Erbarmen.

Es dröhnte der Hiebe Widerhall
Aus allen Gewölben, entsetzlich, –
Blutströme schossen aus meiner Brust,
Und ich erwachte plötzlich.

Deutschland. Ein Wintermärchen,
1844

Romanzero

1851

Pfalzgräfin Jutta

Pfalzgräfin Jutta fuhr über den Rhein,
Im leichten Kahn, bei Mondenschein.
Die Zofe rudert, die Gräfin spricht:
»Siehst du die sieben Leichen nicht,
Die hinter uns kommen
Einhergeschwommen –
So traurig schwimmen die Toten!

Das waren Ritter voll Jugendlust –
Sie sanken zärtlich an meine Brust
Und schwuren mir Treue – Zur Sicherheit,
Daß sie nicht brächen ihren Eid,
Ließ ich sie ergreifen
Sogleich und ersäufen –
So traurig schwimmen die Toten!«

Die Zofe rudert, die Gräfin lacht.
Das hallt so höhnisch durch die Nacht!
Bis an die Hüfte tauchen hervor
Die Leichen und strecken die Finger empor,
Wie schwörend – Sie nicken
Mit gläsernen Blicken –
So traurig schwimmen die Toten!

Der Asra

Täglich ging die wunderschöne
Sultanstochter auf und nieder
Um die Abendzeit am Springbrunn,
Wo die weißen Wasser plätschern.

Täglich stand der junge Sklave
Um die Abendzeit am Springbrunn,
Wo die weißen Wasser plätschern;
Täglich ward er bleich und bleicher.

Eines Abends trat die Fürstin
Auf ihn zu mit raschen Worten:
Deinen Namen will ich wissen,
Deine Heimat, deine Sippschaft!

Und der Sklave sprach: Ich heiße
Mohamet, ich bin aus Yemmen,
Und mein Stamm sind jene Asra,
Welche sterben, wenn sie lieben.

Es stehen überhaupt noch viel schöne und merkwürdige Erzählungen in der Bibel, die ihrer Beachtung wert wären, z. B. gleich am Anfang die Geschichte von dem verbotenen Baume im Paradiese und von der Schlange, der kleinen Privatdozentin, die schon sechstausend Jahre vor Hegels Geburt die ganze Hegelsche Philosophie vortrug. Dieser Blaustrumpf ohne Füße zeigt sehr scharfsinnig, wie das Absolute in der Identität von Sein und Wissen besteht, wie der Mensch zum Gotte werde durch die Erkenntnis oder, was dasselbe ist, wie Gott im Menschen zum Bewußtsein seiner selbst gelange. – Diese Formel ist nicht so klar wie die ursprünglichen Worte: »Wenn ihr vom Baume der Erkenntnis genossen, werdet ihr wie Gott sein!« Frau Eva verstand von der ganzen Demonstration nur das eine, daß die Frucht verboten sei, und weil sie verboten, aß sie davon, die gute Frau. Aber kaum hatte sie von dem lockenden Apfel gegessen, so verlor sie ihre Unschuld, ihre naive Unmittelbarkeit, sie fand, daß sie viel zu nackend sei für eine Person von ihrem Stande, die Stammmutter so vieler künftigen Kaiser und Könige, und sie verlangte ein Kleid. Freilich nur ein Kleid von Feigenblättern, weil damals noch keine Lyoner Seidenfabrikanten geboren waren und weil es auch im Paradiese noch keine Putzmacherinnen und Modehändlerinnen gab – o Paradies! Sonderbar, sowie das Weib zum denkenden Selbstbewußtsein kommt, ist ihr erster Gedanke ein neues Kleid! Auch diese biblische Geschichte, zumal die Rede der Schlange, kommt mir nicht aus dem Sinn, und ich möchte sie als Motto diesem Buche voransetzen, in derselben Weise, wie man oft vor fürstlichen Gärten eine Tafel sieht mit der warnenden Aufschrift: »Hier liegen Fußangeln und Selbstschüsse.«

Geständnisse,
1854

»Bimini«

Nachlaß

Aus dem Prolog

Wunderglaube! blaue Blume,
Die verschollen jetzt, wie prachtvoll
Blühte sie im Menschenherzen
Zu der Zeit, von der wir singen!

Wunderglaubenszeit! Ein Wunder
War sie selbst. So viele Wunder
Gab es damals, daß der Mensch
Sich nicht mehr darob verwundert.

Wie im kühlsten Werkeltagslicht
Der Gewohnheit, sah der Mensch

Manchmal Dinge, Wunderdinge,
Welche überflügeln konnten

In der Tollheit selbst die tollsten
Fabeleien in Legenden
Frommer hirnverbrannter Mönche
Und in alten Ritterbüchern.

Eines Morgens, bräutlich blühend,
Tauchte aus des Ozeanes
Blauen Fluten ein Meerwunder,
Eine ganze neue Welt –

Eine neue Welt mit neuen
Menschensorten, neuen Bestien,
Neuen Bäumen, Blumen, Vögeln,
Und mit neuen Weltkrankheiten!

. . . .

In der Zeit des Wunderglaubens
Taten auch die Menschen Wunder;
Wer Unmögliches geglaubt,
Konnt Unmögliches verrichten.

Nur der Tor war damals Zweifler,
Die verständ'gen Leute glaubten;
Vor den Tageswundern beugte
Gläubig tief sein Haupt der Weise.

. . . .

Bimini! bei deines Namens
Holdem Klang, in meiner Brust
Bebt das Herz, und die verstorbnen
Jugendträume, sie erwachen.

Auf den Häuptern welke Kränze,
Schauen sie mich an wehmütig;
Tote Nachtigallen flöten,
Schluchzen zärtlich, wie verblutend.

Und ich fahre auf, erschrocken,
Meine kranken Glieder schüttelnd
Also heftig, daß die Nähte
Meiner Narrenjacke platzen –

Doch am Ende muß ich lachen,
Denn mich dünket, Papageien
Kreischten drollig und zugleich
Melancholisch: Bimini.

Hilf mir, Muse, kluge Bergfee
Des Parnasses, Gottestochter,
Steh mir bei jetzt und bewähre
Die Magie der edlen Dichtkunst –

Zeige, daß du hexen kannst,
Und verwandle flugs mein Lied
In ein Schiff, ein Zauberschiff,
Das mich bringt nach Bimini!

Kaum hab ich das Wort gesprochen,
Geht mein Wunsch schon in Erfüllung,
Und vom Stapel des Gedankens
Läuft herab das Zauberschiff.

Wer will mit nach Bimini?
Steiget ein, ihr Herrn und Damen!
Wind und Wetter dienend, bringt
Euch mein Schiff nach Bimini.

. . . .

Fürchtet nichts, ihr Herrn und Damen,
Sehr solide ist mein Schiff;
Aus Trochäen, stark wie Eichen,
Sind gezimmert Kiel und Planken.

Phantasie sitzt an dem Steuer,
Gute Laune bläht die Segel,
Schiffsjung' ist der Witz, der flinke;
Ob Verstand an Bord? Ich weiß nicht!

Meine Rahen sind Metaphern,
Die Hyperbel ist mein Mastbaum,

Schwarzrotgold ist meine Flagge,
Fabelfarben der Romantik –

Trikolore Barbarossas,
Wie ich weiland sie gesehen
Im Kyffhäuser und zu Frankfurt
In dem Dome von Sankt Paul. –

Durch das Meer der Märchenwelt,
Durch das blaue Märchenweltmeer,
Zieht mein Schiff, mein Zauberschiff
Seine träumerischen Furchen.

Funkenstäubend, mir voran,
In dem wogenden Azur,
Plätschert, tummelt sich ein Heer
Von großköpfigen Delphinen –

Und auf ihrem Rücken reiten
Meine Wasserpostillione,
Amoretten, die pausbäckig
Auf bizarren Muschelhörnern

Schallende Fanfaren blasen –
Aber horch! da unten klingt
Aus der Meerestiefe plötzlich
Ein Gekicher und Gelächter.

Ach, ich kenne diese Laute,
Diese süßmokanten Stimmen –
Das sind schnippische Undinen,
Nixen, welche skeptisch spötteln

Über mich, mein Narrenschiff,
Meine Narrenpassagiere,
Über meine Narrenfahrt
Nach der Insel Bimini.

Wandere!

Reisebilder

Bei seiner Ankunft in Paris kennt jeder, der ihn kennt, den jungen Deutschen als Dichter des »Buchs der Lieder«, aber auch als Autor der »Reisebilder«.

Reiseliteratur ist seit dem 18. Jahrhundert in Mode. Bildungsreisen sind Statussymbol jedes Jünglings, der etwas werden will; Künstler und Handlungsherren, Gaukler, Schauspieler, aber auch Politiker machen sich auf den Weg, und zwar auf einen unbequemen. Die enge, rumpelnde Postkutsche mit dem fluchenden Postillon auf dem Bock, die ungebahnten Wege, nicht sehr komfortablen Gasthäuser und Zollstationen an den vielen Länder- und Landesgrenzen machen bis spät ins 19. Jahrhundert das Reisen zu einem zweifelhaften Vergnügen. Wer Zeit oder kein Geld hat, läuft zu Fuß.

Heine ist in jungen Jahren viel unterwegs: in Polen und England, in Italien, Holland, und auf der Insel Helgoland. Seßhaft wird er erst in Paris. Seine Reiseberichte gelten nicht mehr nur der Kunst und den schönen, vielleicht galanten Erlebnissen. Besonders in England, in London, fällt ihm jäh der Unterschied zwischen Arm und Reich, Gesund und Krank, auf.

Von den großen Italienberichten kann im Rahmen unserer Auswahl nur eine kleine »Kostprobe« gegeben werden. Nur das erste, unbefangen hingeschriebene Prosastück, die »Harzreise«, eine fröhliche Mischung aus Satire, Menschenbeobachtung, Naturbetrachten, lyrischen Einschüben, Gefühlsüberschwang und dem später für Heine typischen »Bruch« in der Stimmungslage, ist ungekürzt abgedruckt.

Das Bild auf Seite 237 ist eine Originalillustration Johann Peter Lysers zur Szene auf Seite 260: »In der Hütte steht ein Lehnstuhl . . .«

Seit einigen Monaten habe ich den preußischen Teil Polens die Kreuz und die Quer durchstreift; in dem russischen Teil bin ich nicht weit gekommen, nach dem österreichischen gar nicht. Von den Menschen hab ich sehr viele, und aus allen Teilen Polens, kennengelernt. Diese waren freilich meistens nur Edelleute, und zwar die vornehmsten. Aber wenn auch mein Leib sich bloß in den Kreisen der höheren Gesellschaft, in dem Schloßbann der polnischen Großen, bewegte, so schweifte der Geist doch oft auch in den Hütten des niedern Volks. Hier haben Sie den Standpunkt für die Würdigung meines Urteils über Polen.

Vom Äußern des Landes wüßte ich Ihnen nicht viel Reizendes mitzuteilen. Hier sind nirgends pikante Felsengruppen, romantische Wasserfälle, Nachtigallengehölze usw.; hier gibt es nur weite Flächen von Ackerland, das meistens gut ist, und dicke, mürrische Fichtenwälder. Polen lebt nur von Ackerbau und Viehzucht; von Fabriken und Industrie gibt es hier fast keine Spur. Den traurigsten Anblick geben die polnischen Dörfer: niedere Ställe von Lehm, mit dünnen Latten oder Binsen bedeckt. In diesen lebt der polnische Bauer mit seinem Vieh und seiner übrigen Familie, erfreut sich seines Daseins und denkt an nichts weniger als an die – ästhetischen Pustkuchen. Leugnen läßt es sich indessen nicht, daß der polnische Bauer oft mehr Verstand und Gefühl hat als der deutsche Bauer in manchen Ländern. Nicht selten fand ich bei dem geringsten Polen jenen originellen Witz (nicht Gemütswitz, Humor), der bei jedem Anlaß mit wunderlichem Farbenspiel hervorsprudelt, und jenen schwärmerisch-sentimentalen Zug, jenes brillante Aufleuchten eines Ossianschen Naturgefühls, dessen plötzliches Hervorbrechen bei leidenschaftlichen Anlässen ebenso unwillkürlich ist wie das Insgesichtsteigen des Blutes. Der polnische Bauer trägt noch seine Nationaltracht: eine Jacke ohne Ärmel, die bis zur Mitte der Schenkel reicht; darüber einen Oberrock, mit hellen Schnüren besetzt. Letzterer, gewöhnlich von hellblauer oder grüner Farbe, ist das grobe Original jener feinen Polenröcke unserer Elegants. Den Kopf bedeckt ein kleines rundes Hütchen, weißgerändert, oben wie ein abgekappter Kegel spitz zulaufend und vorn mit bunten Bandschleifen oder mit einigen Pfauenfedern geschmückt. In diesem Kostüm sieht man den polnischen Bauer des Sonntags nach der Stadt wandern, um dort ein dreifaches Geschäft zu verrichten: erstens, sich rasieren zu lassen; zweitens, die Messe zu hören, und drittens, sich vollzusaufen. Den durch das dritte Geschäft gewiß Seliggewordenen sieht man des Sonntags, alle viere ausgestreckt, in einer Straßengosse liegen, sinnberaubt und umgeben von einem Haufen Freunde, die, in wehmütiger Gruppierung, die Betrachtung zu machen scheinen, daß der Mensch hienieden so wenig vertragen kann! Was ist der Mensch, wenn – drei Kannen Schnaps ihn zu Boden werfen! Aber die Polen haben es doch im Trinken übermenschlich weit gebracht.

Über Polen,
1823

Die Harzreise

1824

Nichts ist dauernd als der Wechsel; nichts beständig als der Tod. Jeder Schlag des Herzens schlägt uns eine Wunde, und das Leben wäre ein ewiges Verbluten, wenn nicht die Dichtkunst wäre. Sie gewährt uns, was uns die Natur versagt: eine goldene Zeit, die nicht rostet, einen Frühling, der nicht abblüht, wolkenloses Glück und ewige Jugend.

Börne

Schwarze Röcke, seidne Strümpfe,
Weiße, höfliche Manschetten,
Sanfte Reden, Embrassieren –
Ach, wenn sie nur Herzen hätten!

Herzen in der Brust, und Liebe,
Warme Liebe in dem Herzen –
Ach, mich tötet ihr Gesinge
Von erlognen Liebesschmerzen.

Auf die Berge will ich steigen,
Wo die frommen Hütten stehen,
Wo die Brust sich frei erschließet,
Und die freien Lüfte wehen.

Auf die Berge will ich steigen,
Wo die dunkeln Tannen ragen,
Bäche rauschen, Vögel singen,
Und die stolzen Wolken jagen.

Lebet wohl, ihr glatten Säle,
Glatte Herren! Glatte Frauen!
Auf die Berge will ich steigen,
Lachend auf euch niederschauen.

Die Stadt Göttingen, berühmt durch ihre Würste und Universität, gehört dem Könige von Hannover und enthält 999 Feuerstellen, diverse Kirchen, eine Entbindungsanstalt, eine Sternwarte, einen Karzer, eine Bibliothek und einen Ratskeller, wo das Bier sehr gut ist. Der vorbeifließende Bach heißt »die Leine« und dient des Sommers zum Baden; das Wasser ist sehr kalt und an einigen Orten so breit, daß Lüder wirklich einen großen Anlauf nehmen mußte, als er hinübersprang. Die Stadt selbst ist schön und gefällt einem am besten, wenn man sie mit dem Rücken ansieht. Sie muß schon sehr lange stehen; denn ich erinnere mich, als ich vor fünf Jahren dort immatrikuliert und bald darauf konsiliiert wurde, hatte sie schon dasselbe graue, altkluge Ansehen und war schon vollständig eingerichtet mit Schnurren, Pudeln, Dissertationen, Teedansants, Wäscherinnen, Kompendien, Taubenbraten, Guelfenorden, Promotionskutschen, Pfeifenköpfen, Hofräten, Justizräten, Relegationsräten, Profaxen und anderen Faxen. Einige behaupten sogar, die Stadt sei zur Zeit der Völkerwanderung erbaut worden, jeder deutsche Stamm habe damals ein ungebundenes Exemplar seiner Mitglieder darin zurückgelassen, und davon stammten all die Vandalen, Friesen, Schwaben, Teutonen, Sachsen, Thüringer usw., die noch heutzutage in Göttingen, hordenweis und geschieden durch Farben der Mützen und der Pfeifenquäste, über die Weenderstraße einherziehen, auf den blutigen Walstätten der Rasenmühle, des Ritschenkrugs und Bovdens sich ewig untereinander herumschlagen, in Sitten und Gebräuchen noch immer wie zur Zeit der Völkerwanderung dahinleben und teils durch ihre Duces, welche Haupthähne heißen, teils durch ihr uraltes Gesetzbuch, welches Komment heißt und in den legibus barbarorum eine Stelle verdient, regiert werden.

Im allgemeinen werden die Bewohner Göttingens eingeteilt in Studenten, Professoren, Philister und Vieh, welche vier Stände doch nichts weniger als streng geschieden sind. Der Viehstand ist der bedeutendste. Die Namen aller Studenten und aller ordentlichen und unordentlichen Professoren hier herzuzählen, wäre zu weitläufig; auch sind mir in diesem Augenblick nicht alle Studentennamen im Gedächtnisse, und unter den Professoren sind manche, die noch gar keinen Namen haben. Die Zahl der Göttinger Philister muß sehr groß sein, wie Sand, oder besser gesagt, wie Kot am Meer; wahrlich, wenn ich sie des Morgens, mit ihren schmutzigen Gesichtern und weißen Rechnungen, vor den Pforten des akademischen Gerichtes aufgepflanzt sah, so mochte ich kaum begreifen, wie Gott nur soviel Lumpenpack erschaffen konnte.

Ausführlicheres über die Stadt Göttingen läßt sich sehr bequem nachlesen in der Topographie derselben von K. F. H. Marx. Obzwar ich gegen den Verfasser, der mein Arzt war und mir viel Liebes erzeigte, die heiligsten Verpflichtungen hege, so kann ich doch sein Werk nicht unbedingt empfehlen, und ich muß tadeln, daß er jener falschen Meinung, als hätten die Göttingerinnen allzu große Füße, nicht streng genug widerspricht. Ja, ich habe mich sogar seit Jahr und Tag mit einer ernsten Widerlegung dieser Meinung beschäftigt, ich habe deshalb vergleichende

Anatomie gehört, die seltensten Werke auf der Bibliothek exzerpiert, auf der Weenderstraße stundenlang die Füße der vorübergehenden Damen studiert, und in der grundgelehrten Abhandlung, so die Resultate dieser Studien enthalten wird, spreche ich 1. von den Füßen überhaupt, 2. von den Füßen bei den Alten, 3. von den Füßen der Elefanten, 4. von den Füßen der Göttingerinnen, 5. stelle ich alles zusammen, was über diese Füße auf Ullrichs Garten schon gesagt worden, 6. betrachte ich diese Füße in ihrem Zusammenhang und verbreite mich bei dieser Gelegenheit auch über Waden, Knie usw., und endlich 7., wenn ich nur so großes Papier auftreiben kann, füge ich noch hinzu einige Kupfertafeln mit dem Faksimile göttingischer Damenfüße.

Es war noch sehr früh, als ich Göttingen verließ, und der Gelehrte* lag gewiß noch im Bette und träumte wie gewöhnlich, er wandle in einem schönen Garten, auf dessen Beeten lauter weiße, mit Zitaten beschriebene Papierchen wachsen, die im Sonnenlichte lieblich glänzen und von denen er hier und da mehrere pflückt und mühsam in ein neues Beet verpflanzt, während die Nachtigallen mit ihren süßesten Tönen sein altes Herz erfreuen.

Vor dem Weender Tore begegneten mir zwei eingeborne kleine Schulknaben, wovon der eine zum andern sagte: »Mit dem Theodor will ich gar nicht mehr umgehen, er ist ein Lumpenkerl, denn gestern wußte er nicht mal, wie der Genitiv von mensa heißt.« So unbedeutend diese Worte klingen, so muß ich sie doch wiedererzählen, ja, ich möchte sie als Stadtmotto gleich auf das Tor schreiben lassen; denn die Jungen piepen, wie die Alten pfeifen, und jene Worte bezeichnen ganz den engen, trocknen Notizenstolz der hochgelahrten Georgia Augusta.

Auf der Chaussee wehte frische Morgenluft, und die Vögel sangen gar freudig, und auch mir wurde allmählich wieder frisch und freudig zumute. Eine solche Erquickung tat not. Ich war die letzte Zeit nicht aus dem Pandektenstall herausgekommen, römische Kasuisten hatten mir den Geist wie mit einem grauen Spinnweb überzogen, mein Herz war wie eingeklemmt zwischen den eisernen Paragraphen selbstsüchtiger Rechtssysteme, beständig klang es mir noch in den Ohren wie »Tribonian, Justinian, Hermogenian und Dummerjahn«, und ein zärtliches Liebespaar, das unter einem Baume saß, hielt ich gar für eine Corpus-juris-Ausgabe mit verschlungenen Händen. Auf der Landstraße fing es an, lebendig zu werden. Milchmädchen zogen vorüber; auch Eseltreiber mit ihren grauen Zöglingen. Hinter Weende begegneten mir der Schäfer und Doris. Dieses ist nicht das idyllische Paar, wovon Geßner singt, sondern es sind wohlbestallte Universitätspedelle, die wachsam aufpassen müssen, daß sich keine

Studenten in Bovden duellieren und daß keine neue Ideen, die noch immer einige Dezennien vor Göttingen Quarantäne halten müssen, von einem spekulierenden Privatdozenten eingeschmuggelt werden. Schäfer grüßte mich sehr kollegialisch; denn er ist ebenfalls Schriftsteller und hat meiner in seinen halbjährigen Schriften oft erwähnt; wie er mich denn auch außerdem oft zitiert hat und, wenn er mich nicht zu Hause fand, immer so gütig war, die Zitation mit Kreide auf meine Stubentür zu schreiben. Dann und wann rollte auch ein Einspänner vorüber, wohlbepackt mit Studenten, die für die Ferienzeit oder auch für immer wegreisten. In solch einer Universitätsstadt ist ein beständiges Kommen und Abgehen, alle drei Jahre findet man dort eine neue Studentengeneration, das ist ein ewiger Menschenstrom, wo eine Semesterwelle die andere fortdrängt, und nur die alten Professoren bleiben stehen in dieser allgemeinen Bewegung, unerschütterlich fest, gleich den Pyramiden Ägyptens – nur daß in diesen Universitätspyramiden keine Weisheit verborgen ist.

Aus den Myrtenlauben bei Rauschenwasser sah ich zwei hoffnungsvolle Jünglinge hervorreiten. Ein Weibsbild, das dort sein horizontales Handwerk treibt, gab ihnen bis auf die Landstraße das Geleit, klätschelte mit geübter Hand die mageren Schenkel der Pferde, lachte laut auf, als der eine Reiter ihr hinten, auf die breite Spontaneität, einige Galanterien mit der Peitsche überlangte, und schob sich alsdann gen Bovden. Die Jünglinge aber jagten nach Nörten und johlten gar geistreich und sangen gar lieblich das Rossinische Lied: »Trink Bier, liebe, liebe Liese!« Diese Töne hörte ich noch lange in der Ferne; doch die holden Sänger selbst verlor ich bald völlig aus dem Gesichte, sintemal sie ihre Pferde, die im Grunde einen deutsch langsamen Charakter zu haben schienen, gar entsetzlich anspornten und vorwärtspeitschten. Nirgends wird die Pferdeschinderei stärker getrieben als in Göttingen, und oft, wenn ich sah, wie solch eine schweißtriefende, lahme Kracke für das bißchen Lebensfutter von unsern Rauschenwasserrittern abgequält ward oder wohl gar einen ganzen Wagen voll Studenten fortziehen mußte, so dachte ich auch: ›O du armes Tier, gewiß haben deine Voreltern im Paradiese verbotenen Hafer gefressen!‹

Im Wirtshause zu Nörten traf ich die beiden Jünglinge wieder. Der eine verzehrte einen Heringsalat, und der andere unterhielt sich mit der gelbledernen Magd, Fusia Canina, auch Trittvogel genannt. Er sagte ihr einige Anständigkeiten, und am Ende wurden sie handgemein. Um meinen Ranzen zu erleichtern, nahm ich die eingepackten blauen Hosen, die in geschichtlicher Hinsicht sehr merkwürdig sind, wieder heraus und schenkte sie dem kleinen Kellner, den man Kolibri nennt. Die Bussenia, die alte Wirtin, brachte mir unterdessen ein Butterbrot und beklagte sich, daß ich sie jetzt so selten besuche; denn sie liebt mich sehr.

Hinter Nörten stand die Sonne hoch und glänzend am Himmel. Sie meinte es recht ehrlich mit mir und erwärmte mein Haupt, daß alle unreifen Gedanken darin zur Vollreife kamen. Die liebe Wirtshaussonne in Nordheim ist auch nicht zu verachten; ich kehrte hier ein und fand das Mittagessen schon fertig. Alle Gerichte waren schmackhaft zubereitet und wollten mir besser behagen als die abgeschmackten akademischen Gerichte, die salzlosen, ledernen Stockfische mit ihrem alten Kohl, die mir in Göttingen vorgesetzt wurden. Nachdem ich meinen Magen etwas beschwichtigt hatte, bemerkte ich in derselben Wirtsstube einen Herrn mit zwei Damen, die im Begriff waren abzureisen. Dieser Herr war ganz grün gekleidet, trug sogar eine grüne Brille, die auf seine rote Kupfernase einen Schein wie Grünspan warf, und sah aus, wie der König Nebukadnezar in seinen spätern Jahren ausgesehen hat, als er, der Sage nach, gleich einem Tiere des Waldes, nichts als Salat aß. Der Grüne wünschte, daß ich ihm ein Hotel in Göttingen empfehlen möchte, und ich riet ihm, dort von dem ersten besten Studenten das Hotel de Brühbach zu erfragen. Die eine Dame war die Frau Gemahlin, eine gar große, weitläuftige Dame, ein rotes Quadratmeilengesicht mit Grübchen in den Wangen, die wie Spucknäpfe für Liebesgötter aussahen, ein langfleischig herabhängendes Unterkinn, das eine schlechte Fortsetzung des Gesichtes zu sein schien, und ein hochaufgestapelter Busen, der mit steifen Spitzen und vielzackig festonierten Krägen wie mit Türmchen und Bastionen umbaut war und einer Festung glich, die gewiß ebensowenig wie jene anderen Festungen, von denen Philipp von Mazedonien spricht, einem mit Gold beladenen Esel widerstehen würde. Die andere Dame, die Frau Schwester, bildete ganz den Gegensatz der eben beschriebenen. Stammte jene von Pharaos fetten Kühen, so stammte diese von den magern. Das Gesicht nur ein Mund zwischen zwei Ohren, die Brust trostlos öde wie die Lüneburger Heide; die ganze ausgekochte Gestalt glich einem Freitisch für arme Theologen. Beide Damen fragten mich zu gleicher Zeit, ob im Hotel de Brühbach auch ordentliche Leute logierten. Ich bejahte es mit gutem Gewissen, und als das holde Kleeblatt abfuhr, grüßte ich nochmals zum Fenster hinaus. Der Sonnenwirt lächelte gar schlau und mochte wohl wissen, daß der Karzer von den Studenten in Göttingen Hotel de Brühbach genannt wird.

Hinter Nordheim wird es schon gebirgig, und hier und da treten schöne Anhöhen hervor. Auf dem Wege traf ich meistens Krämer, die nach der Braunschweiger Messe zogen, auch einen Schwarm Frauenzimmer, deren jede ein großes, fast häuserhohes, mit weißem Leinen überzogenenes Behältnis auf dem Rücken trug. Darin saßen allerlei eingefangene Singvögel, die beständig piepsten und zwitscherten, während ihre Trägerinnen lustig dahinhüpften und schwatzten. Mir kam es gar närrisch vor, wie so ein Vogel den andern zu Markte trägt.

In pechdunkler Nacht kam ich an zu Osterode. Es fehlte mir der Appetit zum Essen, und ich legte mich gleich zu Bette. Ich war müde wie ein Hund und schlief wie ein Gott. Im Traume kam ich wieder nach Göttingen zurück, und zwar nach der dortigen Bibliothek. Ich stand in einer Ecke des juristischen Saals, durchstöberte alte Dissertationen, vertiefte mich im Lesen, und als ich aufhörte, bemerkte ich zu meiner Verwunderung, daß es Nacht war und herabhängende Kristalleuchter den Saal erhellten. Die nahe Kirchenglocke schlug eben zwölf, die Saaltüre öffnete sich langsam, und herein trat eine stolze, gigantische Frau, ehrfurchtsvoll begleitet von den Mitgliedern und Anhängern der Juristischen Fakultät. Das Riesenweib, obgleich schon bejahrt, trug dennoch im Antlitz die Züge einer strengen Schönheit, jeder ihrer Blicke verriet die hohe Titanin, die gewaltige Themis, Schwert und Waage hielt sie nachlässig zusammen in der einen Hand, in der andern hielt sie eine Pergamentrolle, zwei junge Doctores juris trugen die Schleppe ihres grau verblichenen Gewandes; an ihrer rechten Seite sprang windig hin und her der dünne Hofrat Rusticus, der Lykurg Hannovers, und deklamierte aus seinem neuen Gesetzentwurf; an ihrer linken Seite humpelte, gar galant und wohlgelaunt, ihr Cavaliere servente, der Geheime Justizrat Cujacius, und riß beständig juristische Witze und lachte selbst darüber so herzlich, daß sogar die ernste Göttin sich mehrmals lächelnd zu ihm herabbeugte, mit der großen Pergamentrolle ihm auf die Schulter klopfte und freundlich flüsterte: »Kleiner, loser Schalk, der die Bäume von oben herab beschneidet!« Jeder von den übrigen Herren trat jetzt ebenfalls näher und hatte etwas hinzubemerken und hinzulächeln, etwa ein neu ergrübeltes Systemchen oder Hypotheschen oder ähnliches Mißgebürtchen des eigenen Köpfchens. Durch die geöffnete Saaltüre traten auch noch mehrere fremde Herren herein, die sich als die andern großen Männer des illustren Ordens kundgaben, meistens eckige, lauernde Gesellen, die mit breiter Selbstzufriedenheit gleich drauflos definierten und distinguierten und über jedes Titelchen eines Pandektentitels disputierten. Und immer kamen noch neue Gestalten herein, alte Rechtsgelehrte, in verschollenen Trachten, mit weißen Allongeperücken und längst vergessenen Gesichtern und sehr erstaunt, daß man sie, die Hochberühmten des verflossenen Jahrhunderts, nicht sonderlich regardierte; und diese stimmten nun ein, auf ihre Weise, in das allgemeine Schwatzen und Schrillen und Schreien, das, wie Meeresbrandung, immer verwirrter und lauter, die hohe Göttin umrauschte, bis diese die Geduld verlor und in einem Tone des entsetzlichsten Riesenschmerzes plötzlich aufschrie: »Schweigt! schweigt! ich höre die Stimme des teuren Prometheus, die höhnende Kraft und die stumme Gewalt schmieden den Schuldlosen an den Marterfelsen, und all euer Geschwätz und Gezänke kann nicht seine Wunden kühlen und seine Fesseln zerbrechen!« So rief die Göttin, und Tränenbäche stürzten aus ihren Augen, die ganze Versammlung heulte wie von Todesangst ergriffen, die Decke des Saales krachte, die Bücher taumelten herab von ihren Brettern, vergebens trat der alte Münchhausen aus seinem Rahmen hervor, um Ruhe zu gebieten, es tobte und kreischte immer wilder – und fort aus diesem drängenden Tollhauslärm rettete ich mich in den historischen Saal, nach jener Gnadenstelle, wo die heiligen Bilder des Belvederischen Apolls und der Mediceischen Venus nebeneinanderstehen, und ich stürzte zu den Füßen der Schönheitsgöttin, in ihrem Anblick vergaß ich all das wüste Treiben, dem ich entronnen, meine Augen tranken entzückt das Ebenmaß und die ewige Lieblichkeit ihres hochgebenedeiten Leibes, griechische Ruhe zog durch meine Seele, und über mein Haupt, wie himmlischen Segen, goß seine süßesten Lyraklänge Phöbus Apollo.

Erwachend hörte ich noch immer ein freundliches Klingen. Die Herden zogen auf die Weide, und es läuteten ihre Glöckchen. Die liebe, goldene Sonne schien durch das Fenster und beleuchtete die Schildereien an den Wänden des Zimmers. Es waren Bilder aus dem Befreiungskriege, worauf treu dargestellt stand, wie wir alle Helden waren, dann auch Hinrichtungsszenen aus der Revolutionszeit, Ludwig XVI. auf der Guillotine und ähnliche Kopfabschneidereien, die man gar nicht ansehen kann, ohne Gott zu danken, daß man ruhig im Bette liegt und guten Kaffee trinkt und den Kopf noch so recht komfortabel auf den Schultern sitzen hat.

Nachdem ich Kaffee getrunken, mich angezogen, die Inschriften auf den Fensterscheiben gelesen und alles im Wirtshause berichtigt hatte, verließ ich Osterode.

Diese Stadt hat soundso viel Häuser, verschiedene Einwohner, worunter auch mehrere Seelen, wie in Gottschalks »Taschenbuch für Harzreisende« genauer nachzulesen ist. Ehe ich die Landstraße einschlug, bestieg ich die Trümmer der uralten Osteroder Burg. Sie bestehen nur noch aus der Hälfte eines großen, dickmaurigen, wie von Krebsschäden angefressenen Turms. Der Weg nach Klaustal führte mich wieder bergauf, und von einer der ersten Höhen schaute ich nochmals hinab in das Tal, wo Osterode mit seinen roten Dächern aus den grünen Tannenwäldern hervorguckt wie eine Moosrose. Die Sonne gab eine gar liebe, kindliche Beleuchtung. Von der erhaltenen Turmhälfte erblickt man hier die imponierende Rückseite.

Nachdem ich eine Strecke gewandert, traf ich zusammen mit einem reisenden Handwerksburschen, der von Braunschweig kam und mir als ein dortiges Gerücht erzählte, der junge Herzog sei auf dem Wege nach dem Gelobten Lande von den Türken gefangen worden und könne nur gegen ein großes Lösegeld freikommen. Die große Reise des Herzogs mag diese Sage veranlaßt haben. Das Volk hat noch immer den traditionell fabelhaften Ideengang, der sich so lieblich ausspricht in seinem »Herzog Ernst«. Der Erzähler jener Neuigkeit war ein Schneidergesell, ein niedlicher, kleiner junger Mensch, so dünn, daß die Sterne durchschimmern konnten wie durch Ossians Nebelgeister, und im ganzen eine volkstümlich barocke Mischung von Laune und Wehmut. Dieses äußerte sich besonders in der drollig rührenden Weise, womit er das wunderbare Volkslied sang: »Ein Käfer auf dem Zaune saß; summ, summ!« Das ist schön bei uns Deutschen; keiner ist so verrückt, daß er nicht einen noch Verrückteren fände, der ihn versteht. Nur ein Deutscher kann jenes Lied nachempfinden und sich dabei totlachen und totweinen. Wie tief das Goethesche Wort ins Leben des Volks gedrungen, bemerkte ich auch hier. Mein dünner Weggenosse trillerte ebenfalls zuweilen vor sich hin: »Leidvoll und freudvoll, Gedanken sind frei!« Solche Korruption des Textes ist beim Volke etwas Gewöhnliches. Er sang auch ein Lied, wo »Lottchen bei dem Grabe ihres Werthers« trauert. Der Schneider zerfloß vor Sentimentalität bei den Worten: »Einsam wein ich an der Rosenstelle, wo uns oft der späte Mond belauscht! Jammernd irr ich an der Silberquelle, die uns lieblich Wonne zugerauscht.« Aber bald darauf ging er in Mutwillen über und erzählte mir: »Wir haben einen Preußen in der Herberge zu Kassel, der ebensolche Lieder selbst macht; er kann keinen seligen Stich nähen; hat er einen Groschen in der Tasche, so hat er für zwei Groschen Durst, und wenn er im Tran ist, hält er den Himmel für ein blaues Kamisol und weint wie eine Dachtraufe und singt ein Lied mit der doppelten Poesie!« Von letzterem Ausdruck wünschte ich eine Erklärung, aber mein Schneiderlein, mit seinen Ziegenhainer Beinchen, hüpfte hin und her und rief beständig: »Die doppelte Poesie ist die doppelte Poesie!« Endlich brachte ich es heraus, daß er doppelt gereimte Gedichte, namentlich Stanzen, im Sinne hatte. – Unterdes, durch die große Bewegung und durch den konträren Wind, war der Ritter von der Nadel sehr müde geworden. Er machte freilich noch einige große Anstalten zum Gehen und bramarbasierte: »Jetzt will ich den Weg zwischen die Beine nehmen!«, doch bald klagte er, daß er sich Blasen unter die Füße gegangen und die Welt viel zu weitläuftig sei; und endlich, bei einem Baumstamme, ließ er sich sachte niedersinken, bewegte sein zartes Häuptlein wie ein betrübtes Lämmerschwänzchen, und wehmütig lächelnd rief er: »Da bin ich armes Schindluderchen schon wieder marode!«

Die Berge wurden hier noch steiler, die Tannenwälder wogten unten wie ein grünes Meer, und am blauen Himmel oben schifften die weißen Wolken. Die Wildheit der Gegend war durch ihre Einheit und Einfachheit gleichsam gezähmt. Wie ein guter Dichter liebt die Natur keine schroffen Übergänge. Die Wolken, so bizarr gestaltet sie auch zuweilen erscheinen, tragen ein weißes oder doch ein mildes, mit dem blauen Himmel und der grünen Erde harmonisch korrespondierendes Kolorit, so daß alle Farben einer Gegend wie leise Musik ineinanderschmelzen und jeder Naturanblick krampfstillend und gemütberuhigend wirkt. – Der selige Hoffmann würde die Wolken buntscheckig bemalt haben. – Eben wie ein großer Dichter weiß die Natur auch mit den wenigsten Mitteln die größten Effekte hervorzubringen. Da sind nur eine Sonne, Bäume, Blumen, Wasser und Liebe. Freilich, fehlt letztere im Herzen des Beschauers, so mag das Ganze wohl einen schlechten Anblick gewähren, und die Sonne hat dann bloß soundso viel Meilen im Durchmesser, und die Bäume sind gut zum Einheizen, und die Blumen werden nach den Staubfäden klassifiziert, und das Wasser ist naß.

Ein kleiner Junge, der für seinen kranken Oheim im Walde Reisig suchte, zeigte mir das Dorf Lerbach, dessen kleine Hütten, mit grauen Dächern, sich über eine halbe Stunde durch das Tal hinziehen. »Dort«, sagte er, »wohnen dumme Kropfleute und weiße Mohren« – mit letzterem Namen werden die Albinos vom Volke benannt. Der kleine Junge stand mit den Bäumen in gar eigenem Einverständnis; er grüßte sie wie gute Bekannte, und sie schienen rauschend seinen Gruß zu erwidern. Er pfiff wie ein Zeisig, ringsum antworteten zwitschernd die andern Vögel, und ehe ich mich dessen versah, war er mit seinen nackten Füßchen und seinem Bündel Reisig ins Walddickicht fortgesprungen. Die Kinder, dacht ich, sind jünger als wir, können sich noch erinnern, wie sie ebenfalls Bäume oder Vögel waren, und sind also noch imstande, dieselben zu verstehen; unsereins aber ist schon alt und hat zuviel Sorgen, Jurisprudenz und schlechte Verse im Kopf. Jene Zeit, wo es anders war, trat mir bei meinem Eintritt in Klaustal wieder recht lebhaft ins Gedächtnis. In dieses nette Bergstädtchen, welches man nicht früher erblickt, als bis man davorsteht, gelangte ich, als eben die Glocke zwölf schlug und die Kinder jubelnd aus der Schule kamen. Die lieben Knaben, fast alle rotbäckig, blauäugig und flachshaarig, sprangen und jauchzten und weckten in mir die wehmütig heitere Erinnerung, wie ich einst selbst, als ein kleines Bübchen, in einer dumpfkatholischen Klosterschule zu Düsseldorf den ganzen lieben Vormittag von der hölzernen Bank nicht aufstehen durfte und soviel Latein, Prügel und Geographie ausstehen mußte und dann ebenfalls unmäßig jauchzte und jubelte, wenn die alte Franziskanerglocke endlich zwölf schlug. Die Kinder sahen an meinem Ranzen, daß ich ein Fremder sei, und grüßten mich recht gastfreundlich. Einer der Knaben erzählte mir, sie hätten eben Religionsunterricht gehabt, und er zeigte mir den Königl. Hannöv. Katechismus, nach welchem man ihnen das Christentum abfragt. Dieses Büchlein war sehr schlecht gedruckt, und ich fürchte, die Glaubenslehren machen dadurch schon gleich einen unerfreulich löschpapierigen Eindruck auf die Gemüter der Kinder; wie es mir denn auch erschrecklich mißfiel, daß das Einmaleins, welches doch mit der heiligen Dreiheitslehre bedenklich kollidiert, im Katechismus selbst, und zwar auf dem letzten Blatte desselben, abgedruckt ist und die Kinder dadurch schon frühzeitig zu sündhaften Zweifeln verleitet werden können. Da sind wir im Preußischen viel klüger, und bei unserem Eifer zur Bekehrung jener Leute, die sich so gut aufs Rechnen verstehen, hüten wir uns wohl, das Einmaleins hinter dem Katechismus abdrucken zu lassen.

In der »Krone« zu Klaustal hielt ich Mittag. Ich bekam frühlingsgrüne Petersiliensuppe, veilchenblauen Kohl, einen Kalbsbraten, groß wie der Chimborazo in Miniatur, sowie auch eine Art geräucherter Heringe, die Bückinge heißen, nach dem Namen ihres Erfinders, Wilhelm Bücking, der 1447 gestorben und um jener Erfindung willen von Karl V. so verehrt wurde, daß derselbe Anno 1556 von Middelburg nach Bievlied in Seeland reiste, bloß um dort das Grab dieses großen Mannes zu sehen. Wie herrlich schmeckt doch solch ein Gericht, wenn man die historischen Notizen dazu weiß und es selbst verzehrt! Nur der Kaffee nach Tische wurde mir verleidet, indem sich ein junger Mensch diskursierend zu mir setzte und so entsetzlich schwadronierte, daß die Milch auf dem Tische sauer wurde. Es war ein junger Handlungsbeflissener mit fünfundzwanzig bunten Westen und ebensoviel goldenen Petschaften, Ringen, Brustnadeln usw. Er sah aus wie ein Affe, der eine rote Jacke angezogen hat und nun zu sich selber sagt: Kleider machen Leute. Eine ganze Menge Scharaden wußte er auswendig sowie auch Anekdoten, die er immer da anbrachte, wo sie am wenigsten paßten. Er fragte mich, was es in Göttingen Neues gäbe, und ich erzählte ihm, daß vor meiner Abreise von dort ein Dekret des akademischen Senats erschienen, worin bei drei Taler

Strafe verboten wird, den Hunden die Schwänze abzuschneiden, indem die tollen Hunde in den Hundstagen die Schwänze zwischen den Beinen tragen und man sie dadurch von den nichttollen unterscheidet, was doch nicht geschehen könnte, wenn sie gar keine Schwänze haben. – Nach Tische machte ich mich auf den Weg, die Gruben, die Silberhütten und die Münze zu besuchen.

In den Silberhütten habe ich, wie oft im Leben, den Silberblick verfehlt. In der Münze traf ich es schon besser und konnte zusehen, wie das Geld gemacht wird. Freilich, weiter hab ich es auch nie bringen können. Ich hatte bei solcher Gelegenheit immer das Zusehen, und ich glaube, wenn mal die Taler vom Himmel herunter regneten, so bekäme ich davon nur Löcher in den Kopf, während die Kinder Israel die silberne Manna mit lustigem Mute einsammeln würden. Mit einem Gefühle, worin gar komisch Ehrfurcht und Rührung gemischt waren, betrachtete ich die neugebornen blanken Taler, nahm einen, der eben vom Prägstock kam, in die Hand und sprach zu ihm: »Junger Taler! welche Schicksale erwarten dich! wieviel Gutes und wieviel Böses wirst du stiften! wie wirst du das Laster beschützen und die Tugend flicken, wie wirst du geliebt und dann wieder verwünscht werden! wie wirst du schwelgen, kuppeln, lügen und morden helfen! wie wirst du rastlos umherirren, durch reine und schmutzige Hände, jahrhundertelang, bis du endlich, schuldbeladen und sündenmüd, versammelt wirst zu den Deinigen im Schoße Abrahams, der dich einschmelzt und läutert und umbildet zu einem neuen besseren Sein.«

Das Befahren der zwei vorzüglichsten Klaustaler Gruben, der »Dorothea« und »Karolina«, fand ich sehr interessant, und ich muß ausführlich davon erzählen.

Eine halbe Stunde vor der Stadt gelangt man zu zwei großen schwärzlichen Gebäuden. Dort wird man gleich von den Bergleuten in Empfang genommen. Diese tragen dunkle, gewöhnlich stahlblaue, weite, bis über den Bauch herabhängende Jacken, Hosen von ähnlicher Farbe, ein hinten aufgebundenes Schurzfell und kleine grüne Filzhüte, ganz randlos, wie ein abgekappter Kegel. In eine solche Tracht, bloß ohne Hinterleder, wird der Besuchende ebenfalls eingekleidet, und ein Bergmann, ein Steiger, nachdem er sein Grubenlicht angezündet, führt ihn nach einer dunkeln Öffnung, die wie ein Kaminfegeloch aussieht, steigt bis an die Brust hinab, gibt Regeln, wie man sich an den Leitern festzuhalten habe, und bittet, angstlos zu folgen. Die Sache selbst ist nichts weniger als gefährlich; aber man glaubt es nicht im Anfang, wenn man gar nichts vom Bergwerkswesen versteht. Es gibt schon eine eigene Empfindung, daß man sich ausziehen und die dunkle Delinquententracht anziehen muß. Und nun soll man auf allen vieren hinabklettern, und das dunkle Loch ist so dunkel, und Gott weiß, wie lang die Leiter sein mag. Aber bald merkt man doch, daß es nicht eine einzige, in die schwarze Ewigkeit hinablaufende Leiter ist, sondern daß es mehrere von fünfzehn bis zwanzig Sprossen sind, deren jede auf ein kleines Brett führt, worauf man stehen kann und worin wieder ein neues Loch nach einer neuen Leiter hinableitet. Ich war zuerst in die »Karolina« gestiegen. Das ist die schmutzigste und unerfreulichste Karolina, die ich je kennengelernt habe. Die Leitersprossen sind kotig naß. Und von einer Leiter zur andern geht's hinab, und der Steiger voran, und dieser beteuert immer, es sei gar nicht gefährlich, nur müsse man sich mit den Händen fest an den Sprossen halten und nicht nach den Füßen sehen und nicht schwindlicht werden und nur beileibe nicht auf das Seitenbrett treten, wo jetzt das schnurrende Tonnenseil heraufgeht und wo, vor vierzehn Tagen, ein unvorsichtiger Mensch hinuntergestürzt und leider den Hals gebrochen. Da unten ist ein verworrenes Rauschen und Summen, man stößt beständig an Balken und Seile, die in Bewegung sind, um die Tonnen mit geklopften Erzen oder das hervorgesinterte Wasser heraufzuwinden. Zuweilen gelangt man auch in durchgehauene Gänge, Stollen genannt, wo man das Erz wachsen sieht und wo der einsame Bergmann den ganzen Tag sitzt und mühsam mit dem Hammer die Erzstücke aus der Wand herausklopft. Bis in die unterste Tiefe, wo man, wie einige behaupten, schon hören kann, wie die Leute in Amerika »Hurra Lafayette!« schreien, bin ich nicht gekommen; unter uns gesagt, dort, bis wohin ich kam, schien es mir bereits tief genug: – immerwährendes Brausen und Sausen, unheimliche Maschinenbewegung, unterirdisches Quellengeriesel, von allen Seiten herabtriefendes Wasser, qualmig aufsteigende Erddünste und das Grubenlicht immer bleicher hineinflimmernd in die einsame Nacht. Wirklich, es war betäubend, das Atmen wurde mir schwer, und mit Mühe hielt ich mich an den glitschrigen Leitersprossen. Ich habe keinen Anflug von sogenannter Angst empfunden, aber, seltsam genug, dort unten in der Tiefe erinnerte ich mich, daß ich im vorigen Jahre, ungefähr um dieselbe Zeit, einen Sturm auf der Nordsee erlebte, und ich meinte jetzt, es sei doch eigentlich recht traulich angenehm, wenn das Schiff hin und her schaukelt, die Winde ihre Trompeterstückchen losblasen, zwischendrein der lustige Matrosenlärm erschallt und alles frisch überschauert wird von Gottes lieber, freier Luft. Ja, Luft! – Nach Luft schnappend, stieg ich einige Dutzend Leitern wieder in die Höhe, und mein Steiger führte mich durch einen schmalen, sehr langen, in den Berg gehauenen Gang nach der Grube »Dorothea«. Hier ist es luftiger und frischer, und die Leitern sind reiner, aber auch länger und steiler als in der »Karolina«. Hier wurde mir auch besser zumute, besonders da ich wieder Spuren lebendiger Menschen gewahrte. In der Tiefe zeigten sich nämlich wandelnde Schimmer; Bergleute mit ihren Grubenlichtern kamen allmählich in die Höhe, mit dem Gruße »Glückauf!«, und mit demselben Widergruße von unserer Seite stiegen sie an uns vorüber; und wie eine befreundet ruhige und doch zugleich quälend rätselhafte Erinnerung trafen mich, mit ihren tiefsinnig klaren Blicken, die ernstfrommen, etwas blassen und vom Grubenlicht geheimnisvoll beleuchteten Gesichter dieser jungen und alten Männer, die in ihren dunkeln, einsamen Bergschachten den ganzen Tag gearbeitet hatten und sich jetzt hinaufsehnten nach dem lieben Tageslicht und nach den Augen von Weib und Kind.

Mein Cicerone selbst war eine kreuzehrliche, pudeldeutsche Natur. Mit innerer Freudigkeit zeigte er mir jene Stolle, wo der Herzog von Cambridge, als er die Grube befahren, mit seinem ganzen Gefolge gespeist hat und wo noch der lange hölzerne Speisetisch steht sowie auch der große Stuhl von Erz, worauf der Herzog gesessen. Dieser bleibe zum ewigen Andenken stehen, sagte der gute Bergmann, und mit Feuer erzählte er, wie viele Festlichkeiten damals stattgefunden, wie der ganze Stollen mit Lichtern, Blumen und Laubwerk verziert gewesen, wie ein Bergknappe die Zither gespielt und gesungen, wie der vergnügte, liebe, dicke Herzog sehr viele Gesundheiten ausgetrunken habe und wie viele Bergleute, und er selbst ganz besonders, sich gern würden totschlagen lassen für den lieben, dicken Herzog und das ganze Haus Hannover. – Innig rührt es mich jedesmal, wenn ich sehe, wie sich dieses Gefühl der Untertanstreue in seinen einfachen Naturlauten ausspricht. Es ist ein so schönes Gefühl! Und es ist ein so wahrhaft deutsches Gefühl! Andere Völker mögen gewandter sein und witziger und ergötzlicher, aber keines ist so treu wie das treue deutsche Volk. Wüßte ich nicht, daß die Treue so alt ist wie die Welt, so würde ich glauben, ein deutsches Herz habe sie erfunden. Deutsche Treue! sie ist keine moderne Adressenfloskel. An euren Höfen, ihr deutschen Fürsten, sollte man singen und wieder singen das Lied von dem getreuen Eckart und dem bösen Burgund, der ihm die lieben Kinder töten lassen und ihn alsdann doch noch immer treu befunden hat. Ihr habt das treueste Volk, und ihr irrt, wenn ihr glaubt, der alte, verständige, treue Hund sei plötzlich toll geworden und schnappe nach euern geheiligten Waden.

Wie die deutsche Treue hatte uns jetzt das kleine Grubenlicht, ohne viel Geflacker, still und sicher geleitet durch das Labyrinth der Schachten und Stollen; wir stiegen hervor aus der dumpfigen Bergnacht, das

Sonnenlicht strahlt' – Glückauf! Die meisten Bergarbeiter wohnen in Klaustal und in dem damit verbundenen Bergstädtchen Zellerfeld. Ich besuchte mehrere dieser wackern Leute, betrachtete ihre kleine häusliche Einrichtung, hörte einige ihrer Lieder, die sie mit der Zither, ihrem Lieblingsinstrumente, gar hübsch begleiten, ließ mir alte Bergmärchen von ihnen erzählen und auch die Gebete hersagen, die sie in Gemeinschaft zu halten pflegen, ehe sie in den dunkeln Schacht hinuntersteigen, und manches gute Gebet habe ich mitgebetet. Ein alter Steiger meinte sogar, ich sollte bei ihnen bleiben und Bergmann werden; und als ich dennoch Abschied nahm, gab er mir einen Auftrag an seinen Bruder, der in der Nähe von Goslar wohnt, und viele Küsse für seine liebe Nichte.

So stillstehend ruhig auch das Leben dieser Leute erscheint, so ist es dennoch ein wahrhaftes, lebendiges Leben. Die steinalte, zitternde Frau, die, dem großen Schranke gegenüber, hinterm Ofen saß, mag dort schon ein Vierteljahrhundert lang gesessen haben, und ihr Denken und Fühlen ist gewiß innig verwachsen mit allen Ecken dieses Ofens und allen Schnitzeleien dieses Schrankes. Und Schrank und Ofen leben, denn ein Mensch hat ihnen einen Teil seiner Seele eingeflößt.

Nur durch solch tiefes Anschauungsleben, durch die »Unmittelbarkeit« entstand die deutsche Märchenfabel, deren Eigentümlichkeit darin besteht, daß nicht nur die Tiere und Pflanzen, sondern auch ganz leblos scheinende Gegenstände sprechen und handeln. Sinnigem, harmlosem Volke in der stillen, umfriedeten Heimlichkeit seiner niedern Berg- oder Waldhütten offenbarte sich das innere Leben solcher Gegenstände, diese gewannen einen notwendigen, konsequenten Charakter, eine süße Mischung von phantastischer Laune und rein menschlicher Gesinnung; und so sehen wir im Märchen, wunderbar und doch als wenn es sich von selbst verstände: Nähnadel und Stecknadel kommen von der Schneiderherberge und verirren sich im Dunkeln; Strohhalm und Kohle wollen über den Bach setzen und verunglücken; Schippe und Besen stehen auf der Treppe und zanken und schmeißen sich; der befragte Spiegel zeigt das Bild der schönsten Frau; sogar die Blutstropfen fangen an zu sprechen, bange, dunkle Worte des besorglichsten Mitleids. – Aus demselben Grunde ist unser Leben in der Kindheit so unendlich bedeutend, in jener Zeit ist uns alles gleich wichtig, wir hören alles, wir sehen alles, bei allen Eindrücken ist Gleichmäßigkeit, statt daß wir späterhin absichtlicher werden, uns mit dem einzelnen ausschließlicher beschäftigen, das klare Gold der Anschauung für das Papiergeld der Bücherdefinitionen mühsam einwechseln und an Lebensbreite gewinnen, was wir an Lebenstiefe verlieren. Jetzt sind wir ausgewachsene, vornehme Leute; wir beziehen oft neue Wohnungen, die Magd räumt täglich auf und verändert nach Gutdünken die Stellung der Möbeln, die uns wenig interessieren, da sie entweder neu sind oder heute dem Hans, morgen dem Isaak gehören; selbst unsere Kleider bleiben uns fremd, wir wissen kaum, wieviel Knöpfe an dem Rocke sitzen, den wir eben jetzt auf dem Leibe tragen; wir wechseln ja so oft als möglich mit Kleidungsstücken, keines derselben bleibt im Zusammenhange mit unserer inneren und äußeren Geschichte; – kaum vermögen wir uns zu erinnern, wie jene braune Weste aussah, die uns einst soviel Gelächter zugezogen hat und auf deren breiten Streifen dennoch die liebe Hand der Geliebten so lieblich ruhte!

Die alte Frau, dem großen Schrank gegenüber, hinterm Ofen, trug einen geblümten Rock von verschollenem Zeuge, das Brautkleid ihrer seligen Mutter. Ihr Urenkel, ein als Bergmann gekleideter, blonder, blitzäugiger Knabe, saß zu ihren Füßen und zählte die Blumen ihres Rockes, und sie mag ihm von diesem Rocke wohl schon viele Geschichtchen erzählt haben, viele ernsthafte, hübsche Geschichten, die der Junge gewiß nicht so bald vergißt, die ihm noch oft vorschweben werden, wenn er bald, als ein erwachsener Mann, in den nächtlichen Stollen der »Karolina« einsam arbeitet, und die er vielleicht wiedererzählt, wenn die liebe Großmutter längst tot ist und er selber, ein silberhaariger, erloschener Greis, im Kreise seiner Enkel sitzt, dem großen Schranke gegenüber, hinterm Ofen.

Ich blieb die Nacht ebenfalls in der »Krone«, wo unterdessen auch der Hofrat B. aus Göttingen angekommen war. Ich hatte das Vergnügen, dem alten Herrn meine Aufwartung zu machen. Als ich mich ins Fremdenbuch einschrieb und im Monat Juli blätterte, fand ich auch den vielteuern Namen Adelbert von Chamisso, den Biographen des unsterblichen Schlemihl. Der Wirt erzählte mir, dieser Herr sei in einem unbeschreibbar schlechten Wetter angekommen und in einem ebenso schlechten Wetter wieder abgereist.

Den andern Morgen mußte ich meinen Ranzen nochmals erleichtern, das eingepackte Paar Stiefel warf ich über Bord, und ich hob auf meine Füße und ging nach Goslar. Ich kam dahin, ohne zu wissen wie. Nur soviel kann ich mich erinnern: Ich schlenderte wieder bergauf, bergab; schaute hinunter in manches hübsche Wiesental; silberne Wasser brausten, süße Waldvögel zwitscherten, die Herdenglöckchen läuteten, die mannigfaltig grünen Bäume wurden von der lieben Sonne goldig angestrahlt, und oben war die blauseidene Decke des Himmels so durchsichtig, daß man tief hineinschauen konnte, bis ins Allerheiligste, wo die Engel zu den Füßen Gottes sitzen und in den Zügen seines Antlitzes den

Generalbaß studieren. Ich aber lebte noch in dem Traum der vorigen Nacht, den ich nicht aus meiner Seele verscheuchen konnte. Es war das alte Märchen, wie ein Ritter hinabsteigt in einen tiefen Brunnen, wo unten die schönste Prinzessin zu einem starren Zauberschlafe verwünscht ist. Ich selbst war der Ritter und der Brunnen die dunkle Klaustaler Grube, und plötzlich erschienen viele Lichter, aus allen Seitenlöchern stürzten die wachsamen Zwerglein, schnitten zornige Gesichter, hieben nach mir mit ihren kurzen Schwertern, bliesen gellend ins Horn, daß immer mehr und mehre herzueilten, und es wackelten entsetzlich ihre breiten Häupter. Wie ich darauf zuschlug und das Blut herausfloß, merkte ich erst, daß es die rotblühenden, langbärtigen Distelköpfe waren, die ich den Tag vorher an der Landstraße mit dem Stocke abgeschlagen hatte. Da waren sie auch gleich alle verscheucht, und ich gelangte in einen hellen Prachtsaal; in der Mitte stand, weiß verschleiert und wie eine Bildsäule starr und regungslos, die Herzgeliebte, und ich küßte ihren Mund, und, beim lebendigen Gott! ich fühlte den beseligenden Hauch ihrer Seele und das süße Beben der lieblichen Lippen. Es war mir, als hörte ich, wie Gott rief: »Es werde Licht!«, blendend schoß herab ein Strahl des ewigen Lichts; aber in demselben Augenblick wurde es wieder Nacht, und alles rann chaotisch zusammen in ein wildes, wüstes Meer. Ein wildes, wüstes Meer! über das gärende Wasser jagten ängstlich die Gespenster der Verstorbenen, ihre weißen Totenhemde flatterten im Winde, hinter ihnen her, hetzend, mit klatschender Peitsche lief ein buntscheckiger Harlekin, und dieser war ich selbst – und plötzlich aus den dunkeln Wellen reckten die Meerungetüme ihre mißgestalteten Häupter und langten nach mir mit ausgebreiteten Krallen, und vor Entsetzen erwacht ich.

Wie doch zuweilen die allerschönsten Märchen verdorben werden! Eigentlich muß der Ritter, wenn er die schlafende Prinzessin gefunden hat, ein Stück aus ihrem kostbaren Schleier herausschneiden; und wenn durch seine Kühnheit ihr Zauberschlaf gebrochen ist und sie wieder in ihrem Palast auf dem goldenen Stuhle sitzt, muß der Ritter zu ihr treten und sprechen: »Meine allerschönste Prinzessin, kennst du mich?« Und dann antwortet sie: »Mein allertapferster Ritter, ich kenne dich nicht.« Und dieser zeigt ihr alsdann das aus ihrem Schleier herausgeschnittene Stück, das just in denselben wieder hineinpaßt, und beide umarmen sich zärtlich, und die Trompeter blasen, und die Hochzeit wird gefeiert.

Es ist wirklich ein eigenes Mißgeschick, daß meine Liebesträume selten ein so schönes Ende nehmen.

Der Name Goslar klingt so freundlich, und es knüpfen sich daran so viele uralte Kaisererinnerungen, daß ich eine imposante, stattliche Stadt erwartete. Aber so geht es, wenn man die Berühmten in der Nähe sieht! Ich fand ein Nest mit meistens schmalen, labyrinthisch krummen Straßen, allwo mittendurch ein kleines Wasser, wahrscheinlich die Gose, fließt, verfallen und dumpfig, und ein Pflaster, so holprig wie Berliner Hexameter. Nur die Altertümlichkeiten der Einfassung, nämlich Reste von Mauern, Türmen und Zinnen, geben der Stadt etwas Pikantes. Einer dieser Türme, der Zwinger genannt, hat so dicke Mauern, daß ganze Gemächer darin ausgehauen sind. Der Platz vor der Stadt, wo der weitberühmte Schützenhof gehalten wird, ist eine schöne große Wiese, ringsum hohe Berge. Der Markt ist klein, in der Mitte steht ein Springbrunnen, dessen Wasser sich in ein großes Metallbecken ergießt. Bei Feuersbrünsten wird einigemal daran geschlagen; es gibt dann einen weitschallenden Ton. Man weiß nichts vom Ursprunge dieses Beckens. Einige sagen, der Teufel habe es einst, zur Nachtzeit, dort auf den Markt hingestellt. Damals waren die Leute noch dumm, und der Teufel war auch dumm, und sie machten sich wechselseitige Geschenke.

Das Rathaus zu Goslar ist eine weiß angestrichene Wachtstube. Das daneben stehende Gildenhaus hat schon ein besseres Ansehen. Ungefähr von der Erde und vom Dach gleich weit entfernt stehen da die Standbilder deutscher Kaiser, räucherig schwarz und zum Teil vergoldet, in der einen Hand das Zepter, in der andern die Weltkugel; sehen aus wie gebratene Universitätspedelle. Einer dieser Kaiser hält ein Schwert statt des Zepters. Ich konnte nicht erraten, was dieser Unterschied sagen soll; und es hat doch gewiß seine Bedeutung, da die Deutschen die merkwürdige Gewohnheit haben, daß sie bei allem, was sie tun, sich auch etwas denken.

In Gottschalks »Handbuch« hatte ich von dem uralten Dom und von dem berühmten Kaiserstuhl zu Goslar viel gelesen. Als ich aber beides besehen wollte, sagte man mir, der Dom sei niedergerissen und der Kaiserstuhl nach Berlin gebracht worden. Wir leben in einer bedeutungsschweren Zeit: tausendjährige Dome werden abgebrochen und Kaiserstühle in die Rumpelkammer geworfen.

Einige Merkwürdigkeiten des seligen Doms sind jetzt in der Stephanskirche aufgestellt. Glasmalereien, die wunderschön sind, einige schlechte Gemälde, worunter auch ein Lukas Cranach sein soll, ferner ein hölzerner Christus am Kreuz und ein heidnischer Opferaltar aus unbekanntem Metall; er hat die Gestalt einer länglich viereckigen Lade und wird von vier Karyatiden getragen, die, in geduckter Stellung, die Hände stützend über dem Kopfe halten und unerfreulich häßliche Gesichter schneiden. Indessen noch unerfreulicher ist das dabeistehende, schon erwähnte große hölzerne Kruzifix. Dieser Christuskopf mit natürlichen Haaren und Dornen und blutbeschmiertem Gesichte zeigt freilich höchst meisterhaft das Hinsterben eines Menschen, aber nicht eines gottgebornen Heilands. Nur das materielle Leiden ist in dieses Gesicht hineingeschnitzelt, nicht die Poesie des Schmerzes. Solch Bild gehört eher in einen anatomischen Lehrsaal als in ein Gotteshaus.

Ich logierte in einem Gasthofe nahe dem Markte, wo mir das Mittagessen noch besser geschmeckt haben würde, hätte sich nur nicht der Herr Wirt mit seinem langen, überflüssigen Gesichte und seinen langweiligen Fragen zu mir hingesetzt; glücklicherweise ward ich bald erlöst durch die Ankunft eines andern Reisenden, der dieselben Fragen in derselben Ordnung aushalten mußte: quis? quid? ubi? quibus auxiliis? cur? quomodo? quando? Dieser Fremde war ein alter, müder, abgetragener Mann, der, wie aus seinen Reden hervorging, die ganze Welt durchwandert, besonders lang auf Batavia gelebt, viel Geld erworben und wieder alles verloren hatte und jetzt, nach dreißigjähriger Abwesenheit, nach Quedlinburg, seiner Vaterstadt, zurückkehrte – »denn«, setzte er hinzu, »unsere Familie hat dort ihr Erbbegräbnis«. Der Herr Wirt machte die sehr aufgeklärte Bemerkung, daß es doch für die Seele gleichgültig sei, wo unser Leib begraben wird. »Haben Sie es schriftlich?« antwortete der Fremde, und dabei zogen sich unheimlich schlaue Ringe um seine kümmerlichen Lippen und verblichenen Äugelein. »Aber«, setzte er ängstlich begütigend hinzu, »ich will darum über fremde Gräber doch nichts Böses gesagt haben; – die Türken begraben ihre Toten noch weit schöner als wir, ihre Kirchhöfe sind ordentliche Gärten, und da sitzen sie auf ihren weißen, beturbanten Grabsteinen, unter dem Schatten einer Zypresse, und streichen ihre ernsthaften Bärte und rauchen ruhig ihren türkischen Tabak aus ihren langen türkischen Pfeifen; – und bei den Chinesen gar ist es eine ordentliche Lust zuzusehen, wie sie auf den Ruhestätten ihrer Toten manierlich herumtänzeln und beten und Tee trinken und die Geige spielen und die geliebten Gräber gar hübsch zu verzieren wissen mit allerlei vergoldetem Lattenwerk, Porzellanfigürchen, Fetzen von buntem Seidenzeug, künstlichen Blumen und farbigen Laternchen – alles sehr hübsch – wie weit hab ich noch bis Quedlinburg?«

Der Kirchhof in Goslar hat mich nicht sehr angesprochen. Desto mehr aber jenes wunderschöne Lockenköpfchen, das bei meiner Ankunft in der Stadt aus einem etwas hohen Parterrefenster lächelnd herausschaute. Nach Tische suchte ich wieder das liebe Fenster; aber jetzt stand dort nur ein Wasserglas mit weißen Glockenblümchen. Ich kletterte hinauf, nahm die artigen Blümchen aus dem Glase, steckte sie ruhig auf meine Mütze und kümmerte mich wenig um die aufgesperrten Mäuler, versteinerten Nasen und Glotzaugen, womit die Leute auf der Straße, besonders die alten Weiber, diesem qualifizierten Diebstahle zusahen. Als ich eine Stunde später an demselben Hause vorbeiging, stand die Holde am Fenster, und wie sie die Glockenblümchen auf meiner Mütze gewahrte, wurde sie blutrot und stürzte zurück. Ich hatte jetzt das schöne Antlitz noch genauer gesehen; es war eine süße, durchsichtige Verkörperung von Sommerabendhauch, Mondschein, Nachtigallenlaut und Rosenduft. – Später, als es ganz dunkel geworden, trat sie vor die Türe. Ich kam – ich näherte mich – sie zieht sich langsam zurück in den dunkeln Hausflur – ich fasse sie bei der Hand und sage: »Ich bin ein Liebhaber von schönen Blumen und Küssen, und was man mir nicht freiwillig gibt, das stehle ich« – und ich küßte sie rasch – und wie sie entfliehen will, flüstere ich beschwichtigend: »Morgen reis ich fort und komme wohl nie wieder« – und ich fühle den geheimen Widerdruck der lieblichen Lippen und der kleinen Hände – und lachend eile ich von hinnen. Ja, ich muß lachen, wenn ich bedenke, daß ich unbewußt jene Zauberformel ausgesprochen, wodurch unsere Rot- und Blauröcke, öfter als durch ihre schnurrbärtige Liebenswürdigkeit, die Herzen der Frauen bezwingen: »Ich reise morgen fort und komme wohl nie wieder!«

Mein Logis gewährte eine herrliche Aussicht nach dem Rammelsberg. Es war ein schöner Abend. Die Nacht jagte auf ihrem schwarzen Rosse, und die langen Mähnen flatterten im Winde. Ich stand am Fenster und betrachtete den Mond. Gibt es wirklich einen Mann im Monde? Die Slawen sagen, er heiße Chlotar, und das Wachsen des Mondes bewirke er durch Wasseraufgießen. Als ich noch klein war, hatte ich gehört, der Mond sei eine Frucht, die, wenn sie reif geworden, vom lieben Gott abgepflückt und zu den übrigen Vollmonden in den großen Schrank gelegt werde, der am Ende der Welt steht, wo sie mit Brettern zugenagelt ist. Als ich größer wurde, bemerkte ich, daß die Welt nicht so eng begrenzt ist und daß der menschliche Geist die hölzernen Schranken durchbrochen und mit einem riesigen Petrischlüssel, mit der Idee der Unsterblichkeit, alle sieben Himmel aufgeschlossen hat. Unsterblichkeit! schöner Gedanke! wer hat dich zuerst erdacht? War es ein Nürnberger Spießbürger, der, mit weißer Nachtmütze auf dem Kopfe und weißer Tonpfeife im Maule, am lauen Sommerabend vor seiner Haustüre saß und recht behaglich meinte, es wäre doch hübsch, wenn er nun so immer fort, ohne daß sein Pfeifchen und sein Lebensatemchen ausgingen, in die liebe Ewigkeit hineinvegetieren könnte! Oder war es ein junger Liebender, der in den

Armen seiner Geliebten jenen Unsterblichkeitsgedanken dachte, und ihn dachte, weil er ihn fühlte und weil er nichts anders fühlen und denken konnte! – Liebe! Unsterblichkeit! – in meiner Brust ward es plötzlich so heiß, daß ich glaubte, die Geographen hätten den Äquator verlegt und er laufe jetzt gerade durch mein Herz. Und aus meinem Herzen ergossen sich die Gefühle der Liebe, ergossen sich sehnsüchtig in die weite Nacht. Die Blumen im Garten unter meinem Fenster dufteten stärker. Düfte sind die Gefühle der Blumen, und wie das Menschenherz in der Nacht, wo es sich einsam und unbelauscht glaubt, stärker fühlt, so scheinen auch die Blumen, sinnig verschämt, erst die umhüllende Dunkelheit zu erwarten, um sich gänzlich ihren Gefühlen hinzugeben und sie auszuhauchen in süßen Düften. – Ergießt euch, ihr Düfte meines Herzens! und sucht hinter jenen Bergen die Geliebte meiner Träume! Sie liegt jetzt schon und schläft; zu ihren Füßen knien Engel, und wenn sie im Schlafe lächelt, so ist es ein Gebet, das die Engel nachbeten; in ihrer Brust liegt der Himmel mit allen seinen Seligkeiten, und wenn sie atmet, so bebt mein Herz in der Ferne; hinter den seidnen Wimpern ihrer Augen ist die Sonne untergegangen, und wenn sie die Augen wieder aufschlägt, so ist es Tag, und die Vögel singen, und die Herdenglöckchen läuten, und die Berge schimmern in ihren smaragdenen Kleidern, und ich schnüre den Ranzen und wandre.

In jener Nacht, die ich in Goslar zubrachte, ist mir etwas höchst Seltsames begegnet. Noch immer kann ich nicht ohne Angst daran zurückdenken. Ich bin von Natur nicht ängstlich, aber vor Geistern fürchte ich mich fast so sehr wie der »Östreichische Beobachter«. Was ist Furcht? Kommt sie aus dem Verstande oder aus dem Gemüt? Über diese Frage disputierte ich so oft mit dem Doktor Saul Ascher, wenn wir zu Berlin, im »Cafe Royal«, wo ich lange Zeit meinen Mittagstisch hatte, zufällig zusammentrafen. Er behauptete immer, wir fürchten etwas, weil wir es durch Vernunftschlüsse für furchtbar erkennen. Nur die Vernunft sei eine Kraft, nicht das Gemüt. Während ich gut aß und gut trank, demonstrierte er mir fortwährend die Vorzüge der Vernunft. Gegen das Ende seiner Demonstration pflegte er nach seiner Uhr zu sehen, und immer schloß er damit: »Die Vernunft ist das höchste Prinzip!« – Vernunft! Wenn ich jetzt dieses Wort höre, so sehe ich noch immer den Doktor Saul Ascher mit seinen abstrakten Beinen, mit seinem engen, transzendentalgrauen Leibrock und mit seinem schroffen, frierend kalten Gesichte, das einem Lehrbuche der Geometrie als Kupfertafel dienen konnte. Dieser Mann, tief in den Fünfzigern, war eine personifizierte grade Linie. In seinem Streben nach dem Positiven hatte der arme Mann sich alles Herrliche aus dem Leben herausphilosophiert, alle Sonnenstrahlen, allen Glauben und alle Blumen, und es blieb ihm nichts übrig als das kalte, positive Grab. Auf den Apoll von Belvedere und auf das Christentum hatte er eine spezielle Malice. Gegen letzteres schrieb er sogar eine Broschüre, worin er dessen Unvernünftigkeit und Unhaltbarkeit bewies. Er hat überhaupt eine ganze Menge Bücher geschrieben, worin immer die Vernunft von ihrer eigenen Vortrefflichkeit renommiert und wobei es der arme Doktor gewiß ernsthaft genug meinte und also in dieser Hinsicht alle Achtung verdiente. Darin aber bestand ja eben der Hauptspaß, daß er ein so ernsthaft närrisches Gesicht schnitt, wenn er dasjenige nicht begreifen konnte, was jedes Kind begreift, eben weil es ein Kind ist. Einigemal besuchte ich auch den Vernunftdoktor in seinem eigenen Hause, wo ich schöne Mädchen bei ihm fand; denn die Vernunft verbietet nicht die Sinnlichkeit. Als ich ihn einst ebenfalls besuchen wollte, sagte mir sein Bedienter: »Der Herr Doktor ist eben gestorben.« Ich fühlte nicht viel mehr dabei, als wenn er gesagt hätte: Der Herr Doktor ist ausgezogen.

Doch zurück nach Goslar. »Das höchste Prinzip ist die Vernunft!« sagte ich beschwichtigend zu mir selbst, als ich ins Bett stieg. Indessen, es half nicht. Ich hatte eben in Varnhagen von Enses »Deutsche Erzählungen«, die ich von Klaustal mitgenommen hatte, jene entsetzliche Geschichte gelesen, wie der Sohn, den sein eigener Vater ermorden wollte, in der Nacht von dem Geiste seiner toten Mutter gewarnt wird. Die wunderbare Darstellung dieser Geschichte bewirkte, daß mich während des Lesens ein inneres Grauen durchfröstelte. Auch erregen Gespenstererzählungen ein noch schauerlicheres Gefühl, wenn man sie auf der Reise liest, und zumal des Nachts, in einer Stadt, in einem Hause, in einem Zimmer, wo man noch nie gewesen. ›Wieviel Gräßliches mag sich schon zugetragen haben auf diesem Flecke, wo du eben liegst?‹ so denkt man unwillkürlich. Überdies schien jetzt der Mond so zweideutig ins Zimmer herein, an der Wand bewegten sich allerlei unberufene Schatten, und als ich mich im Bett aufrichtete, um hinzusehen, erblickte ich –

Es gibt nichts Unheimlicheres, als wenn man bei Mondschein das eigene Gesicht zufällig im Spiegel sieht. In demselben Augenblick schlug eine schwerfällige, gähnende Glocke, und zwar so lang und langsam, daß ich nach dem zwölften Glockenschlage sicher glaubte, es seien unterdessen volle zwölf Stunden verflossen und es müßte wieder von vorn anfangen, zwölf zu schlagen. Zwischen dem vorletzten und letzten Glockenschlage schlug noch eine andere Uhr, sehr rasch, fast keifend gell und vielleicht ärgerlich über die Langsamkeit ihrer Frau Gevatterin. Als beide eiserne

Zungen schwiegen und tiefe Todesstille im ganzen Hause herrschte, war es mir plötzlich, als hörte ich auf dem Korridor, vor meinem Zimmer, etwas schlottern und schlappen wie der unsichere Gang eines alten Mannes. Endlich öffnete sich meine Tür, und langsam trat herein der verstorbene Doktor Saul Ascher. Ein kaltes Fieber rieselte mir durch Mark und Bein, ich zitterte wie Espenlaub, und kaum wagte ich das Gespenst anzusehen. Er sah aus wie sonst, derselbe transzendentalgraue Leibrock, dieselben abstrakten Beine und dasselbe mathematische Gesicht; nur war dieses etwas gelblicher als sonst, auch der Mund, der sonst zwei Winkel von $22^1/_2$ Grad bildete, war zusammengekniffen, und die Augenkreise hatten einen größern Radius. Schwankend und wie sonst sich auf sein spanisches Röhrchen stützend, näherte er sich mir, und in seinem gewöhnlichen mundfaulen Dialekte sprach er freundlich: »Fürchten Sie sich nicht, und glauben Sie nicht, daß ich ein Gespenst sei. Es ist Täuschung Ihrer Phantasie, wenn Sie mich als Gespenst zu sehen glauben. Was ist ein Gespenst? Geben Sie mir eine Definition. Deduzieren Sie mir die Bedingungen der Möglichkeit eines Gespenstes. In welchem vernünftigen Zusammenhange stände eine solche Erscheinung mit der Vernunft? Die Vernunft, ich sage die Vernunft –« Und nun schritt das Gespenst zu einer Analyse der Vernunft, zitierte Kants »Kritik der reinen Vernunft«, 2. Teil, 1. Abschnitt, 2. Buch, 3. Hauptstück, die Unterscheidung von Phänomena und Noumena, konstruierte alsdann den problematischen Gespensterglauben, setzte einen Syllogismus auf den andern und schloß mit dem logischen Beweise, daß es durchaus keine Gespenster gibt. Mir unterdessen lief der kalte Schweiß über den Rücken, meine Zähne klapperten wie Kastagnetten, aus Seelenangst nickte ich unbedingte Zustimmung bei jedem Satz, womit der spukende Doktor die Absurdität aller Gespensterfurcht bewies, und derselbe demonstrierte so eifrig, daß er einmal in der Zerstreuung statt seiner goldenen Uhr eine Handvoll Würmer aus der Uhrtasche zog und, seinen Irrtum bemerkend, mit possierlich ängstlicher Hastigkeit wieder einsteckte. »Die Vernunft ist das höchste –«, da schlug die Glocke eins, und das Gespenst verschwand.

Von Goslar ging ich den andern Morgen weiter, halb auf Geratewohl, halb in der Absicht, den Bruder des Klaustaler Bergmanns aufzusuchen. Wieder schönes, liebes Sonntagswetter. Ich bestieg Hügel und Berge, betrachtete, wie die Sonne den Nebel zu verscheuchen suchte, wanderte freudig durch die schauernden Wälder, und um mein träumendes Haupt klingelten die Glockenblümchen von Goslar. In ihren weißen Nachtmänteln standen die Berge, die Tannen rüttelten sich den Schlaf aus den Gliedern, der frische Morgenwind frisierte ihnen die herabhängenden, grünen Haare, die Vöglein hielten Betstunde, das Wiesental blitzte wie eine diamantenbesäete Golddecke, und der Hirt schritt darüber hin mit seiner läutenden Herde. Ich mochte mich wohl eigentlich verirrt haben. Man schlägt immer Seitenwege und Fußsteige ein und glaubt, dadurch näher zum Ziele zu gelangen. Wie im Leben überhaupt, geht's uns auch auf dem Harze. Aber es gibt immer gute Seelen, die uns wieder auf den rechten Weg bringen; sie tun es gern und finden noch obendrein ein besonderes Vergnügen daran, wenn sie uns mit selbstgefälliger Miene und wohlwollend lauter Stimme bedeuten, welche große Umwege wir gemacht, in welche Abgründe und Sümpfe wir versinken konnten und welch ein Glück es sei, daß wir so wegkundige Leute, wie sie sind, noch zeitig angetroffen. Einen solchen Berichtiger fand ich unweit der Harzburg. Es war ein wohlgenährter Bürger von Goslar, ein glänzend wampiges, dummkluges Gesicht; er sah aus, als habe er die Viehseuche erfunden. Wir gingen eine Strecke zusammen, und er erzählte mir allerlei Spukgeschichten, die hübsch klingen konnten, wenn sie nicht alle darauf hinausliefen, daß es doch kein wirklicher Spuk gewesen, sondern daß die weiße Gestalt ein Wilddieb war und daß die wimmernden Stimmen von den eben geworfenen Jungen einer Bache (wilden Sau) und das Geräusch auf dem Boden von der Hauskatze herrührte. »Nur wenn der Mensch krank ist«, setzte er hinzu, »glaubt er Gespenster zu sehen«; was aber seine Wenigkeit anbelange, so sei er selten krank, nur zuweilen leide er an Hautübeln, und dann kuriere er sich jedesmal mit nüchternem Speichel. Er machte mich auch aufmerksam auf die Zweckmäßigkeit und Nützlichkeit in der Natur. Die Bäume sind grün, weil Grün gut für die Augen ist. Ich gab ihm recht und fügte hinzu, daß Gott das Rindvieh erschaffen, weil Fleischsuppen den Menschen stärken, daß er die Esel erschaffen, damit sie den Menschen zu Vergleichungen dienen können, und daß er den Menschen selbst erschaffen, damit er Fleischsuppen essen und kein Esel sein soll. Mein Begleiter war entzückt, einen Gleichgestimmten gefunden zu haben, sein Antlitz erglänzte noch freudiger, und bei dem Abschiede war er gerührt.

Solange er neben mir ging, war gleichsam die ganze Natur entzaubert, sobald er aber fort war, fingen die Bäume wieder an zu sprechen, und die Sonnenstrahlen erklangen, und die Wiesenblümchen tanzten, und der blaue Himmel umarmte die grüne Erde. Ja, ich weiß es besser: Gott hat den Menschen erschaffen, damit er die Herrlichkeit der Welt bewundere. Jeder Autor, und sei er noch so groß, wünscht, daß sein Werk gelobt werde. Und in der Bibel, den Memoiren Gottes, steht ausdrücklich, daß er die Menschen erschaffen zu seinem Ruhm und Preis.

Nach einem langen Hin- und Herwandern gelangte ich zu der Wohnung des Bruders meines Klaustaler Freundes, übernachtete alldort und erlebte folgendes schöne Gedicht:

I

Auf dem Berge steht die Hütte,
Wo der alte Bergmann wohnt;
Dorten rauscht die grüne Tanne,
Und erglänzt der goldne Mond.

In der Hütte steht ein Lehnstuhl,
Reich geschnitzt und wunderlich,
Der darauf sitzt, der ist glücklich,
Und der Glückliche bin ich!

Auf dem Schemel sitzt die Kleine,
Stützt den Arm auf meinen Schoß;
Äuglein wie zwei blaue Sterne,
Mündlein wie die Purpurros'.

Und die lieben, blauen Sterne
Schaun mich an so himmelgroß,
Und sie legt den Lilienfinger
Schalkhaft auf die Purpurros'.

Nein, es sieht uns nicht die Mutter,
Denn sie spinnt mit großem Fleiß,
Und der Vater spielt die Zither,
Und er singt die alte Weis'.

Und die Kleine flüstert leise,
Leise, mit gedämpftem Laut;
Manches wichtige Geheimnis
Hat sie mir schon anvertraut.

»Aber seit die Muhme tot ist,
Können wir ja nicht mehr gehn
Nach dem Schützenhof zu Goslar,
Und dort ist es gar zu schön.

Hier dagegen ist es einsam,
Auf der kalten Bergeshöh',
Und des Winters sind wir gänzlich
Wie vergraben in dem Schnee.

Und ich bin ein banges Mädchen,
Und ich fürcht mich wie ein Kind
Vor den bösen Bergesgeistern,
Die des Nachts geschäftig sind.«

Plötzlich schweigt die liebe Kleine,
Wie vom eignen Wort erschreckt,
Und sie hat mit beiden Händchen
Ihre Äugelein bedeckt.

Lauter rauscht die Tanne draußen,
Und das Spinnrad schnarrt und brummt,
Und die Zither klingt dazwischen,
Und die alte Weise summt:

»Fürcht dich nicht, du liebes Kindchen,
Vor der bösen Geister Macht;
Tag und Nacht, du liebes Kindchen,
Halten Englein bei dir Wacht!«

II

Tannenbaum, mit grünen Fingern,
Pocht ans niedre Fensterlein,
Und der Mond, der gelbe Lauscher,
Wirft sein süßes Licht herein.

Vater, Mutter schnarchen leise
In dem nahen Schlafgemach,

Doch wir beide, selig schwatzend,
Halten uns einander wach.

»Daß du gar zu oft gebetet,
Das zu glauben wird mir schwer,
Jenes Zucken deiner Lippen
Kommt wohl nicht vom Beten her.

Jenes böse, kalte Zucken,
Das erschreckt mich jedesmal,
Doch die dunkle Angst beschwichtigt
Deiner Augen frommer Strahl.

Auch bezweifl' ich, daß du glaubest,
Was so rechter Glauben heißt,
Glaubst wohl nicht an Gott den Vater,
An den Sohn und Heil'gen Geist?«

»Ach, mein Kindchen, schon als Knabe,
Als ich saß auf Mutters Schoß,
Glaubte ich an Gott den Vater,
Der da waltet gut und groß;

Der die schöne Erd' erschaffen,
Und die schönen Menschen drauf,
Der den Sonnen, Monden, Sternen
Vorgezeichnet ihren Lauf.

Als ich größer wurde, Kindchen,
Noch viel mehr begriff ich schon,
Und begriff, und ward vernünftig,
Und ich glaub auch an den Sohn;

An den lieben Sohn, der liebend
Uns die Liebe offenbart,
Und zum Lohne, wie gebräuchlich,
Von dem Volk gekreuzigt ward.

Jetzo, da ich ausgewachsen,
Viel gelesen, viel gereist,

Schwillt mein Herz, und ganz von Herzen
Glaub ich an den Heil'gen Geist.

Dieser tat die größten Wunder,
Und viel größre tut er noch;
Er zerbrach die Zwingherrnburgen,
Und zerbrach des Knechtes Joch.

Alte Todeswunden heilt er,
Und erneut das alte Recht:
Alle Menschen, gleichgeboren,
Sind ein adliges Geschlecht.

Er verscheucht die bösen Nebel
Und das dunkle Hirngespinst,
Das uns Lieb' und Lust verleidet,
Tag und Nacht uns angegrinst.

Tausend Ritter, wohlgewappnet,
Hat der Heil'ge Geist erwählt,
Seinen Willen zu erfüllen,
Und er hat sie mutbeseelt.

Ihre teuern Schwerter blitzen,
Ihre guten Banner wehn;
Ei, du möchtest wohl, mein Kindchen,
Solche stolze Ritter sehn?

Nun, so schau mich an, mein Kindchen,
Küsse mich und schaue dreist;
Denn ich selber bin ein solcher
Ritter von dem Heil'gen Geist.«

III

Still versteckt der Mond sich draußen
Hinterm grünen Tannenbaum,
Und im Zimmer unsre Lampe
Flackert matt und leuchtet kaum.

Aber meine blauen Sterne
Strahlen auf in hellerm Licht,
Und es glüht die Purpurrose,
Und das liebe Mädchen spricht:

»Kleines Völkchen, Wichtelmännchen,
Stehlen unser Brot und Speck,
Abends liegt es noch im Kasten,
Und des Morgens ist es weg.

Kleines Völkchen, unsre Sahne
Nascht es von der Milch, und läßt
Unbedeckt die Schüssel stehen,
Und die Katze säuft den Rest.

Und die Katz' ist eine Hexe,
Denn sie schleicht, bei Nacht und Sturm,
Drüben nach dem Geisterberge,
Nach dem altverfallnen Turm.

Dort hat einst ein Schloß gestanden,
Voller Lust und Waffenglanz;
Blanke Ritter, Fraun und Knappen
Schwangen sich im Fackeltanz.

Da verwünschte Schloß und Leute
Eine böse Zauberin,
Nur die Trümmer blieben stehen,
Und die Eulen nisten drin.

Doch die sel'ge Muhme sagte:
Wenn man spricht das rechte Wort,
Nächtlich zu der rechten Stunde,
Drüben an dem rechten Ort:

So verwandeln sich die Trümmer
Wieder in ein helles Schloß,
Und es tanzen wieder lustig
Ritter, Fraun und Knappentroß;

Und wer jenes Wort gesprochen,
Dem gehören Schloß und Leut',
Pauken und Trompeten huld'gen
Seiner jungen Herrlichkeit.«

Also blühen Märchenbilder
Aus des Mundes Röselein,
Und die Augen gießen drüber
Ihren blauen Sternenschein.

Ihre goldnen Haare wickelt
Mir die Kleine um die Händ',
Gibt den Fingern hübsche Namen,
Lacht und küßt, und schweigt am End'.

Und im stillen Zimmer alles
Blickt mich an so wohlvertraut;
Tisch und Schrank, mir ist, als hätt ich
Sie schon früher mal geschaut.

Freundlich ernsthaft schwatzt die Wanduhr,
Und die Zither, hörbar kaum,
Fängt von selber an zu klingen,
Und ich sitze wie im Traum.

»Jetzo ist die rechte Stunde,
Und es ist der rechte Ort;
Staunen würdest du, mein Kindchen,
Spräch ich aus das rechte Wort.

Sprech ich jenes Wort, so dämmert
Und erbebt die Mitternacht,
Bach und Tannen brausen lauter,
Und der alte Berg erwacht.

Zitherklang und Zwergenlieder
Tönen aus des Berges Spalt,
Und es sprießt, wie'n toller Frühling,
Draus hervor ein Blumenwald;

Blumen, kühne Wunderblumen,
Blätter, breit und fabelhaft,
Duftig bunt und hastig regsam,
Wie gedrängt von Leidenschaft.

Rosen, wild wie rote Flammen,
Sprühn aus dem Gewühl hervor;
Lilien, wie kristallne Pfeiler,
Schießen himmelhoch empor.

Und die Sterne, groß wie Sonnen,
Schaun herab mit Sehnsuchtglut;
In der Lilien Riesenkelche
Strömet ihre Strahlenflut.

Doch wir selber, süßes Kindchen,
Sind verwandelt noch viel mehr;
Fackelglanz und Gold und Seide
Schimmern lustig um uns her.

Du, du wurdest zur Prinzessin,
Diese Hütte ward zum Schloß,
Und da jubeln und da tanzen
Ritter, Fraun und Knappentroß.

Aber ich, ich hab erworben
Dich und alles, Schloß und Leut';
Pauken und Trompeten huld'gen
Meiner jungen Herrlichkeit!«

Die Sonne ging auf. Die Nebel flohen wie Gespenster beim dritten Hahnenschrei. Ich stieg wieder bergauf und bergab, und vor mir schwebte die schöne Sonne, immer neue Schönheiten beleuchtend. Der Geist des Gebirges begünstigte mich ganz offenbar; er wußte wohl, daß so ein Dichtermensch viel Hübsches wiedererzählen kann, und er ließ mich diesen Morgen seinen Harz sehen, wie ihn gewiß nicht jeder sah. Aber auch mich sah der Harz, wie mich nur wenige gesehen, in meinen Augenwimpern flimmerten ebenso kostbare Perlen wie in den Gräsern des Tals. Morgentau der Liebe feuchtete meine Wangen, die rauschenden Tannen verstanden mich, ihre Zweige taten sich voneinander, bewegten sich herauf und herab, gleich stummen Menschen, die mit den Händen ihre Freude bezeigen, und in der Ferne klang's wunderbar geheimnisvoll wie Glockengeläute einer verlornen Waldkirche. Man sagt, das seien die Herdenglöckchen, die im Harz so lieblich, klar und rein gestimmt sind.
Nach dem Stand der Sonne war es Mittag, als ich auf eine solche Herde stieß, und der Hirt, ein freundlich blonder junger Mensch, sagte mir, der große Berg, an dessen Fuß ich stände, sei der alte, weltberühmte Brocken. Viele Stunden ringsum liegt kein Haus, und ich war froh genug, daß mich der junge Mensch einlud, mit ihm zu essen. Wir setzten uns nieder zu einem Déjeuner dînatoire, das aus Käse und Brot bestand; die Schäfchen erhaschten die Krumen, die lieben, blanken Kühlein sprangen um uns herum und klingelten schelmisch mit ihren Glöckchen und lachten uns an mit ihren großen, vergnügten Augen. Wir tafelten recht königlich; überhaupt schien mir mein Wirt ein echter König, und weil er bis jetzt der einzige König ist, der mir Brot gegeben hat, so will ich ihn auch königlich besingen.

König ist der Hirtenknabe,
Grüner Hügel ist sein Thron,
Über seinem Haupt die Sonne
Ist die schwere, goldne Kron'.

Ihm zu Füßen liegen Schafe,
Weiche Schmeichler, rotbekreuzt;
Kavaliere sind die Kälber,
Und sie wandeln stolzgespreizt.

Hofschauspieler sind die Böcklein,
Und die Vögel und die Küh',

Mit den Flöten, mit den Glöcklein,
Sind die Kammermusici.

Und das klingt und singt so lieblich,
Und so lieblich rauschen drein
Wasserfall und Tannenbäume,
Und der König schlummert ein.

Unterdessen muß regieren
Der Minister, jener Hund,
Dessen knurriges Gebelle
Widerhallet in der Rund'.

Schläfrig lallt der junge König:
»Das Regieren ist so schwer,
Ach, ich wollt, daß ich zu Hause
Schon bei meiner Kön'gin wär!

In den Armen meiner Kön'gin
Ruht mein Königshaupt so weich,
Und in ihren lieben Augen
Liegt mein unermeßlich Reich!«

Wir nahmen freundschaftlich Abschied, und fröhlich stieg ich den Berg hinauf. Bald empfing mich eine Waldung himmelhoher Tannen, für die ich, in jeder Hinsicht, Respekt habe. Diesen Bäumen ist nämlich das Wachsen nicht so ganz leicht gemacht worden, und sie haben es sich in der Jugend sauer werden lassen. Der Berg ist hier mit vielen großen Granitblöcken übersäet, und die meisten Bäume mußten mit ihren Wurzeln diese Steine umranken oder sprengen und mühsam den Boden suchen, woraus sie Nahrung schöpfen können. Hier und da liegen die Steine, gleichsam ein Tor bildend, übereinander, und oben darauf stehen die Bäume, die nackten Wurzeln über jene Steinpforte hinziehend und erst am Fuße derselben den Boden erfassend, so daß sie in der freien Luft zu wachsen scheinen. Und doch haben sie sich zu jener gewaltigen Höhe emporgeschwungen, und mit den umklammerten Steinen wie zusammengewachsen, stehen sie fester als ihre bequemen Kollegen im zahmen Forstboden des flachen Landes. So stehen auch im Leben jene großen Männer, die durch das Überwinden früher Hemmungen und Hindernisse sich erst recht gestärkt und befestigt haben. Auf den Zweigen der

Tannen kletterten Eichhörnchen, und unter denselben spazierten die gelben Hirsche. Wenn ich solch ein liebes, edles Tier sehe, so kann ich nicht begreifen, wie gebildete Leute Vergnügen daran finden, es zu hetzen und zu töten. Solch ein Tier war barmherziger als die Menschen und säugte den schmachtenden Schmerzenreich der heiligen Genoveva.

Allerliebst schossen die goldenen Sonnenlichter durch das dichte Tannengrün. Eine natürliche Treppe bildeten die Baumwurzeln. Überall schwellende Moosbänke; denn die Steine sind fußhoch von den schönsten Moosarten, wie mit hellgrünen Sammetpolstern, bewachsen. Liebliche Kühle und träumerisches Quellengemurmel. Hier und da sieht man, wie das Wasser unter den Steinen silberhell hinrieselt und die nackten Baumwurzeln und Fasern bespült. Wenn man sich nach diesem Treiben hinabbeugt, so belauscht man gleichsam die geheime Bildungsgeschichte der Pflanzen und das ruhige Herzklopfen des Berges. An manchen Orten sprudelt das Wasser aus den Steinen und Wurzeln stärker hervor und bildet kleine Kaskaden. Da läßt sich gut sitzen. Es murmelt und rauscht so wunderbar, die Vögel singen abgebrochene Sehnsuchtslaute, die Bäume flüstern wie mit tausend Mädchenzungen, wie mit tausend Mädchenaugen schauen uns an die seltsamen Bergblumen, sie strecken nach uns aus die wundersam breiten, drollig gezackten Blätter, spielend flimmern hin und her die lustigen Sonnenstrahlen, die sinnigen Kräutlein erzählen sich grüne Märchen, es ist alles wie verzaubert, es wird immer heimlicher und heimlicher, ein uralter Traum wird lebendig, die Geliebte erscheint – ach, daß sie so schnell wieder verschwindet!

Je höher man den Berg hinaufsteigt, desto kürzer, zwerghafter werden die Tannen, sie scheinen immer mehr und mehr zusammenzuschrumpfen, bis nur Heidelbeer- und Rotbeersträuche und Bergkräuter übrigbleiben. Da wird es auch schon fühlbar kälter. Die wunderlichen Gruppen der Granitblöcke werden hier erst recht sichtbar; diese sind oft von erstaunlicher Größe. Das mögen wohl die Spielbälle sein, die sich die bösen Geister einander zuwerfen in der Walpurgisnacht, wenn hier die Hexen auf Besenstielen und Mistgabeln einhergeritten kommen und die abenteuerlich verruchte Lust beginnt, wie die glaubhafte Amme es erzählt und wie es zu schauen ist auf den hübschen Faustbildern des Meister Retzsch. Ja, ein junger Dichter, der auf einer Reise von Berlin nach Göttingen in der ersten Mainacht am Brocken vorbeiritt, bemerkte sogar, wie einige belletristische Damen auf einer Bergecke ihre ästhetische Teegesellschaft hielten, sich gemütlich die »Abendzeitung« vorlasen, ihre poetischen Ziegenböckchen, die meckernd den Teetisch umhüpften, als Universalgenies priesen und über alle Erscheinungen in der deutschen Literatur ihr Endurteil fällten; doch als sie auch auf den »Ratcliff« und »Almansor« gerieten und dem Verfasser alle Frömmigkeit und Christlichkeit absprachen, da sträubte sich das Haar des jungen Mannes, Entsetzen ergriff ihn – ich gab dem Pferde die Sporen und jagte vorüber.

In der Tat, wenn man die obere Hälfte des Brockens besteigt, kann man sich nicht erwehren, an die ergötzlichen Blocksbergsgeschichten zu denken und besonders an die große, mystische, deutsche Nationaltragödie vom Doktor Faust. Mir war immer, als ob der Pferdefuß neben mir hinaufklettere und jemand humoristisch Atem schöpfe. Und ich glaube, auch Mephisto muß mit Mühe Atem holen, wenn er seinen Lieblingsberg ersteigt; es ist ein äußerst erschöpfender Weg, und ich war froh, als ich endlich das langersehnte Brockenhaus zu Gesicht bekam.

Dieses Haus, das, wie durch vielfache Abbildungen bekannt ist, bloß aus einem Parterre besteht und auf der Spitze des Berges liegt, wurde erst 1800 vom Grafen Stolberg-Wernigerode erbaut, für dessen Rechnung es auch, als Wirtshaus, verwaltet wird. Die Mauern sind erstaunlich dick, wegen des Windes und der Kälte im Winter; das Dach ist niedrig, in der Mitte desselben steht eine turmartige Warte, und bei dem Hause liegen noch zwei kleine Nebengebäude, wovon das eine, in frühern Zeiten, den Brockenbesuchern zum Obdach diente.

Der Eintritt in das Brockenhaus erregte bei mir eine etwas ungewöhnliche, märchenhafte Empfindung. Man ist nach einem langen, einsamen Umhersteigen durch Tannen und Klippen plötzlich in ein Wolkenhaus versetzt; Städte, Berge und Wälder blieben unten liegen, und oben findet man eine wunderlich zusammengesetzte, fremde Gesellschaft, von welcher man, wie es an dergleichen Orten natürlich ist, fast wie ein erwarteter Genosse, halb neugierig und halb gleichgültig, empfangen wird. Ich fand das Haus voller Gäste, und wie es einem klugen Manne geziemt, dachte ich schon an die Nacht, an die Unbehaglichkeit eines Strohlagers; mit hinsterbender Stimme verlangte ich gleich Tee, und der Herr Brokkenwirt war vernünftig genug, einzusehen, daß ich kranker Mensch für die Nacht ein ordentliches Bett haben müsse. Dieses verschaffte er mir in einem engen Zimmerchen, wo schon ein junger Kaufmann, ein langes Brechpulver in einem braunen Oberrock, sich etabliert hatte.

In der Wirtsstube fand ich lauter Leben und Bewegung. Studenten von verschiedenen Universitäten. Die einen sind kurz vorher angekommen und restaurieren sich, andere bereiten sich zum Abmarsch, schnüren ihre Ranzen, schreiben ihre Namen ins Gedächtnisbuch, erhalten Brokkensträuße von den Hausmädchen; da wird in die Wangen gekniffen, gesungen, gesprungen, gejohlt, man fragt, man antwortet, gut Wetter, Fußweg, Prosit, Adieu. Einige der Abgehenden sind auch etwas angesoffen, und diese haben von der schönen Aussicht einen doppelten Genuß, da ein Betrunkener alles doppelt sieht.

Nachdem ich mich ziemlich rekreiert, bestieg ich die Turmwarte und fand daselbst einen kleinen Herrn mit zwei Damen, einer jungen und einer ältlichen. Die junge Dame war sehr schön. Eine herrliche Gestalt, auf dem lockigen Haupte ein helmartiger, schwarzer Atlashut, mit dessen weißen Federn die Winde spielten, die schlanken Glieder von einem schwarzseidenen Mantel so fest umschlossen, daß die edlen Formen hervortraten, und das freie, große Auge ruhig hinabschauend in die freie, große Welt.

Als ich noch ein Knabe war, dachte ich an nichts als an Zauber- und Wundergeschichten, und jede schöne Dame, die Straußfedern auf dem Kopfe trug, hielt ich für eine Elfenkönigin, und bemerkte ich gar, daß die Schleppe ihres Kleides naß war, so hielt ich sie für eine Wassernixe. Jetzt denke ich anders, seit ich aus der Naturgeschichte weiß, daß jene symbolischen Federn von dem dümmsten Vogel herkommen und daß die Schleppe eines Damenkleides auf sehr natürliche Weise naß werden kann. Hätte ich mit jenen Knabenaugen die erwähnte junge Schöne, in erwähnter Stellung, auf dem Brocken gesehen, so würde ich sicher gedacht haben: das ist die Fee des Berges, und sie hat eben den Zauber ausgesprochen, wodurch dort unten alles so wunderbar erscheint. Ja, in hohem Grade wunderbar erscheint uns alles beim ersten Hinabschauen vom Brocken, alle Seiten unseres Geistes empfangen neue Eindrücke, und diese, meistens verschiedenartig, sogar sich widersprechend, verbinden sich in unserer Seele zu einem großen, noch unentworrenen, unverstandenen Gefühl. Gelingt es uns, dieses Gefühl in seinem Begriffe zu erfassen, so erkennen wir den Charakter des Berges. Dieser Charakter ist ganz deutsch, sowohl in Hinsicht seiner Fehler als auch seiner Vorzüge. Der Brocken ist ein Deutscher. Mit deutscher Gründlichkeit zeigt er uns, klar und deutlich, wie ein Riesenpanorama, die vielen hundert Städte, Städtchen und Dörfer, die meistens nördlich liegen, und ringsum alle Berge, Wälder, Flüsse, Flächen, unendlich weit. Aber eben dadurch erscheint alles wie eine scharf gezeichnete, rein illuminierte Spezialkarte, nirgends wird das Auge durch eigentlich schöne Landschaften erfreut; wie es denn immer geschieht, daß wir deutschen Kompilatoren wegen der ehrlichen Genauigkeit, womit wir alles und alles hingeben wollen, nie daran denken können, das einzelne auf eine schöne Weise zu geben. Der Berg hat auch so etwas Deutschruhiges, Verständiges, Tolerantes; eben weil er die Dinge so weit und klar überschauen kann.

Und wenn solch ein Berg seine Riesenaugen öffnet, mag er wohl noch etwas mehr sehen als wir Zwerge, die wir mit unsern blöden Äuglein auf ihm herumklettern. Viele wollen zwar behaupten, der Brocken sei sehr philiströse, und Claudius sang: »Der Blocksberg ist der lange Herr Philister!« Aber das ist Irrtum. Durch seinen Kahlkopf, den er zuweilen mit einer weißen Nebelkappe bedeckt, gibt er sich zwar einen Anstrich von Philiströsität; aber wie bei manchen andern großen Deutschen geschieht es aus purer Ironie. Es ist sogar notarisch, daß der Brocken seine burschikosen, phantastischen Zeiten hat, z. B. die erste Mainacht. Dann wirft er seine Nebelkappe jubelnd in die Lüfte und wird, ebensogut wie wir übrigen, recht echtdeutsch romantisch verrückt.

Ich suchte gleich die schöne Dame in ein Gespräch zu verflechten: denn Naturschönheiten genießt man erst recht, wenn man sich auf der Stelle darüber aussprechen kann. Sie war nicht geistreich, aber aufmerksam sinnig. Wahrhaft vornehme Formen. Ich meine nicht die gewöhnliche, steife, negative Vornehmheit, die genau weiß, was unterlassen werden muß, sondern jene seltnere, freie, positive Vornehmheit, die uns genau sagt, was wir tun dürfen, und die uns bei aller Unbefangenheit die höchste gesellige Sicherheit gibt. Ich entwickelte, zu meiner eigenen Verwunderung, viele geographische Kenntnisse, nannte der wißbegierigen Schönen alle Namen der Städte, die vor uns lagen, suchte und zeigte ihr dieselben auf meiner Landkarte, die ich über den Steintisch, der in der Mitte der Turmplatte steht, mit echter Dozentenmiene ausbreitete. Manche Stadt konnte ich nicht finden, vielleicht weil ich mehr mit den Fingern suchte als mit den Augen, die sich unterdessen auf dem Gesicht der holden Dame orientierten und dort schönere Partien fanden als »Schierke« und »Elend«. Dieses Gesicht gehörte zu denen, die nie reizen, selten entzücken und immer gefallen. Ich liebe solche Gesichter, weil sie mein schlimmbewegtes Herz zur Ruhe lächeln. In welchem Verhältnis der kleine Herr, der die Damen begleitete, zu denselben stehen mochte, konnte ich nicht erraten. Es war eine dünne, merkwürdige Figur. Ein Köpfchen, sparsam bedeckt mit grauen Härchen, die über die kurze Stirn bis an die grünlichen Libellenaugen reichten, die runde Nase weit hervortretend, dagegen Mund und Kinn sich wieder ängstlich nach den Ohren zurückziehend. Dieses Gesichtchen schien aus einem zarten, gelblichen Tone zu bestehen, woraus die Bildhauer ihre ersten Modelle kneten; und wenn die schmalen Lippen zusammenkniffen, zogen sich über die Wangen einige tausend halbkreisartige, feine Fältchen. Der kleine Mann sprach kein Wort, und nur, wenn die ältere Dame ihm etwas Freundliches zuflüsterte, lächelte er wie ein Mops, der den Schnupfen hat.

Jene ältere Dame war die Mutter der jüngeren, und auch sie besaß die vornehmsten Formen. Ihr Auge verriet einen krankhaft schwärmerischen Tiefsinn, um ihren Mund lag strenge Frömmigkeit, doch schien mir's, als ob er einst sehr schön gewesen sei und viel gelacht und viele Küsse empfangen und viele erwidert habe. Ihr Gesicht glich einem Codex palimpsestus, wo, unter der neuschwarzen Mönchsschrift eines Kirchenvatertextes, die halberloschenen Verse eines altgriechischen Liebesdichters hervorlauschen. Beide Damen waren mit ihrem Begleiter dieses Jahr in Italien gewesen und erzählten mir allerlei Schönes von Rom, Florenz und Venedig. Die Mutter erzählte viel von den Raffaelschen Bildern in der Peterskirche; die Tochter sprach mehr von der Oper im Theater Fenice.

Derweilen wir sprachen, begann es zu dämmern; die Luft wurde noch kälter, die Sonne neigte sich tiefer, und die Turmplatte füllte sich mit Studenten, Handwerksburschen und einigen ehrsamen Bürgerleuten samt deren Ehefrauen und Töchtern, die alle den Sonnenuntergang sehen wollten. Es ist ein erhabener Anblick, der die Seele zum Gebet stimmt. Wohl eine Viertelstunde standen alle ernsthaft schweigend und sahen, wie der schöne Feuerball im Westen allmählich versank; die Gesichter wurden vom Abendrot angestrahlt, die Hände falteten sich unwillkürlich; es war, als ständen wir, eine stille Gemeinde, im Schiffe eines Riesendoms und der Priester erhöbe jetzt den Leib des Herrn und von der Orgel herab ergösse sich Palestrinas ewiger Choral.

Während ich so in Andacht versunken stehe, höre ich, daß neben mir jemand ausruft: »Wie ist die Natur doch im allgemeinen so schön!« Diese Worte kamen aus der gefühlvollen Brust meines Zimmergenossen, des jungen Kaufmanns. Ich gelangte dadurch wieder zu meiner Werkeltagsstimmung, war jetzt imstande, den Damen über den Sonnenuntergang recht viel Artiges zu sagen und sie ruhig, als wäre nichts passiert, nach ihrem Zimmer zu führen. Sie erlaubten mir auch, sie noch eine Stunde zu unterhalten. Wie die Erde selbst drehte sich unsre Unterhaltung um die Sonne. Die Mutter äußerte, die in Nebel versinkende Sonne habe ausgesehen wie eine rotglühende Rose, die der galante Himmel herabgeworfen in den weit ausgebreiteten, weißen Brautschleier seiner geliebten Erde. Die Tochter lächelte und meinte, der öftere Anblick solcher Naturerscheinungen schwäche ihren Eindruck. Die Mutter berichtigte diese falsche Meinung durch eine Stelle aus Goethes Reisebriefen und frug mich, ob ich den »Werther« gelesen. Ich glaube, wir sprachen auch von Angorakatzen, etruskischen Vasen, türkischen Schals, Makkaroni und Lord Byron, aus dessen Gedichten die ältere Dame einige Sonnenuntergangsstellen, recht hübsch lispelnd und seufzend, rezitierte. Der jüngern Dame, die kein Englisch verstand und jene Gedichte kennenlernen wollte, empfahl ich die Übersetzungen meiner schönen, geistreichen Landsmännin, der Baronin Elise von Hohenhausen, bei welcher Gelegenheit ich nicht ermangelte, wie ich gegen junge Damen zu tun pflege, über Byrons Gottlosigkeit, Lieblosigkeit, Trostlosigkeit, und der Himmel weiß, was noch mehr, zu eifern. Nach diesem Geschäfte ging ich noch auf dem Brocken spazieren; denn ganz dunkel wird es dort nie. Der Nebel war nicht stark, und ich betrachtete die Umrisse der beiden Hügel, die man den Hexenaltar und die Teufelskanzel nennt. Ich schoß meine Pistolen ab, doch es gab kein Echo. Plötzlich aber höre ich bekannte Stimmen und fühle mich umarmt und geküßt. Es waren meine Landsleute, die Göttingen vier Tage später verlassen hatten und bedeutend erstaunt waren, mich ganz allein auf dem Blocksberge wiederzufinden. Da gab es ein Erzählen und Verwundern und Verabreden, ein Lachen und Erinnern, und im Geiste waren wir wieder in unserem gelehrten Sibirien, wo die Kultur so groß ist, daß die Bären in den Wirtshäusern angebunden werden und die Zobel dem Jäger guten Abend wünschen.

Im großen Zimmer wurde eine Abendmahlzeit gehalten. Ein langer Tisch mit zwei Reihen hungriger Studenten. Im Anfange gewöhnliches Universitätsgespräch: Duelle, Duelle und wieder Duelle. Die Gesellschaft bestand meistens aus Hallensern, und Halle wurde daher Hauptgegenstand der Unterhaltung. Die Fensterscheiben des Hofrats Schütz wurden exegetisch beleuchtet. Dann erzählte man, daß die letzte Cour bei dem König von Zypern sehr glänzend gewesen sei, daß er einen natürlichen Sohn erwählt, daß er sich eine lichtensteinsche Prinzessin ans linke Bein antrauen lassen, daß er die Staatsmätresse abgedankt und daß das ganze gerührte Ministerium vorschriftmäßig geweint habe. Ich brauche wohl nicht zu erwähnen, daß sich dieses auf hallesche Bierwürden bezieht. Hernach kamen die zwei Chinesen aufs Tapet, die sich vor zwei Jahren in Berlin sehen ließen und jetzt in Halle zu Privatdozenten der chinesischen Ästhetik abgerichtet werden. Nun wurden Witze gerissen. Man setzte den Fall, ein Deutscher ließe sich in China für Geld sehen; und zu diesem Zwecke wurde ein Anschlagzettel geschmiedet, worin die Mandarinen Tsching-Tschang-Tschung und Hi-Ha-Ho begutachteten, daß es ein echter Deutscher sei, worin ferner seine Kunststücke aufgerechnet wurden, die hauptsächlich in Philosophieren, Tabakrauchen und Geduld bestanden, und worin noch schließlich bemerkt wurde, daß man um zwölf Uhr, welches die Fütterungsstunde sei, keine Hunde mitbringen dürfe, indem diese dem armen Deutschen die besten Brocken wegzuschnappen pflegten.

Ein junger Burschenschafter, der kürzlich zur Purifikation in Berlin gewesen, sprach viel von dieser Stadt, aber sehr einseitig. Er hatte Wisotzki und das Theater besucht; beide beurteilte er falsch. »Schnell fertig ist die Jugend mit dem Wort« usw. Er sprach von Garderobeaufwand, Schauspieler- und Schauspielerinnenskandal usw. Der junge Mensch wußte nicht, daß, da in Berlin überhaupt der Schein der Dinge am meisten gilt, was schon die allgemeine Redensart »man so duhn« hinlänglich andeutet, dieses Scheinwesen auf den Brettern erst recht florieren muß und daß daher die Intendanz am meisten zu sorgen hat für die »Farbe des Barts, womit eine Rolle gespielt wird«, für die Treue der Kostüme, die von beeidigten Historikern vorgezeichnet und von wissenschaftlich gebildeten Schneidern genäht werden. Und das ist notwendig. Denn trüge mal Maria Stuart eine Schürze, die schon zum Zeitalter der Königin Anna gehört, so würde gewiß der Bankier Christian Gumpel sich mit Recht beklagen, daß ihm dadurch alle Illusion verlorengehe; und hätte mal Lord Burleigh aus Versehen die Hosen von Heinrich IV. angezogen, so würde gewiß die Kriegsrätin von Steinzopf, geb. Lilientau, diesen Anachronismus den ganzen Abend nicht aus den Augen lassen. Solche täuschende Sorgfalt der Generalintendanz erstreckt sich aber nicht bloß auf Schürzen und Hosen, sondern auch auf die darin verwickelten Personen. So soll künftig der Othello von einem wirklichen Mohren gespielt werden, den Professor Lichtenstein schon zu diesem Behufe aus Afrika verschrieben hat; in »Menschenhaß und Reue« soll künftig die Eulalia von einem wirklich verlaufenen Weibsbilde, der Peter von einem wirklich dummen Jungen und der Unbekannte von einem wirklich geheimen Hahnrei gespielt werden, die man alle drei nicht erst aus Afrika zu verschreiben braucht. Hatte nun obenerwähnter junger Mensch die Verhältnisse des Berliner Schauspiels schlecht begriffen, so merkte er noch viel weniger, daß die Spontinische Janitscharenoper, mit ihren Pauken, Elefanten, Trompeten und Tamtams, ein heroisches Mittel ist, um unser erschlafftes Volk kriegerisch zu stärken, ein Mittel, das schon Plato und Cicero staatspfiffig empfohlen haben. Am allerwenigsten begriff der junge Mensch die diplomatische Bedeutung des Balletts. Mit Mühe zeigte ich ihm, wie in Hoguets Füßen mehr Politik sitzt als in Buchholz' Kopf, wie alle seine Tanztouren diplomatische Verhandlungen bedeuten, wie jede seiner Bewegungen eine politische Beziehung habe, so z. B., daß er unser Kabinett meint, wenn er, sehnsüchtig vorgebeugt, mit den Händen weit ausgreift; daß er den Bundestag meint, wenn er sich hundertmal auf einem Fuße herumdreht, ohne vom Fleck zu kommen; daß er die kleinen Fürsten im Sinne hat, wenn er wie mit gebundenen Beinen herumtrippelt; daß er das europäische Gleichgewicht bezeichnet, wenn er wie ein Trunkener hin und her schwankt; daß er einen Kongreß andeutet, wenn er die gebogenen Arme knäuelartig ineinander verschlingt; und endlich, daß er unsern allzu großen Freund im Osten darstellt, wenn er in allmählicher Entfaltung sich in die Höhe hebt, in dieser Stellung lange ruht und plötzlich in die erschrecklichsten Sprünge ausbricht. Dem jungen Manne fielen die Schuppen von den Augen, und jetzt merkte er, warum Tänzer besser honoriert werden als große Dichter, warum das Ballett beim diplomatischen Korps ein unerschöpflicher Gegenstand des Gesprächs ist und warum oft eine schöne Tänzerin noch privatim von dem Minister unterhalten wird, der sich gewiß Tag und Nacht abmüht, sie für sein politisches Systemchen empfänglich zu machen. Beim Apis! wie groß ist die Zahl der exoterischen und wie klein die Zahl der esoterischen Theaterbesucher! Da steht das blöde Volk und gafft und bewundert Sprünge und Wendungen und studiert Anatomie in den Stellungen der Lemiere und applaudiert die Entrechats der Röhnisch und schwatzt von Grazie, Harmonie und Lenden – und keiner merkt, daß er in getanzten Chiffren das Schicksal des deutschen Vaterlandes vor Augen hat.

Während solcherlei Gespräche hin- und herflogen, verlor man doch das Nützliche nicht aus den Augen, und den großen Schüsseln, die mit Fleisch, Kartoffeln usw. ehrlich angefüllt waren, wurde fleißig zugesprochen. Jedoch das Essen war schlecht. Dieses erwähnte ich leichthin gegen meinen Nachbar, der aber, mit einem Akzente, woran ich den Schweizer erkannte, gar unhöflich antwortete, daß wir Deutschen, wie mit der wahren Freiheit, so auch mit der wahren Genügsamkeit unbekannt seien. Ich zuckte die Achseln und bemerkte, daß die eigentlichen Fürstenknechte und Leckerkramverfertiger überall Schweizer sind und vorzugsweise so genannt werden und daß überhaupt die jetzigen schweizerischen Freiheitshelden, die soviel Politisch-Kühnes ins Publikum hineinschwatzen, mir immer vorkommen wie Hasen, die auf öffentlichen Jahrmärkten Pistolen abschießen, alle Kinder und Bauern durch ihre Kühnheit in Erstaunen setzen und dennoch Hasen sind.

Der Sohn der Alpen hatte es gewiß nicht böse gemeint, »es war ein dicker Mann, folglich ein guter Mann«, sagt Cervantes. Aber mein Nachbar von der andern Seite, ein Greifswalder, war durch jene Äußerung sehr pikiert; er beteuerte, daß deutsche Tatkraft und Einfältigkeit noch nicht erloschen sei, schlug sich dröhnend auf die Brust und leerte eine ungeheure Stange Weißbier. Der Schweizer sagte: »Nu! Nu!« Doch je beschwichtigender er dieses sagte, desto eifriger ging der Greifswalder ins Geschirr. Dieser war ein Mann aus jenen Zeiten, als die Läuse gute Tage hatten und die Friseure zu verhungern fürchteten. Er trug herabhängend langes Haar, ein ritterliches Barett, einen schwarzen, altdeutschen Rock, ein schmutziges Hemd, das zugleich das Amt einer Weste versah, und darunter ein Medaillon mit einem Haarbüschel von Blüchers Schimmel. Er sah aus wie ein Narr in Lebensgröße. Ich mache mir gern einige Bewegung beim Abendessen und ließ mich daher von ihm in einen patriotischen Streit verflechten. Er war der Meinung, Deutschland müsse in dreiunddreißig Gaue geteilt werden. Ich hingegen behauptete, es müßten achtundvierzig sein, weil man alsdann ein systematischeres Handbuch über Deutschland schreiben könne und es doch notwendig sei, das Leben mit der Wissenschaft zu verbinden. Mein Greifswalder Freund war auch ein deutscher Barde, und wie er mir vertraute, arbeitete er an einem Nationalheldengedicht zur Verherrlichung Hermanns und der Hermannsschlacht. Manchen nützlichen Wink gab ich ihm für die Anfertigung dieses Epos. Ich machte ihn darauf aufmerksam, daß er die Sümpfe und Knüppelwege des Teutoburger Waldes sehr onomatopöisch durch wäßrige und holprige Verse andeuten könne und daß es eine patriotische Feinheit wäre, wenn er den Varus und die übrigen Römer lauter Unsinn sprechen ließe. Ich hoffe, dieser Kunstkniff wird ihm, ebenso erfolgreich wie andern Berliner Dichtern, bis zur bedenklichsten Illusion gelingen.

An unserem Tische wurde es immer lauter und traulicher, der Wein verdrängte das Bier, die Punschbowlen dampften, es wurde getrunken, smolliert und gesungen. Der alte Landesvater und herrliche Lieder von W. Müller, Rückert, Uhland usw. erschollen. Schöne Methfesselsche Melodien. Am allerbesten erklangen unseres Arndts deutsche Worte: »Der Gott, der Eisen wachsen ließ, der wollte keine Knechte!« Und draußen brauste es, als ob der alte Berg mitsänge, und einige schwankende Freunde behaupteten sogar, er schüttle freudig sein kahles Haupt und unser Zimmer werde dadurch hin und her bewegt. Die Flaschen wurden leerer und die Köpfe voller. Der eine brüllte, der andere fistulierte, ein dritter deklamierte aus der »Schuld«, ein vierter sprach Latein, ein fünfter predigte von der Mäßigkeit, und ein sechster stellte sich auf den Stuhl und dozierte: »Meine Herren! Die Erde ist eine runde Walze, die Menschen sind einzelne Stiftchen darauf, scheinbar arglos zerstreut; aber die Walze dreht sich, die Stiftchen stoßen hier und da an und tönen, die einen oft, die andern selten, das gibt eine wunderbare, komplizierte Musik, und diese heißt Weltgeschichte. Wir sprechen also erst von der Musik, dann von der Welt und endlich von der Geschichte; letztere aber teilen wir ein in Positiv und spanische Fliegen –« Und so ging's weiter mit Sinn und Unsinn.

Ein gemütlicher Mecklenburger, der seine Nase im Punschglase hatte und selig lächelnd den Dampf einschnupfte, machte die Bemerkung, es sei ihm zumute, als stände er wieder vor dem Theaterbüfett in Schwerin! Ein anderer hielt sein Weinglas wie ein Perspektiv vor die Augen und schien uns aufmerksam damit zu betrachten, während ihm der rote Wein über die Backen ins hervortretende Maul hinablief. Der Greifswalder, plötzlich begeistert, warf sich an meine Brust und jauchzte: »Oh, verständest du mich, ich bin ein Liebender, ich bin ein Glücklicher, ich werde wiedergeliebt, und, Gott verdamm mich! es ist ein gebildetes Mädchen, denn sie hat volle Brüste und trägt ein weißes Kleid und spielt Klavier!« – Aber der Schweizer weinte und küßte zärtlich meine Hand und wimmerte beständig: »O Bäbeli! O Bäbeli!«

In diesem verworrenen Treiben, wo die Teller tanzen und die Gläser fliegen lernten, saßen mir gegenüber zwei Jünglinge, schön und blaß wie Marmorbilder, der eine mehr dem Adonis, der andere mehr dem Apollo ähnlich. Kaum bemerkbar war der leichte Rosenhauch, den der Wein über ihre Wangen hinwarf. Mit unendlicher Liebe sahen sie sich einander an, als wenn einer lesen könnte in den Augen des andern, und in diesen Augen strahlte es, als wären einige Lichttropfen hineingefallen aus jener Schale voll lodernder Liebe, die ein frommer Engel dort oben von einem Stern zum andern hinüberträgt. Sie sprachen leise, mit sehnsuchtbebender Stimme, und es waren traurige Geschichten, aus denen ein wunderschmerzlicher Ton hervorklang. »Die Lore ist jetzt auch tot!« sagte der eine und seufzte, und nach einer Pause erzählte er von einem halleschen Mädchen, das in einen Studenten verliebt war und, als dieser Halle verließ, mit niemand mehr sprach und wenig aß und Tag und Nacht weinte und immer den Kanarienvogel betrachtete, den der Geliebte ihr einst geschenkt hatte. »Der Vogel starb, und bald darauf ist auch die Lore gestorben!« so schloß die Erzählung, und beide Jünglinge schwiegen wieder und seufzten, als wollte ihnen das Herz zerspringen. Endlich sprach der andere: »Meine Seele ist traurig! Komm mit hinaus in die dunkle Nacht! Einatmen will ich den Hauch der Wolken und die Strahlen des Mondes. Genosse meiner Wehmut! ich liebe dich, deine Worte tönen wie Rohrgeflüster, wie gleitende Ströme, sie tönen wider in meiner Brust, aber meine Seele ist traurig!«

Nun erhoben sich die beiden Jünglinge, einer schlang den Arm um den Nacken des andern, und sie verließen das tosende Zimmer. Ich folgte ihnen nach und sah, wie sie in eine dunkle Kammer traten, wie der eine, statt des Fensters, einen großen Kleiderschrank öffnete, wie beide vor demselben, mit sehnsüchtig ausgestreckten Armen, stehenblieben und wechselweise sprachen. »Ihr Lüfte der dämmernden Nacht!« rief der erste, »wie erquickend kühlt ihr meine Wangen! Wie lieblich spielt ihr mit meinen flatternden Locken! Ich steh auf des Berges wolkigem Gipfel, unter mir liegen die schlafenden Städte der Menschen und blinken die blauen Gewässer. Horch! dort unten im Tale rauschen die Tannen! Dort über die Hügel ziehen, in Nebelgestalten, die Geister der Väter. Oh, könnt ich mit euch jagen, auf dem Wolkenroß, durch die stürmische Nacht, über die rollende See, zu den Sternen hinauf! Aber ach! ich bin beladen mit Leid, und meine Seele ist traurig!« – Der andere Jüngling hatte ebenfalls seine Arme sehnsuchtsvoll nach dem Kleiderschrank ausgestreckt, Tränen stürzten aus seinen Augen, und zu einer gelbledernen Hose, die er für den Mond hielt, sprach er mit wehmütiger Stimme: »Schön bist du, Tochter des Himmels! Holdselig ist deines Antlitzes Ruhe! Du wandelst einher in Lieblichkeit! Die Sterne folgen deinen blauen Pfaden im Osten. Bei deinem Anblick erfreuen sich die Wolken, und es lichten sich ihre düstern Gestalten. Wer gleicht dir am Himmel, Erzeugte der Nacht? Beschämt in deiner Gegenwart sind die Sterne und wenden ab die grünfunkelnden Augen. Wohin, wenn des Morgens dein Antlitz erbleicht, entfliehst du von deinem Pfade? Hast du gleich mir deine Halle? Wohnst du im Schatten der Wehmut? Sind deine Schwestern vom Himmel gefallen? Sie, die freudig mit dir die Nacht durchwallten, sind sie nicht mehr? Ja, sie fielen herab, o schönes Licht, und du verbirgst dich oft, sie zu betrauern. Doch einst wird kommen die Nacht, und du, auch du bist vergangen und hast deine blauen Pfade dort oben verlassen. Dann erheben die Sterne ihre grünen Häupter, die einst deine Gegenwart beschämt, sie werden sich freuen. Doch jetzt bist du gekleidet in deiner Strahlenpracht und schaust herab aus den Toren des Himmels. Zerreißt die Wolken, o Winde, damit die Erzeugte der Nacht hervorzuleuchten vermag und die buschigen Berge erglänzen und das Meer seine schäumenden Wogen rolle in Licht!«

Ein wohlbekannter, nicht sehr magerer Freund, der mehr getrunken als gegessen hatte, obgleich er auch heute abend, wie gewöhnlich, eine Portion Rindfleisch verschlungen, wovon sechs Gardeleutnants und ein unschuldiges Kind satt geworden wären, dieser kam jetzt in allzu gutem Humor, das heißt ganz en Schwein, vorbeigerannt, schob die beiden elegischen Freunde etwas unsanft in den Schrank hinein, polterte nach der Haustüre und wirtschaftete draußen ganz mörderlich. Der Lärm im Saal wurde auch immer verworrener und dumpfer. Die beiden Jünglinge im Schranke jammerten und wimmerten, sie lägen zerschmettert am Fuße des Berges; aus dem Hals strömte ihnen der edle Rotwein, sie überschwemmten sich wechselseitig, und der eine sprach zum andern: »Lebe wohl! Ich fühle, daß ich verblute. Warum weckst du mich, Frühlingsluft? Du buhlst und sprichst: Ich betaue dich mit Tropfen des Himmels. Doch die Zeit meines Welkens ist nahe, nahe der Sturm, der meine Blätter herabstört! Morgen wird der Wanderer kommen, kommen, der mich sah in meiner Schönheit, ringsum wird sein Auge im Felde mich suchen und wird mich nicht finden.« – Aber alles übertobte die wohlbekannte Baßstimme, die draußen vor der Türe, unter Fluchen und Jauchzen, sich gottlästerlich beklagte, daß auf der ganzen dunkeln Weenderstraße keine einzige Laterne brenne und man nicht einmal sehen könne, bei wem man die Fensterscheiben eingeschmissen habe.

Ich kann viel vertragen – die Bescheidenheit erlaubt mir nicht, die Bouteillenzahl zu nennen –, und ziemlich gut konditioniert gelangte ich nach meinem Schlafzimmer. Der junge Kaufmann lag schon im Bette, mit seiner kreideweißen Nachtmütze und safrangelben Jacke von Gesundheitsflanell. Er schlief noch nicht und suchte ein Gespräch mit mir anzuknüpfen. Er war ein Frankfurt-am-Mainer, und folglich sprach er gleich von den Juden, die alles Gefühl für das Schöne und Edle verloren haben und die englischen Waren 25 Prozent unter dem Fabrikpreise verkaufen. Es ergriff mich die Lust, ihn etwas zu mystifizieren; deshalb sagte ich ihm, ich sei ein Nachtwandler und müsse im voraus um Entschuldigung bitten, für den Fall, daß ich ihn etwa im Schlafe stören möchte. Der arme Mensch hat deshalb, wie er mir den andern Tag gestand, die ganze Nacht nicht geschlafen, da er die Besorgnis hegte, ich könnte mit meinen Pistolen, die vor meinem Bette lagen, im Nachtwandlerzustande ein Malheur anrichten. Im Grunde war es mir nicht viel besser als ihm gegangen, ich hatte sehr schlecht geschlafen. Wüste, beängstigende Phantasiegebilde. Ein Klavierauszug aus Dantes »Hölle«. Am Ende träumte mir gar, ich sähe die Aufführung einer juristischen Oper, die »Falcidia« geheißen, erbrechtlicher Text von Gans und Musik von Spontini. Ein toller Traum. Das römische Forum leuchtete prächtig, Serv. Asinius Göschenus als Prätor auf seinem Stuhle, die Toga in stolze Falten werfend, ergoß sich in polternden Rezitativen; Marcus Tullius Elversus, als Primadonna legataria, all seine holde Weiblichkeit offenbarend, sang die liebeschmelzende Bravourarie »Quicunque civis romanus«; ziegelrot geschminkte Referendarien brüllten als Chor der Unmündigen; Privatdozenten, als Genien in fleischfarbigen Trikot gekleidet, tanzten ein antejustinianeisches Ballett und bekränzten mit Blumen die zwölf Tafeln; unter Donner und Blitz stieg aus der Erde der beleidigte Geist der römischen Gesetzgebung, hierauf Posaunen, Feuerregen, cum omni causa.

Aus diesem Lärmen zog mich der Brockenwirt, indem er mich weckte, um den Sonnenaufgang anzusehen. Auf dem Turm fand ich schon einige Harrende, die sich die frierenden Hände rieben, andere, noch den Schlaf in den Augen, taumelten herauf. Endlich stand die stille Gemeinde von gestern abend wieder ganz versammelt, und schweigend sahen wir, wie am Horizonte die kleine karmoisinrote Kugel emporstieg, eine winterlich dämmernde Beleuchtung sich verbreitete, die Berge wie in einem weißwallenden Meere schwammen und bloß die Spitzen derselben sichtbar hervortraten, so daß man auf einem kleinen Hügel zu stehen glaubte, mitten auf einer überschwemmten Ebene, wo nur hier und da eine trokkene Erdscholle hervortritt. Um das Gesehene und Empfundene in Worten festzuhalten, zeichnete ich folgendes Gedicht:

Heller wird es schon im Osten
Durch der Sonne kleines Glimmen,
Weit und breit die Bergesgipfel
In dem Nebelmeere schwimmen.

Hätt ich Siebenmeilenstiefel,
Lief' ich mit der Hast des Windes,
Über jene Bergesgipfel,
Nach dem Haus des lieben Kindes.

Von dem Bettchen, wo sie schlummert,
Zög ich leise die Gardinen,
Leise küßt' ich ihre Stirne,
Leise ihres Munds Rubinen.

Und noch leiser wollt' ich flüstern
In die kleinen Lilienohren:
»Denk im Traum, daß wir uns lieben,
Und daß wir uns nie verloren.«

Indessen, meine Sehnsucht nach einem Frühstück war ebenfalls groß, und nachdem ich meinen Damen einige Höflichkeiten gesagt, eilte ich hinab, um in der warmen Stube Kaffee zu trinken. Es tat not; in meinem Magen sah es so nüchtern aus wie in der Goslarschen Stephanskirche. Aber mit dem arabischen Trank rieselte mir auch der warme Orient durch die Glieder, östliche Rosen umdufteten mich, süße Bulbullieder erklangen, die Studenten verwandelten sich in Kamele, die Brockenhausmädchen, mit ihren Congrevischen Blicken, wurden zu Huris, die Philisternasen wurden Minaretts usw.

Das Buch, das neben mir lag, war aber nicht der Koran. Unsinn enthielt es freilich genug. Es war das sogenannte Brockenbuch, worin alle Reisende, die den Berg erstiegen, ihre Namen schreiben und die meisten noch einige Gedanken und, in Ermangelung derselben, ihre Gefühle hinzunotieren. Viele drücken sich sogar in Versen aus. In diesem Buche sieht man, welche Greuel entstehen, wenn der große Philistertroß bei gebräuchlichen Gelegenheiten, wie hier auf dem Brocken, sich vorgenommen hat, poetisch zu werden. Der Palast des Prinzen von Pallagonia enthält keine so große Abgeschmacktheiten wie dieses Buch, wo besonders hervorglänzen die Herren Akziseeinnehmer mit ihren verschimmelten Hochgefühlen, die Kontorjünglinge mit ihren pathetischen Seelenergüssen, die altdeutschen Revolutionsdilettanten mit ihren Turngemeinplätzen, die Berliner Schullehrer mit ihren verunglückten Entzückungsphrasen usw. Herr Johannes Hagel will sich auch mal als Schriftsteller zeigen. Hier wird des Sonnenaufgangs majestätische Pracht beschrieben; dort wird geklagt über schlechtes Wetter, über getäuschte Erwartungen, über den Nebel, der alle Aussicht versperrt. »Benebelt heraufgekommen und benebelt hinuntergegangen!« ist ein stehender Witz, der hier von Hunderten nachgerissen wird.

Das ganze Buch riecht nach Käse, Bier und Tabak; man glaubt, einen Roman von Clauren zu lesen.

Während ich nun besagtermaßen Kaffee trank und im Brockenbuche blätterte, trat der Schweizer mit hochroten Wangen herein, und voller Begeisterung erzählte er von dem erhabenen Anblick, den er oben auf dem Turm genossen, als das reine, ruhige Licht der Sonne, Sinnbild der Wahrheit, mit den nächtlichen Nebelmassen gekämpft, daß es ausgesehen habe wie eine Geisterschlacht, wo zürnende Riesen ihre langen Schwerter ausstrecken, geharnischte Ritter, auf bäumenden Rossen, einherjagen, Streitwagen, flatternde Banner, abenteuerliche Tierbildungen aus dem wildesten Gewühle hervortauchen, bis endlich alles in den wahnsinnigsten Verzerrungen zusammenkräuselt, blasser und blasser zerrinnt und spurlos verschwindet. Diese demagogische Naturerscheinung hatte ich versäumt, und ich kann, wenn es zur Untersuchung kommt, eidlich versichern, daß ich von nichts weiß als vom Geschmack des guten braunen Kaffees. Ach, dieser war sogar schuld, daß ich meine schöne Dame vergessen, und jetzt stand sie vor der Tür, mit Mutter und Begleiter, im Begriff, den Wagen zu besteigen. Kaum hatte ich noch Zeit, hinzueilen und ihr zu versichern, daß es kalt sei. Sie schien unwillig, daß ich nicht früher gekommen; doch ich glättete bald die mißmutigen Falten ihrer schönen Stirn, indem ich ihr eine wunderliche Blume schenkte, die ich den Tag vorher, mit halsbrechender Gefahr, von einer steilen Felsenwand gepflückt hatte. Die Mutter verlangte den Namen der Blume zu wissen, gleichsam als ob sie es unschicklich fände, daß ihre Tochter eine fremde, unbekannte Blume vor die Brust stecke – denn wirklich, die Blume erhielt diesen beneidenswerten Platz, was sie sich gewiß gestern auf ihrer einsamen Höhe nicht träumen ließ. Der schweigsame Begleiter öffnete jetzt auf einmal den Mund, zählte die Staubfäden der Blume und sagte ganz trocken: »Sie gehört zur achten Klasse.«

Es ärgert mich jedesmal, wenn ich sehe, daß man auch Gottes liebe Blumen, ebenso wie uns, in Kasten geteilt hat, und nach ähnlichen Äußerlichkeiten, nämlich nach Staubfädenverschiedenheit. Soll doch mal eine Einteilung stattfinden, so folge man dem Vorschlage Theophrasts, der die Blumen mehr nach dem Geiste, nämlich nach ihrem Geruch, einteilen wollte. Was mich betrifft, so habe ich in der Naturwissenschaft mein eigenes System, und demnach teile ich alles ein: in dasjenige, was man essen kann, und in dasjenige, was man nicht essen kann.

Jedoch der ältern Dame war die geheimnisvolle Natur der Blumen nichts weniger als verschlossen, und unwillkürlich äußerte sie, daß sie von den Blumen, wenn sie noch im Garten oder im Topfe wachsen, recht erfreut werde, daß hingegen ein leises Schmerzgefühl, traumhaft beängstigend, ihre Brust durchzittere, wenn sie eine abgebrochene Blume sehe – da eine solche doch eigentlich eine Leiche sei und so eine gebrochene, zarte Blumenleiche ihr welkes Köpfchen recht traurig herabhängen lasse, wie ein totes Kind. Die Dame war fast erschrocken über den trüben Widerschein ihrer Bemerkung, und es war meine Pflicht, denselben mit einigen Voltaireschen Versen zu verscheuchen. Wie doch ein paar französische Worte uns gleich in die gehörige Konvenienzstimmung zurückversetzen können! Wir lachten, Hände wurden geküßt, huldreich wurde gelächelt, die Pferde wieherten, und der Wagen holperte, langsam und beschwerlich, den Berg hinunter.

Nun machten auch die Studenten Anstalt zum Abreisen, die Ranzen wurden geschnürt, die Rechnungen, die über alle Erwartung billig ausfielen, berichtigt; die empfänglichen Hausmädchen, auf deren Gesichtern die Spuren glücklicher Liebe, brachten, wie gebräuchlich ist, die Brokkensträußchen, halfen solche auf die Mützen befestigen, wurden dafür mit einigen Küssen oder Groschen honoriert, und so stiegen wir alle den Berg hinab, indem die einen, wobei der Schweizer und Greifswalder, den Weg nach Schierke einschlugen und die andern, ungefähr zwanzig Mann, wobei auch meine Landsleute und ich, angeführt von einem Wegweiser, durch die sogenannten Schneelöcher hinabzogen nach Ilsenburg.

Das ging über Hals und Kopf. Hallesche Studenten marschieren schneller als die östreichische Landwehr. Ehe ich mich dessen versah, war die kahle Partie des Berges mit den darauf zerstreuten Steingruppen schon hinter uns, und wir kamen durch einen Tannenwald, wie ich ihn den Tag vorher gesehen. Die Sonne goß schon ihre festlichsten Strahlen herab und beleuchtete die humoristisch buntgekleideten Burschen, die so munter durch das Dickicht drangen, hier verschwanden, dort wieder zum Vorschein kamen, bei Sumpfstellen über die quergelegten Baumstämme liefen, bei abschüssigen Tiefen an den rankenden Wurzeln kletterten, in den ergötzlichsten Tonarten emporjohlten und ebenso lustige Antwort zurückerhielten von den zwitschernden Waldvögeln, von den rauschenden Tannen, von den unsichtbar plätschernden Quellen und von dem schallenden Echo. Wenn frohe Jugend und schöne Natur zusammenkommen, so freuen sie sich wechselseitig.

Je tiefer wir hinabstiegen, desto lieblicher rauschte das unterirdische Gewässer, nur hier und da, unter Gestein und Gestrippe, blinkte es hervor und schien heimlich zu lauschen, ob es ans Licht treten dürfe, und endlich kam eine kleine Welle entschlossen hervorgesprungen. Nun zeigt sich die gewöhnliche Erscheinung: ein Kühner macht den Anfang, und der große Troß der Zagenden wird plötzlich, zu seinem eigenen Erstaunen, von Mut ergriffen und eilt, sich mit jenem ersten zu vereinigen. Eine Menge anderer Quellen hüpften jetzt hastig aus ihrem Versteck, verbanden sich mit der zuerst hervorgesprungenen, und bald bildeten sie zusammen ein schon bedeutendes Bächlein, das in unzähligen Wasserfällen und in wunderlichen Windungen das Bergtal hinabrauscht. Das ist nun die Ilse, die liebliche, süße Ilse. Sie zieht sich durch das gesegnete Ilsetal, an dessen beiden Seiten sich die Berge allmählich höher erheben, und diese sind, bis zu ihrem Fuße, meistens mit Buchen, Eichen und gewöhnlichem Blattgesträuche bewachsen, nicht mehr mit Tannen und anderm Nadelholz. Denn jene Blätterholzart wird vorherrschend auf dem »Unterharze«, wie man die Ostseite des Brockens nennt, im Gegensatz zur Westseite desselben, die der »Oberharz« heißt und wirklich viel höher ist und also auch viel geeigneter zum Gedeihen der Nadelhölzer.

Es ist unbeschreibbar, mit welcher Fröhlichkeit, Naivität und Anmut die Ilse sich hinunterstürzt über die abenteuerlich gebildeten Felsstücke, die sie in ihrem Laufe findet, so daß das Wasser hier wild emporzischt oder schäumend überläuft, dort aus allerlei Steinspalten, wie aus tollen Gießkannen, in reinen Bögen sich ergießt und unten wieder über die kleinen Steine hintrippelt wie ein munteres Mädchen. Ja, die Sage ist wahr, die Ilse ist eine Prinzessin, die lachend und blühend den Berg hinabläuft. Wie blinkt im Sonnenschein ihr weißes Schaumgewand! Wie flattern im Winde ihre silbernen Busenbänder! Wie funkeln und blitzen ihre Diamanten! Die hohen Buchen stehen dabei gleich ernsten Vätern, die verstohlen lächelnd dem Mutwillen des lieblichen Kindes zusehen; die weißen Birken bewegen sich tantenhaft vergnügt und doch zugleich ängstlich über die gewagten Sprünge; der stolze Eichbaum schaut drein wie ein verdrießlicher Oheim, der das schöne Wetter bezahlen soll; die Vögelein in den Lüften jubeln ihren Beifall, die Blumen am Ufer flüstern zärtlich: »Oh, nimm uns mit, nimm uns mit, lieb Schwesterchen!« – aber das lustige Mädchen springt unaufhaltsam weiter, und plötzlich ergreift sie den träumenden Dichter, und es strömt auf mich herab ein Blumenregen von klingenden Strahlen und strahlenden Klängen, und die Sinne vergehen mir vor lauter Herrlichkeit, und ich höre nur noch die flötensüße Stimme:

»Ich bin die Prinzessin Ilse,
Und wohne im Ilsenstein;
Komm mit nach meinem Schlosse,
Wir wollen selig sein.

Dein Haupt will ich benetzen
Mit meiner klaren Well',
Du sollst deine Schmerzen vergessen,
Du sorgenkranker Gesell!

In meinen weißen Armen,
An meiner weißen Brust,
Da sollst du liegen und träumen
Von alter Märchenlust.

Ich will dich küssen und herzen,
Wie ich geherzt und geküßt

Den lieben Kaiser Heinrich,
Der nun gestorben ist.

Es bleiben tot die Toten,
Und nur der Lebendige lebt;
Und ich bin schön und blühend,
Mein lachendes Herze bebt.

Und bebt mein Herz dort unten,
So klingt mein kristallenes Schloß,
Es tanzen die Fräulein und Ritter,
Es jubelt der Knappentroß.

Es rauschen die seidenen Schleppen,
Es klirren die Eisenspor'n,
Die Zwerge trompeten und pauken,
Und fiedeln und blasen das Horn.

Doch dich soll mein Arm umschlingen,
Wie er Kaiser Heinrich umschlang;
Ich hielt ihm zu die Ohren,
Wenn die Trompet' erklang.«

Unendlich selig ist das Gefühl, wenn die Erscheinungswelt mit unserer Gemütswelt zusammenrinnt und grüne Bäume, Gedanken, Vögelgesang, Wehmut, Himmelsbläue, Erinnerung und Kräuterduft sich in süßen Arabesken verschlingen. Die Frauen kennen am besten dieses Gefühl, und darum mag auch ein so holdselig ungläubiges Lächeln um ihre Lippen schweben, wenn wir mit Schulstolz unsere logischen Taten rühmen, wie wir alles so hübsch eingeteilt in objektiv und subjektiv, wie wir unsere Köpfe apothekenartig mit tausend Schubladen versehen, wo in der einen Vernunft, in der andern Verstand, in der dritten Witz, in der vierten schlechter Witz und in der fünften gar nichts, nämlich die Idee, enthalten ist.

Wie im Traume fortwandelnd, hatte ich fast nicht bemerkt, daß wir die Tiefe des Ilsetales verlassen und wieder bergauf stiegen. Dies ging sehr steil und mühsam, und mancher von uns kam außer Atem. Doch wie unser seliger Vetter, der zu Mölln begraben liegt, dachten wir im voraus ans Bergabsteigen und waren um so vergnügter. Endlich gelangten wir auf den Ilsenstein.

Das ist ein ungeheurer Granitfelsen, der sich lang und keck aus der Tiefe erhebt. Von drei Seiten umschließen ihn die hohen, waldbedeckten Berge, aber die vierte, die Nordseite, ist frei, und hier schaut man das unten liegende Ilsenburg und die Ilse, weit hinab ins niedere Land. Auf der turmartigen Spitze des Felsens steht ein großes, eisernes Kreuz, und zur Not ist da noch Platz für vier Menschenfüße.

Wie nun die Natur, durch Stellung und Form, den Ilsenstein mit phantastischen Reizen geschmückt, so hat auch die Sage ihren Rosenschein darüber ausgegossen. Gottschalk berichtet: »Man erzählt, hier habe ein verwünschtes Schloß gestanden, in welchem die reiche, schöne Prinzessin Ilse gewohnt, die sich noch jetzt jeden Morgen in der Ilse bade; und wer so glücklich ist, den rechten Zeitpunkt zu treffen, werde von ihr in den Felsen, wo ihr Schloß sei, geführt und königlich belohnt!« Andere erzählen von der Liebe des Fräuleins Ilse und des Ritters von Westenberg eine hübsche Geschichte, die einer unserer bekanntesten Dichter romantisch in der »Abendzeitung« besungen hat. Andere wieder erzählen anders: Es soll der altsächsische Kaiser Heinrich gewesen sein, der mit Ilse, der schönen Wasserfee, in ihrer verzauberten Felsenburg die kaiserlichsten Stunden genossen. Ein neuerer Schriftsteller, Herr Niemann, Wohlgeb., der ein Harzreisebuch geschrieben, worin er die Gebirgshöhen, Abweichungen der Magnetnadel, Schulden der Städte und dergleichen mit löblichem Fleiße und genauen Zahlen angegeben, behauptet indes: »Was man von der schönen Prinzessin Ilse erzählt, gehört dem Fabelreiche an.« So sprechen alle diese Leute, denen eine solche Prinzessin niemals erschienen ist, wir aber, die wir von schönen Damen besonders begünstigt werden, wissen das besser. Auch Kaiser Heinrich wußte es. Nicht umsonst hingen die altsächsischen Kaiser so sehr an ihrem heimischen Harze. Man blättere nur in der hübschen »Lüneburger Chronik«, wo die guten alten Herren in wunderlich treuherzigen Holzschnitten abkonterfeit sind, wohlgeharnischt, hoch auf ihrem gewappneten Schlachtroß, die heilige Kaiserkrone auf dem teuren Haupte, Zepter und Schwert in festen Händen; und auf den lieben, knebelbärtigen Gesichtern kann man deutlich lesen, wie oft sie sich nach den süßen Herzen ihrer Harzprinzessinnen und dem traulichen Rauschen der Harzwälder zurücksehnten, wenn sie in der Fremde weilten, wohl gar in dem zitronen- und giftreichen Welschland, wohin sie und ihre Nachfolger so oft verlockt wurden von dem Wunsche, römische Kaiser zu heißen, einer echtdeutschen Titelsucht, woran Kaiser und Reich zugrunde gingen.

Ich rate aber jedem, der auf der Spitze des Ilsensteins steht, weder an Kaiser und Reich noch an die schöne Ilse, sondern bloß an seine Füße zu denken. Denn als ich dort stand, in Gedanken verloren, hörte ich plötzlich die unterirdische Musik des Zauberschlosses, und ich sah, wie sich die Berge ringsum auf die Köpfe stellten und die roten Ziegeldächer zu Ilsenburg anfingen zu tanzen und die grünen Bäume in der blauen Luft herumflogen, daß es mir blau und grün vor den Augen wurde und ich sicher, vom Schwindel erfaßt, in den Abgrund gestürzt wäre, wenn ich mich nicht, in meiner Seelennot, ans eiserne Kreuz festgeklammert hätte. Daß ich, in so mißlicher Stellung, dieses letztere getan habe, wird mir gewiß niemand verdenken.

Die »Harzreise« ist und bleibt Fragment, und die bunten Fäden, die so hübsch hineingesponnen sind, um sich im Ganzen harmonisch zu verschlingen, werden plötzlich, wie von der Schere der unerbittlichen Parze, abgeschnitten. Vielleicht verwebe ich sie weiter in künftigen Liedern, und was jetzt kärglich verschwiegen ist, wird alsdann vollauf gesagt. Am Ende kommt es auch auf eins heraus, wann und wo man etwas ausgesprochen hat, wenn man es nur überhaupt einmal ausspricht. Mögen die einzelnen Werke immerhin Fragmente bleiben, wenn sie nur in ihrer Vereinigung ein Ganzes bilden. Durch solche Vereinigung mag hier und da das Mangelhafte ergänzt, das Schroffe ausgeglichen und das Allzuherbe gemildert werden. Dieses würde vielleicht schon bei den ersten Blättern der »Harzreise« der Fall sein, und sie könnten wohl einen minder sauern Eindruck hervorbringen, wenn man anderweitig erführe, daß der Unmut, den ich gegen Göttingen im allgemeinen hege, obschon er noch größer ist, als ich ihn ausgesprochen, doch lange nicht so groß ist wie die Verehrung, die ich für einige Individuen dort empfinde. Und warum sollte ich es verschweigen: Ich meine hier ganz besonders jenen viel teueren Mann, der schon in frühern Zeiten sich so freundlich meiner annahm, mir schon damals eine innige Liebe für das Studium der Geschichte einflößte, mich späterhin in dem Eifer für dasselbe bestärkte und dadurch meinen Geist auf ruhigere Bahnen führte, meinem Lebensmute heilsamere Richtungen anwies und mir überhaupt jene historischen Tröstungen bereitete, ohne welche ich die qualvollen Erscheinungen des Tages nimmermehr ertragen würde. Ich spreche von Georg Sartorius, dem großen Geschichtsforscher und Menschen, dessen Auge ein klarer Stern ist in unserer dunkeln Zeit und dessen gastliches Herz offensteht für alle fremde Leiden und Freuden, für die Besorgnisse des Bettlers und des Königs und für die letzten Seufzer untergehender Völker und ihrer Götter.

Ich kann nicht umhin, hier ebenfalls anzudeuten, daß der Oberharz, jener Teil des Harzes, den ich bis zum Anfang des Ilsetals beschrieben habe, bei weitem keinen so erfreulichen Anblick wie der romantisch malerische Unterharz gewährt und in seiner wildschroffen, tannendüstern Schönheit gar sehr mit demselben kontrastiert; so wie ebenfalls die drei von der Ilse, von der Bode und von der Selke gebildeten Täler des Unterharzes gar anmutig untereinander kontrastieren, wenn man den Charakter jedes Tales zu personifizieren weiß. Es sind drei Frauengestalten, wovon man nicht so leicht zu entscheiden vermag, welche die schönste sei.

Von der lieben, süßen Ilse, und wie süß und lieblich sie mich empfangen, habe ich schon gesagt und gesungen. Die düstere Schöne, die Bode, empfing mich nicht so gnädig, und als ich sie im schmiededunkeln Rübeland zuerst erblickte, schien sie gar mürrisch und verhüllte sich in einen silbergrauen Regenschleier. Aber mit rascher Liebe warf sie ihn ab, als ich auf die Höhe der Roßtrappe gelangte, ihr Antlitz leuchtete mir entgegen in sonnigster Pracht, aus allen Zügen hauchte eine kolossale Zärtlichkeit, und aus der bezwungenen Felsenbrust drang es hervor wie Sehnsuchtseufzer und schmelzende Laute der Wehmut. Minder zärtlich, aber fröhlicher, zeigte sich mir die schöne Selke, die schöne, liebenswürdige Dame, deren edle Einfalt und heitre Ruhe alle sentimentale Familiarität entfernt hält, die aber doch durch ein halbverstecktes Lächeln ihren nekkenden Sinn verrät; und diesem möchte ich es wohl zuschreiben, daß mich im Selketal gar mancherlei kleines Ungemach heimsuchte, daß ich, indem ich über das Wasser springen wollte, just in die Mitte hineinplumpste, daß nachher, als ich das nasse Fußzeug mit Pantoffeln vertauscht hatte, einer derselben mir abhanden oder vielmehr abfüßen kam, daß mir ein Windstoß die Mütze entführte, daß mir Walddorne die Beine zerfetzten, und leider so weiter. Doch all dieses Ungemach verzeihe ich gern der schönen Dame, denn sie ist schön. Und jetzt steht sie vor meiner Einbildung mit all ihrem stillen Liebreiz und scheint zu sagen: »Wenn ich auch lache, so meine ich es doch gut mit Ihnen, und ich bitte Sie, besingen Sie mich.« Die herrliche Bode tritt ebenfalls hervor in meiner Erinnerung, und ihr dunkles Auge spricht: »Du gleichst mir im Stolz und im Schmerze, und ich will, daß du mich liebst.« Auch die schöne Ilse kommt herangesprungen, zierlich und bezaubernd in Miene, Gestalt und Bewegung; sie gleicht ganz dem holden Wesen, das meine Träume beseligt, und ganz wie sie schaut sie mich an, mit unwiderstehlicher Gleichgültigkeit und doch zugleich so innig, so ewig, so durchsichtig wahr – Nun, ich bin Paris, die drei Göttinnen stehen vor mir, und den Apfel gebe ich der schönen Ilse.

Es ist heute der erste Mai; wie ein Meer des Lebens ergießt sich der Frühling über die Erde, der weiße Blütenschaum bleibt an den Bäumen hängen, ein weiter, warmer Nebelglanz verbreitet sich überall; in der Stadt blitzen freudig die Fensterscheiben der Häuser, an den Dächern bauen die Spatzen wieder ihre Nestchen, auf der Straße wandeln die Leute und wundern sich, daß die Luft so angreifend und ihnen selbst so wunderlich zumute ist; die bunten Vierlanderinnen bringen Veilchensträußer; die Waisenkinder, mit ihren blauen Jäckchen und ihren lieben, unehelichen Gesichtchen, ziehen über den Jungfernstieg und freuen sich, als sollten sie heute einen Vater wiederfinden; der Bettler an der Brücke schaut so vergnügt, als hätte er das Große Los gewonnen; sogar den schwarzen, noch ungehenkten Makler, der dort mit seinem spitzbübischen Manufakturwarengesicht einherläuft, bescheint die Sonne mit ihren tolerantesten Strahlen – ich will hinauswandern vor das Tor.

Es ist der erste Mai, und ich denke deiner, du schöne Ilse – oder soll ich dich »Agnes« nennen, weil dir dieser Name am besten gefällt? –, ich denke deiner, und ich möchte wieder zusehen, wie du leuchtend den Berg hinabläufst. Am liebsten aber möchte ich unten im Tale stehen und dich auffangen in meine Arme. – Es ist ein schöner Tag! Überall sehe ich die grüne Farbe, die Farbe der Hoffnung. Überall, wie holde Wunder, blühen hervor die Blumen, und auch mein Herz will wieder blühen. Dieses Herz ist auch eine Blume, eine gar wunderliche. Es ist kein bescheidenes Veilchen, keine lachende Rose, keine reine Lilie oder sonstiges Blümchen, das mit artiger Lieblichkeit den Mädchensinn erfreut und sich hübsch vor den hübschen Busen stecken läßt und heute welkt und morgen wieder blüht. Dieses Herz gleicht mehr jener schweren, abenteuerlichen Blume aus den Wäldern Brasiliens, die der Sage nach alle hundert Jahre nur einmal blüht. Ich erinnere mich, daß ich als Knabe eine solche Blume gesehen. Wir hörten in der Nacht einen Schuß wie von einer Pistole, und am folgenden Morgen erzählten mir die Nachbarskinder, daß es ihre Aloe gewesen, die mit solchem Knalle plötzlich aufgeblüht sei. Sie führten mich in ihren Garten, und da sah ich zu meiner Verwunderung, daß das niedrige, harte Gewächs mit den närrisch breiten, scharfgezackten Blättern, woran man sich leicht verletzen konnte, jetzt ganz in die Höhe geschossen war und oben, wie eine goldene Krone, die herrlichste Blüte trug. Wir Kinder konnten nicht mal so hoch hinaufsehen, und der alte, schmunzelnde Christian, der uns liebhatte, baute eine hölzerne Treppe um die Blume herum, und da kletterten wir hinauf wie die Katzen, und schauten neugierig in den offenen Blumenkelch, woraus die gelben Strahlenfäden und wildfremden Düfte mit unerhörter Pracht hervordrangen.

Ja, Agnes, oft und leicht kommt dieses Herz nicht zum Blühen; soviel ich mich erinnere, hat es nur ein einziges Mal geblüht, und das mag schon lange her sein, gewiß schon hundert Jahr. Ich glaube, so herrlich auch damals seine Blüte sich entfaltete, so mußte sie doch aus Mangel an Sonnenschein und Wärme elendiglich verkümmern, wenn sie nicht gar von einem dunkeln Wintersturme gewaltsam zerstört worden. Jetzt aber regt und drängt es sich wieder in meiner Brust, und hörst du plötzlich den Schuß – Mädchen, erschrick nicht! ich hab mich nicht totgeschossen, sondern meine Liebe sprengt ihre Knospe und schießt empor in strahlenden Liedern, in ewigen Dithyramben, in freudigster Sangesfülle.

Ist dir aber diese hohe Liebe zu hoch, Mädchen, so mach es dir bequem und besteige die hölzerne Treppe und schaue von dieser hinab in mein blühendes Herz.

Es ist noch früh am Tage, die Sonne hat kaum die Hälfte ihres Weges zurückgelegt, und mein Herz duftet schon so stark, daß es mir betäubend zu Kopfe steigt, daß ich nicht mehr weiß, wo die Ironie aufhört und der Himmel anfängt, daß ich die Luft mit meinen Seufzern bevölkere und daß ich selbst wieder zerrinnen möchte in süße Atome, in die unerschaffene Gottheit; – wie soll das erst gehen, wenn es Nacht wird und die Sterne am Himmel erscheinen, »die unglücksel'gen Sterne, die dir sagen können – –«

Es ist der erste Mai, der lumpigste Ladenschwengel hat heute das Recht, sentimental zu werden, und dem Dichter wolltest du es verwehren?

Die Nordsee

1825 – 1826

Meergruß

Thalatta! Thalatta!
Sei mir gegrüßt, du ewiges Meer!
Sei mir gegrüßt zehntausendmal,
Aus jauchzendem Herzen,
Wie einst dich begrüßten
Zehntausend Griechenherzen,
Unglückbekämpfende, heimatverlangende,
Weltberühmte Griechenherzen.

Es wogten die Fluten,
Sie wogten und brausten,
Die Sonne goß eilig herunter
Die spielenden Rosenlichter,
Die aufgescheuchten Möwenzüge
Flatterten fort, lautschreiend,
Es stampften die Rosse, es klirrten die Schilde,
Und weithin erscholl es, wie Siegesruf:
Thalatta! Thalatta!

Sei mir gegrüßt, du ewiges Meer!
Wie Sprache der Heimat rauscht mir dein Wasser,
Wie Träume der Kindheit seh ich es flimmern
Auf deinem wogenden Wellengebiet,
Und alte Erinnrung erzählt mir aufs neue
Von all dem lieben, herrlichen Spielzeug,
Von all den blinkenden Weihnachtsgaben,
Von all den roten Korallenbäumen,
Goldfischchen, Perlen und bunten Muscheln,
Die du geheimnisvoll bewahrst,
Dort unten im klaren Kristallhaus.

Oh! wie hab ich geschmachtet in öder Fremde!
Gleich einer welken Blume
In des Botanikers blecherner Kapsel,
Lag mir das Herz in der Brust.
Mir ist, als saß ich winterlange,
Ein Kranker, in dunkler Krankenstube,
Und nun verlaß ich sie plötzlich,
Und blendend strahlt mir entgegen
Der smaragdene Frühling, der sonnengeweckte,
Und es rauschen die weißen Blütenbäume,
Und die jungen Blumen schauen mich an,
Mit bunten, duftenden Augen,
Und es duftet und summt, und atmet und lacht,
Und im blauen Himmel singen die Vöglein –
Thalatta! Thalatta!

Du tapferes Rückzugherz!
Wie oft, wie bitteroft

Bedrängten dich des Nordens Barbarinnen!
Aus großen, siegenden Augen
Schossen sie brennende Pfeile;
Mit krummgeschliffenen Worten
Drohten sie mir die Brust zu spalten;
Mit Keilschriftbilletts zerschlugen sie mir
Das arme, betäubte Gehirn –

Vergebens hielt ich den Schild entgegen,
Die Pfeile zischten, die Hiebe krachten,
Und von des Nordens Barbarinnen
Ward ich gedrängt bis ans Meer,
Und frei aufatmend begrüß ich das Meer,
Das liebe, rettende Meer –
Thalatta! Thalatta!

Was ich über Italien denke, werden Sie daher spät oder früh gedruckt lesen. Der Mangel an Kenntnis der italienischen Sprache quält mich sehr. Ich versteh die Leute nicht und kann nicht mit ihnen sprechen. Ich sehe Italien, aber ich höre es nicht. Dennoch bin ich oft nicht ganz ohne Unterhaltung. Hier sprechen die Steine, und ich verstehe ihre stumme Sprache. Auch sie scheinen tief zu fühlen, was ich denke. So eine abgebrochene Säule aus der Römerzeit, so ein zerbröckelter Langobardenturm, so ein verwittertes gotisches Pfeilerstück versteht mich recht gut. Bin ich doch selbst eine Ruine, die unter Ruinen wandelt. Gleich und gleich versteht sich schon. Manchmal zwar wollen mir die alten Paläste etwas Heimliches zuflüstern, ich kann sie nicht hören vor dem dumpfen Tagesgeräusch; dann komme ich des Nachts wieder, und der Mond ist ein guter Dolmetsch, der den Lapidarstil versteht und in den Dialekt meines Herzens zu übersetzen weiß. Ja, des Nachts kann ich Italien ganz verstehen, dann schläft das junge Volk mit seiner jungen Opernsprache, und die Alten steigen aus ihren kühlen Betten und sprechen mit mir das schönste Latein. Es hat etwas Gespenstisches, wenn man nach einem Lande kommt, wo man die lebende Sprache und das lebende Volk nicht versteht und statt dessen ganz genau die Sprache kennt, die vor einem Jahrtausend dort geblüht und, längst verstorben, nur noch von mitternächtlichen Geistern geredet wird, eine tote Sprache.

An Eduard von Schenk,
Livorno, 27. August 1828

Ich hatte mir vorgenommen, über die Großartigkeit Londons, wovon ich soviel gehört, nicht zu erstaunen. Aber es ging mir wie dem armen Schulknaben, der sich vornahm, die Prügel, die er empfangen sollte, nicht zu fühlen. Die Sache bestand eigentlich in dem Umstande, daß er die gewöhnlichen Hiebe mit dem gewöhnlichen Stocke, wie gewöhnlich, auf dem Rücken erwartete und statt dessen eine ungewöhnliche Tracht Schläge auf einem ungewöhnlichen Platze mit einem dünnen Röhrchen empfing. Ich erwartete große Paläste und sah nichts als lauter kleine Häuser. Aber eben die Gleichförmigkeit derselben und ihre unabsehbare Menge imponierte so gewaltig.

Diese Häuser von Ziegelsteinen bekommen durch feuchte Luft und Kohlendampf gleiche Farbe, nämlich bräunliches Olivengrün; sie sind alle von derselben Bauart, gewöhnlich zwei oder drei Fenster breit, drei hoch und oben mit kleinen roten Schornsteinen geziert, die wie blutig ausgerissene Zähne aussehen, dergestalt, daß die breiten, regelrechten Straßen, die sie bilden, nur zwei unendlich lange kasernenartige Häuser zu sein scheinen. Dieses hat wohl seinen Grund in dem Umstande, daß jede englische Familie, und bestände sie auch nur aus zwei Personen, dennoch ein ganzes Haus, ihr eignes Kastell, bewohnen will und reiche Spekulanten, solchem Bedürfnis entgegenkommend, ganze Straßen bauen, worin sie die Häuser einzeln wieder verhökern. In den Hauptstraßen der City, demjenigen Teil Londons, wo der Sitz des Handels und der Gewerke, wo noch altertümliche Gebäude zwischen den neuen zerstreut sind und wo auch die Vorderseiten der Häuser mit ellenlangen Namen und Zahlen, gewöhnlich goldig und relief, bis ans Dach bedeckt sind, da ist jene charakteristische Einförmigkeit der Häuser nicht so auffallend, um so weniger, da das Auge des Fremden unaufhörlich beschäftigt wird durch den wunderbaren Anblick neuer und schöner Gegenstände, die an den Fenstern der Kaufläden ausgestellt sind. Nicht bloß diese Gegenstände selbst machen den größten Effekt, weil der Engländer alles, was er verfertigt, auch vollendet liefert und jeder Luxusartikel, jede Astrallampe und jeder Stiefel, jede Teekanne und jeder Weiberrock uns so finished und einladend entgegenglänzt, sondern auch die Kunst der Aufstellung, Farbenkontrast und Mannigfaltigkeit gibt den englischen Kaufläden einen eignen Reiz; selbst die alltäglichsten Lebensbedürfnisse erscheinen in einem überraschenden Zauberglanze, gewöhnliche Eßwaren locken uns durch ihre neue Beleuchtung, sogar rohe Fische liegen so wohlgefällig appretiert, daß uns der regenbogenfarbige Glanz ihrer Schuppen ergötzt, rohes Fleisch liegt wie gemalt auf saubern, bunten Porzellantellerchen, mit lachender Petersilie umkränzt, ja alles erscheint uns wie gemalt und mahnt uns an die glänzenden und doch so bescheidenen Bilder des Franz Mieris. Nur die Menschen sind nicht so heiter wie auf diesen holländischen Gemälden, mit den ernsthaftesten Gesichtern verkaufen sie die lustigsten Spielsachen, und Zuschnitt und Farbe ihrer Kleidung ist gleichförmig wie ihre Häuser.

Auf der entgegengesetzten Seite Londons, die man das Westende nennt, the west of the town, und wo die vornehmere und minder beschäftigte Welt lebt, ist jene Einförmigkeit noch vorherrschender; doch gibt es hier ganze lange, gar breite Straßen, wo alle Häuser groß wie Paläste, aber äußerlich nichts weniger als ausgezeichnet sind, außer daß man hier, wie an allen nicht ganz ordinären Wohnhäusern Londons, die Fenster der ersten Etage mit eisengittrigen Balkonen verziert sieht und auch rez de chaussée ein schwarzes Gitterwerk findet, wodurch eine in die Erde gegrabene Kellerwohnung geschützt wird. Auch findet man in diesem Teile der Stadt große Squares: Reihen von Häusern gleich den oben beschriebenen, die ein Viereck bilden, in dessen Mitte ein von schwarzem Eisengitter verschlossener Garten mit irgendeiner Statue befindlich ist. Auf allen diesen Plätzen und Straßen wird das Auge des Fremden nirgends beleidigt von baufälligen Hütten des Elends. Überall starrt Reichtum und Vornehmheit, und hineingedrängt in abgelegene Gäßchen und dunkle, feuchte Gänge wohnt die Armut mit ihren Lumpen und ihren Tränen.

Der Fremde, der die großen Straßen Londons durchwandert und nicht just in die eigentlichen Pöbelquartiere gerät, sieht daher nichts oder sehr wenig von dem vielen Elend, das in London vorhanden ist. Nur hie und da, am Eingang eines dunklen Gäßchens, steht schweigend ein zerfetztes Weib, mit einem Säugling an der abgehärmten Brust, und bettelt mit den Augen. Vielleicht, wenn diese Augen noch schön sind, schaut man einmal hinein – und erschrickt ob der Welt von Jammer, die man darin geschaut hat. Die gewöhnlichen Bettler sind alte Leute, meistens Mohren, die an den Straßenecken stehen und, was im kotigen London sehr nützlich ist, einen Pfad für Fußgänger kehren und dafür eine Kupfermünze verlangen. Die Armut in Gesellschaft des Lasters und des Verbrechens schleicht erst des Abends aus ihren Schlupfwinkeln. Sie scheut das Tageslicht um so ängstlicher, je grauenhafter ihr Elend kontrastiert mit dem Übermute des Reichtums, der überall hervorprunkt; nur der Hunger treibt sie manchmal um Mittagszeit aus dem dunkeln Gäßchen, und da steht sie mit stummen, sprechenden Augen und starrt flehend empor zu dem reichen Kaufmann, der geschäftig-geldklimpernd vorübereilt, oder zu dem müßigen Lord, der, wie ein satter Gott, auf hohem Roß einherreitet und auf das Menschengewühl unter ihm dann und wann einen gleichgültig vornehmen Blick wirft, als wären es winzige Ameisen oder doch nur ein Haufen niedriger Geschöpfe, deren Lust und Schmerz mit seinen Gefühlen nichts gemein hat – denn über dem Menschengesindel, das am Erdboden festklebt, schwebt Englands Nobility wie Wesen höherer Art, die das kleine England nur als ihr Absteigequartier, Italien als ihren Sommergarten, Paris als ihren Gesellschaftssaal, ja die ganze Welt als ihr Eigentum betrachten. Ohne Sorgen und ohne Schranken schweben sie dahin, und ihr Gold ist ein Talisman, der ihre tollsten Wünsche in Erfüllung zaubert.

Arme Armut! wie peinigend muß dein Hunger sein, dort, wo andre im höhnenden Überflusse schwelgen! Und hat man dir auch mit gleichgültiger Hand eine Brotkruste in den Schoß geworfen, wie bitter müssen die Tränen sein, womit du sie erweichst! Du vergiftest dich mit deinen eignen Tränen. Wohl hast du recht, wenn du dich zu dem Laster und dem Verbrechen gesellst. Ausgestoßene Verbrecher tragen oft mehr Menschlichkeit im Herzen als jene kühlen, untadelhaften Staatsbürger der Tugend, in deren bleichen Herzen die Kraft des Bösen erloschen ist, aber auch die Kraft des Guten. Und gar das Laster ist nicht immer Laster. Ich habe Weiber gesehen, auf deren Wangen das rote Laster gemalt war, und in ihrem Herzen wohnte himmlische Reinheit. Ich habe Weiber gesehen – ich wollt', ich sähe sie wieder! –

Englische Fragmente,
1828

Der Ort, wo dieses Gespräch stattfand, heißt Bogenhausen oder Neuburghausen oder Villa Hompesch oder Montgelasgarten oder das Schlössel, ja man braucht ihn nicht einmal zu nennen, wenn man von München dort hinfahren will, der Kutscher versteht uns schon an einem gewissen durstigen Augenblinzeln, an einem gewissen vorseligen Kopfnicken und ähnlichen Bezeichnungsgrimassen. Tausend Ausdrücke hat der Araber für ein Schwert, der Franzose für die Liebe, der Engländer für das Hängen, der Deutsche für das Trinken und der neuere Athener sogar für die Orte, wo er trinkt. Das Bier ist an besagtem Orte wirklich sehr gut, selbst im Prytaneum, vulgo Bockkeller, ist es nicht besser, es schmeckt ganz vortrefflich, besonders auf jener Treppenterrasse, wo man die Tiroler Alpen vor Augen hat. Ich saß dort oft vorigen Winter und betrachtete die schneebedeckten Berge, die, glänzend in der Sonnenbeleuchtung, aus eitel Silber gegossen zu sein schienen. Es war damals auch Winter in meiner Seele, Gedanken und Gefühle waren wie eingeschneit, es war mir so verdorrt und tot zumute, dazu kam die leidige Politik, die Trauer um ein liebes gestorbenes Kind und ein alter Nachärger und der Schnupfen. Außerdem trank ich viel Bier, weil man mir versicherte, das gäbe leichtes Blut. Doch der beste attische Breihahn wollte nicht fruchten bei mir, der ich mich in England schon an Porter gewöhnt hatte.

Endlich kam der Tag, wo alles ganz anders wurde. Die Sonne brach hervor aus dem Himmel und tränkte die Erde, das alte Kind, mit ihrer Strahlenmilch, die Berge schauerten vor Lust und ihre Schneetränen flossen gewaltig, es krachten und brachen die Eisdecken der Seen, die Erde schlug die blauen Augen auf, aus ihrem Busen quollen hervor die liebenden Blumen und die klingenden Wälder, die grünen Paläste der Nachtigallen, die ganze Natur lächelte, und dieses Lächeln hieß Frühling. Da begann auch in mir ein neuer Frühling, neue Blumen sproßen aus dem Herzen, Freiheitsgefühle, wie Rosen, schossen hervor, auch heimliches Sehnen wie junge Veilchen, dazwischen freilich manch unnütze Nessel. Über die Gräber meiner Wünsche zog die Hoffnung wieder ihr heiteres Grün, auch die Melodien der Poesie kamen wieder wie Zugvögel, die den Winter im warmen Süden verbracht und das verlassene Nest im Norden wieder aufsuchen, und das verlassene nordische Herz klang und blühte wieder wie vormals – nur weiß ich nicht, wie das alles kam. Ist es eine braune oder blonde Sonne gewesen, die den Frühling in meinem Herzen aufs neue geweckt und all die schlafenden Blumen in diesem Herzen wieder aufgeküßt und die Nachtigallen wieder hineingelächelt? War es die wahlverwandte Natur selbst, die in meiner Brust ihr Echo suchte und sich gern darin bespiegelte mit ihrem neuen Frühlingsglanz? Ich weiß nicht, aber ich glaube, auf der Terrasse zu Bogenhausen, im Angesicht der Tiroler Alpen, geschah meinem Herzen solch neue Verzauberung. Wenn ich dort in Gedanken saß, war mir's oft, als sehe ich ein wunderschönes Jünglingsantlitz über jene Berge hervorlauschen, und ich wünschte mir Flügel, um hinzueilen nach seinem Residenzland Italien. Ich fühlte mich auch oft angeweht von Zitronen- und Orangendüften, die von den Bergen herüberwogten, schmeichelnd und verheißend, um mich hinzulokken nach Italien. Einst sogar, in der goldenen Abenddämmerung, sah ich auf der Spitze einer Alpe ihn ganz und gar, lebensgroß, den jungen Frühlingsgott, Blumen und Lorbeeren umkränzten das freudige Haupt, und mit lachendem Auge und blühendem Munde rief er: »Ich liebe dich, komm zu mir nach Italien!«

Verona, die uralte, weltberühmte Stadt, gelegen auf beiden Seiten der Etsch, war immer gleichsam die erste Station für die germanischen Wandervölker, die ihre kaltnordischen Wälder verließen und über die Alpen stiegen, um sich im güldenen Sonnenschein des lieblichen Italiens zu erlustigen. Einige zogen weiter hinab, anderen gefiel es schon gut genug am Orte selbst, und sie machten es sich heimatlich bequem und zogen seidne Hausgewänder an und ergingen sich friedlich unter Blumen und Zypressen, bis neue Ankömmlinge, die noch ihre frischen Eisenkleider anhatten, aus dem Norden kamen und sie verdrängten – eine Geschichte, die sich oft wiederholte und von den Historikern die Völkerwanderung genannt wird. Wandelt man jetzt durch das Weichbild Veronas, so findet man überall die abenteuerlichen Spuren jener Tage sowie auch die Spuren der älteren und der späteren Zeiten...
– Aber reise nur nicht im Anfang August, wo man des Tags von der Sonne gebraten und des Nachts von den Flöhen verzehrt wird. Auch rate ich dir, mein lieber Leser, von Verona nach Mailand nicht mit dem Postwagen zu fahren.

Indessen eine Merkwürdigkeit Mailands, die in jeder Hinsicht die größte ist, kann ich nicht unerwähnt lassen – das ist der Dom.

In der Ferne scheint es, als sei er aus weißem Postpapier geschnitzelt, und in der Nähe erschrickt man, daß dieses Schnitzwerk aus unwiderlegbarem Marmor besteht. Die unzähligen Heiligenbilder, die das ganze Gebäude bedecken, die überall unter den gotischen Krondächlein hervorgucken und oben auf allen Spitzen gepflanzt stehen, dieses steinerne Volk verwirrt einem fast die Sinne. Betrachtet man das ganze Werk etwas länger, so findet man es doch recht hübsch, kolossal niedlich, ein Spielzeug für Riesenkinder. Im mitternächtlichen Mondschein gewährt es noch den besten Anblick, dann kommen all die weißen Steinmenschen aus ihrer wimmelnden Höhe herabgestiegen und gehen mit einem über die Piazza und flüstern einem alte Geschichten ins Ohr, putzig heilige, ganz geheime Geschichten von Galeazzo Visconti, der den Dombau begonnen, und von Napoleon Buonaparte, der ihn späterhin fortgesetzt.

Reisebilder. Reise von München nach Genua, 1829

Neuer Frühling

1844

Verdroßnen Sinn im kalten Herzen hegend,
Reis ich verdrießlich durch die kalte Welt,
Zu Ende geht der Herbst, ein Nebel hält
Feuchteingehüllt die abgestorbne Gegend.

Die Winde pfeifen, hin und her bewegend
Das rote Laub, das von den Bäumen fällt,
Es seufzt der Wald, es dampft das kahle Feld,
Nun kommt das Schlimmste noch, es regnet.

Himmel grau und wochentäglich!
Auch die Stadt ist noch dieselbe!
Und noch immer blöd und kläglich
Spiegelt sie sich in der Elbe.

Lange Nasen, noch langweilig
Werden sie wie sonst geschneuzet,
Und das duckt sich noch scheinheilig,
Oder bläht sich, stolz gespreizet.

Schöner Süden, wie verehr ich
Deinen Himmel, deine Götter,
Seit ich diesen Menschenkehricht
Wiederseh, und dieses Wetter!

Neue Gedichte

1844

Wandere!

Wenn dich ein Weib verraten hat,
So liebe flink eine andre;
Noch besser wär es, du ließest die Stadt –
Schnüre den Ranzen und wandre!

Du findest bald einen blauen See,
Umringt von Trauerweiden;
Hier weinst du aus dein kleines Weh
Und deine engen Leiden.

Wenn du den steilen Berg ersteigst,
Wirst du beträchtlich ächzen;
Doch wenn du den felsigen Gipfel erreichst,
Hörst du die Adler krächzen.

Dort wirst du selbst ein Adler fast,
Du bist wie neugeboren,
Du fühlst dich frei, du fühlst: du hast
Dort unten nicht viel verloren.

Der Flügelschlag des Jahrhunderts

Zeitereignisse, Zeitgenossen

Wenn man Heines gesamte Prosaschriften, aus denen wir hier nur eine schmale Auswahl geben können, betrachtet, gewinnt man den Eindruck, er schreibt buchstäblich über alles. *Er widmet ganze Seiten den vergänglichsten Tagesinteressen und manchmal nur wenige Zeilen den wichtigsten Fragen: Das hat oft ganz äußerliche Gründe. Heine kann nur selten das schreiben, was er* will, *sondern das, was man von ihm* verlangt. *Er nennt sich gern und zu Recht Dichter, aber sein bürgerlicher Beruf ist der eines Journalisten. Der größte Teil der Prosa ist ursprünglich Korrespondenz für seine Zeitung, von der er Honorar bekommt. Das bedeutet: Heine muß in erster Linie über alles berichten, was entweder die vorgesetzten Redakteure oder das lesende Publikum interessieren könnte. Demnach liegt der Stoff der Berichterstattung nicht nur in seiner Wahl, er muß sich Kürzungen und Veränderungen der Texte nach Gepflogenheit des journalistischen Berufes gefallen lassen. Die zweite Beschränkung in Heines Themenwahl ist die Zensur, die in Deutschland seit den Beschlüssen des Karlsbader Kongresses von 1819 herrscht. Überdies sind Heines Buchveröffentlichungen und seine Korrespondenzen nach Deutschland seit 1835 offiziell verboten. Die 31. Sitzung des deutschen Bundestages verhängt ihr Verdikt nicht nur über Heines bereits erschienene, sondern auch über alle seine zukünftigen Werke. »Sämtliche deutschen Regierungen übernehmen die Verpflichtung gegen die Verfasser, Verleger, Drucker und Verbreiter der Schriften aus der unter der Bezeichnung ›Das junge Deutschland‹ oder ›Die junge Litteratur‹ bekannten literarischen Schule, zu welcher namentlich Heinrich Heine . . . gehören, die Straf- und Polizeigesetze ihres Landes sowie die gegen Mißbrauch der Presse bestehenden Vorschriften nach ihrer vollen Strenge in Anwendung zu bringen, auch die Verbreitung dieser Schriften, sei es durch den Buchhandel, durch Leihbibliotheken oder auf sonstige Weise mit allen ihnen gesetzlich zu Gebote stehenden Mitteln zu verhindern«, lautet der Inhalt des Beschlusses. In Frankreich ist die Beschränkung des Wortes zwar nicht in so deutlichen Worten und Gesetzen formuliert, aber doch auch vorhanden. Heines Dilemma ist demnach diesseits und jenseits des Rheins dasselbe: Aus Zensurgründen muß er über zweitrangig wichtige Ereignisse lange Ausführungen machen und dazwischen das wirklich Wichtige verstecken. Wir haben versucht, aus der Fülle des Materials solche Passagen über Personen und Ereignisse in diesem Kapitel herauszufiltern.*

Das Bild auf Seite 359 zeigt ein Gemälde Heines als knapp Fünfzigjährigen, es stammt von François Louis Laynaud.

Webers Äußere ist nicht sehr ansprechend. Kleine Statur, ein schlechtes Untergestell und ein langes Gesicht ohne sonderlich angenehme Züge. Aber auf diesem Gesichte liegt ganz verbreitet der sinnige Ernst, die bestimmte Sicherheit und das ruhige Wollen, das uns so bedeutsam anzieht in den Gesichtern altdeutscher Meister.

Briefe aus Berlin,
1822

Goethe in Hofuniform. Getuschte, kolorierte Silhouette, 1811

Über Goethes Aussehen erschrak ich bis in tiefster Seele, das Gesicht gelb und mumienhaft, der zahnlose Mund in ängstlicher Bewegung, die ganze Gestalt ein Bild menschlicher Hinfälligkeit. Vielleicht Folge seiner letzten Krankheit. Nur sein Auge war klar und glänzend. Dieses Auge ist die einzige Merkwürdigkeit, die Weimar jetzt besitzt. Rührend war mir Goethes tiefmenschliche Besorgnis wegen meiner Gesundheit. Der selige Wolf hatte ihm davon gesprochen. In vielen Zügen erkannte ich den Goethe, dem das Leben, die Verschönerung und Erhaltung desselben, so wie das eigentlich Praktische überhaupt, das Höchste ist. Da fühlte ich erst ganz klar den Kontrast dieser Natur mit der meinigen, welcher alles Praktische unerquicklich ist, die das Leben im Grunde geringschätzt und es trotzig hingeben möchte für die Idee. Das ist ja eben der Zwiespalt in mir, daß meine Vernunft in beständigem Kampf steht mit meiner angeborenen Neigung zur Schwärmerei. Jetzt weiß ich es auch ganz genau, warum die Goethischen Schriften im Grund meiner Seele mich immer abstießen, sosehr ich sie in poetischer Hinsicht verehrte und sosehr auch meine gewöhnliche Lebensansicht mit der Goethischen Denkweise übereinstimmte. Ich liege also in wahrhaftem Kriege mit Goethe und seinen Schriften, so wie meine Lebensansichten im Krieg liegen mit meinen angeborenen Neigungen und geheimen Gemütsbewegungen. – Doch seien Sie unbesorgt, guter Christiani, diese Kriege werden sich nie äußerlich zeigen, ich werde immer zum Goethischen Freikorps gehören, und was ich schreibe, wird aus der künstlerischen Besonnenheit und nie aus tollem Enthusiasmus entstehen.

An Rudolf Christiani,
Göttingen, 26. Mai 1825

Denke ich an den großen Kaiser, so wird es in meinem Gedächtnisse wieder recht sommergrün und goldig, eine lange Lindenallee taucht blühend empor, auf den laubigen Zweigen sitzen singende Nachtigallen, der Wasserfall rauscht, auf runden Beeten stehen Blumen und bewegen traumhaft ihre schönen Häupter – ich stand mit ihnen im wunderlichen Verkehr, die geschminkten Tulpen grüßten mich bettelstolz herablassend, die nervenkranken Lilien nickten wehmütig zärtlich, die trunkenroten Rosen lachten mir schon von weitem entgegen, die Nachtviolen seufzten – mit den Myrten und Lorbeeren hatte ich damals noch keine Bekanntschaft, denn sie lockten nicht durch schimmernde Blüte, aber mit den Reseden, womit ich jetzt so schlecht stehe, war ich ganz besonders intim – Ich spreche vom Hofgarten zu Düsseldorf, wo ich oft auf dem Rasen lag und andächtig zuhörte, wenn mir Monsieur Le Grand von den Kriegstaten des großen Kaisers erzählte und dabei die Märsche schlug, die während jener

Taten getrommelt wurden, so daß ich alles lebendig sah und hörte. Ich sah den Zug über den Simplon – der Kaiser voran und hinterdreinklimmend die braven Grenadiere, während aufgescheuchtes Gevögel sein Krächzen erhebt und die Gletscher in der Ferne donnern – ich sah den Kaiser, die Fahne im Arm, auf der Brücke von Lodi – ich sah den Kaiser im grauen Mantel bei Marengo – ich sah den Kaiser zu Roß in der Schlacht bei den Pyramiden – nichts als Pulverdampf und Mamelucken – ich sah den Kaiser in der Schlacht bei Austerlitz – hui! wie pfiffen die Kugeln über die glatte Eisbahn! – ich sah, ich hörte die Schlacht bei Jena – dum, dum, dum – ich sah, ich hörte die Schlacht bei Eylau, Wagram – – – – – nein, kaum konnt ich es aushalten! Monsieur Le Grand trommelte, daß fast mein eigenes Trommelfell dadurch zerrissen wurde.

Aber wie ward mir erst, als ich ihn selber sah, mit hochbegnadigten, eigenen Augen ihn selber, Hosianna! den Kaiser.

Es war eben in der Allee des Hofgartens zu Düsseldorf. Als ich mich durch das gaffende Volk drängte, dachte ich an die Taten und Schlachten, die mir Monsieur Le Grand vorgetrommelt hatte, mein Herz schlug den Generalmarsch – und dennoch dachte ich zu gleicher Zeit an die Polizeiverordnung, daß man bei fünf Taler Strafe nicht mitten durch die Allee reiten dürfe. Und der Kaiser mit seinem Gefolge ritt mitten durch die Allee, die schauernden Bäume beugten sich vorwärts, wo er vorbeikam, die Sonnenstrahlen zitterten furchtsam neugierig durch das grüne Laub, und am blauen Himmel oben schwamm sichtbar ein goldner Stern. Der Kaiser trug seine scheinlose grüne Uniform und das kleine welthistorische Hütchen. Er ritt ein weißes Rößlein, und das ging so ruhig stolz, so sicher, so ausgezeichnet – wär ich damals Kronprinz von Preußen gewesen, ich hätte dieses Rößlein beneidet. Nachlässig, fast hängend, saß der Kaiser, die eine Hand hielt hoch den Zaum, die andere klopfte gutmütig den Hals des Pferdchens – Es war eine sonnig-marmorne Hand, eine mächtige Hand, eine von den beiden Händen, die das vielköpfige Ungeheuer der Anarchie gebändigt und den Völkerzweikampf geordnet hatten – und sie klopfte gutmütig den Hals des Pferdes. Auch das Gesicht hatte jene Farbe, die wir bei marmornen Griechen- und Römerköpfen finden, die Züge desselben waren ebenfalls edel gemessen wie die der Antiken, und auf diesem Gesichte stand geschrieben: Du sollst keine Götter haben außer mir. Ein Lächeln, das jedes Herz erwärmte und beruhigte, schwebte um die Lippen – und doch wußte man, diese Lippen brauchten nur zu pfeifen – et la Prusse n'existait plus –, diese Lippen brauchten nur zu pfeifen – und die ganze Klerisei hatte ausgeklingelt –, diese Lippen brauchten nur zu pfeifen – und das ganze Heilige Römische Reich tanzte. Und diese Lippen lächelten, und auch das Auge lächelte – Es war ein Auge, klar wie der Himmel, es konnte lesen im Herzen der Menschen, es sah rasch auf einmal alle Dinge dieser Welt, während wir anderen sie nur nacheinander und nur ihre gefärbten Schatten sehen. Die Stirne war nicht so klar, es nisteten darauf die Geister zukünftiger Schlachten, und es zuckte bisweilen über dieser Stirn, und das waren die schaffenden Gedanken, die großen Siebenmeilenstiefelgedanken, womit der Geist des Kaisers unsichtbar über die Welt hinschritt – und ich glaube, jeder dieser Gedanken hätte einem deutschen Schriftsteller, zeit seines Lebens, vollauf Stoff zum Schreiben gegeben.

Der Kaiser ritt ruhig mitten durch die Allee, kein Polizeidiener widersetzte sich ihm, hinter ihm stolz auf schnaubenden Rossen und belastet mit Gold und Geschmeide, ritt sein Gefolge, die Trommeln wirbelten, die Trompeten erklangen, neben mir drehte sich der tolle Alouisius und schnarrte die Namen seiner Generale, unferne brüllte der besoffene Gumpertz, und das Volk rief tausendstimmig: »Es lebe der Kaiser!«

Ideen. Das Buch Le Grand,
1826

Große Ereignisse werfen große Schatten. Holzschnitt von Grandville, 1844

Daß ich dem Aristokratenknecht Goethe mißfalle, ist natürlich. Sein Tadel ist ehrend, seitdem er alles Schwächliche lobt. Er fürchtet die anwachsenden Titanen. Er ist jetzt ein schwacher abgelebter Gott, den es verdrießt, daß er nichts mehr erschaffen kann.

An Moses Moser,
Lüneburg, 30. Oktober 1827

Ich habe mir streng vorgenommen, hier niemanden zu besuchen; dieses habe ich auch bis jetzt streng gehalten und noch keinen von den großen Tag- und Nachtlichtern gesehen. Daher kann ich Ihnen auch nichts über Schelling und Görres sagen. Letzterer wird täglich katholischer und wird gewiß Kardinal; Madame Görres strickt schon violette Strümpfe.

An Karl August Varnhagen von Ense,
München, 11. Februar 1828

Wer ist denn der Graf Platen, den wir im vorigen Kapitel als Dichter und warmen Freund kennenlernten? Ach, lieber Leser, diese Frage las ich schon lange auf deinem Gesichte, und nur zaudernd gehe ich an die Beantwortung. Das ist ja eben das Mißgeschick deutscher Schriftsteller, daß sie jeden guten oder bösen Narren, den sie aufs Tapet bringen, erst durch trockne Charakterschilderung und Personalbeschreibung bekannt machen müssen, damit man erstens wisse, daß er existiert, und zweitens den Ort kenne, wo die Geißel ihn trifft, ob unten oder oben, vorn oder hinten. Zum Besten der Literatur will ich daher jetzt vom Grafen August von Platen-Hallermünde etwas ausführlicher reden. Ich will dazu beitragen, daß er zweckmäßig bekannt und gewissermaßen berühmt werde, ich will ihn literarisch gleichsam herausfüttern, wie die Irokesen tun mit den Gefangenen, die sie bei späteren Festmahlen verspeisen wollen. Ich werde ganz treu ehrlich verfahren und überaus höflich, wie es einem Bürgerlichen ziemt, ich werde das Materielle, das sogenannt Persönliche, nur insoweit berühren, als sich geistige Erscheinungen dadurch erklären lassen, und ich werde immer ganz genau den Standpunkt, von wo aus ich ihn sah, und sogar manchmal die Brille, wodurch ich ihn sah, angeben.

Der Standpunkt, von wo ich den Grafen Platen zuerst gewahrte, war

August Graf von Platen-Hallermünde. Zeitgenössischer Stich

München, der Schauplatz seiner Bestrebungen, wo er, bei allen, die ihn kennen, sehr berühmt ist und wo er gewiß, solange er lebt, unsterblich sein wird. Die Brille, wodurch ich ihn sah, gehörte einigen Insassen Münchens, die über seine äußere Erscheinung dann und wann, in heiteren Stunden, ein heiteres Wort hinwarfen. Ich habe ihn selbst nie gesehen, und wenn ich mir seine Person denken will, erinnere ich mich immer an die drollige Wut, womit einmal mein Freund, der Doktor Lautenbacher, über Poetennarrheit im allgemeinen loszog und insbesondere eines Grafen Platen erwähnte, der, mit einem Lorbeerkranze auf dem Kopfe, sich auf der öffentlichen Promenade zu Erlangen den Spaziergängern in den Weg stellte und, mit der bebrillten Nase gen Himmel starrend, in poetischer Begeisterung zu sein vorgab. Andere haben besser von dem armen Grafen gesprochen und beklagten nur seine beschränkten Mittel, die ihn bei seinem Ehrgeiz, sich wenigstens als ein Dichter auszuzeichnen, über die Gebühr zum Fleiße nötigten, und sie lobten besonders seine Zuvorkommenheit gegen Jüngere, bei denen er die Bescheidenheit selbst gewesen sei, indem er mit der liebreichsten Demut ihre Erlaubnis erbeten, dann und wann zu ihnen aufs Zimmer kommen zu dürfen, und sogar die Gutmütigkeit so weit getrieben habe, immer wiederzukommen, selbst wenn man ihn die Lästigkeit seiner Visiten aufs deutlichste hat merken lassen. Dergleichen Erzählungen haben mich gewissermaßen gerührt, obgleich ich diesen Mangel an Personalbeifall sehr natürlich fand. Vergebens klagte oft der Graf:

»Deine blonde Jugend, süßer Knabe,
Verschmäht den melancholischen Genossen.
So will in Scherz ich mich ergehn, in Possen,
Anstatt ich jetzt mich bloß an Tränen labe,
Und um der Fröhlichkeit mir fremde Gabe
Hab ich den Himmel anzuflehn beschlossen.«

Vergebens versicherte der arme Graf, daß er einst der berühmteste Dichter werde, daß schon der Schatten eines Lorbeerblattes auf seiner Stirne sichtbar sei, daß er seine süßen Knaben ebenfalls unsterblich machen könne, durch unvergängliche Gedichte. Ach! eben diese Zelebrität war keinem lieb, und in der Tat, sie war keine beneidenswerte. Ich erinnere mich noch, mit welchem unterdrückten Lächeln ein Kandidat solcher Zelebrität von einigen lustigen Freunden, unter den Arkaden zu München, betrachtet wurde. Ein scharfsichtiger Bösewicht meinte sogar, er sähe zwischen den Rockschößen desselben den Schatten eines Lorbeerblattes. Was mich betrifft, lieber Leser, so bin ich nicht so boshaft, wie du denkst, ich bemitleide den armen Grafen, wenn ihn andere verhöhnen, ich zweifle, daß er sich an der verhaßten »Sitte« tätlich gerächt habe, obgleich er in seinen Liedern schmachtet, sich solcher Rache hinzugeben; ich glaube vielmehr an die verletzenden Kränkungen, beleidigenden Zurücksetzungen und Abweisungen, wovon er selbst so rührend singt. Ich bin überzeugt, er betrug sich gegen die Sitten überhaupt weit löblicher, als ihm selber lieb war, und er kann vielleicht, wie General Tilly, von sich rühmen: »Ich war nie berauscht, ich habe nie ein Weib berührt und habe nie eine Schlacht verloren.« Deshalb gewiß sagt von ihm der Dichter:

»Du bist ein nüchterner, modester Junge.«

Der arme Junge oder vielmehr der arme alte Junge – denn er hatte schon einige Lustren hinter sich – hockte damals, wenn ich nicht irre, auf der Universität in Erlangen, wo man ihm einige Beschäftigung angewiesen hatte; doch da diese seinem hochstrebenden Geiste nicht genügte, da mit den Lustren auch die Lüsternheit nach illustrer Lust ihn mehr und mehr stachelte und der Graf von seiner künftigen Herrlichkeit täglich mehr und mehr begeistert wurde, gab er jedes Geschäft auf und beschloß, von der Schriftstellerei, von gelegentlichen Gaben von oben und einigen sonstigen Verdiensten zu leben. Die Grafschaft des Grafen liegt nämlich im Monde, von wo er, wegen der schlechten Kommunikation mit Bayern, nach Gruithuisens Berechnung, erst in 20000 Jahren, wenn der Mond dieser Erde näher kommt, seine ungeheuern Revenuen beziehen kann.

Niemand in Deutschland ist gegen poetische Erzeugnisse billiger als ich, und ich gönne einem armen Menschen wie Platen sein Stückchen Ruhm, das er im Schweiße seines Angesichts so sauer erwirbt, gewiß herzlich gern. Keiner ist mehr geneigt als ich, seine Betrebungen zu rühmen, seinen Fleiß und seine Belesenheit in der Poesie zu loben und seine silbenmäßigen Verdienste anzuerkennen. Meine eignen Versuche befähigen mich, mehr als jeden andern, die metrischen Verdienste des Grafen zu würdigen. Die bittere Mühe, die unsägliche Beharrlichkeit, das winternächtliche Zähneklappern, die ingrimmigen Anstrengungen, womit er seine Verse ausgearbeitet, entdeckt unsereiner weit eher als der gewöhnliche Leser, der die Glätte, Zierlichkeit und Politur jener Verse des Grafen für etwas Leichtes hält und sich an der glatten Wortspielerei gedankenlos ergötzt, wie man sich bei Kunstspringern, die auf dem Seile balancieren, über Eier tanzen und sich auf den Kopf stellen, ebenfalls einige Stunden amüsiert, ohne zu bedenken, daß jene armen Wesen nur durch jahrelangen Zwang und grausames Hungerleiden solche Gelenkigkeitskünste, solche Metrik des Leibes erlernt haben. Ich, der ich mich in der Dichtkunst nicht so sehr geplagt und sie immer in Verbindung mit gutem Essen ausgeübt habe, ich will den Grafen Platen, dem es saurer und nüchterner dabei ergangen, um so mehr preisen, ich will von ihm rühmen, daß kein Seiltänzer in Europa so gut wie er auf schlaffen Ghaselen balanciert, daß keiner den Eiertanz so gut exekutiert wie er, daß keiner sich so gut wie er auf den Kopf stellt. Wenn ihm auch die Musen nicht hold sind, so hat er doch den Genius der Sprache in seiner Gewalt, oder vielmehr, er weiß ihm Gewalt anzutun; – denn die freie Liebe dieses Genius fehlt ihm, er muß auch diesem Jungen beharrlich nachlaufen, und er weiß nur die äußeren Formen zu erfassen, die trotz ihrer schönen Rundung sich nie edel aussprechen.

Reisebilder. Die Bäder von Lucca, 1829

Henriette Sontag. Stich von Johannes Riepenhausen

Ich muß meinem letzten Brief noch einige Zeilen nachschicken, die Ihnen zwar nichts sonderlich Erfreuliches über meine äußeren Verhältnisse sagen können, die Ihnen aber jede Beunruhigung in betreff derselben benehmen sollen. Ich wünschte nur, daß Sie die Sorgen kennen mögen, die mich in mißlichen Stunden beängstigen; Ärger, Ärger über eigene Unbeholfenheit, Fehlgriffe und Dummheit quält mich noch viel mehr als die positive Not. Sie haben keinen Begriff, wie sich alles Verdrießliche bei mir anhäuft, wie die naßkalten Besorgnisse sich mir ans Herz legen und alle Feuerblumen darin verlöschen machen! In dieser Stimmung habe ich dieser Tage noch einen Schluß zu meinem Buche geschrieben – denn mein Schuft von Verleger, der mein Buch in Sachsen drucken läßt und mir versichert hatte, es ginge dort alles durch die Zensur, kommt plötzlich mit der Nachricht, daß es doch nicht ganz der Fall sei, und ich mußte noch einige Arien einlegen und noch ein Finale schreiben, um zwanzig Bogen zu füllen. – In der Aufgeregtheit der Zeit und des eigenen Schaffens konnte ich auf meinen eigenen Vorteil nicht wie sonst acht haben, und ich fürchte, ich werde noch mehr betrogen, als ich jetzt weiß . . .

Hier ist unlängst ein Gedicht gegen die Sontag erschienen, das bis auf diese Stunde für meine Arbeit gilt, meine Manier ist bis aufs absichtlichste nachgeahmt, man hat diese Täuschung aufs geflissentlichste verbreitet, und viele Menschen sind wütend gegen mich – der ich stumm wie ein Fisch verharre. – Sie haben sich seitdem gegen die Autorschaft der verstorbenen Briefe verwahrt – ich habe herzlich gelacht über Ihre Not. Aber ich bitte Sie, lachen Sie nicht über die meinige, sie ist bedenklicher, und ich bedarf der Vorsorge, und bald.

An Karl August Varnhagen von Ense,
Hamburg, 30. November 1830

Kraft meiner akademischen Befugnis als Doktor beider Rechte erkläre ich feierlichst, daß eine solche von ungetreuen Mandatarien ausgefertigte Urkunde null und nichtig ist; kraft meiner Pflicht als Bürger protestiere ich gegen alle Folgerungen, welche die Bundestagsbeschlüsse vom 28. Juni aus dieser nichtigen Urkunde geschöpft haben; kraft meiner Machtvollkommenheit als öffentlicher Sprecher erhebe ich gegen die Verfertiger dieser Urkunde meine Anklage und klage sie an des gemißbrauchten Volksvertrauens, ich klage sie an der beleidigten Volksmajestät, ich klage sie an des Hochverrats am deutschen Volke, ich klage sie an!

Armes Volk der Deutschen! Damals, während ihr euch ausruhtet von dem Kampfe für eure Fürsten und die Brüder begrubet, die in diesem Kampfe gefallen, und euch einander die treuen Wunden verbandet und lächelnd euer Blut noch rinnen saht aus der vollen Brust, die so voll Freude und Vertrauen war, so voll Freude wegen der Rettung der geliebten Fürsten, so voll Vertrauen auf die menschlich heiligsten Gefühle der Dankbarkeit: damals, dort unten zu Wien, in den alten Werkstätten der Aristokratie, schmiedete man die Bundesakte!

Sonderbar! Eben der Fürst, der seinem Volke am meisten Dank schuldig war, der deshalb seinem Volke eine repräsentative Verfassung, eine volkstümliche Konstitution, wie andere freie Völker sie besitzen, in jener Zeit der Not versprochen hat, schwarz auf weiß versprochen und mit den bestimmtesten Worten versprochen hat: dieser Fürst hat jetzt jene

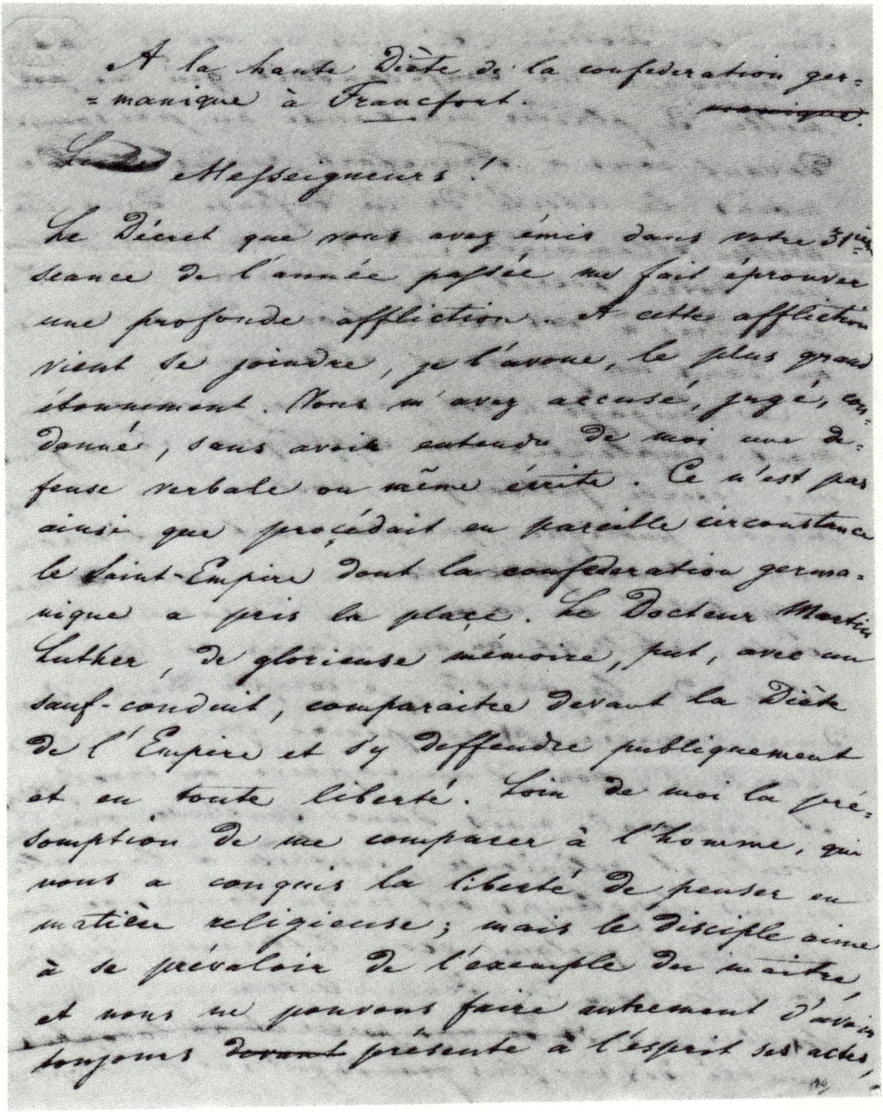
A la haute Diète de la confédération germanique à Francfort. ~~germanique~~

~~Sire~~ Messeigneurs!

Le Décret que vous avez émis dans votre 31ième séance de l'année passée me fait éprouver une profonde affliction. A cette affliction vient se joindre, je l'avoue, le plus grand étonnement. Vous m'avez accusé, jugé, condamné, sans avoir entendu de moi une défense verbale ou même écrite. Ce n'est pas ainsi que procédait en pareille circonstance le Saint-Empire dont la confédération germanique a pris la place. Le Docteur Martin Luther, de glorieuse mémoire, put, avec un sauf-conduit, comparaître devant la Diète de l'Empire et s'y deffendre publiquement et en toute liberté. Loin de moi la présomption de me comparer à l'homme, qui nous a conquis la liberté de penser en matière religieuse; mais le disciple aime à se prévaloir de l'exemple du maître et nous ne pouvons faire autrement d'avoir toujours ~~devant~~ présente à l'esprit ses actes,

Französisch verfaßte, eigenhändige Manuskriptseite der Schrift »An die hohe Bundesversammlung«, erschienen am 30. Januar 1836 im »Journal des Débats«

anderen deutschen Fürsten, die sich verpflichtet gehalten, ihren Untertanen eine freie Verfassung zu erteilen, ebenfalls zu Wortbruch und Treulosigkeit zu verführen gewußt, und er stützt sich jetzt auf die Wiener Bundesakte, um die kaum emporgeblühten deutschen Konstitutionen zu vernichten, er, welcher, ohne zu erröten, das Wort »Konstitution« nicht einmal aussprechen dürfte!

Ich rede von Sr. Majestät Friedrich Wilhelm, dritten des Namens, König von Preußen.

Monarchisch gesinnt, wie ich es immer war und wohl auch immer bleibe, widerstrebt es meinen Grundsätzen und Gefühlen, daß ich die Person der Fürsten selber einer allzu herben Rüge unterwürfe. Es liegt vielmehr in meinen Neigungen, sie ob ihrer guten Eigenschaften zu rühmen. Ich rühme daher gern die persönlichen Tugenden des Monarchen, dessen Regierungssystem oder vielmehr dessen Kabinett ich eben so unumwunden besprochen. Ich bestätige mit Vergnügen, daß Friedrich Wilhelm III. als Mensch die hohe Verehrung und Liebe verdient, die ihm der größte Teil des preußischen Volkes so reichlich spendet. Er ist gut und tapfer. Er hat sich standhaft im Unglück und, was viel seltener ist, milde im Glück gezeigt. Er ist von keuschem Herzen, rührend bescheidenem Wesen, bürgerlicher Prunklosigkeit, häuslich guten Sitten, ein zärtlicher Vater, besonders zärtlich für die schöne Zarewna, welcher Zärtlichkeit wir vielleicht die Cholera und ein noch größeres Übel, womit erst unsere Nachkommen kämpfen werden, schönstens verdanken. Außerdem ist der König von Preußen ein sehr religiöser Mann, er hält streng auf Religion, er ist ein guter Christ, er hängt fest am evangelischen Bekenntnisse, er hat selbst eine Liturgie geschrieben, er glaubt an die Symbole – ach! ich wollte, er glaubte an den Jupiter, den Vater der Götter, der den Meineid rächt, und er gäbe uns endlich die versprochene Konstitution.

Oder ist das Wort eines Königs nicht so heilig wie ein Eid?

Vorrede zu »Französische Zustände«,
1832

Metternich hat nie mit der Göttin der Freiheit geliebäugelt, er hat nie in der Angst des Herzens den Demagogen gespielt, er hat nie Arndts Lieder gesungen und dabei Weißbier getrunken, er hat nie auf der Hasenheide geturnt, er hat nie pietistisch gefrömmelt, er hat nie mit den Festungsarrestanten geweint, geweint, während er sie an der Kette festhielt; –

man wußte immer, wie man mit ihm dran war, man wußte, daß man sich vor ihm zu hüten hatte, und man hütete sich vor ihm. Er war immer ein sicherer Mann, der uns weder durch gnädige Blicke täuschte noch durch Privatmalicen empörte. Man wußte, daß er weder aus Liebe noch aus kleinlichem Hasse, sondern großartig im Geiste eines Systems handelte, welchem Östreich seit drei Jahrhunderten treu geblieben.

Vorrede zu »Französische Zustände«,
1832

Ludwig Philipp, der sich noch voriges Jahr über alles feudalistische und cäsartümliche Herkommen und Kostümwesen mokiert und gegen einige junge Republikaner geäußert hatte, die goldene Krone sei zu kalt im Winter und zu heiß im Sommer, ein Zepter sei zu stumpf, um es als Waffe, und zu kurz, um es als Stütze zu gebrauchen, und ein runder Filzhut und ein guter Regenschirm sei in jetziger Zeit viel nützlicher.

Ich weiß nicht, ob Ludwig Philipp sich dieser Äußerungen noch zu besinnen weiß, denn es ist schon lange her, seit er das letztemal mit rundem Hut und Regenschirm durch die Straßen von Paris wanderte und mit raffinierter Treuherzigkeit die Rolle eines biedern, schlichten Hausvaters spielte. Er drückte damals jedem Spezereihändler und Handwerker die Hand und trug dazu, wie man sagt, einen besondern schmutzigen Handschuh, den er jedesmal wieder auszog und mit einem reineren Glacéhandschuh vertauschte, wenn er in seine höhere Region, zu seinen alten Edelleuten, Bankierministern, Intriganten und amarantroten Lakaien, wieder hinaufstieg. Als ich ihn das letztemal sah, wandelte er auf und nieder zwischen den goldenen Türmchen, Marmorvasen und Blumen auf dem Dache der Galerie Orleans. Er trug einen schwarzen Rock, und auf seinem breiten Gesichte spazierte eine Sorglosigkeit, worüber wir fast ein Grauen empfinden, wenn wir die schwindelnde Stellung des Mannes bedenken. Man sagt jedoch, sein Gemüt sei gar nicht so sorglos wie sein Gesicht.

Es ist gewiß tadelnswert, daß man das Gesicht des Königs zum Gegenstande der meisten Witzeleien erwählt und daß er in allen Karikaturläden als Zielscheibe des Spottes ausgehängt ist. Wollen die Gerichte diesem Frevel Einhalt tun, dann wird gewöhnlich das Übel noch vermehrt. So sahen wir jüngst, wie aus einem Prozesse der Art sich ein anderer entspann, wobei der König nur noch desto mehr kompromittiert wurde. Nämlich Philipon, der Herausgeber eines Karikaturjournals, verteidigte sich folgendermaßen: Wolle man in irgendeiner Karikaturfratze eine Ähnlichkeit mit dem Gesichte des Königs finden, so fände man diese auch, sobald man nur wolle, in jedem beliebigen, noch so heterogenen Bildnisse, so daß am Ende niemand vor einer Anklage beleidigter Majestät sichergestellt sei.

Wie herrlich leuchtete dieser Mann im Glanze der Juliussonne, die sein Haupt wie mit einer Glorie umstrahlte und selbst auf seine Fehler so viel heiteres Licht streute, daß sie noch mehr als seine Tugenden blendeten.

»Rätsel« – König Louis-Philippe als Birne. Lithographie von Grandville und Desperret für die Zeitschrift »Le Charivari«, 1834

»Valmy und Jemappes!« war damals der patriotische Refrain aller seiner Reden; er streichelte die dreifarbige Fahne wie eine wiedergefundene Geliebte; er stand auf dem Balkone des Palais Royal und schlug mit der Hand den Takt zu der Marseillaise, die unten das Volk jubelte; und er war ganz der Sohn der Gleichheit, fils d'Egalité, der Soldat tricolore der Freiheit, wie er sich von Delavigne in der Parisienne besingen lassen und wie er sich von Horace Vernet malen lassen auf jenen Gemälden, die in den Gemächern des Palais Royal immer besonders bedeutungsvoll zur Schau gestanden. In diesen Gemächern hatte das Volk während der Restauration immer freien Zutritt; und da wandelte es herum des Sonntags und bewunderte, wie bürgerlich alles dort aussah, im Gegensatze zu den Tuilerien, wo kein armer Bürgersmann so leicht hinkommen durfte; und mit besonderer Vorliebe betrachtete man das Gemälde, worauf Ludwig Philipp abgebildet ist, wie er in der Schweiz als Schullehrer vor der Weltkugel steht und den Knaben in der Geographie Unterricht erteilt. Die guten Leute dachten wunder, wieviel er selbst dabei gelernt haben müsse! Jetzt sagt man, Ludwig Philipp habe damals nichts anderes gelernt als faire bonne mine à mauvais jeu und allzu große Schätzung des Geldes. Die Glorie seines Hauptes ist verschwunden, und der Unmut erblickt darin nur eine Birne.

Französische Zustände,
1832

Wo man nur hinsah auf den Straßen, erblickte man Leichenzüge oder, was noch melancholischer aussieht, Leichenwagen, denen niemand folgte. Da die vorhandenen Leichenwagen nicht zureichten, mußte man allerlei andere Fuhrwerke gebrauchen, die, mit schwarzem Tuch überzogen, abenteuerlich genug aussahen. Auch daran fehlte es zuletzt, und ich sah Särge in Fiakern fortbringen; man legte sie in die Mitte, so daß aus den offenen Seitentüren die beiden Enden herausstanden. Widerwärtig war es anzuschauen, wenn die großen Möbelwagen, die man beim Ausziehen gebraucht, jetzt gleichsam als Totenomnibusse, als omnibus mortuis, herumfuhren und sich in den verschiedenen Straßen die Särge aufladen ließen und sie dutzendweise zur Ruhestätte brachten.

Die Nähe eines Kirchhofs, wo die Leichenzüge zusammentrafen, gewährte erst recht den trostlosesten Anblick. Als ich einen guten Bekannten besuchen wollte und eben zur rechten Zeit kam, wo man seine

Leiche auflud, erfaßte mich die trübe Grille, eine Ehre, die er mir mal erwiesen, zu erwidern, und ich nahm eine Kutsche und begleitete ihn nach Père-Lachaise. Hier nun, in der Nähe dieses Kirchhofs, hielt plötzlich mein Kutscher still, und als ich, aus meinen Träumen erwachend, mich umsah, erblickte ich nichts als Himmel und Särge. Ich war unter einige hundert Leichenwagen geraten, die vor dem engen Kirchhofstore gleichsam Queue machten, und in dieser schwarzen Umgebung, unfähig mich herauszuziehen, mußte ich einige Stunden ausdauern. Aus Langeweile frug ich den Kutscher nach dem Namen meiner Nachbarleiche, und, wehmütiger Zufall! er nannte mir da eine junge Frau, deren Wagen einige Monate vorher, als ich zu Lointier nach einem Balle fuhr, in ähnlicher Weise einige Zeit neben dem meinigen stillehalten mußte. Nur daß die junge Frau damals mit ihrem hastigen Blumenköpfchen und lebhaften Mondscheingesichtchen öfters zum Kutschenfenster hinausblickte und über die Verzögerung ihre holdeste Mißlaune ausdrückte. Jetzt war sie sehr still und vielleicht blau. Manchmal jedoch, wenn die Trauerpferde an den Leichenwagen sich schaudernd unruhig bewegten, wollte es mich bedünken, als regte sich die Ungeduld in den Toten selbst, als seien sie des Wartens müde, als hätten sie Eile, ins Grab zu kommen; und wie nun gar an dem Kirchhofstore ein Kutscher dem andern vorauseilen wollte und der Zug in Unordnung geriet, die Gendarmen mit blanken Säbeln dazwischenfuhren, hie und da ein Schreien und Fluchen entstand, einige Wagen umstürzten, die Särge auseinanderfielen, die Leichen hervorkamen: da glaubte ich die entsetzlichste aller Emeuten zu sehen, eine Totenemeute.

Ich will, um die Gemüter zu schonen, hier nicht erzählen, was ich auf dem Père-Lachaise gesehen habe. Genug, gefesteter Mann wie ich bin, konnte ich mich doch des tiefsten Grauens nicht erwehren. Man kann an den Sterbebetten das Sterben lernen und nachher mit heiterer Ruhe den Tod erwarten; aber das Begrabenwerden unter die Choleraleichen, in die Kalkgräber, das kann man nicht lernen. Ich rettete mich so rasch als möglich auf den höchsten Hügel des Kirchhofs, wo man die Stadt so schön vor sich liegen sieht. Eben war die Sonne untergegangen, ihre letzten Strahlen schienen wehmütig Abschied zu nehmen, die Nebel der Dämmerung umhüllten wie weiße Laken das kranke Paris, und ich weinte bitterlich über die unglückliche Stadt, die Stadt der Freiheit, der Begeisterung und des Martyrtums, die Heilandstadt, die für die weltliche Erlösung der Menschheit schon soviel gelitten!

Französische Zustände,
1832

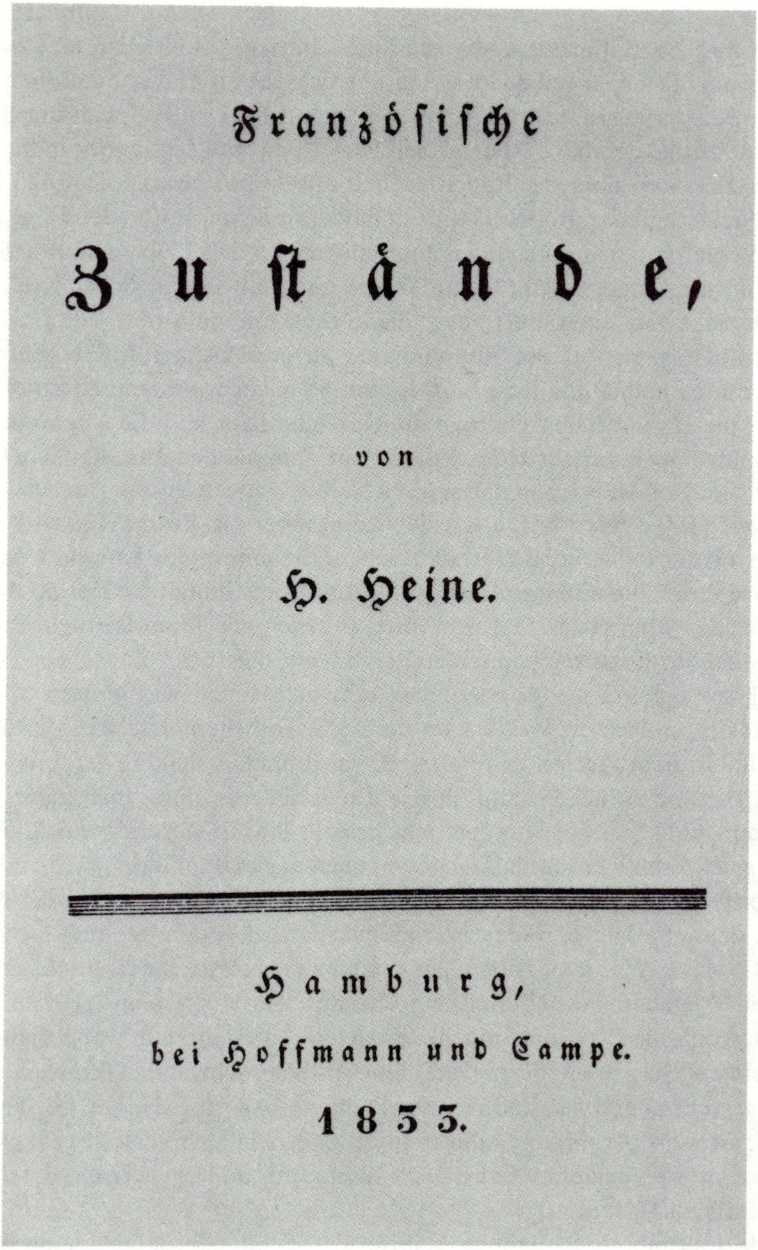

Französische

Zustände,

von

H. Heine.

Hamburg,

bei Hoffmann und Campe.

1833.

Titelblatt der Buchausgabe Französische Zustände

Hier, in Paris, gestalten sich die Verhältnisse minder traumhaft; auf allen Straßen Bajonette und wachsame Militärgesichter. Ich habe es anfangs nur für einen unbedeutenden Schreckschuß gehalten, daß man Paris in Belagerungsstand erklärt; es hieß, man würde diese Erklärung gleich wieder zurücknehmen. Aber als ich gestern nachmittag immer mehr und mehr Kanonen über die Rue Richelieu fahren sah, merkte ich, daß man die Niederlage der Republikaner benützen möchte, um andern Gegnern der Regierung, namentlich den Journalisten, an den Leib zu kommen. Es ist nun die Frage, ob der »gute Wille« auch mit hinlänglicher Kraft gepaart ist. Man exploitiert jetzt die Siegesbetäubung der Nationalgardisten, die in betreff der Republikaner an gewaltsamen Maßregeln teilgenommen und denen jetzt Ludwig Philipp wieder kameradschaftlich wie sonst die Hand drückt. Da man die Karlisten haßt und die Republikaner mißbilligt, so unterstützt das Volk den König als den Erhalter der Ordnung, und er ist so populär wie die liebe Notwendigkeit. Ja, ich habe »Vive le roi!« rufen hören, als der König über die Boulevards ritt; aber ich habe auch eine hohe Gestalt gesehen, die unfern des Faubourg Montmartre ihm kühn entgegentrat und »A bas Louis Philippe!« rief. Mehrere Reiter des königlichen Gefolges stiegen gleich von ihren Pferden, ergriffen jenen Protestanten und schleppten ihn mit sich fort.

Ich habe Paris nie so sonderbar schwül gesehen wie gestern abend. Trotz des schlechten Wetters waren die öffentlichen Orte mit Menschen gefüllt. In dem Garten des Palais Royal drängten sich die Gruppen der Politiker und sprachen leise, in der Tat sehr leise; denn man kann jetzt auf der Stelle vor ein Kriegsgericht gestellt und in vierundzwanzig Stunden erschossen werden. Ich fange an, mich nach dem Gerichtsschlendrian meines Deutschlands zurückzusehnen. Der gesetzlose Zustand, worin man sich jetzt hier befindet, ist widerwärtig; das ist ein fataleres Übel als die Cholera. Wie man früher, als letztere grassierte, durch die übertriebenen Angaben der Totenzahl geängstigt wurde, so ängstigt man sich jetzt, wenn man von den ungeheuer vielen Arrestationen, wenn man von geheimen Füsilladen hört, wenn tausenderlei schwarze Gerüchte sich, wie gestern abend der Fall war, im Dunkeln bewegen. Heute, bei Tageslicht, ist man beruhigter. Man gesteht, daß man sich gestern geängstigt, und man ist vielmehr verdrießlich als furchtsam. Es herrscht jetzt ein Justemilieu-Terreur!

Die Journale sind gemäßigt in ihren Protestationen, jedoch keineswegs kleinlaut. Der »National« und der »Temps« sprechen furchtlos, wie freien Männern ziemt. Mehr, als heute in den Blättern steht, weiß ich über die neuesten Ereignisse nicht mitzuteilen. Man ist ruhig und läßt die Dinge ruhig herankommen. Die Regierung ist vielleicht erschrocken über die ungeheure Macht, die sie in ihren eigenen Händen sieht. Sie hat sich über die Gesetze erhoben; eine bedenkliche Stellung. Denn es heißt mit Recht: Qui est au-dessus de la loi, est hors de la loi. Das einzige, womit viele wahre Freiheitsfreunde die jetzigen gewaltsamen Maßregeln entschuldigen, ist die Notwendigkeit, daß die royauté démocratique im Innern erstarken müsse, um nach außen kräftiger zu handeln.

Französische Zustände,
1832

In der Tat, es war Paganini selber, den ich alsbald zu Gesicht bekam. Er trug einen dunkelgrauen Oberrock, der ihm bis zu den Füßen reichte, wodurch seine Gestalt sehr hoch zu sein schien. Das lange schwarze Haar fiel in verzerrten Locken auf seine Schulter herab und bildete wie einen dunklen Rahmen um das blasse, leichenartige Gesicht, worauf Kummer, Genie und Hölle ihre unverwüstlichen Zeichen eingegraben hatten . . .

War mir aber Paganini, als ich ihn am hellen Mittage, unter den grünen Bäumen des Hamburger Jungfernstiegs, einherwandeln sah, schon hinlänglich fabelhaft und abenteuerlich erschienen, wie mußte mich erst des Abends im Konzerte seine schauerlich bizarre Erscheinung überraschen . . .

Endlich aber, auf der Bühne, kam eine dunkle Gestalt zum Vorschein, die der Unterwelt entstiegen zu sein schien. Das war Paganini in seiner schwarzen Gala. Der schwarze Frack und die schwarze Weste von einem entsetzlichen Zuschnitt, wie er vielleicht am Hofe Proserpinens von der höllischen Etikette vorgeschrieben ist. Die schwarzen Hosen ängstlich schlotternd um die dünnen Beine. Die langen Arme schienen noch verlängert, indem er in der einen Hand die Violine und in der anderen den Bogen gesenkt hielt und damit fast die Erde berührte, als er vor dem Publikum seine unerhörten Verbeugungen auskramte. In den eckigen Krümmungen seines Leibes lag eine schauerliche Hölzernheit und zugleich etwas närrisch Tierisches, daß uns bei diesen Verbeugungen eine sonderbare Lachlust anwandeln mußte; aber sein Gesicht, das durch die grelle Orchesterbeleuchtung noch leichenartig weißer erschien, hatte alsdann so etwas Flehendes, so etwas blödsinnig Demütiges, daß ein grauenhaftes Mitleid unsere Lachlust niederdrückte. Hat er diese Komplimente einem Automaten abgelernt oder einem Hunde? Ist dieser bittende Blick der eines Todkranken, oder lauert dahinter der Spott eines schlauen Geizhalses? Ist das ein Lebender, der im Verschieden begriffen ist und der das Publikum in der Kunstarena, wie ein sterbender Fechter, mit seinen Zuckungen ergötzen soll? Oder ist es ein Toter, der aus dem Grabe gestiegen, ein Vampir mit der Violine, der uns, wo nicht das Blut aus dem Herzen, doch auf jeden Fall das Geld aus den Taschen saugt? . . .

Florentinische Nächte,
1836

Chopin ist von französischen Eltern in Polen geboren und hat einen Teil seiner Erziehung in Deutschland genossen. Diese Einflüsse dreier Nationalitäten machen seine Persönlichkeit zu einer höchst merkwürdigen Erscheinung; er hat sich nämlich das Beste angeeignet, wodurch sich die drei Völker auszeichnen: Polen gab ihm seinen chevaleresken Sinn und seinen geschichtlichen Schmerz, Frankreich gab ihm seine leichte Anmut, seine Grazie, Deutschland gab ihm den romantischen Tiefsinn . . . Die Natur aber gab ihm eine zierliche, schlanke, etwas schmächtige Gestalt, das edelste Herz und das Genie. Ja, dem Chopin muß man Genie zusprechen, in der vollen Bedeutung des Worts; er ist nicht bloß Virtuose, er ist auch Poet, er kann uns die Poesie, die in seiner Seele lebt, zur Anschauung bringen, er ist Tondichter, und nichts gleicht dem Genuß, den er uns verschafft, wenn er am Klavier sitzt und improvisiert. Er ist alsdann weder Pole noch Franzose noch Deutscher, er verrät dann einen weit höheren Ursprung, man merkt alsdann, er stammt aus dem Lande Mozarts, Raffaels, Goethes, sein wahres Vaterland ist das Traumreich der Poesie. Wenn er am Klavier sitzt und improvisiert, ist es mir, als besuche mich ein Landsmann aus der geliebten Heimat und erzähle mir die kuriosesten Dinge, die, während meiner Abwesenheit, dort passiert sind . . . Manchmal möcht ich ihn mit Fragen unterbrechen: Und wie geht's der schönen Nixe, die ihren silbernen Schleier so kokett um die grünen Locken zu binden wußte? Verfolgt sie noch immer der weißbärtige Meergott mit seiner närrisch abgestandenen Liebe? Sind bei uns die Rosen noch immer so flammenstolz? Singen die Bäume noch immer so schön im Mondschein? . . .

Über die französische Bühne,
1837

Der Einfall, dieses Buch mit einem Konterfei meines Antlitzes zu schmükken, ist nicht von mir ausgegangen. Das Porträt des Verfassers vor den Büchern erinnert mich unwillkürlich an Genua, wo vor dem Narrenhospital die Bildsäule des Stifters aufgestellt ist. Es war mein Verleger, welcher auf die Idee geraten ist, dem Nachtrag zum »Buch der Lieder«, diesem gedruckten Narrenhause, worin meine verrückten Gedanken eingesperrt sind, mein Bildnis voranzukleben. Mein Freund Julius Campe ist ein Schalk und wollte gewiß den lieben Kleinen von der schwäbischen Dichterschule, die sich gegen mein Gesicht verschworen haben, einen Schabernack spielen. Wenn sie jetzt an meinen Liedern klauben und knuspern und die Tränen zählen, die darin vorkommen, so können sie nicht umhin, manchmal meine Züge zu betrachten. Aber warum grollt ihr mir so unversöhnbar, ihr guten Leutchen? Warum zieht ihr gegen mich los in weitschweifigen Artikeln, woran ich mich zu Tode langweilen könnte? Was habt ihr gegen mein Gesicht? Beiläufig will ich hier bemerken, daß das Porträt im »Musenalmanach« gar nicht getroffen ist. Das Bild, welches ihr heute schaut, ist weit besser, besonders der Oberteil des Gesichtes; der untere Teil ist viel zu schmächtig. Ich bin nämlich seit einiger Zeit sehr dick und wohlbeleibt geworden, und ich fürchte, ich werde bald wie ein Bürgermeister aussehn; – ach, die schwäbische Schule macht mir soviel Kummer!

Ich sehe, wie der geneigte Leser mit verwunderten Augen um Erklärung bittet, was ich unter dem Namen »schwäbische Schule« eigentlich verstehe. Was ist das, die schwäbische Schule? Es ist noch nicht lange her, daß ich selber an mehrere reisende Schwaben diese Frage richtete und um Auskunft bat. Sie wollten lange nicht mit der Sprache heraus und lächelten sehr sonderbar, etwa wie die Apotheker lächeln, wenn frühmorgens am ersten April eine leichtgläubige Magd zu ihnen in den Laden kömmt und für zwei Kreuzer Mückenhonig verlangt. In meiner Einfalt glaubte ich anfangs, unter dem Namen schwäbische Schule verstünde man jenen blühenden Wald großer Männer, der dem Boden Schwabens entsprossen, jene Rieseneichen, die bis in den Mittelpunkt der Erde wurzeln und deren Wipfel hinaufragt bis an die Sterne . . . Und ich frug: »Nicht wahr, Schiller gehört dazu, der wilde Schöpfer, der die ›Räuber‹ schuf? . . .« – »Nein«, lautete die Antwort, »mit dem haben wir nichts zu schaffen, solche Räuberdichter gehören nicht zur schwäbischen Schule; bei uns geht's hübsch ordentlich zu, und der Schiller hat auch früh aus dem Land hinaus müssen.« – »Gehört denn Schelling zur schwäbischen Schule, Schelling, der irrende Weltweise, der König Artus der Philosophie, welcher vergeblich das absolute Montsalwatsch aufsucht und verschmachten muß in der mystischen Wildnis?« – »Wir verstehen das nicht«, antwortete man mir, »aber soviel können wir Ihnen versichern, der Schelling gehört nicht zur schwäbischen.« – »Gehört Hegel dazu, der Geistesweltumsegler, der unerschrocken vorgedrungen bis zum Nordpol des Gedankens, wo einem das Gehirn einfriert im abstrakten Eis? . . .« – »Den kennen wir gar nicht.« – »Gehört denn David Strauß dazu, der David mit der tödlichen Schleuder? . . .« – »Gott bewahre uns vor dem, den haben wir sogar exkommuniziert, und wollte der sich in die schwäbische Schule aufnehmen lassen, so bekäme er gewiß lauter schwarze Kugeln.«

»Aber um des Himmels willen« – rief ich aus, nachdem ich fast alle große Namen Schwabens aufgezählt hatte und bis auf alte Zeiten zurückgegangen war, bis auf Kepler, den großen Stern, der den ganzen Himmel verstanden, ja, bis auf die Hohenstaufen, die so herrlich auf Erden leuchteten, irdische Sonnen im deutschen Kaisermantel –, »wer gehört denn eigentlich zur schwäbischen Schule?«

»Wohlan«, antwortete man mir, »wir wollen Ihnen die Wahrheit sagen: die Renommeen, die Sie eben aufgezählt, sind viel mehr europäisch als schwäbisch, sie sind gleichsam ausgewandert und haben sich dem Auslande aufgedrungen, statt daß die Renommeen der schwäbischen Schule jenen Kosmopolitismus verachten und hübsch patriotisch und gemütlich zu Hause bleiben bei den Gelbveiglein und Metzelsuppen des teuren Schwabenlandes.« – Und nun kam ich endlich dahinter, von welcher bescheidenen Größe jene Berühmtheiten sind, die sich seitdem als schwäbische Schule aufgetan, in demselben Gedankenkreise umherhüpfen, sich mit denselben Gefühlen schmücken und auch Pfeifenquäste von derselben Farbe tragen.

Gustav Schwab. Silhouette von Luise Walther, geb. Breitschwert, 1850

Der Bedeutendste von ihnen ist der evangelische Pastor Gustav Schwab. Er ist ein Hering in Vergleichung mit den anderen, die nur Sardellen sind; versteht sich, Sardellen ohne Salz. Er hat einige schöne Lieder gedichtet, auch etwelche hübsche Balladen; freilich, mit einem Schiller, mit einem großen Walfisch, muß man ihn nicht vergleichen. Nach ihm kommt der Doktor Justinus Kerner, welcher Geister und vergiftete Blutwürste sieht und einmal dem Publikum aufs ernsthafteste erzählt hat, daß ein Paar Schuhe, ganz allein, ohne menschliche Hilfe, langsam durch das Zimmer gegangen sind, bis zum Bette der Seherin von Prevorst. Das fehlt noch, daß man seine Stiefel des Abends festbinden muß, damit sie einem nicht des Nachts trapp! trapp! vors Bett kommen und mit lederner Gespensterstimme die Gedichte des Herrn Justinus Kerner vordeklamieren! Letztere sind nicht ganz und gar schlecht, der Mann ist überhaupt nicht ohne Verdienst, und von ihm möchte ich dasselbe sagen, was Napoleon von Murat gesagt hat, nämlich: »Er ist ein großer Narr, aber der beste General der Kavallerie.« Ich sehe schon, wie sämtliche Insassen von Weinsberg über dieses Urteil den Kopf schütteln und mit Befremden mir entgegnen: »Unser teurer Landsmann, Herr Justinus, ist freilich ein großer Narr, aber keineswegs der beste General der Kavallerie!« Nun, wie ihr wollt, ich will euch gern einräumen, daß er kein vorzüglicher Kavalleriegeneral ist.

Justinus Kerner. Silhouette von Luise Walther, geb. Breitschwert, 1854

– – – Und nun laß uns ernsthaft reden, lieber Leser; was ich dir jetzt noch zu sagen habe, verträgt sich nicht mit dem scherzenden Tone, mit der leichtsinnig guten Laune, die mich beseelte, während ich diese Blätter schrieb. Es liegt mir drückend etwas im Sinne, was ich nicht mit ganz freier Zunge zu erörtern vermag und worüber dennoch das unzweideutigste Geständnis nötig wäre. Ich hege nämlich eine wahre Scheu, bei Gelegenheit – der schwäbischen Schule auch von Ludwig Uhland zu sprechen, von dem großen Dichter, den ich schier zu beleidigen fürchte,

Ludwig Uhland. Silhouette von Luise Walther, geb. Breitschwert, 1854

wenn ich seiner in so kläglicher Gesellschaft gedenke. Und dennoch, da die erwähnten Dichterlinge den Ludwig Uhland zu den ihrigen zählen oder gar für ein Haupt ihrer Genossen ausgeben, so könnte man hier jedes Verschweigen seines Namens als eine Unredlichkeit betrachten. Weit entfernt an seinem Werte zu mäkeln, möchte ich vielmehr die Verehrung, die ich seinen Dichtungen zolle, mit den volltönendsten Worten an den Tag geben. Es wird sich mir bald dazu eine passendere Gelegenheit bieten. Ich werde alsdann zur Genüge zeigen, daß sich in meiner früheren Beurteilung des trefflichen Sängers zwar einige grämliche Töne, einige zeitliche Verstimmungen einschleichen konnten, daß ich aber nie die Absicht hegte, an seinem inneren Werte, an seinem Talente selbst, eine Ungerechtigkeit zu begehen. Nur über die literarhistorischen Beziehungen, über die äußeren Verhältnisse seiner Muse, habe ich unumwunden eine Ansicht, die vielleicht seinen Freunden mißfällig, aber darum dennoch nicht minder wahr ist, aussprechen müssen. Als ich nämlich Ludwig Uhland im Zusammenhang mit der »Romantischen Schule« in dem Buche, welches ebendiesen Namen führt, flüchtig beurteilte, habe ich deutlich genug nachgewiesen, daß der vortreffliche Sänger nicht eine neue, eigentümliche Sangesart aufgebracht hat, sondern nur die Töne der romantischen Schule gelehrig nachsprach; daß, seitdem die Lieder seiner Schulgenossen verschollen sind, Uhlands Gedichtesammlung als das einzig überlebende lyrische Denkmal jener Töne der romantischen Schule zu betrachten ist; daß aber der Dichter selbst, ebensogut wie die ganze

Schule, längst tot ist. Ebensogut wie Schlegel, Tieck, wie Fouqué ist auch Uhland längst verstorben und hat vor jenen edlen Leichen nur das größere Verdienst, daß er seinen Tod wohl begriffen und seit zwanzig Jahren nichts mehr geschrieben hat. Es ist wahrlich ein ebenso widerwärtiges wie lächerliches Schauspiel, wenn jetzt meine schwäbischen Dichterlinge den Uhland zu den ihrigen zählen, wenn sie den großen Toten aus seinem Grabmal hervorholen, ihm ein Fallhütchen aufs Haupt stülpen und ihn in ihr niedriges Schulstübchen hereinzerren – oder wenn sie gar den erblichenen Helden, wohlgeharnischt, aufs hohe Pferd packen, wie einst die Spanier ihren Cid, und solchermaßen gegen die Ungläubigen, gegen die Verächter der schwäbischen Schule, losrennen lassen!

Das fehlt mir noch, daß ich auch im Gebiete der Kunst mit Toten zu kämpfen hätte! Leider muß ich es oft genug in anderen Gebieten, und ich versichere euch, bei allen Schmerzen meiner Seele, solcher Kampf ist der fatalste und verdrießlichste. Da ist keine glühende Ungeduld, die da hetzt Hieb auf Hieb, bis die Kämpfer wie trunken hinsinken und verbluten. Ach, die Toten ermüden uns mehr, als sie uns verwunden, und der Streit verwandelt sich am Ende in eine fechtende Langeweile. Kennst du die Geschichte von dem jungen Ritter, der in den Zauberwald zog? Sein Haar war goldig, auf seinen Helm wehten die kecken Federn, unter dem Gitter des Visiers glühten die roten Wangen, und unter dem blanken Harnisch pochte der frischeste Mut. In dem Walde aber flüsterten die Winde sehr sonderbar. Gar unheimlich schüttelten sich die Bäume, die manchmal, häßlich verwachsen, an menschliche Mißbildungen erinnerten. Aus dem Laubwerk guckte hie und da ein gespenstisch weißer Vogel, der fast verhöhnend kicherte und lachte. Allerlei Fabelgetier huschte schattenhaft durch die Büsche. Mitunter freilich zwitscherte auch mancher harmlose Zeisig und nickte aus den breitblättrigen Schlingpflanzen manch stille schöne Blume. Der junge Fant aber, immer weiter vordringend, rief endlich mit Übertrotz: »Wann erscheint denn der Kämpe, der mich besiegen kann?« Da kam, nicht eben rüstig, aber doch nicht allzu schlotterig, herangezogen ein langer, magerer Ritter mit geschlossenem Visier und stellte sich zum Kampfe. Sein Helmbusch war geknickt, sein Harnisch war eher verwittert als schlecht, sein Schwert war schartig, aber vom besten Stahl, und sein Arm war stark. Ich weiß nicht, wie lange die beiden miteinander fochten, doch es mag wohl geraume Zeit gedauert haben, denn die Blätter fielen unterdessen von den Bäumen, und diese standen lange kahl und frierend, und dann knospeten sie wieder aufs neue und grünten im Sonnenschein, und so wechselten die Jahreszeiten – ohne daß sie es merkten, die beiden Kämpfer, die beständig aufeinander loshieben, anfangs unbarmherzig wild, später minder heftig, dann sogar etwas phlegmatisch, bis sie endlich ganz und gar die Schwerter sinken ließen und erschöpft ihre Helmgitter aufschlossen – das gewährte einen betrübenden Anblick! Der eine Ritter, der herausgeforderte Kämpe, war ein Toter, und aus dem geöffneten Visier grinste ein fleischloser Schädel. Der andere Ritter, der als junger Fant in den Wald gezogen, trug jetzt ein verfallen fahles Greisenantlitz, und sein Haar war schneeweiß. – Von den hohen Bäumen herab, wie verhöhnend, kicherte und lachte das gespenstisch weiße Gevögel.

Schwabenspiegel,
1838

In der Tat, das Theater gewährt jenen Bühnendichtern den glänzendsten Wohlstand; die meisten von ihnen werden reich, leben in Hülle und Fülle, statt daß die größten Schriftsteller Frankreichs, ruiniert durch den belgischen Nachdruck und den bankrotten Zustand des Buchhandels, in trostloser Armut dahindarben. Was ist natürlicher, als daß sie manchmal nach den goldenen Früchten schmachten, die hinter den Lampen der Bretterwelt reifen, und die Hand danach ausstrecken, wie jüngst Balzac tat, dem solches Gelüst so schlecht bekam! Herrscht schon in Deutschland ein geheimes Schutz- und Trutzbündnis zwischen den Mittelmäßigkeiten, die das Theater ausbeuten, so ist das in weit schnöderer Weise der Fall zu Paris, wo all diese Misere zentralisiert ist. Und dabei sind hier die kleinen Leute so aktiv, so geschickt, so unermüdlich in ihrem Kampf gegen die Großen und ganz besonders in ihrem Kampf gegen das Genie, das immer isoliert steht, auch etwas ungeschickt ist und, im Vertrauen gesagt, auch gar zu träumerisch träge ist.

Lutetia. Erster Teil,
April 1840

Er schien weder groß noch klein von Gestalt, weder mager noch dick, sein Gesicht war weder rot noch blaß, sondern von einer angeröteten Blässe oder verblaßten Röte, und was sich darin zunächst aussprach, war eine gewisse ablehnende Vornehmheit, ein gewisses dédain, wie man es

Honoré de Balzac. Zeitgenössischer Stahlstich

bei Menschen findet, die sich besser als ihre Stellung fühlen, aber an der Leute Anerkenntnis zweifeln. Es war nicht jene geheime Majestät, die man auf dem Antlitz eines Königs oder eines Genies, die sich inkognito unter der Menge verborgen halten, entdecken kann; es war vielmehr jener revolutionäre, mehr oder minder titanenhafte Mißmut, den man auf den Gesichtern der Prätendenten jeder Art bemerkt. Sein Auftreten, seine Bewegung, sein Gang hatten etwas Sicheres, Bestimmtes, Charaktervolles. Sind außerordentliche Menschen heimlich umflossen von dem Ausstrahlen ihres Geistes? Ahnet unser Gemüt dergleichen Glorie, die wir mit den Augen des Leibes nicht sehen können? Das moralische Gewitter in einem solchen außerordentlichen Menschen wirkt vielleicht elektrisch auf junge, noch nicht abgestumpfte Gemüter, die ihm nahen, wie das materielle Gewitter auf Katzen wirkt? Ein Funken aus dem Auge des Mannes berührte mich, ich weiß nicht wie, aber ich vergaß nicht diese Berührung und vergaß nie den Doktor Börne, welcher gegen die Komödianten schrieb.

Ludwig Börne. Eine Denkschrift,
1840

Alle schönen Schauspielerinnen haben hier ihren bestimmten Preis, und die, welche um keinen bestimmten Preis zu haben, sind gewiß die teuersten. Die meisten jungen Schauspielerinnen werden von Verschwendern oder reichen Parvenüs unterhalten. Die eigentlichen unterhaltenen Frauen, die sogenannten femmes entretenues, empfinden dagegen die gewaltigste Sucht, sich auf dem Theater zu zeigen, eine Sucht, worin Eitelkeit und Kalkül sich vereinigen, da sie dort am besten ihre Körperlichkeit zur Schau stellen, sich den vornehmen Lüstlingen bemerkbar machen und zugleich auch vom größern Publikum bewundern lassen können. Diese Personen, die man besonders auf den kleinen Theatern spielen sieht, erhalten gewöhnlich gar keine Gage, im Gegenteil, sie bezahlen noch monatlich den Direktoren eine bestimmte Summe für die Vergünstigung, daß sie auf ihrer Bühne sich produzieren können. Man weiß daher selten hier, wo die Aktrice und die Kurtisane ihre Rolle wechseln, wo die Komödie aufhört und die liebe Natur wieder anfängt, wo der fünffüßige Jambus in die vierfüßige Unzucht übergeht. Diese Amphibien von Kunst und Laster, diese Melusinen des Seinestrandes bilden gewiß den gefährlichsten Teil des galanten Paris, worin so viele holdselige Monstra ihr Wesen treiben. Wehe dem Unerfahrenen, der in ihre Netze gerät! Wehe auch dem Erfahrenen, der wohl weiß, daß das holde Ungetüm in einen häßlichen Fischschwanz endet, und dennoch der Bezauberung nicht zu widerstehen vermag und vielleicht eben durch die Wollust des innern Grauens, durch den fatalen Reiz des lieblichen Verderbens, des süßen Abgrunds, desto sicherer überwältigt wird!

Die Weiber, von welchen hier die Rede, sind nicht böse oder falsch, sie sind sogar gewöhnlich von außerordentlicher Herzensgüte, sie sind nicht so betrüglich und so habsüchtig, wie man glaubt, sie sind mitunter vielmehr die treuherzigsten und großmütigsten Kreaturen; alle ihre unreinen Handlungen entstehen durch das momentane Bedürfnis, die Not und die Eitelkeit; sie sind überhaupt nicht schlechter als andere Töchter Evas, die von Kindheit auf durch Wohlhabenheit und überwachende Sippschaft oder durch die Gunst des Schicksals vor dem Fallen und dem noch tiefer Fallen geschützt werden. –

Lutetia. Erster Teil,
April 1840

Die Worte Napoleons auf Sankt Helena, daß in baldiger Zukunft die Welt eine amerikanische Republik oder eine russische Universalmonarchie sein werde, sind eine sehr entmutigende Prophezeiung. Welche Aussicht! Günstigenfalls als Republikaner vor monotoner Langeweile sterben! Arme Enkel!

Lutetia. Erster Teil,
Juni 1840

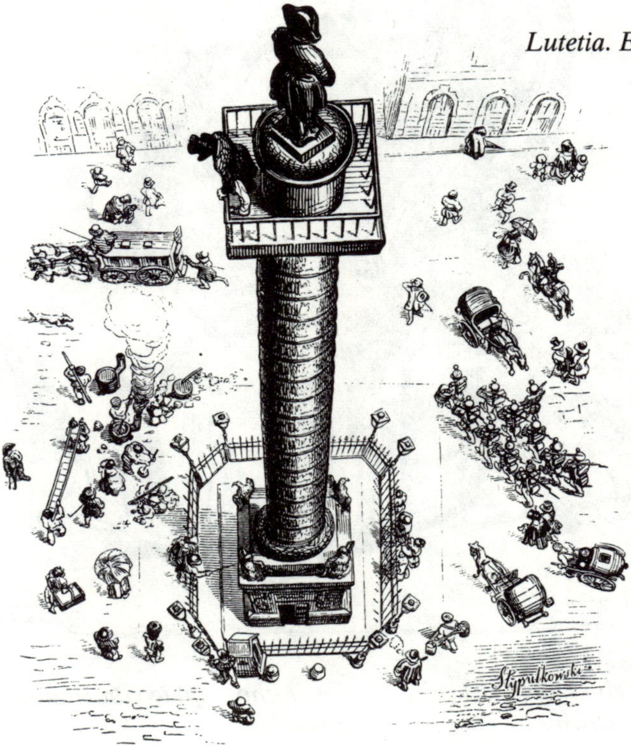

Diesen Abend ist großes Festmahl bei Hof; dreihundertfünfzig Personen sind geladen, die sich später zum Ball verfügen, wozu 4000 Einladungskarten ausgeschickt wurden. Auber wird beim Bankett die Musik dirigieren. Bei dieser Gelegenheit wird wahrscheinlich schon heute abend die Ernennung Guizots zum Grafen dem Publikum insinuiert werden. Herzog Decazes, als Großreferendär, hat sich dieser Angelegenheit halber schon gestern mit Guizot zum König verfügt; diese Standeserhöhung soll den neuen Gesandten mit Bresson und Pontois auf gleiche Stufe setzen. Die Doktrinäre jubeln, und Thiers lächelt.

Artikel für die »Augsburger Allgemeine«, 1840

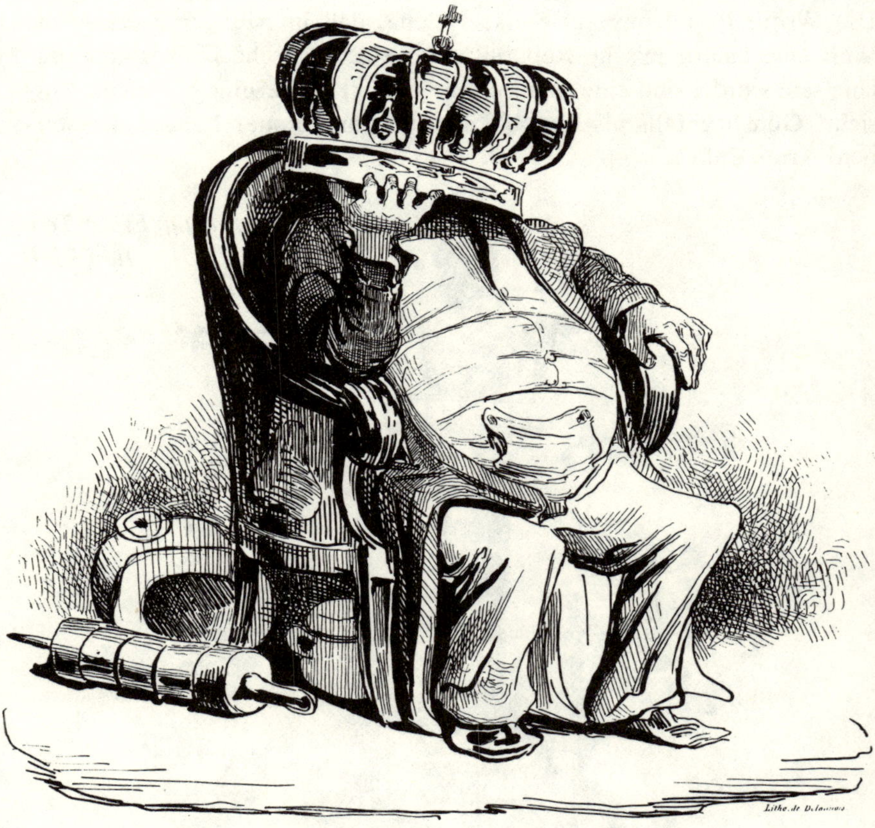

Die Krone sinkt, die Last ist zu schwer. Lithographie von Honoré Daumier für die Zeitschrift »Le Charivari«, 1834

Der König hat geweint. Er weinte öffentlich, auf dem Throne, umgeben von allen Würdeträgern des Reichs, angesichts seines ganzen Volks, dessen erwählte Vertreter ihm gegenüberstanden, und Zeugen dieses kummervollen Anblicks waren alle Fürsten des Auslandes, repräsentiert in der Person ihrer Gesandten und Abgeordneten. Der König weinte! Dieses ist ein betrübendes Ereignis. Viele verdächtigen diese Tränen des Königs und vergleichen sie mit denen des Reineke. Aber ist es nicht schon hinlänglich tragisch, wenn ein König so sehr bedrängt und geängstet worden, daß er zu dem feuchten Hilfsmittel des Weinens seine Zuflucht genommen? Nein, Ludwig Philipp, der königliche Dulder, braucht nicht eben seinen Tränendrüsen Gewalt anzutun, wenn er an die Schrecknisse denkt, wovon er, sein Volk und die ganze Welt bedroht ist. –

Lutetia. Erster Teil,
November 1840

Vorige Woche verließ uns Heinrich Laube, welcher mit seiner Gattin, einer sehr gebildeten und geistreichen Dame, diesen Sommer hierherkam, den größten Teil der französischen Provinzen bereiste, auch einen kurzen Abstecher nach Afrika unternommen hatte und seit einigen Monaten wieder nach Paris zurückgekehrt war. Hier beschäftigte er sich vorzüglich mit historischen Untersuchungen, wozu ihm die Archive ihre bedeutenden Materialien eröffneten. Der ausgezeichnet kritische Sinn des Mannes und sein offenes Auge für alle Erscheinungen des wirklichen Lebens, Studium und Anschauung, werden gewiß ein kostbares Buch zutage fördern. Von Laubes deutscher Literaturgeschichte sind erst zwei Bände hier angekommen, und ein Gesamturteil über diese Arbeit ist noch nicht zulässig. Wenn die Ausführung den Anfängen und der ganzen Anlage entspricht, so erhält das Publikum hier ein Werk, das bis jetzt in unserer Literatur fehlte und einem großen Bedürfnisse abhilft. Bouterweks deutsche Literaturgeschichte ist veraltet und reicht nicht bis auf die neueste Periode, deren erste Erscheinungen nur polemisch angedeutet wurden; und doch wäre dieses Buch als das einzige zu nennen, wo eine gründliche, tatsächliche Belehrung für das große Publikum geliefert wird. Andere Versuche umfassen nicht das Ganze der Literatur oder sind nur ein Konvolut räsonierender Artikel, literärischer Rhapsodien, trockner Notizen oder verfallen gar ins Gebiet der Chrestomathie. Rosenkranz, der geistreichste und tiefsinnigste Literaturhistoriker unserer Zeit, hat zwar über deutsche Literatur Vortreffliches geschrieben, aber nicht im Zusammenhang aller Epochen; er widmete dem Mittelalter ein eigenes Werk, und von der spätern deutschen Schriftwelt hat er in seinem größeren Literaturbuche nur den poetischen Teil und auch diesen nur in allzu kurzen Umrissen behandelt. Laubes Werk wird daher ein Buch sein, wie eben die große Menge dessen bedarf, nämlich eine ausführliche Darlegung des ganzen deutschen Literaturbestands, von den ältesten Zeiten bis auf heutigen Tag, belehrend wie ein Handbuch durch Treue und Gründlichkeit und unterhaltend wie ein Kunstwerk durch harmonischen Reiz der schönen Rede. Talent und Charakter haben sich hier vereinigt, und ihre Verbindung liefert das erfreulichste Resultat. Laube ist nämlich nicht bloß ausgezeichnet durch ästhetische Begabnisse, durch Macht der Darstellung, durch Phantasie und Scharfsinn, sondern auch durch die Biederkeit, die Ehrlichkeit, die Lauterkeit seines ganzen Wesens: seine Zunge ist der gewissenhafte Dolmetsch seines redlich deutschen Herzens. – Daß die Wahrheit auch geistreich sein könne, davon gibt uns Laube einen erquickenden Beweis. Und ach! wir bedurften eines solchen Trostes in einer Zeit, wo die geistreiche Lüge sich ausspreizt in ihrem brillantesten Dünkel.

Artikel für die »Augsburger Allgemeine«,
1840

Die ehrwürdigen Väter. Holzschnitt von Grandville, 1835

Heutzutage gibt es in der Gesindestube der Freiheit wenig treue Knechte, aber desto mehr glänzende Dienerschaft: Heiducken von ausgezeichnet körperlicher Größe, kleine naseweise Jockeien, windige Läufer, grobselige Kutscher, Leibjäger usw. Diese Leute dünken sich zu gut oder sind vielleicht zu schlecht, um einer Person dienen zu können, und sie vermieten sich bei einer Idee aus Müßiggang, für Taglohn, wo nicht gar, um bei Gelegenheit zu stehlen oder für ein gutes Trinkgeld die Hausinteressen zu verraten. Wüßte ich nicht, daß die herrschende Idee unserer Tage – und ich will sie bei ihrem Namen nennen: die Demokratie – im Boden Frankreichs tiefer wurzelt als jede andre Herrschaft, so würde ich ihre Zukunft sehr gefährdet glauben; denn ich erblicke in ihrer Nähe gar zweideutige Gesichter, ich sehe, wie eine Menge Lakaien des alten Regimes sich in ihre Livree vermummen, und unter dem Tressenhut ihres Haushofmeisters bemerke ich die Tonsur. – Daß die Idee der Demokratie in Frankreich herrschend ist, unterliegt keinem Zweifel. Der ungeheure Absatz, den die demokratischen Broschüren finden, ist der sicherste Beweis. Täglich werden dergleichen von der Regierung konfisziert.

Artikel für die »Augsburger Allgemeine«,
1840

Die Russen befolgen hier eine Methode, die ich nächstens einmal beleuchten werde. Es ist ihnen um die reelle Macht zu tun, nicht um den bloßen Schein derselben, nicht um die byzantinische Titulatur. Konstantinopel kann ihnen nicht entgehen, sie verschlingen es, sobald es ihnen paßt. In diesem Augenblick aber paßt es ihnen noch nicht, und sie sprechen von der Türkei mit einer süßlichen, fast herrenhutischen Friedfertigkeit. Sie mahnen mich an die Fabel von dem Wolf, welcher, als er Hunger hatte, sich eines Schafes bemächtigte. Er fraß mit gieriger Hast dessen beide Vorderbeine, jedoch die Hinterbeine des Tierleins verschonte er und sprach: »Ich bin jetzt gesättigt, und diesem guten Schafe, das mich mit seinen Vorderbeinen gespeiset hat, lasse ich aus Pietät alle seine übrigen Beine und den ganzen Rest seines Leibes.«

Lutetia. Erster Teil,
Januar 1842

Der große Can-Can. Holzschnitt von Grandville, 1844

Die untern Klassen, wie gerne sie auch die vornehme Welt nachäffen, haben sich dennoch nicht zu solchem selbstsüchtigen Scheintanz verstehen können; ihr Tanzen hat noch Realität, aber leider eine sehr bedauernswürdige. Ich weiß kaum, wie ich die eigentümliche Betrübnis ausdrücken soll, die mich jedesmal ergreift, wenn ich an öffentlichen Belustigungsorten, namentlich zur Karnevalszeit, das tanzende Volk betrachte. Eine kreischende, schrillende, übertriebene Musik begleitet hier einen Tanz, der mehr oder weniger an den Cancan streift. Hier höre ich die Frage: Was ist der Cancan? Heiliger Himmel, ich soll für die »Allgemeine Zeitung« eine Definition des Cancan geben! Wohlan: Der Cancan ist ein Tanz, der nie in ordentlicher Gesellschaft getanzt wird, sondern nur auf gemeinen Tanzböden, wo derjenige, der ihn tanzt, oder diejenige, die ihn tanzt, unverzüglich von einem Polizeiagenten ergriffen und zur Tür hinausgeschleppt wird. Ich weiß nicht, ob diese Definition hinlänglich belehrsam, aber es ist auch gar nicht nötig, daß man in Deutschland ganz genau erfahre, was der französische Cancan ist. Soviel wird schon aus jener Definition zu merken sein, daß die vom seligen Vestris angepriesene Tugend hier kein notwendiges Requisit ist und daß das französische Volk sogar beim Tanzen von der Polizei inkommodiert wird. Ja, dieses letztere ist ein sehr sonderbarer Übelstand, und jeder denkende Fremde muß sich darüber wundern, daß in den öffentlichen Tanzsälen bei jeder Quadrille mehre Polizeiagenten oder Kommunalgardisten stehen, die mit finster katonischer Miene die tanzende Moralität bewachen. Es ist kaum begreiflich, wie das Volk unter solcher schmählichen Kontrolle seine lachende Heiterkeit und Tanzlust behält. Dieser gallische Leichtsinn aber macht eben seine vergnügtesten Sprünge, wenn er in der Zwangsjacke steckt, und obgleich das strenge Polizeiauge es verhütet, daß der Cancan in seiner zynischen Bestimmtheit getanzt wird, so wissen doch die Tänzer durch allerlei ironische Entrechats und übertreibende Anstandsgesten ihre verpönten Gedanken zu offenbaren, und die Verschleierung erscheint alsdann noch unzüchtiger als die Nacktheit selbst. Meiner Ansicht nach ist es für die Sittlichkeit von keinem großen Nutzen, daß die Regierung mit so vielem Waffengepränge bei dem Tanze des Volks interveniert; das Verbotene reizt eben am süßesten, und die raffinierte, nicht selten geistreiche Umgehung der Zensur wirkt hier noch verderblicher als erlaubte Brutalität. Diese Bewachung der Volkskunst charakterisiert übrigens den hiesigen Zustand der Dinge und zeigt, wie weit es die Franzosen in der Freiheit gebracht haben.

Es sind aber nicht bloß die geschlechtlichen Beziehungen, die auf den Pariser Bastringuen der Gegenstand ruchloser Tänze sind. Es will mich manchmal bedünken, als tanze man dort eine Verhöhnung alles dessen, was als das Edelste und Heiligste im Leben gilt, aber durch Schlauköpfe so oft ausgebeutet und durch Einfaltspinsel so oft lächerlich gemacht worden, daß das Volk nicht mehr wie sonst daran glauben kann. . .

Wenn aber gar die Galoppronde erschmettert, dann erreicht der satanische Spektakel seine unsinnigste Höhe, und es ist dann, als müsse die Saaldecke platzen und die ganze Sippschaft sich plötzlich emporschwingen auf Besenstielen, Ofengabeln, Kochlöffeln – »oben hinaus, nirgends an!« – ein gefährlicher Moment für viele unserer Landsleute, die leider keine Hexenmeister sind und nicht das Sprüchlein kennen, das man herbeten muß, um nicht von dem wütenden Heer fortgerissen zu werden.

Lutetia. Erster Teil,
Februar 1842

Wie tief dieser Kosmopolitismus in den Herzen der Franzosen wurzelt, das beurkundete sich recht sichtbar bei Gelegenheit des Hamburger Brandes. Die Partei der Menschheit hat da einen großen Triumph gefei-

Die Hamburger Nikolaikirche während des großen Brandes am 7. Mai 1842

ert. Es übersteigt alle Begriffe, wie gewaltig das Mitgefühl hier alle Volksklassen erfaßte, als sie von dem Unglück hörten, das jene ferne deutsche Stadt betroffen, deren geographische Lage vielleicht den wenigsten bekannt war. Ja, bei solchen Anlässen zeigt es sich, daß die Völker dieser Erde inniger verbunden sind, als man da und dort ahnen oder wünschen mag, und daß bei aller Verschiedenheit der Interessen dennoch eine glühende Bruderliebe in Europa auflodern kann, wenn die rechte Stunde kommt...

Und mein armes Hamburg liegt in Trümmern, und die Orte, die mir so wohl bekannt, mit welchen alle Erinnerungen meiner Jugend so innig verwachsen, sie sind ein rauchender Schutthaufen! Am meisten beklage ich den Verlust jenes Petriturmes – er war über die Kleinlichkeit seiner Umgebung so erhaben! Die Stadt wird bald wieder aufgebaut sein mit neuen gradlinigen Häusern und nach der Schnur gezogenen Straßen, aber es wird doch nicht mehr mein altes Hamburg sein, mein altes, schiefwinklichtes, schlabbriges Hamburg! Der Breitengiebel, wo mein Schuster wohnte und wo ich Austern aß, bei Unbescheiden – ein Raub der Flammen! Der »Hamburger Korrespondent« meldet zwar, daß der Dreckwall sich bald wie ein Phönix aus der Asche erheben werde – aber ach! es wird doch der alte Dreckwall nicht mehr sein! Und das Rathaus – wie oft ergötzte ich mich an den Kaiserbildern, die, aus Hamburger Rauchfleisch gemeißelt, die Fassade zierten! Sind die hoch- und wohlgepuderten Perücken gerettet, die dort den Häuptern der Republik ihr majestätisches Ansehen gaben? Der Himmel bewahre mich, in einem Momente wie der jetzige an diesen alten Perücken ein weniges zu zupfen. Im Gegenteil, ich möchte bei dieser Gelegenheit vielmehr bezeugen, daß die Regierung zu Hamburg immer die Regierten übertraf an gutem Willen für gesellschaftlichen Fortschritt. Das Volk stand hier immer tiefer als seine Stellvertreter, worunter Männer von der bedeutendsten Bildung und Vernünftigkeit. Aber es steht zu hoffen, daß der große Brand auch die unteren Intelligenzen ein bißchen erleuchtet haben wird und die ganze hamburgische Bevölkerung jetzt einsieht, daß der Zeitgeist, der ihr im Unglück seine Wohltat angedeihen ließ, späterhin nicht mehr durch kleinlichen Krämersinn beleidigt werden darf. Namentlich die bürgerliche Gleichstellung der verschiedenen Konfessionen wird gewiß jetzt nicht mehr in Hamburg vertagt werden können. – Wir wollen das Beste von der Zukunft erwarten; der Himmel schickt nicht umsonst die großen Prüfungen.

Hamburg,
1842

Hier in Paris hat das Unglück große Sensation gemacht und eine Teilnahme gefunden, die wahrhaft beschämend für diejenigen Hamburger, die vom Franzosenhaß noch nicht geheilt sind und ihn noch bis jetzt zur Schau trugen. Die Franzosen sind das bravste Volk.

Also trotz der vortrefflichen Löschanstalten, womit ihr immer geprahlt, seid ihr zur Hälfte abgebrannt! welche Strecke von der Deichstraße bis zu Onkel Heines Haus auf dem Jungfernstieg! – Der Jungfernstieg abgebrannt mitsamt den Pavillons! – Ich bin sehr begierig zu erfahren, wie weit die Assekuranzkompanien ihre Verpflichtungen erfüllen werden. –

Leben Sie wohl, teurer Onkel, und grüßen Sie mir herzlichst Tante Jette, die nicht wenig sich geängstigt haben wird, sowie auch Hermann und die jungen Damen. – Meine Frau, welche in diesem Augenblick auf dem Lande ihrer Gesundheit wegen, ist weinend hereingelaufen kommen, als sie das Unglück vernahm; sie befindet sich übrigens ziemlich wohl. – Die Katastrophe von der Versailler Eisenbahn hat auch uns tief erschüttert, da manche Freunde von uns dadurch zugrunde gingen. – Welches Elend! –

An Henry Heine,
Paris, 16. Mai 1842

Die Gemäldeausstellung erregt dieses Jahr ungewöhnliches Interesse, aber es ist mir unmöglich, über die gepriesenen Vorzüglichkeiten dieses Salons nur ein halbwegs vernünftiges Urteil zu fällen. Bis jetzt empfand ich nur ein Mißbehagen sondergleichen, wenn ich die Gemächer des Louvre durchwandelte. Diese tollen Farben, die alle zu gleicher Zeit auf mich loskreischen, dieser bunte Wahnwitz, der mich von allen Seiten angrinst, diese Anarchie in goldnen Rahmen macht auf mich einen peinlichen, fatalen Eindruck. Ich quäle mich vergebens, dieses Chaos im Geiste zu ordnen und den Gedanken der Zeit darin zu entdecken oder auch nur den verwandtschaftlichen Charakterzug, wodurch diese Gemälde sich als Produkte unsrer Gegenwart kundgeben.

Lutetia. Zweiter Teil,
Mai 1843

In der Gemäldegalerie. Holzschnitt von Grandville, 1846

Wir sehen hier zunächst die sogenannte Vergeltungstheorie, das alte harte Gesetz der Urzeit, jenes jus talionis, das wir noch bei dem alttestamentalischen Moses in schauerlichster Naivität vorfinden: Leben um Leben, Auge um Auge, Zahn um Zahn. Mit dem Märtyrertode des großen Versöhners fand auch diese Idee der Sühne ihren Abschluß, und wir können behaupten, der milde Christus habe dem antiken Gesetze auch hier persönlich Genüge getan und dasselbe auch für die übrige Menschheit aufgehoben. Sonderbar! während hier die Religion im Fortschritt erscheint, ist es die Philosophie, welche stationär geblieben, und die Strafrechtstheorie unserer Philosophen von Kant bis auf Hegel ist trotz aller Verschiedenheit des Ausdrucks noch immer das alte jus talionis. Selbst unser Hegel wußte nichts Besseres anzugeben, und er vermochte nur die rohe Anschauungsweise einigermaßen zu spiritualisieren, ja bis zur Poesie zu erheben. Bei ihm ist die Strafe das Recht des Verbrechers; nämlich indem dieser das Verbrechen begeht, gewinnt er ein unveräußerliches Recht auf die adäquate Bestrafung; letztere ist gleichsam das objektive Verbrechen. Das Prinzip der Sühne ist hier bei Hegel ganz dasselbe wie bei Moses, nur daß dieser den antiken Begriff der Fatalität in der Brust trug, Hegel aber immer von dem modernen Begriff der Freiheit bewegt wird: sein Verbrecher ist ein freier Mensch, das Verbrechen selbst ist ein Akt der Freiheit, und es muß ihm dafür sein Recht geschehen. Hierüber nur ein Wort. Wir sind dem altsazerdotalen Standpunkt entwachsen, und es widerstrebt uns, zu glauben, daß, wenn der einzelne eine Untat begangen, die Gesellschaft in corpore gezwungen sei, dieselbe Untat zu begehen, sie feierlich zu wiederholen. Für den modernen Standpunkt, wie wir ihn bei Hegel finden, ist jedoch unser sozialer Zustand noch zu niedrig; denn Hegel setzt immer eine absolute Freiheit voraus, von der wir noch sehr entfernt sind und vielleicht noch eine gute Weile entfernt bleiben werden.

Unsere zweite große Straftheorie ist die der Abschreckung. Diese ist weder religiös noch philosophisch, sie ist rein absurd. Hier wird einem Menschen, der ein Verbrechen beging, Pein angetan, damit ein Dritter dadurch abgeschreckt werde, ein ähnliches Verbrechen zu begehen. Es ist das höchste Unrecht, daß jemand leiden soll zum Heile eines andern, und diese Theorie mahnte mich immer an die armen souffre-douleurs, die ehemals mit den kleinen Prinzen erzogen wurden und jedesmal durchgepeitscht wurden, wenn ihr erlauchter Kamerad irgendeinen Fehler begangen. Diese nüchterne und frivole Abschreckungstheorie borgt von der sazerdotalen Theorie gleichsam ihre pompes funèbres, auch sie errichtet auf öffentlichem Markt ein castrum doloris, um die Zuschauer anzulocken und zu verblüffen. Der Staat ist hier ein Scharlatan, nur mit dem Unterschied, daß der gewöhnliche Scharlatan dir versichert, er reiße die Zähne aus, ohne Schmerzen zu verursachen, während jener im Gegenteil durch seine schauerlichen Apparate mit weit größern Schmerzen droht, als vielleicht der arme Patient wirklich zu ertragen hat. Diese blutige Scharlatanerie hat mich immer angewidert.

Gefängnisreform und Strafgesetzgebung,
1843

Das Petersilienbukett. Lithographie von Grandville und Julien für die Zeitschrift »La Caricature«, 1832

Zeitgedichte

1844

Doktrin

Schlage die Trommel und fürchte dich nicht,
Und küsse die Marketenderin!
Das ist die ganze Wissenschaft,
Das ist der Bücher tiefster Sinn.

Trommle die Leute aus dem Schlaf,
Trommle Reveille mit Jugendkraft,
Marschiere trommelnd immer voran,
Das ist die ganze Wissenschaft.

Das ist die Hegelsche Philosophie,
Das ist der Bücher tiefster Sinn!
Ich hab sie begriffen, weil ich gescheit,
Und weil ich ein guter Tambour bin.

Warnung

Solche Bücher läßt du drucken!
Teurer Freund, du bist verloren!
Willst du Geld und Ehre haben,
Mußt du dich gehörig ducken.

Nimmer hätt ich dir geraten
So zu sprechen vor dem Volke,
So zu sprechen von den Pfaffen
Und von hohen Potentaten!

Teurer Freund, du bist verloren!
Fürsten haben lange Arme,
Pfaffen haben lange Zungen,
Und das Volk hat lange Ohren!

Bei des Nachtwächters Ankunft zu Paris

»Nachtwächter mit langen Fortschrittsbeinen,
Du kommst so verstört einhergerannt!
Wie geht es daheim den lieben Meinen,
Ist schon befreit das Vaterland?«

»Vortrefflich geht es, der stille Segen,
Er wuchert im sittlich gehüteten Haus,
Und ruhig und sicher, auf friedlichen Wegen,
Entwickelt sich Deutschland von innen heraus.

Nicht oberflächlich wie Frankreich blüht es,
Wo Freiheit das äußere Leben bewegt;
Nur in der Tiefe des Gemütes
Ein deutscher Mann die Freiheit trägt.

Der Dom zu Köllen wird vollendet,
Den Hohenzollern verdanken wir das;
Habsburg hat auch dazu gespendet,
Ein Wittelsbach schickt Fensterglas.

Die Konstitution, die Freiheitsgesetze,
Sie sind uns versprochen, wir haben das Wort,
Und Königsworte, das sind Schätze,
Wie tief im Rhein der Niblungshort.

Der freie Rhein, der Brutus der Flüsse,
Er wird uns nimmermehr geraubt!
Die Holländer binden ihm die Füße,
Die Schwyzer halten fest sein Haupt.

Auch eine Flotte will Gott uns bescheren,
Die patriotische Überkraft
Wird lustig rudern auf deutschen Galeeren;
Die Festungsstrafe wird abgeschafft.

Es blüht der Lenz, es platzen die Schoten,
Wir atmen frei in der freien Natur!
Und wird uns der ganze Verlag verboten,
so schwindet am Ende von selbst die Zensur.«

Georg Herwegh

Mein Deutschland trank sich einen Zopf,
Und du, du glaubtest den Toasten!
Du glaubtest jedem Pfeifenkopf
Und seinen schwarz-rot-goldnen Quasten.

Doch als der holde Rausch entwich,
Mein teurer Freund, du warst betroffen –
Das Volk wie katzenjämmerlich,
Das eben noch so schön besoffen!

Ein schimpfender Bedientenschwarm,
Und faule Äpfel statt der Kränze –
An jeder Seite ein Gendarm,
Erreichtest endlich du die Grenze.

Dort bleibst du stehn. Wehmut ergreift
Dich bei dem Anblick jener Pfähle,
Die wie das Zebra sind gestreift,
Und Seufzer dringen aus der Seele:

»Aranjuez, in deinem Sand,
Wie schnell die schönen Tage schwanden,
Wo ich vor König Philipp stand
Und seinen uckermärkschen Granden.

Er hat mir Beifall zugenickt,
Als ich gespielt den Marquis Posa;
In Versen hab ich ihn entzückt,
Doch ihm gefiel nicht meine Prosa.«

Die Tendenz

Deutscher Sänger! sing und preise
Deutsche Freiheit, daß dein Lied
Unsrer Seelen sich bemeistre
Und zu Taten uns begeistre,
In Marseillerhymnenweise.

Girre nicht mehr wie ein Werther,
Welcher nur für Lotten glüht –
Was die Glocke hat geschlagen,
Sollst du deinem Volke sagen,
Rede Dolche, rede Schwerter!

Sei nicht mehr die weiche Flöte,
Das idyllische Gemüt –
Sei des Vaterlands Posaune,
Sei Kanone, sei Kartaune,
Blase, schmettre, donnre, töte!

Blase, schmettre, donnre täglich,
Bis der letzte Dränger flieht –
Singe nur in dieser Richtung,
Aber halte deine Dichtung
Nur so allgemein als möglich.

An Georg Herwegh

Herwegh, du eiserne Lerche,
Mit klirrendem Jubel steigst du empor
Zum heiligen Sonnenlichte!
Ward wirklich der Winter zunichte?
Steht wirklich Deutschland im Frühlingsflor?

Herwegh, du eiserne Lerche,
Weil du so himmelhoch dich schwingst,
Hast du die Erde aus dem Gesichte
Verloren – Nur in deinem Gedichte
Lebt jener Lenz, den du besingst.

Die schlesischen Weber

Im düstern Auge keine Träne,
Sie sitzen am Webstuhl und fletschen die Zähne:
Deutschland, wir weben dein Leichentuch,
Wir weben hinein den dreifachen Fluch –
Wir weben, wir weben!

Ein Fluch dem Gotte, zu dem wir gebeten
In Winterskälte und Hungersnöten;
Wir haben vergebens gehofft und geharrt,
Er hat uns geäfft und gefoppt und genarrt –
Wir weben, wir weben!

Ein Fluch dem König, dem König der Reichen,
Den unser Elend nicht konnte erweichen,
Der den letzten Groschen von uns erpreßt
Und uns wie Hunde erschießen läßt –
Wir weben, wir weben!

Ein Fluch dem falschen Vaterlande,
Wo nur gedeihen Schmach und Schande,
Wo jede Blume früh geknickt,
Wo Fäulnis und Moder den Wurm erquickt –
Wir weben, wir weben!

Das Schiffchen fliegt, der Webstuhl kracht,
Wir weben emsig Tag und Nacht –
Altdeutschland, wir weben dein Leichentuch,
Wir weben hinein den dreifachen Fluch,
Wir weben, wir weben!

Ich leider wieder an meinem fatalen Augenübel, und nur mit Mühe kritzle ich Ihnen diese Zeilen. Indessen, was ich Ihnen Wichtiges zu sagen, kann ich Ihnen Anfang nächsten Monats mündlich sagen, denn ich bereite mich zur Abreise, beängstigt durch einen Wink von oben – ich habe nicht Lust, auf mich fahnden zu lassen, meine Beine haben kein Talent, eiserne Ringe zu tragen, wie Weitling sie trug. Er zeigte mir die Spuren. Man vermutet

Heine zu Besuch bei Jenny und Karl Marx in deren Pariser Wohnung. Zeitgenössische Zeichnung, 1844

bei mir größere Teilnahme am »Vorwärts!«, als ich mich deren rühmen kann, und ehrlich gestanden, das Blatt beurkundet die größte Meisterschaft im Aufreizen und Kompromittieren. Was soll das geben, sogar Mäurer ist debordiert! – Mündlich mehr hierüber. Wenn nur keine Perfidien in Paris ausgesponnen werden. Mein Buch ist gedruckt, wird aber

Berlioz dirigiert ein Festkonzert. Holzschnitt von Grandville, 1846

erst in zehn bis vierzehn Tagen hier ausgegeben, damit nicht gleich Lärm geschlagen wird. Die Aushängebogen des politischen Teils, namentlich wo mein großes Gedicht, schicke ich Ihnen heute unter Kreuzkuvert, in dreifacher Absicht. Nämlich erstens, damit Sie sich damit amüsieren, zweitens, damit [Sie] schon gleich Anstalten treffen können, für das Buch in der deutschen Presse zu wirken, und drittens, damit Sie, wenn Sie es ratsam erachten, im »Vorwärts!« das Beste aus dem neuen Gedichte abdrucken lassen können...

Ich bin froh, daß ich fortkomme. Meine Frau hab ich schon vorher nach Frankreich zu ihrer Mutter geschickt, die am Tode darniederliegt. – Leben Sie wohl, teurer Freund, und entschuldigen Sie mein verworrenes Gekritzel. Ich kann nicht überlesen, was ich geschrieben – aber wir brauchen ja wenige Zeichen, um uns zu verstehen!

An Karl Marx,
Hamburg, 21. September 1844

A tout seigneur tout honneur. Wir beginnen heute mit Berlioz, dessen erstes Konzert die musikalische Saison eröffnete und gleichsam als Ouvertüre derselben zu betrachten war. Die mehr oder minder neuen Stücke, die hier dem Publikum vorgetragen wurden, fanden den gebührenden Applaus, und selbst die trägsten Gemüter wurden fortgerissen von der Gewalt des Genius, der sich in allen Schöpfungen des großen Meisters bekundet. Hier ist ein Flügelschlag, der keinen gewöhnlichen Sangesvogel verrät, das ist eine kolossale Nachtigall, ein Sprosser von Adlersgröße, wie es deren in der Urwelt gegeben haben soll. Ja, die Berliozische Musik überhaupt hat für mich etwas Urweltliches, wo nicht gar Antediluvianisches, und sie mahnt mich an untergegangene Tiergattungen, an fabelhafte Königstümer und Sünden, an aufgetürmte Unmöglichkeiten, an Babylon, an die hängenden Gärten der Semiramis, an Ninive, an die Wunderwerke von Mizraim, wie wir dergleichen erblicken auf den Gemälden des Engländers Martin. In der Tat, wenn wir uns nach einer Analogie in der Malerkunst umsehen, so finden wir die wahlverwandteste Ähnlichkeit zwischen Berlioz und dem tollen Briten: derselbe Sinn für das Ungeheuerliche, für das Riesenhafte, für materielle Unermeßlichkeit. Bei dem einen die grellen Schatten- und Lichteffekte, bei dem andern kreischende Instrumentierung; bei dem einen wenig Melodie, bei dem andern wenig Farbe, bei beiden wenig Schönheit und gar kein Gemüt. Ihre Werke sind weder antik noch romantisch, sie erinnern weder an Griechenland noch an das katholische Mittelalter, sondern sie mahnen weit höher hinauf an die assyrisch-babylonisch-ägyptische Architekturperiode und an die massenhafte Passion, die sich darin aussprach.

Musikalische Saison,
1844

Aber ich habe mich doch geirrt, und das merkte ich vorige Woche im italienischen Opernhaus, wo Liszt sein erstes Konzert gab, und zwar vor einer Versammlung, die man wohl die Blüte der hiesigen Gesellschaft nennen konnte. Jedenfalls waren es wachende Pariser, Menschen, die mit den höchsten Erscheinungen der Gegenwart vertraut, die mehr oder minder lange mitgelebt hatten das große Drama der Zeit, darunter so viele Invaliden aller Kunstgenüsse, die müdesten Männer der Tat, Frauen, die ebenfalls sehr müde, indem sie den ganzen Winter hindurch die Polka getanzt, eine Unzahl beschäftigter und blasierter Gemüter – das war wahrlich kein deutsch-sentimentales, berlinisch anempfindelndes Publikum, vor welchem Liszt spielte, ganz allein, oder vielmehr nur begleitet von seinem Genius. Und dennoch, wie gewaltig, wie erschütternd wirkte schon seine bloße Erscheinung! Wie ungestüm war der Beifall, der ihm entgegenklatschte! Auch Buketts wurden ihm zu Füßen geworfen! Es war ein erhabener Anblick, wie der Triumphator mit Seelenruhe die Blumensträuße auf sich regnen ließ und endlich, graziöse lächelnd, eine rote Kamelia, die er aus einem solchen Bukett hervorzog, an seine Brust steckte. Und dieses tat er in Gegenwart einiger junger Soldaten, die eben aus Afrika gekommen, wo sie keine Blumen, sondern bleierne Kugeln auf sich regnen sahen und ihre Brust mit den roten Kamelias des eignen Heldenbluts geziert ward, ohne daß man hier oder dort davon besonders Notiz nahm! Sonderbar! dachte ich, diese Pariser, die den Napoleon gesehen, der eine Schlacht nach der andern liefern mußte, um ihre Aufmerksamkeit zu fesseln, diese jubeln jetzt unserm Franz Liszt! Und welcher Jubel! Eine wahre Verrücktheit, wie sie unerhört in den Annalen der Furore!

Musikalische Saison,
1844

Heine im Alter von 30 Jahren.
Radierung von Ludwig Emil Grimm, 1827 (Ausschnitt)

Ludwig Philipp war leutselig und gutherzig. Grausamkeit, Blutvergießen war ihm zuwider, er war ein König des Friedens, der Ölzweig war sein Zepter; er war sozusagen ein persönlicher Feind des Krieges. Er besaß Kenntnisse in allen Fächern des Wissens, und die Aufklärung, Toleranz und Philanthropie des achtzehnten Jahrhunderts war bei ihm in Geist und Gemüt übergegangen. Er war gesund. Nicht bloß die Kuhpocken, sondern auch die Revolution waren ihm frühzeitig inokuliert worden, und er war frei von jenem geheimen Erbgroll gegen das junge Frankreich, woran seine Vettern von der älteren Linie kränkelten. Er zeugte schöne, reine

Kinder, ein blühendes Geschlecht. Er saß gut zu Pferde und zeigte in Gefahren, zumal wenn sie nur sein eigenes Leben bedrohten, den kaltblütigsten Mut; bei Hoffesten und im Zwiegespräch bewunderte man seine Liebenswürdigkeit, seine Huld und Anmut. Dieser Ludwig Philipp hatte alle bürgerlichen Tugenden und kein einziges adliges Laster, und er war keusch von Sitte wie ein schottischer Landpfarrer, genügsam in seinen Genüssen wie ein Beduine Arabiens, von unermüdlichem Fleiße wie ein Privatdozent in Göttingen, kurz, er hatte alle möglichen guten Eigenschaften – und dennoch haben ihn die Franzosen eines frühen Morgens vom Throne hinabgeschmissen, und dennoch haben sie ihn mit Schimpf und Schande zum Lande hinausgejagt. Als der unglückliche Monarch das Schiff bestieg, das ihn nach dem traurigen England brachte, sprach er die merkwürdigen Worte: »Mit mir wird das Königtum in Frankreich begraben, ich war der letzte König der Franzosen!« Ja, Ludwig Philipp war für dieses Volk der einzig mögliche König, und sogar ihn haben sie, nach einem Versuch von achtzehn Jahren, nicht vertragen können. Die Franzosen sind der poetischen Livree des Royalismus, der scharlachgläubigen Romantik mit goldnen Tressen entwachsen, sie paßte ihnen nicht mehr am Leibe, sie platzte überall in den Nähten, und sie vertauschten dieselbe mit der republikanischen Bluse, die ihnen freilich zu weitbauschig ist, aber doch freiere Bewegung erlaubt. Sie haben jetzt die Republik, und es kommt wenig darauf an, ob sie dieselbe lieben oder nicht lieben. Sie haben sie jetzt, und wenn man einmal so etwas hat, so hat man es, wie man einen Leistenbruch hat oder eine Frau oder ein deutsches Vaterland oder sonst ein Gebreste. Die Franzosen sind jetzt kondemniert, Republikaner zu sein, à perpétuité. Es blieb ihnen wahrhaftig keine andere Tracht übrig; sie konnten doch nicht ganz nackt gehen, und der Anstand erforderte schleunigste Bekleidung. Ein jeder sehe nun, wie er's treibe. Aufrichtig gestanden, wir haben uns hier schon leidlich in unser Schicksal gefunden, es ist uns zumute, als wären wir all unser Lebtag lauter Brutusse gewesen, und die jüngste Vergangenheit liegt hinter uns wie ein altes Ammenmärchen: – »Es war einmal ein König.«

Die Februarrevolution,
1848

Nachlese

1848 – 1856

Die Wanderratten

Es gibt zwei Sorten Ratten:
Die hungrigen und satten.
Die satten bleiben vergnügt zu Haus,
Die hungrigen aber wandern aus.

Sie wandern viel tausend Meilen,
Ganz ohne Rasten und Weilen,
Gradaus in ihrem grimmigen Lauf,
Nicht Wind noch Wetter hält sie auf.

Sie klimmen wohl über die Höhen,
Sie schwimmen wohl durch die Seen;
Gar manche ersäuft oder bricht das Genick,
Die lebenden lassen die toten zurück.

Es haben diese Käuze
Gar fürchterliche Schnäuze;
Sie tragen die Köpfe geschoren egal,
Ganz radikal, ganz rattenkahl.

Die radikale Rotte
Weiß nichts von einem Gotte.
Sie lassen nicht taufen ihre Brut,
Die Weiber sind Gemeindegut.

Der sinnliche Rattenhaufen,
Er will nur fressen und saufen,
Er denkt nicht, während er säuft und frißt,
Daß unsre Seele unsterblich ist.

So eine wilde Ratze,
Die fürchtet nicht Hölle, nicht Katze;

Sie hat kein Gut, sie hat kein Geld
Und wünscht aufs neue zu teilen die Welt.

Die Wanderratten, o wehe!
Sie sind schon in der Nähe.
Sie rücken heran, ich höre schon
Ihr Pfeifen – die Zahl ist Legion.

O wehe! wir sind verloren,
Sie sind schon vor den Toren!
Der Bürgermeister und Senat,
Sie schütteln die Köpfe, und keiner weiß Rat.

Die Bürgerschaft greift zu den Waffen,
Die Glocken läuten die Pfaffen.
Gefährdet ist das Palladium
Des sittlichen Staats, das Eigentum.

Nicht Glockengeläute, nicht Pfaffengebete,
Nicht hochwohlweise Senatsdekrete,
Auch nicht Kanonen, viel Hundertpfünder,
Sie helfen euch heute, ihr lieben Kinder!

Heut helfen euch nicht die Wortgespinste
Der abgelebten Redekünste.
Man fängt nicht Ratten mit Syllogismen,
Sie springen über die feinsten Sophismen.

Im hungrigen Magen Eingang finden
Nur Suppenlogik mit Knödelgründen,
Nur Argumente von Rinderbraten,
Begleitet von Göttinger Wurstzitaten.

Ein schweigender Stockfisch, in Butter gesotten,
Behaget den radikalen Rotten
Viel besser als ein Mirabeau
Und alle Redner seit Cicero.

Johann Friedrich Freiherr von Cotta, Zeitgenössischer Stich

Der alte Baron Cotta mit seiner edlen Treue und glücklichen Beharrlichkeit war würdig, der Freund Schillers und Goethes zu sein, und er teilte mit diesen beiden ihren Kosmopolitismus, der ihn wahrlich nicht hinderte, zugleich ein großer Patriot zu sein, indem er es nicht bei seiner müßigen Anerkennung der Verdienste der Nachbarvölker bewenden ließ, sondern auch für die Interessen der eigenen Landsleute rastlos tätig war. Durch seine kolossalen Geldmittel, durch seine Bekanntschaft mit den besten deutschen Schriftstellern, hauptsächlich durch diplomatische Verhältnisse, die ihn mit den bedeutendsten Staatsmännern in allen Weltgegenden in Verbindung setzten, ward es ihm möglich, die »Allgemeine Zeitung« zum höchsten Flor zu bringen. Auch war sie sein Stolz und seine Freude, der Gelderwerb ward Nebensache. Die »Allgemeine Zeitung« war er selbst, und wer den alten Cotta liebte, mußte am Ende auch das Blatt lieben, das eine Inkarnation des alten Herrn war und in welchem er, nach seinem leiblichen Hinscheiden, geistig fortlebte.

Diesem Zauber gehorchte auch das Gemüt des Schreibers dieser Blätter, der seine Freundschaft für den alten Baron auch auf sein Lieblingswerk übertrug, und dieses Gefühl trug viel dazu bei, daß ich so lange Zeit bei der »Allgemeinen Zeitung« aushielt. Durch diese blieb ich zugleich in Verbindung mit dem Vaterland selbst und mit den lieben Freunden und Gesinnungsgenossen, die ebenfalls an der »Allgemeinen Zeitung« arbeiteten und wovon mehrere sogar in Augsburg lebten – in der Tat, im Exil gewährt selbst eine solche gedruckte Korrespondenz ein wehmütiges Labsal, und es war mir, als korrespondierte ich nach Hause, an die Familie. Die Freunde sind seitdem dahingestorben, und das Journal nahm allmählich eine Farbe an, die mir nicht gefällt, obgleich der jetzige Baron Cotta, Eigentümer des Journals, den Traditionen seines Vaters eben nicht untreu geworden zu sein scheint. Ich weiß nicht, welche Einflüsse seiner besseren Einsicht entgegenwirken. Bei seiner Oberlenkung des Journals verfügt er nicht bloß über große pekuniäre, sondern auch über große intellektuelle Mittel, obgleich er sie aus Bescheidenheit nicht zur Schau stellt. In dem jüngsten Briefe, womit er mich beehrte, fand ich die rührenden Worte: »Ich erbte nicht den Geist meines Vaters, aber ich glaube, sein Herz habe ich geerbt.« Um solches zu sagen, muß man wirklich Geist besitzen.

Bruchstück einer Denkschrift,
1849

Da in diesem Augenblick wieder die größte Aufregung in Paris herrscht und gestern und vorgestern großes Blutvergießen stattfand, so eile ich, Dir zu melden, daß ich mich wohl befinde und außer dem Bereiche jeder Gefahr bin. Meine Krankheit hat wenigstens den Nutzen, daß ich mich in den Parteikampf nicht mische; wäre ich gesund, so hätte ich jetzt jeden Augenblick Gelegenheit, verstümmelt oder totgeschossen zu werden. Meine Frau läßt sich leider nicht zurückhalten, bei jedem Tumult die Nase auf die Straße hinauszustecken, und war gestern mitten im Feuer. Ich habe leider nichts zu befehlen hier in Frankreich, und wie überall fehlt auch in meinem Hause die notwendige Autorität. Mit Ludwig Napoleon scheint es zu Ende zu sein, und er hat seine Sachen nicht geschickt angefangen. Ich fürchte, es geht ihm noch sehr schlecht. Leider hat er nicht begriffen, daß die Franzosen die Republik zwar nicht lieben, aber doch sie behalten wollen. Was soviel gekostet hat, läßt man sich nicht gerne nehmen. Wie viele Menschen haben einen Widerwillen gegen ihre

Mätresse, können sich aber doch nicht entschließen, das Mensch zu verlassen, für welches sie schon soviel Geld ausgegeben.

An Betty Heine und Charlotte Embden,
Paris, 5. Dezember 1851

Wie dumm ich, liebster Kolb, in weltlichen Dingen bin, davon haben Sie keinen Begriff, und meine Frau hatte ganz recht, als sie einst jemanden, der meinen Verstand rühmte, sehr unwirsch versicherte, »ich verstelle mich nur so«.

Ja, ich habe soviel gemerkt, daß man seine Verstandeslakunen durch Geist verhüllen muß, um nicht gänzlich wie ein dummer Junge behandelt zu werden. Aber was soll aus einem Volke werden, dessen Stimmführer so große Esel sind, wie ich leider bin? Das deutsche Volk hat sich in der letzten Zeit nicht sehr verstellt. Die Franzosen machen noch immer eine pfiffige Miene, sind aber im Grunde ebenso dumm wie wir, und in bezug auf Dummheit gibt es keine Rheingrenze mehr. Wie ich über den Präsidenten hier schon seit Jahr und Tag denke, wissen Sie, und ich habe auch mit Ihrem Kollegen Peschel bei seiner Anwesenheit hierselbst wegen der Kapazität des Präsidenten eine Lanze gebrochen. Jetzt sieht jeder, daß ich ihn richtig beurteilt und daß auch er sich verstellt hat, nur in ganz umgekehrter Weise wie wir. Er war wirklich der Löwe in der Eselshaut, die er eines frühen Morgens von sich abstreifte, zum Entsetzen der ganzen Kammermenagerie. Wieweit sein coup d'état durch die Provokationen jener Kammer justifiziert werden kann, ist schwer zu bestimmen. Diese Dummköpfe, diese Kollegen des Herrn Savoye, stachelten und nergelten beständig den Helden, der das blanke Schwert der exekutiven Gewalt in Händen hatte, während sie nur die legale Scheide besaßen. Die Verblendung war unbegreiflich, und ich wunderte mich nicht über das, was geschah. Aber mein Herz blutete dennoch, und mein alter Bonapartismus hält nicht stich gegen den Kummer, der mich überwältigte, als ich die Folgen jenes Ereignisses übersah. Die schönen Ideale von politischer Sittlichkeit, Gesetzlichkeit, Bürgertugend, Freiheit und Gleichheit, die rosigen Morgenträume des achtzehnten Jahrhunderts, für die unsere Väter so heldenmütig in den Tod gegangen und die wir ihnen nicht minder martyrtumsüchtig nachträumten – da liegen sie nun zu unseren Füßen, zertrümmert, zerschlagen, wie die Scherben von Porzellankannen, wie erschossene Schneider – doch ich will schweigen, und Sie wissen warum.

An Gustav Kolb,
Paris, 13. Februar 1852

Überhaupt war das Gespräch von Hegel immer eine Art von Monolog, stoßweis hervorgeseufzt mit klangloser Stimme; das Barocke der Aus-

Hegel lehrt an der Universität Berlin. Zeitgenössischer Stich

drücke frappierte mich oft, und von letztern blieben mir viele im Gedächtnis. Eines schönen hellgestirnten Abends standen wir beide nebeneinander am Fenster, und ich, ein zweiundzwanzigjähriger junger Mensch, ich hatte eben gut gegessen und Kaffee getrunken, und ich sprach mit Schwärmerei von den Sternen und nannte sie den Aufenthalt der Seligen. Der Meister aber brümmelte vor sich hin: »Die Sterne, hum! hum! die Sterne sind nur ein leuchtender Aussatz am Himmel.« – »Um Gottes willen« – rief ich –, »es gibt also droben kein glückliches Lokal, um dort die Tugend nach dem Tode zu belohnen?« Jener aber, indem er mich mit seinen bleichen Augen stier ansah, sagte schneidend: »Sie wollen also noch ein Trinkgeld dafür haben, daß Sie Ihre kranke Mutter gepflegt und Ihren Herrn Bruder nicht vergiftet haben?« – Bei diesen Worten sah er sich ängstlich um, doch er schien gleich wieder beruhigt, als er bemerkte, daß nur Heinrich Beer herangetreten war, um ihn zu einer Partie Whist einzuladen.

Wie schwer das Verständnis der Hegelschen Schriften ist, wie leicht man sich hier täuschen kann und zu verstehen glaubt, während man nur dialektische Formeln nachzukonstruieren gelernt, das merkte ich erst viele Jahre später hier in Paris, als ich mich damit beschäftigte, aus dem abstrakten Schulidiom jene Formeln in die Muttersprache des gesunden Verstandes und der allgemeinen Verständlichkeit, ins Französische, zu übersetzen. Hier muß der Dolmetsch bestimmt wissen, was er zu sagen hat, und der verschämteste Begriff ist gezwungen, die mystischen Gewänder fallenzulassen und sich in seiner Nacktheit zu zeigen. Ich hatte nämlich den Vorsatz gefaßt, eine allgemeinverständliche Darstellung der ganzen Hegelschen Philosophie zu verfassen, um sie einer neuern Ausgabe meines Buches »De l'Allemagne« als Ergänzung desselben einzuverleiben. Ich beschäftigte mich während zwei Jahren mit dieser Arbeit, und es gelang mir nur mit Not und Anstrengung, den spröden Stoff zu bewältigen und die abstraktesten Partien so populär als möglich vorzutragen. Doch als das Werk endlich fertig war, erfaßte mich bei seinem Anblick ein unheimliches Grauen, und es kam mir vor, als ob das Manuskript mich mit fremden, ironischen, ja boshaften Augen ansähe. Ich war in eine sonderbare Verlegenheit geraten: Autor und Schrift paßten nicht mehr zusammen. Es hatte sich nämlich um jene Zeit der obenerwähnte Widerwille gegen den Atheismus schon meines Gemütes bemeistert, und da ich mir gestehen mußte, daß allen diesen Gottlosigkeiten die Hegelsche Philosophie den furchtbarsten Vorschub geleistet, ward sie mir äußerst unbehaglich und fatal. Ich empfand überhaupt nie eine allzu große Begeisterung für diese Philosophie, und von Überzeugung konnte in bezug auf dieselbe gar nicht die Rede sein. Ich war nie abstrakter Denker, und ich nahm die Synthese der Hegelschen Doktrin ungeprüft an, da ihre Folgerungen meiner Eitelkeit schmeichelten. Ich war jung und stolz, und es tat meinem Hochmut wohl, als ich von Hegel erfuhr, daß nicht, wie meine Großmutter meinte, der liebe Gott, der im Himmel residiert, sondern ich selbst hier auf Erden der liebe Gott sei.

Geständnisse,
1854

George Sand, die größte Schriftstellerin, ist zugleich eine schöne Frau. Sie ist sogar eine ausgezeichnete Schönheit. Wie der Genius, der sich in ihren Werken ausspricht, ist ihr Gesicht eher schön als interessant zu nennen; das Interessante ist immer eine graziöse oder geistreiche Abweichung vom Typus des Schönen, und die Züge von George Sand tragen eben das Gepräge einer griechischen Regelmäßigkeit. Der Schnitt derselben ist jedoch nicht schroff und wird gemildert durch die Sentimentalität, die darüber wie ein schmerzlicher Schleier ausgegossen. Die Stirn ist nicht hoch, und gescheitelt fällt bis zur Schulter das köstliche kastanienbraune Lockenhaar. Ihre Augen sind etwas matt, wenigstens sind sie nicht glänzend, und ihr Feuer mag wohl durch viele Tränen erloschen oder in ihre Werke übergegangen sein, die ihre Flammenbrände über die ganze Welt verbreitet, manchen trostlosen Kerker erleuchtet, vielleicht aber auch manchen stillen Unschuldstempel verderblich entzündet haben. Der Autor von ›Lélia‹ hat stille, sanfte Augen, die weder an Sodom noch an Gomorrha erinnern. Sie hat weder eine emanzipierte Adlernase noch ein witziges Stumpfnäschen; es ist eben eine ordinäre gerade Nase. Ihren Mund umspielt gewöhnlich ein gutmütiges Lächeln, es ist aber nicht sehr anziehend; die etwas hängende Unterlippe verrät ermüdete Sinnlichkeit. Das Kinn ist vollfleischig, aber doch schön gemessen. Auch ihre Schultern sind schön, ja prächtig. Ebenfalls die Arme und die Hände, die sehr klein, wie ihre Füße. Die Reize des Busens mögen andere Zeitgenossen beschreiben; ich gestehe meine Inkompetenz. Ihr übriger Körperbau scheint etwas zu dick, wenigstens zu kurz zu sein. Nur der Kopf trägt den Stempel der Idealität, erinnert an die edelsten Überbleibsel der griechischen Kunst, und in dieser Beziehung konnte immerhin einer unserer Freunde die schöne Frau mit der Marmorstatue der Venus von Milo vergleichen, die in den unteren Sälen des Louvres aufgestellt. Ja, George Sand ist schön wie die Venus von Milo; sie übertrifft diese sogar durch manche Eigenschaften: sie ist z. B. sehr viel jünger. Die Physiognomen, welche behaupten, daß die Stimme des Menschen seinen Charakter am untrüglichsten ausspreche, würden sehr verlegen sein, wenn sie die außerordentliche Innigkeit einer George Sand aus ihrer Stimme herauslauschen sollten. Letztere ist matt und welk, ohne Metall, jedoch sanft und angenehm. Die Natürlichkeit ihres Sprechens verleiht ihr einigen Reiz. Von Gesangsbegabnis ist bei ihr keine Spur; George Sand singt höchstens mit der Bravour einer schönen Grisette, die noch nicht gefrühstückt hat oder sonst nicht eben bei Stimme ist. Das Organ von George Sand ist ebensowenig glänzend wie das, was sie sagt. Sie hat durchaus nichts von dem sprudelnden Esprit ihrer Landsmänninnen, aber auch nichts von ihrer Geschwätzigkeit. Dieser Schweigsamkeit liegt aber weder Bescheidenheit noch sympathetisches Versenken in die Rede eines andern zum Grunde. Sie ist einsilbig vielmehr aus Hochmut, weil sie dich nicht wert hält, ihren Geist an dir zu vergeuden, oder gar aus Selbstsucht, weil sie das Beste deiner Rede in sich aufzunehmen trachtet, um es später in ihren Büchern zu verarbeiten. Daß George Sand aus Geiz im Gespräche nichts zu geben und immer etwas zu nehmen versteht, ist ein Zug, worauf mich Alfred de Musset einst aufmerksam machte.

Notiz,
1854

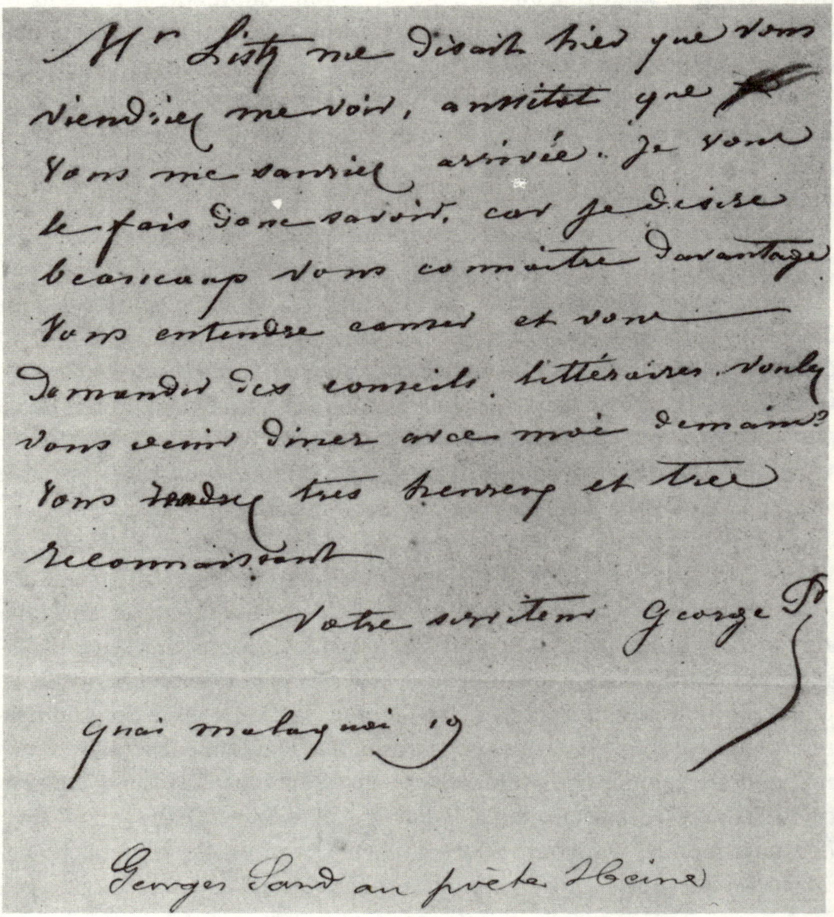

Mr Listz me disait hier que vous viendriez me voir, aussitôt que vous me sauriez arrivée. Je vous le fais donc savoir, car je désire beaucoup vous connaître davantage vous entendre causer et vous demander des conseils littéraires. voulez vous venir dîner avec moi demain? Vous ~~rendrez~~ très heureux et très reconnaissant

Votre serviteur George S

Quai malaquai 19

Georges Sand au poète Heine

Brief George Sands an Heine. November 1834

Mit Brünetten hat's ein Ende

Mädchen und Frauen

Heines Beziehungen zu Frauen – dieses Thema hat schon seinen Zeitgenossen viel Grund und Anlaß zum Lästern geliefert. Das »Buch der Lieder«, eine einzige schmachtende Liebeserklärung an die eigene Kusine. Die Gedichte der 40er Jahre fast frivol und gespickt mit einer Fülle weiblicher Namen. Und das skandalöse Verhältnis mit Mathilde, einer kleinen Pariser Grisette, das er erst nach Jahren »wilder Ehe« durch Gesetz und Priester sanktionieren läßt. Zu Hause verprügelt er seine Frau. Zeitgenossen berichten, daß die Freundinnen der Hausfrau nicht nur den Tisch mit dem Dichter teilen. Daß ein solcher »Wüstling« an der Syphilis schrecklich zugrunde geht, scheint vielen, Zeitgenossen und Nachwelt, nur die gerechte Konsequenz zu sein.

In Wirklichkeit ist Heine in Frauensachen ein »Spätentwickler«; die blonden Locken und Mondscheinaugen der Kusine Amalie, das Seufzen und Küssen und Lieben der jungen Jahre, ja sogar die schönen Damen, denen er auf der Promenade des Kurbads und im Theater so feurig den Hof macht, sind vor allem Papier und poetisches Wortmanöver. Sogar Mutter, Schwester, Nichten, Schauspielerinnen und die angeschwärmten Ehefrauen von Freunden und Kollegen werden mit fast denselben Kosenamen bedacht, mit Erklärungen der Liebe überschüttet, sind doch oft nur Übungsobjekte für zärtliche Formulierungen. Die Brünetten und die Blonden, die Kolossalen und romantisch Magersüchtigen bleiben Makulatur neben der Einen, Einzigen, eben Mathilde, die eigentlich Eugénie heißt und vom Dichter den eigenen Schöpfungsnamen erhält. Mathilde ist ungebildet und, vor allem in späteren Jahren, nicht schön. Sie verschwendet Geld und gackert wie ein Papagei, weiß nichts von Poesie und von Tagesereignissen, aber sie liebt ihren »Henri«; wäre sie wirklich das verlästerte Flittchen gewesen, dann wäre sie vor dem schrecklichen, trostlosen und unheilbaren Leiden der Matratzengruft davongelaufen; vollends gar, als leibhaftige Konkurrenz ins Haus kommt, Elise Krienitz, die »mouche«; der gelähmte Heine kann ihr zwar kaum mehr als die Hand geben, aber sie belagert seine Seele, beansprucht und tröstet seinen Geist – dafür hat Mathilde ein erstaunliches Gespür, aber sie kann ihrer Natur entsprechend nicht viel mehr dagegen tun – als keifen. Daß sie (vielleicht) nach Heines Tod ihr Leben neu genossen hat (der Liebhaber soll bereits vor der Tür gestanden haben, ehe noch die Leiche unter der Erde war), ist nur zu verständlich. Amalie – Mathilde – die »mouche« – es sind wohl alle drei Gestalten, denen die Phantasie des Dichters viel nachhelfen muß. Die romantische Heldin der frühen Lieder kann er verklären, weil sie nicht zu haben ist; *die Gefährtin des Alltags muß er verherrlichen, weil er sie* hat; *und der Traum des letzten Jahres bleibt ein Schwarmbild, weil Heine sie nicht besitzen* kann.

»Sie brauchen sich vor mir nicht zu genieren, ich kenne auch die Liebe, und ich weiß schon –»

»Du weißt nicht!« rief Gumpelino.

»Zum Beweise, Herr Marchese, daß ich weiß, brauche ich nur den Namen Julia Maxfield zu nennen. Beruhigen Sie sich, Sie werden wiedergeliebt – aber es kann Ihnen alles nichts helfen. Der Schwager Ihrer Geliebten läßt sie nicht aus den Augen und bewacht sie Tag und Nacht wie einen Diamant.«

»O ich Unglücklicher« – jammerte Gumpelino –, »ich liebe und bin wiedergeliebt, wir drücken uns heimlich die Hände, wir treten uns unterm Tisch auf die Füße, wir winken uns mit den Augen, und wir haben keine Gelegenheit! Wie oft stehe ich im Mondschein auf dem Balkon und bilde mir ein, ich wäre selbst die Julia, und mein Romeo oder mein Gumpelino habe mir ein Rendezvous gegeben, und ich deklamiere,

›Komm Nacht! Komm Gumpelino, Tag in Nacht!
Denn du wirst ruhn auf Fittichen der Nacht,
Wie frischer Schnee auf eines Raben Rücken.
Komm, milde, liebevolle Nacht! Komm, gib
Mir meinen Romeo oder Gumpelino –‹

Aber ach! Lord Maxfield bewacht uns beständig, und wir sterben beide vor Sehnsuchtsgefühl! Ich werde den Tag nicht erleben, daß eine solche Nacht kommt, wo jedes reiner Jugend Blüte zum Pfande setzt, gewinnend zu verlieren! Ach! so eine Nacht wäre mir lieber, als wenn ich das Große Los in der Hamburger Lotterie gewönne.«

»Welche Schwärmerei!« – rief Hyazinth – »das Große Los, 100000 Mark!«

»Ja, lieber als das Große Los« – fuhr Gumpelino fort – »wär mir so eine Nacht, und ach! sie hat mir schon oft eine solche Nacht versprochen, bei der ersten Gelegenheit, und ich hab mir schon gedacht, daß sie dann des Morgens deklamieren wird:

›Willst du schon gehn? Der Tag ist ja noch fern.
Es war die Nachtigall und nicht die Lerche,
Die eben jetzt dein banges Ohr durchdrang.
Sie singt des Nachts auf dem Granatbaum dort.
Glaub, Lieber, mir, es war die Nachtigall.‹«

»Das Große Los für eine einzige Nacht!« – wiederholte unterdessen mehrmals Hyazinth und konnte sich nicht zufriedengeben – »Ich habe eine große Meinung, Herr Marchese, von Ihrer Bildung, aber daß Sie es in der Schwärmerei so weit gebracht, hätte ich nicht geglaubt. Die Liebe sollte einem lieber sein als das Große Los! Wirklich, Herr Marchese, seit ich mit Ihnen Umgang habe, als Bedienter, habe ich mir schon viel Bildung angewöhnt; aber soviel weiß ich, nicht einmal ein Achtelchen vom Großen Los gäbe ich für die Liebe! Gott soll mich davor bewahren! . . .

Die Liebe! Wenn ich alles zusammenrechne, was mich die Liebe gekostet hat, kommen nur zwölf Mark und dreizehn Schilling heraus. Die Liebe! Ich habe auch viel Umsonstglück in der Liebe gehabt, was mich gar nichts gekostet hat; nur dann und wann habe ich mal meiner Geliebten par complaisance die Hühneraugen geschnitten. Ein wahres, gefühlvoll leidenschaftliches Attachement hatte ich nur ein einziges Mal, und das war die dicke Gudel vom Dreckwall. Die Frau spielte bei mir, und wenn ich kam, ihr das Los zu renovieren, drückte sie mir immer ein Stück Kuchen in die Hand, ein Stück sehr guten Kuchen; – auch hat sie mir manchmal etwas Eingemachtes gegeben und ein Likörchen dabei, und als ich ihr einmal klagte, daß ich mit Gemütsbeschwerden behaftet sei, gab sie mir das Rezept zu den Pulvern, die ihr eigner Mann braucht. Ich brauche die Pulver noch bis zur heutigen Stunde, sie tun immer ihre Wirkung – weitere Folgen hat unsere Liebe nicht gehabt. Ich dächte, Herr

Marchese, Sie brauchten mal eins von diesen Pulvern. Es war mein erstes, als ich nach Italien kam, daß ich in Mailand nach der Apotheke ging und mir die Pulver machen ließ, und ich trage sie beständig bei mir. Warten Sie nur, ich will sie suchen, und wenn ich suche, so finde ich sie, und wenn ich sie finde, so müssen sie Ew. Exzellenz einnehmen.«

»Wenn ich bedenke« – seufzte er –, »daß mir vor zehn Jahren die dicke Gudel dies Rezept gegeben und daß ich jetzt in Italien bin und dasselbe Rezept in Händen habe und wieder die Worte lese: Sal mirabile Glauberi, das heißt auf deutsch extra feines Glaubensalz von der besten Sorte – ach, da ist mir zumut, als hätte ich das Glaubensalz selbst schon eingenommen und als fühlte ich die Wirkung. Was ist der Mensch! Ich bin in Italien und denke an die dicke Gudel vom Dreckwall! Wer hätte das gedacht! Ich kann mir vorstellen, sie ist jetzt auf dem Lande, in ihrem Garten, wo der Mond scheint und gewiß auch eine Nachtigall singt oder eine Lerche –«

»Es ist die Nachtigall und nicht die Lerche!« seufzte Gumpelino dazwischen und deklamierte vor sich hin:

»Sie singt des Nachts auf dem Granatbaum dort;
Glaub, Lieber, mir, es war die Nachtigall.«

Nach diesem Seufzer erfolgte eine sehnsüchtige Stille, die der Marchese endlich unterbrach, mit der schmachtenden Frage: »Sage mir auf deine Ehre, Hyazinth, glaubst du wirklich, daß dein Pulver wirken wird?«

»Es wird auf meine Ehre wirken«, erwiderte jener. »Warum soll es nicht wirken? Wirkt es doch bei mir! Und bin ich denn nicht ein lebendiger Mensch so gut wie Sie? Glaubensalz macht alle Menschen gleich, und wenn Rothschild Glaubensalz einnimmt, fühlt er dieselbe Wirkung wie das kleinste Maklerchen. Ich will Ihnen alles voraussagen: Ich schütte das Pulver in ein Glas, gieße Wasser dazu, rühre es, und sowie Sie das hinuntergeschluckt haben, ziehen Sie ein saures Gesicht und sagen ›Prr! Prr!‹ Hernach hören Sie selbst, wie es in Ihnen herumkullert, und es ist Ihnen etwas kurios zumut, und Sie legen sich zu Bett, und ich gebe Ihnen mein Ehrenwort, Sie stehen wieder auf, und Sie legen sich wieder und stehen wieder auf und so fort, und den andern Morgen fühlen Sie sich leicht wie ein Engel mit weißen Flügeln, und Sie tanzen vor Gesundeswohlheit, nur ein bißchen blaß sehen Sie dann aus; aber ich weiß, Sie sehen gern schmachtend blaß aus, und wenn Sie schmachtend blaß aussehen, sieht man Sie gern.«

Obgleich Hyazinth solchermaßen zuredete und schon das Pulver bereitete, hätte das doch wenig gefruchtet, wenn nicht dem Marchese plötzlich die Stelle, wo Julia den verhängnisvollen Trank einnimmt, in den Sinn gekommen wäre. . . »Sehen Sie« – sprach er, indem er mit tragischer Gebärde das Glas, worin Hyazinth das Pulver geschüttet, zur Hand nahm –, »sehen Sie, so hielt sie den Becher und schauderte, daß man alles mitfühlte, wenn sie sagte:

›Kalt rieselt matter Schau'r durch meine Adern,
Der fast die Lebenswärm' erstarren macht!‹

Und so stand sie, wie ich jetzt stehe, und hielt den Becher an die Lippen, und bei den Worten:

›Weile, Tybalt!
Ich komme, Romeo! Dies trink ich dir‹,

da leerte sie den Becher –«

»Wohl bekomme es Ihnen, Herr Gumpel!« sprach Hyazinth mit feierlichem Tone; denn der Marchese hatte in nachahmender Begeisterung das Glas ausgetrunken und sich, erschöpft von der Deklamation, auf das Sofa hingeworfen.

Er verharrte jedoch nicht lange in dieser Lage; denn es klopfte plötzlich jemand an die Türe, und herein trat Lady Maxfields kleiner Jockei, der dem Marchese, mit lächelnder Verbeugung, ein Billett überreichte und sich gleich wieder empfahl. Hastig erbrach jener das Billett; während er las, leuchteten Nase und Augen vor Entzücken, jedoch plötzlich überflog eine Geisterblässe sein ganzes Gesicht, Bestürzung zuckte in jedem Muskel, mit Verzweiflungsgebärden sprang er auf, lachte grimmig, rannte im Zimmer umher und schrie:

»Weh mir, ich Narr des Glücks!«

»Was ist? Was ist?« frug Hyazinth mit zitternder Stimme, und indem er krampfhaft das Kruzifix, woran er wieder putzte, in zitternden Händen hielt – »Werden wir diese Nacht überfallen?«

»Lest! lest!« – rief Gumpelino, indem er das empfangene Billett hinwarf und immer noch verzweiflungsvoll im Zimmer umherrannte, wobei sein blauer Domino ihn wie eine Sturmwolke umflatterte – »Weh mir, ich Narr des Glücks!«

In dem Billette aber lasen wir folgende Worte:

»Süßer Gumpelino! Sobald es tagt, muß ich nach England abreisen. Mein Schwager ist indessen schon vorangeeilt und erwartet mich in Florenz. Ich bin jetzt unbeobachtet, aber leider nur diese einzige Nacht – Laß uns diese benutzen, laß uns den Nektarkelch, den uns die Liebe kredenzt, bis auf den letzten Tropfen leeren. Ich harre, ich zittere –

Julia Maxfield.«

»Weh mir, ich Narr des Glücks!« jammerte Gumpelino – »die Liebe will mir ihren Nektarkelch kredenzen, und ich, ach! ich Hansnarr des Glücks, ich habe schon den Becher des Glaubensalzes geleert! Wer bringt mir den schrecklichen Trank wieder aus dem Magen? Hilfe! Hilfe!«

»Hier kann kein irdischer Lebensmensch mehr helfen«, seufzte Hyazinth.

»Ich bedauere Sie von ganzem Herzen«, kondolierte ich ebenfalls. »Statt eines Kelchs mit Nektar ein Glas mit Glaubersalz zu genießen, das ist bitter! Statt des Thrones der Liebe harrt Ihrer jetzt der Stuhl der Nacht!«

Reisebilder. Die Bäder von Lucca, 1829

Alles Skandalöse, was nicht zur Erscheinung kommt, existiert nicht für die Gesellschaft; sie bestraft die Sünde nur in Fällen, wo die Zungen allzu laut murmeln. Und selbst dann gibt es gnädige Milderungen. Die Sünderin wird nicht früher ganz verdammt, als bis der Ehegatte selbst sein »Schuldig« ausspricht. Der verrufensten Messaline öffnen sich die Flügeltore des französischen Salons, solange das eheliche Hornvieh geduldig an ihrer Seite hineintrabt. Dagegen das Mädchen, das sich wahnsinnig großmütig, weiblich aufopferungsvoll in die Arme des Geliebten wirft, ist auf immer aus der Gesellschaft verbannt. Aber dieses geschieht selten, erstens, weil Mädchen hierzulande nie lieben, und zweitens, weil sie im Liebesfalle sich so bald als möglich zu verheiraten suchen, um jener Freiheit teilhaft zu werden, die von der Sitte nur den verheirateten Frauen bewilligt ist.

Das ist es. Bei uns in Deutschland, wie auch in England und anderen germanischen Ländern, gestattet man den Mädchen die größtmöglichste Freiheit, verehelichte Frauen hingegen treten in die strengste Abhängigkeit und unter die ängstlichste Obhut ihres Gemahls. Hier in Frankreich

ist, wie gesagt, das Gegenteil der Fall, junge Mädchen verharren hier so lange in klösterlicher Eingezogenheit, bis sie entweder heiraten oder unter strengster Aufsicht einer Verwandten in die Welt eingeführt werden. In der Welt, d. h. im französischen Salon, sitzen sie immer schweigend und wenig beachtet; denn es ist hier weder guter Ton noch klug, einem unverheirateten Mädchen den Hof zu machen.

Über die französische Bühne,
1837

Neue Gedichte

1844

Angelique

1

Nun der Gott mir günstig nicket,
Soll ich schweigen wie ein Stummer,
Ich, der, als ich unbeglücket,
Soviel sang von meinem Kummer,

Daß mir tausend arme Jungen
Gar verzweifelt nachgedichtet,
Und das Leid, das ich besungen,
Noch viel Schlimmres angerichtet!

Oh, ihr Nachtigallenchöre,
Die ich trage in der Seele,
Daß man eure Wonne höre,
Jubelt auf mit voller Kehle!

2

Wie rasch du auch vorüberschrittest,
Noch einmal schautest du zurück,
Der Mund, wie fragend, kühngeöffnet,
Stürmischer Hochmut in dem Blick.

Oh, daß ich nie zu fassen suchte
Das weiße flüchtige Gewand!
Die holde Spur der kleinen Füße,
Oh, daß ich nie sie wiederfand!

Verschwunden ist ja deine Wildheit,
Bist wie die andern zahm und klar,
Und sanft und unerträglich gütig,
Und ach! nun liebst du mich sogar!

3

Nimmer glaub ich, junge Schöne,
Was die spröde Lippe spricht;
Solche große schwarze Augen,
Solche hat die Tugend nicht.

Diese braungestreifte Lüge,
Streif sie ab; ich liebe dich.
Laß dein weißes Herz mich küssen –
Weißes Herz, verstehst du mich?

4

Ich halte ihr die Augen zu
Und küß sie auf den Mund;
Nun läßt sie mich nicht mehr in Ruh',
Sie fragt mich um den Grund.

Von Abend spät bis morgens fruh,
Sie fragt zu jeder Stund':
»Was hältst du mir die Augen zu,
Wenn du mir küßt den Mund?«

Ich sag ihr nicht, weshalb ich's tu,
Weiß selber nicht den Grund –
Ich halte ihr die Augen zu
Und küß sie auf den Mund.

5

Wenn ich, beseligt von schönen Küssen,
In deinen Armen mich wohl befinde,
Dann mußt du mir nie von Deutschland reden; –
Ich kann's nicht vertragen – es hat seine Gründe.

Ich bitte dich, laß mich mit Deutschland in Frieden!
Du mußt mich nicht plagen mit ewigen Fragen

Nach Heimat, Sippschaft und Lebensverhältnis; –
Es hat seine Gründe – ich kann's nicht vertragen.

Die Eichen sind grün, und blau sind die Augen
Der deutschen Frauen, sie schmachten gelinde
Und seufzen von Liebe, Hoffnung und Glauben; –
ich kann's nicht vertragen – es hat seine Gründe.

6

Während ich nach andrer Leute,
Andrer Leute Schätze spähe,
Und vor fremden Liebestüren
Schmachtend auf und nieder gehe:

Treibt's vielleicht die andren Leute
Hin und her an andrem Platz,
Und vor meinen eignen Fenstern
Äugeln sie mit meinem Schatze.

Das ist menschlich! Gott im Himmel
Schütze uns auf allen Wegen!
Gott im Himmel geb' uns allen,
Geb' uns allen Glück und Segen!

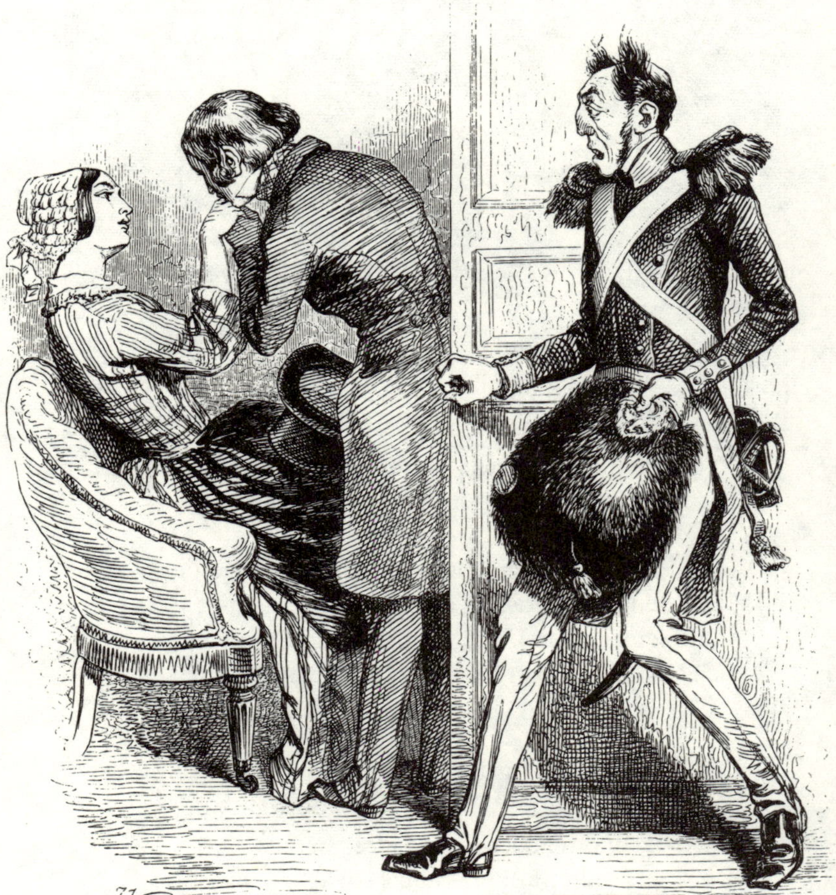

7

Ja freilich, du bist mein Ideal,
Hab's dir ja oft bekräftigt
Mit Küssen und Eiden sonder Zahl;
Doch heute bin ich beschäftigt.

Komm morgen zwischen zwei und drei,
Dann sollen neue Flammen
Bewähren meine Schwärmerei;
Wir essen nachher zusammen.

Wenn ich Billette bekommen kann,
Bin ich sogar kapabel,
Dich in die Oper zu führen alsdann:
Man gibt »Robert le Diable«.

Es ist ein großes Zauberstück
Voll Teufelslust und Liebe;
Von Meyerbeer ist die Musik,
Der schlechte Text von Scribe.

8

Schaff mich nicht ab, wenn auch den Durst
Gelöscht der holde Trunk;
Behalt mich noch ein Vierteljahr,
Dann hab auch ich genug.

Kannst du nicht mehr Geliebte sein,
Sei Freundin mir sodann;
Hat man die Liebe durchgeliebt,
Fängt man die Freundschaft an.

9

Dieser Liebe toller Fasching,
Dieser Taumel unsrer Herzen

Geht zu Ende, und ernüchtert
Gähnen wir einander an!

Ausgetrunken ist der Kelch,
Der mit Sinnenrausch gefüllt war,
Schäumend, lodernd, bis am Rande;
Ausgetrunken ist der Kelch.

Es verstummen auch die Geigen,
Die zum Tanze mächtig spielten,
Zu dem Tanz der Leidenschaft;
Auch die Geigen, sie verstummen.

Es erlöschen auch die Lampen,
Die das wilde Licht ergossen
Auf den bunten Mummenschanz;
Auch die Lampen, sie erlöschen.

Morgen kommt der Aschenmittwoch,
Und ich zeichne deine Stirne
Mit dem Aschenkreuz und spreche:
»Weib, bedenke, daß du Staub bist.«

Diana

1

Diese schönen Gliedermassen
Kolossaler Weiblichkeit
Sind jetzt, ohne Widerstreit,
Meinen Wünschen überlassen.

Wär ich, leidenschaftentzügelt,
Eigenkräftig ihr genaht,
Ich bereute solche Tat!
Ja, sie hätte mich geprügelt.

Welcher Busen, Hals und Kehle!
(Höher seh ich nicht genau.)
Eh' ich ihr mich anvertrau,
Gott empfehl ich meine Seele.

2

Am Golfe von Biskaya
Hat sie den Tag erblickt;
Sie hat schon in der Wiege
Zwei junge Katzen erdrückt.

Sie lief mit bloßen Füßen
Wohl über die Pyrenä'n;
Drauf ließ sie als junge Riesin
In Perpignan sich sehn.

Jetzt ist sie die größte Dame
Im Faubourg Saint-Denis;
Sie kostet dem kleinen Sir William
Schon dreizehntausend Louis.

3

Manchmal, wenn ich bei Euch bin,
Großgeliebte, edle Doña,
Wie erinnernd schweift mein Sinn
Nach dem Marktplatz zu Bologna.

Dorten ist ein großer Brunn,
Fonte del Gigante heißt er,
Obendrauf steht ein Neptun
Von Johann, dem alten Meister.

Hortense

1

Eh'mals glaubt ich, alle Küsse,
Die ein Weib uns gibt und nimmt,
Seien uns, durch Schicksalsschlüsse,
Schon urzeitlich vorbestimmt.

Küsse nahm ich, und ich küßte
So mit Ernst in jener Zeit,
Als ob ich erfüllen müßte
Taten der Notwendigkeit.

Jetzo weiß ich, überflüssig,
Wie so manches, ist der Kuß,
Und mit leichtern Sinnen küß ich,
Glaubenlos im Überfluß.

2

Wir standen an der Straßeneck'
Wohl über eine Stunde;
Wir sprachen voller Zärtlichkeit
Von unsrem Seelenbunde.

Wir sagten uns vielhundertmal,
Daß wir einander lieben;
Wir standen an der Straßeneck',
Und sind da stehngeblieben.

Die Göttin der Gelegenheit,
Wie 'n Zöfchen, flink und heiter,
Kam sie vorbei und sah uns stehn,
Und lachend ging sie weiter.

3

In meinen Tagesträumen,
In meinem nächtlichen Wachen,
Stets klingt mir in der Seele
Dein allerliebstes Lachen.

Denkst du noch Montmorencys,
Wie du auf dem Esel rittest,
Und von dem hohen Sattel
Hinab in die Disteln glittest?

Der Esel blieb ruhig stehen,
Fing an, die Disteln zu fressen –
Dein allerliebstes Lachen
Werde ich nie vergessen.

4

Sie spricht:

Steht ein Baum im schönen Garten
Und ein Apfel hängt daran,
Und es ringelt sich am Aste
Eine Schlange, und ich kann
Von den süßen Schlangenaugen
Nimmer wenden meinen Blick,
Und das zischelt so verheißend,
Und das lockt wie holdes Glück!

Die andre spricht:

Dieses ist die Frucht des Lebens,
Koste ihre Süßigkeit,
Daß du nicht so ganz vergebens
Lebtest deine Lebenszeit!
Schönes Kindchen, fromme Taube,
Kost einmal und zittre nicht –
Folge meinem Rat und glaube,
Was die kluge Muhme spricht.

5

Neue Melodien spiel ich
Auf der neugestimmten Zither.
Alt ist der Text! Es sind die Worte
Salomos: Das Weib ist bitter.

Ungetreu ist sie dem Freunde,
Wie sie treulos dem Gemahle!
Wermut sind die letzten Tropfen
In der Liebe Goldpokale.

Also wahr ist jene Sage
Von dem dunklen Sündenfluche,
Den die Schlange dir bereitet,
Wie es steht im alten Buche?

Kriechend auf dem Bauch, die Schlange,
Lauscht sie noch in allen Büschen,
Kost mit dir noch jetzt wie weiland,
Und du hörst sie gerne zischen.

Ach, es wird so kalt und dunkel!
Um die Sonne flattern Raben,
Und sie krächzen. Lust und Liebe
Ist auf lange jetzt begraben.

6

Nicht lange täuschte mich das Glück,
Das du mir zugelogen,
Dein Bild ist wie ein falscher Traum
Mir durch das Herz gezogen.

Der Morgen kam, die Sonne schien,
Der Nebel ist zerronnen;
Geendigt hatten wir schon längst,
Eh' wir noch kaum begonnen.

Clarisse

1

Meinen schönsten Liebesantrag
Suchst du ängstlich zu verneinen;
Frag ich dann: ob das ein Korb sei?
Fängst du plötzlich an zu weinen.

Selten bet ich, drum erhör mich,
Lieber Gott! Hilf dieser Dirne,
Trockne ihre süßen Tränen
Und erleuchte ihr Gehirne.

2

Überall, wo du auch wandelst,
Schaust du mich zu allen Stunden,

Und je mehr du mich mißhandelst,
Treuer bleib ich dir verbunden.

Denn mich fesselt holde Bosheit,
Wie mich Güte stets vertrieben;
Willst du sicher meiner los sein,
Mußt du dich in mich verlieben.

3

Hol' der Teufel deine Mutter,
Hol' der Teufel deinen Vater,
Die so grausam mich verhindert,
Dich zu schauen im Theater.

Denn sie saßen da und gaben,
Breitgeputzt, nur seltne Lücken,
Dich im Hintergrund der Loge,
Süßes Liebchen, zu erblicken.

Und sie saßen da und schauten
Zweier Liebenden Verderben,
Und sie klatschten großen Beifall,
Als sie beide sahen sterben.

4

Geh nicht durch die böse Straße,
Wo die schönen Augen wohnen –
Ach! sie wollen allzugütig
Dich mit ihrem Blitz verschonen.

Grüßen allerliebst herunter
Aus dem hohen Fensterbogen,
Lächeln freundlich (Tod und Teufel!),
Sind dir schwesterlich gewogen.

Doch du bist schon auf dem Wege,
Und vergeblich ist dein Ringen;
Eine ganze Brust voll Elend
Wirst du mit nach Hause bringen.

5

Es kommt zu spät, was du mir lächelst,
Was du mir seufzest, kommt zu spät!
Längst sind gestorben die Gefühle,
Die du so grausam einst verschmäht.

Zu spät kommt deine Gegenliebe!
Es fallen auf mein Herz herab
All deine heißen Liebesblicke,
Wie Sonnenstrahlen auf ein Grab.

Nur wissen möcht ich: wenn wir sterben,
Wohin dann unsre Seele geht?
Wo ist das Feuer, das erloschen?
Wo ist der Wind, der schon verweht?

Yolante und Marie

1

Diese Damen, sie verstehen,
Wie man Dichter ehren muß:
Gaben mir ein Mittagessen,
Mir und meinem Genius.

Ach! die Suppe war vortrefflich,
Und der Wein hat mich erquickt,
Das Geflügel, das war göttlich,
Und der Hase war gespickt.

Sprachen, glaub ich, von der Dichtkunst,
Und ich wurde endlich satt;
Und ich dankte für die Ehre,
Die man mir erwiesen hat.

2

In welche soll ich mich verlieben,
Da beide liebenswürdig sind?
Ein schönes Weib ist noch die Mutter,
Die Tochter ist ein schönes Kind.

Die weißen, unerfahrnen Glieder,
Sie sind so rührend anzusehn!
Doch reizend sind geniale Augen,
Die unsre Zärtlichkeit verstehn.

Es gleicht mein Herz dem grauen Freunde,
Der zwischen zwei Gebündel Heu
Nachsinnlich grübelt, welch' von beiden
Das allerbeste Futter sei.

3

Die Flaschen sind leer, das Frühstück war gut,
Die Dämchen sind rosig erhitzet;
Sie lüften das Mieder mit Übermut,
Ich glaube, sie sind bespitzet.

Die Schulter wie weiß, die Brüstchen wie nett!
Mein Herz erbebet vor Schrecken.
Nun werfen sie lachend sich aufs Bett,
Und hüllen sich ein mit den Decken.

Sie ziehen nun gar die Gardinen vor,
Und schnarchen am End' um die Wette.
Da steh ich im Zimmer, ein einsamer Tor,
Betrachte verlegen das Bette.

4

Jugend, die mir täglich schwindet,
Wird durch raschen Mut ersetzt,
Und mein kühnrer Arm umwindet
Noch viel schlankre Hüften jetzt.

Tat auch manche sehr erschrocken,
Hat sie doch sich bald gefügt;
Holder Zorn, verschämtes Stocken
Wird von Schmeichelei besiegt.

Doch, wenn ich den Sieg genieße,
Fehlt das Beste mir dabei.
Ist es die verschwundne, süße,
Blöde Jugendeselei?

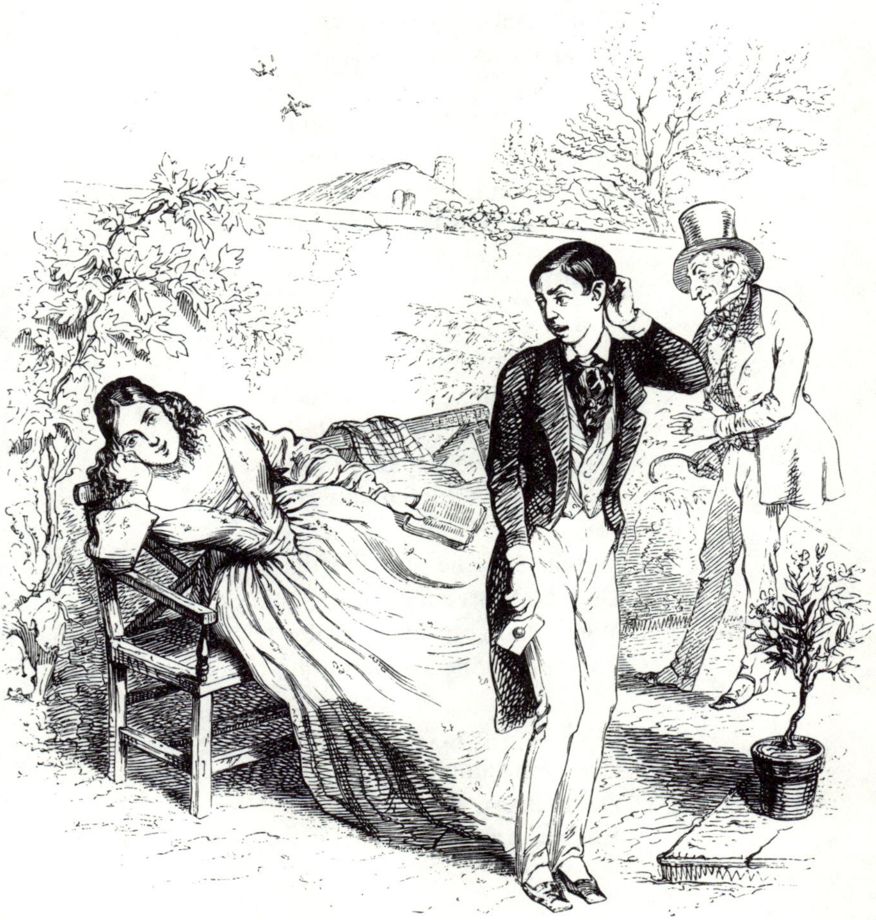

Emma

1

Er steht so starr wie ein Baumstamm,
In Hitz' und Frost und Wind,
Im Boden wurzelt die Fußzeh',
Die Arme erhoben sind.

So quält sich Bagiratha lange,
Und Brahma will enden sein Weh,

Er läßt den Ganges fließen
Herab von der Himmelshöh'.

Ich aber, Geliebte, vergebens
Martre und quäl ich mich ab,
Aus deinen Himmelsaugen
Fließt mir kein Tropfen herab.

2

Vierundzwanzig Stunden soll ich
Warten auf das höchste Glück,
Das mir blinzelnd süß verkündet,
Blinzelnd süß der Seitenblick.

Oh! die Sprache ist so dürftig,
Und das Wort ein plumpes Ding;
Wird es ausgesprochen, flattert
Fort der schöne Schmetterling.

Doch der Blick, der ist unendlich,
Und er macht unendlich weit
Deine Brust, wie einen Himmel
Voll gestirnter Seligkeit.

3

Nicht mal einen einz'gen Kuß,
Nach so monatlangem Lieben!
Und so bin ich Allerärmster
Trocknen Mundes stehngeblieben.

Einmal kam das Glück mir nah –
Schon konnt ich den Atem spüren –
Doch es flog vorüber – ohne
Mir die Lippen zu berühren.

4

Emma, sage mir die Wahrheit:
Ward ich närrisch durch die Liebe?
Oder ist die Liebe selber
Nur die Folge meiner Narrheit?

Ach! mich quälet, teure Emma,
Außer meiner tollen Liebe,
Außer meiner Liebestollheit,
Obendrein noch dies Dilemma.

5

Bin ich bei dir, Zank und Not!
Und ich will mich fortbegeben!
Doch das Leben ist kein Leben
Fern von dir, es ist der Tod.

Grübelnd lieg ich in der Nacht,
Zwischen Tod und Hölle wählend –
Ach! ich glaube, dieses Elend
Hat mich schon verrückt gemacht.

6

Schon mit ihren schlimmsten Schatten
Schleicht die böse Nacht heran;
Unsre Seelen, sie ermatten,
Gähnend schauen wir uns an.

Du wirst alt und ich noch älter,
Unser Frühling ist verblüht.
Du wirst kalt und ich noch kälter,
Wie der Winter näher zieht.

Ach, das Ende ist so trübe!
Nach der holden Liebesnot
Kommen Nöten ohne Liebe,
Nach dem Leben kommt der Tod.

Friedrike

1823

1

Verlaß Berlin, mit seinem dicken Sande
Und dünnen Tee und überwitz'gen Leuten,
Die Gott und Welt, und was sie selbst bedeuten,
Begriffen längst mit Hegelschem Verstande.

Komm mit nach Indien, nach dem Sonnenlande,
Wo Ambrablüten ihren Duft verbreiten,
Die Pilgerscharen nach dem Ganges schreiten,
Andächtig und im weißen Festgewande.

Dort, wo die Palmen wehn, die Wellen blinken,
Am heil'gen Ufer Lotosblumen ragen
Empor zu Indras Burg, der ewig blauen;

Dort will ich gläubig vor dir niedersinken,
Und deine Füße drücken, und dir sagen:
»Madame! Sie sind die schönste aller Frauen!«

2

Der Ganges rauscht, mit klugen Augen schauen
Die Antilopen aus dem Laub, sie springen
Herbei mutwillig, ihre bunten Schwingen
Entfaltend, wandeln stolzgespreizte Pfauen.

Tief aus dem Herzen der bestrahlten Auen
Blumengeschlechter, viele neue, dringen,
Sehnsuchtberauscht ertönt Kokilas Singen –
Ja, du bist schön, du schönste aller Frauen!

Gott Kama lauscht aus allen deinen Zügen,
Er wohnt in deines Busens weißen Zelten,
Und haucht aus dir die lieblichsten Gesänge;

Ich sah Wassant auf deinen Lippen liegen,
In deinem Aug' entdeck ich neue Welten,
Und in der eignen Welt wird's mir zu enge.

2

Der Ganges rauscht, der große Ganges schwillt,
Der Himalaja strahlt im Abendscheine,
Und aus der Nacht der Banianenhaine
Die Elefantenherde stürzt und brüllt –

Ein Bild! Ein Bild! Mein Pferd für 'n gutes Bild!
Womit ich dich vergleiche, Schöne, Feine,
Dich Unvergleichliche, dich Gute, Reine,
Die mir das Herz mit heitrer Lust erfüllt!

Vergebens siehst du mich nach Bildern schweifen,
Und siehst mich mit Gefühl und Reimen ringen –
Und, ach! du lächelst gar ob meiner Qual!

Doch lächle nur! Denn wenn du lächelst, greifen
Gandarven nach der Zither, und sie singen
Dort oben in dem goldnen Sonnensaal.

Katharina

1

Ein schöner Stern geht auf in meiner Nacht,
Ein Stern, der süßen Trost herniederlacht
Und neues Leben mir verspricht –
Oh, lüge nicht!

Gleichwie das Meer dem Mond entgegenschwillt,
So flutet meine Seele, froh und wild,
Empor zu deinem holden Licht –
Oh, lüge nicht!

2

»Wollen Sie ihr nicht vorgestellt sein?«
Flüsterte mir die Herzogin. –
»Beileibe nicht, ich müßt ein Held sein,
Ihr Anblick schon wirrt mir den Sinn.«

Das schöne Weib macht mich erbeben!
Es ahnet mir, in ihrer Näh'
Beginnt für mich ein neues Leben,
Mit neuer Lust, mit neuem Weh.

Es hält wie Angst mich von ihr ferne,
Es treibt mich Sehnsucht hin zu ihr!
Wie meines Schicksals wilde Sterne
Erscheinen diese Augen mir.

Die Stirn ist klar. Doch es gewittert
Dahinter schon der künft'ge Blitz,
Der künft'ge Sturm, der mich erschüttert
Bis in der Seele tiefsten Sitz.

Der Mund ist fromm. Doch mit Entsetzen
Unter den Rosen seh ich schon
Die Schlangen, die mich einst verletzen
Mit falschem Kuß, mit süßem Hohn.

Die Sehnsucht treibt. – Ich muß mich näh'ren
Dem holden, unheilschwangern Ort –
Schon kann ich ihre Stimme hören –
Klingende Flamme ist ihr Wort.

Sie fragt: »Monsieur, wie ist der Name
Der Sängerin, die eben sang?«
Stotternd antworte ich der Dame:
»Hab nichts gehört von dem Gesang.«

3

Wie Merlin, der eitle Weise,
Bin ich armer Nekromant
Nun am Ende festgebannt
In die eignen Zauberkreise.

Festgebannt zu ihren Füßen
Lieg ich nun, und immerdar
Schau ich in ihr Augenpaar;
Und die Stunden, sie verfließen.

Stunden, Tage, ganze Wochen,
Sie verfließen wie ein Traum,
Was ich rede, weiß ich kaum,
Weiß auch nicht, was sie gesprochen.

Manchmal ist mir, als berühren
Ihre Lippen meinen Mund –
Bis in meiner Seele Grund
Kann ich dann die Flammen spüren.

4

Du liegst mir so gern im Arme,
Du liegst mir am Herzen so gern!
Ich bin dein ganzer Himmel,
Du bist mein liebster Stern.

Tief unter uns, da wimmelt
Das närrische Menschengeschlecht;
Sie schreien und wüten und schelten,
Und haben alle recht.

Sie klingeln mit ihren Kappen
Und zanken ohne Grund;
Mit ihren Kolben schlagen
Sie sich die Köpfe wund.

Wie glücklich sind wir beide,
Daß wir von ihnen so fern –
Du birgst in deinem Himmel
Das Haupt, mein liebster Stern!

5

Ich liebe solche weiße Glieder,
Der zarten Seele schlanke Hülle,
Wildgroße Augen und die Stirne
Umwogt von schwarzer Lockenfülle!

Du bist so recht die rechte Sorte,
Die ich gesucht in allen Landen;
Auch meinen Wert hat euresgleichen
So recht zu würdigen verstanden.

Du hast an mir den Mann gefunden,
Wie du ihn brauchst. Du wirst mich reichlich
Beglücken mit Gefühl und Küssen,
Und dann verraten, wie gebräuchlich.

6

Der Frühling schien schon an dem Tor
Mich freundlich zu erwarten.
Die ganze Gegend steht im Flor
Als wie ein Blumengarten.

Die Liebste sitzt an meiner Seit'
Im rasch hinrollenden Wagen;
Sie schaut mich an voll Zärtlichkeit,
Ihr Herz, das fühl ich schlagen.

Das trillert und duftet so sonnenvergnügt!
Das blinkt im grünen Geschmeide!
Sein weißes Blütenköpfchen wiegt
Der junge Baum mit Freude.

Die Blumen schaun aus der Erd' hervor,
Betrachten, neugierigen Blickes,
Das schöne Weib, das ich erkor,
Und mich, den Mann des Glückes.

Vergängliches Glück! Schon morgen klirrt
Die Sichel über den Saaten,
Der holde Frühling verwelken wird,
Das Weib wird mich verraten.

7

Jüngstens träumte mir: spazieren
In dem Himmelreiche ging ich,
Ich mit dir – denn ohne dich
Wär der Himmel eine Hölle.

Dort sah ich die Auserwählten,
Die Gerechten und die Frommen,
Die auf Erden ihren Leib
Für der Seele Heil gepeinigt:

Kirchenväter und Apostel,
Eremiten, Kapuziner,
Alte Käuze, ein'ge junge –
Letztre sahn noch schlechter aus!

Lange, heilige Gesichter,
Breite Glatzen, graue Bärte,
(Drunter auch verschiedne Juden) –
Gingen streng an uns vorüber,

Warfen keinen Blick nach dir,
Ob du gleich, mein schönes Liebchen,

Tändelnd mir am Arme hingest,
Tändelnd, lächelnd, kokettierend!

Nur ein einz'ger sah dich an,
Und es war der einz'ge schöne,
Schöne Mann in dieser Schar;
Wunderherrlich war sein Antlitz.

Menschengüte um die Lippen,
Götterruhe in den Augen,
Wie auf Magdalenen einst
Schaute jener auf dich nieder.

Ach! ich weiß, er meint es gut –
Keiner ist so rein und edel –
Aber ich, ich wurde dennoch
Wie von Eifersucht berühret –

Und ich muß gestehn, es wurde
Mir im Himmel unbehaglich –
Gott verzeih mir's! mich genierte
Unser Heiland, Jesus Christus.

8

Ein jeder hat zu diesem Feste
Sein liebes Liebchen mitgebracht,
Und freut sich der blühenden Sommernacht; –
Ich wandle allein, mir fehlt das Beste.

Ich wandle allein gleich einem Kranken!
Ich fliehe die Lust, ich fliehe den Tanz
Und die schöne Musik und den Lampenglanz; –
In England sind meine Gedanken.

Ich breche Rosen, ich breche Nelken,
Zerstreuten Sinnes und kummervoll;
Ich weiß nicht, wem ich sie geben soll; –
Mein Herz und die Blumen verwelken.

9

Gesanglos war ich und beklommen
So lange Zeit – nun dicht ich wieder!
Wie Tränen, die uns plötzlich kommen,
So kommen plötzlich auch die Lieder.

Melodisch kann ich wieder klagen
Von großem Lieben, größerm Leiden,

Von Herzen, die sich schlecht vertragen
Und dennoch brechen, wenn sie scheiden.

Manchmal ist mir, als fühlt' ich wehen
Über dem Haupt die deutschen Eichen –
Sie flüstern gar von Wiedersehen –
Das sind nur Träume – sie verbleichen.

Manchmal ist mir, als hört' ich singen
Die alten, deutschen Nachtigallen –
Wie mich die Töne sanft umschlingen! –
Das sind nur Träume – sie verhallen.

Wo sind die Rosen, deren Liebe
Mich einst beglückt? – All ihre Blüte
Ist längst verwelkt! – Gespenstisch trübe
Spukt noch ihr Duft mir im Gemüte.

Tragödie

1

Entflieh mit mir und sei mein Weib,
Und ruh an meinem Herzen aus;
Fern in der Fremde sei mein Herz
Dein Vaterland und Vaterhaus.

Gehst du nicht mit, so sterb ich hier
Und du bist einsam und allein;
Und bleibst du auch im Vaterhaus,
Wirst doch wie in der Fremde sein.

2

Dieses ist ein wirkliches Volkslied, welches ich am Rheine gehört

Es fiel ein Reif in der Frühlingsnacht,
Er fiel auf die zarten Blaublümelein,
Sie sind verwelket, verdorret.

Ein Jüngling hatte ein Mädchen lieb,
Sie flohen heimlich von Hause fort,
Es wußt weder Vater noch Mutter.

Sie sind gewandert hin und her,
Sie haben gehabt weder Glück noch Stern,
Sie sind verdorben, gestorben.

3

Auf ihrem Grab, da steht eine Linde,
Drin pfeifen die Vögel und Abendwinde,
Und drunter sitzt, auf dem grünen Platz,
Der Müllersknecht mit seinem Schatz.

Die Winde, die wehen so lind und so schaurig,
Die Vögel, die singen so süß und so traurig,
Die schwatzenden Buhlen, die werden stumm,
Sie weinen und wissen selbst nicht warum.

Romanzen

1844

Ein Weib

Sie hatten sich beide so herzlich lieb,
Spitzbübin war sie, er war ein Dieb.
Wenn er Schelmenstreiche machte,
Sie warf sich aufs Bett und lachte.

Der Tag verging in Freud und Lust,
Des Nachts lag sie an seiner Brust.
Als man ins Gefängnis ihn brachte,
Sie stand am Fenster und lachte.

Er ließ ihr sagen: »O komm zu mir,
Ich sehne mich so sehr nach dir,
Ich rufe nach dir, ich schmachte« –
Sie schüttelt' das Haupt und lachte.

Um sechse des Morgens ward er gehenkt,
Um sieben ward er ins Grab gesenkt;
Sie aber schon um achte
Trank roten Wein und lachte.

Frühlingsfeier

Das ist des Frühlings traurige Lust!
Die blühenden Mädchen, die wilde Schar,
Sie stürmen dahin, mit flatterndem Haar
Und Jammergeheul und entblößter Brust: –
»Adonis! Adonis!«

Es sinkt die Nacht. Bei Fackelschein,
Sie suchen hin und her im Wald,

Der angstverwirret widerhallt
Von Weinen und Lachen und Schluchzen und Schrein:
»Adonis! Adonis!«

Das wunderschöne Jünglingsbild,
Es liegt am Boden blaß und tot,
Das Blut färbt alle Blumen rot,
Und Klagelaut die Luft erfüllt: –
»Adonis! Adonis!«

Die Beschwörung

Der junge Franziskaner sitzt
Einsam in der Klosterzelle,
Er liest im alten Zauberbuch,
Genannt der Zwang der Hölle.

Und als die Mitternachtstunde schlug,
Da konnt er nicht länger sich halten,
Mit bleichen Lippen ruft er an
Die Unterweltsgewalten.

»Ihr Geister! holt mir aus dem Grab
Die Leiche der schönsten Frauen,
Belebt sie mir für diese Nacht,
Ich will mich dran erbauen.«

Er spricht das grause Beschwörungswort,
Da wird sein Wunsch erfüllet,
Die arme verstorbene Schönheit kommt,
In weißen Laken gehüllet.

Ihr Blick ist traurig. Aus kalter Brust
Die schmerzlichen Seufzer steigen.
Die Tote setzt sich zu dem Mönch,
Sie schauen sich an und schweigen.

Unstern

Der Stern erstrahlte so munter,
Da fiel er vom Himmel herunter.
Du fragst mich, Kind, was Liebe ist?
Ein Stern in einem Haufen Mist.

Wie ’n räudiger Hund, der verrecket,
So liegt er mit Unrat bedecket.
Es kräht der Hahn, die Sau, sie grunzt,
Im Kote wälzt sich ihre Brunst.

Oh, fiel’ ich doch in den Garten,
Wo die Blumen meiner harrten,
Wo ich mir oft gewünschet hab
Ein reinliches Sterben, ein duftiges Grab!

Aus einem Briefe

Die Sonne spricht:
Was gehn dich meine Blicke an?
Das ist der Sonne gutes Recht,
Sie strahlt auf den Herrn wie auf den Knecht;
Ich strahle, weil ich nicht anders kann.

Was gehn dich meine Blicke an?
Bedenke, was deine Pflichten sind,
Nimm dir ein Weib und mach ein Kind,
Und sei ein deutscher Biedermann.

Ich strahle, weil ich nicht anders kann,
Ich wandle am Himmel wohl auf, wohl ab,
Aus Langeweile guck ich hinab –
Was gehn dich meine Blicke an?

Der Dichter spricht:
Das ist ja eben meine Tugend,
Daß ich ertrage deinen Blick,
Das Licht der ew'gen Seelenjugend,
Blendende Schönheit, Flammenglück!

Jetzt aber fühl ich ein Ermatten
Der Sehkraft, und es sinken nieder,
Wie schwarze Flöre, nächt'ge Schatten
Auf meine armen Augenlider . . .

Chor der Affen:
Wir Affen, wir Affen,
Wir glotzen und gaffen
Die Sonne an,
Weil sie es doch nicht wehren kann.

Chor der Frösche:

Im Wasser, im Wasser,
Da ist es noch nasser
Als auf der Erde,
Und ohne Beschwerde
Erquicken
Wir uns an den Sonnenblicken.

Chor der Maulwürfe:

Was doch die Leute Unsinn schwatzen
Von Strahlen und von Sonnenblicken!
Wir fühlen nur ein warmes Jücken,
Und pflegen uns alsdann zu kratzen.

Ein Glühwurm spricht:

Wie sich die Sonne wichtig macht,
Mit ihrer kurzen Tagespracht!
So unbescheiden zeig ich mich nicht,
Und bin doch auch ein großes Licht,
In der Nacht, in der Nacht!

Bertrand de Born

Ein edler Stolz in allen Zügen,
Auf seiner Stirn Gedankenspur,
Er konnte jedes Herz besiegen,
Bertrand de Born, der Troubadour.

Es kirrten seine süßen Töne
Die Löwin des Plantagenets;
Die Tochter auch, die beiden Söhne,
Er sang sie alle in sein Netz.

Wie er den Vater selbst betörte!
In Tränen schmolz des Königs Zorn,
Als er ihn lieblich reden hörte,
Den Troubadour, Bertrand de Born.

Frühling

Die Wellen blinken und fließen dahin –
Es liebt sich so lieblich im Lenze!
Am Flusse sitzt die Schäferin
Und windet die zärtlichsten Kränze.

Das knospet und quillt, mit duftender Lust –
Es liebt sich so lieblich im Lenze!
Die Schäferin seufzt aus tiefer Brust:
»Wem geb ich meine Kränze?«

Ein Reuter reutet den Fluß entlang,
Er grüßt so blühenden Mutes!
Die Schäferin schaut ihm nach so bang,
Fern flattert die Feder des Hutes.

Sie weint und wirft in den gleitenden Fluß
Die schönen Blumenkränze.
Die Nachtigall singt von Lieb' und Kuß –
Es liebt sich so lieblich im Lenze!

Psyche

In der Hand die kleine Lampe,
In der Brust die große Glut,
Schleichet Psyche zu dem Lager,
Wo der holde Schäfer ruht.

Sie errötet und sie zittert,
Wie sie seine Schönheit sieht –
Der enthüllte Gott der Liebe,
Er erwacht und er entflieht.

Achtzehnhundertjähr'ge Buße!
Und die Ärmste stirbt beinah!
Psyche fastet und kasteit sich,
Weil sie Amorn nackend sah.

Wechsel

Mit Brünetten hat's ein Ende!
Ich gerate dieses Jahr
Wieder in die blauen Augen,
Wieder in das blonde Haar.

Die Blondine, die ich liebe,
Ist so fromm, so sanft, so mild!
In der Hand den Lilienstengel,
Wäre sie ein Heil'genbild.

Schlanke, schwärmerische Glieder,
Wenig Fleisch, sehr viel Gemüt;
Und für Liebe, Hoffnung, Glaube
Ihre ganze Seele glüht.

Sie behauptet, sie verstünde
Gar kein Deutsch – ich glaub es nicht.
Niemals hättest du gelesen
Klopstocks himmlisches Gedicht?

Begegnung

Wohl unter der Linde erklingt die Musik,
Da tanzen die Burschen und Mädel,
Da tanzen zwei, die niemand kennt,
Sie schaun so schlank und edel.

Sie schweben auf, sie schweben ab,
In seltsam fremder Weise;

Sie lachen sich an, sie schütteln das Haupt,
Das Fräulein flüstert leise:

»Mein schöner Junker, auf Eurem Hut
Schwankt eine Neckenlilie,
Die wächst nur tief in Meeresgrund –
Ihr stammt nicht aus Adams Familie.

Ihr seid der Wassermann, Ihr wollt
Verlocken des Dorfes Schönen.
Ich hab Euch erkannt, beim ersten Blick,
An Euren fischgrätigen Zähnen.«

Sie schweben auf, sie schweben ab,
In seltsam fremder Weise,
Sie lachen sich an, sie schütteln das Haupt,
Der Junker flüstert leise:

»Mein schönes Fräulein, sagt mir, warum
So eiskalt Eure Hand ist?
Sagt mir, warum so naß der Saum
An Eurem weißen Gewand ist?

Ich hab Euch erkannt, beim ersten Blick,
An Eurem spöttischen Knickse –
Du bist kein irdisches Menschenkind,
Du bist mein Mühmchen, die Nixe.«

Die Geigen verstummen, der Tanz ist aus,
Es trennen sich höflich die beiden.
Sie kennen sich leider viel zu gut,
Suchen sich jetzt zu vermeiden.

Unterwelt

1

»Blieb' ich doch ein Junggeselle!« –
Seufzet Pluto tausendmal –
»Jetzt, in meiner Eh'standsqual,
Merk ich, früher ohne Weib
War die Hölle keine Hölle.

Blieb' ich doch ein Junggeselle!
Seit ich Proserpinen hab,
Wünsch ich täglich mich ins Grab!
Wenn sie keift, so hör ich kaum
Meines Zerberus Gebelle.

Stets vergeblich, stets nach Frieden
Ring ich. Hier im Schattenreich
Kein Verdammter ist mir gleich!
Ich beneide Sisyphus
Und die edlen Danaiden.«

2

Auf goldenem Stuhl, im Reiche der Schatten,
Zur Seite des königlichen Gatten,
Sitzt Proserpine
Mit finstrer Miene.
Und im Herzen seufzet sie traurig:

»Ich lechze nach Rosen, nach Sangesergüssen
Der Nachtigall, nach Sonnenküssen –
Und hier unter bleichen
Lemuren und Leichen
Mein junges Leben vertraur' ich!

Bin festgeschmiedet am Ehejoche,
In diesem verwünschten Rattenloche!

Und des Nachts die Gespenster,
Sie schaun mir ins Fenster,
Und der Styx, er murmelt so schaurig!

Heut hab ich den Charon zu Tische geladen –
Glatzköpfig ist er und ohne Waden –
Auch die Totenrichter,
Langweil'ge Gesichter –
In solcher Gesellschaft versaur' ich.«

3

Während solcherlei Beschwerde
In der Unterwelt sich häuft,

Jammert Ceres auf der Erde.
Die verrückte Göttin läuft,
Ohne Haube, ohne Kragen,
Schlotterbusig durch das Land,
Deklamierend jene Klagen,
Die euch allen wohlbekannt:

»Ist der holde Lenz erschienen?
Hat die Erde sich verjüngt?
Die besonnten Hügel grünen,
Und des Eises Rinde springt.
Aus der Ströme blauem Spiegel
Lacht der unbewölkte Zeus,
Milder wehen Zephirs Flügel,
Augen treibt das junge Reis.
In dem Hain erwachen Lieder,
Und die Oreade spricht:
›Deine Blumen kehren wieder,
Deine Tochter kehret nicht.‹

Ach wie lang ist's, daß ich walle
Suchend durch der Erde Flur!
Titan, deine Strahlen alle
Sandt ich nach der teuren Spur!
Keiner hat mir noch verkündet
Von dem lieben Angesicht,
Und der Tag, der alles findet,
Die Verlorne fand er nicht.
Hast du, Zeus, sie mir entrissen?
Hat, von ihrem Reiz gerührt,
Zu des Orkus schwarzen Flüssen
Pluto sie hinabgeführt?
Wer wird nach dem düstern Strande
Meines Grames Bote sein?
Ewig stößt der Kahn vom Lande,
Doch nur Schatten nimmt er ein.
Jedem sel'gen Aug' verschlossen
Bleibt das nächtliche Gefild',
Und solang der Styx geflossen,
Trug er kein lebendig Bild.

Nieder führen tausend Steige,
Keiner führt zum Tag zurück;
Ihre Träne bringt kein Zeuge
Vor der bangen Mutter Blick.«

4

»Meine Schwiegermutter Ceres!
Laß die Klagen, laß die Bitten!
Dein Verlangen, ich gewähr es –
Habe selbst soviel gelitten!

Tröste dich, wir wollen ehrlich
Den Besitz der Tochter teilen,
Und sechs Monden soll sie jährlich
Auf der Oberwelt verweilen.

Hilft dir dort an Sommertagen
Bei den Ackerbaugeschäften;
Einen Strohhut wird sie tragen,
Wird auch Blumen daran heften.

Schwärmen wird sie, wenn den Himmel
Überzieht die Abendröte,
Und am Bach ein Bauerlümmel
Zärtlich bläst die Hirtenflöte.

Wird sich freun mit Gret' und Hänschen
Bei des Erntefestes Reigen;
Unter Schöpsen, unter Gänschen,
Wird sie sich als Löwin zeigen.

Süße Ruh'! Ich kann verschnaufen
Hier im Orkus unterdessen!
Punsch mit Lethe will ich saufen,
Um die Gattin zu vergessen.«

5

»Zuweilen dünkt es mich, als trübe
Geheime Sehnsucht deinen Blick –
Ich kenn es wohl, dein Mißgeschick:
Verfehltes Leben, verfehlte Liebe!

Du nickst so traurig! Wiedergeben
Kann ich dir nicht die Jugendzeit –
Unheilbar ist dein Herzeleid:
Verfehlte Liebe, verfehltes Leben!«

Die Engel

Freilich, ein ungläub'ger Thomas,
Glaub ich an den Himmel nicht,
Den die Kirchenlehre Romas
Und Jerusalems verspricht.

Doch die Existenz der Engel,
Die bezweifelte ich nie;

Lichtgeschöpfe sonder Mängel,
Hier auf Erden wandeln sie.

Nur, genäd'ge Frau, die Flügel
Sprech ich jenen Wesen ab;
Engel gibt es ohne Flügel,
Wie ich selbst gesehen hab.

Lieblich mit den weißen Händen,
Lieblich mit dem schönen Blick
Schützen sie den Menschen, wenden
Von ihm ab das Mißgeschick.

Ihre Huld und ihre Gnaden
Trösten jeden, doch zumeist
Ihn, der doppelt qualbeladen,
Ihn, den man den Dichter heißt.

Lied der Marketenderin

Aus dem Dreißigjährigen Krieg

Und die Husaren lieb ich sehr,
Ich liebe sehr dieselben;
Ich liebe sie ohne Unterschied,
Die blauen und die gelben.

Und die Musketiere lieb ich sehr,
Ich liebe die Musketiere,
Sowohl Rekrut als Veteran,
Gemeine und Offiziere.

Die Kavallerie und die Infanterie,
Ich liebe sie alle, die Braven;
Auch hab ich bei der Artillerie
Gar manche Nacht geschlummert.

Ich liebe den Deutschen, ich lieb den Franzos,
Die Welschen und Niederländ'schen,
Ich liebe den Schwed, den Böhm und Spanjol,
Ich liebe in ihnen den Menschen.

Gleichviel, von welcher Heimat, gleichviel,
Von welchem Glaubensbund ist

Der Mensch, er ist mir lieb und wert,
Wenn nur der Mensch gesund ist.

Das Vaterland und die Religion,
Das sind nur Kleidungsstücke –
Fort mit der Hülle! daß ich ans Herz
Den nackten Menschen drücke.

Ich bin ein Mensch, und der Menschlichkeit
Geb ich mich hin mit Freude;
Und wer nicht gleich bezahlen kann,
Für den hab ich die Kreide.

Der grüne Kranz vor meinem Zelt,
Der lacht im Licht der Sonne;
Und heute schenk ich Malvasier
Aus einer frischen Tonne.

Das Hohelied

Des Weibes Leib ist ein Gedicht,
Das Gott der Herr geschrieben
Ins große Stammbuch der Natur,
Als ihn der Geist getrieben.

Ja, günstig war die Stunde ihm,
Der Gott war hochbegeistert;
Er hat den spröden, rebellischen Stoff
Ganz künstlerisch bemeistert.

Fürwahr, der Leib des Weibes ist
Das Hohelied der Lieder;
Gar wunderbare Strophen sind
Die schlanken, weißen Glieder.

O welche göttliche Idee
Ist dieser Hals, der blanke,

Worauf sich wiegt der kleine Kopf,
Der lockige Hauptgedanke!

Der Brüstchen Rosenknospen sind
Epigrammatisch gefeilet;
Unsäglich entzückend ist die Zäsur,
Die streng den Busen teilet.

Den plastischen Schöpfer offenbart
Der Hüften Parallele;
Der Zwischensatz mit dem Feigenblatt
Ist auch eine schöne Stelle.

Das ist kein abstraktes Begriffspoem!
Das Lied hat Fleisch und Rippen,
Hat Hand und Fuß; es lacht und küßt
Mit schöngereimten Lippen.

Hier atmet wahre Poesie!
Anmut in jeder Wendung!
Und auf der Stirne trägt das Lied
Den Stempel der Vollendung.

Lobsingen will ich dir, o Herr,
Und dich im Staub anbeten!
Wir sind nur Stümper gegen dich,
Den himmlischen Poeten.

Versenken will ich mich, o Herr,
In deines Liedes Prächten;
Ich widme seinem Studium
Den Tag mitsamt den Nächten.

Ja, Tag und Nacht studier ich dran,
Will keine Zeit verlieren;
Die Beine werden mir so dünn –
Das kommt vom vielen Studieren.

Es geht am End, es ist kein Zweifel,
Der Liebe Glut, sie geht zum Teufel.
Sind wir einmal von ihr befreit,
Beginnt für uns die beßre Zeit,
Das Glück der kühlen Häuslichkeit.
Der Mensch genießet dann die Welt,
Die immer lacht fürs liebe Geld.
Er speist vergnügt sein Leibgericht,
Und in den Nächten wälzt er nicht
Schlaflos sein Haupt, er ruhet warm
In seiner treuen Gattin Arm.

Fortuna

Frau Fortuna, ganz umsunst
Tust du spröde! deine Gunst
Weiß ich mir, durch Kampf und Ringen,
Zu erbeuten, zu erzwingen.

Überwältigt wirst du doch,
Und ich spanne dich ins Joch,
Und du streckst am End' die Waffen –
Aber meine Wunden klaffen.

Es verströmt mein rotes Blut,
Und der schöne Lebensmut
Will erlöschen; ich erliege
Und ich sterbe nach dem Siege.

Ich bin die Flamme

Umbruch und Revolution

Heine, der Tagesschriftsteller, schaut, solange er gesund ist und selbst Augenschein nehmen kann, die Ereignisse des Pariser Alltags sehr genau an, und er sieht auch hinter die Fassaden. Seine »Doppelexistenz« als Dichter und zugleich als Journalist macht ihn fähig, nicht nur das Tatsächliche des Alltags platt abzuschildern, sie gibt ihm auch die Kraft, das Gesehene und Gehörte kritisch gefiltert wiederzugeben. Erstaunlich früh beginnt er, sich mit sozialen, sozialistischen und kommunistischen Fragen und Problemen zu beschäftigen. Seine Freundschaft mit Karl Marx und Ferdinand Lassalle wird für die Theoretiker des Kommunismus eine herbe Enttäuschung; der Dichter engagiert sich nicht in der Art, wie sie es sich gewünscht hätten. Für Heine enthält der »Kommunismus«, den er aus eigener Anschauung kennengelernt hat, keine hoffnungsvollen Zukunftsaussichten. Im Gegenteil: Der Dichter bekommt mehr und mehr den Eindruck, daß sich hier eine zwar vorübergehende, aber große Gefahr ankündigt. Heine sieht vor allem in den Jahren 1840 und 1842, als die Klassengegensätze mit Schärfe aufeinandertreffen, deutlich zwei Dinge: Einerseits muß der übertriebene Luxus der Reichen und die grenzenlose Armut der Armen notwendig zur Katastrophe führen. »Man hört ordentlich, wie sie wachsen, die Reichtümer der Reichen. Dazwischen das leise Schluchzen der Armut. Manchmal auch klirrt etwas wie ein Messer, das gewetzt wird.« Andererseits weiß er auch, daß ein gewaltsamer Umsturz zugunsten dieser Verzweifelten eine ungeheuere Bedrohung für Kultur und Geist bedeuten muß. Aus diesem Zwiespalt kommt der »Sohn der Revolution«, wie er sich selber nennt, sein Leben lang nie heraus. Seine Auseinandersetzung mit Umsturz und revolutionären Tendenzen der Zeit erwecken in ihm einen fortdauernden Zweikampf: Furcht, ja Grauen und Distanzierung für die eigene Person ringen mit dem Zugeständnis, daß für die Entrechteten, von den Privilegien des Bürgertums ganz Abhängigen etwas Durchgreifendes geschehen könnte oder müßte, sei es auch noch so gefährlich und unerhört.

Das Bild auf Seite 428 zeigt eine Straßenschlacht zur Zeit der Revolution von 1830 in Paris. Die Karikatur auf Seite 452, »Die Last der königlichen Birne auf den Schultern Frankreichs«, veröffentlichte Grandville in der satirischen Zeitschrift »La Caricature«.

Der politische Teil Ihres Briefes hat mich sehr erfreut; es ist mir lieb, daß der künftige Mann meiner Schwester kein Revolutionär ist. Auch finde ich es sehr natürlich, daß ein Mann, der à son aise und glücklicher Bräutigam ist, nicht den Umsturz der bestehenden Formen wünscht und für seine und Europas Ruhe besorgt ist. Bei mir sind andere Verhältnisse obwaltend, und außerdem fühle ich mich ein bißchen seltsam gestimmt, wenn ich zufällig in der Zeitung lese, daß auf den Straßen Londons einige Menschen erfroren und auf den Straßen Neapels einige Menschen verhungert sind. Obschon ich aber in England ein Radikaler und in Italien ein Carbonari bin, so gehöre ich doch nicht zu den Demagogen in Deutschland; aus dem ganz zufälligen und geringfügigen Grunde, daß bei einem Siege dieser letztern einige tausend jüdische Hälse, und just die besten, abgeschnitten werden.

Mögen indessen unsere Ansichten über die Erscheinungen des Tages noch so grell voneinander abweichen oder sich gar entgegengesetzt sein, so bin ich überzeugt, daß dieses nicht im mindesten einen unfreundlichen Einfluß ausüben wird auf unsere verwandtschaftliche Freundschaft, die auch in der Ferne (ein trüber Unmut wird mich auf immer von Hamburg zurückhalten), durch gemütliche Teilnahme, durch verständige Berichtigung und durch liebevolle Aufmunterung, mich, der ich noch in Verstimmung, Irrtum und Kampf lebe, oft erheitern, belehren und beruhigen wird.

An Moritz Embden,
Berlin, 2. Februar 1823

Wie es Vögel gibt, die irgendeine physische Revolution, etwa Gewitter, Überschwemmungen etc., vorausahnen, so gibt's Menschen, denen die sozialen Revolutionen sich im Gemüte voraus ankündigen und denen es dabei lähmend, betäubend und seltsam stockend zumute wird. So erkläre ich mir meinen diesjährigen Zustand bis zum Ende Juli. Ich befand mich frisch und gesund und konnte nichts treiben als Revolutionsgeschichte, Tag und Nacht. Zwei Monate badete ich in Helgoland, und als die Nachricht der großen Woche dort anlangte, war's mir, als verstände sich das von selbst, als sei es nur eine Fortsetzung meiner Studien. Auf dem Kontinente erlebte ich die hiesigen Ereignisse, die einem minder starken Herzen wohl das Schönste verleiden konnten. . . Ich weiß sehr gut, daß die Revolution alle sozialen Interessen umfaßt und Adel und Kirche nicht ihre einzigen Feinde sind. Aber ich habe, zur Faßlichkeit, die letzteren als die einzig verbündeten Feinde dargestellt, damit sich der Ankampf konsolidiere. Ich selbst hasse die aristocratie bourgeoise noch weit mehr. – Wenn mein Buch dazu beiträgt, in Deutschland, wo man stockreligiös ist, die Gefühle in Religionsmaterien zu emanzipieren, so will ich mich freuen und das Leid, das mir durch das Geschrei der Frommen bevorsteht, gern ertragen. Ach! trage ich doch noch schlimmere Dinge!

An Karl August Varnhagen von Ense,
Hamburg, 19. November 1830

O der Toren! die da meinen, entdeckt zu haben, der Löwe gehöre eigentlich zum Katzengeschlecht, und die mit dieser naturgeschichtlichen Entdeckung noch so lang herumzischen werden, bis die große Katze das ex ungue leonem an ihrem eignen Fleische bewährt! O der obskuren Wichte, die nicht eher erleuchtet werden, bis sie selbst an der Laterne hängen! Mit den Gedärmen eines Esels möchte ich meine Leier besaiten, um sie nach Würden zu besingen, die geschorenen Dummköpfe!

Eine gewaltige Lust ergreift mich! Während ich sitze und schreibe, erklingt Musik unter meinem Fenster, und an dem elegischen Grimm der langgezogenen Melodie erkenne ich jene Marseiller Hymne, womit der schöne Barbaroux und seine Gefährten die Stadt Paris begrüßten, jener Kuhreigen der Freiheit, bei dessen Tönen die Schweizer in den Tuilerien das Heimweh bekamen, jener triumphierende Todesgesang der Gironde, das alte, süße Wiegenlied –

Welch ein Lied! Es durchschauert mich mit Feuer und Freude und entzündet in mir die glühenden Sterne der Begeisterung und die Raketen des Spottes. Ja, diese sollen nicht fehlen, bei dem großen Feuerwerk der Zeit. Klingende Flammenströme des Gesanges sollen sich ergießen von der Höhe der Freiheitslust, in kühnen Kaskaden, wie sich der Ganges herabstürzt vom Himalaja! Und du, holde Satyra, Tochter der gerechten Themis und des bocksfüßigen Pan, leih mir deine Hilfe, du bist ja mütterlicher Seite dem Titanengeschlechte entsprossen und hassest gleich mir die Feinde deiner Sippschaft, die schwächlichen Usurpatoren des Olymps. Leih mir das Schwert deiner Mutter, damit ich sie richte, die verhaßte Brut, und gib mir die Pickelflöte deines Vaters, damit ich sie zu Tode pfeife –

Schon hören sie das tödliche Pfeifen, und es ergreift sie der panische

Schrecken, und sie entfliehen wieder, in Tiergestalten, wie damals, als wir den Pelion stülpten auf den Ossa –

Aux armes, citoyens!

Man tut uns armen Titanen sehr unrecht, als man die düstre Wildheit tadelte, womit wir, bei jenem Himmelssturm, herauftobten – ach, da unten im Tartaros, da war es grauenhaft und dunkel, und da hörten wir nur Zerberusgeheul und Kettengeklirr, und es ist verzeihlich, wenn wir etwas ungeschlacht erschienen, in Vergleichung mit jenen Göttern comme il faut, die fein und gesittet, in den heiteren Salons des Olymps, soviel lieblichen Nektar und süße Musenkonzerte genossen.

Ich kann nicht weiterschreiben, denn die Musik unter meinem Fenster berauscht mir den Kopf, und immer gewaltiger greift herauf der Refrain:

Aux armes, citoyens!

Reisebilder. Die Stadt Lucca,
1831

Der Republikanismus der Tribünenleute ist mir fatal, und ich sehe schon die Zeit herannahen, wo sie mich als Verteidiger der Institution des Königtums noch bitterer befehden werden als andre. Aber es geschieht den Königen ganz recht, sie haben die Liberalen, die nur gegen Adel und Pfaffenherrschaft eiferten, nicht hören wollen, und jetzt bekommen sie den blutigsten Jakobinismus auf den Hals. Es bleibt ihnen am Ende nichts übrig, als sich in ihre Purpurmäntel zu hüllen und wenigstens mit Anstand unterzugehen. Wir Gemäßigten gehen mit zugrunde, und damit büßen wir vielleicht ab, was in unserem Oppositionsstreben zuweilen nicht aus den reinsten Absichten entsproß. – Über lang oder kurz wird in Deutschland die Revolution beginnen, sie ist da in der Idee, und die Deutschen haben nie eine Idee aufgegeben, nicht einmal eine Lesart; in diesem Lande der Gründlichkeit wird alles, und daure es noch so lange, zu Ende geführt. – Hier ist es still. Zwiespalt zwischen den Kammern, woran das Volk keinen Anteil nimmt. –

An Johann Friedrich von Cotta,
Paris, 1. März 1832

Verlaßt euch aber nicht auf Ohnmacht und Furcht von unserer Seite. Der verhüllte Mann der Zeit, der ebenso kühnen Herzens wie kundiger Zunge ist und der das große Beschwörungswort weiß und es auch auszusprechen vermag, er steht vielleicht schon in eurer Nähe. Vielleicht ist er in knechtischer Livree oder gar in Harlekinstracht vermummt, und ihr ahnet nicht, daß es euer Verderber ist, welcher euch untertänig die Stiefel auszieht oder durch seine Schnurren euer Zwerchfell erschüttert. Graut euch nicht manchmal, wenn euch die servilen Gestalten mit fast ironischer Demut umwedeln und euch plötzlich in den Sinn kommt: das ist vielleicht eine List, dieser Elende, der sich so blödsinnig absolutistisch, so viehisch gehorsam gebärdet, der ist vielleicht ein geheimer Brutus? Habt ihr nicht nachts zuweilen Träume, die euch vor den kleinsten, windigsten Würmern warnen, die ihr des Tags zufällig kriechen gesehen? Ängstigt euch nicht! Ich scherze nur, ihr seid ganz sicher. Unsere dummen Teufel von Servilen verstellen sich durchaus nicht. Sogar der Jarcke ist nicht gefährlich. Seid auch außer Sorge in betreff der kleinen Narren, die euch zuweilen mit bedenklichen Späßen umgaukeln. Der große Narr schützt euch vor den kleinen. Der große Narr ist ein sehr großer Narr, riesengroß, und er nennt sich deutsches Volk.

Oh, das ist ein sehr großer Narr! Seine buntscheckige Jacke besteht aus sechsunddreißig Flicken. An seiner Kappe hängen statt der Schellen lauter zentnerschwere Kirchenglocken, und in der Hand trägt er eine ungeheure Pritsche von Eisen. Seine Brust aber ist voll Schmerzen. Nur will er an diese Schmerzen nicht denken, und er reißt deshalb um so lustigere Possen, und er lacht manchmal, um nicht zu weinen. Treten ihm seine Schmerzen allzu brennend in den Sinn, dann schüttelt er wie toll den Kopf und betäubt sich selber mit dem christlich frommen Glockengeläute seiner Kappe. Kommt ein guter Freund zu ihm, der teilnehmend über seine Schmerzen mit ihm reden will oder gar ihm ein Hausmittelchen dagegen anrät, dann wird er rein wütend und schlägt nach ihm mit der eisernen Pritsche. Er ist überhaupt wütend gegen jeden, der es gut mit ihm meint. Er ist der schlimmste Feind seiner Freunde und der beste Freund seiner Feinde. Oh! der große Narr wird euch immer treu und unterwürfig bleiben, mit seinen Riesenspäßchen wird er immer eure Junkerlein ergötzen, er wird täglich zu ihrem Vergnügen seine alten Kunststücke machen und unzählige Lasten auf der Nase balancieren und viele hunderttausend Soldaten auf seinem Bauche herumtrampeln lassen. Aber habt ihr gar keine Furcht, daß dem Narren mal all die Lasten zu schwer werden und daß er eure Soldaten von sich abschüttelt und euch selber aus Überspaß mit dem kleinen Finger den Kopf eindrückt, so daß euer Hirn bis an die Sterne spritzt?

Fürchtet euch nicht, ich scherze nur. Der große Narr bleibt euch untertänigst gehorsam, und wollen euch die kleinen Narren ein Leid zufügen, der große schlägt sie tot.

Vorrede zu Französische Zustände,
1832

Als die Emeute der Chiffonniers durch bewaffnete Macht gedämpft worden und die Cholera noch immer nicht so wütend um sich griff, wie gewisse Leute es wünschten, die bei jeder Volksnot und Volksaufregung, wenn auch nicht den Sieg ihrer eigenen Sache, doch wenigstens den Untergang der jetzigen Regierung erhoffen, da vernahm man plötzlich das Gerücht, die vielen Menschen, die so rasch zur Erde bestattet würden, stürben nicht durch eine Krankheit, sondern durch Gift. Gift, hieß es, habe man in alle Lebensmittel zu streuen gewußt, auf den Gemüsemärkten, bei den Bäckern, bei den Fleischern, bei den Weinhändlern. Je wunderlicher die

Erzählungen lauteten, desto begieriger wurden sie vom Volke aufgegriffen, und selbst die kopfschüttelnden Zweifler mußten ihnen Glauben schenken, als des Polizeipräfekten Bekanntmachung erschien. Die Polizei,

welcher hier wie überall weniger daran gelegen ist, die Verbrechen zu vereiteln, als vielmehr, sie gewußt zu haben, wollte entweder mit ihrer allgemeinen Wissenschaft prahlen, oder sie gedachte, bei jenen Vergiftungsgerüchten, sie mögen wahr oder falsch sein, wenigstens von der Regierung jeden Argwohn abzuwenden: genug, durch ihre unglückselige Bekanntmachung, worin sie ausdrücklich sagte, daß sie den Giftmischern auf der

Spur sei, ward das böse Gerücht offiziell bestätigt, und ganz Paris geriet in die grauenhafteste Todesbestürzung.

»Das ist unerhört«, schrien die ältesten Leute, die selbst in den grimmigsten Revolutionszeiten keine solche Frevel erfahren hatten. »Franzosen, wir sind entehrt!« riefen die Männer und schlugen sich vor die Stirne. Die Weiber mit ihren kleinen Kindern, die sie angstvoll an ihr Herz drückten, weinten bitterlich und jammerten, daß die unschuldigen Würmchen in ihren Armen stürben. Die armen Leute wagten weder zu essen noch zu trinken und rangen die Hände vor Schmerz und Wut. Es war, als ob die Welt unterginge. Besonders an den Straßenecken, wo die rotangestrichenen Weinläden stehen, sammelten und berieten sich die Gruppen, und dort war es meistens, wo man die Menschen, die verdächtig aussahen, durchsuchte, und wehe ihnen, wenn man irgend etwas Verdächtiges in ihren Taschen fand! Wie wilde Tiere, wie Rasende fiel dann das Volk über sie her. Sehr viele retteten sich durch Geistesgegenwart; viele wurden durch die Entschlossenheit der Kommunalgarden, die an jenem Tage überall herumpatrouillierten, der Gefahr entrissen; andere wurden schwer verwundet und verstümmelt; sechs Menschen wurden aufs unbarmherzigste ermordet. Es gibt keinen gräßlichern Anblick als solchen Volkszorn, wenn er nach Blut lechzt und seine wehrlosen Opfer hinwürgt. Dann wälzt sich durch die Straßen ein dunkles Menschenmeer, worin hie und da die Ouvriers in Hemdärmeln, wie weiße Sturzwellen, hervorschäumen, und das heult und braust, gnadenlos, heidnisch, dämonisch. An der Straße St. Denis hörte ich den altberühmten Ruf »A la lanterne!«, und mit Wut erzählten mir einige Stimmen, man hänge einen Giftmischer. Die einen sagten, er sei ein Karlist, man habe ein brevet du lis in seiner Tasche gefunden; die andern sagten, es sei ein Priester, ein solcher sei alles fähig. Auf der Straße Vaugirard, wo man zwei Menschen, die ein weißes Pulver bei sich gehabt, ermordete, sah ich einen dieser Unglücklichen, als er noch etwas röchelte und eben die alten Weiber ihre Holzschuhe von den Füßen zogen und ihn damit so lange auf den Kopf schlugen, bis er tot war. Er war ganz nackt und blutrünstig zerschlagen und zerquetscht; nicht bloß die Kleider, sondern auch die Haare, die Scham, die Lippen und die Nase waren ihm abgerissen, und ein wüster Mensch band dem Leichname einen Strick um die Füße und schleifte ihn damit durch die Straße, während er beständig schrie: »Voilà le Choléra-morbus!» Ein wunderschönes, wutblasses Weibsbild mit entblößten Brüsten und blutbedeckten Händen stand dabei und gab dem Leichname, als er ihr nahe kam, noch einen Tritt mit dem Fuße. Sie lachte und bat mich, ihrem zärtlichen Handwerke einige Francs zu zollen, damit sie sich dafür ein schwarzes

Trauerkleid kaufe; denn ihre Mutter sei vor einigen Stunden gestorben, an Gift.

Was ich selbst an dem Tage, wo jene Totschläge stattfanden, an besonderer Einsicht gewann, das war die Überzeugung, daß die Macht der ältern Bourbone nie und nimmermehr in Frankreich gedeihen wird. Ich hatte aus den verschiedenen Menschengruppen die merkwürdigsten Worte gehört; ich hatte tief hinabgeschaut in das Herz des Volkes; es kennt seine Leute.

Französische Zustände,
1832

Trotz der großen Kopfzahl, trotz des Triumphes vom 6. Junius zweifelt das Volk an der Stärke des Justemilieu. Es ist aber immer bedenklich, wenn eine Regierung nicht stark scheint in den Augen des Volks. Es lockt dann jeden, seine Kraft daran zu versuchen; ein dämonisch dunkler Drang treibt die Menschen, daran zu rütteln. Das ist das Geheimnis der Revolution.

Französische Zustände,
1832

Sie stehen höher als alle andern, die nur das Äußerliche der Revolution und nicht die tieferen Fragen derselben verstehen. Diese Fragen betreffen weder Formen noch Personen, weder die Einführung einer Republik noch die Beschränkung einer Monarchie, sondern sie betreffen das materielle Wohlsein des Volkes. Die bisherige spiritualistische Religion war heilsam und notwendig, solange der größte Teil der Menschen im Elend lebte und sich mit der himmlischen Religion vertrösten mußte. Seit aber durch die Fortschritte der Industrie und der Ökonomie es möglich geworden, die Menschen aus ihrem materiellen Elende herauszuziehen und auf Erden zu beseligen, seitdem – Sie verstehen mich. Und die Leute werden uns schwerer verstehen, wenn wir ihnen sagen, daß sie in der Folge alle Tage Rindfleisch statt Kartoffeln essen sollen und weniger arbeiten und mehr tanzen werden. Verlassen Sie sich darauf, die Menschen sind keine Esel.

An Heinrich Laube,
Paris, 10. Juli 1833

Gottlob! die Revolution des Julius hat die Zeugen gelöst, die so lange stumm geschienen; ja, da die plötzlich Erweckten alles, was sie bis dahin verschwiegen, auf einmal offenbaren wollten, so entstand viel Geschrei, welches mir mitunter gar unerfreulich die Ohren betäubte. Ich hatte manchmal nicht übel Lust, das ganze Sprechamt aufzugeben; doch das ist nicht so leicht tunlich wie etwa das Aufgeben einer geheimen Staatsratstelle, obgleich letztere mehr einbringt als das beste öffentliche Tribunat. Die Leute glauben, unser Tun und Schaffen sei eitel Wahl, aus dem Vorrat der neuen Ideen griffen wir eine heraus, für die wir sprechen und wirken, streiten und leiden wollten, wie etwa sonst ein Philolog sich seinen Klassiker auswählte, mit dessen Kommentierung er sich sein ganzes Leben hindurch beschäftigte – nein, wir ergreifen keine Idee, sondern die Idee ergreift uns und knechtet uns und peitscht uns in die Arena hinein, daß wir, wie gezwungene Gladiatoren, für sie kämpfen. So ist es mit jedem echten Tribunat oder Apostolat. Es war ein wehmütiges Geständnis, wenn Amos sprach zu König Amazia: »Ich bin kein Prophet noch keines Propheten Sohn, sondern ich bin ein Kuhhirt, der Maulbeeren ablieset; aber der Herr nahm mich von der Schafherde und sprach zu mir: ›Gehe hin und weissage.‹« Es war ein wehmütiges Geständnis, wenn der arme Mönch, der vor Kaiser und Reich zu Worms angeklagt stand, ob seiner Lehre, dennoch, trotz aller Demut seines Herzens, jeden Widerruf für unmöglich erklärte und mit den Worten schloß: »Hier stehe ich, ich kann nicht anders, Gott helfe mir. Amen!«

Wenn ihr diese heilige Zwingnis kenntet, ihr würdet uns nicht mehr schelten, nicht mehr schmähen, nicht mehr verleumden – wahrlich, wir sind nicht die Herren, sondern die Diener des Wortes. Es war ein wehmütiges Geständnis, wenn Maximilian Robespierre sprach: »Ich bin ein Sklave der Freiheit.«

Vorrede zum ersten Band des »Salon«,
1833

»Der liebe Gott hat heute viel Besuche«, sagte ich vorigen Sonntag zu einem Freunde, als ich den Zudrang nach den Kirchen bemerkte. »Es sind Abschiedsvisiten« – erwiderte der Ungläubige.

Die Drachenzähne, welche von den Republikanern und Legitimisten gesäet werden, kennen wir jetzt, und es wird uns nicht überraschen, wenn sie einst als geharnischte Kämpen aus dem Boden hervorstürmen und sich untereinander würgen oder auch miteinander fraternisieren. Ja, letzteres ist möglich, gibt es doch hier einen entsetzlichen Priester, der, durch seine blutdürstigen Glaubensworte, die Männer des Scheiterhaufens mit den Männern der Guillotine zu verbinden hofft.

Lutetia. Erster Teil,
April 1840

Schreckliche Befürchtungen dringen in mein Gemüt. Der Krieg ist noch das geringste der Übel, die ich fürchte. In Paris können Auftritte stattfinden, wogegen alle Szenen der vorigen Revolution wie heitere Sommernachtsträume erscheinen möchten! Der vorigen Revolution? Nein, die Revolution ist noch ein und dieselbe, wir haben erst den Anfang gesehen, und viele von uns werden die Mitte nicht überleben! Die Franzosen sind in einer schlechten Lage, wenn hier die Bajonettenmehrzahl entscheidet. Aber das Eisen tötet nicht, sondern die Hand, und diese gehorcht der Seele. Es kommt nun darauf an, wieviel Seele auf jeder Waagschale sein wird...

Vorgestern abend verlangte das Parterre in der Großen Oper, daß das Orchester die Marseillaise anstimme; da ein Polizeikommissär diesem Verlangen widersprach, sang man ohne Begleitung, aber mit so schnaubendem Zorn, daß die Worte in den Kehlen stockten und ganz unverständlich hervorgebrüllt wurden. Oder haben die Franzosen die Worte jenes schrecklichen Lieds vergessen und erinnern sich nur noch der alten Melodie? . . . Trotz seinem Nationalismus bleibt aber Frankreich der Repräsentant der Revolution, und die Franzosen kämpfen nur für diese, wenn sie sich selbst aus Eitelkeit, Eigennutz und Torheit schlagen. Thiers hat imperialistische Gelüste, und wie ich Ihnen schon Ende Julius schrieb, der Krieg ist die Freude seines Herzens. Jetzt ist der Fußboden seines Arbeitszimmers ganz mit Landkarten bedeckt, und da liegt er auf dem Bauche und steckt schwarze und grüne Nadeln ins Papier, ganz wie Napoleon. Daß er an der Börse spekuliert habe, ist eine schnöde Verleumdung; ein Mensch kann nur einer einzigen Leidenschaft gehorchen, und der Ehrgeizige denkt selten an Geld. Durch seine Familiarität mit gesinnungslosen Glücksrittern hat sich Thiers all die boshaften Gerüchte, die an seinem Leumund nagen, selber zugezogen. Diese Leute, wenn er ihnen jetzt den Rücken kehrt, schmähen ihn noch mehr als seine politischen Feinde. Aber warum pflegte er Umgang mit solchem Gesindel? Wer sich mit Hunden niederlegt, steht mit Flöhen auf.

Ich bewundere den Mut des Königs; jede Stunde, wo er zögert, dem verletzten Nationalgefühl Genugtuung zu schaffen, wächst die Gefahr, die den Thron noch entsetzlicher bedroht als alle Kanonen der Alliierten. Morgen, heißt es, sollen die Ordonnanzen publiziert werden, welche die Kammern berufen und Frankreich in Kriegszustand (état de guerre) erklären. Gestern abend, auf der Nachtbörse von Tortoni, hieß es, Lalande habe Befehl erhalten, nach der Straße von Gibraltar zu eilen und der russischen Flotte, wenn sie sich mit der englischen vereinigen wolle, den Durchgang ins Mittelländische Meer zu wehren. Die Rente, welche am

Tage schon zwei Prozent gefallen war, purzelte noch zwei Prozent tiefer. Herr von Rothschild, wird behauptet, hatte gestern Zahnschmerz; andre sagen Kolik. Was wird daraus werden? Das Gewitter zieht immer näher. In den Lüften vernimmt man schon den Flügelschlag der Walküren.

Lutetia. Erster Teil,
Oktober 1840

In Revolutionszeiten bleibt uns nur die Wahl zwischen Töten und Sterben.

Ludwig Börne. Eine Denkschrift,
1840

Die Geschichte Frankreichs zeigt, daß jede bedeutende Phase der Revolution immer parlamentarische Anfänge hatte und die Männer des gesetzlichen Widerstandes immer mehr oder minder deutlich dem Volk das furchtbare Signal gaben. Durch diese Teilnahme, wir möchten fast sagen, Komplizität eines Parlaments ist das Interregnum der rohen Fäuste nie von langer Dauer, und die Franzosen sind vor der Anarchie viel mehr geschützt als andere Völker, die im revolutionären Zustand sind . . .

Solange die Bourgeoisie am Ruder steht, droht der jetzigen Dynastie keine Gefahr. Wie soll es aber gehen, wenn Stürme aufsteigen, wo stärkere Fäuste zum Ruder greifen und die Hände der Bourgeoisie, die mehr geeignet zum Geldzählen und Buchführen, sich ängstlich zurückziehen? Die Bourgeoisie wird noch weit weniger Widerstand leisten als die ehemalige Aristokratie; denn selbst in ihrer kläglichsten Schwäche, in ihrer Erschlaffung durch Sittenlosigkeit, in ihrer Entartung durch Kurtisanerie, war die alte Noblesse doch noch beseelt von einem gewissen Point d'honneur, das unsrer Bourgeoisie fehlt, die durch den Geist der Industrie emporblüht, aber auch untergehen wird. Man prophezeit ihr einen 10. August, aber ich zweifle, ob die bürgerlichen Ritter des Juliusthrons sich so heldenmütig zeigen werden wie die gepuderten Marquis des alten Regimes, die, in seidenen Röcken und mit dünnen Galanteriedegen, sich dem eindringenden Volke in den Tuilerien entgegensetzten.

Lutetia. Erster Teil,
November 1840

Dabei weht wieder auf den Türmen von Paris die dreifarbige Fahne, und es klingt die Marseillaise!

Lafayette, die dreifarbige Fahne, die Marseillaise . . . Ich bin wie berauscht. Kühne Hoffnungen steigen leidenschaftlich empor, wie Bäume mit goldenen Früchten und wilden, wachsenden Zweigen, die ihr Laubwerk weit ausstrecken bis in die Wolken . . . Die Wolken aber im raschen Fluge entwurzeln diese Riesenbäume und jagen damit von dannen. Der Himmel hängt voller Violinen, und auch ich rieche es jetzt, die See duftet nach frischgebackenen Kuchen. Das ist ein beständiges Geigen da droben in himmelblauer Freudigkeit, und das klingt aus den smaragdenen Wellen wie heiteres Mädchengekicher. Unter der Erde aber kracht es und klopft es, der Boden öffnet sich, die alten Götter strecken daraus ihre Köpfe hervor, und mit hastiger Verwunderung fragen sie: »Was bedeutet der Jubel, der bis ins Mark der Erde drang? Was gibt's Neues? dürfen wir wieder hinauf?« – Nein, ihr bleibt unten in Nebelheim, wo bald ein neuer Todesgenosse zu euch hinabsteigt . . . – »Wie heißt er?« – Ihr kennt ihn gut, ihn, der euch einst hinabstieß in das Reich der ewigen Nacht . . .

Pan ist tot!

Lafayette, die dreifarbige Fahne, die Marseillaise . . .

Fort ist meine Sehnsucht nach Ruhe. Ich weiß jetzt wieder, was ich will, was ich soll, was ich muß . . . Ich bin der Sohn der Revolution und greife wieder zu den gefeiten Waffen, worüber meine Mutter ihren Zaubersegen ausgesprochen . . . Blumen! Blumen! Ich will mein Haupt bekränzen zum Todeskampf. Und auch die Leier, reicht mir die Leier, damit ich ein Schlachtlied singe . . . Worte gleich flammenden Sternen, die aus der Höhe herabschießen und die Paläste verbrennen und die Hütten erleuchten . . . Worte gleich blanken Wurfspeeren, die bis in den siebenten Himmel hinaufschwirren und die frommen Heuchler treffen, die sich dort eingeschlichen ins Allerheiligste . . . Ich bin ganz Freude und Gesang, ganz Schwert und Flamme!

Vielleicht auch ganz toll . . . Von jenen wilden, in Druckpapier gewickelten Sonnenstrahlen ist mir einer ins Hirn geflogen, und alle meine Gedanken brennen lichterloh. Vergebens tauche ich den Kopf in die See. Kein Wasser löscht dieses griechische Feuer.

Ludwig Börne. Eine Denkschrift,
1840

»Kinder!« – grommelt Atta Troll,
Und er wälzt sich hin und her
Auf dem teppichlosen Lager –
»Kinder, uns gehört die Zukunft!

Dächte jeder Bär, und dächten
Alle Tiere so wie ich,
Mit vereinten Kräften würden
Wir bekämpfen die Tyrannen.

Es verbände sich der Eber
Mit dem Roß, der Elefant
Schlänge brüderlich den Rüssel
Um das Horn des wackern Ochsen;

Bär und Wolf, von jeder Farbe,
Bock und Affe, selbst der Hase,
Wirkten ein'ge Zeit gemeinsam,
Und der Sieg könnt' uns nicht fehlen.

Einheit, Einheit ist das erste
Zeitbedürfnis. Einzeln wurden
Wir geknechtet, doch verbunden
Übertölpeln wir die Zwingherrn.

Einheit, Einheit! und wir siegen
Und es stürzt das Regiment
Schnöden Monopols! Wir stiften
Ein gerechtes Animalreich.

Grundgesetz sei volle Gleichheit
Aller Gotteskreaturen,
Ohne Unterschied des Glaubens
Und des Fells und des Geruches.

Strenge Gleichheit! Jeder Esel
Sei befugt zum höchsten Staatsamt,
Und der Löwe soll dagegen
Mit dem Sack zur Mühle traben.

Was den Hund betrifft, so ist er
Freilich ein serviler Köter,
Weil Jahrtausende hindurch
Ihn der Mensch wie'n Hund behandelt;

Doch in unserm Freistaat geben
Wir ihm wieder seine alten
Unveräußerlichen Rechte,
Und er wird sich bald veredeln.

Ja, sogar die Juden sollen
Volles Bürgerrecht genießen,
Und gesetzlich gleichgestellt sein
Allen andern Säugetieren.

Nur das Tanzen auf den Märkten
Sei den Juden nicht gestattet;
Dies Amendement, ich mach' es
Im Interesse meiner Kunst.

Denn der Sinn für Stil, für strenge
Plastik der Bewegung, fehlt
Jener Rasse, sie verdürben
Den Geschmack des Publikums.

Jetzt sind freilich aufgeklärter
Diese Menschen, und sie töten
Nicht einander mehr aus Eifer
Für die himmlischen Interessen; –

Nein, nicht mehr der fromme Wahn,
Nicht die Schwärmerei, nicht Tollheit,
Sondern Eigennutz und Selbstsucht
Treibt sie jetzt zu Mord und Totschlag.

Nach den Gütern dieser Erde
Greifen alle um die Wette,
Und das ist ein ew'ges Raufen,
Und ein jeder stiehlt für sich!

Ja, das Erbe der Gesamtheit
Wird dem Einzelnen zur Beute,
Und von Rechten des Besitzes
Spricht er dann, von Eigentum!

Eigentum! Recht des Besitzes!
O, des Diebstahls! O, der Lüge!
Solch Gemisch von List und Unsinn
Konnte nur der Mensch erfinden.

Keine Eigentümer schuf
Die Natur, denn taschenlos,
Ohne Taschen in den Pelzen,
Kommen wir zur Welt, wir alle.

Keinem von uns allen wurden
Angeboren solche Säckchen
In dem äußern Leibesfelle,
Um den Diebstahl zu verbergen.

Nur der Mensch, das glatte Wesen,
Das mit fremder Wolle künstlich
Sich bekleidet, wußt' auch künstlich
Sich mit Taschen zu versorgen.

Eine Tasche! Unnatürlich
Ist sie wie das Eigentum,
Wie die Rechte des Besitzes –
Taschendiebe sind die Menschen!«

Aus »Atta Troll«,
1841

Jetzt, wo das Neujahr herannaht, der Tag der Geschenke, überbieten sich hier die Kaufmannsläden in den mannigfaltigsten Ausstellungen. Der Anblick derselben kann dem müßigen Flaneur den angenehmsten Zeitvertreib gewähren; ist sein Hirn nicht ganz leer, so steigen ihm auch manchmal Gedanken auf, wenn er hinter den blanken Spiegelfenstern die bunte Fülle der ausgestellten Luxus- und Kunstsachen betrachtet und vielleicht auch einen Blick wirft auf das Publikum, das dort neben ihm steht. Die Gesichter dieses Publikums sind so häßlich ernsthaft und leidend, so ungeduldig und drohend, daß sie einen unheimlichen Kontrast bilden mit den Gegenständen, die sie begaffen, und uns die Angst anwandelt, diese

Menschen möchten einmal mit ihren geballten Fäusten plötzlich dreinschlagen und all das bunte, klirrende Spielzeug der vornehmen Welt mitsamt dieser vornehmen Welt selbst gar jämmerlich zertrümmern! Wer kein großer Politiker ist, sondern ein gewöhnlicher Flaneur, der sich wenig kümmert um die Nuance Dufaure und Passy, sondern um die Miene des Volks auf den Gassen, dem wird es zur festen Überzeugung, daß früh oder spät die ganze Bürgerkomödie in Frankreich mitsamt ihren parlamentarischen Heldenspielern und Komparsen ein ausgezischt schreckliches Ende nimmt und ein Nachspiel aufgeführt wird, welches das Kommunistenregiment heißt! Von langer Dauer freilich kann dieses Nachspiel nicht sein; aber es wird um so gewaltiger die Gemüter erschüttern und reinigen, es wird eine echte Tragödie sein.

Die letzten politischen Prozesse dürften manchem die Augen öffnen, aber die Blindheit ist gar zu angenehm. Auch will keiner an die Gefahren erinnert werden, die ihm die süße Gegenwart verleiden können. Deshalb grollen sie alle jenem Manne, dessen strenges Auge am tiefsten hinabblickt in die Schreckensnächte der Zukunft und dessen hartes Wort vielleicht manchmal zur Unzeit, wenn wir eben beim fröhlichsten Mahle sitzen, an die allgemeine Bedrohnis erinnert. Sie grollen alle jenem armen Schulmeister Guizot. Sogar die sogenannten Konservativen sind ihm abhold, zum größten Teil, und in ihrer Verblendung glauben sie ihn durch einen Mann ersetzen zu können, dessen heiteres Gesicht und gefällige Rede sie minder schreckt und ängstigt. Ihr konservativen Toren, die ihr nichts imstande seid zu konservieren als eben eure Torheit, ihr solltet diesen Guizot wie euren Augapfel schonen; ihr solltet ihm die Mücken abwedeln, die radikalen sowohl wie die legitimen, um ihn bei guter Laune zu erhalten; ihr solltet ihm auch manchmal Blumen schicken ins Hôtel des Capucines, aufheiternde Blumen, Rosen und Veilchen, statt ihm durch tägliches Nergeln dieses Logis zu verleiden oder gar ihn hinauszuintrigieren. An eurer Stelle hätte ich immer Angst, er möchte den glänzenden Quälnissen seines Ministerplatzes plötzlich entspringen und sich wieder hinaufretten in sein stilles Gelehrtenstübchen der Rue L'Evêque, wo er einst so idyllisch glücklich lebte unter seinen schafledernen und kalbledernen Büchern.

Ist aber Guizot wirklich der Mann, der imstande wäre, das hereinbrechende Verderben abzuwenden? Es vereinigen sich in der Tat bei ihm die sonst getrennten Eigenschaften der tiefsten Einsicht und des festen Willens: er würde mit einer antiken Unerschütterlichkeit allen Stürmen Trotz bieten und mit modernster Klugheit die schlimmen Klippen vermeiden – aber der stille Zahn der Mäuse hat den Boden des französischen

François-Pierre Guizot.
Zeitgenössische Lithographie von Honoré Daumier.

Staatsschiffes allzusehr durchlöchert, und gegen diese innere Not, die weit bedenklicher als die äußere, wie Guizot sehr gut begriffen, ist er unmächtig. Hier ist die Gefahr. Die zerstörenden Doktrinen haben in Frankreich zu sehr die unteren Klassen ergriffen – es handelt sich nicht mehr um Gleichheit der Rechte, sondern um Gleichheit des Genusses auf dieser Erde, und es gibt in Paris etwa 400000 rohe Fäuste, welche nur des

Losungswortes harren, um die Idee der absoluten Gleichheit zu verwirklichen, die in ihren rohen Köpfen brütet. Von mehren Seiten hört man, der Krieg sei ein gutes Ableitungsmittel gegen solchen Zerstörungsstoff. Aber hieße das nicht Satan durch Beelzebub beschwören? Der Krieg würde nur die Katastrophe beschleunigen und über den ganzen Erdboden das Übel verbreiten, das jetzt nur an Frankreich nagt; – die Propaganda des Kommunismus besitzt eine Sprache, die jedes Volk versteht: die Elemente dieser Universalsprache sind so einfach wie der Hunger, wie der Neid, wie der Tod. Das lernt sich so leicht!

Lutetia. Erster Teil,
Dezember 1841

Da sitzen sie auf den Sammetbänken des Luxembourg, alte guillotinierte Menschen mit wieder angenähten Köpfen, wonach sie jedesmal ängstlich tasten, wenn draußen das Volk murmelt – Gespenster, die jeden Hahn hassen und den gallischen am meisten, weil sie aus Erfahrung wissen, wie schnell sein Morgengeschrei ihrem ganzen Spuk ein Ende machen könnte –, und es ist ein entsetzliches Schauspiel, wenn diese unglücklichen Toten Gericht halten über Lebendige, über die jüngsten und verzweiflungsvollsten Kinder der Revolution, über jene verwahrlosten und enterbten Kinder, deren Elend ebenso groß ist wie ihr Wahnsinn, über die Kommunisten!

Lutetia. Erster Teil,
Dezember 1841

Aber die Verwirrungen, Verwicklungen und momentanen Nöten, worin die Regierung infolge dieses Treibens geraten kann, geben den dunkeln Gewalten, die im verborgenen lauern, das Signal zum Losbruch, und wie immer erwartet die Revolution eine parlamentarische Initiative. Das entsetzliche Rad käme dann wieder in Bewegung, und wir sähen diesmal einen Antagonisten auftreten, welcher der schrecklichste sein dürfte von allen, die bisher mit dem Bestehenden in die Schranken getreten. Dieser Antagonist bewahrt noch sein schreckliches Inkognito und residiert wie ein dürftiger Prätendent in jenem Erdgeschoß der offiziellen Gesellschaft, in jenen Katakomben, wo unter Tod und Verwesung das neue Leben keimt und knospet. Kommunismus ist der geheime Name des furchtbaren Antagonisten, der die Proletarierherrschaft in allen ihren Konsequenzen dem heutigen Bourgeoisieregimente entgegensetzt. Es wird ein furchtbarer Zweikampf sein. Wie möchte er enden? Das wissen die Götter und Göttinnen, denen die Zukunft bekannt ist. Nur soviel wissen wir: der Kommunismus, obgleich er jetzt wenig besprochen wird und in verborgenen Dachstuben auf seinem elenden Strohlager hinlungert, so ist er doch der düstre Held, dem eine große, wenn auch nur vorübergehende Rolle beschieden in der modernen Tragödie und der nur des Stichworts harrt, um auf die Bühne zu treten. Wir dürfen daher diesen Akteur nie aus den Augen verlieren, und wir wollen zuweilen von den geheimen Proben berichten, worin er sich zu seinem Debüt vorbereitet. Solche Hindeutungen sind vielleicht wichtiger als alle Mitteilungen über Wahlumtriebe, Parteihader und Kabinettsintrigen . . .

Die alten wohlbekannten Sturmvögel rauschten wieder unsichtbar durch die Luft, und die schläfrigsten Köpfe wurden plötzlich aufgeweckt aus der zweijährigen Ruhe. Ich gestehe, daß ich selbst, angeweht von dem furchtbaren Flügelschlag, ein gewaltiges Herzbeben empfand. Ich fürchte mich immer im ersten Anfang, wenn ich die Dämonen der Umwälzung entzügelt sehe; späterhin bin ich sehr gefaßt, und die tollsten Erscheinungen können mich weder beunruhigen noch überraschen, eben weil ich sie vorausgesehen. Was wäre das Ende dieser Bewegung, wozu Paris wieder, wie immer, das Signal gegeben? Es wäre der Krieg, der gräßlichste Zerstörungskrieg, der leider die beiden edelsten Völker der Zivilisation in die Arena riefe zu beider Verderben; ich meine Deutschland und Frankreich. England, die große Wasserschlange, die immer in ihr ungeheures Wassernest zurückkriechen kann, und Rußland, das in seinen ungeheuren Föhren, Steppen und Eisgefilden ebenfalls die sichersten Verstecke hat, diese beiden können in einem gewöhnlichen politischen Kriege, selbst durch die entschiedensten Niederlagen, nicht ganz zugrunde gerichtet werden: – aber Deutschland ist in solchen Fällen weit schlimmer bedroht, und gar Frankreich könnte in der kläglichsten Weise seine politische Existenz einbüßen. Doch das wäre nur der erste Akt des großen Spektakelstücks, gleichsam das Vorspiel. Der zweite Akt ist die europäische, die Weltrevolution, der große Zweikampf der Besitzlosen mit der Aristokratie des Besitzes, und da wird weder von Nationalität noch von Religion die Rede sein: nur ein Vaterland wird es geben, nämlich die Erde, und nur einen Glauben, nämlich das Glück auf Erden. Werden die religiösen Doktrinen der Vergangenheit in allen Landen sich zu einem verzweiflungsvollen Widerstand erheben, und wird etwa dieser Versuch den dritten Akt bilden? Wird gar die alte absolute Tradition nochmals auf die Bühne treten, aber in einem neuen Kostüm und mit neuen Stich- und Schlagwörtern? Wie würde dieses Schauspiel schließen? Ich weiß nicht, aber ich denke, daß man der großen Wasserschlange am Ende das Haupt zertreten und dem Bären des Nordens das Fell über die Ohren ziehen wird. Es wird vielleicht alsdann nur einen Hirten und eine Herde geben, ein freier Hirt mit einem eisernen Hirtenstabe und eine gleichgeschorene, gleichblökende Menschenherde! Wilde, düstere Zeiten dröhnen heran, und der Prophet, der eine neue Apokalypse schreiben wollte, müßte ganz neue Bestien erfinden, und zwar so erschreckliche, daß die älteren Johanneischen Tiersymbole dagegen nur sanfte Täubchen und Amoretten wären. Die Götter verhüllen ihr Antlitz aus Mitleid mit den Menschenkindern, ihren langjährigen Pfleglingen, und vielleicht zugleich auch aus Besorgnis über das eigene Schicksal. Die Zukunft riecht nach Juchten, nach Blut, nach Gottlosigkeit und nach sehr vielen Prügeln. Ich rate unsern Enkeln, mit einer sehr dicken Rückenhaut zur Welt zu kommen.

Lutetia. Zweiter Teil,
Juli 1842

Die Bourgeoisie selbst ist ebenfalls vom Dämon des Zerstörens besessen, und wenn sie auch die Republik nicht eben fürchtet, so hat sie doch eine instinktmäßige Angst vor dem Kommunismus, vor jenen düstern Gesellen, die wie Ratten aus den Trümmern des jetzigen Regiments hervorstürzen würden. Ja, vor einer Republik von der frühern Sorte, selbst vor ein bißchen Robespierrismus, hätte die französische Bourgeoisie keine Furcht, und sie würde sich leicht mit dieser Regierungsform aussöhnen und ruhig auf die Wache ziehen und die Tuilerien beschützen, gleichviel, ob hier ein Ludwig Philipp oder ein Comité du salut public residiert; denn die Bourgeoisie will vor allem Ordnung und Schutz der bestehenden Eigentumsrechte – Begehrnisse, die eine Republik ebensogut wie das Königtum gewähren kann. Aber diese Boutiquiers ahnen, wie gesagt, instinktmäßig, daß die Republik heutzutage nicht mehr die Prinzipien der neunziger Jahre vertreten möchte, sondern nur die Form wäre, worin sich eine neue, unerhörte Proletarierherrschaft mit allen Glaubenssätzen der Gütergemeinschaft geltend machen würde. Sie sind Konservative durch äußere Notwendigkeit, nicht durch innern Trieb, und die Furcht ist hier die Stütze aller Dinge.

Wird diese Furcht noch auf lange Zeit vorhalten? Wird nicht eines frühen Morgens der nationale Leichtsinn die Köpfe ergreifen und selbst die Ängstlichen in den Strudel der Revolution fortreißen? Ich weiß es nicht, aber es ist möglich, und die Wahlresultate zu Paris sind sogar ein Merkmal, daß es wahrscheinlich ist. Die Franzosen haben ein kurzes Gedächtnis und vergessen sogar ihre gerechtesten Befürchtungen.

Lutetia. Zweiter Teil,
Juli 1842

In der Tat, die Fortdauer jener Friedensperiode, wo die gereiften Früchte eingescheuert werden können, ist unser erstes Bedürfnis. Die Saat der liberalen Prinzipien ist erst grünlich abstrakt emporgeschossen, und das muß erst ruhig einwachsen in die konkret knorrigste Wirklichkeit. Die Freiheit, die bisher nur hie und da Mensch geworden, muß auch in die Massen selbst, in die untersten Schichten der Gesellschaft, übergehen und Volk werden. Diese Volkwerdung der Freiheit, dieser geheimnisvolle Prozeß, der, wie jede Geburt, wie jede Frucht, als notwendige Bedingnis Zeit und Ruhe begehrt, ist gewiß nicht minder wichtig, als es jene Verkündigung der Prinzipien war, womit sich unsre Vorgänger beschäftigt haben. Das Wort wird Fleisch, und das Fleisch blutet. Wir haben eine geringere Arbeit, aber größeres Leid als unsre Vorgänger, welche glaubten, alles sei glücklich zu Ende gebracht, nachdem die heiligen Freiheits- und Gleichheitsgesetze feierlich proklamiert und auf hundert Schlachtfeldern sanktioniert worden. Ach! das ist noch jetzt der leidige Irrtum so vieler Revolutionsmänner, welche sich einbilden, die Hauptsache sei, daß ein Fetzen Freiheit mehr oder weniger abgerissen werde von dem Purpurmantel der regierenden Macht; sie sind zufrieden, wenn nur die Ordonnanz, die irgendein demokratisches Grundgesetz promulgiert, recht hübsch, schwarz auf weiß, abgedruckt steht im »Moniteur«.

Lutetia. Zweiter Teil,
Mai 1843

Wie unglücklich sind doch die Reichen in diesem Leben – und nach dem Tode kommen sie nicht einmal in den Himmel! »Ein Kamel wird eher durch ein Nadelöhr gehen, als daß ein Reicher ins Himmelreich käme« – dieses Wort des göttlichen Kommunisten ist ein furchtbares Anathema und zeugt von seinem bittern Haß gegen die Börse und Hautefinance von Jerusalem. Es wimmelt in der Welt von Philanthropen, es gibt Tierquälergesellschaften, und man tut wirklich sehr viel für die Armen. Aber für die Reichen, die noch viel unglücklicher sind, geschieht gar nichts. Statt Preisfragen über Seidenkultur, Stallfütterung und Kantsche Philosophie aufzugeben, sollten unsre gelehrten Sozietäten einen bedeutenden Preis aussetzen zur Lösung der Frage, wie man ein Kamel durch ein Nadelöhr fädeln könne. Ehe diese große Kamelfrage gelöst ist und die Reichen eine Aussicht gewinnen, ins Himmelreich zu kommen, wird auch für die Armen kein durchgreifendes Heil begründet. Die Reichen würden weniger hartherzig sein, wenn sie nicht bloß auf Erdenglück angewiesen wären und nicht die Armen beneiden müßten, die einst dort oben in floribus sich des ewigen Lebens gaudieren. Sie sagen: »Warum sollen wir hier auf Erden für das Lumpengesindel etwas tun, da es ihm doch einst besser geht als uns und wir jedenfalls nach dem Tode nicht mit demselben zusammentreffen.« Wüßten die Reichen, daß sie dort oben wieder in aller Ewigkeit mit uns gemeinsam hausen müssen, so würden sie sich gewiß hier auf Erden etwas genieren und sich hüten, uns gar zu sehr zu mißhandeln. Laßt uns daher vor allem die große Kamelfrage lösen.

Lutetia, Zweiter Teil,
Mai 1843

Ich möchte, auf das Thema zurückkommend, womit ich diesen Artikel begonnen, hier ganz besonders andeuten, wie es für den Kommunismus ein unberechenbar günstiger Umstand ist, daß der Feind, den er bekämpft, bei all seiner Macht dennoch in sich selber keinen moralischen Halt besitzt. Die heutige Gesellschaft verteidigt sich nur aus platter Notwendigkeit, ohne Glauben an ihr Recht, ja ohne Selbstachtung, ganz wie jene ältere Gesellschaft, deren morsches Gebälke zusammenstürzte, als der Sohn des Zimmermanns kam.

Lutetia. Zweiter Teil,
Juni 1843

Mit dem Umsturz der alten Glaubensdoktrinen ist auch die ältere Moral entwurzelt. Die Deutschen werden doch noch lange an letztere halten. Es geht ihnen wie gewissen Damen, die bis zum vierzigsten Jahre tugendhaft waren und es nachher nicht mehr der Mühe wert hielten, das schöne Laster zu üben, wenn auch ihre Grundsätze laxer geworden. Die Vernichtung des Glaubens an den Himmel hat nicht bloß eine moralische, sondern auch eine politische Wichtigkeit: die Massen tragen nicht mehr mit christlicher Geduld ihr irdisches Elend und lechzen nach Glückseligkeit auf Erden. Der Kommunismus ist eine natürliche Folge dieser veränderten Weltanschauung, und er verbreitet sich über ganz Deutschland. Es ist eine ebenso natürliche Erscheinung, daß die Proletarier in ihrem Ankampf gegen das Bestehende die fortgeschrittensten Geister, die Philosophen der großen Schule, als Führer besitzen; diese gehen über von der Doktrin zur Tat, dem letzten Zweck alles Denkens, und formulieren das Programm. Wie lautet es? Ich hab es längst geträumt und ausgesprochen in den Worten: »Wir wollen keine Sansculotten sein, keine frugalen Bürger, keine wohlfeilen Präsidenten; wir stiften eine Demokratie gleichherrlicher, gleichheiliger, gleichbeseligter Götter. Ihr verlangt einfache Trachten, enthaltsame Sitten und ungewürzte Genüsse; wir hingegen verlangen Nektar und Ambrosia, Purpurmäntel, kostbare Wohlgerüche, Wollust und Pracht, lachenden Nymphentanz, Musik und Komödien.«

Briefe über Deutschland,
1844 / 1845

Ich habe Ihnen über die Ereignisse der drei großen Februartage noch nicht schreiben können, denn der Kopf war mir ganz betäubt. Beständig Getrommel, Schießen und Marseillaise. Letztere, das unaufhörliche Lied, sprengte mir fast das Gehirn, und ach! das staatsgefährlichste Gedankengesindel, das ich dort seit Jahren eingekerkert hielt, brach wieder hervor.

Um den Aufruhr, der in meinem Gemüte entstand, einigermaßen zu dämpfen, summte ich zuweilen vor mich hin irgendeine heimatlich fromme Melodie, z. B. »Heil dir im Siegerkranz« oder »Üb du nur Treu und Redlichkeit« – vergebens! der welsche Teufelsgesang überdröhnte in mir alle bessern Laute. Ich fürchte, die dämonischen Freveltöne werden in Bälde auch euch zu Ohren kommen, und ihr werdet ebenfalls ihre verlockende Macht erfahren. So ungefähr muß das Lied geklungen haben, das der Rattenfänger von Hameln pfiff. Wiederholt sich der große Autor? Geht ihm die Schöpfungskraft aus? Hat er das Drama, das er uns vorigen Februar zum besten gab, nicht schon vor achtzehn Jahren ebenfalls zu Paris aufführen lassen unter dem Titel »Die Juliusrevolution«? Aber ein gutes Stück kann man zweimal sehen. Jedenfalls ist es verbessert und vermehrt, und zumal der Schluß ist neu und ward mit rauschendem Beifall aufgenommen. Ich hatte einen guten Platz, um der Vorstellung beizuwohnen, ich hatte gleichsam einen Sperrsitz, da die Straße, wo ich mich zufällig befand, von beiden Seiten durch Barrikaden gesperrt wurde. Nur mit knapper Not konnte man mich wieder nach meiner Behausung bringen. Gelegenheit hatte ich hier vollauf, das Talent zu bewundern, das die Franzosen bei dem Bau ihrer Barrikaden beurkunden. Jene hohen Bollwerke und Verschanzungen, zu deren Anfertigung die deutsche Gründlichkeit ganze Tage bedürfte, sie werden hier in einigen Minuten improvisiert, sie springen wie durch Zauber aus dem Boden hervor, und man sollte glauben, die Erdgeister hätten dabei unsichtbar die Hand im Spiel. Die Franzosen sind das Volk der Geschwindigkeit. Die Heldentaten, die sie in jenen Februartagen verrichteten, erfüllen uns ebenfalls mit Erstaunen, aber wir wollen uns doch nicht davon verblüffen lassen. Auch andere Leute haben Mut: der Mensch ist seiner Natur nach eine tapfere Bestie. Die Todesverachtung, womit die französischen Ouvriers gefochten haben, sollte uns eigentlich nur deshalb in Verwunderung setzen, weil sie keineswegs aus einem religiösen Bewußtsein entspringt und keinen Halt findet in dem schönen Glauben an ein Jenseits, wo man den Lohn dafür bekommt, daß man hier auf Erden fürs Vaterland gestorben ist. Ebenso groß wie die Tapferkeit, ich möchte auch sagen ebenso uneigennützig, war die Ehrlichkeit, wodurch jene armen Leute in Kittel und Lumpen sich auszeichneten. Ja, ihre Ehrlichkeit war uneigennützig und dadurch verschieden von jener krämerhaften Berechnung, wonach durch ausdauernde Ehrlichkeit mehr Kunden und Gewinn entsteht als durch die Befriedigung diebischer Gelüste, die uns am Ende doch nicht weit fördern – ehrlich währt am längsten. Die Reichen waren nicht wenig darüber erstaunt, daß die armen Hungerleider, die während drei Tagen in Paris herrschten, sich doch nie an fremdem Eigentum vergriffen. Die Reichen zitterten für ihre Geldkasten und machten große Augen, als nirgends gestohlen wurde. Die Strenge, womit das Volk gegen etwelche Diebe verfuhr, die man auf der Tat ertappte, war manchen sogar nicht ganz recht, und es ward gewissen Leuten beinahe unheimlich zumute, als sie vernahmen, daß man Diebe auf der Stelle erschieße. Unter einem solchen Regimente, dachten sie, ist man am Ende doch seines Lebens nicht sicher. Zerstört ward vieles von der Volkswut, zumal im Palais Royal und in den Tuilerien, geplündert ward nirgends. Nur Waffen nahm man, wo man sie fand, und in jenen königlichen Palästen ward auch dem Volk erlaubt, die

vorgefundenen Lebensmittel sich zuzueignen. Ein Junge von fünfzehn Jahren, der in unserm Hause wohnt und sich mit geschlagen, brachte seiner kranken Großmutter einen Topf Konfitüren mit, die er in den Tuilerien eroberte. Der kleine Held hatte nichts davon genascht und brachte den Topf unerbrochen nach Haus. Wie freute er sich, daß die alte Frau die Konfitüren Ludwig Philipps, wie er sie nannte, so äußerst wohlschmekkend fand! Armer Ludwig Philipp! In so hohem Alter wieder zum Wanderstab greifen! Und in das nebelkalte England, wo die Konfitüren des Exils doppelt bitter schmecken!

Die Februarrevolution,
3. März 1848

Nachlese

1831 – 1848

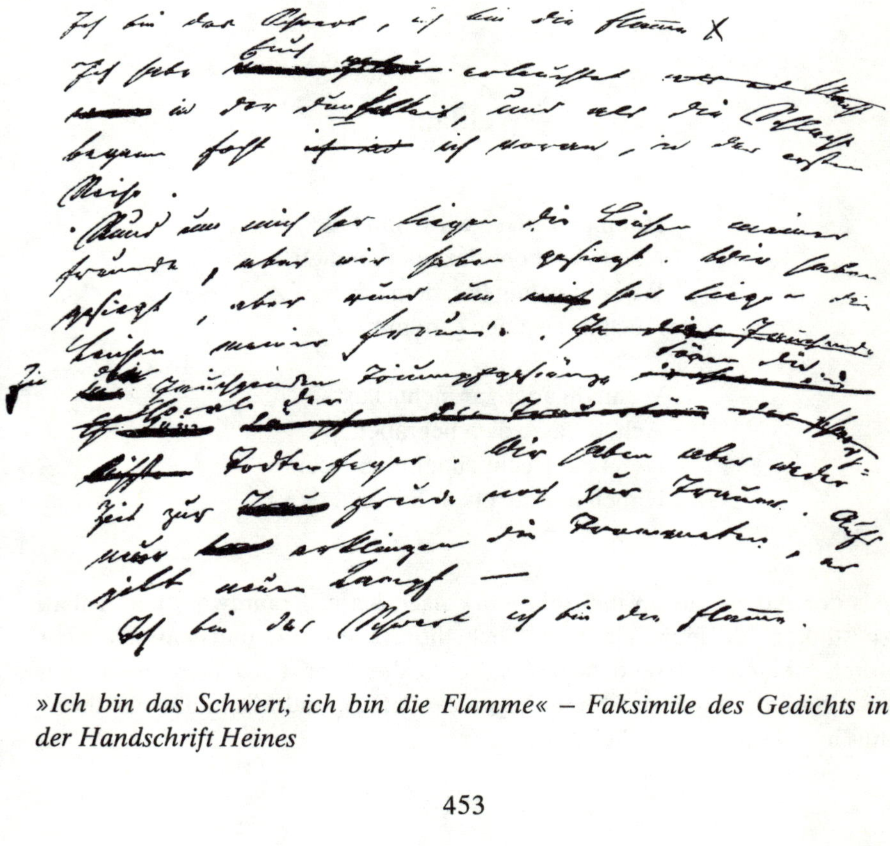

»Ich bin das Schwert, ich bin die Flamme« – Faksimile des Gedichts in der Handschrift Heines

Hymnus

Ich bin das Schwert, ich bin die Flamme.

Ich habe euch erleuchtet in der Dunkelheit, und als die Schlacht begann, focht ich voran, in der ersten Reihe.

Rund um mich her liegen die Leichen meiner Freunde, aber wir haben gesiegt. Wir haben gesiegt, aber rund umher liegen die Leichen meiner Freunde. In die jauchzenden Triumphgesänge tönen die Choräle der Totenfeier. Wir haben aber weder Zeit zur Freude noch zur Trauer. Aufs neue erklingen die Drommeten, es gilt neuen Kampf –

Ich bin das Schwert, ich bin die Flamme.

Romanzero

1851

Weltlauf

Hat man viel, so wird man bald
Noch viel mehr dazu bekommen.
Wer nur wenig hat, dem wird
Auch das wenige genommen.

Wenn du aber gar nichts hast,
Ach, so lasse dich begraben –
Denn ein Recht zum Leben, Lump,
Haben nur die etwas haben.

Als der Atheismus anfing, sehr stark nach Käse, Branntwein und Tabak zu stinken: da gingen mir plötzlich die Augen auf, und was ich nicht durch meinen Verstand begriffen hatte, das begriff ich jetzt durch den Geruchssinn, durch das Mißbehagen des Ekels, und mit meinem Atheismus hatte es, gottlob! ein Ende.

Um die Wahrheit zu sagen, es mochte nicht bloß der Ekel sein, was mir die Grundsätze der Gottlosen verleidete und meinen Rücktritt veranlaßte. Es war hier auch eine gewisse weltliche Besorgnis im Spiel, die ich nicht überwinden konnte; ich sah nämlich, daß der Atheismus ein mehr oder minder geheimes Bündnis geschlossen mit dem schauderhaft nacktesten, ganz feigenblattlosen, kommunen Kommunismus. Meine Scheu vor dem letztern hat wahrlich nichts gemein mit der Furcht des Glückspilzes, der für seine Kapitalien zittert, oder mit dem Verdruß der wohlhabenden Gewerbsleute, die in ihren Ausbeutungsgeschäften gehemmt zu werden fürchten: nein, mich beklemmt vielmehr die geheime Angst des Künstlers und des Gelehrten, die wir unsre ganze moderne Zivilisation, die mühselige Errungenschaft so vieler Jahrhunderte, die Frucht der edelsten Arbeiten unsrer Vorgänger, durch den Sieg des Kommunismus bedroht sehen. Fortgerissen von der Strömung großmütiger Gesinnung, mögen wir immerhin die Interessen der Kunst und Wissenschaft, ja alle unsre Partikularinteressen dem Gesamtinteresse des leidenden und unterdrückten Volkes aufopfern: aber wir können uns nimmermehr verhehlen, wessen wir uns zu gewärtigen haben, sobald die große rohe Masse, welche die einen das Volk, die andern den Pöbel nennen und deren legitime Souveränität bereits längst proklamiert worden, zur wirklichen Herrschaft käme. Ganz besonders empfindet der Dichter ein unheimliches Grauen vor dem Regierungsantritt dieses täppischen Souveräns. Wir wollen gern für das Volk uns opfern, denn Selbstaufopferung gehört zu unsern raffiniertesten Genüssen – die Emanzipation des Volkes war die große Aufgabe unseres Lebens, und wir haben dafür gerungen und namenloses Elend ertragen, in der Heimat wie im Exile –, aber die reinliche, sensitive Natur des Dichters sträubt sich gegen jede persönlich nahe Berührung mit dem Volke, und noch mehr schrecken wir zusammen bei dem Gedanken an seine Liebkosungen, vor denen uns Gott bewahre! Ein großer Demokrat sagte einst: er würde, hätte ein König ihm die Hand gedrückt, sogleich seine Hand ins Feuer halten, um sie zu reinigen. Ich möchte in derselben Weise sagen: ich würde meine Hand waschen, wenn mich das souveräne Volk mit seinem Händedruck beehrt hätte.

O das Volk, dieser arme König in Lumpen, hat Schmeichler gefunden, die viel schamloser als die Höflinge von Byzanz und Versailles ihm ihren Weihrauchkessel an den Kopf schlugen. Diese Hoflakaien des Volkes rühmen beständig seine Vortrefflichkeiten und Tugenden und rufen begeistert: »Wie schön ist das Volk! wie gut ist das Volk! wie intelligent ist das Volk!« – Nein, ihr lügt. Das arme Volk ist nicht schön; im Gegenteil, es ist sehr häßlich. Aber diese Häßlichkeit entstand durch den

Schmutz und wird mit demselben schwinden, sobald wir öffentliche Bäder erbauen, wo Seine Majestät das Volk sich unentgeltlich baden kann. Ein Stückchen Seife könnte dabei nicht schaden, und wir werden dann ein Volk sehen, das hübsch propre ist, ein Volk, das sich gewaschen hat. Das Volk, dessen Güte so sehr gepriesen wird, ist gar nicht gut; es ist manchmal so böse wie einige andere Potentaten. Aber seine Bosheit kommt vom Hunger; wir müssen sorgen, daß das souveräne Volk immer zu essen habe; sobald allerhöchst dasselbe gehörig gefüttert und gesättigt sein mag, wird es euch auch huldvoll und gnädig anlächeln, ganz wie die andern. Seine Majestät das Volk ist ebenfalls nicht sehr intelligent; es ist vielleicht dümmer als die andern, es ist fast so bestialisch dumm wie seine Günstlinge. Liebe und Vertrauen schenkt es nur denjenigen, die den Jargon seiner Leidenschaft reden oder heulen, während es jeden braven Mann haßt, der die Sprache der Vernunft mit ihm spricht, um es zu erleuchten und zu veredeln. So ist es in Paris, so war es in Jerusalem. Laß dem Volk die Wahl zwischen dem Gerechtesten der Gerechten und dem scheußlichsten Straßenräuber, seid sicher, es ruft: »Wir wollen den Barnabas! Es lebe der Barnabas!« – Der Grund dieser Verkehrtheit ist die Unwissenheit; dieses Nationalübel müssen wir zu tilgen suchen durch öffentliche Schulen für das Volk, wo ihm der Unterricht auch mit den dazugehörigen Butterbroten und sonstigen Nahrungsmitteln unentgeltlich erteilt werde. – Und wenn jeder im Volke in den Stand gesetzt ist, sich alle beliebigen Kenntnisse zu erwerben, werdet ihr bald auch ein intelligentes Volk sehen.

Geständnisse,
1854

Bis zur Katastrophe vom 24. Februar gehen nicht meine Pariser Berichte, aber man sieht schon auf jeder Seite ihre Notwendigkeit, und sie wird beständig vorausgesagt mit jenem prophetischen Schmerz, den wir in dem alten Heldenliede finden, wo Trojas Brand nicht den Schluß bildet, aber in jedem Verse geheimnisvoll knistert. Ich habe nicht das Gewitter, sondern die Wetterwolken beschrieben, die es in ihrem Schoße trugen und schauerlich düster heranzogen. Ich berichtete oft und bestimmt über die Dämonen, welche in den untern Schichten der Gesellschaft lauerten und aus ihrer Dunkelheit hervorbrechen würden, wenn der rechte Tag gekommen. Diese Ungetüme, denen die Zukunft gehört, betrachtete man damals nur durch ein Verkleinerungsglas, und da sahen sie wirklich aus wie wahnsinnige Flöhe – aber ich zeigte sie in ihrer wahren Lebensgröße, und da glichen sie vielmehr den furchtbarsten Krokodilen, welche jemals aus dem Schlamm gestiegen. –

Lutetia. Zueignungsbrief,
1854

Waren die Republikaner ein bedenkliches Thema für den Korrespondenten der »Allgemeinen Zeitung«, so waren es noch in höherm Grade die Sozialisten oder, um das Schrecknis bei seinem rechten Namen zu nennen, die Kommunisten. Und dennoch gelang es mir, dieses Thema in der »All-

gemeinen Zeitung« zu besprechen. Gar manchen Brief unterdrückte die Redaktion der Zeitung, die sich des alten Sprichworts erinnerte: »Man soll den Teufel nicht an die Wand malen«. Aber nicht alle meine Mitteilungen durfte sie vertuschen, und, wie gesagt, es gelang, in ihren vorsichtigen Spalten ein Thema zur Sprache zu bringen, von dessen fürchterlicher Bedeutung in jener Zeit noch niemand eine Ahnung hatte. Ich malte den Teufel an die Wand meiner Zeitung, oder, wie eine geistreiche Persönlichkeit sich ausdrückte, ich machte ihm eine gute Reklame. Die Kommunisten, die vereinzelt in allen Landen verbreitet, ohne bestimmtes Bewußtsein ihrer gemeinsamen Bestrebungen, erfuhren durch die »Allgemeine Zeitung«, daß sie wirklich existierten, erfuhren auch bei solcher Gelegenheit ihren wirklichen Namen, der manchem dieser armen Findelkinder der alten Gesellschaft ganz unbekannt war. Durch die »Allgemeine Zeitung« erhielten die zerstreuten Kommunistengemeinden authentische Nachrichten über die unaufhörlichen Fortschritte ihrer Sache; sie vernahmen zu ihrer großen Verwunderung, daß sie keineswegs ein schwaches Häuflein, sondern die stärkste aller Parteien waren; daß ihr Tag zwar noch nicht gekommen, daß aber ruhiges Warten kein Zeitverlust sei für Leute, denen die Zukunft gehört. Dieses Geständnis, daß den Kommunisten die Zukunft gehört, machte ich im Tone der größten Angst und Besorgnis, und ach! das war keineswegs eine Maske! In der Tat, nur mit Grauen und Schrecken denke ich an die Zeit, wo jene dunklen Bilderstürmer zur Herrschaft gelangen werden: mit ihren rohen Fäusten zerschlagen sie alsdann erbarmungslos alle Marmorbilder der Schönheit, die meinem Herzen so teuer sind; sie zertrümmern alle jene Spielzeuge und phantastischen Schnurrpfeifereien der Kunst, die dem Poeten so lieb waren; sie hacken mir meine Lorbeerwälder um und pflanzen darauf Kartoffeln; die Lilien, welche nicht spannen und arbeiteten und doch so schön gekleidet waren wie König Salomon in all seinem Glanz, werden ausgerauft aus dem Boden der Gesellschaft, wenn sie nicht etwa zur Spindel greifen wollen; den Rosen, den müßigen Nachtigallbräuten, geht es nicht besser; die Nachtigallen, die unnützen Sänger, werden fortgejagt, und ach! mein »Buch der Lieder« wird der Krautkrämer zu Tüten verwenden, um Kaffee oder Schnupftabak darin zu schütten für die alten Weiber der Zukunft. Ach! das sehe ich alles voraus, und eine unsägliche Betrübnis ergreift mich, wenn ich an den Untergang denke, womit das siegreiche Proletariat meine Gedichte bedroht, die mit der ganzen alten romantischen Weltordnung vergehen werden. Und dennoch, ich gestehe es freimütig, übt ebendieser Kommunismus, so feindlich er allen meinen Interessen und Neigungen ist, auf mein Gemüt einen Zauber, dessen ich mich nicht erwehren kann; in meiner Brust sprechen zwei Stimmen zu seinen Gunsten, zwei Stimmen, die sich nicht zum Schweigen bringen lassen, die vielleicht nur diabolische Einflüsterungen sind – aber ich bin nun einmal davon besessen, und keine exorzierende Gewalt kann sie bezwingen.

Denn die erste dieser Stimmen ist die der Logik. »Der Teufel ist ein Logiker!« sagt Dante. Ein schrecklicher Syllogismus behext mich, und kann ich der Prämisse nicht widersprechen: »daß alle Menschen das Recht haben zu essen«, so muß ich mich auch allen Folgerungen fügen. Wenn ich daran denke, so laufe ich Gefahr, den Verstand zu verlieren, alle Dämonen der Wahrheit tanzen triumphierend um mich her, und am Ende ergreift eine verzweiflungsvolle Großmut mein Herz, wo ich ausrufe: Sie ist seit langem gerichtet, verurteilt, diese alte Gesellschaft. Mag geschehen, was recht ist! Mag sie zerbrochen werden, diese alte Welt, wo die Unschuld zugrunde ging, wo die Selbstsucht gedieh, wo der Mensch vom Menschen ausgebeutet wurde! Mögen sie vollständig zerstört werden, diese übertünchten Gräber, in denen die Lüge und die Ungerechtigkeit hausten! Und gesegnet sei der Krautkrämer, der einst aus meinen Gedichten Tüten verfertigt, worin er Kaffee und Schnupftabak schüttet für die armen alten Mütterchen, die in unsrer heutigen Welt der Ungerechtigkeit vielleicht eine solche Labung entbehren mußten – fiat justitia, pereat mundus!

Die zweite der beiden zwingenden Stimmen, die mich behexen, ist noch gewaltiger und noch infernalischer als die erste, denn sie ist die des Hasses, des Hasses, den ich einer Partei widme, deren furchtbarster Gegner der Kommunismus und die aus diesem Grunde unser gemeinsamer Feind ist. Ich rede von der Partei der sogenannten Vertreter der Nationalität in Deutschland, von jenen falschen Patrioten, deren Vaterlandsliebe nur in einem blödsinnigen Widerwillen gegen das Ausland und die Nachbarvölker besteht und die namentlich gegen Frankreich täglich ihre Galle ausgießen. Ja, die Überreste oder Nachkömmlinge der Teutomanen von 1815, die bloß das altdeutsche Narrenkostüm gewechselt und sich die Ohren etwas verkürzen ließen – ich haßte und bekämpfte sie zeit meines Lebens, und jetzt, wo das Schwert der Hand des Sterbenden entsinkt, fühle ich mich durch die Überzeugung getröstet, daß der Kommunismus, der sie als erste auf seinem Weg finden wird, ihnen den Gnadenstoß versetzen wird; und gewiß nicht mit einem Keulenschlag, nein, mit einem bloßen Fußtritt, wie man eine Kröte zertritt, wird der Riese sie zertreten. Damit wird er beginnen. Aus Haß gegen die Anhänger des Nationalismus könnte ich schier die Kommunisten lieben. Wenigstens sind sie keine Heuchler, die immer die Religion und das Christentum im Munde führen. Die Kommunisten, es ist wahr, besitzen keine Religion (kein Mensch ist vollkommen), die Kommunisten sind sogar Atheisten (was ge-

LUTÈCE

LETTRES SUR LA VIE POLITIQUE, ARTISTIQUE ET SOCIALE
DE LA FRANCE

PAR

HENRI HEINE

PARIS
MICHEL LEVY FRÈRES, ÉDITEURS
RUE VIVIENNE, 2 BIS

—

1855

wiß eine große Sünde ist), aber in ihren obersten Prinzipien huldigen sie dem absolutesten Kosmopolitismus, einer allgemeinen Völkerliebe, einer auf Gleichheit beruhenden Verbrüderung aller Menschen, freier Bürger dieses Erdballs. Dieses Grunddogma ist das gleiche, welches einst das Evangelium gepredigt hat, so daß die Kommunisten in Wesen und Wahrheit viel christlicher sind als unsere sogenannten germanischen Patrioten, diese bornierten Verfechter einer exklusiven Nationalität.

Ich rede zuviel, jedenfalls mehr, als mir die Klugheit und das Halsübel, woran ich jetzt leide, erlauben möchten. Daher nur noch ein paar Worte zum Schluß. Ich habe über die ungünstigen Umstände, unter welchen ich die Briefe der »Lutetia« abfaßte, vielleicht Hinreichendes angedeutet. Außer mit örtlichen hatte ich auch, wie gesagt, mit zeitlichen Hindernissen zu kämpfen. Von jenen Hindernissen, welche die Zeit der Entstehung dieser Briefe hervorbrachte, wird der vernünftige Leser sich leicht einen Begriff machen können; er braucht nur das Datum meiner Briefe ins Auge zu fassen und sich zu erinnern, daß in jener Epoche eben die nationale oder sogenannte patriotische Partei in Deutschland das große Wort führte. Die Juliusrevolution schob sie etwas in den Hintergrund des politischen Lebens, aber die kriegerischen Fanfaren der französischen Presse von 1840 boten jener gallophoben Partei die beste Gelegenheit, sich wieder geltend zu machen. Sie sangen das Lied vom »freien Rhein«. Zur Zeit der Februarrevolution wurde dieses Geschrei überstimmt von rationalistischeren Tönen, doch mußten diese bald verstummen, als die große europäische Reaktion eintrat. Heute geben die Nationalisten und der ganze üble Troß von 1815 wieder in Deutschland den Ton an und brüllen mit der Erlaubnis des Herrn Bürgermeisters und der andern hohen Autoritäten des Landes. Brüllt nur immerfort! Der Tag wird kommen, wo der fatale Fußtritt euch zermalmt. In dieser Überzeugung darf ich ohne Sorge diese Welt verlassen.

Vorrede zur Buchausgabe der »Lutetia«,
März 1855

Denk ich an Deutschland

Kaum ein deutscher Dichter hat sich so oft, so kritisch, so spöttisch und zugleich liebevoll über sein Vaterland geäußert wie Heine – und er lebte im Exil. Freiwillig, zunächst nur besuchsweise, zieht er am 20. Mai 1831 nach Paris. Das ist noch kein politisch motiviertes »Auswandern«; er arbeitet als Korrespondent für die Augsburger »Allgemeine Zeitung«, Journalist und Schriftsteller und schreibt auch für französische Blätter. Feiern und bewundern allerdings läßt er sich als den berühmten Poeten, den Dichter des »Buchs der Lieder«. Er verkehrt in der gebildeten Welt, besucht die Theater und lebt behaglich und gut. »Wenn im Meere ein Fisch den andern nach seinem Befinden fragt, so antwortet dieser: ich befinde mich wie Heine in Paris«, berichtet er vergnügt und sieht sich »bis zum Hals im süßesten Gesellschaftsleben schwimmend«. Freilich: ». . . zwei Finger an der linken Hand sind gelähmt«, bereits im Herbst 1832. Zwar berichtet er über französische *Zustände in seinen Artikeln, aber die Ereignisse in der Heimat scheinen ihm oft wichtiger. Was er aus dem Deutschland der Restaurationszeit erfährt (und das im Doppelsinn des Wortes), macht ihn erst traurig, dann spöttisch, am Ende böse, und die Bissigkeiten, die er über deutsche Mentalität, deutsche Sitten und vor allem deutsche Politik scharfsichtig niederschreibt, tragen ihm schnell den schlechten Ruf des vaterlandslosen Gesellen, des Nestbeschmutzers, ein.*

Die Deutschen und Heine – Heine und Deutschland, das ist die Geschichte einer gegenseitigen Haßliebe. An den Liedertafeln singt man die »Lorelei«, in den Amtsstuben verfemt man ihren Dichter. Der »deutsche Michel«, den Heine mit grimmiger Satire wecken will, seufzt im Schlaf betroffen auf und schläft weiter. Dabei darf man nicht vergessen, daß Heine in Deutschland gänzlich ohne berufliche Chance geblieben ist. Der bankrotte Kaufmann scheitert auch mit seinen Bewerbungen um eine Professur in Berlin oder München. »Es kann mir hier nicht schlechter gehen als in der Heimat, wo ich nichts als Kampf und Not habe, wo ich nicht sicher schlafen kann, wo man mir alle Lebensquellen vergiftet«, schreibt er aus Paris nach Hause. Das fröhliche Dasein in der Fremde gestaltet sich bald weniger amüsant; immer verdient der Dichter zu wenig Geld, streitet er mit der Familie und dem Verleger Campe um Finanzen. Aus simpler Notwendigkeit nimmt er von 1836 bis 1848 von der französischen Regierung eine Subvention an, und dies läßt seine Feinde schreien, er habe sich die Gesinnung abkaufen lassen. Heines Ausfälle gegen Deutschland (und seine Liebeserklärungen) sind zwar nie gekauft, aber das Faktum, daß ein deutscher Dichter vom »Erbfeind« Frankreich Geld empfängt, genügt fast noch bis in unsere Zeit, um den Kritiker deutscher Schwächen als Beschimpfer des Vaterlandes zu diskreditieren.

Deutschland

Ein Traum

Sohn der Torheit! träume immer,
Wenn dir 's Herz im Busen schwillt;
Doch im Leben suche nimmer
Deines Traumes Ebenbild!

Einst stand ich in schönern Tagen
Auf dem höchsten Berg am Rhein;
Deutschlands Gauen vor mir lagen,
Blühend hell im Sonnenschein.

Unten murmelten die Wogen
Wilde Zaubermelodei'n;
Süße Ahndungschauer zogen
Schmeichelnd in mein Herz hinein.

Lausch ich jetzt im Sang der Wogen,
Klingt viel andre Melodei:
Schöner Traum ist längst verflogen,
Schöner Wahn brach längst entzwei.

Schau ich jetzt von meinem Berge
In das deutsche Land hinab:
Seh ich nur ein Völklein Zwerge,
Kriechend auf der Riesen Grab.

1819

Die Heimkehr

1823 – 1824

Zu fragmentarisch ist Welt und Leben!
Ich will mich zum deutschen Professor begeben.
Der weiß das Leben zusammenzusetzen,
Und er macht ein verständlich System daraus;
Mit seinen Nachtmützen und Schlafrockfetzen
Stopft er die Lücken des Weltenbaus.

Edle, schwarze Narren, ich kann nicht mit euch harmonieren, weil meine eigne Narrheit eine Kappe von anderer Farbe hat, wir stehen in diesem Leben ernsthaft geschieden, aber dort oben sitzen wir brüderlich vereint und singen:

Was ist des Deutschen Vaterland,
Mit veilchenblauer Seide?
Ist's Preußenland, ist's Schwabenland,
Mit Lust und Liebesfreude?

Sie sagen in Ihrem Briefe, daß es mir so schwer werde, mich des deutschen Wesens ganz zu entäußern. Obige Worte möchten Sie noch darin bestärken, daß dieses ein absichtliches Bestreben bei mir sei. Sie irren sich dennoch. Ich weiß, daß ich eine der deutschesten Bestien bin, ich weiß nur zu gut, daß mir das Deutsche das ist, was dem Fische das Wasser ist, daß ich aus diesem Lebenselement nicht herauskann und daß ich – um das Fischgleichnis beizubehalten – zum Stockfisch vertrocknen muß, wenn ich – um das wäßrige Gleichnis beizubehalten – aus dem Wasser des Deutschtümlichen herausspringe. Ich liebe sogar im Grunde das Deutsche mehr als alles auf der Welt, ich habe meine Lust und Freude dran, und meine Brust ist ein Archiv deutschen Gefühls, wie meine zwei Bücher ein Archiv deutschen Gesanges sind. Mein erstes Buch ist auch in seiner Äußerlichkeit ganz deutsch, damals war die Liebe zum Deutschen noch nicht in mir getrübt; mein zweites Buch ist nur innerlich deutsch; doch fremdartiger ist seine Äußerlichkeit. Daß aus Unmut gegen das Deutsche meine Muse sich ihr deutsches Kleid etwas fremdartig zuschnitt, ist wahrscheinlich.

An Rudolf Christiani,
Göttingen, 7. März 1824

Als ein echter Deutscher hätte ich dieses Buch mit einer Erklärung seines Titels eröffnen müssen, wie es im Heiligen Römischen Reiche Brauch und Herkommen ist. Phidias hat zwar zu seinem Jupiter keine Vorrede gemacht, ebensowenig wie auf der Mediceischen Venus – ich habe sie von allen Seiten betrachtet – irgendein Zitat gefunden wird; – aber die alten Griechen waren Griechen, unsereiner ist ein ehrlicher Deutscher, kann die deutsche Natur nicht ganz verleugnen, und ich muß mich daher noch nachträglich über den Titel meines Buches aussprechen.

Madame, ich spreche demnach:

I. Von den Ideen
A. Von den Ideen im allgemeinen
a. Von vernünftigen Ideen
b. Von unvernünftigen Ideen
α Von den gewöhnlichen Ideen
β Von den Ideen, die mit grünem Leder überzogen sind.

Diese werden wieder eingeteilt in – doch das wird sich alles schon finden.

Ideen. Das Buch Le Grand,
1826

Wo denken Sie hin, lieber Varnhagen, ich, ich gegen Goethe schreiben! Wenn die Sterne am Himmel mir feindlich werden, darf ich sie deshalb schon für bloße Irrlichter erklären? Überhaupt ist es Dummheit, gegen Männer zu sprechen, die *wirklich* groß sind, selbst wenn man Wahres sagen könnte. Der jetzige Gegensatz der Goethischen Denkweise, nämlich die deutsche Nationalbeschränktheit und der seichte Pietismus, sind mir ja am fatalsten. Deshalb muß ich bei dem großen Heiden aushalten, quand même.

An Karl August Varnhagen von Ense, endlich München,
ungefähr 28. November 1827

Was die Deutschen betrifft, so bedürfen sie weder der Freiheit noch der Gleichheit. Sie sind ein spekulatives Volk, Ideologen, Vor- und Nachdenker, Träumer, die nur in der Vergangenheit und in der Zukunft leben und keine Gegenwart haben ...

Gar wunderlich sind doch die Menschen! Im Vaterlande brummen wir, jede Dummheit, jede Verkehrtheit dort verdrießt uns, wie Knaben möchten wir täglich davonlaufen in die weite Welt; sind wir endlich wirklich in die weite Welt gekommen, so ist uns diese wieder zu weit, und heimlich sehnen wir uns oft wieder nach den engen Dummheiten und Verkehrtheiten der Heimat, und wir möchten wieder dort in der alten, wohlbekannten Stube sitzen und uns, wenn es anginge, ein Haus hinter den Ofen bauen und warm drin hocken und den »Allgemeinen Anzeiger der Deutschen« lesen. So ging es auch mir auf der Reise nach England. Kaum verlor ich den Anblick der deutschen Küste, so erwachte in mir eine kuriose Nachliebe für jene teutonischen Schlafmützen- und Perückenwälder, die ich eben noch mit Unmut verlassen, und als ich das Vaterland aus den Augen verloren hatte, fand ich es im Herzen wieder.

Scheltet mir nicht die Deutschen! Wenn sie auch Träumer sind, so haben doch manche unter ihnen so schöne Träume geträumet, daß ich sie kaum vertauschen möchte gegen die wachende Wirklichkeit unserer Nachbarn. Da wir alle schlafen und träumen, so können wir vielleicht die Freiheit entbehren; denn unsere Tyrannen schlafen ebenfalls und träumen bloß ihre Tyrannei. Nur damals sind wir erwacht, als die katholischen Römer unsere Traumfreiheit geraubt hatten; da handelten wir und siegten und legten uns wieder hin und träumten. O Herr! spottet nicht unserer Träumer, dann und wann, wie Somnambule, sprechen sie Wunderbares im Schlafe, und ihr Wort wird Saat der Freiheit. Keiner kann absehen die Wendung der Dinge. Der spleenige Brite, seines Weibes überdrüssig, legt ihr vielleicht einst einen Strick um den Hals und bringt sie zum Verkauf nach Smithfield. Der flatterhafte Franzose wird seiner geliebten Braut vielleicht treulos und verläßt sie und tänzelt singend nach den Hofdamen seines königlichen Palastes. Der Deutsche wird aber seine alte Großmutter nie ganz vor die Türe stoßen, er wird ihr immer ein Plätzchen am Herde gönnen, wo sie den horchenden Kindern ihre Märchen erzählen kann – Wenn einst, was Gott verhüte, in der ganzen Welt die Freiheit verschwunden ist, so wird ein deutscher Träumer sie in seinen Träumen wieder entdecken.

Englische Fragmente,
1828

In Deutschland ist man nicht so weit, zu begreifen, daß ein Mann, der das Edelste durch Wort und Tat befördern will, sich oft einige kleine Lumpigkeiten, sei es aus Spaß oder aus Vorteil, zuschulden kommen lassen darf, wenn er nur durch diese Lumpigkeiten (d. h. Handlungen, die im Grunde ignobel sind) der großen Idee seines Lebens nichts schadet, ja daß diese Lumpigkeiten oft sogar lobenswert sind, wenn sie uns in den Stand setzen, der großen Idee unseres Lebens desto würdiger zu dienen. Zur Zeit des Machiavells und jetzt noch in Paris hat man diese Wahrheit am tiefsten begriffen.

An Karl August Varnhagen von Ense,
München, 1. April 1828

Ach, die große Woche von Paris! Der Freiheitsmut, der von dort herüberwehte nach Deutschland, hat freilich hie und da die Nachtlichter umgeworfen, so daß die roten Gardinen an einigen Thronen in Brand gerieten und die goldnen Kronen heiß wurden unter den lodernden Schlafmützen; – aber die alten Häscher, denen die Reichspolizei anvertraut, schleppen schon die Löscheimer herbei und schnüffeln jetzt um so wachsamer und schmieden um so fester die heimlichen Ketten, und ich merke schon, unsichtbar wölbt sich eine noch dichtere Kerkermauer um das deutsche Volk.

Armes, gefangenes Volk! verzage nicht in deiner Not – Oh, daß ich Katapulta sprechen könnte! Oh, daß ich Falarika hervorschießen könnte aus meinem Herzen!

Von meinem Herzen schmilzt die vornehme Eisrinde, eine seltsame Wehmut beschleicht mich – ist es Liebe, und gar Liebe für das deutsche Volk? Oder ist es Krankheit? – meine Seele bebt, und es brennt mir im Auge, und das ist ein ungünstiger Zustand für einen Schriftsteller, der den Stoff beherrschen und hübsch objektiv bleiben soll, wie es die Kunstschule verlangt und wie es auch Goethe getan – er ist achtzig Jahr dabei alt geworden und Minister und wohlhabend – armes deutsches Volk! das ist dein größter Mann!

Schlußwort zu den Reisebildern,
1830

. . . Sie wollen ein Journal herausgeben? Welche Verwegenheit! Ich schicke Ihnen meinen Dolch, um sich gegen Überfälle des Gesindels zu verteidigen. Daß ich Mut habe, weiß ganz Helgoland, das mich in einer offenen Jolle im Sturm hier ankommen sah. Aber in Hamburg oder anderswo in Deutschland ein Journal herauszugeben, das übersteigt meine Courage . . . Bricht nun gar in Deutschland die Revolution aus, so bin ich nicht der letzte Kopf, der fällt.

An Ludolf Wienbarg,
Helgoland, August 1830

Auch ich werde sprechen, noch sehr viel, ehe die Veilchen kommen, und vielleicht das Bedenklichste, wenigstens für mich das Bedenklichste. Der Deutsche merkt wohl das Bündnis der Klerisei mit der Aristokratie, aber wenn er auch wünscht, daß man die Wechsler und Taubenkrämer aus dem Tempel hinauspeitsche, so wird er doch verdammt ungehalten, wenn er sieht, daß man bei dieser Gelegenheit hie und da ein Heiligenbildchen verletzt – was doch so leicht geschieht, wenn die Peitsche groß ist und der Zorn noch größer.

An Karl Herloszsohn,
Hamburg, 16. November 1830

Armes, unglückliches Vaterland! welche Schande steht dir bevor, wenn du sie erträgst, diese Schmach! welche Schmerzen, wenn du sie nicht erträgst!

Nie ist ein Volk von seinen Machthabern grausamer verhöhnt worden. Nicht bloß, daß jene Bundestagsordonnanzen voraussetzen, wir ließen uns alles gefallen: man möchte uns dabei noch einreden, es geschehe uns ja eigentlich gar kein Leid oder Unrecht. Wenn ihr aber auch mit Zuversicht auf knechtische Unterwürfigkeit rechnen durftet, so hattet ihr doch kein Recht, uns für Dummköpfe zu halten. Eine Handvoll Junker, die nichts gelernt haben als ein bißchen Roßtäuscherei, Volteschlagen, Becherspiel oder sonstig plumpe Schelmenkünste, womit man höchstens nur Bauern auf Jahrmärkten übertölpeln kann: diese wähnen damit ein ganzes Volk betören zu können, und zwar ein Volk, welches das Pulver erfunden hat und die Buchdruckerei und die »Kritik der reinen Vernunft«. Diese unverdiente Beleidigung, daß ihr uns für noch dümmer gehalten, als ihr selber seid, und euch einbildet, uns täuschen zu können, das ist die schlimmere Beleidigung, die ihr uns zugefügt in Gegenwart der umstehenden Völker.

Vorrede zu »Französische Zustände«,
1832

Ich kann mir's wohl vorstellen, daß die armen Fürsten jetzt in Deutschland ihr liebe Not haben, fast möchte ich sie deshalb bedauern. Aber ich muß gestehen, sie sind nicht ganz schuldlos. Sie haben die lange Friedenszeit unbenutzt vorübergehn lassen. Hätten wir während dieser Zeit Preßfreiheit genossen, so wäre jetzt das Volk politisch gebildet und unzugänglich allen demagogischen Künsten. Jetzt kann ein einziges eingeschmuggeltes Oktavblättchen mehr Unruhe im Lande erregen, als in Staaten, wo man durch Preßfreiheit aufgeklärt und an leidenschaftliche Rede gewöhnt ist, eine ganze Bibliothek vermöchte. Ich habe das immer gesagt, und man hat dann meine Bücher verboten und konfisziert. Welchen Gebrauch habt ihr gemacht von so vielen hundert Exemplaren guter Bücher, die ihr in Beschlag genommen? Hättet ihr nur ein einziges mit Aufmerksamkeit gelesen, und ihr wäret jetzt nicht in so großer Not. Aber so sind sie; nicht aus bösem Willen, sondern aus Angst. Wenn sie am literarischen Himmel einen großen Stern sehen, so ängstigen sie sich, und sie meinen, sie müßten ihn zu verderben suchen. O des kummervollen Irrtums! die Sterne am Himmel stiften keinen Brand, dieser entsteht vielmehr durch die kleinen, unvorsichtigen Nachtlämpchen, die ins Stroh fallen. Ihr habt die wohlmeinenden Baukundigen, die euren Thronen eine bessere Stütze geben wollten, nämlich das gesunde Volk anstatt des alterfaulen Adels, diese habt ihr gekränkt, wo nicht gar verfolgt – seht jetzt zu, wie ihr mit jenen ungefügen Zimmerleuten fertig werdet, die nur die Axt führen, mit den Republikanern!

Französische Zustände,
1832

Und auch ich will jetzt Geständnisse machen. Es war nicht eitel Lust meines Herzens, daß ich alles verließ, was mir Teures im Vaterland blühte und lächelte – mancher liebte mich dort, z. B. meine Mutter –, aber ich ging, ohne zu wissen warum; ich ging, weil ich mußte. Nachher ward mir sehr müde zumute; so lange vor den Juliustagen hatte ich das Prophetenamt getrieben, daß das innere Feuer mich schier verzehrt, daß mein Herz von den gewaltigen Worten, die daraus hervorgebrochen, so matt geworden wie der Leib einer Gebärerin –

Ich dachte – habt meiner nicht mehr nötig, will auch einmal für mich selber leben und schöne Gedichte schreiben, Komödien und Novellen, zärtliche und heitere Gedankenspiele, die sich in meinem Hirnkasten angesammelt, und will mich wieder ruhig zurückschleichen in das Land der Poesie, wo ich als Knabe so glücklich gelebt.

Was ich einst begehrte, ist mir jetzt unbequem, ich möchte Ruhe haben und wünschte, daß kein Mensch von mir spräche, wenigstens in Deutschland. Und stille Lieder wollte ich dichten, und nur für mich, oder allenfalls, um sie irgendeiner verborgenen Nachtigall vorzulesen. Es ging auch im Anfang, mein Gemüt ward wieder umfriedet von dem Geiste der Dichtkunst, wohlbekannte edle Gestalten und goldne Bilder dämmerten wieder empor in meinem Gedächtnisse, ich ward wieder so traumselig, so märchentrunken, so verzaubert wie ehemals, und ich brauchte nur mit ruhiger Feder alles aufzuschreiben, was ich eben fühlte und dachte – ich begann.

Nun aber weiß jeder, daß man bei solcher Stimmung nicht immer ruhig im Zimmer sitzen bleibt und manchmal mit begeistertem Herzen und glühenden Wangen ins freie Feld läuft, ohne auf Weg und Steg zu achten. So erging's auch mir, und ohne zu wissen wie, befand ich mich plötzlich auf der Landstraße von Havre, und vor mir her zogen, hoch und langsam, mehre große Bauerwagen, bepackt mit allerlei ärmlichen Kisten und Kasten, altfränkischem Hausgeräte, Weibern und Kindern. Nebenher gingen die Männer, und nicht gering war meine Überraschung, als ich sie sprechen hörte – sie sprachen deutsch, in schwäbischer Mundart. Leicht begriff ich, daß diese Leute Auswanderer waren, und als ich sie näher betrachtete, durchzuckte mich ein jähes Gefühl, wie ich es noch nie in meinem Leben empfunden, alles Blut stieg mir plötzlich in die Herzkammern und klopfte gegen die Rippen, als müsse es heraus aus der Brust, als müsse es so schnell als möglich heraus, und der Atem stockte mir in der Kehle. Ja, es war das Vaterland selbst, das mir begegnete, auf jenen Wagen saß das blonde Deutschland, mit seinen ernstblauen Augen, seinen traulichen, allzu bedächtigen Gesichtern, in den Mundwinkeln noch jene kümmerliche Beschränktheit, über die ich mich einst so sehr gelangweilt und geärgert, die mich aber jetzt gar wehmütig rührte – denn hatte ich einst in der blühenden Lust der Jugend gar oft die heimatlichen Verkehrtheiten und Philistereien verdrießlich durchgehechelt, hatte ich einst mit dem glücklichen, bürgermeisterlich behäbigen, schneckenhaft trägen Vaterlande manchmal einen kleinen Haushader zu bestehen, wie er in großen Familien wohl vorfallen kann: so war doch all dergleichen Erinnerung in meiner Seele erloschen, als ich das Vaterland im Elend erblickte, in der Fremde, im Elend; selbst seine Gebrechen wurden mir plötzlich teuer und wert, selbst mit seinen Krähwinkeleien war ich ausgesöhnt, und ich drückte ihm die Hand jener deutschen Auswanderer, als gäbe ich dem Vaterland selber den Handschlag eines erneuten Bündnisses der Liebe, und wir sprachen deutsch. Die Menschen waren ebenfalls sehr froh, auf einer fremden Landstraße diese Laute zu vernehmen; die besorglichen Schatten schwanden von ihren Gesichtern, und sie lächelten beinahe. Auch die Frauen, worunter manche recht hübsch, riefen mir ihr gemütliches »Griesch di Gott!« vom Wagen herab, und die jungen Bübli grüßten errötend höflich, und die ganz kleinen Kinder jauchzten mich an, mit ihren zahnlosen lieben Mündchen. »Und warum habt ihr denn Deutschland verlassen?« fragte ich diese armen Leute. »Das Land ist gut, und wären gern dageblieben«, antworteten sie, »aber wir konnten's nicht länger aushalten –«

Nein, ich gehöre nicht zu den Demagogen, die nur die Leidenschaften aufregen wollen, und ich will nicht alles wiedererzählen, was ich auf jener Landstraße, bei Havre, unter freiem Himmel, gehört habe über den Unfug der hochnobelen und allerhöchst nobelen Sippschaften in der Heimat – auch lag die größere Klage nicht im Wort selbst, sondern im Ton, womit es schlicht und grad gesprochen oder vielmehr geseufzt wurde. Auch jene armen Leute waren keine Demagogen; die Schlußrede ihrer Klage war immer: »Was sollten wir tun? Sollten wir eine Revolution anfangen?«

Ich schwöre es bei allen Göttern des Himmels und der Erde, der zehnte Teil von dem, was jene Leute in Deutschland erduldet haben, hätte in Frankreich sechsunddreißig Revolutionen hervorgebracht und sechsunddreißig Königen die Krone mitsamt dem Kopf gekostet.

»Und wir hätten es doch ausgehalten und wären nicht fortgegangen«, bemerkte ein achtzigjähriger, also doppelt vernünftiger Schwabe, »aber wir taten es wegen der Kinder. Die sind noch nicht so stark wie wir an Deutschland gewöhnt und können vielleicht in der Fremde glücklich werden; freilich, in Afrika werden sie auch manches ausstehen müssen.«

Was mich betrifft, so blieb mir durch jene Begegnung ein tiefer Kummer, eine schwarze Traurigkeit, eine bleierne Verzagnis im Herzen, dergleichen ich nimmermehr mit Worten zu beschreiben vermag. Ich, der eben noch so übermütig wie ein Sieger taumelte, ich ging jetzt so matt und krank einher wie ein gebrochener Mensch. Es war dieses wahrhaftig nicht die Wirkung eines plötzlich aufgeregten Patriotismus. Ich fühlte, es war etwas Edleres, etwas Besseres. Dazu ist mir seit langer Zeit alles fatal, was den Namen Patriotismus trägt.

Es ist eine eigene Sache mit dem Patriotismus, mit der wirklichen Vaterlandsliebe. Man kann sein Vaterland lieben und achtzig Jahr dabei alt werden und es nie gewußt haben; aber man muß dann auch zu Hause geblieben sein. Das Wesen des Frühlings erkennt man erst im Winter, und hinter dem Ofen dichtet man die besten Mailieder. Die Freiheitsliebe ist eine Kerkerblume, und erst im Gefängnisse fühlt man den Wert der Freiheit. So beginnt die deutsche Vaterlandsliebe erst an der deutschen Grenze, vornehmlich aber beim Anblick deutschen Unglücks in der Fremde. In einem Buche, welches mir eben zur Hand liegt und die Briefe einer verstorbenen Freundin enthält, erschütterte mich gestern die Stelle, wo sie in der Fremde den Eindruck beschreibt, den der Anblick ihrer Landsleute, im Kriege 1813, in ihr hervorbrachte. Ich will die lieben Worte hierhersetzen:

»Den ganzen Morgen hab ich häufige, bittere Tränen der Rührung und Kränkung geweint! Oh, ich habe es nie gewußt, daß ich mein Land so liebe! Wie einer, der durch Physik den Wert des Blutes etwa nicht kennt: wenn man's ihm abzieht, wird er doch hinstürzen.«

Das ist es. Deutschland, das sind wir selber. Und darum wurde ich plötzlich so matt und krank beim Anblick jener Auswandrer, jener großen Blutströme, die aus den Wunden des Vaterlands rinnen und sich in den afrikanischen Sand verlieren. Das ist es; es war wie ein leiblicher Verlust, und ich fühlte in der Seele einen fast physischen Schmerz. Vergebens beschwichtigte ich mich mit vernünftigen Gründen: Afrika ist auch ein gutes Land, und die Schlangen dort züngeln nicht viel von christlicher Liebe, und die Affen dort sind nicht so widerwärtig wie die deutschen Affen – und zur Zerstreuung summte ich mir ein Lied vor. Zufällig aber war es das alte Lied von Schubart:

». . . . .
Wir sollen über Land und Meer
Ins heiße Afrika.

. . . .
An Deutschlands Grenzen füllen wir
Mit Erde noch die Hand;
Und küssen sie, das sei dein Dank
Für Schirmung, Pflege, Speis und Trank,
Du liebes Vaterland.«

Nur diese Worte des Liedes, das ich in meiner Kindheit gehört, blieben immer in meinem Gedächtnis, und sie traten mir jedesmal in den Sinn, wenn ich an Deutschlands Grenze kam. Von dem Verfasser weiß ich auch nur wenig, außer daß er ein armer deutscher Dichter war und den größten Teil seines Lebens auf der Festung saß und die Freiheit liebte. Er ist nun tot und längst vermodert, aber sein Lied lebt noch; denn das Wort kann man nicht auf die Festung setzen und vermodern lassen.

Ich versichere euch, ich bin kein Patriot, und wenn ich an jenem Tage geweint habe, so geschah es wegen des kleinen Mädchens. Es war schon gegen Abend, und ein kleines deutsches Mädchen, welches ich vorher schon unter den Auswanderern bemerkt, stand allein am Strande, wie versunken in Gedanken, und schaute hinaus ins weite Meer. Die Kleine mochte wohl acht Jahr alt sein, trug zwei niedlich geflochtene Haarzöpfchen, ein schwäbisch kurzes Röckchen von wohlgestreiftem Flanell, hatte ein bleichkränkelndes Gesichtchen, groß ernsthafte Augen, und mit weichbesorgter, jedoch zugleich neugieriger Stimme frug sie mich, ob das das Weltmeer sei. – –

Bis tief in die Nacht stand ich am Meere und weinte. Ich schäme mich nicht dieser Tränen. Auch Achilles weinte am Meer, und die silberfüßige Mutter mußte aus den Wellen emporsteigen, um ihn zu trösten. Auch ich hörte eine Stimme im Wasser, aber minder trostreich, vielmehr aufwekkend, gebietend und doch grundweise. Denn das Meer weiß alles, die Sterne vertrauen ihm des Nachts die verborgensten Rätsel des Himmels, in seiner Tiefe liegen, mit den fabelhaft versunkenen Reichen, auch die uralten, längst verschollenen Sagen der Erde, an allen Küsten lauscht es mit tausend neugierigen Wellenohren, und die Flüsse, die zu ihm hinabströmen, bringen ihm alle Nachrichten, die sie in den entferntesten Binnenlanden erkundet oder gar aus dem Geschwätze der kleinen Bäche und Bergquellen erhorcht haben. – Wenn einem aber das Meer seine Geheimnisse offenbart und einem das große Welterlösungswort ins Herz geflüstert, dann ade, Ruhe! Ade, stille Träume! Ade, Novellen und Komödien, die ich schon so hübsch begonnen und die nun schwerlich so bald fortgesetzt werden!

Die goldenen Engelsfarben sind seitdem auf meiner Palette fast eingetrocknet, und flüssig blieb darauf nur ein schreiendes Rot, das wie Blut aussieht und womit man nur rote Löwen malt. Ja, mein nächstes Buch wird wohl ganz und gar ein roter Löwe werden, welches ein verehrungswürdiges Publikum, nach obigem Geständnisse, gefälligst entschuldigen möge. –

Vorrede zum ersten Band des »Salon«,
1833

Die Fragen, ob Frankreich jetzt zur Ruhe gelangt oder ob wir neuen Staatsveränderungen entgegensehen, und endlich, welch ein Ende das alles nehmen wird, diese Fragen sollten eigentlich lauten: Was trieb die Franzosen, eine Revolution zu beginnen, und haben sie das erreicht, was sie bedurften? Die Beantwortung dieser Fragen zu befördern, will ich den Beginn der Revolution in meinen nächsten Artikeln besprechen. Es ist dieses ein doppelt nützliches Geschäft, da, indem man die Gegenwart durch die Vergangenheit zu erklären sucht, zu gleicher Zeit offenbar wird, wie diese, die Vergangenheit, erst durch jene, die Gegenwart, ihr eigentlichstes Verständnis findet und jeder neue Tag ein neues Licht auf sie wirft, wovon unsere bisherigen Handbuchschreiber keine Ahnung hatten. Diese glaubten, die Akten der Revolutionsgeschichte seien geschlossen, und sie hatten schon über Menschen und Dinge ihr letztes Urteil gefällt: da brüllten plötzlich die Kanonen der großen Woche, und die Göttinger Fakultät merkte, daß von ihrem akademischen Spruchkollegium an eine höhere Instanz appelliert worden und daß nicht bloß die französische Spezialrevolution noch nicht vollendet sei, sondern daß erst die weit umfassendere Universalrevolution ihren Anfang genommen habe. Wie mußten sie erschrecken, diese friedlichen Leute, als sie eines frühen Morgens die Köpfe zum Fenster hinaussteckten und den Umsturz des Staates und ihrer Kompendien erblickten und trotz der Schlafmützen die Töne der Marseiller Hymne in ihre Ohren drangen. Wahrlich, daß 1830 die dreifarbige Fahne einige Tage lang auf den Türmen von Göttingen flatterte, das war ein burschikoser Spaß, den sich die Weltgeschichte gegen das hochgelahrte Philistertum der Georgia Augusta erlaubt hat. In dieser allzu ernsten Zeit bedarf es wohl solcher aufheiternden Erscheinungen.

Französische Zustände,
1832

Wir befördern das Wohlsein der Materie, das materielle Glück der Völker, nicht weil wir gleich den Materialisten den Geist mißachten, sondern weil wir wissen, daß die Göttlichkeit des Menschen sich auch in seiner leiblichen Erscheinung kundgibt, und das Elend den Leib, das Bild Gottes, zerstört oder aviliert, und der Geist dadurch ebenfalls zugrunde geht. Das große Wort der Revolution, das Saint-Just ausgesprochen: le pain est le droit peuple lautet bei uns: le pain est le droit divin de l'homme. Wir kämpfen nicht für die Menschenrechte des Volkes, sondern für die Gottesrechte des Menschen. Hierin, und in noch manchen anderen Dingen, unterscheiden wir uns von den Männern der Revolution. Wir wollen keine Sansculotten sein, keine frugalen Bürger, keine wohlfeilen Präsidenten: wir stiften eine Demokratie gleichherrlicher, gleichheiliger, gleichbeseligter Götter. Ihr verlangt einfache Trachten, enthaltsame Sitten und ungewürzte Genüsse; wir hingegen verlangen Nektar und Ambrosia, Purpurmäntel, kostbare Wohlgerüche, Wollust und Pracht, lachenden Nymphentanz, Musik und Komödien...

Vergebens jedoch ist all euer Bemühen! Die Menschheit ist aller Hostien überdrüssig, und lechzt nach nahrhafterer Speise, nach echtem Brot und schönem Fleisch. Die Menschheit lächelt mitleidig über jene Jugendideale, die sie trotz aller Anstrengung nicht verwirklichen konnte, und sie wird männlich praktisch. Die Menschheit huldigt jetzt dem irdischen Nützlichkeitssystem, sie denkt ernsthaft an eine bürgerlich wohlhabende Einrichtung, an vernünftigen Haushalt und an Bequemlichkeit für ihr späteres Alter. Da ist wahrlich nicht mehr die Rede davon, das Schwert in den Händen des Cäsars und gar den Säckel in den Händen seiner Knechte lassen. Dem Fürstendienst wird die privilegierte Ehre entrissen, und die Industrie wird der alten Schmach entlastet. Die nächste Aufgabe ist: gesund zu werden; denn wir fühlen uns noch sehr schwach in den Gliedern. Die heiligen Vampire des Mittelalters haben uns soviel Lebensblut ausgesaugt. Und dann müssen der Materie noch große Sühnopfer geschlachtet werden, damit sie die alten Beleidigungen verzeihe. Es wäre sogar ratsam, wenn wir Festspiele anordneten, und der Materie noch mehr außerordentliche Entschädigungs-Ehren erwiesen. Denn das Christentum, unfähig die Materie zu vernichten, hat sie überall fletriert, es hat die edelsten Genüsse herabgewürdigt, und die Sinne mußten heucheln und es entstand Lüge und Sünde. Wir müssen unseren Weibern neue Hemden und neue Gedanken anziehen, und alle unsere Gefühle müssen wir durchräuchern, wie nach einer überstandenen Pest.

Der nächste Zweck aller unserer neuen Institutionen ist solchermaßen die Rehabilitation der Materie, die Wiedereinsetzung derselben in ihre

Würde, ihre moralische Anerkennung, ihre religiöse Heiligung, ihre Versöhnung mit dem Geiste. Purusa wird wieder vermählt mit Prakriti. Durch ihre gewaltsame Trennung, wie in der indischen Mythe so sinnreich dargestellt wird, entstand die große Weltzerrissenheit, das Übel...

Lächelt nicht über meinen Rat, den Rat eines Träumers, der euch vor Kantianern, Fichteanern und Naturphilosophen warnt. Lächelt nicht über den Phantasten, der im Reiche der Erscheinungen dieselbe Revolution erwartet, die im Gebiete des Geistes stattgefunden. Der Gedanke geht der Tat voraus wie der Blitz dem Donner. Der deutsche Donner ist freilich auch ein Deutscher und ist nicht sehr gelenkig und kommt etwas langsam herangerollt; aber kommen wird er, und wenn ihr es einst krachen hört, wie es noch niemals in der Weltgeschichte gekracht hat, so wißt: der deutsche Donner hat endlich sein Ziel erreicht. Bei diesem Geräusche werden die Adler aus der Luft tot niederfallen, und die Löwen in der fernsten Wüste Afrikas werden die Schwänze einkneifen und sich in ihren königlichen Höhlen verkriechen. Es wird ein Stück aufgeführt werden in Deutschland, wogegen die französische Revolution nur wie eine harmlose Idylle erscheinen möchte.

Zur Geschichte der Religion und Philosophie in Deutschland,
1834

Eigentlich bin ich böse auf Sie; ich denke so ungern an Deutschland, und Sie sind schuld, daß ich an Deutschland denken muß, denn Sie sind dort, und nun gar soll ich Ihnen dorthin schreiben! Seit zwei Jahren kommt mir aus dem Vaterlande nie viel Erfreuliches, und die Deutschen, die mir in Paris zu Gesicht gekommen, haben wahrlich mich vor Heimweh geschützt. Lumpengesindel, Bettler, die da drohen, wenn man Ihnen nichts gibt, Hundsfötter, die beständig von Ehrlichkeit und Vaterland sprechen, Lügner und Diebe – doch! das brauch ich Ihnen nicht zu sagen; aus Ihrem Briefe ersah ich, daß Sie von selbst mich beklagten, ob des sauberen Personals, das sich mir hier als deutsche Landsmannschaft präsentiert.

An Heinrich Laube,
Boulogne-sur-Mer, 27. September 1835

Wir Deutsche haben für das Komische vielleicht mehr Sinn und Empfänglichkeit als die Franzosen, wir, das Volk des Humors. Dabei findet man in Deutschland für die Lachlust ergiebigere Stoffe, mehr wahrhaft lächerliche Charaktere als in Frankreich, wo die Persiflage der Gesellschaft jede außerordentliche Lächerlichkeit im Keime erstickt, wo kein Originalnarr sich ungehindert entwickeln und ausbilden kann. Mit Stolz darf ein Deutscher behaupten, daß nur auf deutschem Boden die Narren zu jener titanenhaften Höhe emporblühen können, wovon ein verflachter, frühunterdrückter französischer Narr keine Ahnung hat. Nur Deutschland erzeugt jene kolossalen Toren, deren Schellenkappe bis in den Himmel reicht und mit ihrem Geklingel die Sterne ergötzt! Laßt uns nicht die Verdienste der Landsleute verkennen und ausländischer Narrheit huldigen; laßt uns nicht ungerecht sein gegen das eigne Vaterland!

Über die französische Bühne,
1837

Das ist eben der geheime Fluch des Exils, daß uns nie ganz wöhnlich zumute wird in der Atmosphäre der Fremde, daß wir mit unserer mitgebrachten, heimischen Denk- und Gefühlsweise immer isoliert stehen unter einem Volke, das ganz anders fühlt und denkt als wir, daß wir beständig verletzt werden von sittlichen oder vielmehr unsittlichen Erscheinungen, womit der Einheimische sich längst ausgesöhnt, ja wofür er durch die Gewohnheit allen Sinn verloren hat wie für die Naturerscheinungen seines Landes. . . Ach! das geistige Klima ist uns in der Fremde ebenso unwirtlich wie das physische; ja, mit diesem kann man sich leichter abfinden, und höchstens erkrankt dadurch der Leib, nicht die Seele!

Ein revolutionärer Frosch, welcher sich gern aus dem dicken Heimatgewässer erhübe und die Existenz des Vogels in der Luft für das Ideal der Freiheit ansieht, wird es dennoch im Trocknen, in der sogenannten freien Luft, nicht lange aushalten können und sehnt sich gewiß bald zurück nach dem schweren, soliden Geburtssumpf. Anfangs bläht er sich sehr stark auf und begrüßt freudig die Sonne, die im Monat Juli so herrlich strahlt, und er spricht zu sich selber: »Ich bin mehr als meine Landsleute, die Fische, die Stockfische, die stummen Wassertiere, mir gab Jupiter die Gabe der Rede, ja ich bin sogar Sänger, schon dadurch fühl ich mich den Vögeln verwandt, und es fehlen mir nur die Flügel. . .« Der arme Frosch! und bekäme er auch Flügel, so würde er sich doch nicht über alles erheben können, in den Lüften würde ihm der leichte Vogelsinn fehlen, er würde immer unwillkürlich zur Erde hinabschauen, von dieser Höhe würden ihm die schmerzlichen Erscheinungen des irdischen Jammertals erst recht sichtbar werden, und der gefiederte Frosch wird alsdann größere Beengnisse empfinden als früher in dem deutschesten Sumpf!

Über die französische Bühne,
1837

Werden uns in Deutschland die Lebenswonnen auch viel spärlicher zugeteilt, so ist es uns doch vergönnt, sie mit behaglichster Ruhe zu genießen. Unsere Tage gleiten sanft dahin, wie ein Haar, welches man durch die Milch zieht.

Liebster Lewald, der letztere Vergleich ist nicht von mir, sondern von einem Rabbinen; ich las ihn unlängst in einer Blumenlese rabbinischer Poesie, wo der Dichter das Leben des Gerechten mit einem Haare vergleicht, welches man durch die Milch zieht. Anfangs kotzte ich ein bißchen über dieses Bild, denn nichts wirkt erbrechlicher auf meinen Magen, als wenn ich des Morgens meinen Kaffee trinke und ein Haar in der Milch finde. Nun gar ein langes Haar, welches sich sanft hindurchziehen läßt wie das Leben des Gerechten! Aber das ist eine Idiosynkrasie von mir; ich will mich durchaus an das Bild gewöhnen und werde es bei jeder Gelegenheit anwenden. Ein Schriftsteller darf sich nicht seiner Subjektivität ganz überlassen, er muß alles schreiben können, und sollte es ihm noch so übel dabei werden.

Das Leben eines Deutschen gleicht einem Haar, welches durch die Milch gezogen wird. Ja, man könnte der Vergleichung noch größere Vollkommenheit verleihen, wenn man sagte: Das deutsche Volk gleicht einem Zopf von dreißig Millionen zusammengeflochtenen Haaren, welcher in einem großen Milchtopfe seelenruhig herumschwimmt.

Über die französische Bühne,
1837

Was uns Deutsche betrifft, so sind wir ehrliche Leute und gute Bürger. Was uns die Natur versagt, das erzielen wir durch Studium. Nur wenn wir zu stark brüllen, fürchten wir zuweilen, daß man in den Logen erschrecken und uns bestrafen möchte, und wir insinuieren dann mit einer gewissen Schlauheit, daß wir keine wirklichen Löwen sind, sondern nur in tragische Löwenhäute eingenähte Zettel, und diese Insinuation nennen wir Ironie. Wir sind ehrliche Leute und spielen am besten ehrliche Leute.

Über die französische Bühne,
1837

Deutschland

Geschrieben im Sommer 1840

Deutschland ist noch ein kleines Kind,
Doch die Sonne ist seine Amme;
Die säugt es nicht mit stiller Milch,
Sie säugt es mit wilder Flamme.

Bei solcher Nahrung wächst man schnell
Und kocht das Blut in den Adern.
Ihr Nachbarskinder, hütet euch,
Mit dem jungen Burschen zu hadern!

Es ist ein täppisches Rieselein,
Reißt aus dem Boden die Eiche,
Und schlägt euch damit den Rücken wund
Und die Köpfe windelweiche.

Dem Siegfried gleicht er, dem edlen Fant,
Von dem wir singen und sagen;
Der hat, nachdem er geschmiedet sein Schwert,
Den Amboß entzweigeschlagen!

Ja, du wirst einst wie Siegfried sein
Und töten den häßlichen Drachen,
Heisa! wie freudig vom Himmel herab
Wird deine Frau Amme lachen!

Du wirst ihn töten, und seinen Hort,
Die Reichskleinodien, besitzen.
Heisa! wie wird auf deinem Haupt
Die goldne Krone blitzen!

Und Deutschland? Ich weiß nicht. Werden wir endlich von unseren Eichenwäldern den rechten Gebrauch machen, nämlich zu Barrikaden für die Befreiung der Welt? Werden wir, denen die Natur soviel Tiefsinn, soviel Kraft, soviel Mut erteilt hat, endlich unsere Gottesgaben benutzen und das Wort des großen Meisters, die Lehre von den Rechten der Menschheit, begreifen, proklamieren und in Erfüllung bringen?

Es sind jetzt sechs Jahre, daß ich, zu Fuß das Vaterland durchwandernd, auf die Wartburg ankam und die Zelle besuchte, wo Doktor Luther gehaust. Ein braver Mann, auf den ich keinen Tadel kommen lasse; er vollbrachte ein Riesenwerk, und wir wollen ihm immer dankbar die Hände küssen für das, was er tat. Wir wollen nicht mit ihm schmollen, daß er unsere Freunde allzu unhöflich anließ, als sie in der Exegese des göttlichen Wortes etwas weiter gehen wollten als er selber, als sie auch die irdische Gleichheit der Menschen in Vorschlag brachten. . . Ein solcher Vorschlag war freilich damals noch unzeitgemäß, und Meister Hemling, der dir dein Haupt abschlug, armer Thomas Münzer, er war in gewisser Hinsicht wohl berechtigt zu solchem Verfahren: denn er hatte das Schwert in Händen, und sein Arm war stark!

Auf der Wartburg besuchte ich auch die Rüstkammer, wo die alten Harnische hängen, die alten Pickelhauben, Tartschen, Hellebarden, Flamberge, die eiserne Garderobe des Mittelalters. Ich wandelte nachsinnend im Saale herum mit einem Universitätsfreunde, einem jungen Herrn vom Adel, dessen Vater damals einer der mächtigsten Viertelfürsten in unserer Heimat war und das ganze zitternde Ländchen beherrschte. Auch seine Vorfahren sind mächtige Barone gewesen, und der junge Mann schwelgte in heraldischen Erinnerungen bei Anblick der Rüstungen und der Waffen, die, wie ein angehefteter Zettel meldete, irgendeinem Ritter seiner Sippschaft angehört hatten. Als er das lange Schwert des Ahnherrn von dem

Haken herablangte und aus Neugier versuchte, ob er es wohl handhaben könnte, gestand er, daß es ihm doch etwas zu schwer sei, und er ließ entmutigt den Arm sinken. Als ich dieses sah, als ich sah, wie der Arm des Enkels zu schwach für das Schwert seiner Väter, da dachte ich heimlich in meinem Sinn: Deutschland könnte frei sein.

Ludwig Börne. Eine Denkschrift,
1840

Neue Gedichte

1844

Anno 1839

O Deutschland, meine ferne Liebe,
Gedenk ich deiner, wein ich fast!
Das muntre Frankreich scheint mir trübe,
Das leichte Volk wird mir zur Last.

Nur der Verstand, so kalt und trocken,
Herrscht in dem witzigen Paris –
O Narrheitsglöcklein, Glaubensglocken,
Wie klingelt ihr daheim so süß!

Höfliche Männer! Doch verdrossen
Geb ich den artgen Gruß zurück. –
Die Grobheit, die ich einst genossen
Im Vaterland, das war mein Glück!

Lächelnde Weiber! Plappern immer,
Wie Mühlenräder stets bewegt!
Da lob ich Deutschlands Frauenzimmer,
Das schweigend sich zu Bette legt.

Und alles dreht sich hier im Kreise,
Mit Ungestüm, wie 'n toller Traum!

Bei uns bleibt alles hübsch im Gleise,
Wie angenagelt, rührt sich kaum.

Mir ist, als hört ich fern erklingen
Nachtwächterhörner, sanft und traut;
Nachtwächterlieder hör ich singen,
Dazwischen Nachtigallenlaut.

Dem Dichter war so wohl daheime,
In Schildas teurem Eichenhain!
Dort wob ich meine zarten Reime
Aus Veilchenduft und Mondenschein.

Klagelied eines altdeutschen Jünglings

Wohl dem, dem noch die Tugend lacht,
Weh dem, der sie verlieret!
Es haben mich armen Jüngling
Die bösen Gesellen verführet.

Sie haben mich um mein Geld gebracht,
Mit Karten und mit Knöcheln;
Es trösteten mich die Mädchen,
Mit ihrem holden Lächeln.

Und als sie mich ganz besoffen gemacht
Und meine Kleider zerrissen,
Da ward ich armer Jüngling
Zur Tür hinausgeschmissen.

Und als ich des Morgens früh erwacht,
Wie wundr ich mich über die Sache!
Da saß ich armer Jüngling
Zu Kassel auf der Wache. –

Zeitgedichte

1844

Nachtgedanken

Denk ich an Deutschland in der Nacht,
Dann bin ich um den Schlaf gebracht,
Ich kann nicht mehr die Augen schließen,
Und meine heißen Tränen fließen.

Die Jahre kommen und vergehn!
Seit ich die Mutter nicht gesehn,
Zwölf Jahre sind schon hingegangen;
Es wächst mein Sehnen und Verlangen.

Mein Sehnen und Verlangen wächst.
Die alte Frau hat mich behext,
Ich denke immer an die alte,
Die alte Frau, die Gott erhalte!

Die alte Frau hat mich so lieb,
Und in den Briefen, die sie schrieb,
Seh ich, wie ihre Hand gezittert,
Wie tief das Mutterherz erschüttert.

Die Mutter liegt mir stets im Sinn.
Zwölf lange Jahre flossen hin,
Zwölf lange Jahre sind verflossen,
Seit ich sie nicht ans Herz geschlossen.

Deutschland hat ewigen Bestand,
Es ist ein kerngesundes Land,
Mit seinen Eichen, seinen Linden,
Werd ich es immer wiederfinden.

Nach Deutschland lechzt ich nicht so sehr,
Wenn nicht die Mutter dorten wär;

Das Vaterland wird nie verderben,
Jedoch die alte Frau kann sterben.

Seit ich das Land verlassen hab,
So viele sanken dort ins Grab,
Die ich geliebt – wenn ich sie zähle,
So will verbluten meine Seele.

Und zählen muß ich – Mit der Zahl
Schwillt immer höher meine Qual,
Mir ist, als wälzten sich die Leichen
Auf meine Brust – Gottlob! sie weichen!

Gottlob! durch meine Fenster bricht
Französisch heitres Tageslicht;
Es kommt mein Weib, schön wie der Morgen,
Und lächelt fort die deutschen Sorgen.

Verheißung

Nicht mehr barfuß sollst du traben,
Deutsche Freiheit, durch die Sümpfe,
Endlich kommst du auf die Strümpfe,
Und auch Stiefeln sollst du haben!

Auf dem Haupte sollst du tragen
Eine warme Pudelmütze,
Daß sie dir die Ohren schütze
In den kalten Wintertagen.

Du bekommst sogar zu essen –
Eine große Zukunft naht dir! –
Laß dich nur vom welschen Satyr
Nicht verlocken zu Exzessen!

Werde nur nicht dreist und dreister!
Setz nicht den Respekt beiseiten
Vor den hohen Obrigkeiten
Und dem Herren Bürgermeister!

Zur Beruhigung

Wir schlafen ganz, wie Brutus schlief –
Doch jener erwachte und bohrte tief
In Cäsars Brust das kalte Messer!
Die Römer waren Tyrannenfresser.

Wir sind keine Römer, wir rauchen Tabak.
Ein jedes Volk hat seinen Geschmack,
Ein jedes Volk hat seine Größe;
In Schwaben kocht man die besten Klöße.

Wir sind Germanen, gemütlich und brav,
Wir schlafen gesunden Pflanzenschlaf,
Und wenn wir erwachen, pflegt uns zu dürsten,
Doch nicht nach dem Blute unserer Fürsten.

Wir sind so treu wie Eichenholz,
Auch Lindenholz, drauf sind wir stolz;
Im Land der Eichen und der Linden
Wird niemals sich ein Brutus finden.

Und wenn auch ein Brutus unter uns wär,
Den Cäsar fänd er nimmermehr,
Vergeblich würd er den Cäsar suchen;
Wir haben gute Pfefferkuchen.

Wir haben sechsunddreißig Herrn
(Ist nicht zu viel!), und einen Stern
Trägt jeder schützend auf seinem Herzen,
Und er braucht nicht zu fürchten die Iden des Märzen.

Wir nennen sie Väter, und Vaterland
Benennen wir dasjenige Land,
Das erbeigentümlich gehört den Fürsten;
Wir lieben auch Sauerkraut mit Würsten.

Wenn unser Vater spazierengeht,
Ziehn wir den Hut mit Pietät;
Deutschland, die fromme Kinderstube,
Ist keine römische Mördergrube.

Erleuchtung

Michel! fallen dir die Schuppen
Von den Augen? Merkst du itzt,
Daß man dir die besten Suppen
Vor dem Maule wegstibitzt?

Als Ersatz ward dir versprochen
Reinverklärte Himmelsfreud
Droben, wo die Engel kochen
Ohne Fleisch die Seligkeit!

Michel! wird dein Glaube schwächer
Oder stärker dein Apptit?
Du ergreifst den Lebensbecher
Und du singst ein Heidenlied!

Michel! fürchte nichts und labe
Schon hienieden deinen Wanst,
Später liegen wir im Grabe,
Wo du still verdauen kannst.

Deutschland
Ein Wintermärchen
Vorwort

Das nachstehende Gedicht schrieb ich im diesjährigen Monat Januar zu Paris, und die freie Luft des Ortes wehete in manche Strophe weit schärfer hinein, als mir eigentlich lieb war. Ich unterließ nicht, schon gleich zu mildern und auszuscheiden, was mit dem deutschen Klima unverträglich schien. Nichtsdestoweniger, als ich das Manuskript im Monat März an meinen Verleger nach Hamburg schickte, wurden mir noch mannigfache Bedenklichkeiten in Erwägung gestellt. Ich mußte mich dem fatalen Geschäfte des Umarbeitens nochmals unterziehen, und da mag es wohl geschehen sein, daß die ernsten Töne mehr als nötig abgedämpft oder von den Schellen des Humors gar zu heiter überklingelt wurden. Einigen nackten Gedanken habe ich im hastigen Unmut ihre Feigenblätter wieder abgerissen, und zimperlich spröde Ohren habe ich vielleicht verletzt. Es ist mir leid, aber ich tröste mich mit dem Bewußtsein, daß größere Autoren sich ähnliche Vergehen zuschulden kommen ließen. Des Aristophanes will ich zu solcher Beschönigung gar nicht erwähnen, denn der war ein blinder Heide, und sein Publikum zu Athen hatte zwar eine klassische Erziehung genossen, wußte aber wenig von Sittlichkeit. Auf Cervantes und Molière könnte ich mich schon viel besser berufen; und ersterer schrieb für den hohen Adel beider Kastilien, letzterer für den großen König und den großen Hof von Versailles! Ach, ich vergesse, daß wir in einer sehr bürgerlichen Zeit leben, und ich sehe leider voraus, daß viele Töchter gebildeter Stände an der Spree, wo nicht gar an der Alster, über mein armes Gedicht die mehr oder minder gebogenen Näschen rümpfen werden! Was ich aber mit noch größerem Leidwesen voraussehe, das ist das Zeter jener Pharisäer der Nationalität, die jetzt mit den Antipathien der Regierungen Hand in Hand gehen, auch die volle Liebe und Hochachtung der Zensur genießen und in der Tagespresse den Ton angeben können, wo es gilt, jene Gegner zu befehden, die auch zugleich die Gegner ihrer allerhöchsten Herrschaften sind. Wir sind im Herzen gewappnet gegen das Mißfallen dieser heldenmütigen Lakaien in schwarz-rot-goldner Livree. Ich höre schon ihre Bierstimmen: du lästerst sogar unsere Farben, Verächter des Vaterlands, Freund der Franzosen, denen du den freien Rhein abtreten willst! Beruhigt Euch. Ich werde Eure Farben achten und ehren, wenn sie es verdienen, wenn sie nicht mehr eine müßige oder knechtische Spielerei sind. Pflanzt die schwarz-rot-goldne Fahne auf die Höhe des deutschen Gedankens, macht sie zur Standarte des freien Menschtums, und ich will mein bestes Herzblut für sie hingeben. Beruhigt Euch, ich liebe das Vaterland ebensosehr wie Ihr. Wegen dieser Liebe habe ich dreizehn Lebensjahre im Exile verlebt, und wegen eben dieser Liebe kehre ich wieder zurück ins Exil, vielleicht für immer, jedenfalls ohne zu flennen oder eine schiefmäulige Duldergrimasse zu schneiden. Ich bin der Freund der Franzosen, wie ich der Freund aller Menschen bin, wenn sie vernünftig und gut sind, und weil ich selber nicht so dumm oder so schlecht bin, als daß ich wünschen sollte, daß meine Deutschen und die Franzosen, die beiden auserwählten Völker der Humanität, sich die Hälse brächen zum Besten von England und Rußland und zur Schadenfreude aller Junker und Pfaffen dieses Erdballs. Seid ruhig, ich werde den Rhein nimmermehr den Franzosen abtreten, schon aus dem ganz einfachen Grunde: weil mir der Rhein gehört. Ja, mir gehört er, durch unveräußerliches Geburtsrecht, ich bin des freien Rheins noch weit freierer Sohn, an seinem Ufer stand meine Wiege, und ich sehe gar nicht ein, warum der Rhein irgendeinem andern gehören soll als den Landeskindern. Elsaß und Lothringen kann ich freilich dem deutschen Reiche nicht so leicht einverleiben, wie Ihr es tut, denn die Leute in jenen Landen hängen fest an Frankreich wegen der Rechte, die sie durch die französische Staatsumwälzung gewonnen, wegen jener Gleichheitsgesetze und freien Institutionen, die dem bürgerlichen Gemüte sehr angenehm sind, aber dem Magen der großen Menge dennoch vieles zu wünschen übriglassen. Indessen, die Elsässer und Lothringer werden sich wieder an Deutschland anschließen, wenn wir das vollenden, was die Franzosen begonnen haben, wenn wir diese überflügeln in der Tat, wie wir es schon getan im Gedanken, wenn wir uns bis zu den letzten Folgerungen desselben emporschwingen, wenn wir die Dienstbarkeit bis in ihrem letzten Schlupfwinkel, dem Himmel, zerstören, wenn wir den Gott, der auf Erden im Menschen wohnt, aus seiner Erniedrigung retten, wenn wir die Erlöser Gottes werden, wenn wir das arme, glückenterbte Volk und den verhöhnten Genius und die geschändete Schönheit wieder in ihre Würde einsetzen, wie unsere großen Meister gesagt und gesungen, und wie wir es wollen, wir, die Jünger – ja, nicht bloß Elsaß und Lothringen, sondern ganz Frankreich wird uns alsdann zufallen, ganz Europa, die ganze Welt – die ganze Welt wird deutsch werden! Von dieser Sendung und Universalherrschaft Deutschlands träume ich oft, wenn ich unter Eichen wandle. Das ist mein Patriotismus.

Ich werde in einem nächsten Buche auf dieses Thema zurückkommen, mit letzter Entschlossenheit, mit strenger Rücksichtslosigkeit, jedenfalls mit Loyalität. Den entschiedensten Widerspruch werde ich zu achten wissen, wenn er aus einer Überzeugung hervorgeht. Selbst der rohesten Feindseligkeit will ich alsdann geduldig verzeihen; ich will sogar der Dummheit Rede stehen, wenn sie nur ehrlich gemeint ist. Meine ganze schweigende Verachtung widme ich hingegen dem gesinnungslosen Wichte, der aus leidiger Scheelsucht oder unsauberer Privatgiftigkeit meinen guten Leumund in der öffentlichen Meinung herabzuwürdigen sucht, und dabei die Maske des Patriotismus, wo nicht gar die der Religion und der Moral, benutzt. Der anarchistische Zustand der deutschen politischen und literarischen Zeitungsblätterwelt ward in solcher Beziehung zuweilen mit einem Talente ausgebeutet, das ich schier bewundern mußte. Wahrhaftig, Schufterle ist nicht tot, er lebt noch immer und steht seit Jahren an der Spitze einer wohlorganisierten Bande von literarischen Strauchdieben, die in den böhmischen Wäldern unserer Tagespresse ihr Wesen treiben, hinter jedem Busch, hinter jedem Blatt versteckt liegen und dem leisesten Pfiff ihres würdigen Hauptmanns gehorchen.

Noch ein Wort. Das Wintermärchen bildet den Schluß der »Neuen Gedichte«, die in diesem Augenblick bei Hoffmann und Campe erscheinen. Um den Einzeldruck veranstalten zu können, mußte mein Verleger das Gedicht den überwachenden Behörden zu besonderer Sorgfalt überliefern, und neue Varianten und Ausmerzungen sind das Ergebnis dieser höheren Kritik. –

Hamburg, den 17. September 1844.

Heinrich Heine

Caput I

Im traurigen Monat November wars,
Die Tage wurden trüber,
Der Wind riß von den Bäumen das Laub,
Da reist ich nach Deutschland hinüber.

Und als ich an die Grenze kam,
Da fühlt ich ein stärkeres Klopfen
In meiner Brust, ich glaube sogar
Die Augen begunnen zu tropfen.

Und als ich die deutsche Sprache vernahm,
Da ward mir seltsam zumute;
Ich meinte nicht anders, als ob das Herz
Recht angenehm verblute.

Ein kleines Harfenmädchen sang.
Sie sang mit wahrem Gefühle
Und falscher Stimme, doch ward ich sehr
Gerühret von ihrem Spiele.

Sie sang von Liebe und Liebesgram,
Aufopfrung und Wiederfinden
Dort oben, in jener besseren Welt,
Wo alle Leiden schwinden.

Sie sang vom irdischen Jammertal,
Von Freuden, die bald zerronnen,
Vom Jenseits, wo die Seele schwelgt
Verklärt in ewgen Wonnen.

Sie sang das alte Entsagungslied,
Das Eiapopeia vom Himmel,
Womit man einlullt, wenn es greint,
Das Volk, den großen Lümmel.

Ich kenne die Weise, ich kenne den Text,
Ich kenn auch die Herren Verfasser;

Ich weiß, sie tranken heimlich Wein
Und predigten öffentlich Wasser.

Ein neues Lied, ein besseres Lied,
O Freunde, will ich Euch dichten!
Wir wollen hier auf Erden schon
Das Himmelreich errichten.

Wir wollen auf Erden glücklich sein,
Und wollen nicht mehr darben;
Verschlemmen soll nicht der faule Bauch
Was fleißige Hände erwarben.

Es wächst hienieden Brot genug
Für alle Menschenkinder,
Auch Rosen und Myrten, Schönheit und Lust,
Und Zuckererbsen nicht minder.

Ja, Zuckererbsen für jedermann,
Sobald die Schoten platzen!
Den Himmel überlassen wir
Den Engeln und den Spatzen.

Und wachsen uns Flügel nach dem Tod,
So wollen wir Euch besuchen
Dort oben, und wir, wir essen mit Euch
Die seligsten Torten und Kuchen.

Ein neues Lied, ein besseres Lied,
Es klingt wie Flöten und Geigen!
Das Miserere ist vorbei,
Die Sterbeglocken schweigen.

Die Jungfer Europa ist verlobt
Mit dem schönen Geniusse
Der Freiheit, sie liegen einander im Arm,
Sie schwelgen im ersten Kusse.

Und fehlte der Pfaffensegen dabei,
Die Ehe wird gültig nicht minder –

Es lebe Bräutigam und Braut,
Und ihre zukünftigen Kinder!

Ein Hochzeitkarmen ist mein Lied,
Das bessere, das neue!
In meiner Seele gehen auf
Die Sterne der höchsten Weihe –

Begeisterte Sterne, sie lodern wild,
Zerfließen in Flammenbächen –
Ich fühle mich wunderbar erstarkt,
Ich könnte Eichen zerbrechen!

Seit ich auf deutsche Erde trat,
Durchströmen mich Zaubersäfte –
Der Riese hat wieder die Mutter berührt,
Und es wuchsen ihm neu die Kräfte.

Caput 5

Und als ich an die Rheinbrück kam,
Wohl an die Hafenschanze,
Da sah ich fließen den Vater Rhein
Im stillen Mondenglanze.

Sei mir gegrüßt, mein Vater Rhein,
Wie ist es dir ergangen?
Ich habe oft an dich gedacht
Mit Sehnsucht und Verlangen.

So sprach ich, da hört ich im Wasser tief
Gar seltsam grämliche Töne,
Wie Hüsteln eines alten Manns,
Ein Brümmeln und weiches Gestöhne:

»Willkommen, mein Junge, das ist mir lieb,
Daß du mich nicht vergessen;
Seit dreizehn Jahren sah ich dich nicht,
Mir ging es schlecht unterdessen.

Zu Biberich hab ich Steine verschluckt,
Wahrhaftig, sie schmeckten nicht lecker!
Doch schwerer liegen im Magen mir
Die Verse von Niklas Becker.

Er hat mich besungen, als ob ich noch
Die reinste Jungfer wäre,
Die sich von niemand rauben läßt
Das Kränzlein ihrer Ehre.

Wenn ich es höre, das dumme Lied,
Dann möcht ich mir zerraufen
Den weißen Bart, ich möchte fürwahr
Mich in mir selbst ersaufen!

Daß ich keine reine Jungfer bin,
Die Franzosen wissen es besser,
Sie haben mit meinem Wasser so oft
Vermischt ihr Siegergewässer.

Das dumme Lied und der dumme Kerl!
Er hat mich schmählich blamieret,
Gewissermaßen hat er mich auch
Politisch kompromittieret

Denn kehren jetzt die Franzosen zurück,
So muß ich vor ihnen erröten,
Ich, der um ihre Rückkehr so oft
Mit Tränen zum Himmel gebeten.

Ich habe sie immer so lieb gehabt,
Die lieben kleinen Französchen –
Singen und springen sie noch wie sonst?
Tragen noch weiße Höschen?

Ich möchte sie gerne wiedersehn,
Doch fürcht ich die Persiflage,
Von wegen des verwünschten Lieds,
Von wegen der Blamage.

Der Alfred de Musset, der Gassenbub,
Der kommt an ihrer Spitze
Vielleicht als Tambour, und trommelt mir vor
All seine schlechten Witze.«

So klagte der arme Vater Rhein,
Konnt sich nicht zufrieden geben.
Ich sprach zu ihm manch tröstendes Wort,
Um ihm das Herz zu heben:

O fürchte nicht, mein Vater Rhein,
Den spöttelnden Scherz der Franzosen;
Sie sind die alten Franzosen nicht mehr,
Auch tragen sie andere Hosen.

Die Hosen sind rot und nicht mehr weiß,
Sie haben auch andere Knöpfe,
Sie singen nicht mehr, sie springen nicht mehr,
Sie senken nachdenklich die Köpfe.

Sie philosophieren und sprechen jetzt
Von Kant, von Fichte und Hegel,
Sie rauchen Tabak, sie trinken Bier,
Und manche schieben auch Kegel.

Sie werden Philister ganz wie wir
Und treiben es endlich noch ärger;
Sie sind keine Voltairianer mehr,
Sie werden Hengstenberger.

Der Alfred de Musset, das ist wahr,
Ist noch ein Gassenjunge;
Doch fürchte nichts, wir fesseln ihm
Die schändliche Spötterzunge.

Und trommelt er dir einen schlechten Witz,
So pfeifen wir ihm einen schlimmern,
Wir pfeifen ihm vor, was ihm passiert
Bei schönen Frauenzimmern.

Gib dich zufrieden, Vater Rhein,
Denk nicht an schlechte Lieder,
Ein besseres Lied vernimmst du bald –
Leb wohl, wir sehen uns wieder.

Deutschland. Ein Wintermärchen. 1844

Nachlese

1848 – 1856

Im lieben Deutschland daheime,
Da wachsen viel Lebensbäume;
Doch lockt die Kirsche noch so sehr,
Die Vogelscheuche schreckt noch mehr.

Wir lassen uns wie Spatzen
Einschüchtern von Teufelsfratzen;
Wie auch die Kirsche lacht und blüht,
Wir singen ein Entsagungslied:

Die Kirschen sind von außen rot,
Doch drinnen steckt als Kern der Tod;
Nur droben, wo die Sterne,
Gibts Kirschen ohne Kerne.

Gott Vater, Gott Sohn, Gott Heiliger Geist,
Die unsere Seele lobt und preist –
Nach diesen sehnet ewiglich
Die arme deutsche Seele sich.

Nur wo die Engel fliegen,
Da wächst das ewge Vergnügen;
Hier unten ist alles Sünd und Leid
Und saure Kirsche und Bitterkeit.

Die Ereignisse in Deutschland wirken sehr unangenehm auf meine Gemütsstimmung. Welche ekelhafte Misere. Es ist vielleicht ein Glück für mich, daß ich mich in nichts zu mischen brauchte, auch ist es mir sehr lieb, daß Du so fern von dem Schauplatz dieser Greuel lebst.

An Maximilian Heine,
Paris, 3. Dezember 1848

Ich bin so betäubt vom Opium, das ich zu wiederholten Malen eingenommen, um meine Schmerzen zu betäuben, so daß ich kaum weiß, was ich diktiere. Dazu kommt, daß schon diesen Morgen ein dummer Teufel von Landsmann bei mir war, der in einer langen und langweiligen Unterredung Ideen mit mir austauschte; durch diesen Austausch von Ideen habe ich vielleicht seine dummen Ideen im Kopfe behalten, und ich habe vielleicht einige Tage nötig, ehe ich mich derselben ganz entäußere und wieder einen vernünftigen Gedanken fassen kann. Der Mann sah alles grau in grau, was auch seine eigene Farbe ist; er sagte, Deutschland stünde an einem Abgrund – nun, da ist es gut, daß Deutschland kein wildes Roß ist, sondern ein gescheutes Langohr, dem es vor dem Abgrund nicht schwindelt und (das) an dem Rand desselben ruhig hinwandeln kann. –

An Georg Weerth,
Paris, 5. November 1851

Das Leben ist ein Recht

Aphorismen

Im Gegensatz zu vielen seiner dichtenden Kollegen (zum Beispiel Schiller oder Goethe) hat Heine nie absichtlich Aphorismen geschrieben. Aber sein ganzes Werk, zumindest die Prosa und die Briefe, ist sehr stark aphoristisch. Was man im allgemeinen als seine Aphorismen bezeichnet, sind die kurzen, sehr prägnanten, sprichwortartigen Sätze, die oft Abschnitte einleiten oder schließen. Heine bemüht sich dabei um Einfachheit, Bildhaftigkeit, Prägnanz des Ausdrucks.

Aus seinem Nachlaß sind »Gedanken und Einfälle« erschienen. Aber diese einzelnen Sätze und Gedankensplitter sind nur Formulierungen, die sich der Dichter notiert hatte, um sie später in Prosaschriften zu verwenden.

Ein wichtiges Zeichen des bewußt niedergeschriebenen Aphorismus ist die Vereinzelung. Gute Aphorismen sind kunstvoll gebaut in der Absicht, eine »Lebensweisheit« elegant zu formulieren und einzuprägen. Heine tut das in dieser Form nicht; seine witzigen Formulierungen und »geistreichen« Wendungen ergeben sich ganz spontan. Das dokumentieren vor allem seine Briefe, aus denen viele der hier zitierten Sätze entnommen sind. In seinen letzten Lebensjahren kann der Dichter nur noch diktieren, kaum mehr redigieren und schon gar nicht eigenhändig korrigieren. Die Formulierungen kommen gezwungenermaßen aus dem Stegreif und beweisen eine Kunst, Aphorismen nicht mühsam zu erfinden, sondern zu improvisieren.

Um meine Wiege spielten die letzten Mondlichter des achtzehnten und das erste Morgenrot des neunzehnten Jahrhunderts.

Es ist eine eigne Sache mit dem Laster. Die Tugend kann jeder allein üben, er hat niemand dazu nötig als sich selber; zu dem Laster aber gehören immer zwei.

Aber ist das Unglück des Genius immer nur das Werk eines blinden Zufalls, oder entspringt es als Notwendigkeit aus seiner innern Natur und der Natur seiner Umgebung? Tritt seine Seele in Kampf mit der Wirklichkeit, oder beginnt die rohe Wirklichkeit einen ungleichen Kampf mit seiner edeln Seele?

Lebewohl! Leb wohl, auch du, deutsche Heimat, Land der Rätsel und der Schmerzen; werde hell und glücklich. Lebt wohl, ihr geistreichen, guten Franzosen, die ich so sehr geliebt habe! Ich danke euch für eure heitere Gastfreundschaft.

Das Leben ist eine Krankheit, die ganze Welt ein Lazarett, und der Tod ist unser Arzt.

Das Mitleid ist die letzte Weihe der Liebe, vielleicht die Liebe selbst.

Liebeswahnsinn! Pleonasmus! Liebe ist ja schon ein Wahnsinn!

Das Leben ist weder Zweck noch Mittel; das Leben ist ein Recht.

Der Gedanke ist die unsichtbare Natur, die Natur der unsichtbare Gedanke.

Aber was ist die Musik? Diese Frage hat mich gestern abend vor dem Einschlafen stundenlang beschäftigt. Es hat mit der Musik eine wunderliche Bewandtnis; ich möchte sagen, sie ist ein Wunder. Sie steht zwischen Gedanken und Erscheinung; als dämmernde Vermittlerin steht sie zwischen Geist und Materie; sie ist beiden verwandt und doch von beiden verschieden: sie ist Geist, aber Geist, welcher eines Zeitmaßes bedarf; sie ist Materie, aber Materie, die des Raumes entbehren kann.

Sie werden mich für einen eiteln Mann erklären. Immerhin! Die Folge mag ausweisen, daß ich für ein edleres Interesse meine Privateitelkeit und allen äußeren Schein zum Opfer bringen kann.

Wenn sie zusammen sind und in Reih und Glied stehen, sind die feigsten Rekruten recht mutvoll; aber den wahren Mut zeigt derjenige, der allein steht.

Unter uns gesagt, einer schönen Frau schreiben scheint mir ebenso töricht, als wenn ich mit einer Straßburger Pastete in Korrespondenz treten wollte. Jedes Ding in der Welt will auf seine eigene Weise genossen sein. Jene schönen Augen, deren Glanz unser Herz erfreut, und jene Trüffelpastete, deren Duft uns begeistert – sie verlieren gar sehr in der Ferne.

Die Welt ist dumm und fade und unerquicklich und riecht nach vertrockneten Veilchen.

Der Unglauben ist in der Ehe jedenfalls gefährlich, und so freigeistig ich selbst gewesen, so durfte doch in meinem Hause nie ein frivoles Wort gesprochen werden.

Außerdem bin ich fest überzeugt, daß die Esel, wenn sie unter sich sind und sich ausschimpfen wollen, so schimpfen sie sich »Mensch«.

Die Dummheit der Menschen ist immer dieselbe, nur überall modifiziert nach Zeit und Ort. Es gibt keine neue Dummheit unter der Sonne, hätte Salomo sagen können.

Ich habe mich überzeugt, daß die Deutschen keinen Sinn für Politik haben.

Das Nationalgefühl ist nur Mittel zum Zweck, es wird wieder erlöschen, sobald dieser erreicht ist, und es hat keine so große Zukunft wie jenes Bewußtsein des Weltbürgertums, das von den edelsten Geistern des achtzehnten Jahrhunderts proklamiert worden und früh oder spät, aber auf immer, auf ewig zur Herrschaft gelangen muß.

Die Juden dürften endlich zur Einsicht gelangen, daß sie erst dann wahrhaft emanzipiert werden können, wenn auch die Emanzipation der Christen vollständig erkämpft und sichergestellt worden. Ihre Sache ist identisch mit der des deutschen Volks, und sie dürfen nicht als Juden begehren, was ihnen als Deutschen längst gebührte.

Aber warum muß der Gerechte soviel leiden auf Erden? Warum muß Talent und Ehrlichkeit zugrunde gehen, während der schwadronierende Hanswurst, der gewiß seine Augen niemals durch arabische Manuskripte trüben mochte, sich räkelt auf den Pfühlen des Glücks und fast stinkt vor Wohlbehagen? Das Buch Hiob löst nicht diese böse Frage. Im Gegenteil, dieses Buch ist das Hohelied der Skepsis, und es zischen und pfeifen darin die entsetzlichen Schlangen ihr ewiges: Warum?

Ja, die Weiber sind gefährlich; aber ich muß doch die Bemerkung machen, daß die schönen lange nicht so gefährlich sind wie die häßlichen. Denn jene sind gewohnt, daß man ihnen die Cour mache, letztere aber machen jedem Manne die Cour und gewinnen dadurch einen mächtigen Anhang.

Man hat mir von mancher Seite gezürnt, daß ich den Vorhang fortriß von dem deutschen Himmel und jedem zeigte, daß alle Gottheiten des alten Glaubens daraus verschwunden und daß dort nur eine alte Jungfer sitzt mit bleiernen Händen und traurigem Herzen: die Notwendigkeit – Ach! ich habe nur früher gemeldet, was doch später jeder erfahren mußte, und was damals so befremdlich klang, wird jetzt auf allen Dächern gepredigt jenseits des Rheines.

Es ist den Volkssagen eigentümlich, daß ihre furchtbarsten Katastrophen gewöhnlich bei Hochzeitsfesten ausbrechen. Das plötzlich eintretende Schrecknis kontrastiert dann desto grausig-schroffer mit der heiteren Umgebung, mit der Vorbereitung zur Freude, mit der lustigen Musik. Solange der Rand des Bechers noch nicht die Lippen berührt, kann der kostbare Trank noch immer verschüttet werden.

Und unsere Sprache ist das Beste, was wir Deutsche besitzen, sie ist das Vaterland selbst.

Der wahre Dichter kann auch ein guter Geschäftsmann sein, wie die großen Italiener der Renaissance und in unserer Zeit Wolfgang Goethe gezeigt haben.

Aber es ist auch wirklich verdrießlich, wenn die Weiber zuviel fragen. Braucht eure Lippen zum Küssen, nicht zum Fragen, ihr Schönen. Schweigen ist die wesentlichste Bedingung des Glückes. Wenn der Mann die Gunstbezeugungen seines Glückes ausplaudert oder wenn das Weib nach den Geheimnissen ihres Glückes neugierig forscht, dann gehen sie beide ihres Glückes verlustig.

Der Teufel ist ein Logiker. Er ist nicht bloß der Repräsentant der weltlichen Herrlichkeit, der Sinnenfreude, des Fleisches, er ist auch Repräsentant der menschlichen Vernunft, eben weil diese alle Rechte der Materie vindiziert; und er bildet somit den Gegensatz zu Christus, der nicht bloß den Geist, die asketische Entsinnlichung, das himmlische Heil, sondern auch den Glauben repräsentiert.

Ich habe auch drüber nachgedacht, ob Entbehrung und Entsagung wirklich allen Genüssen dieser Erde vorzuziehen sei und ob diejenigen, die hienieden sich mit Disteln begnügt haben, dort oben desto reichlicher mit Ananassen gespeist werden. Nein, wer Disteln gegessen, war ein Esel; und wer die Prügel bekommen hat, der behält sie.

Die erste Tugend der Germanen ist eine gewisse Treue, eine gewisse schwerfällige, aber rührend großmütige Treue. Der Deutsche schlägt sich selbst für die schlechteste Sache, wenn er einmal Handgeld empfangen oder auch nur im Rausche seinen Beistand versprochen; er schlägt sich alsdann mit seufzendem Herzen, aber er schlägt sich; wie auch die bessere Überzeugung in seiner Brust murre, er kann sich doch nicht entschließen, die Fahne zu verlassen, und er verläßt sie am allerwenigsten, wenn seine Partei in Gefahr oder vielleicht gar von feindlicher Übermacht umzingelt ist . . .

Der Taufzettel ist das Entréebillett zur europäischen Kultur.

Die Affen sehen auf die Menschen herab wie auf eine Entartung ihrer Rasse.

Deutsche werden nicht besser im Ausland – wie das exportierte Bier.

Ein Buch will seine Zeit wie ein Kind. Alle schnell in wenigen Wochen geschriebenen Bücher erregen bei mir ein gewisses Vorurteil gegen den Verfasser. Eine honette Frau bringt ihr Kind nicht vor dem neunten Monat zur Welt.

Mein Geist fühlt sich in Frankreich exiliert, in eine fremde Sprache verbannt.

Wir sollen uns auf Rußland stützen – auf den Stock, womit wir einst geprügelt werden.

Napoleon – er war nicht von jenem Holz, woraus man die Könige macht, er war von jenem Marmor, woraus man Götter macht.

Neben dem Denker ein prosaischer Mensch, der ruhig sein Handwerk treibt – neben jeder Krippe, worin ein Heiland, eine welterlösende Idee, den Tag erblickt, steht auch ein Ochse, der ruhig frißt.

Der Hund, dem man einen Maulkorb anlegt, bellt mit dem Hintern. Das Denken auf Umwegen äußert sich noch mißduftiger, durch Perfidie des Ausdrucks.

Wir begreifen die Ruinen nicht eher, als bis wir selbst Ruinen sind.

Die Gesellschaft ist immer Republik – die einzelnen streben immer empor, und die Gesamtheit drängt sie zurück.

Es ist erstaunlich, wie in so einem kleinen Köpfchen eine solche Masse von Unwissenheit stecken kann.

Ob sie tugendhaft war, weiß ich nicht – aber sie war immer häßlich, und Häßlichkeit bei einem Weibe ist schon der halbe Weg zur Tugend.

Courtoisie: Wenn man einen König prügelt, muß man zugleich aus Leibeskräften »Es lebe der König!« rufen.

Jeder, der heiratet, ist wie der Doge, der sich mit dem adriatischen Meer vermählt – er weiß nicht, was drin, was er heiratet: Schätze, Perlen, Ungetüme, unbekannte Stürme.

Der Katholizismus ist eine gute Sommerreligion.

Jeder Zoll, den die Menschheit weiterrückt, kostet Ströme Blutes.

Ein bißchen Narrheit, das versteht sich, gehört immer zur Poesie.

Für Witze und Geldborger ist es heilsam, wenn sie uns unangemeldet überraschen.

Das Öl, das auf die Köpfe der Könige gegossen wird, stillt es die Gedankenstürme?

Deutsche Ehe keine wahre Ehe. Der Ehemann hat keine Ehefrau, sondern eine Magd, und lebt sein isoliertes Hagestolzleben im Geiste fort, selbst im Kreis der Familie. Ich will darum nicht sagen, daß er der Herr sei, im Gegenteil, er ist zuweilen nur der Bediente seiner Magd, und den Servilismus verleugnet er auch im Hause nicht.

Wo das Weib aufhört, fängt der schlechte Mann an.

De mortuis nil nisi bene – man soll von den Lebenden nur Böses reden.

Die deutsche Sprache an sich ist reich, aber in der deutschen Konversation gebrauchen wir nur ein zehntel Teil dieses Reichtums – faktisch sind wir also spracharm –

Der tugendhafte Fleischerhund, welcher immer den Fleischkorb unangetastet zu den Kunden seines Herrn brachte, ward von andern Hunden überfallen, die sich über das Fleisch hermachten. Als er sah, daß die ganze Welt aß, aß er mit.

Manches edle Roß, dem der feurigste Schlachtmut aus den Nüstern schnaubt und Vernunft aus den Augen blitzt, muß hier einem magern Klepper nachstehen, der aber zu Triumphen auf dieser Bahn ganz besonders abgerichtet worden. Überstolze, störrige Gäule geraten hier schon beim ersten Anlauf in unzeitiges Bäumen, oder sie vergaloppieren sich. Nur die dressierte Mittelmäßigkeit erreicht das Ziel. Daß ein Pegasus beim parlamentarischen Rennen kaum zugelassen wird und tausenderlei Ungunst zu erfahren hat, versteht sich von selbst; denn der Unglückselige hat Flügel und könnte sich einst höher emporschwingen, als der Plafond des Palais Bourbon gestattet.

Ihr Amor ist noch ein Gelbschnabel. Sie sind noch zu jung, um die Liebe in ihrer ganzen Schrecklichkeit zu kennen. Das kann man erst in späteren Jahren. In der Jugend ist die Liebe stürmischer, aber nicht so stark, so allmächtig wie später. Auch ist sie in der Jugend nicht so dauernd. Denn der Leib liebt mit, in der Jugend, und lechzt nach leiblichen Offenbarungen in der Liebe und leiht der Seele allen Ungestüm seines Blutes, die Überfülle seiner Sehnenkraft . . . Später, wo diese aufhört, wo das Blut langsamer in den Adern sintert, wo der Leib nicht mehr verliebt ist, liebt die Seele ganz allein, die unsterbliche Seele, und da ihr die Ewigkeit zu Gebote steht, da sie nicht so gebrechlich ist wie der Leib, nimmt sie sich Zeit und liebt weit dauernder und stürzt sich furchtloser in die Abgründe der Leidenschaft.

Es gibt Menschen, welche den Vogel ganz genau zu kennen glauben, weil sie das Ei gesehen, woraus er hervorgegangen.

Durch Eisenbahnen plötzlich Vermögenswechsel, dieser in Frankreich gefährlicher als in Deutschland. Deshalb die Regierung mit Scheu an die Eisenbahnen geht.

Daguerreotype – Zeugnis gegen die irrige Ansicht, daß die Kunst eine Nachahmung der Natur – die Natur hat selbst den Beweis geliefert, wie wenig sie von Kunst versteht, wie kläglich, wenn sie sich mit Kunst abgibt –

Deutsche Frauen, gefährlich wegen ihrer Tagebücher, die der Mann finden kann –

Man ist tugendhaft in Deutschland, weil man es so lange war und jetzt es nicht der Mühe wert hält, lasterhaft zu werden, ungefähr wie Damen, die bis zum vierzigsten Jahr tugendhaft waren – daher große Toleranz, laxe Prinzipien, bei strengen Sitten –

Die Deutschen arbeiten an ihrer Nationalität, kommen aber damit zu spät. Wenn sie dieselbe fertig haben, wird das Nationalitätswesen in der Welt aufgehört haben, und sie werden auch ihre Nationalität gleich wieder aufgeben müssen, ohne, wie Franzosen oder Briten, Nutzen davon gezogen zu haben –

Nur der verwandte Schmerz entlockt uns die Träne, und jeder weint eigentlich für sich selbst.

Diejenigen fürchten das Pulver am meisten, die es nicht erfunden haben.

Die Verleumdung, das freche Gespenst, setzt sich auf die edelsten Gräber.

Die Vorsehung weiß sehr gut, auf welche Schultern sie ihre Lasten legt.

Ein großer Genius bildet sich durch einen andern großen Genius, weniger durch Assimilierung als durch Reibung. Ein Diamant schleift den andern.

Lebt das Wort, so wird es von Zwergen getragen; ist das Wort tot, so können es keine Riesen aufrecht erhalten.

Wenn man auch seiner Krücken spottet, so kann man darum doch nicht besser gehen.

Die Juden in ihren Gebeten danken täglich dem lieben Gott, daß er sie nicht als Frauenzimmer zur Welt kommen ließ.

Gott verläßt keinen Deutschen, aber auch keinen Franzosen, er verläßt überhaupt kein Volk, und wenn ein Volk aus Ermüdung oder Faulheit einschläft, so bestellt er ihm seine künftigen Wecker, die, verborgen in irgendeiner dunkeln Abgeschiedenheit, ihre Stunde erwarten, ihre aufrüttelnde Stunde.

Im Winter gab es hier nie Emeuten. Seit der Bestürmung der Bastille bis auf die Revolte des Barbès hat das Volk immer seinen Unmut bis zu den wärmeren Sommermonden vertagt, wo das Wetter schön war und man sich mit Vergnügen schlagen konnte. –

Ich schreibe diese Zeilen in den letzten Stunden des scheidenden bösen Jahres. Das neue steht vor der Türe. Möge es minder grausam sein als sein Vorgänger! Ich sende meinen wehmütigsten Glückwunsch zum Neujahr über den Rhein. Ich wünsche den Dummen ein bißchen Verstand und den Verständigen ein bißchen Poesie. Den Frauen wünsche ich die schönsten Kleider und den Männern sehr viel Geduld. Den Reichen wünsche ich ein Herz und den Armen ein Stückchen Brot. Vor allem aber wünsche ich, daß wir in diesem neuen Jahr einander sowenig als möglich verleumden mögen.

Die Partei wird immer den Männern der Partei die große Schüssel vorsetzen.

Wenn nun gar das schlechte Wetter eintritt und die Berge schlaftrunken ihre Nebelkappen über die Ohren ziehen, dann dehnen sich hier die Stunden zu ennuyanten Ewigkeiten. Die leibhaftige Göttin der Langeweile, das Haupt gehüllt in eine bleierne Kapuze und Klopstocks »Messiade« in der Hand, wandelt dann durch die Straße von Barèges, und wen sie angähnt, dem versickert im Herzen der letzte Tropfen Lebensmut!

Gott hat den Menschen erschaffen, damit er die Herrlichkeit der Welt bewundere.

Die Bescheidenheit der Leute hat immer ihre guten Gründe.

Die, welche den Kelch der Freuden hinieden getrunken, bekommen dort oben den Katzenjammer.

Wenn Köchinnen zusammenkommen, sprechen sie von ihrer Herrschaft, und wenn deutsche Schriftsteller zusammenkommen, sprechen sie von ihren Verlegern.

Wer nicht so weit geht, als sein Herz ihn drängt und die Vernunft ihm erlaubt, ist eine Memme; wer weiter geht, als er gehen wollte, ist ein Sklave.

Die Liebe befestigt kein Mietskontrakt, sie bedarf der Freiheit, um zu bestehen und zu gedeihen.

Schmerzlicher als der Verlust durch den Tod ist der Verlust durch das Leben.

Lieber ein lebendiger Hund sein als ein toter Löwe.

Der Engländer liebt die Freiheit wie sein rechtmäßiges Weib, der Franzose wie seine Braut, – der Deutsche wie seine alte Großmutter.

Stecke ich die Hand in die rechte Hosentasche, worin mein Geld ist, so macht die Berührung mit dem kalten Metall mich zittern, ich fürchte für mein Eigentum, und ich fühle mich monarchisch gesinnt; stecke ich hingegen die Hand in die linke Hosentasche, welche leer ist, dann schwindet gleich alle Furcht, und ich pfeife lustig die Marseillaise, und ich stimme für die Republik! –

Die große Menge, der hohe und niedere Plebs, der edle Bürgerstand, der bürgerliche Adel, sämtliche Honoratioren der lieben Mittelmäßigkeit, begreifen ganz gut den Republikanismus – eine Lehre, wozu nicht viel Vorkenntnisse gehören, die zugleich allen ihren Kleingefühlen und Verflachungsgedanken zusagt und die sie auch öffentlich bekennen würden, gerieten sie nicht dadurch in einen Konflikt – mit dem Gelde. Jeder Taler ist ein tapferer Bekämpfer des Republikanismus und jeder Dukaten ein Achilles. Ein Republikaner haßt daher das Geld mit großem Recht, und wird er dieses Feindes habhaft, ach! so ist der Sieg noch schlimmer als eine Niederlage: der Republikaner, der sich des Geldes bemächtigte, hat aufgehört, ein Republikaner zu sein!

Der Parteigeist ist ein Prokrustes, der die Wahrheit schlecht bettet.

Ach! es ist schon lange her, daß ich in der Fremde lebe, und mit meinem fabelhaften Heimweh komme ich mir manchmal vor wie der Fliegende Holländer und seine Schiffsgenossen, die auf den kalten Wellen ewig geschaukelt werden und vergebens zurückverlangen nach den stillen Kaien,

Tulpen, Myfrowen, Tonpfeifen und Porzellantassen von Holland . . . Amsterdam!

Aber nichts ist törichter als dieser Vorwurf des Plagiats, es gibt in der Kunst kein sechstes Gebot, der Dichter darf überall zugreifen, wo er Material zu seinen Werken findet, und selbst ganze Säulen mit ausgemeißelten Kapitälern darf er sich zueignen, wenn nur der Tempel herrlich ist, den er damit stützt. Dieses hat Goethe sehr gut verstanden, und vor ihm sogar Shakespeare. Nichts ist törichter als das Begehrnis, ein Dichter solle alle seine Stoffe aus sich selber heraus schaffen; das sei Originalität. Ich erinnere mich einer Fabel, wo die Spinne mit der Biene spricht und ihr vorwirft, daß sie aus tausend Blumen das Material sammle, wovon sie ihren Wachsbau und den Honig darin bereite: »Ich aber«, setzt sie triumphierend hinzu, »ich ziehe mein ganzes Kunstgewebe in Originalfäden aus mir selber hervor.«

Der Kaufmann hat in der ganzen Welt dieselbe Religion. Sein Comptoir ist seine Kirche, sein Schreibpult ist sein Betstuhl, sein Memorial ist seine Bibel, sein Warenlager ist sein Allerheiligstes, die Börsenglocke ist seine Betglocke, sein Gold ist sein Gott, der Kredit ist sein Glauben.

Jede Zeit ist eine Sphinx, die sich in den Abgrund stürzt, sobald man ihr Rätsel gelöst hat.

Ach! von geträumten Makkaroni wird man nicht satt.

Von der deutschen Küche kein Wort. Sie hat alle möglichen Tugenden und nur einen einzigen Fehler; ich sage aber nicht welchen. Da gibt's gefühlvolles, jedoch unentschlossenes Backwerk, verliebte Eierspeisen, tüchtige Dampfnudeln, Gemütssuppe mit Gerste, Pfannkuchen mit Äpfel und Speck, tugendhafte Hausklöße, Sauerkohl – wohl dem, der es verdauen kann.

Ich glaube nicht so bald an eine deutsche Revolution, und noch viel weniger an eine deutsche Republik; letztere erlebe ich auf keinen Fall; aber ich bin überzeugt, wenn wir längst ruhig in unseren Gräbern vermodert sind, kämpft man in Deutschland mit Wort und Schwert für die Republik. Denn die Republik ist eine Idee, und noch nie haben die Deutschen eine Idee aufgegeben, ohne sie bis in allen ihren Konsequenzen durchgefochten zu haben.

Von hohem idealischen Standpunkte betrachtet, haben die Weiber überall eine gewisse Ähnlichkeit mit der Küche des Landes. Sind die britischen Schönen nicht ebenso gesund, nahrhaft, solide, konsistent, kunstlos und doch so vortrefflich wie Altenglands einfach gute Kost: Roastbeef, Hammelbraten, Pudding in flammendem Kognak, Gemüse in Wasser gekocht, nebst zwei Saucen, wovon die eine aus gelassener Butter besteht? Da lächelt kein Frikassee, da täuscht kein flatterndes Vol-au-vent, da seufzt kein geistreiches Ragout, da tändeln nicht jene tausendartig gestopften, gesottenen, aufgehüpften, gerösteten, durchzuckerten, pikanten, deklamatorischen und sentimentalen Gerichte, die wir bei einem französischen Restaurant finden und die mit den schönen Französinnen selbst die größte Ähnlichkeit bieten!

Wer das Losungswort der Zukunft kennt, gegen den vermögen die Schächer der Gegenwart sehr wenig.

Die Werke des Geistes sind ewig feststehend, aber die Kritik ist etwas Wandelbares; sie geht hervor aus den Ansichten der Zeit.

Gefährliche Deutsche! Sie ziehen plötzlich ein Gedicht aus der Tasche oder beginnen ein Gespräch über Philosophie.

Der harmlose Dichter, der plötzlich politisch wird, erinnert mich an das Kind in der Wiege: »Vater, iß nicht, was die Mutter gekocht!«

Die sogenannte Objektivität, wovon heute so viel die Rede ist, ist nichts als eine trockene Lüge.

Alle Satire ist persönlich.

Der gute Schriftsteller zeigt sich weniger durch das, was er niederschreibt, als durch das, was er wegläßt.

Das Zeitgemäße hat auch seinen Wert.

Es ist immer ein Zeichen von Borniertheit, wenn man von der bornierten Menge leicht begriffen und ausdrücklich als Charakter gefeiert wird.

Gott wird mir verzeihen, das ist sein Beruf.
Dieu me pardonnera, c'est son metier.
(Heines letzte Worte auf dem Totenbett.)

Die Bitternis der letzten Stund

—

Aus der »Matratzengruft«

Als Heine nach Paris kommt, ist er ein Lebemann; als er stirbt, ein lebender Leichnam. Er stirbt acht Jahre lang. Die »Matratzengruft« ist am eindringlichsten von ihm selber, am nüchternsten von seinen Besuchern immer wieder beklagt und beschrieben worden. Ein Mann von noch nicht 50 Jahren liegt bewegungslos wie ein Bündel Wolle auf einem Turm von Betten. Er kann kaum mehr sehen, nicht mehr schreiben, nur unter Mühen diktieren. Sein Leidensbett wird manchmal fast zum Pilgerort für Besucher, die ihre Erschütterung über das dort Gesehene in bewegten Worten zu Papier bringen. In dieser Not beweist sich die Qualität der sonst ewig Geld ausgebenden, scheltenden Mathilde. Sie sorgt, sie pflegt, weist unerwünschte Gäste hinaus, teilt das Geld ein und erheitert die triste Matratzenwelt Heines mit ihren Tändeleien, sogar mit ihren Unachtsamkeiten und manchmal selbst mit ihrem Keifen. In den letzten Jahren kommt die »mouche«, eine unbekannte kleine Schwäbin, die seine Gedichte übersetzt, ein bißchen selber schreiben kann und tröstliche Worte sagt. »Worte, Worte, keine Taten/ Immer Geist und keinen Braten«, ironisiert Heine die Situation, und nur die »pattes du mouche« kann er notfalls zärtlich streicheln. Im Hinterzimmer zürnt begreiflicherweise Mathilde. Das Mitleid der Welt wird sehr rasch geringer. Als Dokument der Leidenszeit steht neben den Briefen Heines letzte Gedichtsammlung mit dem Titel »Romanzero«. Im Kernstück »Zum Lazarus«, schreibt der Dichter überdeutlich, was mit ihm, was ihm geschehen ist.

Die Zeichnung auf Seite 567 ist von Ernst Benedikt Kietz.

Soviel weiß ich, daß sie eine sehr garstige Krankheit ist, die mich Tag und Nacht foltert und nicht bloß mein Nervensystem, sondern auch das Gedankensystem bedenklich zerrüttet hat. In manchen Momenten, besonders wenn die Krämpfe in der Wirbelsäule allzu qualvoll rumoren, durchzuckt mich der Zweifel, ob der Mensch wirklich ein zweibeinichter Gott ist, wie mir der selige Professor Hegel vor fünfundzwanzig Jahren in Berlin versichert hatte. Im Wonnemond des vorigen Jahres mußte ich mich zu Bette legen, und ich bin seitdem nicht wieder aufgestanden. Unterdessen, ich will es freimütig gestehen, ist eine große Umwandlung mit mir vorgegangen: Ich bin kein göttlicher Bipede mehr; ich bin nicht mehr der »freieste Deutsche nach Goethe«, wie mich Ruge in gesündern Tagen genannt hat; ich bin nicht mehr der große Heide Nr. 2, den man mit dem weinlaubumkränzten Dionysus verglich, während man meinem Kollegen Nr. 1 den Titel eines großherzoglich weimarschen Jupiters erteilte; ich bin kein lebensfreudiger, etwas wohlbeleibter Hellene mehr, der auf trübsinnige Nazarener herablächelte – ich bin jetzt nur ein armer todkranker Jude, ein abgezehrtes Bild des Jammers, ein unglücklicher Mensch!

Nachlaß

Ich bitte Sie dringendst, lassen Sie mich nicht lange ohne Bescheid auf den andern Gegenstand, nämlich die Anordnung, den Prospektus, den Sie jetzt, wo ich noch einige Atemzüge, einige Geistbläschen in der Nase habe, nach Ihren Wünschen gemodelt sehen können; wenn ich tot bin, bereuen Sie solche Zögerung gewiß. Das Schreiben wird mir höllisch sauer. Deshalb kann ich mich noch nicht aussprechen über Ihren Wunsch, meine Gedichte unter einem Gesamttitel vereinigt herauszugeben. Warten Sie damit. In der Gesamtausgabe geschieht dieses von selbst, und ich kann da noch die letzten versifizierten Blutstropfen meiner Muse einfließen lassen ...

Könnte ich Sie nur auf einige Stunden mal hier sprechen! welche Erleichterung! Und die Eisenbahnen machen eine kleine Vergnügungsreise nach Paris zu einem wahren Katzensprung. Der Raum existiert nicht mehr. Meine Krankheit wird täglich unerträglicher, und ich schreibe nur mit äußerster Anstrengung. Kann die eignen Schriftzüge nicht sehen. Dabei aber geistig stark, geweckt, ja geweckt, wie ich es nie vorher gewesen. Viel geht mit mir zu Grabe, was die Menschen erfreut hätte; aber da ist nicht zu jammern. Hätte ich einen andern Buchhändler gehabt, wären andre Bücher und gewiß mehr als die vorhandenen zum Vorschein gekommen.

Ich bitte, schreiben Sie mir so bald als möglich Antwort auf den Entwurf und setzen Sie den Druck fest, wenn Sie mit dem Entwurf einverstanden.

Über die Zeitereignisse sage ich nichts; das ist Universalanarchie, Weltkuddelmuddel, sichtbar gewordener Gotteswahnsinn!

Der Alte muß eingesperrt werden, wenn das so fort geht. – Das haben die Atheisten verschuldet, die ihn toll geärgert.

An Julius Campe,
Passy, 9. Juli 1848

Auf die Gefahr hin, der Einfältigkeit beschuldigt zu werden, werde ich Ihnen das große Ereignis meiner Seele nicht weiter verbergen: ich habe den deutschen Atheismus aufgegeben, ich bin nahe daran, in den Schoß des banalsten Glaubens zurückzukehren. Ich beginne zu merken, daß ein ganz kleines bißchen Gott einem armen Mann nicht schaden kann, besonders wenn man sieben Monate auf dem Rücken liegen muß, gepeinigt von den grauenhaftesten Qualen. Ich glaube noch nicht ganz an den Himmel, aber den Vorgeschmack der Hölle habe ich schon durch die Brandwunden, die man mir eben an der Wirbelsäule zugefügt hat; das ist ein Fortschritt, denn ich kann mich dem Teufel übergeben, ein Vorteil, den ich meinen armen atheistischen Landsleuten voraushabe, die das im Augenblick so sehr nötig hätten, besonders in Berlin, wo der König tatsächlich eine sehr gute Verfassung oktroyiert hat, gegen die man aber eine gewisse Abneigung empfindet, vergleichbar dem Widerwillen, den uns der größte Kuchen einflößt bei der Vorstellung, daß er ein wenig Gift enthalten könnte, ein ganz klein wenig preußische Säure.

An François Mignet,
Paris, 17. Januar 1849

Soeben hat mich der Besuch eines dummen Teufels im Schreiben gestört, und was ich Dir noch sagen wollte, entschlüpft meinem Gedächtnisse. –

Du kannst Dir keine Vorstellung machen, wieviel Schmerzen ich erdulde, und es ist ein Wunder, daß ich noch nicht dadurch ganz abrutiert bin. Und dabei keine Hoffnung der Besserung und das trostlose Bewußtsein, daß diese qualvolle Krankheit sich gegen ihr Ende noch schauderhafter gestalten dürfte. Kennst Du jenes schauerliche, peinigende Gefühl, welches ich die Verzweiflung des Leibes nennen möchte? Daran laboriere ich eben heute. Gottlob, daß ich jetzt wieder einen Gott habe, da kann ich mir doch im Übermaß des Schmerzes einige fluchende Gotteslästerungen erlauben: dem Atheisten ist eine solche Labung nicht vergönnt.

An Heinrich Laube,
Paris, 7. Februar 1850

Die Kosten meiner Krankheit sind sehr groß, nicht weil ich viel Doktor und Apotheker nötig habe, sondern weil ich mich durch Geldopfer gegen viele schädliche Influenzen zu bewahren habe. An meiner Krankheit selbst aber ist das allerschlimmste, daß man so lange dabei am Leben bleibt, was Dir freilich, liebe Mutter, nicht das schlimmste dünkt, ich aber, der ich soviel physisch leiden muß und alle Hoffnung der Genesung verliere, ich beneide die Menschen, die von akuten Krankheiten rasch fortgerafft werden. Das Fatale beim Sterben besteht nur darin, daß wir unsere Lieben dadurch in Kummer versetzen. Wie gerne verließe ich die Welt, dächte ich nicht an die Ratlosigkeit meiner armen Verbrengerin, an den Gram der alten Schachtel, die am Dammtor wohnt, und an die Tränchen meiner Schwester, deren Adresse ich immer vergesse. Ich danke ihr für die letzten lieben Mitteilungen. Mein liebes Lottchen macht mir immer die größte Freude, wenn ich Briefe von ihr erhalte. Nur müßt Ihr von mir nicht oft Antwort erwarten, denn es macht mir zuviel Leidwesen, daß ich Euch nur betrübende oder traurige Briefe schreiben und sogar nur durch dritte Hand schreiben kann.

An Betty Heine und Charlotte Embden,
Paris, 15. März 1850

Ich möchte Dich gern überleben, um Dir den Kummer der Nachricht meines Abscheidens zu ersparen, und das ist vielleicht noch das Hauptinteresse, das ich an dem Leben nehme. Wenn ich Dich einmal nicht mehr habe, so werde ich dem Tode mit weit leichterem Herzen entgegensterben. Lottchen hat seine Kinder und seinen Mann, und was meine Frau betrifft, so hat sie ein zu glückliches Naturell, als daß sie mich nicht am Ende entbehren könnte. – Siehst Du, wie recht ich habe, nicht oft zu schreiben; nur melancholische Leichenbitterbriefe. Ich bin ein sehr spaßloser trauriger Narr geworden.

An Betty Heine,
Paris, 15. Juni 1850

Mein Zustand hat sich insofern verschlimmert, daß meine Kontraktionen stärker und dezidierter geworden. Ich liege zusammengekrümmt, Tag und Nacht in Schmerzen, und wenn ich auch an einen Gott glaube, so glaube ich doch manchmal nicht an einen guten Gott. Die Hand dieses großen Tierquälers liegt schwer auf mir. Welch ein gutmütiger und liebenswürdiger Gott war ich in meiner Jugend, als ich mich durch Hegels Gnade zu dieser hohen Stellung emporgeschwungen!

An Heinrich Laube,
Paris, 12. Oktober 1850

Mit mir geht es zwar besser, aber sehr langsam. Seit zwei Jahren brauche ich keine Medizin mehr oder vielmehr leidet meine Frau nicht mehr, daß mir eine Medizinflasche über die Schwelle kommt, und auch alle Ärzte hat sie zum Teufel gejagt, mit Ausnahme eines einzigen, den ich oft monatelang nicht sehe und der von so kleiner Statur ist, daß ich beinahe sagen kann, ich brauche gar keinen Arzt. Man muß von allen Übeln das kleinste wählen. Nichtsdestoweniger glaube ich nicht, daß ich jemals wieder auf gesunde Beine komme. Ich habe mit diesem Leben abgeschlossen, und wenn ich nicht an zu großen Verstopfungen hier auf Erden leide und sicher wäre, daß ich im Himmel einst gut aufgenommen werde, so ertrüge ich geduldig meine Existenz.

Meine beste Freude ist, an Dich liebe Mutter, an Lottchen, an meine Brüder und an die kleine Brut zu denken. Meine Frau führt sich fast exemplarisch auf. Sie erleichtert mir und verschönt mir das Leben, tröstet mich und entzückt mich, stößt mir aber doch manchmal unversehens das Herz ab, durch ihre unheilbare Verbrengerei. Da ist nicht zu helfen; das ist wahrhaftig mein größter Verdruß. Dieses Fieber, beständig Geld auszugeben, ist entsetzlich. Und doch bin ich kein Geizhals. Das Lachen darüber ist mir längst vergangen.

An Betty Heine und Charlotte Embden,
Paris, 12. März 1851

Bleistiftskizze von E. B. Kietz, 1851

ROMANZERO

Waldeinsamkeit

Ich hab in meinen Jugendtagen
Wohl auf dem Haupt einen Kranz getragen;
Die Blumen glänzten wunderbar,
Ein Zauber in dem Kranze war.

Der schöne Kranz gefiel wohl allen,
Doch der ihn trug hat manchem mißfallen;
Ich floh den gelben Menschenneid,
Ich floh in die grüne Waldeinsamkeit.

O schöne Zeit! wo sich zu grünen
Triumphespforten zu wölben schienen
Die Bäume des Waldes – ich ging einher,
Bekränzt, als ob ich der Sieger wär!

Die schöne Zeit, sie ist verschleudert,
Und alles hat sich seitdem verändert,
Und ach! mir ist der Kranz geraubt,
Den ich getragen auf meinem Haupt.

K.-Jammer

Diese graue Wolkenschar
Stieg aus einem Meer von Freuden;
Heute muß ich dafür leiden,
Daß ich gestern glücklich war.

Ach, in Wermut hat verkehrt
Sich der Nektar! Ach, wie quälend
Katzenjammer, Hundeelend
Herz und Magen mir beschwert!

Der Abgekühlte

Und ist man tot, so muß man lang
Im Grabe liegen; ich bin bang,
Ja, ich bin bang, das Auferstehen
Wird nicht so schnell vonstatten gehen.

Noch einmal, eh mein Lebenslicht
Erlöschet, eh mein Herze bricht –
Noch einmal möcht ich vor dem Sterben
Um Frauenhuld beseligt werben.

Und eine Blonde müßt es sein,
Mit Augen sanft wie Mondenschein –
Denn schlecht bekommen mir am Ende
Die wild brünetten Sonnenbrände.

Das junge Volk voll Lebenskraft
Will den Tumult der Leidenschaft,
Das ist ein Rasen, Schwören, Poltern
Und wechselseitges Seelenfoltern!

Unjung und nicht mehr ganz gesund,
Wie ich es bin zu dieser Stund,
Möcht ich noch einmal lieben, schwärmen
Und glücklich sein – doch ohne Lärmen.

Autodafé

Welke Veilchen, stäub'ge Locken,
Ein verblichen blaues Band,
Halb zerrissene Billette,
Längst vergeßner Herzenstand –

In die Flammen des Kamines
Werf ich sie verdroßnen Blicks;
Ängstlich knistern diese Trümmer
Meines Glücks und Mißgeschicks.

Liebesschwüre, flatterhafte
Falsche Eide, in den Schlot
Fliegen sie hinauf – es kichert
Unsichtbar der kleine Gott.

Bei den Flammen des Kamines
Sitz ich träumend, und ich seh,
Wie die Fünkchen in der Asche
Still verglühn – Gut' Nacht – Ade!

Gedächtnisfeier

Keine Messe wird man singen,
Keinen Kadosch wird man sagen,
Nichts gesagt und nichts gesungen
Wird an meinen Sterbetagen.

Doch vielleicht an solchem Tage,
Wenn das Wetter schön und milde,
Geht spazieren auf Montmartre
Mit Paulinen Frau Mathilde.

Mit dem Kranz von Immortellen
Kommt sie mir das Grab zu schmücken,
Und sie seufzet: Pauvre homme!
Feuchte Wehmut in den Blicken.

Leider wohn ich viel zu hoch,
Und ich habe meiner Süßen
Keinen Stuhl hier anzubieten;
Ach! sie schwankt mit müden Füßen.

Süßes, dickes Kind, du darfst
Nicht zu Fuß nach Hause gehen;
An dem Barrieregitter
Siehst du die Fiaker stehen.

Frau Sorge

In meines Glückes Sonnenglanz,
Da gaukelte fröhlich der Mückentanz.
Die lieben Freunde liebten mich
Und teilten mit mir brüderlich
Wohl meinen besten Braten
Und meinen letzten Dukaten.

Das Glück ist fort, der Beutel leer,
Und hab auch keine Freunde mehr;
Erloschen ist der Sonnenglanz,
Zerstoben ist der Mückentanz,
Die Freunde, so wie die Mücke,
Verschwinden mit dem Glücke.

An meinem Bett in der Winternacht
Als Wärterin die Sorge wacht.
Sie trägt eine weiße Unterjack',
Ein schwarzes Mützchen, und schnupft Tabak.
Die Dose knarrt so gräßlich,
Die Alte nickt so häßlich.

Mir träumt manchmal, gekommen sei
Zurück das Glück und der junge Mai
Und die Freundschaft und der Mückenschwarm –
Da knarrt die Dose – daß Gott erbarm,
Es platzt die Seifenblase –
Die Alte schneuzt die Nase.

An die Engel

Das ist der böse Thanatos,
Er kommt auf einem fahlen Roß;
Ich hör den Hufschlag, hör den Trab,
Der dunkle Reiter holt mich ab –
Er reißt mich fort, Mathilden soll ich lassen,
Oh, den Gedanken kann mein Herz nicht fassen!

Sie war mir Weib und Kind zugleich,
Und geh ich in das Schattenreich,
Wird Witwe sie und Waise sein!
Ich laß in dieser Welt allein
Das Weib, das Kind, das, trauend meinem Mute,
Sorglos und treu an meinem Herzen ruhte.

Ihr Engel in den Himmelshöhn,
Vernehmt mein Schluchzen und mein Flehn:
Beschützt, wenn ich im öden Grab,
Das Weib, das ich geliebet hab;
Seid Schild und Vögte eurem Ebenbilde,
Beschützt, beschirmt mein armes Kind, Mathilde.

Bei allen Tränen, die ihr je
Geweint um unser Menschenweh,
Beim Wort, das nur der Priester kennt
Und niemals ohne Schauder nennt,
Bei eurer eignen Schönheit, Huld und Milde,
Beschwör ich euch, ihr Engel, schützt Mathilde.

Böses Geträume

Im Traum war ich wieder jung und munter –
Es war das Landhaus hoch am Bergesrand,
Wettlaufend lief ich dort den Pfad hinunter,
Wettlaufend mit Ottilien Hand in Hand.

Wie das Persönchen fein formiert! Die süßen
Meergrünen Augen zwinkern nixenhaft.
Sie steht so fest auf ihren kleinen Füßen,
Ein Bild von Zierlichkeit, vereint mit Kraft.

Der Ton der Stimme ist so treu und innig,
Man glaubt zu schaun bis in der Seele Grund;
Und alles was sie spricht ist klug und sinnig;
Wie eine Rosenknospe ist der Mund.

Es ist nicht Liebesweh, was mich beschleichet,
Ich schwärme nicht, ich bleibe bei Verstand; –
Doch wunderbar ihr Wesen mich erweichet,
Und heimlich bebend küß ich ihre Hand.

Ich glaub, am Ende brach ich eine Lilie,
Die gab ich ihr und sprach ganz laut dabei:
Heirate mich und sei mein Weib, Ottilie,
Damit ich fromm wie du und glücklich sei.

Was sie zur Antwort gab, das weiß ich nimmer,
Denn ich erwachte jählings – und ich war
Wieder ein Kranker, der im Krankenzimmer
Trostlos daniederliegt seit manchem Jahr. – –

Sie erlischt

Der Vorhang fällt, das Stück ist aus,
Und Herrn und Damen gehn nach Haus.
Ob ihnen auch das Stück gefallen?
Ich glaub, ich hörte Beifall schallen.
Ein hochverehrtes Publikum
Beklatschte dankbar seinen Dichter.
Jetzt aber ist das Haus so stumm,
Und sind verschwunden Lust und Lichter.

Doch horch! ein schollernd schnöder Klang
Ertönt unfern der öden Bühne; –
Vielleicht daß eine Saite sprang
An einer alten Violine.
Verdrießlich rascheln im Parterr
Etwelche Ratten hin und her,
Und alles riecht nach ranzgem Öle.
Die letzte Lampe ächzt und zischt
Verzweiflungsvoll, und sie erlischt.
Das arme Licht war meine Seele.

Vermächtnis

Nun mein Leben geht zu End,
Mach ich auch mein Testament;
Christlich will ich drin bedenken
Meine Feinde mit Geschenken.

Diese würdgen, tugendfesten
Widersacher sollen erben
All mein Siechtum und Verderben,
Meine sämtlichen Gebresten.

Ich vermach euch die Koliken,
Die den Bauch wie Zangen zwicken,
Harnbeschwerden, die perfiden
Preußischen Hämorrhoiden.

Meine Krämpfe sollt ihr haben,
Speichelfluß und Gliederzucken,
Knochendarre in dem Rucken,
Lauter schöne Gottesgaben,

Kodizill zu dem Vermächtnis:
In Vergessenheit versenken
Soll der Herr eur Angedenken,
Er vertilge eur Gedächtnis.

Enfant Perdu

Verlorner Posten in dem Freiheitskriege,
Hielt ich seit dreißig Jahren treulich aus.
Ich kämpfe ohne Hoffnung, daß ich siege,
Ich wußte, nie komm ich gesund nach Haus.

Ich wachte Tag und Nacht – Ich konnt nicht schlafen,
Wie in dem Lagerzelt der Freunde Schar –
(Auch hielt das laute Schnarchen dieser Braven
Mich wach, wenn ich ein bißchen schlummrig war).

In jenen Nächten hat Langweil' ergriffen
Mich oft, auch Furcht – (nur Narren fürchten nichts) –
Sie zu verscheuchen, hab ich dann gepfiffen
Die frechen Reime eines Spottgedichts.

Ja, wachsam stand ich, das Gewehr im Arme,
Und nahte irgendein verdächt'ger Gauch,
So schoß ich gut und jagt ihm eine warme,
Brühwarme Kugel in den schnöden Bauch.

Mitunter freilich mocht es sich ereignen,
Daß solch ein schlechter Gauch gleichfalls sehr gut
Zu schießen wußte – ach, ich kann's nicht leugnen –
Die Wunden klaffen – es verströmt mein Blut.

Ein Posten ist vakant! – Die Wunden klaffen –
Der eine fällt, die andern rücken nach –
Doch fall ich unbesiegt, und meine Waffen
Sind nicht gebrochen – nur mein Herze brach.

Wenn man auf dem Sterbebette liegt, wird man sehr empfindsam und weichselig und möchte Frieden machen mit Gott und der Welt. Ich gestehe es, ich habe manchen gekratzt, manchen gebissen und war kein Lamm. Aber glaubt mir, jene gepriesenen Lämmer der Sanftmut würden sich minder frömmig gebärden, besäßen sie die Zähne und die Tatzen des Tigers. Ich kann mich rühmen, daß ich mich solcher angebornen Waffen nur selten bedient habe. Seit ich selbst der Barmherzigkeit Gottes bedürftig, habe ich allen meinen Feinden Amnestie erteilt; manche schöne Gedichte, die gegen sehr hohe und sehr niedrige Personen gerichtet waren, wurden deshalb in vorliegender Sammlung nicht aufgenommen. Gedichte, die nur halbwegs Anzüglichkeiten gegen den lieben Gott selbst enthielten, habe ich mit ängstlichstem Eifer den Flammen überliefert. Es ist besser, daß die Verse brennen als der Versifex. Ja, wie mit der Kreatur, habe ich auch mit dem Schöpfer Frieden gemacht, zum größten Ärgernis meiner aufgeklärten Freunde, die mir Vorwürfe machten über dieses Zurückfallen in den alten Aberglauben, wie sie meine Heimkehr zu Gott zu nennen beliebten. Andere, in ihrer Intoleranz, äußerten sich noch herber. Der gesamte hohe Klerus des Atheismus hat sein Anathema über mich ausgesprochen, und es gibt fanatische Pfaffen des Unglaubens, die mich gerne auf die Folter spannten, damit ich meine Ketzereien bekenne. Zum Glück stehen ihnen keine anderen Folterinstrumente zu Gebote als ihre Schriften. Aber ich will auch ohne Tortur alles bekennen. Ja, ich bin zurückgekehrt zu Gott wie der verlorene Sohn, nachdem ich lange Zeit bei den Hegelianern die Schweine gehütet. War es die Misère, die mich zurücktrieb? Vielleicht ein minder miserabler Grund. Das himmlische Heimweh überfiel mich und trieb mich fort durch Wälder und Schluchten, über die schwindligsten Bergpfade der Dialektik. Auf meinem Wege fand ich den Gott der Pantheisten, aber ich konnte ihn nicht gebrauchen. Dies arme träumerische Wesen ist mit der Welt verwebt und verwachsen, gleichsam in ihr eingekerkert, und gähnt dich an, willenlos und ohnmächtig. Um einen Willen zu haben, muß man eine Person sein, und, um ihn zu manifestieren, muß man auch seine Persönlichkeit, seine Außerweltlichkeit und seine heiligen Attribute, die Allgüte, die Allweisheit, die Allgerechtigkeit usw. annehmen. Die Unsterblichkeit der Seele, unsre Fortdauer nach dem Tode, wird uns alsdann gleichsam mit in den Kauf gegeben, wie der schöne Markknochen, den der Fleischer, wenn er mit seinen Kunden zufrieden ist, ihnen unentgeltlich in den Korb schiebt. Ein solcher schöner Markknochen wird in der französischen Küchensprache la réjouissance genannt, und man kocht damit ganz vorzügliche Kraftbrühen, die für einen armen schmachtenden Kranken sehr stärkend und labend sind. Daß ich eine solche réjouissance nicht ablehnte und sie mir vielmehr mit Behagen zu Gemüte führte, wird jeder fühlende Mensch billigen.

Ich habe vom Gott der Pantheisten geredet, aber ich kann nicht umhin zu bemerken, daß er im Grunde gar kein Gott ist, so wie überhaupt die Pantheisten eigentlich nur verschämte Atheisten sind, die sich weniger vor der Sache als vor dem Schatten, den sie an die Wand wirft, vor dem Namen, fürchten. Auch haben die meisten in Deutschland während der Restaurationszeit mit dem lieben Gotte dieselbe fünfzehnjährige Komödie gespielt, welche hier in Frankreich die konstitutionellen Royalisten, die größtenteils im Herzen Republikaner waren, mit dem Königtume spielten. Nach der Juliusrevolution ließ man jenseits wie diesseits des Rheines die Maske fallen. Seitdem, besonders aber nach dem Sturz Ludwig Philipps, des besten Monarchen, der jemals die konstitutionelle Dornenkrone trug, bildete sich hier in Frankreich die Meinung: daß nur zwei Regierungsformen, das absolute Königtum und die Republik, die Kritik der Vernunft oder der Erfahrung aushielten, daß man eins von beiden wählen müsse, daß alles dazwischen liegende Mischwerk unwahr, unhaltbar und verderblich sei. In derselben Weise tauchte in Deutschland die Ansicht auf, daß man wählen müsse zwischen der Religion und der Philosophie, zwischen dem geoffenbarten Dogma des Glaubens und der letzten Konsequenz des Denkens, zwischen dem absoluten Bibelgott und dem Atheismus.

Je entschiedener die Gemüter, desto leichter werden sie das Opfer solcher Dilemmen. Was mich betrifft, so kann ich mich in der Politik keines sonderlichen Fortschritts rühmen; ich verharrte bei denselben demokratischen Prinzipien, denen meine früheste Jugend huldigte und für die ich seitdem immer flammender erglühte. In der Theologie hingegen muß ich mich des Rückschreitens beschuldigen, indem ich, was ich bereits oben gestanden, zu dem alten Aberglauben, zu einem persönlichen Gotte, zurückkehrte. Das läßt sich nun einmal nicht vertuschen, wie es mancher aufgeklärte und wohlmeinende Freund versuchte. Ausdrücklich widersprechen muß ich jedoch dem Gerüchte, als hätten mich meine Rückschritte bis zur Schwelle irgendeiner Kirche oder gar in ihren Schoß geführt. Nein, meine religiösen Überzeugungen und Ansichten sind frei geblieben von jeder Kirchlichkeit; kein Glockenschlag hat mich verlockt, keine Altarkerze hat mich geblendet. Ich habe mit keiner Symbolik gespielt und meiner Vernunft nicht ganz entsagt. Ich habe nichts abgeschworen, nicht einmal meine alten Heidengötter, von denen ich mich zwar abgewendet, aber scheidend in Liebe und Freundschaft. Es war im Mai 1848, an dem Tage, wo ich zum letzten Male ausging, als ich Abschied nahm von den holden Idolen, die ich angebetet in den Zeiten meines Glücks. Nur mit Mühe schleppte ich mich bis zum Louvre, und ich brach fast zusammen, als ich in den erhabenen Saal trat, wo die hochgebenedeite Göttin der Schönheit, Unsere liebe Frau von Milo, auf ihrem Postamente steht. Zu ihren Füßen lag ich lange, und ich weinte so heftig, daß sich dessen ein

Stein erbarmen mußte. Auch schaute die Göttin mitleidig auf mich herab, doch zugleich so trostlos, als wollte sie sagen: siehst du denn nicht, daß ich keine Arme habe und also nicht helfen kann?

Ich breche hier ab, denn ich gerate in einen larmoyanten Ton, der vielleicht überhandnehmen kann, wenn ich bedenke, daß ich jetzt auch von Dir, teurer Leser, Abschied nehmen soll. Eine gewisse Rührung beschleicht mich bei diesem Gedanken; denn ungern trenne ich mich von Dir. Der Autor gewöhnt sich am Ende an sein Publikum, als wäre es ein vernünftiges Wesen. Auch Dich scheint es zu betrüben, daß ich Dir Valet sagen muß; Du bist gerührt, mein teurer Leser, und kostbare Perlen fallen aus Deinen Tränensäckchen. Doch beruhige Dich, wir werden uns wiedersehen in einer besseren Welt, wo ich Dir auch bessere Bücher zu schreiben gedenke. Ich setze voraus, daß sich dort auch meine Gesundheit bessert und daß mich Swedenborg nicht belogen hat. Dieser erzählt nämlich mit großer Zuversicht, daß wir in der andern Welt das alte Treiben, ganz wie wir es in dieser Welt getrieben, ruhig fortsetzen, daß wir dort unsere Individualität unverändert bewahren und daß der Tod in unserer organischen Entwickelung gar keine sonderliche Störung hervorbringe.

Wie sträubt sich unsere Seele gegen den Gedanken des Aufhörens unserer Persönlichkeit, der ewigen Vernichtung! Der horror vacui, den man der Natur zuschreibt, ist vielmehr dem menschlichen Gemüte angeboren.

Und nun, lebe wohl, und wenn ich Dir etwas schuldig bin, so schicke mir Deine Rechnung. –

Heinrich Heine

Geschrieben zu Paris, den 30. September 1851

Ja, ich hatte in dieser Welt Feinde von der blutdürstigsten Sorte, sowohl männliche als weibliche Shylocks, die danach lechzten, ein Stück Fleisch aus meinem Herzen zu schneiden, und wirklich ein kleines Stückchen daraus geschnitten haben. Ich will nicht sagen, daß ich ihnen verzeihe, aber auch diese Feinde will ich nicht anklagen als die eigentlichen Urheber meines Unglücks; sie waren nur blinde Werkzeuge eines höheren Willens, nur Automaten, deren Drähte droben im Himmel gelenkt wurden. Nur du, o Gott! bist der wahre Urheber meines Untergangs; jene arme Menschen tragen nicht die Schuld. O Gott! Du wolltest, daß ich zugrunde ging, und ich ging zugrunde. Gelobt sei der Herr! Er hat mich herabgestürzt von dem Postamente meines Stolzes, und ich, der ich in meinem dialektischen Dünkel mich selber für einen Gott hielt und Gefühle hegte und Tugenden übte, die nur einem Gotte ziemten – ich liege jetzt am Boden, arm und elend, und krümme mich wie ein Wurm. Gelobt sei der Herr! Ich trage mit Ergebung meine Qualen, und ich leere den Kelch der Erniedrigung, ohne mit den Lippen zu zucken, bis zum letzten Tropfen. Weiß ich doch, daß ich aus dieser Erniedrigung auferstehe, gerechtfertigt, geheiligt und gefeiert.

Entwurf eines Begleitschreibens zum rechtsgültigen Testament vom 13. November 1851

Gedichte

1853 – 1854

Zum Lazarus

Laß die heilgen Parabolen,
Laß die frommen Hypothesen –
Suche die verdammten Fragen
Ohne Umschweif uns zu lösen.

Warum schleppt sich blutend, elend,
Unter Kreuzlast der Gerechte,
Während glücklich als ein Sieger
Trabt auf hohem Roß der Schlechte?

Woran liegt die Schuld? Ist etwa
Unser Herr nicht ganz allmächtig?
Oder treibt er selbst den Unfug?
Ach, das wäre niederträchtig.

Also fragen wir beständig,
Bis man uns mit einer Handvoll
Erde endlich stopft die Mäuler –
Aber ist das eine Antwort?

Es hatte mein Haupt die schwarze Frau
Zärtlich ans Herz geschlossen;
Ach! meine Haare wurden grau,
Wo ihre Tränen geflossen.

Sie küßte mich lahm, sie küßte mich krank,
Sie küßte mir blind die Augen;
Das Mark aus meinem Rückgrat trank
Ihr Mund mit wildem Saugen.

Mein Leib ist jetzt ein Leichnam, worin
Der Geist ist eingekerkert –
Manchmal wird ihm unwirsch zu Sinn,
Er tobt und rast und berserkert.

Ohnmächtige Flüche! Dein schlimmster Fluch
Wird keine Fliege töten.
Ertrage die Schickung und versuch
Gelinde zu flennen, zu beten.

Wie langsam kriechet sie dahin,
Die Zeit, die schauderhafte Schnecke!
Ich aber, ganz bewegungslos
Blieb ich hier auf demselben Flecke.

In meine dunkle Zelle dringt
Kein Sonnenstrahl, kein Hoffnungsschimmer,
Ich weiß, nur mit der Kirchhofsgruft
Vertausch ich dies fatale Zimmer.

Vielleicht bin ich gestorben längst;
Es sind vielleicht nur Spukgestalten
Die Phantasien, die des Nachts
Im Hirn den bunten Umzug halten.

Es mögen wohl Gespenster sein,
Altheidnisch göttlichen Gelichters;
Sie wählen gern zum Tummelplatz
Den Schädel eines toten Dichters. –

Die schaurig süßen Orgia,
Das nächtlich tolle Geistertreiben,
Sucht des Poeten Leichenhand
Manchmal am Morgen aufzuschreiben.

Einst sah ich viele Blumen blühen
An meinem Weg; jedoch zu faul,
Mich pflückend nieder zu bemühen,
Ritt ich vorbei auf stolzem Gaul.

Jetzt, wo ich todessiech und elend,
Jetzt, wo geschaufelt schon die Gruft,
Oft im Gedächtnis höhnend, quälend,
Spukt der verschmähten Blumen Duft.

Besonders eine feuergelbe
Viole brennt mir stets im Hirn.
Wie reut es mich, daß ich dieselbe
Nicht einst genoß, die tolle Dirn.

Mein Trost ist: Lethes Wasser haben
Noch jetzt verloren nicht die Macht,
Das dumme Menschenherz zu laben
Mit des Vergessens süßer Nacht.

Ich sah sie lachen, sah sie lächeln,
Ich sah sie ganz zugrunde gehn;
Ich hört ihr Weinen und ihr Röcheln,
Und habe ruhig zugesehn.

Leidtragend folgt ich ihren Särgen,
Und bis zum Kirchhof ging ich mit;
Hernach, ich will es nicht verbergen,
Speist ich zu Mittag mit Apptit.

Doch jetzt auf einmal mit Betrübnis
Denk ich der längstverstorbnen Schar;
Wie lodernd plötzliche Verliebnis
Stürmts auf im Herzen wunderbar!

Besonders sind es Julchens Tränen,
Die im Gedächtnis rinnen mir;
Die Wehmut wird zu wildem Sehnen,
Und Tag und Nacht ruf ich nach ihr! – –

Oft kommt zu mir die tote Blume
Im Fiebertraum; alsdann zumut
Ist mir, als böte sie posthume
Gewährung meiner Liebesglut.

O zärtliches Phantom, umschließe
Mich fest und fester, deinen Mund
Drück ihn auf meinen Mund – versüße
Die Bitternis der letzten Stund!

Vom Schöppenstuhle der Vernunft
Bist du vollständig freigesprochen;
Das Urteil sagt: die Kleine hat
Durch Tun und Reden nichts verbrochen.

Ja, stumm und tatlos standest du,
Als mich verzehrten tolle Flammen –
Du schürtest nicht, du sprachst kein Wort.
Und doch muß dich mein Herz verdammen.

In meinen Träumen jede Nacht
Klagt eine Stimme, die bezichtet
Des bösen Willens dich, und sagt,
Du habest mich zugrund gerichtet.

Sie bringt Beweis und Zeugnis bei,
Sie schleppt ein Bündel von Urkunden;
Jedoch am Morgen, mit dem Traum,
Ist auch die Klägerin verschwunden.

Sie hat in meines Herzens Grund
Mit ihren Akten sich geflüchtet –
Nur eins bleibt im Gedächtnis mir,
Das ist: ich bin zugrund gerichtet.

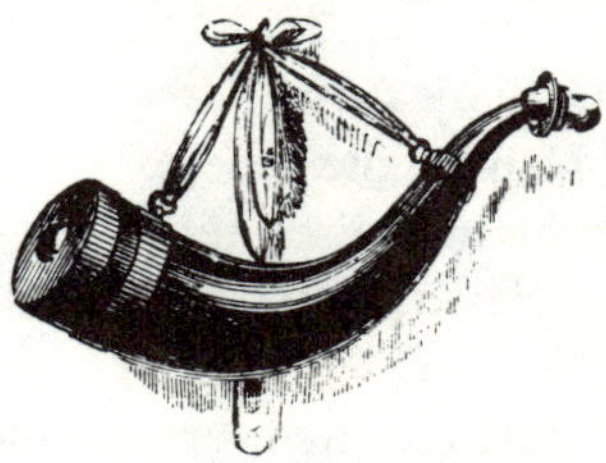

Ein Wetterstrahl, beleuchtend plötzlich
Des Abgrunds Nacht, war mir dein Brief;
Er zeigte blendend hell, wie tief
Mein Unglück ist, wie tief entsetzlich.

Selbst dich ergreift ein Mitgefühl!
Dich, die in meines Lebens Wildnis
So schweigsam standest, wie ein Bildnis,
Das marmorschön und marmorkühl.

O Gott, wie muß ich elend sein!
Denn sie sogar beginnt zu sprechen,
Aus ihrem Auge Tränen brechen,
Der Stein sogar erbarmt sich mein!

Erschüttert hat mich, was ich sah!
Auch du erbarm dich mein und spende
Die Ruhe mir, o Gott, und ende
Die schreckliche Tragödia.

Es sitzen am Kreuzweg drei Frauen,
Sie grinsen und spinnen,
Sie seufzen und sinnen;
Sie sind gar häßlich anzuschauen.

Die erste trägt den Rocken,
Sie dreht die Fäden,
Befeuchtet jeden;
Deshalb ist die Hängelippe so trocken.

Die zweite läßt tanzen die Spindel;
Das wirbelt im Kreise,
In drolliger Weise;
Die Augen der Alten sind rot wie Zindel.

Es hält die dritte Parze
In Händen die Schere,
Sie summt Miserere;
Die Nase ist spitz, drauf sitzt eine Warze.

O spute dich und zerschneide
Den Faden, den bösen,
Und laß mich genesen,
Von diesem schrecklichen Lebensleide!

Mich locken nicht die Himmelsauen
Im Paradies, im sel'gen Land;
Dort find ich keine schönre Frauen,
Als ich bereits auf Erden fand.

Kein Engel mit den feinsten Schwingen
Könnt mir ersetzen dort mein Weib;
Auf Wolken sitzend Psalmen singen,
Wär auch nicht just mein Zeitvertreib.

O Herr! ich glaub, es wär das beste,
Du ließest mich in dieser Welt;
Heil nur zuvor mein Leibgebreste,
Und sorge auch für etwas Geld.

Ich weiß, es ist voll Sünd' und Laster
Die Welt; jedoch ich bin einmal
Gewöhnt, auf diesem Erdpechpflaster
Zu schlendern durch das Jammertal.

Genieren wird das Weltgetreibe
Mich nie, denn selten geh ich aus;
In Schlafrock und Pantoffeln bleibe
Ich gern bei meiner Frau zu Haus.

Laß mich bei Ihr! Hör ich sie schwätzen,
Trinkt meine Seele die Musik
Der holden Stimme mit Ergötzen.
So treu und ehrlich ist ihr Blick!

Gesundheit nur und Geldzulage
Verlang ich, Herr! O laß mich froh
Hinleben noch viel schöne Tage
Bei meiner Frau im statu quo!

Lamentationen

1848 – 1856

Wo?

Wo wird einst des Wandermüden
Letzte Ruhestätte sein?
Unter Palmen in dem Süden?
Unter Linden an dem Rhein?

Werd ich wo in einer Wüste
Eingescharrt von fremder Hand?

Oder ruh ich an der Küste
Eines Meeres in dem Sand?

Immerhin? Mich wird umgeben
Gotteshimmel, dort wie hier,
Und als Totenlampen schweben
Nachts die Sterne über mir.

Für eine Grille – keckes Wagen! –
Hab ich das Leben eingesetzt;
Und nun das Spiel verloren jetzt,
Mein Herz, du darfst dich nicht beklagen.

Die Sachsen sagen: »Minschenwille
Ist Minschen-Himmelryk« – Ich gab
Das Leben hin, jedoch ich hab
Verwirklicht meines Herzens Grille!

Die Seligkeit, die ich empfunden
Darob, war nur von kurzer Frist;
Doch wer von Wonne trunken ist,
Der rechnet nicht nach eitel Stunden.

Wo Seligkeit, ist Ewigkeit;
Hier lodern alle Liebesflammen
In eine einzge Glut zusammen,
Hier gibt es weder Raum noch Zeit.

Sie küßten mich mit ihren falschen Lippen,
Sie haben mir kredenzt den Saft der Reben,
Sie haben mich dabei mit Gift vergeben –
Das taten mir die Magen und die Sippen.

Es schmilzt das Fleisch von meinen armen Rippen,
Ich kann mich nicht vom Siechbett mehr erheben,

Arglistig stahlen sie mein junges Leben –
Das taten mir die Magen und die Sippen.

Ich bin ein Christ – wie es im Kirchenbuche
Bescheinigt steht – deshalb, bevor ich sterbe,
Will ich euch fromm und brüderlich verzeihen.

Es wird mir sauer – ach! mit einem Fluche
Möcht ich weit lieber euch vermaledeien:
Daß euch der Herr verdamme und verderbe!

Wer ein Herz hat und im Herzen
Liebe trägt, ist überwunden
Schon zur Hälfte; und so lieg ich
Jetzt geknebelt und gebunden – – –

Wenn ich sterbe, wird die Zunge
Ausgeschnitten meiner Leiche;
Denn sie fürchten, redend käm ich
Wieder aus dem Schattenreiche.

Stumm verfaulen wird der Tote
In der Gruft, und nie verraten
Werd ich die an mir verübten
Lächerlichen Freveltaten.

Mein Tag war heiter, glücklich meine Nacht.
Mir jauchzte stets mein Volk, wenn ich die Leier
Der Dichtkunst schlug. Mein Lied war Lust und Feuer,
Hat manche schöne Gluten angefacht.

Noch blüht mein Sommer, dennoch eingebracht
Hab ich die Ernte schon in meine Scheuer –
Und jetzt soll ich verlassen, was so teuer,
So lieb und teuer mir die Welt gemacht!

Der Hand entsinkt das Saitenspiel. In Scherben
Zerbricht das Glas, das ich so fröhlich eben
An meine übermütgen Lippen preßte.

O Gott! wie häßlich bitter ist das Sterben!
O Gott! wie süß und traulich läßt sich leben
In diesem traulich süßen Erdenneste!

Ewigkeit, wie bist du lang,
Länger noch als tausend Jahr;
Tausend Jahre brat ich schon,
Ach! und ich bin noch nicht gar.

Ewigkeit, wie bist du lang,
Länger noch als tausend Jahr;
Und der Satan kommt am End,
Frißt mich auf mit Haut und Haar.

Mittelalterliche Roheit
Weicht dem Aufschwung schöner Künste:
Instrument moderner Bildung
Ist vorzüglich das Klavier.

Auch die Eisenbahnen wirken
Heilsam aufs Familienleben,
Sintemal sie uns erleichtern
Die Entfernung von der Sippschaft.

Wie bedaur ich, daß die Darre
Meines Rückgratmarks mich hindert,
Lange Zeit noch zu verweilen
In dergleichen Fortschrittswelt!

Stunden, Tage, Ewigkeiten
Sind es, die wie Schnecken gleiten;
Diese grauen Riesenschnecken
Ihre Hörner weit ausrecken.

Manchmal in der öden Leere,
Manchmal in dem Nebelmeere
Strahlt ein Licht, das süß und golden,
Wie die Augen meiner Holden.

Doch im selben Nu zerstäubet
Diese Wonne, und mir bleibet
Das Bewußtsein nur, das schwere,
Meiner schrecklichen Misere.

Ganz entsetzlich ungesund
Ist die Erde, und zugrund,
Ja, zugrund muß alles gehn,
Was hienieden groß und schön.

Sind es alten Wahns Phantasmen,
Die dem Boden als Miasmen
Stumm entsteigen und die Lüfte
Schwängern mit dem argen Gifte?

Holde Frauenblumen, welche
Kaum erschlossen ihre Kelche
Den geliebten Sonnenküssen,
Hat der Tod schon fortgerissen.

Helden, trabend hoch zu Roß,
Trifft unsichtbar das Geschoß;
Und die Kröten sich beeifern,
Ihren Lorbeer zu begeifern.

Was noch gestern stolz gelodert,
Das ist heute schon vermodert;
Seine Leier mit Verdruß
Bricht entzwei der Genius.

O wie klug sind doch die Sterne!
Halten sich in sichrer Ferne
Von dem bösen Erdenrund,
Das so tödlich ungesund.

Kluge Sterne wollen nicht
Leben, Ruhe, Himmelslicht
Hier einbüßen, hier auf Erden,
Und mit uns elendig werden –

Wollen nicht mit uns versinken
In den Twieten, welche stinken,
In dem Mist, wo Würmer kriechen,
Welche auch nicht lieblich riechen –

Wollen immer ferne bleiben
Vom fatalen Erdentreiben,
Von dem Klüngel und Geruddel,
Von dem Erdenkuddelmuddel.

Mitleidsvoll aus ihrer Höhe
Schaun sie oft auf unser Wehe;
Eine goldne Träne fällt
Dann herab auf diese Welt.

Die Söhne des Glückes beneid ich nicht
Ob ihrem Leben, beneiden
Will ich sie nur ob ihrem Tod,
Dem schmerzlos raschen Verscheiden.

Im Prachtgewand, das Haupt bekränzt,
Und Lachen auf der Lippe,
Sitzen sie froh beim Lebensbankett –
Da trifft sie jählings die Hippe.

Im Festkleid und mit Rosen geschmückt,
Die noch wie lebend blühten,
Gelangen in das Schattenreich
Fortunas Favoriten.

Nie hatte Siechtum sie entstellt,
Sind Tote von guter Miene,
Und huldreich empfängt sie an ihrem Hof
Zarewna Proserpine.

Wie sehr muß ich beneiden ihr Los!
Schon sieben Jahre mit herben,
Qualvollen Gebresten wälz ich mich
Am Boden, und kann nicht sterben!

O Gott, verkürze meine Qual,
Damit man mich bald begrabe;
Du weißt ja, daß ich kein Talent
Zum Martyrtume habe.

Ob deiner Inkonsequenz, o Herr,
Erlaube, daß ich staune:
Du schufest den fröhlichsten Dichter, und raubst
Ihm jetzt seine gute Laune.

Der Schmerz verdumpft den heitern Sinn
Und macht mich melancholisch;
Nimmt nicht der traurige Spaß ein End,
So werd ich am Ende katholisch.

Ich heule dir dann die Ohren voll,
Wie andre gute Christen –
O Miserere! Verloren geht
Der beste der Humoristen!

Morphine

Groß ist die Ähnlichkeit der beiden schönen
Jünglingsgestalten, ob der eine gleich
Viel blässer als der andre, auch viel strenger,
Fast möcht ich sagen viel vornehmer aussieht
Als jener andre, welcher mich vertraulich
In seine Arme schloß – Wie lieblich sanft
War dann sein Lächeln, und sein Blick wie selig!
Dann mocht es wohl geschehn, daß seines Hauptes
Mohnblumenkranz auch meine Stirn berührte
Und seltsam duftend allen Schmerz verscheuchte
Aus meiner Seel – Doch solche Linderung,
Sie dauert kurze Zeit; genesen gänzlich
Kann ich nur dann, wenn seine Fackel senkt
Der andre Bruder, der so ernst und bleich. –
Gut ist der Schlaf, der Tod ist besser – freilich
Das Beste wäre, nie geboren sein.

Der Scheidende

Erstorben ist in meiner Brust
Jedwede weltlich eitle Lust,
Schier ist mir auch erstorben drin
Der Haß des Schlechten, sogar der Sinn
Für eigne wie für fremde Not –
Und in mir lebt nur noch der Tod!

Der Vorhang fällt, das Stück ist aus,
Und gähnend wandelt jetzt nach Haus
Mein liebes deutsches Publikum,
Die guten Leutchen sind nicht dumm;
Das speist jetzt ganz vergnügt zu Nacht,
Und trinkt sein Schöppchen, singt und lacht –
Er hatte recht, der edle Heros,
Der weiland sprach im Buch Homeros':
Der kleinste lebendige Philister
Zu Stukkert am Neckar, viel glücklicher ist er,
Als ich, der Pelide, der tote Held,
Der Schattenfürst in der Unterwelt.

Ich seh im Stundenglase schon
Den kargen Sand zerrinnen.
Mein Weib, du engelsüße Person!
Mich reißt der Tod von hinnen.

Er reißt mich aus deinem Arm, mein Weib,
Da hilft kein Widerstehen,
Er reißt die Seele aus dem Leib –
Sie will vor Angst vergehen.

Er jagt sie aus dem alten Haus,
Wo sie so gerne bliebe.
Sie zittert und flattert – Wo soll ich hinaus?
Ihr ist wie dem Floh im Siebe.

Das kann ich nicht ändern, wie sehr ich mich sträub,
Wie sehr ich mich winde und wende;
Der Mann und das Weib, die Seel und der Leib,
Sie müssen sich trennen am Ende.

Den Strauß, den mir Mathilde band
Und lächelnd brachte, mit bittender Hand
Weis ich ihn ab – Nicht ohne Grauen
Kann ich die blühenden Blumen schauen.

Sie sagen mir, daß ich nicht mehr
Dem schönen Leben angehör,
Daß ich verfallen dem Totenreiche,
Ich arme unbegrabene Leiche.

Wenn ich die Blumen rieche, befällt
Mich heftiges Weinen – Von dieser Welt
Voll Schönheit und Sonne, voll Lust und Lieben,
Sind mir die Tränen nur geblieben.

Wie glücklich war ich, wenn ich sah
Den Tanz der Ratten der Opera –
Jetzt hör ich schon das fatale Geschlürfe
Der Kirchhofratten und Grabmaulwürfe.

O Blumendüfte, ihr ruft empor
Ein ganzes Ballet, ein ganzes Chor
Von parfümierten Erinnerungen –
Das kommt auf einmal herangesprungen,

Mit Kastagnetten und Zimbelklang,
In flittrigen Röckchen, die nicht zu lang;
Doch all ihr Tändeln und Kichern und Lachen,
Es kann mich nur noch verdrießlicher machen!

Fort mit den Blumen! Ich kann nicht ertragen
Die Düfte, die von alten Tagen
Mir boshaft erzählt viel holde Schwänke –
Ich weine, wenn ich ihrer gedenke. –

Ich war, o Lamm, als Hirt bestellt,
Zu hüten dich auf dieser Welt.
Hab dich mit meinem Brot geätzt,
Mit Wasser aus dem Born geletzt.
Wenn kalt der Wintersturm gelärmt,
Hab ich dich an der Brust erwärmt.
Hier hielt ich fest dich angeschlossen,
Wenn Regengüsse sich ergossen

Und Wolf und Waldbach um die Wette
Geheult im dunkeln Felsenbette.
Du bangtest nicht, hast nicht gezittert.
Selbst wenn den höchsten Tann zersplittert
Der Wetterstrahl – in meinem Schoß
Du schliefest still und sorgenlos.

Mein Arm wird schwach, es schleicht herbei
Der blasse Tod! Die Schäferei,
Das Hirtenspiel, es hat ein Ende.
O Gott, ich leg in deine Hände
Zurück den Stab. – Behüte du
Mein armes Lamm, wenn ich zur Ruh'
Bestattet bin – und dulde nicht,
Daß irgendwo ein Dorn sie sticht –
O schütz ihr Vlies vor Dornenhecken
Und auch vor Sümpfen, die beflecken;
Laß überall zu ihren Füßen
Das allerbeste Futter sprießen;
Und laß sie schlafen, sorgenlos,
Wie einst sie schlief in meinem Schoß.

Es kommt der Tod – jetzt will ich sagen,
Was zu verschweigen ewiglich
Mein Stolz gebot: für dich, für dich,
Es hat mein Herz für dich geschlagen.

Der Sarg ist fertig, sie versenken
Mich in die Gruft. Da hab ich Ruh.
Doch du, doch du, Maria, du,
Wirst weinen oft und mein gedenken.

Du ringst sogar die schönen Hände –
O tröste dich – Das ist das Los,
Das Menschenlos: – was gut und groß
Und schön, das nimmt ein schlechtes Ende.

Lotosblume

Wahrhaftig, wir beide bilden
Ein kurioses Paar,
Die Liebste ist schwach auf den Beinen,
Der Liebhaber lahm sogar.

Sie ist ein leidendes Kätzchen,
Und er ist krank wie ein Hund,
Ich glaube, im Kopfe sind beide
Nicht sonderlich gesund.

Sie sei eine Lotosblume,
Bildet die Liebste sich ein;
Doch er, der blasse Geselle,
Vermeint der Mond zu sein.

Die Lotosblume erschließet
Ihr Kelchlein im Mondenlicht,
Doch statt des befruchtenden Lebens
Empfängt sie nur ein Gedicht.

Worte! Worte! keine Taten!
Niemals Fleisch, geliebte Puppe,
Immer Geist und keinen Braten,
Keine Knödel in der Suppe!

Doch vielleicht ist dir zuträglich
Nicht die wilde Lendenkraft,
Welche galoppieret täglich
Auf dem Roß der Leidenschaft.

Ja, ich fürchte fast, es riebe,
Zartes Kind, dich endlich auf
Jene wilde Jagd der Liebe,
Amors Steeple-chase-Wettlauf.

Viel gesünder, glaub ich schier,
Ist für dich ein kranker Mann
Als Liebhaber, der gleich mir
Kaum ein Glied bewegen kann.

Deshalb unsrem Herzensbund,
Liebste, widme deine Triebe;
Solches ist dir sehr gesund,
Eine Art Gesundheitsliebe.

Laß mich mit glühnden Zangen kneipen,
Laß grausam schinden mein Gesicht,
Laß mich mit Ruten peitschen, stäupen –
Nur warten, warten laß mich nicht!

Laß mit Torturen aller Arten
Verrenken, brechen mein Gebein,
Doch laß mich nicht vergebens warten,
Denn warten ist die schlimmste Pein!

Den ganzen Nachmittag bis sechse
Hab gestern ich umsonst geharrt –
Umsonst; du kamst nicht, kleine Hexe,
So daß ich fast wahnsinnig ward.

Die Ungeduld hielt mich umringelt
Wie Schlangen; – jeden Augenblick
Fuhr ich empor, wenn man geklingelt,
Doch kamst du nicht – ich sank zurück!

Du kamest nicht – ich rase, schnaube,
Und Satanas raunt mir ins Ohr:
»Die Lotosblume, wie ich glaube,
Mokiert sich deiner, alter Tor!«

Für die Mouche

Dich fesselt mein Gedankenbann,
Und was ich dachte, was ich sann,
Das mußt du denken, mußt du sinnen, –
Du kannst nicht meinem Geist entrinnen.

Stets weht dich an sein wilder Hauch,
Und wo du bist, da ist er auch;
Du bist sogar im Bett nicht sicher
Vor seinem Kusse und Gekicher!

Mein Leib liegt tot im Grab, jedoch
Mein Geist, der ist lebendig noch,
Er wohnt gleich einem Hauskobolde
In deinem Herzchen, meine Holde!

Vergönn das traute Nestchen ihm,
Du wirst nicht los das Ungetüm,
Und flöhest du bis China, Japan –
Du wirst nicht los den armen Schnapphahn!

Denn überall, wohin du reist,
Sitzt ja im Herzen dir mein Geist,
Und denken mußt du, was ich sann –
Dich fesselt mein Gedankenbann!

Allersüßeste fine mouche! Oder soll ich Sie, statt nach dem Emblem Ihres Petschafts, nach dem Dufte Ihres Briefes titulieren? In diesem Falle müßte ich Sie holdseligste Bisamkatze nennen. – Vorgestern erhielt ich Ihr Schreiben, die pattes de mouche krabbeln mir beständig im Kopfe herum und vielleicht sogar im Gemüte. Herzlichen Dank für die viele Liebe, die Sie mir widmen! Die Gedichte sind sehr schön, und ich wiederhole in dieser Beziehung, was ich Ihnen schon gesagt.

Auch ich freue mich, Sie bald wiederzusehen et de poser une empreinte vivante sur les traits suaves et quelque peu souabes – ach! wäre ich noch ein Mann, diese Phrase bekäme eine minder platonische Turnüre. Aber ich bin nur noch ein Geist, was vielleicht Ihnen, aber nicht mir sonderlich zusagt. – Meine französische Gedichtausgabe ist erschienen und macht Furore.

Ich werde aber erst in einigen Monaten die Gedichte, die unübersetzt geblieben, wie zum Exempel den »Neuen Frühling«, in einem der letzten Bände der französischen Edition herausgeben. Sie sehen, hier ist kein Zeitverlust. – Ja, ich freue mich, Sie wiederzusehen! Fine mouche de mon âme! Holdeste Bisamkatze, die aber zugleich so sanft ist wie eine Angorakatze, meine Lieblingsgattung – Lange Zeit liebte ich Tigerkatzen, aber die sind zu gefährlich, et les empreintes vivantes, die sie zuweilen in meinem Gesichte zurückließen, waren nicht sehr angenehm. – Ich befinde mich noch immer sehr schlecht; beständige Krämpfe und Ärgernisse. – Ärger über meinen Zustand, der hoffnungslos! Ein Toter, lechzend nach den lebendigsten Lebensgenüssen! Das ist schrecklich. Leben Sie wohl! Möge das Bad Sie erquicken und kräftigen. Innigste Grüße.

An Elise Krienitz (Die Mouche),
Paris, 20. Juli 1855

Ich danke für die süßherzlichen Zeilen – bin froh, daß Sie wohl sind. – Ich leider bin immer sehr krank – schwach und unwirsch – manchmal bis zu Tränen über den geringsten Schicksalsschabernack affiziert. – Jeder Kranke ist eine Ganasche. Ungern lasse ich mich in solchem miserablen Zustande sehen – aber die liebe Mouche muß ich dennoch sumsen hören. – Komme Du bald – sobald Ew. Wohlgeboren nur wollen – so bald als möglich, komme, mein teures, liebes Schwabengesicht. – Das Gedicht habe ich aufgekritzelt: Pure Charenton-Poesie – Der Verrückte an eine Verrückte!

An Elise Krienitz (Die Mouche),
September 1855

Bin noch immer kopfleidend, aber morgen werde ich hoffentlich erholt sein. Ich höre nicht auf, über Sie böse zu sein: Ausgehen trotz dem schlechten Wetter! kalte Füße bekommen, sogar nasse! Und doch eigensinnig wie ein Mulet, keine Raison annehmen! Und gewiß dadurch Fieber bekommen haben! Oh, Du garstige Lotosblume!

Nur wenn schön Wetter, soll sie kommen.

An Elise Krienitz (Die Mouche),
Sonntag mittag

Ich stecke noch immer in meinem Kopfschmerz, der vielleicht erst morgen (Mittwoch) endigt, so daß ich die liebliche Mouche erst übermorgen (Donnerstag) sehen kann. Welch ein Kummer! Ich bin so krank! My brain is full of madness and my heart is full of sorrow! Nie war ein Poet elender in der Fülle des Glückes, das meiner zu spotten scheint! Je pose une empreinte vivante auf alle Deine Herrlichkeiten – aber nur in Gedanken – das ist alles, was Du von mir haben kannst, poor girl! – Leb wohl!

An Elise Krienitz (Die Mouche),
September oder Oktober 1855

Liebste Mouche! Ich bin sehr leidend und zum Tode verdrießlich. Auch das Augenlid meines rechten Auges fällt zu, und ich kann fast nichts mehr schreiben. Aber ich liebe Dich sehr und denke viel an Dich, Du Süßeste. Die Novelle hat mich gar nicht ennuyiert und gibt gute Hoffnung für die Zukunft. Du bist nicht so dumm, wie Du aussiehst; zierlich bist Du über alle Maßen, und daran erfreut sich mein Sinn. Werde ich Dich morgen sehn? Ich weiß noch nicht; denn geht es mir nicht besser, erhältst Du Contre-Ordre! Eine weinerliche Verstimmung überwältigt mich. Mein Herz gähnt spasmatisch. Diese bâillements sind unerträglich. Ich wollte, ich wäre tot oder ein gesunder Mops, der keine lâvements mehr nötig hat –
Misère, dein Name ist H. H.

An Elise Krienitz (Die Mouche),
Oktober 1855

Süßeste Person!
Ich habe heut entsetzliches Kopfweh und werde wohl morgen die Nachgeburt desselben genießen müssen. – Ich bitte Sie daher, nicht morgen (Sonntag), sondern Montag zu kommen – es sei denn, daß der Weg Sie in meine Nähe führte, in diesem Fall können Sie auch morgen auf eigne Gefahr kommen. – Ich sehne mich sehr nach Dir, letzte Blume meines larmoyanten Herbstes, holdselige Närrin! – Ich verharre
zärtlich toll Dein ergebenster H. H.

Mein Bruder schwatzt mich tot – leide sehr – komme Du bald!

An Elise Krienitz (Die Mouche),
Paris, November 1855

Bin sehr elend. Hustete schrecklich vierundzwanzig Stunden lang; daher heute Kopfschmerz, wahrscheinlich auch morgen. – Deshalb bitte ich die Süßeste, statt morgen (Donnerstag) lieber Freitag zu mir zu kommen. – Bis dahin muß ich lungern. Mein Serinsky hat für die ganze Woche sich krank melden lassen. Welche unbehaglichen Mißstände! Ich werde fast wahnsinnig vor Ärger, Schmerz und Ungeduld. Ich werde den lieben Gott, der so grausam an mir handelt, bei der Tierquälergesellschaft verklagen. Ich rechne auf Freitag.

Unterdessen küsse ich in Gedanken die kleinen pattes de mouche.

Dero wahnsinniger H. H.

An Elise Krienitz (Die Mouche),
Mittwoch, 3 Uhr, Dezember 1855

Leider habe ich in diesem Augenblick keinen deutschen Sekretär, und ich muß Dir selbst mit Bleistift schreiben. Deshalb kann ich nur wenige Zeilen an Dich richten, um meine Augen zu schonen. Nur meinen Gesundheitszustand und dessen Unverschlimmerung will ich Dir anzeigen. Meine Krämpfe wollen nicht weichen. Meine Frau, die viel an Kopfschmerz leidet, grüßt herzlich. Ich umarme Lottchen und die lieben Kinder, denen ich für ihre Gratulation danke.

Und nun reiche mir die alte liebe Schnauze, daß Dich herzlich küsse

Dein Sohn

An Betty Heine,
Paris, 24. Januar 1856

Dem großen Alexandros die letzten Grüße des sterbenden

Heine.

An Alexander von Humboldt,
Paris, Januar 1856

Stets hat er sich glücklich gepriesen

Zeitgenossen über Heine

Mit der Publikation der ersten Werke ist Heine sein Leben lang eine öffentliche Person, ja für viele eine ausgesprochene »Reizfigur« geworden. Man kennt ihn, liest ihn, korrespondiert, konversiert mit ihm, schreibt gegen ihn oder ergreift seine Partei. Niemand, der mit Heine in näheren Umgang getreten ist, bleibt unbeeindruckt, gleichgültig, ob er darüber zum Freund oder zum Feind wird. Ausnahme macht vermutlich als einzige zeitgenössische Person der literarischen Szene Goethe. Als der junge Dichter Heine ihn im Jahre 1824 in Weimar besucht und ihm auf Befragen keck vermeldet, er arbeite zur Zeit an einem »Faust«, ist der große Alte zutiefst irritiert und vermerkt in seinem Tagebuch nicht mehr als die nüchternen Worte »Heine von Göttingen«.

In diesem Kapitel sollen solche Freunde, Wegbegleiter, Besucher oder Zeitgenossen zu Wort kommen, die nicht die literarischen und poetischen Qualitäten Heines kommentieren, sondern den Menschen. Noch während der schrecklichen Zeit der Krankheit, der »Matratzengruft«, kommen von weit und nah Besucher. Viele berühmte Dichter und Musiker haben Heine beschrieben: sein Äußeres, seinen Geist, seine Weltanschauung, und selbst in negativen Äußerungen ist noch deutlich spürbar, daß sie sich mit der Person, *die sie da besuchen oder empfangen, wirklich auseinandergesetzt haben.*

Aus der Fülle der Kommentare hat hier nur eine kleine Auswahl Platz, und es sind ausschließlich Dokumente von Zeitgenossen.

Mein Bruder studierte halbe Nächte durch, da es heimlich war, hatte er im Winter kein geheiztes Zimmer. Er verschaffte sich eine graue wollene Mütze und einen Pelzrock, um einigermaßen vor Kälte geschützt zu sein. Licht besorgte eine alte Köchin, und als sie einstmals die Besorgung vergaß, wurde er sehr zornig und gab ihr manchen bösen Titel. Sie verklagte ihn bei seinem Vater mit den Worten: Herr, ihre Kinder sind so schlecht, sagen was sie denken.

Charlotte Embden, Familienüberlieferung,
um 1866

Als Heinrich Heine das Gymnasium in Düsseldorf besuchte (1813 / 1814), war er am Schluß des Schuljahres einer von den Schülern, die bestimmt waren, bei dem öffentlichen Schulactus ein Gedicht vorzutragen.

In jener Zeit schwärmte der junge Gymnasiast für die Tochter des Oberappellationsgerichts-Präsidenten von A . . . Diese war ein wunderschönes, schlankes Mädchen mit langen blonden Locken. Ich bin überzeugt, daß manches seiner ersten Gedichte an diese reizende, fast ideale Erscheinung gerichtet war. Der Saal, in welchem der Schulactus stattfand, war Kopf an Kopf gefüllt. Ganz vorn, auf prachtvollen Lehnstühlen, saßen die Schulinspektoren. In der Mitte zwischen denselben stand ein leerer goldener Sessel.

Der Oberappellationsgerichts-Präsident kam mit seiner Tochter sehr spät, und es blieb nichts anderes übrig, als dem schönen Fräulein auf dem leerstehenden goldenen Sessel, zwischen den ehrbaren Schulinspektoren, den Platz anzuweisen. Heine war gerade in der Deklamation des »Tauchers« von Schiller in vortrefflichem Schwung bis zur Stelle gelangt, wo es heißt:

»Und der König der lieblichen Tochter winkt«,

da wollte es sein Mißgeschick, daß sein Auge gerade auf den goldenen Sessel fiel, wo das von ihm angebetete schöne Mädchen saß. Heine stockte. Dreimal wiederholte er die Stelle: »Und der König der lieblichen Tochter winkt«, aber er kam nicht weiter. Der Klassenlehrer soufflierte und soufflierte; Heine hörte nichts mehr. Mit großen offenen Augen schaute er, wie auf eine plötzlich erschienene überirdische Gestalt, auf den goldenen Sessel hin und sank dann ohnmächtig nieder. Keiner im Saal

NAMEN DER LYCEISTEN.

Philosophische Classe.

BAASEL, *Joh.* aus Angermund.

BEESEN, *Swib.* aus Kaiserswerth.

BREWER, *Wilhelm*, aus Düsseldorf.

DITGES, *Herrm. Joseph*, idem.

HEINE, *Harr.* id.

HEISTER, *Felix*, id.

HEISTER, *Joseph*, id.

HELLINGRATH, *Aug.* aus Gerresheim.

LOTTNER, *August.* aus Düsseldorf.

NOLDEN, *Heinr.* id.

v. SCHORLEMER, *Clemens*, aus Hellinghausen.

v. SCHORLEMER, *Fried.* id.

SOMMERS, *Pet.* aus Düsseldorf.

Erste Classe.

BAUER, *Wilhelm*, aus Düsseldorf.

BENDER, *Wilh.* id.

BOYMANNS, *Ludw.* id.

BOEKEM, *Joh.* id.

BREWER, *Hein.* id.

HAGDORN, *Franz*, aus Düsseldorf.

SCHILMANN, *Joh.* id.

SCHORN, *Joh.* id.

SETHE, *Christ.* aus Cleve.

VOIGT, *Joh.* aus Düsseldorf.

Schülerverzeichnis im Schulprogramm des Düsseldorfer Lyceums, 1813 ahnte die Ursache. »Das muß die große Hitze im Saal getan haben«, sagte der Schulinspektor zu meinen herbeieilenden Eltern und ließ alle Fenster öffnen.

Maximilian Heine, Heine-Erinnerungen, 1866

In den sonnigen Mittagsstunden liebte Heinrich in unserem Hausgarten zu promenieren. Auf diesen Spaziergängen war ich oft im Gespräch an seiner Seite, und hier flößte er dem dreizehnjährigen Knaben die Liebe zur Poesie, zum Wissen ein; hier schöpfte ich zuerst aus dem reichen Born seiner poetischen Seele. Der vortreffliche Bruder, frei von jedem Egoismus, bedauerte nicht die durch mich verlorenen Stunden, wenn ich auch oft wenig von seinen Mitteilungen verstand.

Heinrich liebte sehr das Arbeiten und Treiben der Spinnen zu beobachten. Einstmals standen wir vor einem großen wunderbar gearbeiteten Netz einer in der Mitte desselben lauernden mächtigen Kreuzspinne. »Sieh Max«, sagte er, und zeigte auf die gefangenen und ausgesogenen Fliegen in dem Netz, »sieh, so geht es auch dem Dummen in der Welt. Die Spinne ist unser Lebensfeind, das Netz seine falschen und verlokkenden Worte – aber der Kluge, der Entschlossene macht es so«, und damit schlug er mit einem Stock das ganze schöne Netz rasch herunter. Auf der Erde kroch die große Kreuzspinne, er zeigte auf sie hin und sagte zu mir: »Töte sie ja nicht! wenn man des Feindes Werk gründlich vernichtet, verstehst du? wenn man seine Pläne gänzlich vereitelt hat, braucht man ihn nicht zu töten, man läßt ihn laufen.«

Maximilian Heine, Heine-Erinnerungen, 1868

Den Sonntag hatte meine Schwester Gesellschaft geladen, liebe gute Leute, zum Teil mir schon bekannt; unser kleine Heine mit darunter, den ich gern wieder sah, aber öfters etwas scharf werden mußte, damit er sich nicht bis zu schwindelnder Höhe verkletterte und dann allzugefährlich niederfalle.

Karl August Varnhagen von Ense an Rahel Varnhagen von Ense, Hamburg, 22. Juli 1823

Heine in Rahels Salon in Berlin. Anonymer Holzstich des 19. Jahrhunderts

Heine, bekanntlich nur klein u[nd] schmal, sah damals – je nach seinem Befinden – sehr verschiedenartig aus. In guten Momenten hatte er eine ungemein gewinnende Freundlichkeit, und am interessantesten war sein Gesicht, wenn er irgendeine gutmütige Schelmerei vorhatte. Dann blitzten die kleinen, mandelförmigen Augen (oft mit geröteten Rändern) recht treuherzig-listig.

Eduard Wedekind an Adolf Strodthmann,
Uslar, 30. September 1876

Ein Dichter, Heinrich Heine, hat mich von Göttingen aus, wo er Jura studiert, besucht; er hat ein gescheites Gesicht und ist auch nicht häßlich und auch just nicht unangenehm. Er schwätzt nur gar zuviel und über alles, was ihm vorkommt. Er hinkte an einem Fuß, wie er bei mir war, und sagte, er habe die größten Schmerzen; es soll, wie er sagte, ihn der Kutscher umgeworfen haben. Es scheint mir aber nicht wahr zu sein. Er sagte mir, er kenne Dich von Berlin aus. Ich habe so einiges von seinen Sachen gelesen, es scheint mir, als habe er mehr Talent als Blum; ich kann aber freilich darüber nicht urteilen.

Ludwig Emil Grimm an Ferdinand Grimm,
Kassel, Herbst 1824

Es war um die Rosenblüte 1825. Im Pfarrhaus herrschte reges Leben. Die Hausfrau hatte vor einigen Wochen ihren Mann, den Superintendenten M. Gottlob Grimm, mit einem Zwillingspärchen beschenkt, und der morgige Tag war zur Taufe der Zwillinge bestimmt, zu welcher der Freund des Hauses, Dr. Bonitz aus Langensalza, als erbetener Pate schon gestern eingetroffen war. Es sollte eine große Taufe sein, und alle Hände waren voll Arbeit, doch als der Hausherr die kurze Mitteilung machte: »Wir haben heute noch einen Gast«, war es weniger das Erscheinen eines neuen Tischgenossen, was den weiblichen Teil der Familie beschäftigte, denn man lebte in einfachen Zeiten und war gewohnt, Gäste zu sehen, wenn auch bei einfacher Bewirtung und wenig Gerichten – es war mehr die ungewohnte lakonische Kürze der Mitteilung, welche über die Person des Fremden keine Auskunft gab und deshalb den Vermutungen freies Spiel ließ.

Kurz vor zehn Uhr klingelte es, und die Dienstmagd, welche geöffnet hatte, meldete, es sei der blasse Göttinger Student, welcher in letzter Zeit öfter dagewesen, gekommen und habe sich sofort nach oben zum Herrn begeben, wo auch schon der Dr. Bonitz warte. Damit war nun zwar der Gast bekannt, was aber der blasse Student so oft bei dem Hausherrn zu tun habe, darüber fehlte die Aufklärung. Nach zwölf Uhr erschienen die Herren im Familienzimmer und stellte der Hausherr den Fremden als stud. jur. Heinrich Heine vor, unwillkürlich auf den Vornamen einen stärkeren Akzent legend, was den Freund Bonitz zu einem raschen Aufblicken und Lächeln veranlaßte. Das Mittagessen verlief still; der Hausherr und Bonitz führten die Unterhaltung ziemlich allein, aber auch nur mit halber Aufmerksamkeit. Heine beteiligte sich dabei nur so viel wie nötig, um nicht unhöflich zu sein; sein Gesicht trug den Stempel tiefer innerlicher Erregung, und in den dunkeln Augen war erkenntlich, daß seine Gedanken nicht bei der Unterhaltung waren. Ebenso ging es den geistlichen Herren, die, beide als geistreiche Gesellschafter in ihren Kreisen bekannt, heute offenbar mit anderen als den geführten Gesprächsgegenständen beschäftigt waren und öfter ihre Blicke zu dem jungen Manne prüfend und doch mit einer besonderen Milde und Freudigkeit hinübergleiten ließen. Nach Tisch empfahl sich Heine bald. Sein Abschied von dem Superintendenten Grimm war ein besonders herzlicher und warmer, und als er, schon an der Tür, sich nochmals umwendete und demselben wiederholt die Hand reichte, schimmerte es ihm feucht im Auge.

Nun teilte Grimm seiner Familie mit, daß heute der jüdische Student Heine von ihm die Taufe empfangen habe, nachdem die Vorbereitung dazu seit längerer Zeit geschehen, und daß Bonitz dessen Pate sei.

Bericht über Heines Taufe nach Gottlob Christian Grimm,
28. Juni 1825

Mein erstes Zusammentreffen [mit Heine] war folgendermaßen: ich stand in meinem Laden und verkaufte, da trat ein junger Mann herein und forderte Heines Tragödien. Ich reichte ihm ein sauber gebundenes Exemplar. »Ach, das ist mir lieb, daß das Buch gebunden ist.« Während er das Exemplar besah, ging ich nach der Seite, wo die Dichter aufgestellt waren, brachte ihm die Gedichte desselben Verfassers. »Lieber Herr«, fiel er mir hastig in das empfehlende Wort, »die mag ich nicht – ich verachte sie!« – »Wie«, sagte ich, »Sie verachten Sie? Dann haben Sie es mit mir zu tun!« – »Lieber Herr, ich kenne sie besser als Sie, denn ich habe sie geschrieben.« – »Nun, mein Herr Doktor, wenn Sie wieder einmal so etwas Wertloses produzieren und Sie haben gerade keinen bessern Verleger, so bringen Sie sie mir, und ich werde mir eine Ehre daraus machen, meine Firma darauf zu setzen.« – »Scherzen Sie nicht mit mir, ich könnte Sie auf die Probe stellen.« – »Sie würden dann erfahren, daß ich probehaltig bin.« – Am andern Tage kam Heine, bezog sich auf jenes Gespräch und sagte: »Sie waren gestern so freundlich, sich zu meinem Verleger anzubieten, in der Tat habe ich etwas druckfertig; haben Sie nicht gescherzt, so bin ich bereit, Ihnen mein Werk zu übergeben. Es sind Reisebilder, Harzreise, 77 Gedichte.« – »Es ist gut: Sie geben mir ein Buch, auf dessen Titel Ihr Name steht, und das 25 Bogen füllt. Wie viel Honorar nehmen Sie in Anspruch?« – »30 Louisdor.« – »Gut! Es wäre Ihnen genehm, wenn ich Ihnen die Zahlung leistete?« – »Oh, das wäre mir sehr genehm!« – Seit diesem Tage war Heine jeden Tag in meinem Laden, und wir wurden intime Freunde.

Julius Campe,
Ende Januar 1826

Aber wie anders fand ich ihn und wie ganz anders war er, als ich mir ihn gedacht hatte. Er kam mir freundlich, wie ein menschlicher, griechischer Anakreon entgegen, er drückte mir freundschaftlich die Hand u[nd] führte mich einige Stunden in München herum – dies alles hatte ich mir nicht von einem Menschen eingebildet, der die Reisebilder geschrieben hatte; nur um seinen Mund lag ein bittres, ironisches Lächeln, aber ein hohes Lächeln über die Kleinigkeiten des Lebens u[nd] ein Hohn über die kleinlichen Menschen; doch selbst jene bittere Satire, die man nur zu oft in seinen Reisebildern wahrnimmt, jener tiefe, innere Groll über das Leben, der bis in das äußerste Mark dringt, machte seine Gespräche sehr anziehend.

Robert Schumann an Heinrich von Kurrer,
Leipzig, 9. Juni 1828

Die Campesche Buchhandlung in Hamburg. Radierung von Johann Peter Lyser, 1830

Ein Mensch, mit dem ich wohl glaubte, angenehm leben zu können: gewiß, ich wünschte mir seine Gesellschaft öfter und länger: er hat Geist, ist ohne Anspruch und hat doch eigenes Wesen. Arnim läßt er zu meiner Genugtuung Gerechtigkeit widerfahren. Mit einem Worte, ich habe mich an ihm gefreut.

Leopold Ranke an Karl August Varnhagen von Ense, Venedig, 3. Dezember 1828

Heine sehe ich fast nicht; er wälzt sich so in sich herum; sagt, er muß viel arbeiten; ist fast erstaunt, daß ihn so etwas Reelles als des Vaters Tod, der Mutter Leid darüber, betraf; meint, er hätte außerordentlich mit diesem »herrlichen« Vater harmoniert, sei ganz von ihm verstanden gewesen; und wohnt tief in die große Friedrichsstraße, über die Brücke hinweg, dem Klinikum und den Kasernen gegenüber, – eine Art Festung – viel zu weit. Aussehen tut er gesünder; klagt beinah nicht wieder; aber es ist manche sonst vorüberfliegende Miene festgestellt zwischen seinen Zügen, die ihnen nicht wohltut; so im Munde ein Zerren, wenn er spricht, was ich sonst – auch schon – fast als eine kleine Grazie bemerkte, obgleich es nie schön Zeugnis gab . . . Dabei rochen seine Stiefel nach Schuster, seine Kleider nach stockig. Also Fenster nach ihm aufsperren.

Rahel Varnhagen von Ense an Karl August Varnhagen von Ense, Berlin, 11. März 1829

Einige Zeit nach diesem Gespräche zeigte mir ein guter Freund einen jungen Menschen, der eben zum Dammtor hereinkam. Er hatte den Hut bedeutend nach vorn gerückt, so, daß sein Rand die Nase beschattete, der Rock war offen, und beide Hände steckten in den Taschen der Beinkleider. Sein Gang war nachlässig, stolpernd, und er gaffte links und rechts die Häuser an. Dies war Heine. Es lag in der Erscheinung eine vornehme Gleichgültigkeit, die es verschmähte, bei diesen Hamburgern ein anständiges Aufsehen zu erregen. Das Gesicht war fein gerötet und auf den ersten Blick verriet es durchaus nichts Auffallendes, es war ein unbefangenes, jugendliches, neugierig in die Welt schauendes Gesicht.

Ich begegnete nun Heine öfter, und fast immer auf dieselbe Weise;

allein, schlendernd und gaffend; es schien sich in seinem Wesen eine unendliche Langeweile auszusprechen.

August Lewald, Heine-Erinnerungen, 1836

Rahel Varnhagen von Ense. Zeitgenössische Zeichnung

Am 16ten morgen[s] traf ich zufälligerweise mit dem Reisebilder-Heine zusammen, nachdem er vergeblich Jagd auf mich gemacht. Wir hatten einander ein paar Stunden in einem Austernkeller, und ich war mit ihm wohl zufrieden. Daß er eine Macht in unserm literarischen Deutschland geworden, verhindert nicht, daß er mit sich sprechen lasse, und so tat ich es denn. Sein Gift nur seinen Feinden, mit unsereinem ist er ein guter Teufel, und im Gespräch ist er gegen Feind und Freund gerecht oder läßt sich doch handeln.

Adelbert von Chamisso an Antonie von Chamisso,
Hamburg, 16. September 1830

Der Ausbruch der Julirevolution warf Heine aus einer mißmutigen unproduktiven Stimmung in eine fieberhafte Aufregung; er fühlte, daß sie auch in seinem Leben einen bedeutsamen Abschnitt bilden würde. Damals rekapitulierte er die ältere französische Revolution, namentlich zog ihn der klassische Mignet an. Als ich eines Morgens zu ihm kam – er hatte den Tag vorher seine Wohnung verändert – fand ich ihn recht blaß und leidend, die kleine weiße Hand an das seidene Kopftuch geschmiegt. Meine Frage nach seinem Befinden klang diesmal ohne Spur von Ironie, wie wohl zuweilen, wenn sein ewiges morgendliches Jammern mir ein wenig an Koketterie zu streifen schien. Ich bin abgeschlagen, sagte er. Das hat man von Mignet und der französischen Revolution. Ich las diese Nacht noch spät im Bett, nein, ich las nicht mehr, ich sah die Gestalten selbst aus dem Mignet emporsteigen, die edeln Köpfe der Gironde und das Fallbeil, das sie mit dumpfem Schlag vom Rumpf trennt und die heulende Volksmeute, da sah ich nieder und mein Blick fällt auf die Bettstelle, auf diese abscheuliche rote Bettstelle da, und ich komme mir vor, als liege ich auch schon auf der roten Guillotine und bin mit einem Satz aus dem Bett. Seitdem habe ich kein Auge zugetan. – Mich rührte die nervöse Erregbarkeit der Phantasie des Dichters, die mir in ihrer ungeheuchelten Wahrheit vor Augen lag. Ich wurde seitdem duldsamer gegen manche grelle Gefühlspartien in seinen Dichtungen, die man nur zu leicht für künstlich chargiert hält.

Ludolf Wienbarg in einem Artikel über Heine,
1857

Heine habe ich seitdem nicht gesehen. Was ich von ihm höre, gibt mir von seinem Charakter keine gute Vorstellung. Es ist doch sonderbar, daß ich immer eine Ahnung davon gehabt und daß ich in seinen Schriften, so sehr sie mir auch gefielen, die unverkennbarsten Zeichen von Charakterschwäche gefunden. Und Charakterschwäche ist das Gefäß für alle Leidenschaften, und es wird von den Verhältnissen, dem Zufalle, dem Temperamente abhängen, was alles hineinkommt. Er soll von grenzenloser Eitelkeit sein. Er spielt, und er könnte nichts tun, was mir größeres Mißtrauen gegen ihn einflößte. Er hat schon einmal 50 Louisdor auf einmal verloren. Den etwas bornierten Dr. Donndorf scheint er als seine Lobposaune zu gebrauchen, welches ich diesem in Baden schon angemerkt. Das wurde mir heute von einem Deutschen, der mich besuchte, auch bestätigt. Dieser, der viel Wesens aus mir macht, sagte mir, er habe gegen Donndorf geäußert: Börne sei der einzige politische Schriftsteller in Deutschland, Heine sei kein solcher, sondern nur ein Dichter, worauf aber Donndorf Heines Partei ergriffen und ihn über mich erhoben. Das hat mich auf den Gedanken gebracht, daß Heine nur darum sich nicht mit mir zu einem Journale verbinden will, weil er fürchtet, in meiner Nähe nicht genug zu glänzen. Der nämliche erzählte mir: er habe Heine vor einiger Zeit gebeten, er möge einige Freiheitsgedichte machen, welche man unter das deutsche Volk verteilen könne, worauf Heine erwidert: ja er wolle es tun, es müsse ihm aber gut bezahlt werden. Dann: »Wenn mir's der König von Preußen bezahlt, mache ich auch Gedichte für ihn.«

Ludwig Börne an Jeanette Wohl,
Paris, 1. Oktober 1830

Ein feingebauter Mann, ganz schwarz und modisch gekleidet, mit bleichem, interessantem Gesichte, kommt nachlässig durch die Menge. Er erkennt mich nicht gleich, und erst nachdem er die Brille, die er in der Hand trug, aufgesetzt, verzieht sich sein Mund zu einem ganz eigentümlichen Lächeln. Ich fordere ihn auf, mit mir zu essen, seine weißglacierten Hände deuten mir aber sogleich an, daß er es nicht annehmen könne. Es ist dies der Dichter der Reisebilder, dessen »Französische Zustände« in diesem Augenblicke die allgemeine Zeitung in Paris zur allgemeinsten machen. Er ißt heute in einem großen Zirkel, und ich bin genötigt, meine Wanderung nach den entfernten Boulevards allein fortzusetzen.

Ludwig Börne. Nach einem Gemälde von Moritz Oppenheim

Im Weitergehen denke ich an Heine, an unser Beisammensein in Hamburg, wie ich ihn in Wandsbeck, dem melancholischen Dörfchen an der Elbe, besuchte, wo einst Asmus sein Rheinweinlied dichtete, wie er dalag auf dem Sofa und Revolutionsgeschichte studierte in allen Sprachen und mißmutig und menschenscheu an nichts Freude hatte und aus Langeweile Blut spie und sich einbildete, er müsse sterben – und nun hier, welch ein Wiedersehen nach einem Jahre! Der Mann steht vor mir in der ganzen Zierlichkeit seiner Gestalt, gekleidet wie es die Mode von einem Dichter fordert, elegant und nachlässig zugleich, erwacht zum feinsten Lebensgenusse, sich fühlend in seinem vollen Werte und einen ganzen Frühling von neuen Liedern in der gesundeten Brust. Die elastische Luft, die man hier atmet, geschwängert mit Freiheit, Ungebundenheit, Ungeschorenheit, die Anerkennung und Mitteilung so vieler gleichgesinnter und ausgezeichneter Menschen, das alles ist es, was im Verein solch wohltätige Verwandlung in Heines Dichtergemüt hervorbringen konnte. Marseille und Barèges, die er diesen Sommer besuchen will, werden die glückliche Heilung ganz vollenden, und Wandsbeck

»Wo er über sich allein
Wie im Mutterleib«

saß und die kranke Brust und die Revolutionen in allen Sprachen, werden dem Dichter bald nur wie ein grauer Traum vorkommen.

August Lewald, Bericht über seinen Aufenthalt in Paris, 1832

Heine benützt jetzt sein seltenes Talent auf eine Weise, die viel Aufsehen erregt; ich höre, er sei den alten liberalen Deutschen in Paris ein Dorn im Auge und ihm mißfällig, daß sein Name immer mit dem von Börne zusammengestellt wird, um als Aushängeschild aller Freisinnigkeit zu paradieren. H[eine] soll sehr witzig gesagt haben, wenn sein Name mit dem von B[örne] zusammengepackt werden soll, so wünsche er wenigstens, daß viel Baumwolle dazwischen gelegt werde.

Johann Friedrich von Cotta an Karl August Varnhagen von Ense, Stuttgart, 10. März 1832

Heine ist Jude. Er kam mich mehrere Male besuchen. – Er gefällt mir nicht. – Ich finde ihn kalt und böse. Er ist einer der Ausländer, die den Ruhm in ihrem eigenen Land verpaßt haben und nun in einem anderen daran glauben machen wollen.

Alfred de Vigny, Tagebucheintragung, Paris 1832

Es will mir scheinen, Madame, als hätten Sie mich neulich gebeten, Ihnen unseren berühmten Landsmann Heine zuzuführen und vorzustellen. Er ist einer der ausgezeichnetsten Geister Deutschlands, und wenn ich nicht fürchtete, ihm mit dem Vergleich Unrecht zu tun, würde ich ihn dreimal hintereinander mit dem hinlänglich bekannten Beiwort »außerordentlich« versehen. Gestatten Sie mir nach dieser Einführung, ihn Dienstag in acht Tagen mitzubringen?

Franz Liszt an Marie d'Agoult,
Paris, Frühjahr 1833

Franz Liszt. Stich nach Wilhelm von Kaulbach

Er war ein schöner Mann von 35 oder 36 Jahren, allem Anschein nach von robuster Gesundheit; man hätte ihn für einen germanischen Apollo halten können, wenn man seine hohe, weiße Stirne sah, die rein wie ein Marmortisch war, von reichen blonden Haaren überschattet. Seine blauen Augen funkelten voller Klarheit und Geist; seine runden, vollen Wangen, elegant geschwungen, hatten nichts von jener bleifarbenen Blässe der Romantik, die damals in Mode war. Im Gegenteil blühte klassisch auf ihnen die frischeste Röte. Seine fast griechische Nase war leicht hebräisch gebogen, ohne dadurch ihre Reinheit zu verlieren. In der Ruhestellung besaßen seine wohlgeformten Lippen, »zueinander passend wie zwei schöne Reime« (um uns einer seiner Wendungen zu bedienen), einen reizenden Ausdruck; aber wenn er sprach, schwirrten aus ihrem roten Bogen spitze mit Widerhaken versehene Pfeile und sarkastische Wurfspieße, die ihr Ziel niemals verfehlten; denn nie war einer unerbittlicher und grausamer gegen die Dummheit: Das göttliche Lächeln Musagets war vom höhnischen Gelächter Satyrs gefolgt.

Eine leichte heidnische Körperfülle, die später einer ganz christlichen Magerkeit wich, rundete seine Formen: Er trug weder Kinn-, noch Schnauz-, noch Backenbart, rauchte nicht, trank kein Bier, und wie Goethe verabscheute er die drei Dinge. Er war damals ganz vom Geiste Hegels erfüllt; wenn er den Glauben zurückwies, daß Gott Mensch geworden sei, nahm er dafür ohne weiteres an, daß der Mensch Gott geworden sei, und er verhielt sich dementsprechend . . .

Ich sah Heine oft während dieser göttlichen Periode [1833 ff.], er war ein charmanter Gott – dabei boshaft wie ein Teufel – und sehr gutmütig, was immer man auch dagegen sagen mag. Ob er mich nun als seinen Freund oder seinen Jünger betrachtete, war unwichtig neben der Möglichkeit, seiner sprühenden Unterhaltung zuzuhören; denn er verschwendete Geld und Gesundheit, noch mehr aber seinen Geist. Wenngleich er sehr gut französisch sprach, so erlaubte er sich doch ab und an den Scherz, seine Sarkasmen in einen starken deutschen Akzent zu kleiden.

Théophile Gautier, Artikel über Heine,
1856

Heine hat mich [im Hotel Vivienne] besucht oder richtiger den Portier; ich habe seine Karte nicht; doch will ich mich nicht mit ihm abgeben, ich glaube, man muß sich vor ihm sehr in acht nehmen.

Hans Christian Andersen an Christian Voigt,
Paris, 26. Juni 1833

Heute früh sah ich Heine; er sagte mir, daß man nur mit dem Kopf und mit den Sinnen liebe, das Herz tue im Grunde nichts Besonderes zur Sache.

George Sand, Tagebuch-Eintragung,
28. November 1834

[Am Billetschalter der Italienischen Oper.] Eben als ich das Zimmer verlassen wollte, trat ein Mann meines Alters, mittelgroß, blond, von frischer Gesichtsfarbe und höchst einfach gekleidet, zu uns ein, den mein Freund und Gefährte [O. L. B. Wolff] mir als Herrn Heinrich Heine vorstellte. Ich habe mich in der Tat gefreut, Heine kennenzulernen; seine Persönlichkeit ist einnehmend, und der deutsche Ernst auf seinem Gesicht kleidet ihn gut. Wir sprachen von Deutschland; ich fragte ihn, ob er nicht wieder dahin zurückkehren wolle? Er lächelte wehmütig und antwortete: »Schwerlich. Ich bin der Tannhäuser, der im Venusberg gefangen sitzt; die Zauberfee gibt mich nicht los.« »Freilich«, erwiderte ich: »und der deutsche Papst wird Ihnen nie vergeben.« Heine hat ein tiefes Gemüt, und es ist ihm nicht gleichgültig, ob man ihn in Deutschland hasse oder liebe. Vielleicht käme er gern zurück, vergäbe ihm der deutsche Papst. Deutschland ist eine großmütige Mutter, sie wird ihm vielleicht die Wunden verzeihen, die ihr dieser Sohn geschlagen.

Ludwig Bechstein über einen Aufenthalt in Paris, 1836

Wir hatten uns seit vier Jahren nicht gesehen, und ich fand meinen Freund im Äußeren sehr verändert. Er hatte die Magerkeit abgelegt und ein Embonpoint dafür angenommen, das ihn nicht übel kleidet; seine Röcke waren nach der letzten Mode, doch trägt er die Kleider nachlässig, offen hängend, nicht mit der Sorgfalt eines fashionablen Dandys. Dabei weiß er sich über die herrschenden Moden Rechenschaft zu geben. So war es wahrhaft ergötzlich, ihn einst drei Silberhäkchen an dem breiten Samtkragen seiner Redingote mit Wärme gegen George Sand verteidigen zu sehen, die sie heftig als geschmacklos angriff und behaupten wollte, daß sich kein Mensch so trüge. Es war jedenfalls schmeichelhaft für unsern Dichter, daß die schöne Frau ihm diese Aufmerksamkeit allein bezeugte, denn es befanden sich in der Tat noch einige Herren zugegen, welche eben solche Röcke anhatten, die gerade damals sehr im Zuge waren.

Diese rücksichtsvolle Aufmerksamkeit für die Mode, so wie die eben frisch frisierten Haare ließen mich sogleich beim ersten Besuch erraten, daß Heine in einem engen Verhältnis zu einem schönen Weibe stehen müsse, und ich hatte mich nicht getäuscht.

»Ich werde Sie meiner Frau vorstellen«, sagte er und führte mich zu einem kleinen, eleganten Salon, wo Madame Heine auf den schwellenden

Polstern eines Diwans saß und eine Tapisserie zwischen den niedlichen Fingern hielt. Ich will, um vorhinein breitem Getratsche zu begegnen, hier erinnern, daß in Paris bekanntlich ein Gang zum Maire genügt, um eine gültige Ehe zu schließen, daß sich aber niemand in der Gesellschaft darum kümmert, ob man die Formalität bereits befolgt habe oder sie zu befolgen sich noch vorsetze. Die Frau, welche in Gemeinschaft mit einem Manne lebt, wird nie anders als Madame tituliert, und Monsieur Heine führte Madame Heine als solche in die anständigsten Zirkel.

Eine hübsche Brünette mit Feueraugen, aus denen Geist blitzt. Er lernte sie vor sechs Jahren, gleich nach seiner Ankunft kennen, und nach mannigfachen Abenteuern und Schwebungen auf- und abwärts gestaltete sich denn dieses angenehme Verhältnis daraus, das Heine in jenem Augenblicke sehr beglückend zu erfüllen schien.

»Es ist als ein Hauptvorzug an Mathilde zu rühmen«, sagte er scherzend, »daß sie von der deutschen Literatur nicht das Geringste weiß, und von mir und meinen Freunden und Feinden kein Wort gelesen hat.«

»Die Leute sagen«, fügte Mathilde dann hinzu, »daß Heinrich ein sehr geistreicher Mann sei und schöne Bücher geschrieben haben soll, ich merke aber nichts davon und muß mich begnügen, es auf's Wort zu glauben.«

August Lewald, Artikel über einen Aufenthalt in Paris, 1836

Hatte endlich die Wohnung Heines erfragt, ging heute zwölf Uhr zu ihm, cité Bergère No 3. Als ich schellte, öffnete mir ein hübscher, runder junger Mann im Schlafrock, der mir wie einem alten Bekannten die Hand reichte. Es war Heine selbst, der mich für den Marquis de Cüstine hielt. Er zeigte große Freude als ich mich nannte und führte mich in seine tolle Wirtschaft hinein. Tolle Wirtschaft. Denn er wohnt da in ein paar der kleinstmöglichen Stuben mit einer oder zwei Grisetten, denn zwei waren eben da, die in den Betten herumstörten, und von denen er mir eine, eben nicht zu hübsche, als seine petite bezeichnete. Er selbst sieht aber auch wie die Lebenslust und, mit seinem breiten Nacken, wie die Lebenskraft aus. Machte mir einen sehr angenehmen Eindruck, denn mir ist der Leichtsinn nur da zuwider, wo er die Ausübung dessen was man soll, hindert.

Wir kamen gleich in die Literatur, fanden uns in unsern Neigungen und

Abneigungen ziemlich auf demselben Weg, und ich erfreute mich des seltenen Vergnügens, bei einem deutschen Literator gesunden Menschenverstand zu finden. Er scheint durch die Bundestagsbeschlüsse sehr alteriert und schrieb eben an einer Denkschrift an die abgeschmackte Versammlung. Vom Ultra-Liberalismus will er durchaus nichts wissen und spricht mit Verachtung von den deutschen Refugiés. Mit Börne steht er schlecht. Beklagt sich, daß dieser ihn für seinen Freund ausgegeben, was er nie gewesen. Ging nach einer Stunde, herzlich entlassen.

Franz Grillparzer, Tagebucheintragung,
27. April 1836

Heine pflegte seine Frau zu prügeln wie der erste beste Droschkenkutscher. Dann sagte er gewöhnlich zu mir: »Meine Frau braucht wieder einmal Schläge.« Tag der Schlacht war meist der Montag. Dann genierte er sich vor mir nicht im geringsten, ließ die Fenstervorhänge herunter und mit seinen schwachen Fäusten hieb er auf die schönen Schultern Mathildens ein, wobei er rief: »Das ist für die und die Ungezogenheit, das für deine böse Zunge!« Es handelte sich immer nur um Bagatellen, Eifersucht war nie im Spiele. Sie war dreimal so stark wie er, sie hätte ihm die Knochen zerbrechen und ihn zermalmen können (sie war auch nicht wenig stolz auf ihre Kraft), aber sie hielt still dabei, weinte nur heftig und jammerte: »Daß es einen Mann gibt, der seine Frau mißhandelt!« Aber sie hob nie die Hand gegen ihn auf. »Helfen Sie mir, Weill«, rief sie, »Sie würden doch Ihre Geliebte und Ihre Frau nicht schlagen!« Heine schlug lustig weiter und lachte aus vollem Halse. Dann ließ sie sich plötzlich auf den Fußboden fallen, heulte wie eine Tigerin, faßte ihren Mann bei den Beinen – das war sein schwächster Teil, denn die Rückenmarksdarre nagte schon an ihm –, warf ihn um und wälzte sich mit ihm auf dem Teppich, immerzu heulend und schreiend! Ein- oder zweimal trat ich dazwischen: »Schämt ihr euch denn nicht, euch wie kleine Köter zu balgen?« und ging weg. Bei dieser Balgerei auf dem staubigen Fußboden versöhnten sie sich wieder, und der Friedenspreis war stets ein Hut, ein Schal oder eine Mantille. »Katzenjammer«, sagte Heine . . .

Eines Tages saßen wir zu sieben bei einem komfortabeln Diner, d. h. bei einem Diner mit Sauterne und Champagner; zwei Damen waren dabei, die – Witwe die eine – alle beide auf Heines Kosten schmarotzten unter dem Vorwand der Verehrung und Liebe. Ich war im schwarzen Anzug, denn ich mußte nach dem Diner noch in Gesellschaft. Ein Hecht wurde serviert, der keinem schmeckte. »Na, Weill«, sagte Madame Heine zu mir, »Sie sagen ja immer, was Sie denken. Heraus mit der Sprache! Aber ehrlich! Was halten Sie von dem Hecht? Ich habe ihn selbst gekauft!« – »Madame«, antwortete ich, »er ist verdorben?« Kaum hatte ich das gesagt, als Mathilde die Platte ergriff, auf der der Hecht in seiner Sauce schwamm, und sie mir mitten ins Gesicht warf. Sie hätte mir die Nase zerschlagen können; der Fisch hatte glücklicherweise den Wurf abgedämpft. Ich war sprachlos und stand da in krummer Haltung, die Arme ausgestreckt, als wenn ich aus einem Schlammbad käme. Von den Anwesenden waren die einen bestürzt und wie versteinert, sie wagten nichts zu sagen, die andern brachen in ein homerisches Gelächter aus. »Lieber Weill«, sagte Heine, »Mathilde muß Sie schon sehr lieben, um sich so weit hinreißen zu lassen; aber beruhigen Sie sich nur«, fügte er hinzu, »am Montag bekommt sie ihre Prügel.«

Alexander Weill, Heine-Erinnerungen,
1883

Als ich ihn 1839 das erste Mal sah, war er ein wohlgenährter, beinahe feister Mann von kleiner Mittelgröße, mit einem Antlitz der feinsten Züge, äußerst schelmischen Augen und fein geschnittenem Munde. Er trug das Haupt leicht vorgebeugt, und da er die kleinen Augen gewöhnlich zur Hälfte zudeckte mit den Augenlidern, so hatte das ganze Gesicht etwas Verschleiertes, welches ungemein interessant war und mit dem schönen Teint unter braunem Haar, mit dem fleischigen Körper und der weißen kleinen Hand an die jungen Abbés im vorigen Jahrhundert erinnerte. Sein Sprachorgan war weich und angenehm.

Heinrich Laube, Rede über Heine,
1846

Um diese Zeit – 1839 – hatte er ein Liebesverhältnis zu einem Eheverhältnisse erhoben. Das heißt im Pariser Sinne, welcher dazu weder Zeugen noch Autoritäten in Anspruch nimmt und trotz dieser fehlenden Bestätigung zu den Pflichten der Monogamie sich bekennt. Er stellte ein

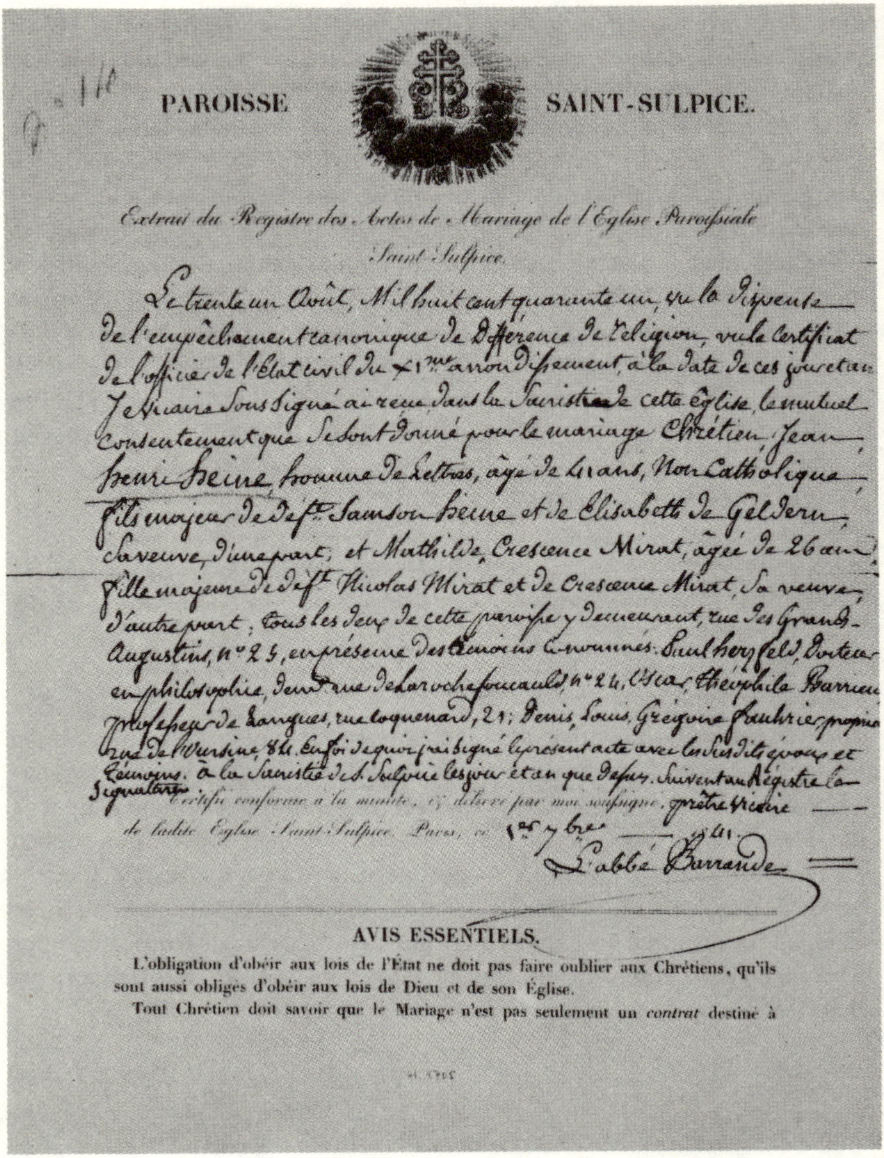

PAROISSE SAINT-SULPICE.

Extrait du Registre des Actes de Mariage de l'Église Paroissiale Saint Sulpice.

Le trente un Août, Mil huit cent quarante un, vu la dispense de l'empêchement canonique de différence de religion, vu le certificat de l'officier de l'État civil du Xme arrondissement, à la date de ces jour et an, Je Vicaire soussigné ai reçu dans la Sacristie de cette Église le mutuel consentement que se sont donné pour le mariage Chrétien Jean Henri Heine, homme de Lettres, âgé de 41 ans, Non Catholique, fils majeur de déft Samson Heine et de Elisabeth de Geldern sa veuve, d'une part, et Mathilde Crescence Mirat, âgée de 26 ans, fille majeure de déft Nicolas Mirat et de Crescence Mirat, sa veuve, d'autre part; tous les deux de cette paroisse y demeurant, rue des Grands-Augustins, n° 25, en présence des témoins soussignés: Paul Herzfeld, Docteur en philosophie, demt rue de Larochefoucauld, n° 24, Oscar Théophile Barrieu professeur de langues, rue Coquenard, 21; Denis Louis Grégoire Faultrier, propriétaire rue de Lourcine, 84. En foi de quoi j'ai signé le présent acte avec les susdits époux et témoins. à la Sacristie de S. Sulpice les jour et an que dessus. Suivent au Régistre les signatures.

Certifié conforme à la minute, & délivré par moi soussigné, prêtre Vicaire de ladite Église Saint-Sulpice, Paris, ce 1er 7bre 1841.

L'abbé Barrande

AVIS ESSENTIELS.

L'obligation d'obéir aux lois de l'État ne doit pas faire oublier aux Chrétiens, qu'ils sont aussi obligés d'obéir aux lois de Dieu et de son Église.

Tout Chrétien doit savoir que le Mariage n'est pas seulement un *contrat* destiné à

Beglaubigter Auszug aus dem Heiratsregister der Kirche St. Sulpice. Heine und Mathilde heirateten dort am 31. August 1841

junges, stattliches Mädchen als seine junge Frau vor. Sie war eine volle Figur mit heiterem runden Antlitz und von angenehmem Wesen. Heine hatte die größte Freude an ihrem naiven fröhlichen Naturell und hat diese Freude an ihr nie verloren. Stets, bis zu seinem letzten Atemzug, hat er sich glücklich gepriesen in ihrem Besitz, und er selbst hatte immer etwas Naives und Kindliches, wenn er von ihr erzählte und sie schilderte. In keinem andern Verhältnis habe ich ihn so viel kleine liebenswürdige Züge und Wendungen enthüllen sehen, welche aus seinen besten Gedichten mit Kindesaugen hervorblicken.

Er war durchaus lieb und gut und fein und liebenswürdig mit seiner sogenannten »kleinen Frau«. Daß sie nichts von seinen Schriften verstand, war für ihn ein Triumph. »Sie liebt mich persönlichst, und die Kritik hat dabei gar nichts zu tun!« rief er vergnügt. In der Tat war das sehr drollig, wenn sie fragte, ob es denn wahr wäre, daß ihr Henri ein berühmter Dichter sei? Sie fand das sehr anmutig und wollte mit der Zeit auch Deutsch lernen. Ich erinnere mich nicht, daß ihr diese Zeit gekommen wäre. Heine war aber doch darauf bedacht, sie auch systematisch in Kenntnissen und Bildung weiter zu bringen: er gab sie in ein Pensionat und besuchte sie nur Sonntags. Eines Sonntags nahm er uns mit. Die jungen Pensionärinnen hätten einen kleinen Ball, und wir sollten seine »kleine Frau« tanzen sehen. Sie war bei weitem die größte unter allen, tanzte aber zum Entzücken ihres Mannes mädchenhaft und graziös wie der kleinste Backfisch. Wie glücklich war er damals, wie unbefangen im Zauberkreis der Neigung!

Heinrich Laube, Heine-Erinnerungen,
1868

Er war ganz Epikuräer aus der ersten Kaiserzeit Roms, den Stoizismus höhnend durch sehr menschliche Bemerkungen, und doch augenblicklich bereit, den schlimm lächelnden Mund ernsthaft festzuhalten, sobald eine Weltfrage berührt wurde, welche poetisch aufgefaßt werden konnte...

So steht er mir in der Erinnerung halb Jude, halb Heide zur Zeit Cäsars, als keine Religion mehr Stich hielt, und man sich doch sehnte nach dem geheimnisvollen Reize irgend eines Kultus, stammte dieser auch von den wilden Parthern jenseits des Euphrat.

Heinrich Laube, Memoiren,
1875

Der »fliegende Holländer«, dessen innige Bekanntschaft ich auf der See gemacht hatte, fesselte fortwährend meine Phantasie; dazu machte ich die Bekanntschaft von H. Heine's eigentümlicher Anwendung dieser Sage in einem Teil seines »Salons« [siehe Seite 191ff.]. Besonders die von Heine erfundene, echt dramatische Behandlung der Erlösung dieses Ahasverus des Ozeans gab mir alles an die Hand, diese Sage zu einem Opernsujet zu benutzen. Ich verständigte mich darüber mit Heine selbst, verfaßte den Entwurf und übergab ihn dem Herrn Leon Pillet mit dem Vorschlag, mir danach ein französisches Textbuch machen zu lassen.

Richard Wagner, Autobiographische Skizze,
1842

Mit Heine traf ich auch wieder zusammen [1843], er hatte sich verheiratet, seitdem ich das letzte Mal hier war; ich fand ihn etwas leidend, aber doch voller Energie, und so herzlich, so natürlich gegen mich, daß ich keine Scheu fühlte, mich ihm zu geben, wie ich bin. Er hatte eines Tages seiner Frau mein Märchen von dem standhaften Bleisoldaten erzählt, und indem er sagte, daß ich der Verfasser dieser Geschichte sei, stellte er mich ihr vor; sie war eine lebhafte nette junge Frau. Eine Kinderschar, die, wie Heine sagte, dem Nachbar angehörte, spielte in ihrem Zimmer; wir spielten beide mit, während Heine im Nebenzimmer eines seiner letzten Gedichte für mich abschrieb. – Ich nahm kein verletzendes bitteres Lächeln an ihm wahr, ich hörte nur den Pulsschlag eines deutschen Herzens, welcher ewig in den Liedern vernommen wird, die leben müssen. –

Hans Christian Andersen, Memoiren,
1845

Mit Heine kann man das Tiefste besprechen, und ich erlebte einmal wieder die Freude einer Unterhaltung, wo man bei dem anderen nur anzuticken braucht, wenn man den eigensten Gedanken aus seinem Geist hervor treten lassen will. Das ist sehr selten.

Friedrich Hebbel an Elise Lensing,
Paris, 16. September 1846

Heine finde ich fast ganz unverändert, ohne dicken Bauch u[nd] alle die Betisen, welche man über ihn in den Kurs gesetzt hat. Verändert ist er allerdings, 13 Jahre ist er älter, ruhiger, besonnener, männlicher u[nd] anspruchsloser, kurz nett u[nd] durchaus liebenswürdig ist er geworden. Seine Vornehmheit, welche er dem Journal-Jammer entgegensetzte, bewährt er ganz offen. Mit den deutschen Literaten ist er außer aller Beziehung.

Julius Campe an Karl Gutzkow,
Hamburg, 23. November 1843

Nach langer Trennung sah ich meinen Bruder im Jahre 43 wieder, und das in Hamburg, nach dem großen Brand. Er schrieb vorher: ich komme mit Familie, nämlich Frau und Cocotte, den Papagei. Seine Frau wollte sich nicht von ihrem Liebling trennen und machte wirklich die Reise von Paris über Haver [!] nach Hamburg mit ihrem Cocotte. Das erste Wort, was Madame Heine mit mir sprach, war, daß der arme Vogel seekrank war, sie schien in dem Augenblick auch nur Sinn für ihren gefiederten Liebling zu haben. Sie trug den kleinen Vogel in einem hölzernen Kasten und vertraute ihn niemand an, sein schöner Messing-Käfig wurde nachgeschleppt. Mein Mann, der sehr höflich und vorzüglich galant gegen Damen war, empfing seine Gäste am Hafen, er erbot sich, den kleinen Kasten zu tragen, ohne zu wissen, was er enthielt; aber nein, er wurde ihm nicht anvertraut. Als aber Madame Heine, die ein ziemliches en bon point hatte, in den Wagen steigen wollte, konnte es mit dem Kasten nicht glücken, sie war also gezwungen, die Galanterie meines Mannes in Anspruch zu nehmen, ihm den Kasten so lange anzuvertrauen, bis sie es sich bequem gemacht hätte; aber o Himmel, der kleine Gefangene steckte das Köpfchen heraus und biß meinen Mann in die Finger. Da er nur Augen für die schöne Frau hatte und nicht ahnte, daß der Kasten etwas Lebendiges enthielt, schleuderte er ihn vor Schreck weit weg. Das Zetergeschrei der Madame Heine, das Lachen meines Bruders, das Hilfegeschrei des Papageis und die Erstarrung meines Mannes war eine der komischsten Szenen. Madame Heine weinte, mein Mann entschuldigte sich, und mein Bruder kam von einem Lachen ins andere. Glücklicherweise war der Vogel unbeschädigt geblieben.

Charlotte Embden, Heine-Erinnerungen,
um 1866

Am 5. im Jardin des plantes, dann führte mich Goldschmidt zu Heine. Er leidet an einem Augenübel und sonst, ist auf dem Punkte, aufs Land zu ziehen. Seine dicke Mathilde packt ein. Er macht gern Witze, mitunter schlechte, will aber bewundert werden. Ich kam mit der besten Meinung, da mir Auersperg, der ihn näher kennt, viel Gutes von ihm erzählt hatte. Wir sprachen kursorisch über deutsche Literatur, doch scheinen ihm die Geldspekulationen stark im Kopf zu liegen. Es handelt sich um Aktien von rive droite und rive gauche, woran ihn Rothschild, wie es scheint, teilnehmen läßt, wenigstens erkundigte er sich angelegentlich und wiederholt nach dem Stand der Dinge bei Goldschmidt. Die Politik scheint ihn wenig zu kümmern. Im Ganzen machte mir der Dichter, den ich so hoch halte, als Mensch keinen besonderen Eindruck. Ich ihm vermutlich auch nicht. Jedenfalls ist er weibisch eitel.

Eduard von Bauernfeld, Tagebucheintragung,
8. Juni 1845

Heine gestand ein, von der Hegel'schen Philosophie nichts begriffen zu haben: dennoch sei er immer überzeugt gewesen, daß diese Lehre den wahren geistigen Kulminationspunkt der Zeit bilde. Dies sei so zugegangen. Eines abends spät habe er, wie häufig, als er in Berlin studierte, Hegel besucht. Hegel sei noch mit Arbeiten beschäftigt gewesen; und er, Heine, sei an das offene Fenster getreten und habe lange hinausgeschaut in die warme sternenhelle Nacht. Eine romantische Stimmung habe ihn, wie oft in seiner Jugend, ergriffen, und er habe zuerst innerlich, dann unwillkürlich laut zu phantasieren angefangen über den Sternenhimmel und die göttliche Liebe und Allmacht, die darin ergossen sei usw. Plötzlich habe sich ihm, der ganz vergessen gehabt habe, wo er sei, eine Hand auf die Schulter gelegt, und er habe gleichzeitig die Worte gehört: »Die Sterne sind's nicht; doch was der Mensch hineinlegt, das eben ist's!« Er habe sich umgedreht, und Hegel sei vor ihm gestanden. Von diesem Moment ab habe er gewußt, schloß Heine, daß in diesem Manne, so undurchdringlich dessen Lehre für ihn sei, der Puls des Jahrhunderts zittere. Er habe den Eindruck dieser Szene nie verloren; und so oft er an Hegel denke, trete ihm dieselbe stets in die Erinnerung.

Ferdinand Lassalle, Mitteilungen vor der »Philosophischen Gesellschaft«,
Berlin, 25. Mai 1861

Bedenken Sie auch, daß Ihr Vetter trotz mancher Verirrungen, die ich nicht ableugnen will, doch nicht isoliert steht, sondern durch sein Genie ganz Deutschland angehört, wenigstens allem was in Deutschland Geist besitzt. Unter diesen Geistern wird es auch Herzen geben, die H. Heine im Unglück leicht verzeihen werden, was er sich im Übermut des Glückes zu viel erlaubt hat, und daß endlich alles dies eine öffentliche Meinung laut werden lassen kann, die sehr schwer auf Ihnen lasten würde, denn Gottlob! wir sind in eine Zeit getreten, wo weder Könige noch Millionäre mehr der öffentlichen Meinung ohne gerechte Besorgnis trotzen dürfen.

Hermann von Pückler-Muskau an Carl Heine,
28. Januar 1846

»Ich habe nie den Wein besungen; da sehen Sie nun auch gleich, wie verleumdet ich werde und welch ein moralischer Poet ich bin. Aber trinken Sie den Ihren«, fuhr er fort, »ich sehe, ich habe Sie bei Ihrem Frühstück gestört.«

»Wollen Sie es teilen?« fragte ich, während er in dem Sessel, den ich herbeigeschoben, vom Lichte abgewendet, sich's bequem machte. »Dieser Wein ist ein ungefährlicher Stoff aus der Gironde oder Saintonge ...«

»Nein – ›mein Gelübde ist nicht wider den Wein‹, aber mein Arzt ist es, mein Arzt, oder besser mein armer macerierter Köprer hat mich zu einem Asketen gemacht. Ich werde bestraft für eure Sünden.«

»Für unsere Sünden? Das heißt?«

»Habt ihr in Deutschland mich nicht zum Erfinder oder zum Apostel der Emanzipation des Fleisches gemacht?« antwortete Heine; »Und nun sehen Sie in mir einen armen wassertrinkenden Tugendüber, einen Weltüberwinder, einen Asketen, einen vollständigen Trappisten . . . ach, ich bin sehr krank; ich muß, wenn ich sehen will, wie Sie aussehen, dies Lid mit dem Finger in die Höhe schieben, so gelähmt ist es . . . überhaupt ist meine ganze linke Seite seit Jahren gelähmt, mein Kopfweh läßt mir nur selten eine Stunde zur Arbeit ...«

Auf meine Antwort, daß er doch so wohl und kräftig aussehe, fuhr er fort: »Ich kann nur in lichten Augenblicken schreiben – was«, setzte er dann lachend hinzu, »freilich besser ist, als was viele andere Narren machen, die nur in ihren Anfällen zu schreiben scheinen ...«

Levin Schücking, Memoiren,
1868

Da ich einmal im Zuge bin, so will ich Euch schließlich noch mitteilen, daß Heine wieder hier ist und ich vorgestern mit E[werbeck] bei ihm war. Der arme Teufel ist scheußlich auf dem Hund. Er ist mager geworden wie ein Gerippe. Die Gehirnerweichung dehnt sich aus, die Lähmung des Gesichts desgleichen. E[werbeck] sagt, er könne sehr leicht einmal an einer Lungenlähmung oder an irgendeinem plötzlichen Kopfzufall sterben, aber auch noch drei bis vier Jahre abwechselnd besser oder schlechter sich durchschleppen. Er ist natürlich etwas deprimiert, wehmütig, und was am bezeichnendsten ist, äußerst wohlwollend (und zwar ernsthaft) in seinen Urteilen – nur über Mäurer reißt er fortwährend Witze. Sonst bei voller geistiger Energie, aber sein Aussehen, durch einen ergrauenden Bart noch kurioser gemacht (er kann sich um den Mund nicht mehr rasieren lassen), reicht hin, um jeden, der ihn sieht, höchst trauerklötig zu stimmen. Es macht einen höchst fatalen Eindruck, so einen famosen Kerl so Stück für Stück absterben zu sehen.

Friedrich Engels an das kommunistische Korrespondenz-Komitee, Paris, 16. September 1846

. .

Eines Tages meldete man mir [1846], daß ein Fremder mich sprechen wollte; der Bediente hatte den Namen entstellt, so daß ich nicht wußte, wer es war. Ich ging in das Zimmer, in dem ich gewöhnlich empfange, und fand dort eine ganz abgemagerte Gestalt. Das Gesicht erinnerte mich an Géricault, ein rötlicher Spitzbart mit viel Silberhaar. Ich suchte in meiner Erinnerung, wer dieser frühe Gast sein könne, der mich mit meinem Vornamen anredete und mir mit der Ungezwungenheit eines alten Freundes die Hand entgegenstreckte. Ich wußte für dieses so entstellte Gesicht keinen Namen zu finden, aber nach wenigen Minuten, bei einem Witz des Unbekannten, rief ich aus: »Das ist der Teufel oder es ist Heine!« Es war wirklich Heine, der Gott war Mensch geworden.

Théophile Gautier, Aufsatz über Heine, 1856

Erst im Frühjahr 1847 kam ich wieder nach Paris. Wie fand ich den Mann wieder, den ich als feisten Abbé des Lebenskultus verlassen hatte! Nie

Heinrich Laube. Lithographie von F. Elias nach F. Randel

werde ich den Eindruck vergessen, als er mir zum ersten Mal wieder vor Augen kam. Ich war irrtümlich in seiner Wohnung abgewiesen worden – er hielt seine Tür fest verschlossen –, und er hatte mir geschrieben: um elf Uhr komme ich! In einem kleinen Hotel der Rue Daugivilliers beim Louvre hatte ich Unterkommen gefunden . . . Der Blick war frei bis zur Seine hinüber. Dort hielt ein Omnibus an. Ein kleiner Mann kroch langsam aus dem Wagenkasten und tastete mit einem dicken Stock vorsichtig über den Platz herüber. Die Frühlingssonne schien hell. Für diesen Mann nicht hell genug. Er blieb mehrmals stehen, rückte den Kopf in den Nakken zurück und griff mit der Hand an sein Auge. Mit den Fingern schob er sein Augenlid in die Höhe, es hatte nicht mehr die selbständige Kraft, sich aufzuschlagen – der in zwei Paletots gehüllte Mann suchte die Aufschrift meines Hotels. Der blasse Mann war Heinrich Heine!

Er trug sein Leiden mit großer Standhaftigkeit, ja er entwickelte kaltblütig die sicheren Fortschritte, die entsetzlichen Steigerungen und das schmerzhafte Ende desselben, und er entwickelte diese Zukunft ganz in der grausam witzigen Form, welche er in seinen Schriften den unangenehmsten Gegnern hatte angedeihen lassen. »Gerechtigkeit muß walten!« sagte er mit zuckendem Lächeln, »und Ihr seht jetzt, daß Ihr mir immer Unrecht getan, wenn Ihr meinen Kopfschmerz und meine Verstimmung so oft meiner moralischen Unart zugeschrieben habt. Ich war nie moralisch. Es war ein ganz physischer Leidenskrebs, der mich immer gezwickt hat und nun zerfleischt.«

Heinrich Laube, Heine-Erinnerungen, 1868

Nachher sprach er von seinem Leben und nannte es ein glückliches. Wie schön ist das, wie selten hört man das von einem Mann, dem doch so vielfach Unrecht geschehen ist! Er sagte: »Ich habe so viel Glück gehabt, daß ich eigentlich nie ehrgeizig war; das höchste Glück! Ich habe eine seltene Frau, die ich unaussprechlich geliebt, dreizehn Jahre hindurch mein eigen genannt, ohne das Schwanken einer Minute, ohne einen Moment des Wenigerliebens, ohne Eifersucht, in unwandelbarem Verständnis und in vollster Freiheit. Kein Versprechen, kein Zwang äußerer Verhältnisse band uns aneinander. Ich erschrecke jetzt in meinen schlaflosen Nächten noch oft vor dieser Seligkeit; ich schauere entzückt zusammen vor dieser Glückesfülle. Ich habe oft über solche Dinge gescherzt und gewitzelt und noch viel öfter ernsthaft darüber gedacht: die Liebe befestigt kein Mietkontrakt, sie bedarf der Freiheit, um zu bestehen und zu gedeihen.«

Nachher gedachte er seiner großen, unzerstörbaren Lebenslust. »Sie kommt mir ordentlich spukhaft vor bei meinen Leiden. Meine Lebenslust ist wie das Gespenst einer zärtlichen Nonne in alten Klostermauern; sie spukt noch bisweilen in den Ruinen meines Ich!« – »Warum wählen Sie solch schauriges Bild? Es war in Ihnen so viel gesundes Heidentum, daß die Götter einem Dichter wie Ihnen bis zum letzten Atemzuge Daseinsfreude gönnen müssen.« – »Ach die Götter! Die heidnischen Götter hätten einem Dichter nicht angetan, was mir geschieht; so etwas tut bloß unser alter Jehovah! Selbst die Lippen, mit denen ich so vergnügt gesungen und geküßt, sind mir ja halb gelähmt. »Und ich küsse Sie doch trotzdem!« entgegnete er, und küßte mich, die neben seinem Stuhl stand, indem er sich mühsam erhob.« Ich halte jetzt, da ich stündlich an meinen Tod denken muß, oft sehr ernste Gespräche mit Jehovah in der Nacht, und er hat mir gesagt: »Sie dürfen alles sein, lieber Doktor, was Sie wollen, Republikaner und Sozialist, nur kein Atheist.«

Fanny Lewald, Bericht über einen Aufenthalt in Paris, 1849

Der Dichter Heine ist in einem furchtbaren Zustande. Sein ganzer Körper ist so gelähmt, daß er sich nicht mehr bewegen kann und dabei noch die furchtbarsten Krämpfe ausstehen muß. Als ich Paris vor 6 Monaten verließ, hat er mir 500 Franken abgepreßt, und jetzt bei meiner Ankunft wieder 500 Franken. Bei jetzigen Zeiten ist das viel Geld, besonders für ihn, da er sich so undankbar bewiesen hat. Allein ich konnte seiner schrecklichen Lage mein Mitleid nicht entziehen.

Giacomo Meyerbeer an Amalie Beer, Paris, 10. Oktober 1848

Trotz seiner Leiden hatte Heine noch immer den lebhaften und scharfen Geist, der ihn bis zur Todesstunde nicht verließ. Nach einer sehr gründlichen Untersuchung fragte Heine den Arzt: »Muß ich mich damit noch lange herumplagen?« – Gruby antwortete: »Noch sehr lange.« – »Dann sagen Sie das nicht meiner Frau«, antwortete Heine.

Um zuletzt noch festzustellen, wie weit die Lähmung der Mundmuskeln bei dem Kranken vorgeschritten war, fragte er ihn, ob er pfeifen könne; der Dichter hob mit den Fingern seine gelähmten Augenlider empor und erwiderte: »Nicht einmal das beste Stück von Scribe könnte ich auspfeifen.«

Edmond de Goncourt, Tagebucheintragung, Paris, 1892

Eines Morgens, als ich zu ihm kam [1849], lächelte er mich von weitem an. »Ich habe heute«, sagte er, »einen besonders tröstlichen Traum gehabt, beinahe eine Vision. Mir war's, als ginge ich in der ersten Morgenfrühe über den Cimetière Montmartre, auf dem ich mich auch einst bestatten lassen will und zwar darum, weil er geräuschlos ist und man dort viel weniger gestört wird als auf dem Père la Chaise. Die Leichensteine erglänzten in der aufgehenden Sonne und siehe, vor jedem Steine stand ein Paar blank gewichster Schuhe, Stiefelchen oder Stiefeln, je nachdem die Schläfer da unten Frauen, Fräuleins oder Männer waren. Es war wie in einem großen Hotel, wo in aller Frühe der Hausknecht von Tür zu Tür gegangen und das Schuhwerk besorglich und bescheiden hingestellt. Noch schlummerten sie alle unten in ihren Grüften, die blank gewichsten Stiefeln aber glänzten prächtig, wie von Engeln gewichst, und das ganze Bild schien zu sagen: Ja, wir werden alle wieder aufstehen und einen neuen Lebenslauf beginnen.«

So sah Heine damals als Betbruder aus.

Alfred Meissner, Heine-Erinnerungen,
1856

»Mein Leben war schön«, sagte er eines Tages zu mir. Ich war der Lieblingspoet der Deutschen und wurde auf dem Römer in Frankfurt gekrönt. Die Mädchen in weißen Kleidern streuten mir Blumen. Was war mein Unglück? Ich nahm meinen Heimweg durch die Judengasse. Da – – – – – – Seitdem klebt ein fataler Geruch an meinen Lorbeeren, den ich nicht wegbringen kann.«

Alfred Meissner, Bericht über einen Parisaufenthalt,
Paris, 21. Januar 1849

Ich war von dem ersten Besuch bei Heine so ergriffen, daß ich einige Monate verstreichen ließ, ohne ihn wiederzusehen. Da ließ er mich eines Tages – es war am 20. Januar 1850 – zu sich rufen.

»Warum lassen Sie sich so selten bei mir sehen?« rief er, als ich meinen Namen nannte. »Sie sollten öfter kommen, wo Sie nur zwei Schritte entfernt von mir wohnen.«

Ich äußerte meine Befürchtung, daß sein Zustand keine Besuche vertrage.

»Es ist wahr«, sagte er, »ich werde von den fürchterlichsten Schmerzen heimgesucht, so daß ich mir selbst zur Last bin. Aber ich bitte Sie, lassen Sie sich dadurch nicht abschrecken, mich zu sehen.«

Ich fand ihn sehr leidend, sehr ernst und niedergeschlagen.

»Ich liege hier so einsam und vereinsamt«, seufzte er. »Ich wäre gern in Deutschland gestorben, und ich hätte mich vielleicht hintragen lassen. Allein was würde meine arme Frau in Deutschland anfangen? Das ist sehr traurig. Hier hab' ich, in Deutschland hat sie kein Vaterland. Ich weiß, daß ich mich von diesem Lager nicht mehr erhebe. Das Lied ist aus. Ich habe auch gerade das Alter, in welchem ein deutscher Schriftsteller sterben muß. Wie werden sie mich loben, wenn ich einmal tot bin! Sie werden mir statt der faulen Äpfel, mit denen sie mich früher beworfen und noch immer bewerfen, nur Blumensträuße und Lorbeerkränze zuwerfen. Der Campe wird sich auch freuen, wenn er hört, daß sie mich hinausgetragen, daß ich das schmerzvolle Grab in der Rue d'Amsterdam mit dem schmerzlosen auf dem Kirchhof Montmartre vertauscht habe. Ja, der Campe wird sich freuen; denn mein Tod ist sein bestes Buchhändlergeschäft.«

Nachdem er eine Zeitlang von seinen häuslichen Verhältnissen gesprochen und zu wiederholten Malen und mit sichtbarer Genugtuung bemerkt hatte, daß er die Zukunft seiner Gattin gesichert, kam er auf seinen Glauben zu sprechen. Ich sagte ihm, daß man in den Blättern viel von seiner Bekehrung rede, daß man von vielen Seiten behaupte, er habe sich wieder dem Judentum zugewendet. »Ja«, sagte ich, »man spricht fast täglich von Ihrer Rückkehr zu Jehova Zebaoth. Ich habe bei meinem ersten Besuch absichtlich vermieden, mit Ihnen über diesen Punkt zu sprechen.«

»Warum das?« rief er. »Ich mache kein Hehl aus meinem Judentum, zu dem ich nicht zurückgekehrt bin, da ich es niemals verlassen hatte. Ich habe mich nicht taufen lassen aus Haß gegen das Judentum. Mit meinem Atheismus ist es mir niemals Ernst gewesen. Meine früheren Freunde, die Hegelianer, haben sich als Lumpen erwiesen. Das Elend der Menschen ist zu groß. Man muß glauben.«

Ludwig Kalisch, Heine-Erinnerungen,
1874

Bei diesem ersten Besuche war es auch, wo er ausführlich von seiner Krankheit und seinen Schmerzen sprach, auf die er bei allen späteren Unterhaltungen nur selten zurückkam. »Ich leide«, sprach er »unaufhörlich grenzenlose Schmerzen. Selbst meine Träume sind nicht frei davon. Gestern hing ich als Johann von Leiden in einem Käfig in der Luft, und meine Schmerzen setzten sich als wilde Traumbilder um mich her. Die Krämpfe steigen allmählich immer höher hinauf, und da liegt man nun und wartet, bis es ans Herz kommt. Ich kann jetzt eigentlich nur noch Arme und Hände frei bewegen. Und alles dieses fuhr er fort, indem ein Lächeln über seine schmerzerfüllten Züge glitt, alles dieses muß ich nun ertragen ohne den Beistand unseres Herrn Jesus Christus! Aber ich habe auch meinen Glauben. Denken sie nur nicht, daß ich ohne Religion bin. Opium ist auch eine Religion. Wenn so ein bißchen grauer Staub in meine fürchterlich schmerzenden Brandwunden gestreut wird, und dann der Schmerz danach gleich aufhört, soll man da nicht sagen, daß dies dieselbe beruhigende Kraft ist, welche sich in der Religion wirksam zeigt? Es ist mehr Verwandtschaft zwischen Opium und Religion, als sich die meisten Menschen träumen lassen. Sehen Sie, da hab ich die Bibel. Ich lese viel darin, das heißt, ich lasse mir vorlesen. Es ist doch ein ganz wunderbares Buch, dies Buch der Bücher. Wenn ich meine Schmerzen nicht mehr ertragen kann, nehme ich Morphium, wenn ich meine Feinde nicht totschlagen kann, überlasse ich sie der Vorsehung, wenn ich meine Angelegenheiten nicht mehr besorgen kann, übergebe ich sie dem lieben Gott – nur«, setzte er nach einer kleinen Pause lächelnd hinzu, »nur meine Geldangelegenheiten besorge ich doch lieber noch selbst.«

Adolf Stahr, Heine-Erinnerungen,
1851

Heine liegt jetzt immer, kann ohne Hilfe kein Bedürfnis befriedigen, ist abgemagert zum Gerippe, kann nur Brei genießen, weil er Festeres nicht schlucken kann, die Augenlider sind ihm zugefallen, er liegt im Dunkeln. Mit seiner Frau ist er leidlich zufrieden, mit seiner Wärterin gar nicht – sie bekommt täglich 5 Franken und Kost. Er hat seine ganze Geistesstärke und Laune wie sonst; er diktiert fleißig, Verse und Prosa, seine besten Sachen macht er in seinen Schmerzen, in schlafloser Nacht, muß sie aber dann im Gedächtnis festhalten, bis er wieder jemanden zum Schreiben hat. In seinen religiösen Gedanken kommt er mehr und mehr auf das Judentum zurück; spricht mit großer Verehrung von Moses. In allem dringt aber – wie bei Clemens Brentano – der Spötter durch.

Karl August Varnhagen von Ense, Notiz,
29. Oktober 1850

Heine, bei dem ich auch erst einmal war, ist äußerst herunter. Sein Geist aber so hell und scharf wie je, nur etwas gegen die Welt verbittert, wie es mir schien. Er freute sich sehr, mich zu sehen und rief nach der ersten Begrüßung gleich aus (auf seinen Schwanz weisend): »Sehen Sie, welcher Undank! Diese Partie, für die ich soviel getan habe, hat mich so weit gebracht.« Sein Anblick ist übrigens wirklich schreckenerregend. – Dich hält er in sehr freundlichem Angedenken.

Ferdinand Lassalle an Karl Marx,
Paris, Anfang Juli 1855

Manchmal versuchte er, den dichten Schleier, der auf der Gegenwart lag, zu lüften und die Zukunft zu sehen. Vor allem zu der Zeit, als sich sein Leiden verschlimmerte [Oktober 1855], erzählte er mir öfter, daß ihn manchmal ein plötzlicher Drang erfasse, der ihn unvermittelt die Arme zum Himmel ausstrecken und ihn um Erbarmen rufen lasse. Er verspüre es vor allem während jener nicht enden wollenden schlaflosen Nächte, wo sich das Trugbild der entschwundenen Genüsse mit der Erinnerung an erduldetes Unrecht und empfangene Beleidigungen vermischte, ein schrecklicher Zustand, wo ihm der Fieberwahn abwechselnd süße Bilder und drohende Gestalten zeigte und ihm bald einen Aufschrei, bald einen Seufzer entwand. Oft sah er sich als Kind im elterlichen Hause, begann dann mit neuen Kräften ein neues Leben und lächelte den lieben Gesichtern zu, die ihn so zärtlich empfangen hatten. Eines Tages kam ich zu ihm, wie er gerade aus einem ziemlich langen Halbschlummer auffuhr. Er erzählte mir, daß er von seinem Vater geträumt habe: »Er wurde frisiert, und ich erblickte ihn wie durch eine Wolke von Puder. In meiner Freude, ihn wiederzusehen, wollte ich auf ihn zustürzen. Aber seltsam, je mehr ich mich ihm näherte, je mehr verwischte sich alles und nahm eine andere Gestalt an. Als ich nun die Hand meines Vaters küssen wollte, packte mich ein Todesschauer, und ich wich zurück: Seine Finger waren vertrocknete Reiser und mein Vater selbst ein blätterloser mit winterlichem Reif bedeckter Baum ...«

Elise Krienitz, Artikel über Heine, 1867

Ich ahnte nicht, daß ich ihn zum letzten Male unter den Lebenden sehen sollte [Februar 1856]. Beim Eintritt fiel mir die fahle Blässe seiner Lippen auf, und ich fand ihn trübe, schwermütig, unter dem Einfluß jener Stimmung, wie sie ein trauriger Wintertag erzeugt. – »Endlich bist Du da!« rief er mir entgegen.

Oft hatte er mich mit diesen Worten empfangen; heute aber sprach er sie in einem weniger liebevollen, fast strengen Tone aus. Also auch er verkannte mich! Die Ungerechtigkeit des Vorwurfes schnitt mir tief ins Herz, und mit einem so kranken Mann konnte ich doch nicht davon sprechen, daß ich mich gewaltsam aus meinem Bett hatte aufraffen müssen, um hierher zu kommen. Diese Unmöglichkeit marterte mich, und ich brach in Tränen aus. Plötzlich, wie wenn er meinen Schmerz gefühlt hätte, obgleich er mein Gesicht nicht sehen konnte, rief er mich zu sich heran, und ich mußte mich auf den Rand seines Bettes setzen. Die Tränen, die über meine blassen Wangen rollten, schienen ihn tief zu erschüttern.

»Nimm Deinen Hut ab, damit ich Dich besser sehen kann«, sagte er.

Und mit einer liebkosenden Gebärde zog er an meinem Hutbande. Von einer schnellen, hastigen Bewegung getrieben, stieß ich meinen Hut zurück und glitt an seinem Bette nieder. Erregte mich die bittere Erinnerung an erduldete Leiden oder das noch schlimmere Vorgefühl kommenden Unheils? Genug, mein Schluchzen suchte ich vergebens zurückzudrängen; ich war nicht mehr Herr meiner selbst und glaubte, dem Sturme erliegen zu müssen, der in meinem Innern tobte. Kein Wort wurde gewechselt, aber die Hand des Freundes, welche auf meinem Haupte lag, schien mich zu segnen.

Dies war unser letztes Beisammensein. [...]

Ich hatte bereits die Schwelle des Zimmers überschritten und stand schon an der Treppe, als der Klang der geliebten Stimme noch ein Mal, deutlich zwar, aber doch wie angstvoll zitternd, mein Ohr berührte. »Auf morgen, hörst Du? säume nicht.«

Und doch säumte ich.

Elise Krienitz, Heine-Erinnerungen, 1884

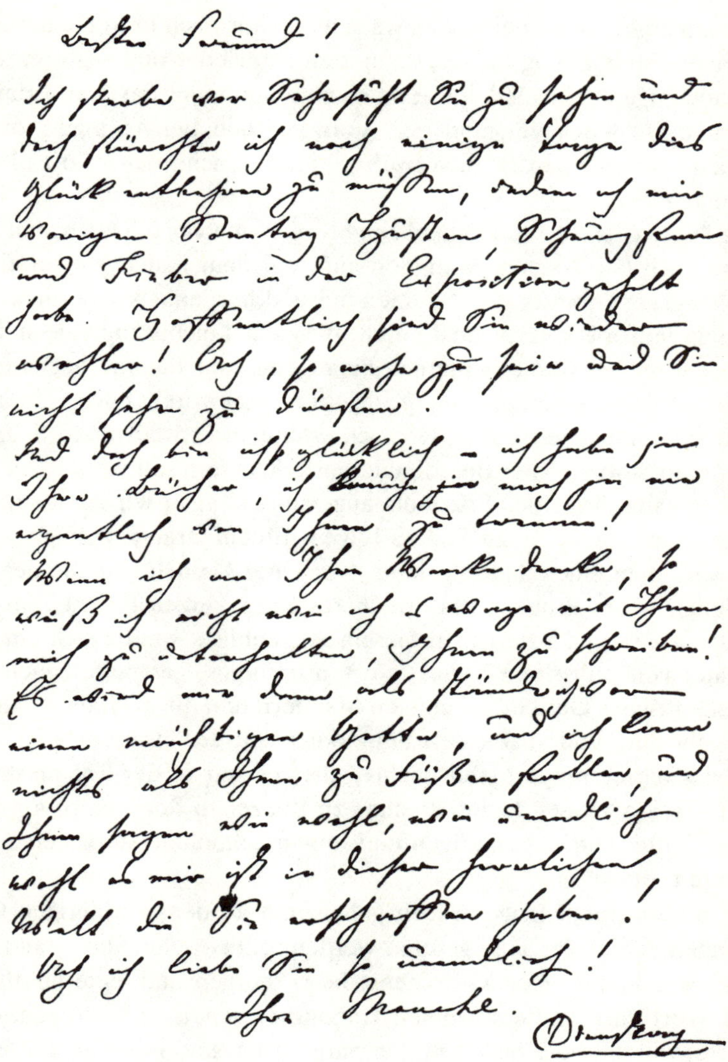

Bester Freund!
Ich sterbe vor Sehnsucht Sie zu sehen und doch fürchte ich noch einige Tage dies Glück entbehren zu müssen, indem ich mir vorigen Sonntag Husten, Schnupfen und Fieber in der Exposition geholt habe. Hoffentlich sind Sie wieder wohler! Ach, es macht [illegible] Sie nicht sehen zu dürfen!
Und doch bin ich glücklich – ich habe ja Ihre Bücher, ich [illegible] eigentlich von Ihnen zu kennen!
Wenn ich an Ihre Werke denke, so weiß ich nicht wie ich es wage mit Ihnen mich zu unterhalten, Ihnen zu schreiben! Es wird mir dann als stünde ich vor einem mächtigen Gotte, und ich kenne nichts als Ihnen zu Füßen fallen und Ihnen sagen wie wohl, wie unendlich wohl es mir ist in dieser herrlichen Welt die Sie erschaffen haben!
Ach ich liebe Sie so unendlich!
Ihre Mouche.
Dienstag

Brief von Elise Krinitz, der »Mouche«, an Heine

Als ich die Krankenpflegerin fragte, wie sie mich so habe täuschen können, senkte sie den Kopf und schwieg . . . Dann kniete ich nieder und küßte die erkaltete Wange des Dichters – ich konnte nicht glauben, daß dies ein Toter sein sollte, und er schien mir so schön, daß ich nicht weinte – ich fragte, ob ich am Abend oder am nächstan Tag wiederkommen könne, um eine Stunde bei ihm zu wachen, da hörte ich Frau Heines Zimmerglocke. Pauline ging hinaus, dann kam sie wieder und sagte mir, der Arzt habe angeordnet, daß von jetzt an niemand mehr das Sterbezimmer betreten dürfe – ich verstand den Vorwand und beugte mich vor der Eifersucht, die mir den Platz verwehrte, an dem ich mich so oft niedergelassen hatte ...

Drei Tage später, an einem nebligen Morgen, machte ich mich zum letzten Mal nach der Avenue Matignon auf. Vor dem Hause gingen einige Menschengruppen unter den Bäumen hin und her, eine wunderliche Ansammlung von merkwürdigen Leuten, die dem Leichenzug folgen wollten – viele gingen in die Wohnung hinauf, da kam Pauline herunter, in Tränen aufgelöst – sie und meine Mutter beschworen mich, unten zu bleiben; ich gab ihnen nach, denn ich wollte nicht, daß mein Schmerz den anderen Stoff zu einer Beerdigungsepisode liefern sollte.

Am Eingangsgitter des Friedhofs angelangt, stiegen wir aus dem Wagen, um dem Trauerzug zu Fuß zu folgen. Einem Brauch zufolge macht man, wenn man einen Toten geleitet, vor einer kleinen Kapelle der heiligen Jungfrau am Eingang des Friedhofes einen kurzen Halt. Unser Zug hielt also an, wie es Sitte ist. In diesem Augenblick wandte sich ein junger Mann von jüdischem Typus, ein sanftmütiges, gescheites, vielleicht etwas skeptisches Gesicht, zu einigen Männern um, die auch dem Trauerzug angehörten, und zuckte fast unmerklich mit den Achseln – ich weiß nicht, was dieser junge Mann dachte, aber es war in der Tat merkwürdig, daß Heine, dessen letzter Besuch zu Lebzeiten der Venus von Milo gegolten hatte, nun der traurigen und reinen Schönheit Marias eine letzte Reverenz erwies.

Man mußte durch lange Alleen gehen, um an dem vorläufigen Grab anzulangen, in das der Tote gesenkt werden sollte – schließlich stand man still. Ich war hinter einer Menschenreihe verborgen und legte überhaupt keinen Wert darauf, die einzelnen Handgriffe genau zu verfolgen, doch ich hörte, wie man die Seile um den Sarg anzog, und mir war, als legten sie sich um mein eigenes Herz. Alles war stumm geblieben, kein Mund hatte sich zu einer Rede geöffnet, und ich selbst hatte mein Schluchzen erstickt. Die Menge zerstreute sich, und zum ersten Mal nach einer Woche befand ich mich allein an seiner Seite – nein! ich irre mich – zwei Maurer in blauen Kitteln nagelten die letzten Bretter um den Sarg, den man noch sehen konnte – endlich war auch dies vorbei – ein Wärter schloß mit einer Schlüsseldrehung die Türe der Grabstätte ab.

Elise Krienitz an Alfred Meissner,
Paris, 7. August 1856

Heines Totenmaske, abgenommen von Joseph Fontana.

Anhang

Anmerkungen

Seite 7: Friedrike Heine (gest. 1823), die älteste Tochter des Bankiers Salomon Heine, des Dichters Onkel; Sie liebt mich nicht . . . Amalie Heine (1800 – vor 1844), Heines Jugendliebe, Salomon Heines Tochter, für die der Vater zu dieser Zeit einen reichen Ehemann suchte; Christian Sethe (1798 – 1857), Jugendfreund Heines, später preußischer Staatsbeamter; Betty Heine, geb. van Geldern (1770 – 1859).

Seite 9: Friedrich Steinmann (1801 – 1875), Schulfreund Heines auf dem Lyzeum in Düsseldorf, später Publizist, Jurist und Politiker, der die Werke des Dichters fälschte und nicht-autorisierte Briefe und Gedichte veröffentlichte; Heinrich Straube (1794 – 1847), Studienfreund Heines an der Göttinger Universität, später Jurist und Publizist; Das schaurigsüße Lockenköpfchen . . . Amalie Heine; Samson Heine (1764 – 1828), der Vater des Dichters; Charlotte Heine, später verheiratete Embden (1800 – 1899), die Schwester; Gustav Heine (1805 – 1886), später Kaufmann und Journalist, und Maximilian Heine (1807 – 1879), später Arzt in Petersburg, die Brüder des Dichters.

Seite 10: Illustration von Grandville, eigentlich Jean-Ignace-Isidore Gérard (1767 – 1854), siehe auch Personenregister.

Seite 11: Gotthold Ephraim Lessing (1729 – 1781), deutscher Dichter; Johann Gottfried Herder (1744 – 1803), deutscher Dichter und Gelehrter; Friedrich Schiller (1759 – 1805), deutscher Dichter; August Wilhelm Schlegel (1767 – 1845), deutscher Gelehrter, Sprachforscher und Dichter; Johann Wolfgang Goethe (1749 – 1832), deutscher Dichter; Carl Maria von Weber (1786 – 1826), deutscher Komponist.

Seite 12: Samiel – Figur des Bösen in Webers Oper »Der Freischütz«; Rahel Varnhagen von Ense, geb. Levin (1771 – 1833), Frau des Publizisten Karl August Varnhagen von Ense. Sie führte in Berlin einen berühmten literarischen Salon; frühere Conaissance – Gedankenspiel des Dichters über Seelenwanderung.

Seite 13: Immanuel Wohlwill (1799 – 1847), von 1823 bis 1838 Lehrer an der Israelitischen Freischule in Hamburg.

Seite 14: Moses Moser (1796 – 1838), Heines engster Freund in den zwanziger Jahren. Bankbeamter in Berlin, Mitbegründer des Vereins für Kultur und Wissenschaft der Juden.

Seite 15: Talbot – mächtiger englischer Heerführer in Schillers Drama »Die Jungfrau von Orleans«; Ludwig Robert (1778 – 1832), deutscher Schriftsteller und Dramatiker.

Seite 16: Joseph Lehmann (1801 – 1873), deutscher Publizist, Herausgeber des »Magazins für Literatur des Auslands«.

Seite 17: Waagschale der Themis – griechische Göttin der Gerechtigkeit; Oheims – Salomon Heine (1767 – 1844), Bankier in Hamburg, Heines Onkel, mit dem der Dichter zeitlebens um eine finanzielle Unterstützung ringen mußte; Anton Bauer (1772 – 1843), seit 1813 Strafrechtslehrer an der Universität Göttingen.

Seite 18: Friedrich Freiherr de la Motte-Fouqué (1777 – 1843), Dichter der deutschen Romantik. Varnhagen hatte Zweifel geäußert, daß Fouqué Heine erlaubt hatte, ein ihm gewidmetes Gedicht Freunden zu zeigen.

Seite 19: Karl August Varnhagen von Ense (1785 – 1858), preußischer Diplomat, Schriftsteller und Kritiker; Hafis (um 1325 – 1389), persischer Lyriker; Rudolf Christiani (1797 – 1858), Anwalt und Kommunalpolitiker in Lüneburg, Heines Freund, später Mann seiner Cousine Charlotte; captationes benevolentiae – Haschen nach Gunstbeweisen.

Seite 20: Veränderungen im Ministerium, Heine bemühte sich um eine Professur in Berlin und hatte durch Moser erfahren, daß ein wenig liberaler Mann das Wort führte; Friedrich August Wolf (1759 – 1824), Altphilologe an der Berliner Universität und deren Mitbegründer; Luise Duttenhofer (1779 – 1829), deutsche Scherenschnittkünstlerin.

Seite 24: Confarreatio – Form der römischen Eheschließung; Gustav Hugo (1764 – 1844), Jurist, seit 1788 Professor in Göttingen.

Seite 25: Eduard Gans (1798 – 1839), Jurist und Rechtsphilosoph in Berlin.

Seite 26: Karl Simrock (1802 – 1876), Germanist, Übersetzer und Lyriker.

Seite 27: Adolf Peters (1803 – 1876), Mathematiker und Lyriker, Studienfreund Heines in Göttingen, dessen Verse Heine stets mit dem Ausruf »Peters, das ist dein bestes!« verspottete.

Seite 29: Friedrich Merckel (gest. 1846), Kaufmann in Hamburg und naher Freund Heines.

Seite 33: Ludwig I., König von Bayern (1786 – 1868); Friedrich Georg Lindner (1772 – 1845), Arzt, Publizist und Schriftsteller, der 1828 gemeinsam mit Heine die »Neuen allgemeinen politischen Annalen« herausgab; Aufsatz – das erste Kapitel der »Englischen Fragmente«; Johann Friedrich Freiherr Cotta von Cottendorf (1764 – 1832), Verleger und Buchhändler, bei dem die bedeutendsten Schriftsteller der Zeit publizierten.

Seite 36: Friederike Robert (1795 – 1832), Frau des Schriftstellers Ludwig Robert.

Seite 37: Verleger – Julius Campe (1792 – 1867), Verleger in Hamburg, seit 1823 Inhaber der Verlagsbuchhandlung Hoffmann und Campe; Gattin Elisabeth Cotta von Cottendorf (1789 – 1859); August Graf von Platen-Hallermünde (1796 – 1835), deutscher Dichter. Heine verdächtigte den streng katholischen Kollegen zu Unrecht einer Intrige bezüglich seiner angestrebten Professur an der Universität München; König – Friedrich Wilhelm III. von Preußen (1770 – 1840).

Seite 38: pouvoirs intermédiataires – Vermittler; Adolphe Thiers (1797 – 1877), französischer Staatsmann und Historiker.

Seite 39: Franz Kugler (1808 – 1858), deutscher Schriftsteller und Graphiker.

Seite 40: Aux grands hommes . . . Den großen Männern das dankbare Vaterland; Vérys Restauration – berühmtes Restaurant in Paris.

Seite 41: Moritz Oppenheim (1799 – 1882), deutscher Maler und Graphiker.

Seite 42: George-Jacques Danton (1759 – 1794), französischer Advokat und Revolutionär. Er verweigerte die Flucht vor seiner Verhaftung mit dem Hinweis: »Man kann sein Vaterland nicht an den Schuhsohlen mit sich schleppen.«

Seite 43: Ludwig Börne (1786 – 1837), deutscher Schriftsteller und Publizist; Claude-Henri Comte de Saint-Simon (1760 – 1825), französischer Sozialphilosoph und Schriftsteller; »Moniteur« von 1793, das offizielle französische Regierungsblatt, 1793 Sprachrohr der Revolution; Repugnanz – Widerstreben.

Seite 44: Ludwig Philipp (1773 – 1850), von 1830 bis 1848 »Bürgerkönig« in Frankreich; Ferdinand Hiller (1811 – 1885), deutscher Musiker und Komponist; Simon van Geldern (1760 – 1833), Heines Onkel; Unsere Freundin . . . Rahel Varnhagen war zweiundsechzigjährig gestorben.

Seite 45: Zeit der Leidenschaft . . . der Beginn der Liebe zu »Mathilde«, Heines späterer Frau; Schloß einer schönen Freundin . . . der Principessa Cristina di Belgiojoso.

Seite 46: Heinrich Laube (1806 – 1884), deutscher Schriftsteller, Dramatiker und Publizist; Martin Luther (1483 – 1546), deutscher Reformator.

Seite 47: Das Junge Deutschland . . . loser

Zusammenschluß junger liberaler Schriftsteller, der von der Zensur in Deutschland verfolgt wurde.

Seite 48: Eugénie Crescentia Mirat (1815 – 1883), der Heine den Namen »Mathilde« gab und die er später heiratete.

Seite 49: asphixieren – ersticken; Äskulap – griechischer Gott der Heilkunde; August Lewald (1792 – 1871), deutscher Schauspieler, Theaterdichter und Publizist.

Seite 50: Th. Kühner (1804 – 1873), deutscher Graphiker.

Seite 51: exploitieren – ausbeuten; Ernst Wilhelm Hengstenberg (1802 – 1869), evangelischer Theologe und seit 1826 Professor in Berlin.

Seite 52: A. Wegner (1802 – 1861), deutscher Graphiker.

Seite 54: inflammation des destins – Darmentzündung; Jules Sichel (1800 – 1868), Augenarzt in Paris; Giacomo Meyerbeer (1791 – 1864), Komponist, Hauptvertreter der Großen Oper in Paris und Berlin.

Seite 55: Verlust, der sie betroffen . . . Varnhagens Schwester, die Schriftstellerin Rosa Maria Assing (1783 – 1840).

Seite 57: Gustav Kolb (1798 – 1865), Publizist, seit 1837 Leiter der »Augsburger Allgemeinen Zeitung«; Jakob Venedey (1805 – 1871), Publizist, Mitglied der Frankfurter Nationalversammlung; mit schnöden Epitheten eklaboussiert . . . mit schnöden Beiwörtern besudelt.

Seite 58: Salomon Strauß (1795 – 1866), Kaufmann in Frankfurt am Main und Ehemann der Freundin Börnes, Jeanette, geb. Wohl (1783 – 1861). Das Duell fand statt wegen Heines Bemerkungen über diese Liaison in der Denkschrift »Ludwig Börne«; Damaskus – Anspielung auf die syrischen Judenpogrome, in die auch Frankreich verwickelt war.

Seite 59: Lottchen und seine Kätzchen, die Nichten und Neffen Anna Catharina (geb. 1829), Helena Therese (1834 – 1849) und Ludwig Heinrich (1826 – 1904) Embden; »National« – französische politische Zeitung.

Seite 60: Samuel Dietz (1819 – 1863), deutscher Graphiker.

Seite 63: Favarger, nicht zu ermitteln; Fould, jüdische Bankiersfamilie in Paris.

Seite 67: Pauline Rogue, Pensionatsfreundin, Haushälterin und Gesellschafterin Mathilde Heines; Johann Hermann Detmold (1807 – 1856), deutscher Schriftsteller und Politiker, seit 1830 Advokat in Hannover und mit Heine befreundet.

Seite 71: Ferdinand Lassalle (1825 – 1864), Sozialphilosoph, Begründer der Sozialdemokratie in Deutschland.

Seite 72: Vetter – Carl Heine (1810 – 1865), Sohn und Nachfolger Salomon Heines, Bankier in Hamburg; inveteriert – eingewurzelt; Peruche war Mathildes Papagei.

Seite 73: Alexander Weill (1811 – 1899), französischer Schriftsteller und Publizist; Hannibal (246 – 183 v. Chr.), karthagischer Feldherr.

Seite 74: Söhnchen – Julius Campe (1846 – 1909), Sohn von Heines Verleger und Patenkind des Dichters; Calmonius war ein jüdischer Bankier und der Finanzberater Friedrichs des Großen, Spitzname Ferdinand Friedlands; Ferdinand Friedland (1810 – 1868), jüdischer Industrieller, der für Heine Aktienspekulationen durchführte.

Seite 75: Die »Deutsche Allgemeine Zeitung«, die in Leipzig erschien, meldete am 7. August 1846, Heine sei in der Schweiz gestorben; erst eine Woche später erschien die Berichtigung: nicht der Dichter Heine, sondern ein Mediziner namens B. Heine war der Tote.

Seite 79: Glaubensvogt zu Stuttegart . . . Wolfgang Menzel (1798 – 1873), deutscher Publizist; seit 1826 gab er das »Literaturblatt« zum »Morgenblatt für gebildete Stände« heraus. Schwäbische Schule, siehe Seite 323 ff.

Seite 80: Beholes – jiddisch: Verwirrung

infolge unangenehmer Ereignisse.
Seite 83: François-Auguste Mignet (1796 – 1884), französischer Historiker und Publizist.
Seite 86: Caroline Jaubert (1803 – 1883), Frau des hohen französischen Justizbeamten, Maxime Jaubert den Heine zum Testamentsvollstrecker bestimmt hatte. Sie führte einen literarischen Salon in Paris.
Seite 90: per acquit – gegen Quittung; Deinem Mann . . . Moritz (1790 – 1866), Kaufmann in Hamburg; unsere verstorbene Nichte . . . Helene Therese Heine.
Seite 91: Hesitation – Unschlüssigkeit.
Seite 92: quod scripsi – was ich geschrieben habe, habe ich geschrieben.
Seite 94: Ernst Benedikt Kietz (1815 – 1892), deutscher Porträtzeichner und Lithograph.
Seite 100: Pompiers – Feuerwehrleute.

Seite 101: Charles Gabriel Gleyre (nicht zu ermitteln), französischer Graphiker.
Seite 102: Der Orkus ist in der römischen Mythologie das Totenreich; die stygischen Gewässer sind der Grenzfluß zwischen Totenreich und der Welt der Lebenden; Stymphaliden – Raubvögel der Sage. Sie schießen ihre Federn ab wie tödliche Pfeile; Furien – Rachegöttinnen; Cerberus ist der dreiköpfige Hund, der den Eingang zur Unterwelt bewacht; Proserpina – die Gattin Plutos, des Herrschers der Unterwelt.
Seite 104: Dis à ma mère . . . Sag meiner Mutter, daß meine Frau sehr beschäftigt ist und daß meine Frau sie tausendmal umarmt.
Seite 105: Homonymität – Gleichnamigkeit; Esel des Barlaam . . . Bericht im Alten Testament, 4. Buch Mose, Kap. 22, Vers 18 ff., daß die Eselin des Propheten Bileam, ein Sohn Boers, sprechen konnte.
Seite 106: Franz von Zuccamaglio (1800 – 1873), Mitschüler des Düsseldorfer Lyzeums, später Bürgermeister in Mitau; Helot – Staatssklave.
Seite 107: Geier, der mir an der Leber fraß . . . Heine spielt auf den Adler im preußischen Wappen an und bringt ihn in Verbindung mit der griechischen Prometheussage: ihm frißt ein Geier lebendigen Leibes die Leber ab; Johann Valentin Meidinger (1756 – 1822) verfaßte eine »Praktische Grammatik der französischen Sprache; Coucou – zweirädriger Handkarren; Coco – Lakritzenwasser; Friedrich Gottlieb Klopstock (1724 – 1803), deutscher Dichter; Lutetia – alter lateinischer Name für Paris.
Seite 108: Naturalisation – Einbürgerung; Vexationen – Schikanen; Machinationen – Machenschaften.
Seite 112: Tirer le diable . . . Wörtlich: den Teufel am Schwanz ziehen – schwer arbeiten und doch dürftig leben; Philosoph Georg Wilhelm Friedrich Hegel (1770 – 1831), deutscher Philosoph.
Seite 115: Elise Krienitz (1828 – 1896), in Prag geborene französische Schriftstellerin (Pseudonym: Camille Selden), Heines letzte Liebe, die »Mouche«; Homberg & Co. – Bankhaus in Berlin, das Heines Geldangelegenheiten betreute.

Seite 118: François Buloz (1803 – 1877), französischer Verleger und Publizist.
Seite 122: Zwei Brüder . . . Heine schrieb das Gedicht nach einer Sage von den feindlichen Brüdern auf den Burgen Liebenstein und Sternberg bei Boppard am Rhein.
Seite 126: Und der Kaiser . . . Napoleon Bonaparte (1769 – 1821), Kaiser der Franzosen, wurde 1815 nach der Schlacht bei Waterloo endgültig verbannt.
Seite 127: Die Legende von Belsazar steht im Alten Testament, Buch Daniel, Kap. 5.
Seite 135: Bildnis auf goldenem Leder gemalt . . . das »Kölner Dombild« von Stephan Lochner (um 1440).
Seite 185: »Ilias« – Epos von Homer; Platon (429 – 347 v. Chr.), griechischer Philosoph; In der Ebene vor Marathon schlugen die Griechen im Jahr 490 v. Chr. die Perser.

Seite 189: Hierophant – Oberpriester eines griechischen Geheimkults.

Seite 190: Friedrich Wilhelm Schelling (1775 – 1854), Philosoph des deutschen Idealismus.

Seite 191: Die von Heine erfundene Sage vom »Fliegenden Holländer« benutzte Richard Wagner für seine gleichnamige Oper.

Seite 198: Syllogismos – spitzfindige Frage.

Seite 200: Karl I. (1600 – 1649), seit 1625 König von Großbritannien.

Seite 202: Fanny Elßler (1810 – 1884), in der ganzen Welt gefeierte österreichische Tänzerin.

Seite 203: Leonidas (gest. 480 v. Chr.), König von Sparta, verteidigte den Gebirgspaß von Thermophylä gegen die Perser und fiel mit seinem ganzen Heer; Jacques-Louis David (1748 – 1825), französischer Historienmaler.

Seite 207: Adelbert von Chamisso (1781 – 1838), Dichter der deutschen Romantik; Clemens Brentano (1778 – 1842), Dichter der deutschen Romantik.

Seite 208: Bellona – altrömische Göttin des Krieges.

Seite 218: Niccolò Paganini (1782 – 1840), italienischer Geigenvirtuose und Komponist; Sokrates (470 – 399 v. Chr.), griechischer Philosoph.

Seite 232: Friedrich I. Barbarossa (um 1122 – 1190), römisch-deutscher Kaiser; Sankt Paul – die Frankfurter Paulskirche, in der die erste deutsche Nationalversammlung tagte.

Seite 237: Die Illustration ist von dem Musiker, Maler und Schriftsteller Johann Peter Lyser (1803 – 1870).

Seite 238: Karl Friedrich Marx (1796 – 1877), Arzt und Medizinhistoriker in Göttingen, schrieb ein Buch »Göttingen in medizinischer, physischer und historischer Hinsicht geschildert.«

Seite 239: Ullrichs Garten – Biergarten in Göttingen; Gelehrte – Spott auf verschiedene Göttinger Wissenschaftler; Georgia Augusta – Name der Göttinger Universität; Salomon Geßner (1730 – 1788), schweizerischer Idyllendichter und Maler der Aufklärung.

Seite 240: Schäfer, Pedell der Universität Göttingen; Gioacchino Rossini (1792 – 1868), italienischer Opernkomponist.

Seite 241: Nebukadnezar . . . Altes Testament, Buch Daniel, Kap. 4, Vers 29 ff.; Philipp II. (um 382 – 336 v. Chr.), König von Makedonien. Die Episode beschreibt Cicero in seinen »Briefen an Atticus«.

Seite 242: Themis – griechische Göttin des Rechts; Rusticus – der Göttinger Strafrechtslehrer Anton Bauer (1772 – 1843); Lykurg (9. Jahrhundert v. Chr.), Gesetzgeber der spartanischen Sage; Cujacus – Gustav Hugo, siehe Anmerkung zu Seite 24.

Seite 243: Adolf Freiherr von Münchhausen (1688 – 1770), hannoverscher Staatsmann und Mitbegründer der Universität Göttingen; Ludwig XVI. (1754 – 1793), König von Frankreich; Friedrich Gottschalk, »Taschenbuch für Reisende in den Harz«.

Seite 244: Herzog Ernst von Schwaben; Ossian – der schottische Dichter James Macpherson veröffentlichte Lieder und Gedichte, die er, selbstgedichtet, als Werke des legendären gälischen Dichters Ossian ausgab; Lottchen bei dem Grabe . . . Gedicht des ansbachischen Regierungsrates Ernst Freiherr von Reitzenstein nach Goethes »Die Leiden des jungen Werthers«.

Seite 245: E(rnst) T(heodor) A(madeus) Hoffmann (1776 – 1822), Dichter der deutschen Romantik.

Seite 246: Wilhelm Bücking – der Fischer Willem Beukelsz, gest. 1397, erfand das Verfahren des Heringeinsalzens; Karl V. (1500 – 1558), König von Spanien.

Seite 247: Silberblick – der Schimmer, den das flüssige Silber bei der Trennung vom Blei annimmt.

Seite 248: Marie Joseph Marquis de Lafayette (1757 – 1834), französischer General und Politiker, der im Amerikanischen Unabhängigkeitskrieg mitkämpfte und 1824/25 einen Triumphzug durch Amerika hielt.
Seite 249: Adolphus Herzog von Cambridge (1774 – 1850), englischer Feldmarschall und Politiker; Eckart – Gestalt der deutschen Sage, die vor drohenden Gefahren warnt.
Seite 251: Hofrat B. – Friedrich Bouterwek (1766 – 1828), Professor der Philosophie in Göttingen.

Seite 253: Kaisererinnerungen – Heinrich I. (876 – 936) gründete um 920 die Stadt Goslar, sie wurde Residenz der sächsischen und salischen Kaiser; Berliner Hexameter – die Gedichte auf die Befreiungskriege, die der Dichter Friedrich August Stägemann schrieb; Lukas Cranach (1472 – 1553), deutscher Maler der Lutherzeit.
Seite 254: quis? quid? ubi? wer? was? wo? mit welchen Hilfsmitteln? warum? wie? wann? Hilfsfragen zur Gliederung lateinischer Aufsätze.

Seite 256: »Österreichischer Beobachter« – offizielle Wiener Regierungszeitung; Saul Ascher (1767 – 1822), Buchhändler in Berlin, der philosophische Bücher im Sinn der Lehre Kants schrieb.
Seite 267: Déjeuner dinatoire – Mittagsfrühstück.
Seite 269: Genoveva – Gestalt der deutschen Sage. Sie wurde fälschlich des Ehebruchs bezichtigt und mußte ihren Sohn Schmerzensreich im Wald aufziehen; Moritz Retzsch (1779 – 1857), deutscher Maler und Radierer, Illustrator von Goethes »Faust«; Ein junger Dichter . . . Heine plante zu dieser Zeit eine »Faust«-Tragödie und erzählte das bei seinem Besuch am 2. Oktober 1824 in Weimar Goethe.
Seite 272: Matthias Claudius (1740 – 1815), deutscher Dichter und Publizist.

Seite 273: Codex palimpsestus – Pergament, dessen ursprüngliche Schrift abgekratzt oder übermalt wurde; Raffaello Santi (1483 – 1520), Maler der italienischen Renaissance; Theater Fenice – Theaterbau in Venedig; Giovanni Pierluigi da Palestrina (1525 – 1594), italienischer Komponist, der vor allem Kirchenmusik schrieb; George Noël Lord Byron (1788 – 1824), Dichter der englischen Romantik.
Seite 274: Elise von Hohenhausen (1789 – 1857), deutsche Schriftstellerin und Übersetzerin; Christian Gottfried Schütz (1747 – 1832), deutscher Philologe und Publizist.
Seite 275: Purifikation – Reinigung; Wisotzki – Gastwirt in Berlin, in dessen Lokal Unterhaltungsstücke aufgeführt wurden; Christian Gumpel – von Heine erfundene Spottfigur (siehe Seite 367 ff.) nach dem Vorbild des Hamburger Bankiers Lazarus Gumpel (1770 – 1842); Martin Heinrich Lichtenstein (1780 – 1857), deutscher Zoologe und Forschungsreisender; Gasparo Spontini (1774 – 1851), italienischer Komponist, von 1820 – 1841 Generalmusikdirektor in Berlin; Marcus Tullius Cicero (106 – 43 v. Chr.), römischer Philosoph und Staatsmann; Michael-François Hoguet (1793 – 1871), Choreograph und Ballettänzer, der bestbezahlte Solist der Berliner Oper; Paul Ferdinand Buchholz (1768 – 1843), deutscher Schriftsteller und Historiker.

Seite 276: Röhnisch – Tänzerin in Berlin; Miguel de Cervantes-Saavedra (1547 – 1616), spanischer Dichter; das Zitat ist aus seinem »Don Quixote«.
Seite 277: Wilhelm Müller (1794 – 1827), deutscher Lyriker; Heine spielt hier auf seine »Griechenlieder« an; Friedrich Rückert (1788 – 1866), deutscher Lyriker der Spätromantik; Ludwig Uhland (1787 – 1862), deutscher Dichter; Albert Gottlieb Methfessel (1785 – 1869), deutscher Sänger und Komponist; Ernst Moritz Arndt (1769 – 1860), deutscher Dichter und

Publizist; »Schuld« – Schicksalsdrama von Amadeus Gottfried Müllner (1774 – 1829).

Seite 280: Dante Alighieri (1265 – 1321), italienischer Dichter; die »Hölle« ist der erste Teil seiner »Göttlichen Komödie«; »Lex Falcida« regelt das römische Erbrecht; Johann Friedrich Göschen (1778 – 1837), seit 1822 Professor der Rechtswissenschaften in Göttingen; Christian Friedrich Elvers (1797 – 1858), deutscher Rechtswissenschaftler, seit 1819 Professor in Göttingen; Quicumque civis romanus . . . jeder Bürger Roms; cum oni causa . . . mit allen Gründen.

Seite 282: Östliche Rosen – Gedichtsammlung Rückerts; Bulbul – Nachtigall; Sir William Congreve (1772 – 1828), englischer General und Techniker, Erfinder der Brandrakete; Huris – nach mohammedanischem Glauben Jungfrauen des Paradieses; Turngemeinplätze – Anspielung auf Friedrich Jahn (1778 – 1852), den Begründer der Turnbewegung; Johannes Hagel – Janhagel, Ausdruck für Pöbel; Heinrich Clauren (1771 – 1854), Verfasser von Trivialromanen.

Seite 283: Theophrast (um 390 v. Chr.), griechischer Gelehrter; Voltaire (1694 – 1778), Philosoph der französischen Aufklärung.

Seite 286: Vetter zu Mölln . . . Till Eulenspiegel.

Seite 287: Ludwig Ferdinand Niemann (1781 – 1836) verfaßte ein »Handbuch für Harzreisende«.

Seite 288: Ans eiserne Kreuz festgeklammert . . . Anspielung auf Heines Taufes (siehe Seite 579 f.); Georg Sartorius (1765 – 1828), deutscher Historiker, Professor in Göttingen.

Seite 290: ungehenkter Makler . . . der Hamburger Manufakturwarenhändler Joseph Friedländer (1774 – 1846), ein weitläufiger Verwandter Heines, bezog die Stelle auf sich und klagte bei der Polizei.

Seite 293: Eduard von Schenk (1788 – 1841), bayerischer Staatsmann und Schriftsteller, seit 1828 Innenminister.

Seite 294: Frans van Mieris d. Ä. (1635 – 1681), niederländischer Genremaler.

Seite 298: Galeazzo Visconti (1351 – 1402), Herrscher über Oberitalien.

Seite 304: Le Grand – von Heine erfundene Gestalt eines alten Tambourmajors der Napoleonischen Kriege.

Seite 307: Joseph von Görres (1776 – 1848), deutscher Publizist, Dozent an der Universität München.

Seite 308: Ignaz Lautenbacher (1799 – 1833), deutscher Publizist.

Seite 309: Johann Tserclaes Graf von Tilly (1559 – 1632), im Dreißigjährigen Krieg Feldherr und Anführer der katholischen Liga.

Seite 311: Henriette Sontag (1806 – 1854), Sängerin auf allen Bühnen der Großstädte Europas; Johannes Riepenhausen (1788 – 1860); durch die Zensur . . . seit den Beschlüssen von Karlsbad 1819 unterlagen alle Schriften unter 20 Bogen der staatlichen Zensur.

Seite 314: Klemens Wenzeslaus Fürst von Metternich (1773 – 1859), österreichischer Staatsmann und Diplomat, Wortführer beim Wiener Kongreß 1815 und »Architekt« des neuen restaurativen Europas.

Seite 315: Charles Philipon (1802 – 1862), französischer Graphiker und Schriftsteller, Herausgeber illustrierter satirischer Witzblätter (»Le Charivari«; »La Caricature«).

Site 317: Valmy und Jemappes – bei diesen Orten siegten 1792 die Truppen der französischen Revolution; Casimir Delavigne (1793 – 1843), französischer Lyriker; Horace Vernet (1789 – 1863), französischer Maler; faire bonne mine . . . gute Miene zum bösen Spiel machen.

Seite 318: Queue machen – Schlange stehen.

Seite 321: Qui est au-dessus . . . Wer über dem Gesetz steht, steht außerhalb des Gesetzes.

Seite 322: Frédéric Chopin (1810 – 1849), polnischer Komponist und Klaviervirtuose; Wolfgang Amadeus Mozart (1756 – 1791), Komponist der Wiener Klassik.
Seite 323: König Artus, Heldenfigur eines keltischen Sagenkreises; Monsalwatsch – Gralsburg.
Seite 324: David Strauß (1808 – 1874), protestantischer Theologe und religionskritischer Schriftsteller; Johannes Kepler (1571 – 1630), deutscher Astronom und Mathematiker; Gustav Schwab (1792 – 1850) deutscher Lyriker und Sagensammler; Luise Walther, geb. Breitschwert (1833 – 1917), deutsche Scherenschnittkünstlerin.
Seite 325: Justinus Kerner (1786 – 1862), Dichter der deutschen Spätromantik, er verfaßte Gedichte, aber auch spiristische Bücher. Heine spielt auf seinen Aufsatz über Wurstgifte an; Joachim Murat (1767 – 1815), französischer Marschall, Schwager Napoleons.

Seite 327: Friedrich Schlegel (1772 – 1829), Dichter der deutschen Romantik; Ludwig Tieck (1773 – 1853), Dichter der deutschen Romantik; El Cid (um 1043 – 1099), spanischer Heerführer und Nationalheld.
Seite 328: Honoré de Balzac (1799 – 1850), französischer Romançier; dédain – Geringschätzung.
Seite 332: Daniel-François Auber (1782 – 1871), französicher Opernkomponist; François-Pierre Guizot (1787 – 1874), französischer Politiker und Historiker, seit 1840 bis zu seinem Sturz 1848 Außenminister; Elie Herzog von Decazes (1780 – 1860), französischer Politiker; Charles de Bresson (1798 – 1847), französischer Diplomat; Pontois – französischer Diplomat; Honoré Daumier (1808 – 1879), französischer Graphiker.
Seite 333: Reineke – der schlaue Fuchs in der Sage, der sich durch heuchlerische Tränen der Bestrafung entzieht; Karl Rosenkranz (1805 – 1879), deutscher Philosoph, Literaturhistoriker und Publizist.
Seite 337: Gaetano Vestris (1729 – 1808), Solotänzer an der Pariser Oper.
Seite 339: Unbescheiden – Restaurant in Hamburg.
Seite 340: Hermann Heine (1804 – 1831), ältester Sohn Salomon Heines; Henriette Heine (1787 – 1868), Frau des Onkels Henry Heine (1774 – 1855); Katastrophe . . . ein Zug der neuerbauten Eisenbahn war verunglückt, und viele Passagiere starben.
Seite 342: jus talionis – Vergeltungsrecht; souffre-douleurs – Sündenböcke; pompes funèbres – Bestattungsfeierlichkeiten; castrum doloris – Leichengerüst.
Seite 345: Der Dom zu Köllen . . . der Bau des 1248 begonnenen Domes ruhte Jahrhunderte lang, Friedrich Wilhelm IV. von Preußen legte 1842 den Grundstein zum (1880 vollendeten) Weiterbau.

Seite 346: Georg Herwegh (1817 – 1875), deutscher Dichter.
Seite 348: Wilhelm Weitling (1808 – 1871), Schneider, Sozialtheoretiker, der 1843 in der Schweiz verhaftet und ausgewiesen wurde.
Seite 349: Jenny Marx (1814 – 1881), Frau und Mitarbeiterin von Karl Marx; »Vorwärts!« Pariser Signale aus Kunst, Wissenschaft, Theater, Musik, Literatur und geselliges Leben – radikale Zeitschrift, die 1844 verboten wurde; Friedrich Wilhelm Mäurer (um 1813 – um 1885), sozialistischer Lehrer und Schriftsteller; debordiert – zügellos.
Seite 350: Hector Berlioz (1803 – 1869), französischer Komponist.
Seite 351: A tout seigneur . . . Jedem Herrn jede Ehre; John Martin (1789 – 1854), englischer Maler.
Seite 352: Franz Liszt (1811 – 1886), ungarischer Klaviervirtuose und Komponist.
Seite 358: Johann Georg Cotta von Cottendorf (1796 – 1863), deutscher Ver-

leger; Ludwig Napoleon – Louis Bonaparte hatte am 2. Dezember 1851 einen Staatsstreich versucht.
Seite 360: Präsident – Ludwig Napoleon; Oskar Peschel (1826 – 1875), deutscher Publizist; Henri-Charles Savoye (1802 – 1869), deutsch-französischer Diplomat und Publizist.
Seite 364: Alfred de Musset (1810 – 1857), Dichter der französischen Romantik.
Seite 367: Gumpelino – Parodie auf den Hamburger Bankier Lazarus Gumpel.
Seite 426: ex unque leonem – an der Kralle erkennt man den Löwen; Charles Jean Barbaroux (1767 – 1794), französischer Politiker, der 1792 ein Heer Freiwilliger von Marseille nach Paris führte.
Seite 427: Aux armes, citoyens! – zu den Waffen, Bürger!
Seite 428: Marcus Junius Brutus (85 – 42 v. Chr.), römischer Republikaner, der in einer Verschwörung gegen Cäsar die Mörder anführte.
Seite 429: Emeute der Chiffoniers – Aufstand der Lumpensammler.
Seite 431: Ouvriers – Arbeiter; A la lanterne! – Hängt ihn auf (an der Laterne), Parole der Großen Französischen Revolution; brevet de lis – Gnadenbrief des Hauses Bourbon, das die Lilie im Wappen führte; Voilà le Choléra-morbus! – Das ist die Cholera!
Seite 433: der arme Mönch – Martin Luther; Maximilien de Robbespierre (1758 – 1794), französischer Advokat, Anführer der Großen Französischen Revolution.
Seite 435: Tortoni – Café in Paris; Julien-Pierre Lalande (1787 – 1844), französischer Admiral.
Seite 434: Rothschild.
Seite 442: Jules-Armand Dufaure (1798 – 1881), französischer Advokat und Politiker Hippolyte Passy (1793 – 1880), französischer Politiker und Nationalökonom.
Seite 448: »Le Moniteur Universel«, Pariser Tageszeitung, offizielles Sprachrohr der französischen Regierung.
Seite 456: Am 24. Februar 1848 begann in Frankreich die Revolution.
Seite 459: fiat justitia . . . Gerechtigkeit geschehe, gehe auch die Welt zugrunde.
Seite 461: das Lied vom »freien Rhein« – Nikolaus Beckers »Sie sollen ihn nicht haben, den freien deutschen Rhein«.
Seite 466: Phidias (um 500 – nach 438 v. Chr.), griechischer Bildhauer, leitete die Bauarbeiten auf der Athener Akropolis.
Seite 467: Somnambule – Nachtwandler.
Seite 468: Niccolò Machiavelli (1469 – 1527), italienischer Staatsmann und Schriftsteller, der für eine absolutistische Staatsform sprach; Katapulta . . . Falarika – Wurfgeschosse des Altertums.
Seite 469: Ludolf Wienbarg (1806 – 1872), deutscher Schriftsteller und Publizist.
Seite 473: Christian Friedrich Daniel Schubart (1739 – 1791), deutscher Dichter und Publizist der Sturm- und Drangzeit, der wegen seiner kritischen Äußerungen zehn Jahre Festungshaft auf dem Hohenasperg erhielt.
Seite 476: Louis-Antoine de Saint-Just (1767 – 1794), französischer Revolutionär, enger Mitarbeiter Robbespierres; le pain est . . . das Brot ist das Recht des Volkes, das Brot ist das göttliche Recht des Menschen.
Seite 477: Purusa – indisch Seele, Weltgeist; Prakriti – Natur, Materie; Johann Gottlieb Fichte (1762 – 1814), deutscher Philosoph.
Seite 479: Heine richtete seine Briefe »Über die französische Bühne« an August Lewald.
Seite 48ß: In Shakespeares Lustspiel »Ein Sommernachtstraum« wird der Handwerker Zettel in einen Esel verwandelt.
Seite 481: Thomas Münzer (um 1490 – 1525), Anführer der Bauernkriege, Gegner Luthers.
Seite 488: Aristophanes (um 450 – um 386 v. Chr.), griechischer Komödiendich-

ter; Molière (1622 – 1673), französischer Komödiendichter und Schauspieler; König – Ludwig XIV. von Frankreich (1638 – 1715), der »Sonnenkönig«, in dessen Diensten Molière schrieb.

Seite 494: Nikolaus Becker (1809 – 1845), deutscher Historiker, Verfasser des Liedes »Sie sollen ihn nicht haben, den freien deutschen Rhein«, auf das Heine hier anspielt.

Seite 497: Georg Weerth (1822– 1856), deutscher Publizist.

Seite 509: Daguerreotypie – Vorform der Photographie, benannt nach ihrem Erfinder Louis-Jacques-Mandé Daguerre (1789 – 1851).

Seite 514: Prokrustes – Gestalt der griechischen Sage. Ihm wurden die Glieder ausgerenkt.

Seite 515: William Shakespeare (1564 – 1616), englischer Dramatiker.

Seite 520: Arnold Ruge (1802 – 1880), deutscher Publizist.

Seite 538: Emanuel Swedenborg (1688 – 1772), schwedischer Naturforscher und Philosoph.

Seite 553: Homer (8. Jh. v. Chr.), griechischer Dichter.

Seite 556: Lotosblume – Elise Krienitz.

Seite 558: kleine Hexe . . . Mouche – Elise Krienitz.

Seite 559: fine mouche – zarte Fliege; pattes de mouche – Gekritzel, wörtlich: Fliegenbeine; Die Gedichte . . . Elise Krienitz übersetzte Heines Gedichte ins Französische; et de poser . . . und einen lebendigen Stempel auf die lieblichen, ein wenig schwäbischen Züge drücken.

Seite 560: empreintes viantes – lebendige Stempel; Ganasche – Einfaltspinsel; Charenton-Poesie – Irrenpoesie. Das Irrenhaus Charenton-le-Ponte bei Paris.

Seite 561: baillements – Gähnkrämpfe: lavements – Spülungen.

Seite 562: Serinsky – Zusammensetzung aus dem französischen Wort serin, Einfaltspinsel, und dem Namen von Heines Sekretär Richard von Zychlinski.

Seite 568: Adolf Strodtmann (1829 – 1879), Schriftsteller, Heinebiograph und -herausgeber; Eduard Wedekind (1805 – 1885), deutscher Jurist, Studienfreund Heines in Göttingen.

Seite 578: Blum – nicht zu ermitteln; Ludwig Emil Grimm (1790 – 1863), Maler und Lithograph; Ferdinand Grimm (1788 – 1844), Buchhändler. Beide Brüder der Märchensammler Grimm; Gottlob Christian Grimm (1771 – 1844), Pfarrer in Heiligenstadt; Bonitz – nicht zu ermitteln.

Seite 571: Robert Schumann (1810 – 1854), Komponist der Romantik; Heinrich von Kurrer – nicht zu ermitteln.

Seite 572: Leopold (von) Ranke (1795 – 1886), deutscher Historiker; Antonie von Chamisso, Frau des Dichters Adelbert von Chamisso.

Seite 575: Maximilian Donndorf (1805 – 1838), Journalist, Pariser Korrespondent der Augsburger »Allgemeinen Zeitung«; Jeannette Wohl (1783 – 1861), die Freundin Börnes.

Seite 576: Asmus – Pseudonym des Dichters Matthias Claudius.

Seite 577: Alfred de Vigny (1797 – 1863), französischer Dichter.

Seite 578: Wilhelm von Kaulbach (1805 – 1874) deutscher Maler.

Seite 579: Théophile Gautier (1811 – 1872), französischer Dichter und Journalist; Hans Christian Andersen (1805 – 1875), dänischer Märchendichter; Christian Voigt – nicht zu ermitteln.

Seite 580: Ludwig Bechstein (1801 – 1860), deutscher Märchendichter und Archivar; Oskar Ludwig Bernhard Wolff (1799 – 1851), Schriftsteller und Professor für Literaturgeschichte.

Seite 582: Franz Grillparzer (1791 – 1872), österreichischer Dramatiker.

Seite 586: Raymond-François-Leon Pillet (1803 – 1868), Schriftsteller und Theaterleiter in Paris; Richard Wagner (1813 – 1883), deutscher Opernkomponist; Fried-

rich Hebbel (1813 – 1863), deutscher Dichter; Elise Lensing (nicht zu ermitteln), Freundin Hebbels.
Seite 587: Karl Gutzkow (1811 – 1878), deutscher Schriftsteller und Publizist; Goldschmidt – nicht zu ermitteln; Anton Alexander Graf von Auersperg (1806 – 1876), österreichischer Lyriker; Eduard von Bauernfeld (1802 – 1890), österreichischer Lustspieldichter.
Seite 589: Hermann Fürst von Pückler-Muskau (1785 – 1871), deutscher Reiseschriftsteller; Levin Schücking (1814 – 1883), deutscher Schriftsteller und Journalist.
Seite 590: August Hermann Ewerbeck (1806 – 1860), Leiter des »Bundes der Gerechten« in Paris; Friedrich Engels (1820 – 1895), deutscher Sozialphilosoph.
Seite 601: Elias (1806 – 1845), französischer Graphiker; F. Randel (1803 – 1839), französischer Graphiker.
Seite 593: Fanny Lewald (1811 – 1889), deutsche Schriftstellerin, die in ihren Romanen für die Emanzipation der Frau eintrat; Amalie Beer (1767 – 1854), Mutter des Komponisten Giacomo Meyerbeer; David Gruby (1810 – 1898), deutsch-ungarischer Arzt in Paris; Augustin-Eugène Scribe (1791 – 1861), französischer Lustspieldichter und Librettist; Edmond de Goncourt (1822 – 1896), französischer Dichter.
Seite 594: Alfred Meissner (1822 – 1885), deutscher Schriftsteller.
Seite 595: Ludwig Kalisch (1814 – 1882), deutscher Schriftsteller.
Seite 596: Adolf Stahr (1805 – 1876), deutscher Schriftsteller und Philologe.
Seite 601: Joseph Fontana (Daten nicht zu ermitteln).

Personenregister

Seitenzahlen mit * verweisen auf eine Abbildung der betreffenden Person. Ist die genannte Person Empfänger eines Briefes, so stehen die Seitenzahlen kursiv.

Zeittafel der Lebensdaten Heines

1797 wird er am 13. Dezember als Harry Heine, Sohn des Kaufmannes Samson Heine und seiner Frau Betty, geb. van Geldern, in Düsseldorf geboren.

1807 tritt er in das Düsseldorfer Lyzeum ein und besucht es bis 1814.

1815 im Herbst beginnt er eine Kaufmannslehre im Bankhaus Rindkopf in Frankfurt am Main.

1816 Mitte des Jahres geht er nach Hamburg, er arbeitet im Bankgeschäft seines Onkels Salomon Heine und verliebt sich in dessen Tochter, die Kusine Amalie.

1818 Salomon Heine richtet dem Neffen ein Manufakturwarengeschäft, die Firma »Harry Heine & Comp.«, ein, diese macht jedoch bald bankrott.

1819 zugleich mit dem Sohn in Hamburg macht auch der Vater in Düsseldorf Konkurs; er wird entmündigt. Heine kehrt Mitte des Jahres nach Düsseldorf zurück und wird dann, von Onkel Salomon finanziell unterstützt, Student der Rechte an der Universität Bonn.

1820 zum Wintersemester übersiedelt er nach Göttingen.

1821 wird er wegen eines Duells relegiert und schreibt sich im Sommer an der Berliner Universität ein. Er verkehrt in den literarischen Salons der Stadt und schließt Bekanntschaft und Freundschaft mit Karl August und Rahel Varnhagen von Ense, Hegel, Chamisso und dem Ehepaar Robert.

1822 erscheinen Heines erste *Gedichte* bei Maurer in Berlin. Er reist nach Polen.

1823 veröffentlicht der Verlag Dümmler in Berlin die *Tragödien nebst einem lyrischen Intermezzo.* Im Mai verläßt er Berlin, lernt bei einem Besuch der Eltern, die nach Lüneburg übersiedelt sind, in Hamburg den Buchhändler und Verleger Julius Campe kennen.

1824 immatrikuliert er sich wieder in Göttingen und reist von dort aus nach Berlin und in den Harz; bei einer Wanderung nach Weimar lernt er Goethe kennen.

1825 tritt er zum protestantischen Glauben über und läßt sich am 28. Juni in Heiligenstadt auf den Namen Christian Johann Heinrich taufen. Am 20. Juli promoviert Heine zum Dr. jur.; dann reist er nach Norderney. Sein Versuch, in Hamburg Advokat zu werden, scheitert.

1826 erscheint bei Hoffmann & Campe in Hamburg der erste Band der *Reisebilder* mit der *Harzreise:* zweiter Besuch auf Norderney.

1827 erscheint im selben Verlag der zweite Band *Reisebilder,* darin enthalten: die *Nordsee;* vier Monate hält sich Heine in England, vor allem in London, auf. Er veröffentlicht das *Buch der Lieder.* Im November siedelt er nach München über und wird Redakteur an Cottas „Neuen allgemeinen politischen Annalen" und hofft vergeblich auf eine Professur.

1828 lebt er bis Mitte des Jahres in München und reist dann nach Italien. Er besucht Verona, Mailand, Genua, Lucca, Florenz und Venedig. Am 2. Dezember stirbt der Vater, Heine kehrt nach Hamburg zurück.

1829 Heine lebt in Hamburg, Berlin, Potsdam und auf Helgoland. Der dritte Band der *Reisebilder,* u. a. mit den *Bädern von Lucca,* erscheint.

1830 lebt Heine in Wandsbek und Hamburg und besucht ein zweites Mal Helgoland. Dort hört er die Nachricht vom Ausbruch der Julirevolution in Paris.

1831 erscheinen die *Nachträge zu den Reisebildern* mit den *Englischen* Fragmenten. Der Versuch, sich in Hamburg als Syndikus niederzulassen, schlägt fehl. Im Mai übersiedelt Heine nach Paris und lernt u. a. Balzac, Berlioz, Chopin, Dumas, Victor Hugo, Liszt, George Sand kennen. Er arbeitet als Korrespondent für deutsche und französische Zeitungen.

1833 erscheint bei Hoffmann und Campe die Buchausgabe der *Franzö-*

sischen Zustände. Außerdem: *Zur Geschichte der neueren schönen Literatur in Deutschland* und der erste Band des *Salon,* u. a. mit den *Memoiren des Herren von Schnabelewopski.*

1834 kommt der zweite Band des *Salon* heraus: *Zur Geschichte der Religion und Philosophie in Deutschland.*

1835 verbietet der deutsche Bundestag die Schriften des Jungen Deutschland. Heine nimmt eine französische Staatspension an.

1836 erscheint die Geschichte der Literatur in erweiterter Fassung unter dem Titel *Die romantische Schule.*

1837 erscheint der dritte Band des *Salon* u. a. mit den *Florentinischen Nächten* und den *Elementargeistern.*

1839 erscheinen *Shakespeares Mädchen und Frauen* bei Delloye in Paris.

1840 beginnt mit der Kampfschrift *Ludwig Börne. Ein Denkmal* der Streit mit dem Dichterkollegen. Der vierte Band des *Salon* enthält u. a. den *Rabbi von Bacharach.*

1841 am 31. August heiratet er die Pariserin Eugénie Crescence Mirat, mit der er seit 1834 zusammenlebte; er gibt ihr den Namen »Mathilde«.

1843 reist er nach 13jähriger Abwesenheit das erste Mal nach Deutschland und besucht in Hamburg die Mutter. Ende des Jahres lernt er in Paris Karl Marx kennen.

1844 erscheint *Deutschland. Ein Wintermärchen.* Gemeinsam mit Mathilde fährt er im Sommer noch einmal nach Hamburg. Salomon Heine stirbt, es beginnt der Streit mit der Familie um eine Erbschaft.

1847 erscheint die Buchfassung von *Atta Troll. Ein Sommernachtstraum.*

1848 im Frühsommer geht Heine zum letzten Mal aus und besucht den Louvre. Dann fesselt ihn die seit 1846 fortschreitende Rückenmarkschwindsucht ans Krankenbett, in die »Matratzengruft«.

1851 erscheinen das Tanzpoem *Der Doktor Faust* und die Gedichtsammlung *Romanzero.*

1854 erscheint *Lutetia. Berichte über Politik, Kunst und Volksleben,* zuerst als Artikelserie in der Augsburger »Allgemeinen Zeitung« veröffentlicht, als Buch. Außerdem *Geständnisse* und die *Götter im Exil.*

1855 erlebt das *Buch der Lieder* die 13. Auflage. Die junge Dichterin und Übersetzerin Elise Krienitz besucht den Kranken und wird seine letzte Liebe. Er nennt sie die »mouche«, die Fliege.

1856 am 17. Februar stirbt Heine im Haus Avenue Matignon 3. Am 20. Februar wird er auf dem Friedhof Montmartre beerdigt. Mathilde überlebt ihn bis zum 17. Februar 1883. 1887 – 1890 erscheint die erste kritische Heine-Ausgabe von Ernst Elster.

Editionsnotiz

Heines Schriften umfassen, die Briefe inbegriffen, zwölf Bände. Jede Auswahl muß subjektiv und unvollständig bleiben. Vor allem die größeren Schriften zu Tagesereignissen (»Französische Zustände«, »Lutetia«) und die theoretischen Schriften (»Zur Geschichte der Religion und Philosophie in Deutschland«) können nur in Bruchstücken berücksichtigt werden.

In Paris lebten zur selben Zeit der Dichter Heinrich Heine und der Karikaturist und Graphiker Grandville. Beide haben sich, obwohl sicher geistig verwandt, nie kennengelernt. Thematisch sind sie sich erstaunlich nah, man kann oft den Eindruck haben, Grandville habe Heines Werke illustriert, habe Heines Gedanken gedacht, obwohl dies nachweislich nicht der Fall war. Alle Illustrationen dieses Bandes, die nicht Buchschmuck, Vignette, Initial oder Porträt und Faksimile sind, sind Werke Grandvilles, siehe auch Register Seite 625.

Die Texte innerhalb der einzelnen Kapitel sind chronologisch angeordnet und nur gelegentlich aus technischen Gründen zeitlich umgestellt.

Für ihre Mitarbeit danke ich Jutta Briese und Martha Kotschi.

Inhaltsverzeichnis

Selten habt ihr mich verstanden – Heine über sich selbst

Mir träumt': ich bin der liebe Gott – Traumbilder, Märchen, Fabeln

Junge Leiden, 1817 – 1821

Wandere! – Reisebilder

Der Flügelschlag des Jahrhunderts – Zeitereignisse, Zeitgenossen

Mit Brünetten hat's ein Ende – Mädchen und Frauen

Ich bin die Flamme – Umbruch und Revolution

Denk ich an Deutschland

Das Leben ist ein Recht – Aphorismen

Die Bitternis der letzten Stund – Aus der »Matratzengruft«

Stets hat er sich glücklich gepriesen – Zeitgenossen über Heine

Anhang